KB074715

새 번역 새 주석

백범일지

새 번역 새 주석

백범일지

2023년 8월 1일 초판 1쇄 인쇄
2023년 8월 15일 초판 1쇄 발행

역주자 백태남·조윤형
펴낸이 김영애
편 집 전상희·김배경
디자인 창과현
펴낸곳 SniFactory(에스앤아이팩토리)

등록일 2013년 6월 3일
등 록 제 2013-00163호
주 소 서울시 강남구 삼성로96길 6 엘지트윈텔 1차 1210호
전 화 02. 517. 9385
팩 스 02. 517. 9386
이메일 dahal@dahal.co.kr
홈페이지 www.snifactory.com

ISBN 979-11-91656-26-8 03910

가격 25,000원

새 번역 새 주석

백범
일지

백태남 · 조윤형 역주

다흘미디어

왜 또 『백범일지白凡逸志』를 발간하는가

『백범일지』는 일제강점기 동안 중국에서 독립운동에 헌신하던 백범白凡 김구金九(1876~1949) 선생이 환국 후 1947년 국사원國士院에서 발간한 책으로, 그 후로 지금까지 백범김구기념관 소장 목록만 보더라도 40종이 넘게 출판되었으며, 어린이용까지 포함하면 80여 종이 애독되어 왔다. 이렇게 많은 종류의 『백범일지』가 널리 읽히는 것은 백범의 애국 애족 정신을 배운다는 의미에서 더할 수 없이 바람직한 현상이나, 그 『백범일지』 각처에 잘못된 내용이 많아 정확한 내용의 『백범일지』가 절실한 실정이다.

국한문 혼용의 친필본 『백범일지』를 기준으로, 국사원 발행본을 비롯해 현재 시중에 판매되고 있는 여러 『백범일지』 판본들에서 발견한 오류만도 250여 군데이니, 본격적으로 오류를 점검한다면 그 숫자는 더욱 늘어날 것이다. 이루 말로 다 할 수 없는 타국의 어려운 여건 아래서 한 자 한 자 정성껏 써 내려가 『백범일지』를 완성하신 백범 선생께 너무나 죄송한 일이 아닐 수 없다. 때문에 원본에 충실하면서도 오류가 없는 『백범일지』 발간이 절실하며, 이것이 평생을 우리나라 독립운동에 헌신하신 백범 선생의 높은 뜻을 받들어 기리는 일이 되리라고 판단해 『백범일지』 한 권을 더 발간한다.

『백범일지』는 백범 김구 선생이 3차에 걸쳐 집필한 자전적 기록으로, 「상권」과 「하권」, 그리고 「계속」으로 구성되어 있다.

 '백범白凡'이라는 호는 "백정白丁과 범부凡夫"라는 뜻으로, 김구 선생이 1913년 서대문감옥에서 옥고를 치를 때 "우리나라 하등 사회에서 소를 잡는 백정白丁들이나 평범한 사내들인 범부凡夫라도 애국심이 지금의 김구 나만큼은 되어야 완전한 독립을 이룰 수 있겠다."는 생각에서 지은 것이고, '일지逸志'는 "알려지지 않은 일화逸話의 기록"이라는 뜻이다.

 현재 친필로 남아 있는 『백범일지』「상권」은 백범이 1928년 3월경 상해 임시정부 청사에서 집필하기 시작해 이듬해인 1929년 5월 3일에 탈고한 것으로, 태어날 때부터 임시정부 국무위원이 되기까지의 파란 많은 삶의 역경을 기록한 것이다. 백범은 「상권」을 쓰고 두 달 뒤인 1929년 7월 7일 자신이 언제 왜놈의 손에 죽을지 모르며 살아서 환국할 수 없을 것이라 생각하고 당시 열한 살 된 인仁과 일곱 살 된 신信 두 아들이 성장하면 아버지의 일생 경력이라도 알게 할 목적으로 이 원고를 등사하여 미국 샌프란시스코에 있는 신한민보사에 다음과 같은 편지와 함께 보내서 보관하도록 간곡히 부탁한 바 있다. 일종의 유서였던 것이다.

 귀사원貴社員 전체 동지同志에게 간탁懇托하나이다.
 구九는 본이불문本以不文으로 장편기문長篇記文이 처음이요 또한 막음입니다. 연래年來로 점점 풍전등화風前燈火의 생명을 근보僅保하나, 왜놈의 극단 활동으로는 어느 날에 무슨 일을 당할지 알 수 없으며, 구九 역亦 원수 손에 명맥命脈을 단송斷送함이 지원至願인즉 시간문제일 것이외다. 그러므로 유치幼稚한 자식들에게 일자一字의 유서遺書도 없이 죽으면 너무도 무정無情할 듯하여 일생 경력을 개술槪述하여 자玆에 앙탁仰托하오니, 미체微體가 분토화墳土化한 후, 즉 자식들이 장성한 후에 탐전探傳하여 주시면 영원 감사하겠나이다. 그 이전에는 사고社庫에 봉치封置하시고 공포公布치 말아 주옵소서.

6

역시 친필로 남아 있는 「하권」은 백범이 1941년 중경重慶 임시정부 청사에서 집필하기 시작해 이듬해인 1942년 5월 3일에 탈고한 것이다. 상해 망명 이후 임시정부에서의 활동을 중심으로 이봉창李奉昌·윤봉길尹奉吉 두 의사義士의 의거와, 이후 가흥嘉興·남경南京·장사長沙를 거쳐 중경으로 옮겨 가기까지의 과정, 그리고 그곳에서의 생활과 일화 등이 기록되어 있다. 백범은 이 「하권」을 쓴 목적을, 해외에 있는 동지들이 자신의 독립운동 역정에서 잘잘못을 가려 잘된 부분과 경험은 취하고, 잘못된 부분과 경험은 교훈으로 삼아 잘못된 전철을 밟지 않도록 하기 위한 것이라 밝혔다.

한편, 「계속」은 광복 후 백범이 환국하여 1946년 서울에서 기록한 것으로, 「하권」에 이어 중경에서의 활동과 일제가 항복하면서 환국하게 된 과정, 그리고 국내에서의 활동과 지방 순회 내용을 담고 있다. 「계속」은 누군가가 대필한 것으로 보이며, 현재 필사본만 남아 있다.

이제 그간 출판된 몇 종류의 『백범일지』에 나타난 오류의 실상을 제시해 본다.

우선 친필본의 내용을 아무런 이유 없이 누락시킨 예가 있다. "이시파尼市派는 창조創造 상해파上海派는 개조改造를 주장主張하였나니 소위所謂 창조創造는 현現 임시정부臨時政府를 취소取消하고 새로 정부조직政府組織을 하자는 것이고 개조파改造派는 현정부現政府 개조改造를 주장主張하다가…", "기其 간부幹部는 윤기섭尹琦燮 성준용成俊用 김홍서金弘叙 석정石正 최석순崔錫淳 김상덕金尙德 등等 제인諸人인데 즉시卽時로 환영회歡迎會를 개개開開하므로 기其 석상席上에서 통일문제統一問題를 제출提出하되…"에서 각각 밑줄 부분을 이유 없이 누락시킨 것이 그것이다.

다음은 친필본에서 백범이 착각하여 잘못 쓴 오류를 수정하지 않고 그대로 쓴 예이다. 全奉準은 全瑲準으로, 金炳燕은 金炳淵으로, 朴永孝는 朴泳孝로, 金弘逸은 金弘壹로, 安進士 祖父는 安進士 父親으로, 受戒師는 授戒師로, 白衲은 百衲으로 고쳐 써야 하는데 그대로 잘못 쓴 것이다.

또 용어의 뜻을 잘못 해석하여 독자에게 혼란을 일으킨 경우도 있다. '한훤寒暄 후에'는 날씨의 춥고 더움을 말하는 "인사를 한 후에"의 뜻인데 이를 "한참 후에"로 풀이하고, '꽃게 한 머리'는 "꽃게 한 덩어리"의 뜻인데 이를 "꽃게 한 마리"로 풀이하며, '여간如干 학식은 있고'는 "어지간한 학식은 있고"인데 "약간 학식은 있고"로 풀이한 것이다. 그리고 '김양金樣'은 일본어로 '김 씨' 즉 김구를 가리키는 말인데 이를 "김구의 형상"이라고 하거나, '수작酬酌을 하여 본즉'은 "말을 주고받아 보니"의 뜻인데 이를 "술을 한 잔씩 나누어 보니"로 엉뚱하게 해석해 놓고 있다.

한자를 잘못 쓰거나 음을 잘못 읽은 예도 많다. '茂朱邑'을 '武朱邑'으로, '동감폭포東坎瀑布'를 '동취폭포'로, '수원성綏遠省'을 '유원성'으로, '童蒙先習'을 '童夢先習'으로, '公震遠'을 '公鎭遠'으로, '韓弼昊'를 '韓弼浩' 또는 '韓弼鎬'로 잘못 표기한 것이 그것이다.

이러한 오류를 여기서 일일이 설명할 수는 없으니, 자세한 내용은 이 책의 '부록'에서 표로 제시해 참고자료로 제공하고자 한다. 어느 출판물이고 하나의 오류도 없는 것은 바랄 수 없고, 이 책 또한 그럴 것이라 걱정이 앞선다. 이 점은 역주자의 계속적인 검토와 독자 여러분들의 지적을 종합하여 수정, 보완해 나가려고 한다.

앞에서 살펴본 바와 같이 현재 시중에 유통되고 있는 『백범일지』는 곳곳에 잘못된 해석과 엉뚱한 오류가 많아 백범의 본의가 잘못 전달되고 있는 실정이다. 더욱 이해할 수 없는 일은 같은 내용의 오류가 이 책 저 책, 이 출판사 저 출판사에서 똑같이 발견된다는 점이다.

이제라도 정확한 내용의 바른 『백범일지』를 발간하여 독자들에게 제공할 필요성을 느끼면서 다음과 같은 기본 원칙 아래 이 책을 발간했음을 밝혀 둔다.

(1) 친필본 『백범일지』의 원문에 충실함을 원칙으로 하되, 의미 전달에 지

장이 없는 한 이해하기 쉬운 현대어로 서술한다.

(2) 친필본에서는 훼손되었으나 내용 확인이 가능한 부분은 보완하여 서술한다.

(3) 친필본에서 백범이 (　) 안에 주석으로 풀이한 것은 뜻풀이나 어감상 어색하더라도 친필본에 충실하기 위하여 그대로 반영한다.

(4) 친필본에서 인명 등 고유명사의 한자 표기가 잘못된 것은 바르게 고쳐서 표기한다.

(5) 중국의 인명과 지명 등은 우리 음으로 표기한다.

　　예) 蔣介石 → 장개석 / 上海 → 상해

(6) 일본의 인명과 지명 등은 현지음으로 표기하되 관용이 허용된 것은 이를 따른다.

　　예) 伊藤博文 → 이토 히로부미 / 東京 → 동경

(7) 서양의 인명과 지명 등은 외래어 표기법에 따라 표기한다.

　　예) 羅斯福 → 루스벨트 / 위일손 → 윌슨 / 莫斯科 → 모스크바

(8) 소제목은 친필본에 준하되 추가 설정하여 이해를 돕는다.

(9) 어려운 용어나 인명, 지명 등은 각주에서 설명한다.

(10) 본문 이해에 도움을 줄 수 있는 사진이나 지도 등의 도판을 가능한 한 많이 수록한다.

2023. 7. 20.

역주자 씀

• 차례 •

|하권|

|계 속|

|부 록|

상
권

인仁과 신信 두 아이에게 준다

지금 너희 아비는 너희가 거주하는 고향에서 수륙水陸 수천 리를 사이에 둔 타국에서 이 일지逸志를 쓴다. 장래에 너희가 장성하여 아비의 경력을 알고 싶어 할 때에 보여 주라고 부탁하여 몇몇 친구에게 나누어 주었거니와, 너희가 나이가 어려 직접 말하지 못하는 것이 유감이지마는 어디 세상사가 뜻과 같이 되느냐. 내 나이 53세의 늙은 몸으로 정신 기력이 쇠퇴했을 뿐 아니라 이미 왜구倭仇에게 선전포고를 하고 현재 사선死線에 서 있다. 내 경력을 기록하여 너희에게 주는 것은 결코 너희에게 나를 효칙效則하라는 것은 아니다. 진심으로 바라는 바는, 너희도 대한민국의 국민이니 동서고금의 허다한 위인 중에서 가장 숭배할 만한 자를 택하여 스승으로 섬기라는 것이다.

다만 유감인 것은 이 책에 적은 것이 모두 오래된 일이므로 잊어버린 것이 사실이나, 하나도 보태거나 지어 넣은 것이 없는 것도 사실이니 믿어 주기 바란다.

대한민국 11년[2] 5월 3일
상해上海 법조계法租界 마랑로馬浪路 보경리普慶里
임시정부 청사에서 글을 마친다

아내의 묘비 앞에서 찍은 백범의 가족 사진. 왼쪽부터 작은 아들 신, 백범, 어머니 곽낙원, 큰아들 인. 상해 불란서 조계 공동묘지. 1924.

1　스스로 자신의 지난 잘못을 들어 하는 말. 『김구 자서전 백범일지』(국사원, 1947) 앞면
　에 "내가 붓으로 써 두었던 『백범일지』의 원문의 일면"이라는 백범 김구의 설명이 있
　다. 한편 『김구 자서전 백범일지』(집문당, 1994) 첫 장에는 백범의 친필이 아닌, 누군가
　가 나중에 써 넣은 것으로 보이는 「인仁과 신信 두 아이에게 주는 글」이 있다. 내용은
　서로 비슷하다.
2　대한민국임시정부가 수립된 지 11년째 되는 1929년.

어린 시절

조상과 가정

우리 조상은 안동김씨이니 김자점金自點[3] 씨의 방계傍系이다. 당시 자점 씨의 반역죄로 온 가족이 멸망을 당할 때, 우리 조상은 맨 처음 고양군[4]으로 몸을 숨겨 도망갔는데 그곳 역시 서울과 가까운 곳이어서 먼 시골인, 해주읍에서 서쪽으로 80리 떨어진 백운방白雲坊[5] 기동基洞(텃골)인 팔봉산八峯山 아래 양가봉楊哥峯 밑으로 옮겨 숨어 살았다. 이는 족보를 살펴보아도 명백하다.

나의 11대 할아버지와 할머니 묘를 비롯하여 후포리後浦里(뒷개) 선산 곳곳에 장사 지냈고, 그 산 아래 할머니 산소도 있다. 그때는 조선의 전성시대여

---

3 조선 중기의 문신(1588~1651). 1623년 인조반정仁祖反正 때 공을 세워 영의정에 올라 권세를 부리다가 효종이 즉위하자 파직당했다. 이에 앙심을 품고 조선이 청나라를 정벌할 계획을 세우고 있다고 청에 밀고했다가 대간들의 탄핵을 받아 전라도 광양에 유배되었고, 뒤에 아들의 역모 사건이 발각되자 반역죄로 처형당했다.
4 경기도 고양시를 가리킨다.
5 황해도 벽성군 운산면이다. 본래 벽성군은 백운방白雲坊과 청산방靑山坊 두 지역으로 나뉘어 있다가 1914년 행정구역 개편 때 두 지역을 합쳐 운산면이 되면서 해주군에 편입되었고, 1938년 해주읍이 해주시로 승격됨에 따라 신설된 벽성군 관할로 되었다. 때문에 백범은 자신의 고향을 '해주'라고 계속 썼다.

서 전국에 걸쳐 양반(문무文武)과 상놈의 계급이 엄밀히 조직되어 있었다. 우리 조상네들도 양반이 싫고 또 상놈 행세는 즐겨하였을 리 없지만, 자기가 김자점의 족속임을 감추고 멸문지화滅門之禍를 면하기 위하여 일부러 상놈이 된 것이다.

양반 냄새 나는 문화생활을 속지고각束之高閣[6]하고 시골의 본업인 농사에 착수하여 임야를 개척해 생계를 꾸리다가 영원히 판에 박힌 상놈이 되었는데, 여기에는 원인이 있었다. 조선시대 군제軍制로 역둔토驛屯土[7] 외에 소위 군역전軍役田이란 명목을 가진 전지田地가 있었는데, 누구든지 가난한 집에서 부쳐 먹다가 국가 유사시에 정부에서 징병령을 내리면 그 땅을 부쳐 먹던 자가 병역에 응하는 게 규례였다. 우리 조상네가 그 밭(기동 북쪽 텃골고개 너머 왼쪽의 긴 꼬리처럼 생긴 밭)을 부쳐 먹은 후로 아주 패牌를 찬 상놈이 된 것이니, 그 원인은 조선조의 문文을 존중하고 무武를 천히 여기는 나쁜 풍습 때문이었다. 그래서 지금에 이르도록 기동 주위에 대대로 사는 진주강씨晉州姜氏와 덕수이씨德水李氏 등 토반土班[8]들에게 천대와 압제를 대대로 받아 온 것이다.

그 실례를 간단히 들면, 우리 김씨 집안 처녀를 강씨나 이씨 집안으로 출가시키는 것은 영광으로 알지만 강씨나 이씨 처녀가 우리 김씨 집안으로 시집오는 것은 보지 못하였으니, 이는 혼인의 천대이다. 강씨나 이씨들은 대대로 방장坊長(지금의 면장)을 세습으로 하지만 우리 김가는 대대로 존위尊位(방장의 명령을 받아 방坊 내 각 집의 세금을 거두는 직책이다)의 직 외에는 한 걸음도 나아가기 어려우니, 이는 취직 즉 정치적 압제이다. 강씨나 이씨들은 양반의 대단한 위세를 동원하여 김씨 집안의 토지를 강점하고 금전을 강탈한 후 김씨 집안 사람들을 농노로 사용하였으니, 이는 경제적 압박이다. 강씨나 이씨들은 비록 머리

---

6 높은 누각에 묶어 둠. 즉 한쪽에 따로 치워 놓고 쓰지 않는다는 뜻이다.

7 역토驛土와 둔토屯土. 역토는 역驛의 운영에 필요한 경비를 마련하기 위한 토지, 둔토는 군량軍糧을 마련하기 위한 토지이다.

8 대대로 그 지방에서 살고 있는 양반.

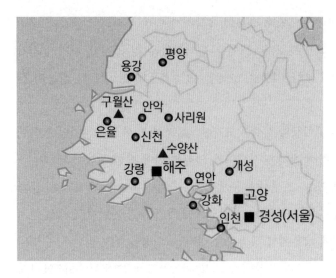

백범의 조상이 살던 '경기
도 고양'과 옮겨 가 살게
된 '황해도 해주' 일대.

딿은 어린아이라도 우리 김씨 집안의 70~80세 된 노인을 대하면 낮춤말을 사
용하여 '이랬나' '저랬나', '이리하게' '저리하게'의 천대를 하는 반면에, 우리 집
노인들은 강씨와 이씨 자손들 중 막 갓을 쓰기 시작한 아이에게라도 반드시 높
임말을 사용하였으니, 이는 언어의 천대이다.

그런데 좀 이상하다 할 것은, 우리 집안도 기동을 대대로 사는 터전으로 하
던 전성시대에는 기와집이 즐비하고, 조상의 묘소에 석물石物이 웅장하며, 대
를 이어 내려오는 노비까지 있었다는 것이다. 내 나이 10여 세, 집안에 혼인이
나 장례가 있을 때 해방奴解放奴(주인 집 가산家産이 빈한하여 자유를 허락받은 노비)
이정길李貞吉이 와서 어른들을 받들어 일하는 것을 목도하였으니, 그는 이른바
'종의 종'이었던가. 우리 운명보다도 더 흉악한 운명을 가진 사람도 있었던 것
이다.

대대로 이어져 내려온 바를 자세히 살펴보면, 학문하는 선비도 없지 않았
으나 이름을 떨친 일은 볼 수 없고, 번번이 불평객이 많았다. 증조할아버지는
가짜 어사질을 하다가 붙잡혀 해주 관아에 죄인으로 갇혔는데, 서울 어느 양반
의 청탁 편지를 얻어 형벌을 면하였다는 집안 어른들의 이야기를 들었다.

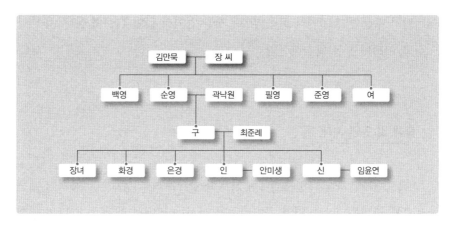

백범의 가계도.

　내가 대여섯 살 때의 가정 형편은 증조할아버지 항렬 4형제 중 종증조할아버지[9] 한 분이 살아 계셨고, 할아버지 항렬 형제는 다 살아 계셨으며, 아버지 항렬 4형제는 다 살아 계시다가 큰아버지(백영伯永)가 할아버지보다 먼저 별세하였는데, 그때 다섯 살이었던 나는 사촌 형들과 같이 슬피 울었다. 아버지(순영淳永)는 4형제 중 둘째인데, 집이 가난하여 장가를 못 가고 노총각으로 24세 때 이른바 삼각혼三角婚이라는 기괴한 제도로 결혼했으니, 세 성姓의 집안이 각기 혼인할 나이의 자녀를 서로 바꾼 것이다.[10] 내 모친은 장연長淵 목감방牧甘坊 문산촌文山村[11] 현풍곽씨玄風郭氏의 딸로, 14세 때 혼인하고 내외분이 아들 한 분만 있는 종조할아버지[12] 댁에 의지하여 사셨다. 어머니께서는 어린 나이에 힘든 일을 하며 비할 데 없는 고생을 하셨으나, 내외분이 정분이 좋은 탓으로 1년, 2년 지나서는 독립 가정으로 지내게 되었다. 그때 내가 태어났는데, 꿈에

9　증조할아버지의 형제.
10　『백범일지』〈필사본〉에는 "내 외숙外叔은 내 고모姑母의 시매부媤妹夫들인 것이니"라는 구절이 있다.
11　황해도 장연군 목감면 문산마을을 가리킨다.
12　할아버지의 형제.

어머니가 푸른 밤송이에서 붉은 밤 한 개를 얻어서 깊이 감추어 둔 것이 태몽이라고, 어머니는 늘 말씀하셨다.

출생 및 유년 시대

나는 1876년 7월 11일(할머니 제삿날) 자시子時[13]에 기동, 흔히 '웅텅이 대택大宅'으로 불리는 할아버지와 큰아버지가 사시는 집에서 태어났다. 나의 일생이 너무도 기구할 조짐이었던지, 유례가 드문 난산이었다. 진통이 있은 지 근 일주일 만에 어머니의 생명이 위급한 형세에 빠졌다. 마침내 친족 전부가 모여 의학적으로나 미신적으로 온갖 시험을 다 하였으나 효력이 없어 자못 겁을 먹고 있던 중에 가족 중 어른들이 태아의 아비에게 강권하여 소 길마[14]를 머리에 쓰고 지붕 위에 올라가 소 울음소리를 내라는데, 아버지가 하지 않으려 하니 할아버지 형제분이 엄명을 내려 그것까지를 행한 후에 분만되었다.

집안은 극히 가난한데 어머니의 연세는 겨우 열일곱이었다.[15] 항상 "내가 죽어지면 좋겠다."는 괴로운 한탄을 하셨다 한다. 게다가 젖조차 부족하여 미분탕米粉湯(암죽)을 먹였다 하고, 아버지께서 품속에 품고 이웃집 산모에게 젖을 얻어 먹였다는데, 먼 친척 할머니 직포댁稷浦宅은 밤이 깊은 후라도 조금도 싫어하는 빛 없이 젖을 먹이더라는 말씀을 들었다. 내가 10여 세 때 그분이 작고하여 기동 동쪽 산기슭에 매장하였는데, 나는 그 묘 앞을 지나갈 때마다 매번 경의를 표했다.

내가 서너 살 때 천연두를 앓았다는데, 고름이 돋을 무렵 어머니께서 보통

---

13 밤 11시부터 오전 1시까지를 말한다.
14 짐을 싣거나 수레를 끌기 위하여 소나 말 따위의 등에 얹는 기구.
15 『백범일지』〈등사본〉에는 바로 뒤에 "자녀子女 양육養育에 직책감職責感이 부족不足하여"라는 구절이 있다.(도진순 교감, 『정본 백범일지』, 돌베개, 2016, 52쪽.)

종기 난 곳을 치료하는 것과 같이 대바늘[죽침竹針]로 고름을 짜냈다고 한다. 그래서 내 얼굴에 마맛자국이 크다는 것이다.

해주에서 강령으로 이사하다

다섯 살 때 할아버지의 친형제, 사촌 형제, 육촌 형제 등 여러 댁이 강령군康翎郡[16] 삼가리, 뒤에는 산이 앞에는 바다가 있는 곳으로 이사하였는데, 부모님도 뒤를 쫓아 그리로 이사하였다.

거기서 2년을 지내는 중에 우리 집은 고적한 산어귀의 호랑이가 다니는 길에 있었는데, 종종 호랑이가 사람을 물고 우리 집 앞을 지나가서 밤에는 문 앞에도 나가지를 못했다. 낮에 부모님은 농사일 혹은 해산물 채취로 집을 나가시고, 나는 이웃 동네인 신풍新豐 이 생원生員[17] 집에 가서 그 집 아이들과 놀다가 오는 것이 일과였다.

하루는 여름철 촌아이들이 늘 하던 대로 아랫도리만 입고 배꼽 위는 알몸으로 그 집에 가서 사랑방에서 놀았다. 그러던 중에, 그 집 아이들은 나이가 나와 동갑도 있으나 두세 살 위인 아이도 있었는데, 그 아이들이 함께 짜고 '해주놈 때려 주자.' 하여 나는 한차례 무리하게 매를 맞았다. 나는 곧 집에 와서 부엌에서 큰 식칼(채도菜刀)[18]을 가지고 다시 그 집에 달려가서 그 아이들을 다 찔러 죽일 결심을 했다. 사랑 앞문으로 들어가면 그들이 보고 예비할 테니 칼로 바자울[19]을 뜯어내고 뒷문으로 뛰어들 계획으로 바자를 뜯는 때에, 마침 그 집

---

16 벽성군 남쪽에 위치하며, 서쪽에는 바다를 건너 옹진군이 있다.
17 조선시대에 과거의 생원과에 합격한 사람. 여기서는 나이 많은 선비를 대접하여 이르던 호칭으로 쓰였다.
18 채칼. 야채나 과일 따위를 가늘고 길쭉하게 써는 데 사용하는 칼.
19 대·갈대·수수깡·싸리 따위로 발처럼 엮어 만든 바자를 이용해 두른 울타리.

안마당에 있던 17~18세의 처녀가 내가 칼을 든 채 안으로 들어오는 것을 보고 놀라서 저희 오라비들에게 알려서, 그 아이들이 밀려 나와서 나를 실컷 때리고 칼까지 빼앗았다. 칼 잃은 죄로, 나는 집에 와서 시치미를 떼고 있었다.

또 하루는 집에 혼자 앉아서 심히 궁금한[20] 때에 문 앞에 엿장수가 지나가면서,

"헌 놋그릇이나 부러진 숟갈로 엿을 사시오."

하는 것이었다.

이 말을 듣고 엿은 먹고 싶으나 어른들에게 들으니 엿장수는 아이들의 고추를 베어 간다고 하는지라, 무섭기는 해도 방문 걸쇠를 걸고 엿장수를 불렀다. 주먹으로 문구멍을 뚫고 아버지께서 잡수시는 좋은 숟갈을 발로 디뎌 분질러 가지고(그것은 헌 숟갈이라야 엿을 주는 줄 알았기 때문이다) 절반은 두고 절반은 문구멍으로 내보냈더니, 엿을 한 주먹 뭉쳐서 들여보내 주었다. 엿을 잘 먹던 즈음에 아버지께서 밖에서 들어오시는데, 엿과 반 동강 숟갈은 그대로 가지고 있었다. 아버지가 물으시기에 사실대로 고하였다. 아버지는 말씀으로 꾸짖으시며 다시 그런 짓을 하면 엄벌을 주겠다는 꾸중을 하셨다.

그다음에는 아버지께서 엽전 20냥을 가져다가 방 아랫목 이부자리 속에 넣고 나가시는 것을 보았다. 또 혼자 심심은 하고 앞동네 구걸이 집에서 떡을 파는 줄 알았기 때문에, 돈을 전부 꺼내어 온몸에 감고서 문 앞을 나서서 떡집으로 가는 도중에 삼종조三從祖할아버지[21]를 만났다.

"너 이 녀석, 돈은 가지고 어디를 가느냐?"

"떡 사 먹으러 가요."

"네 아비가 보면 큰 매 맞는다. 어서 들어가거라."

하고 그 할아버지가 돈을 빼앗아 아버지에게 전한 것이다.

---

20 "무엇이 먹고 싶은"의 뜻이다.
21 할아버지의 육촌 형제.

먹고 싶은 떡을 못 사 먹고 마음이 불평하여 돌아온 뒤로 아버지께서 들어오셔서, 일언반구 없이 빨랫줄로 꽁꽁 동여 들보 위에 달아매고 회초리로 때려 아파 죽을 지경이었다. 어머니도 들에서 돌아오지 않아 말려 줄 사람도 없는 때에 장련長連[22] 재종조再從祖할아버지[23](이분은 한방韓方 의원이요 나를 퍽 사랑하는 분이다)가 마침 지나가시다가 내가 맹렬히 악을 쓰며 우는 소리를 듣고 방 안으로 달려 들어왔다. 재종조할아버지는 불문곡직[24]하고 달아맨 것을 끌러 놓고 아버지에게 이유를 묻고는, 아버지의 설명을 다 듣지도 않고, 아버지와는 동갑이시지만 존친속尊親屬[25]의 권위를 행사하여, 나를 때리던 회초리를 빼앗아 아버지의 머리와 다리를 함부로 한참 동안 때리며 나무라기를,

"어린것을 그다지 무지하게 때리느냐?"
하는 것을 볼 때, 아버지가 매를 맞는 것이 퍽도 시원하고 고마웠다.

재종조할아버지는 나를 등에 업고 들로 가서 수박과 참외를 실컷 사 먹였고, 당신 댁으로 업고 가니 그 집 종증조할머니[26]께서 또한 아버지를 나무라시며,

"네 아비 밉다. 집에 가지 말고 우리 집에서 살자."
하시더니 밥과 반찬을 잘하여 주시는지라 얼마나 기쁘던지, 또 아버지가 그 할아버지에게 맞던 것을 생각하니 상쾌하기 짝이 없었다. 여러 날을 묵어서 집에 왔다.

한때는, 여름 장맛비가 와서 근처에 샘이 솟아 작은 냇물이 흘렀다. 나는 붉은 염색과 푸른 염색을 통째로 꺼내다가 발원지에 풀어 놓고 푸른 냇물과 붉

---

22 황해도 은율군 장련면. 부근에 은율광산이 있다.
23 할아버지의 사촌 형제.
24 옳고 그름을 따지지 아니함.
25 촌수 높은 일가를 존중함.
26 증조할아버지 형제의 부인 되는 할머니로, 여기서는 재종조할아버지의 어머니를 가리킨다.

은 냇물이 합류하는 기이한 광경을 구경하다가 어머니에게 몹시 매를 맞은 일
도 있다.

종조할아버지는 그곳에서 돌아가셨는데, 해주 본고향으로 1백여 리의 먼
거리를 운구運柩하는 방편으로 상여에 바퀴 하나를 달고 사람이 끌고 가다가
도리어 불편하다고 바퀴를 제거하고 어깨에 메고 가던 것이 기억난다.

다시 고향 기동으로

일곱 살 때는 그곳에 이주했던 가까운 친척들이 한 집 두 집 도로 기동 본
고향으로 돌아가 살기 시작했다. 부모님도 고향으로 돌아오셨는데, 나는 아버
지와 삼촌들의 등에 업혀 오던 것이 기억난다.

고향에 돌아온 후에 어머니와 아버지는 농업을 하며 생활을 하셨다. 아버
지의 학식은 겨우 성명이나 쓰는 정도였는데, 골격이 준수하고 성정이 호방하
며 주량이 한이 없어서, 한번 취하면 강씨와 이씨를 만나는 대로 때려 주고 해
주 관아에 갇히기를 1년에 몇 차례씩 하여 문중門中에 소동을 일으켰다. 때문
에 인근 양반들의 주목과 시기와 미움을 받았으나 쉽게 압제를 못 하는 모양이
었다.

그 시대에는 사람을 구타하여 상해를 가하면 맞은 사람을 때린 사람의 집
으로 떠메어다 누이고 생사의 판가름을 기다리는 것이 보통 지방 습속이었다.
그러므로 어떤 때는 한 달에도 몇 번씩, 거의 죽게 된 사람, 전신이 피투성이 된
자를 사랑방에 누여 놓는 때가 있었다. 아버지의 주량이 과하긴 했지만, 술기
운에서 한 일이 아니라 순전히 불평 때문이었다. 그들이 그같이 몹시 맞는 것
은 아버지와의 직접적 관계에서가 아니었다. 어떤 사람이건 자기 힘을 믿고 약
자를 괴롭히는 사람만 보면 친하고 안 친하고를 따지지 않고 『수호지水滸誌』[27]
식으로 조금도 참지를 못하는 아버지의 불같은 성정 때문이었다. 인근 상놈들

은 두려워하며 공경했고, 양반들은 두려워하며 피하는 터였다.

　이때 매년 그믐이면, 우리 집에서 닭과 계란과 연초煙草 등의 물품을 다수 준비하여 어디로 보내면 후에 답례로 달력과 해주 먹[墨][28] 등의 물품이 오는 것을 보았다. 내 나이 8~9세 때 깨달은 것은, 아버지가 한 달에 몇 번씩 소송을 만나 해주에 갇히게 되니, 직접적인 고통을 면하기 위하여, 양반들은 감사監司[29]나 판관判官[30]에게 억지로 접근하는 반면에, 아버지는 영리청營吏廳[31]과 사령청使令廳[32]에 계방契房[33]이라는 수속을 밟고 매번 세밑에 각 사람들에게 선물을 주던 것이었다.

　그리하였다가 만일 영문營門[34]이나 본 관아[35]에 붙잡혀 오면 감옥이나 영청營廳[36]에 갇히게 되지만, 어느 곳에나 계방인 까닭에 겉으로는 몇 달 몇 날 갇혀 있는 듯하나 사실은 사령이나 영리들과 밥 먹고 함께 지내다가, 태장笞杖[37]이나 곤장棍杖[38]을 맞는다 하여도 반드시 헐장歇杖(아프지 않도록 때림)을 당했다. 그러고 나와서는 반대로 소송을 제기하여, 그 양반 즉 토호土豪들이 죄인으로 잡혀 갇히는 날에는 재산을 있는 대로 허비하여 감사나 판관에게 뇌물로 주어

27　중국 원말명초元末明初의 시내암施耐庵이 쓰고 나관중羅貫中이 손질한 장편소설로, 북송 시대 양산박에서 봉기한 호걸들의 실화를 각색했다. 등장인물인 노지심魯智深이 이유 없이 사람을 때려 죽이고, 승려가 되어서도 다른 승려들과 싸우거나 불상을 파손하는 등 난폭한 성격의 소유자로 묘사되는데, '수호지식'이란 이를 비유한 것이다. 친필본의 한자 '水滸志'는 오기이다.

28　해주에서 나는 먹은 당시 황해도에서는 물론이고 전국적으로 유명한 특산품이었다.

29　각 도의 으뜸 벼슬인 관찰사觀察使로, 지금의 도지사에 해당한다.

30　지방관을 도와 행정 업무에 참여하던 관리.

31　영리, 즉 말단 행정 실무에 종사하던 구실아치의 사무처.

32　사령, 즉 관아의 심부름꾼들이 모여 있던 청사.

33　불법행위를 눈감아 주는 대가로 구실아치들에게 뇌물을 주던 일.

34　감영監營. 여기서는 황해도 관찰사가 직무를 보던 관아를 말한다.

35　해주의 관아, 즉 해주 감영을 말한다.

36　감영 안에 설치한 건물.

37　작은 몽둥이로 볼기를 치던 '태형'과 큰 몽둥이로 볼기를 치던 '장형'을 아울러 이르는 말.

38　버드나무로 만든 넓적하고 긴 몽둥이로 볼기를 치던 형벌.

서 모면을 하더라도, 호랑이 같고 전갈 같은 사령이나 영리들에게 별별 고통을 다 당하게 한다. 그런 수단으로 1년 동안 해서海西[39]의 부호 10여 명이 재산 탕진을 당하였다 한다.

인근의 양반들이 회유책이었던지 아버지를 도존위都尊位[40]의 직에 추천하여 맡도록 하였다. 그러나 공무를 행할 때 보통 양반에게 억지로 접근하는 존위들의 수단과는 반대로, 아버지는 양반들에게는 가혹하게 세금을 징수하고 빈천貧賤한 집에는 자신이 부담할지언정 가혹하게 거둬들이지 아니하였으며, 때문에 3년이 못 되어 공금을 사사로이 썼다는 이유로 면직되었다.

김순영이라면 원근 양반들부터 아이들이나 부녀자들까지 손가락질하는, 그런 미움을 받는 것을 보았다. 그러므로 아버지가 양반의 사랑(객당客堂)에 가는 때, 다른 양반들이 죽 벌여 앉아 있을 때에는 주인이,

"하, 김 존위 왔는가?"

라고 낮춤말을 사용하되, 조용한 곳에서는 이른바 머드레[41] 공대, 즉 이따금 '이랬소', '저랬소' 하는 것을 보았다.

아버지의 어릴 적 별명은 '효자'이니, 할머니가 돌아가실 때 왼손 무명지無名指[42]를 칼로 잘라 떨어지는 피를 입에 흘려 넣어 3일간 회생시켰다가 내가 태어나던 날에 돌아가셨다 한다.

아버지 항렬 형제는 네 명으로, 큰아버지의 이름은 백영伯永이요, 아버지는 순영淳永, 셋째는 필영弼永, 넷째는 준영俊永이다. 큰아버지와 셋째는 능력 없고 하는 일 없어 자격이 겨우 농군이요, 아버지와 넷째 삼촌은 특이한 성질이 있었다. 준영 삼촌도 주량이 매우 많고, 문자는 국문國文을 삼동三冬[43] 내내 "각"

---

39 황해도를 달리 이르는 말.
40 존위의 우두머리.
41 곡식을 심은 이랑 사이에 따로 심은 다른 종류의 작물. 듬성듬성·이따금의 뜻으로 쓰이는 황해도 방언이다.
42 넷째 손가락. 약지藥指(약손가락)라고도 한다.

하고 "갈" 하고 하다가 못 배우고 말았다. 그런데 술버릇이 괴악하여 술만 취하면 큰 풍파를 일으켰는데, 아버지와 반대로 아무리 취중이라도 감히 양반에게는 근처도 못 가면서 문중 친족에게는 위아래를 따지지 않고 욕질과 싸움질을 능사로 하던 까닭에 할아버지와 아버지가 늘 때려 주는 것을 보았다.

내가 아홉 살 때 할아버지 상喪을 당했는데 장례 날에 대연극이 발생했다. 준영 삼촌이 술이 취하여 상여가 나갈 때 뒤따르던 사람들을 모조리 때려서 상처를 입히고, 급기야는 인근 양반들이 큰 생색을 내서 자기 사내종을 한 명씩 보내어 상여를 메고 가게 하던 것까지 다 때려 쫓았다. 결국은 준영 삼촌을 결박하여 집에 가두고 집안 식구끼리 상여를 들어다가 장례를 마치고, 종중조할아버지 주최로 가족회의를 열고 준영 삼촌의 두 발뒤꿈치를 잘라 폐인을 만들어 평생을 앉아 있게 하자는 결의가 되어 발뒤꿈치를 베었다. 분김에 그리하였으나 힘줄이 상하지 않아서 병신은 안 되고, 종중조할아버지 댁 사랑에 누워서 범 울듯 하는 바람에 나는 무서워 근처에도 못 갔다. 지금 생각하니 이것이 상놈의 본색本色이요 소위所爲라 하겠다.

그때에 어머님은 나를 대하여 이런 말씀을 하셨다.

"너희 집에 허다한 풍파가 거개 술 때문이니, 두고 보아서 네가 또 술을 먹는다면 나는 단연코 자살을 하여서라도 네 꼴을 안 보겠다."

나는 이 말씀을 깊이 새겼다.

그리고 나는 국문을 배워서 고담古談(소설)은 볼 줄 알았다. 한문도 『천자문千字文』은 이 사람 저 사람에게 배웠다.

---

43 겨울 석 달.

학동 시대

하루는 집안 어른들이 지낸 이야기를 하는 중에 크게 충격을 받았다. 몇 해 전에 집안에 새로 혼인한 집이 있는데, 어느 할아버지가 서울 갔던 길에 총관驄冠(마미관馬尾冠)⁴⁴ 한 개를 사서 감추어 두었다가 새 사돈을 보려고 야간에 그 관을 쓰고 갔는데 이웃 동네 양반에게 발각되어 그 관을 찢기고서는 다시는 관을 못 쓴다고 한다.

나는 힘써 물었다.

"그 사람들은 어찌하여 양반이 되었고, 우리 집은 어찌하여 상놈이 되었습니까?"

대답은,

"침산강씨砧山姜氏⁴⁵도 그 선조는 우리 선조만 못하였으나, 한 문중에 진사進士가 세 사람씩이나 살아 있지 않느냐? 오담鰲潭⁴⁶ 이 진사 집도 그렇다."

나는 또 물었다.

"진사는 어찌하여 되는가요?"

답은,

"진사 급제는 학문을 공부하여 큰 선배가 되면 과거科擧를 보아서 되는 것이니라."

이 말을 들은 후부터 글공부할 마음이 간절하였다. 아버님에게 졸랐다. 어서 서당에 보내 달라고. 아버님은 주저하는 빛이 있는데, 동네에는 서당이 없어 다른 동네로 보내야겠는데 양반의 서당에서는 잘 받지도 않으려니와 설혹

---

44 말 꼬리털로 만든 관.
45 침산砧山은 황해도 벽성군 백운면에 있는 동네로, 산 아래 연자방아가 있어 '방아뫼'라고도 불렸다. 한편, 경남 진주와 함안 사이에도 침산이라는 야산이 있는데, 이 아래 강씨 집성촌이 있었다.
46 황해도 벽성군 문화면의 '오담리'를 가리킨다. 동네에서는 '자라소'라고 통용하였다.

받는다 하여도 양반의 자제들이 멸시할 테니 그 꼴은 못 보겠다는 것이다.

문중에 학령아동을 모으고 이웃 동네 상놈 친구의 아동을 몇 명 모아 놓고, 훈료訓料[47]는 쌀과 보리로 가을에 모아 주기로 하고 청수리淸水里 이 생원(이름자는 잊었다) 한 분을 모셔 왔는데, 그분은 글이 넉넉지 못하여, 양반이지만 같은 양반으로서는 그분을 교사로 고용하는 자가 없어서 결국 우리의 선생이 된 것이다. 그러나 나는 그 선생님 오신다는 날 너무 좋아서 못 견딜 지경이었다.

머리를 빗고 새 옷을 입고 영접을 나갔다. 저기에서 나이가 50여 세나 됨 직한 장대한 노인 한 분이 오는데, 아버님이 먼저 인사를 하고 나서,

"창암昌巖[48]아, 선생님께 절하여라."

하시는 말씀대로 절을 공순히 하고 나서 그 선생을 보니, 마치 신인神人[49]이라 할지 상제上帝[50]라 할지, 어찌나 거룩하여 보이는지 감상을 다 말할 수 없었다.

제일 먼저 우리 사랑을 공부방으로 정하고 식사까지 받들어 모시게 되었다. 12세 개학 첫날에 나는 '馬上逢寒食'(마상봉한식)[51] 다섯 자를 배웠다. 뜻은 알든 모르든 기쁜 맛에 밤에도 어머님 밀 마질[52]을 도와드리면서 자꾸 외웠다. 새벽에는 일찍 깨어서 선생님 방에 가서 누구보다도 먼저 배우고, 밥그릇을 메고 멀리서 오는 동무들을 내가 또 가르쳐 주었다.

우리 집에서 석 달을 지내고 다른 학동의 집으로 옮아갔는데, 인근인 산동山洞 신 존위 집 사랑으로 옮겨 설치되어 나는 또한 아침이면 밥그릇을 메고 산고개를 넘어 다녔다. 집에서 서당에 가기까지, 서당에서 집에 오기까지, 입에

---

47 가르침을 받은 값으로 치르는 비용. 오늘날의 수업료이다.

48 김구의 어릴 적 이름. 이후 창수昌洙, 두호斗昊, 두래斗來, 구龜, 구九, 곽윤郭潤, 장진구張振球, 장진張震 등으로 변성명하였다.

49 신과 같이 신령하고 훌륭한 사람.

50 하느님.

51 "말 위에서 한식을 만나다."라는 뜻으로, 중국 당나라 시인 송지문宋之問의 한시 「도중한식道中寒食」의 첫 구절이다.

52 매갈이, 즉 곡식을 매통에 갈아서 겉겨만 벗기는 일을 뜻한다.

서 소리가 끊이지 않고 외우면서 통학을 했는데, 정도로는 나보다 나은 자가 있었으나 성적은 강안講案[53]에서는 언제든지 내가 최우등이었다.

불과 반년 만에 신 존위의 부친과 선생 사이에 반목이 생겨 그 선생을 해고하게 되었는데, 표면 이유는 그 선생이 밥을 많이 먹는다는 것이나, 기실은 자기 손자는 둔재로 공부를 잘 못하는데 나의 공부는 일취월장하는 것을 시기한 것이었다. 종전에 월강月講[54]을 할 때 선생은 나에게 조용히 부탁을 한 적이 있었다.

"네가 늘 우등을 하였으니, 이번에는 네가 글을 일부러 못 외는 것처럼 하고, 내가 물어도 모른다고 대답하여라."

나는,

"그리하오리다."

하고 선생 부탁과 같이 하였더니, 그날은 신 존위 아들이 장원을 했다고 술을 장만하고 닭을 잡아 한밥[55]을 잘 먹은 적이 있다. 그러나 끝내 그 선생이 해고되었으니 정말 그야말로 상놈의 짓이다.

어느 날 내가 아직 아침밥을 먹기 전에 그 선생님이 집에 와서 나를 보고 작별을 선언한다. 나는 정신이 아득하여 그 선생의 품에 매달려 대성통곡을 하였다. 그 선생도 눈물이 비 오듯 하였다. 마침내 눈물로 작별을 하고 나서는, 나는 밥도 잘 안 먹고 울기만 하였다.

그다음에 곧 그와 같은 돌림선생[56]을 한 분 모셔다 공부는 하였다. 그러나 호사다마好事多魔 격으로 아버님이 돌연 전신불수가 되셨다. 그때부터는 공부도 못 하고 집에서 아버님 심부름을 하게 되었다. 근본 빈한한 살림에 의사와 약물을 사용하니 가산은 탕진되었다. 네다섯 달 치료 후에는 반신불수가 되어

---

53 시험의 결과를 적은 문서. 오늘날의 성적표에 해당한다.
54 한 달마다 선생 앞에서 배운 것을 외우는 일.
55 마음껏 배부르게 먹는 밥.
56 이리저리 떠돌며 가르쳐 주는 선생.

입도 기울어 말소리도 분명치 못하고 한 다리 한 팔을 쓰지 못하나, 반쪽이라도 쓰는 것은 퍽 신기해 보였다. 그리하자 돈이 없으니 고명한 의원을 모시기는 불가능하고, 부모님 내외가 무전여행을 떠났다. 문전걸식을 하면서 어디에서든지 고명한 의원을 탐문하여 치료받고자 떠난 것이다.

집까지 밥솥까지 다 내놓아 팔아서 떠나시고, 나는 큰어머니 댁에 떼어 두어 사촌 형들과 같이 쇠고삐를 끌고 산허리와 논머리에서 세월을 보내게 되었다. 아버지, 어머니가 그리워서 견딜 수 없었으므로, 여행하는 부모님을 따라서 신천信川과 안악安岳, 장련長連 등지로 정처 없이 떠돌아다녔다. 그러다가 나는 장련 대촌大村 친척(장련 재종조할아버지의 누이) 집에 두고 부모님 내외만 본고향으로 조부 대상제大祥祭[57]를 지내러 가시고 말았다.

그 댁도 농가農家인 까닭에 주인과 같이 구월산九月山[58]에 나무를 베러 갔는데, 내가 어려서 유달리 키가 크지를 못하여 나뭇짐을 지고 다니면 나뭇짐이 걸어가는 것과 같았다. 또한 그러한 고역을 처음 당하니 고통도 되려니와, 그 동네에는 큰 서당이 있어 밤낮 책 읽는 소리를 들을 때마다 말할 수 없는 슬픈 마음을 금할 수 없었다.

그 후 부모님이 그리로 오신 후에 나는 고향으로 가서 공부를 하겠다고 굳게 졸랐다. 그때는 아버님이 한쪽 팔다리도 좀 더 쓰시고 기력도 차차 회복이 되셨는데, 내가 그와 같이 공부에 열심인 것을 가상히 여겨 고향으로 돌아가는 길을 떠났다.

마침내 고향에 돌아와 보니 의식주를 의지할 데가 조금도 없는지라, 친척들이 얼마씩 돈을 걷어 주어 겨우 얹혀살고, 나는 곧 서당에 다니게 되었다. 책은 빌려서 읽지만 붓과 먹 살 돈도 나올 곳이 없었다. 어머님이 김품[59]과 길

---

57 죽은 지 2년 만에 지내는 제사.
58 황해도 신천군과 은율군 사이에 있는 산.
59 품삯을 받고 하는 김매기.

쌈[60]을 하여 먹과 붓을 사 주시면 어찌나 감사한지 말로 다 할 수 없었다.

그러나 나이가 14세나 되고 선생이라고 만나는 이가 거의 대부분 고루하여, 아무 선생은 벼 10석짜리, 아무 선생은 5석짜리, 훈료의 많고 적음으로 그 학력을 짐작하게 되었다. 그뿐 아니라 어린 때의 소견으로도 그 마음 씀씀이나 일 처리가 사람들의 사표師表[61]의 자격으로 보이지 않았다. 그때 아버님은 종종 나에게 이런 훈계를 하셨다.

"값 벌어먹기는[62] 장타령이 제일이라고, 너도 큰 글을 하려고 애쓰지 말고 시행문時行文[63]에 주력하여라."

그래서 "우명문사단右明文事段(이 명문을 작성하는 것은)…" 하는 토지 문서 작성하기와, "우근진소지단右謹陳訴旨段(이와 같이 삼가 송사의 요지를 진술하려는 것은)…" 하는 소장訴狀 올리기와, "유세차維歲次… 감소고敢昭告…(세월은 흘러 어언… 감히 고하여 아뢰옵니다…)" 하는 제사 축문과, "복지제기자僕之第幾子… 미유항려未有伉儷…(저의 몇째 아들이… 아직 배필이 없더니…)" 하는 혼서문과, "복미심伏未審(삼가 안부 듣지 못하온 바)…" 하는 서간문을 짬짬이 연습하여 무식한 이들 중에 하나의 샛별 같은 존재가 되었다.

문중에서는 나에게 바라고 기대하기를 장래에 상당한 존위의 자격이 있다고 인정하였지만, 그때 나의 한문은 겨우 속문續文[64]을 하는데, 『통감通鑑』[65]이나 『사략史略』[66]을 읽으면서 "제왕과 제후, 장수와 재상의 씨가 어찌 따로 있으

---

60 실을 내어 옷감을 짜는 일.

61 학식과 덕행이 높아 다른 사람의 모범이 될 인물.

62 '밥 벌어먹기는'의 뜻이다.

63 실제로 쓰이는 실용문.

64 몇 글자 엮어 간신히 내용을 이해하면서 읽음. 친필본의 한자를 '讀文'으로도 볼 수 있으나 다음다음 줄의 '繼續'을 보면 '續文'으로 보아야 함.

65 중국 송나라 때 강지江贄가 『자치통감資治通鑑』 내용을 요약한 책. 조선 초기부터 어린 학동들의 교재로 널리 쓰였다. 『자치통감』은 송나라 사마광司馬光이 펴낸 중국 역사서이다.

66 중국 원나라 때 증선지曾先之가 편찬한 『십팔사략十八史略』으로, 중국 고대부터 송나라

리오."라고 한 진승陳勝[67]의 말과, 칼을 뽑아 뱀을 벤[68] 유방劉邦[69]의 행동이나, 빨래하는 아낙네에게서 밥을 얻어먹었다는[70] 한신韓信[71]의 사적事跡을 볼 때는 나도 모르게 양어깨에 바람이 일었다.

그리하여 어찌하든지 공부를 계속하고 싶어 하나 집안 사정은 어찌할 길 없고, 집을 떠나 고명한 선생을 찾아가 공부할 형편은 되지 못한즉, 아버님은 심히 고민하셨다.

우리 동네에서 동북쪽으로 10리쯤 되는 학명동鶴鳴洞의 정문재鄭文哉 씨는 우리와 같은 계급인 상놈이지만, 당시 과거를 보는 유생 중 손에 꼽히는 선비요, 큰어머니와 육촌 남매간이었다. 그 정 씨 집에는 사방에서 온 선비들이 모여서 시詩도 짓고 부賦도 지었으며, 한쪽에서는 서당을 열어 아동을 가르치고 있던 터였다. 아버님이 정 씨와 교섭하여 학비 면제 학동으로 통학의 승낙을 얻으셨다.

나는 극히 만족하여 사철을 가리지 않고 매일 밥그릇 망태기를 메고 험한 고개를 넘고 깊은 골짜기를 건너, 기숙하는 학생들이 일어나지도 않을 때에 도착하는 적이 많았다. 제작題作[72]으로는 과거 시험 문장의 초보인 대고풍십팔구

말까지의 역사를 요약한 역사서이다.

67 중국 진秦 말기의 농민반란 지도자(?~서기전 208). 서기전 209년 오광吳廣과 함께 군사를 일으켜 왕이 되었으나 6개월 만에 평정되었다.

68 유방이 진시황의 능을 조성하기 위해 동원한 죄수들을 끌고 가다가 이들을 모두 풀어주고 그를 따르는 몇 사람과 이동할 때 앞에 뱀이 나타나자 "장사가 길을 가는데 그깟 뱀이 무엇이라고?" 하며 칼로 베어 죽인 일을 가리킨다.

69 중국 한漢의 제1대 황제(재위 서기전 206~서기전 195). 초楚의 항우項羽와 함께 진秦을 멸망시킨 후 항우의 군대를 해하垓下에서 대파하고 중국을 통일한 후 제위에 올랐다. 한고조漢高祖라 불린다.

70 한신이 어려서 집이 가난하여 굶주린 채 강가 낚시터에서 어슬렁거리자 빨래하던 나이 든 여자가 밥을 주어 이를 얻어먹었다는 고사이다.

71 중국 한漢의 장군(?~서기전 196). 한고조 유방劉邦을 도와 항우項羽를 공격해 큰 공을 세우고 중국 통일에 기여하였다.

72 내어 준 제목으로 글을 지음. 친필본의 한자 '製作'은 오기이다.

大古風十八句**73**를, 학과學課로는 한시漢詩와 당시唐詩, 『대학大學』과 『통감』을, 습자習字**74**로는 분판粉板**75**을 전용하였다.

과거 응시

그때는 임진년**76**으로, 최후의 과거였던 경과慶科**77**를 해주에서 거행한다는 공고가 났다. 정 선생이 하루는 아버님에게 이런 사정을 말하였다.

"금번 과거 길에 창암이를 데리고 가면 좋겠는데, 글씨를 분판에만 같으면 제 명지名紙**78**는 쓸 만하나 종이에 연습이 없으면 초수初手**79**로는 잘 못 쓸 테니 장지壯紙(서후지書厚紙)**80**에 좀 쓰였으면 좋겠는데, 노형 빈한한 터에 주선할 도리가 없겠지?"

아버님께서,

"종이는 내가 주선을 해 볼 터이지만, 글씨만 쓰면 되겠나?"

하시자 선생이,

"글은 내가 지어 줌세."

하였다. 아버님은 심히 기뻐서 어찌어찌하여 서후지 다섯 장을 사 주셨다. 나는 기쁘고 감사하여 필사筆師의 교법敎法대로 정성을 다하여 연습하고 보니 백지가 묵지墨紙**81**가 되었다.

---

73 운운韻을 달지 않은 7언 18구의 한시체漢詩體.
74 붓글씨를 연습함.
75 기름에 갠 분가루를 배게 한 널조각. 아이들이 붓글씨를 익히는 데 썼다.
76 1892년이다.
77 나라에 경사가 있을 때 보던 과거 시험.
78 과거 시험에 쓰던 답안지. 친필본의 한자 '明紙'는 오기이다.
79 경험이 없는 사람이 처음으로 손을 대서 하는 솜씨. 즉 첫솜씨의 뜻이다.
80 두껍고 질긴 질 좋은 종이.

과거 비용을 준비하지 못해 부자父子가 과거 기간에 먹을 만큼의 좁쌀을 등에 지고 선생을 쫓아 해주에 도착하여 아버님이 종전부터 친숙한 계방 집에 기숙하면서 과거 날을 맞았다.

관풍각觀風閣(선화당宣化堂[82] 옆) 주위에 새끼그물을 둘러치고 정각에 소위 부문赴門[83]을 한다는데, 선비들이 접接[84]마다 흰 베에 산동접山東接·석담접石潭接 등 각기 접 이름을 써서 장대기 끝에 달고, 대규모의 종이 양산을 들고 도포에 유건儒巾[85]을 쓴 사람들이 제 접마다 지점을 선점하려고 용감한 사람을 앞세우는, 이 대혼잡을 연출하는 광경이 볼만도 하였다.

과거 시험장에는 노소귀천 없이 무질서한 것이 전해 내려오는 풍습이라 한다. 또 가관인 것은 늙은 선비들의 걸과乞科[86]이니, 새끼그물에 머리들을 들이밀고 관풍각을 향하여 구두로 사정하는 말이,

"소생의 성명은 아무개이옵는데, 먼 시골에 살면서 과거 때마다 와서 참가하였사온데 금년 칠십 몇 세올시다. 요다음은 다시 과거에 참가하지 못하겠습니다. 초시初試[87]라도 한번 합격이 되면 죽어도 여한이 없겠나이다."

한다. 혹은 고함을 지르고, 혹은 대성통곡을 하니, 비루도 해 보이고 가련도 해 보였다.

우리 접에 와서 선생과 접장接長[88]들을 보니, 글 짓는 자는 짓기만 하고 글

---

81 한쪽 또는 양쪽 면에 검은 칠을 한 얇은 종이. 종이 사이에 끼우고 철필이나 골필로 눌러써서 한꺼번에 여러 벌을 복사한다.

82 조선시대에 각 도의 관찰사가 집무하던 주건물.

83 과거 시험장 문을 개방함.

84 서당 학생이나 과거에 응시하던 선비들의 동아리. 또 보부상의 동아리를 가리키기도 하며, 동학에서는 포包와 같은 뜻으로 교구 또는 집회소 단위로도 쓰이는 말이다.

85 조선시대에 유생들이 쓰던 실내용 두건의 하나.

86 과거 시험 소과小科에 낙방한 늙은 선비가 시험관에게 다시 시험해 줄 것을 구걸하듯 간청하던 일.

87 과거의 맨 처음 시험.

88 과거에 응시하던 선비들을 인솔하는 사람. 동학에서는 접接의 우두머리를 가리킨다.

조선 후기 과거 시험장의 풍경을 그린 김홍도의 <공원춘효도貢院春曉圖(봄날 새벽의 과거 시험장)>.

씨 쓰는 자는 쓰기만 하였다. 나는 선생님에게 늙은 선비들이 걸과하는 정황을 말씀드린 끝에,

"이번에 제 이름으로 말고 제 부친의 명의로 과거 답안지를 작성해 주시면 좋겠습니다. 저는 앞으로도 기회가 많지 않겠습니까?"

하였다. 선생님이 내 말에 감동하여 기뻐하셨고, 이 말을 듣던 접장 한 분이,

"그럴 일이다. 네 글씨가 나만 못할 테니 네 부친의 명지는 내가 써 주마. 훗날 네 과거는 더 공부하여 네가 짓고 쓰거라."

하신다.

"네, 고맙습니다."

그날은 아버님 명의로 과거 답안지를 작성하여 새끼그물 사이로 시험관 앞을 향하여 쏘아 들여보냈다. 그러고 나서 주변 광경을 보면서 이런 말 저런 말을 듣는 중에 시험관 측에 대한 불평론은,

"통인通引[89] 놈들이 시험관에게는 보이지도 않고 과거 답안지 한 아름을 도적질해 갔다."

고 하는 말이었다. 그리고 과거 시험장에서 글을 짓고 쓸 때 남에게 보이지 않는 것을 으뜸으로 삼는데, 이유는 글을 지을 줄 모르는 자가 남의 글을 보고 가서 자기의 글로 써서 들인다는 것이다. 또 괴이한 말은,

"돈만 많으면 과거도 할 수 있고 벼슬도 할 수 있다. 글을 모르는 부자들이 이름난 선비의 글을 몇백 냥, 몇천 냥씩 주고 사서 진사도 하고 급제도 하였다."

고 한다. 그뿐인가.

"이번 시험관은 누구인즉, 서울 아무 대신大臣에게 서간을 부쳤으니까 반드시 된다."

고 자신하는 사람,

"아무개는 시험관의 수청 기생에게 주단紬緞 몇 필을 선사하였으니 이번에

---

89 예전에 지방 수령의 잔심부름을 하던 구실아치.

꼭 과거에 급제한다."

고 자신하는 자도 있었다.

나는 과거에 대한 의문이 생기기 시작했다.

'위의 몇 가지 현상으로만 보아도, 과거제도 시행이 나라(나라가 임금이요 임금이 곧 나라로 알게 된 시대)에 무슨 필요가 있으며, 이 모양의 과거를 한다면 무슨 가치가 있는가? 내가 혈심血心[90]을 다하여 장래를 개척하려고 공부하는 것인데 선비의 유일 진로인 과거의 꼬락서니가 이 모양인즉, 나랏일이 이 지경이면 내가 시詩를 짓고 부賦를 지어 과문육체科文六體[91]에 능통한다 하여도 아무 선생, 아무 접장 모양으로 과거 시험장의 대서업자에 불과할 것이니, 나도 이제는 앞길에 다른 길을 연구하리라.'

학구學究 시대

과거에 대한 불쾌함 또는 비관을 품고 집에 돌아와 아버님과 상의하였다.

"금번 과거 시험장에서 여러 가지를 살펴보니, 제가 어디까지든지 공부를 성취해 가지고 입신양명을 하여 강가姜哥와 이가李哥의 압제를 면할까 하였는데 유일한 진로라는 과거 시험장의 악폐가 이러한즉, 제가 비록 이름난 선비가 되어서 학력으로는 강씨, 이씨를 압도한다 해도 그들에게는 공방孔方(돈)의 마력이 있으니 어찌하겠습니까? 또한 이름난 선비가 되도록 공부를 하려면 다소의 금전이라도 있어야 되겠는데 집안이 이같이 몹시 가난하니, 지금부터 서당 공부는 폐지하겠습니다."

아버님 역시 옳게 여기시고,

---

90 진심에서 우러나오는 정성.
91 과거에서 시험 보던 여섯 가지 문체. 시詩·부賦·표表·책策·의義·의疑를 가리킨다.

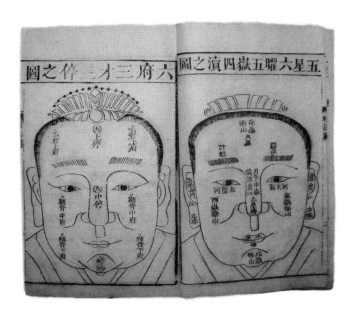

『마의상서』 내지.

"너, 그러면 풍수風水[92] 공부나 관상觀相[93] 공부를 하여 보아라. 풍수에 능하여 명당을 얻어 조상을 장사 지내면 자손이 복록福祿을 누리게 되고, 관상을 잘 보면 선인군자善人君子를 만나게 되느니라."

하신다. 나는 매우 이치에 맞다고 생각되어,

"그것을 공부하여 보겠습니다. 서적을 얻어 주십시오."

하였더니, 우선 『마의상서麻衣相書』[94] 한 권을 빌려다 주어서 독방에서 관상서觀相書를 공부하였다.

관상서를 공부하는 방법은, 거울을 보면서 자신의 상으로 부위와 명칭을 익힌 후 타인의 상에 적용하는 것이 지름길이다. 그리고 보니 흥미가 있어, 타

---

92 집이나 무덤 따위의 방위와 지형의 좋고 나쁨이 사람의 운수와 깊은 관계를 가진다는 학설.
93 사람의 얼굴 모습을 보고 그의 운명과 수명 등을 판단하는 일.
94 중국 송나라 마의선사麻衣禪師가 지은 관상에 관한 책.

인의 상보다 나의 상을 잘 볼 필요가 있다고 깨닫고, 문밖에 나가지도 않고 석 달 동안이나 관상 이론에 의하여 나의 상을 관찰해 보았으나 한 군데도 귀격貴格·부격富格 등의 달상達相이 없을 뿐 아니라 얼굴과 온몸이 천격賤格·빈격貧格·흉격凶格으로만 되어 있었다.

앞서 과거 시험장에서 얻은 비관에서 벗어나기 위하여 관상서를 공부하던 것인데, 그 이상의 강한 비관에 빠져 버린 것이다. 짐승과 같이 살기 위해서나 살까, 세상에 살고 싶은 마음이 없어진다. 그런데 관상서 중에 이런 구절이 있었다.

상호불여신호相好不如身好 신호불여심호身好不如心好[95]

이것을 보고 상 좋은 호상인好相人보다 마음 좋은 호심인好心人이 되어야겠다는 생각이 굳게 정해졌다. 이제부터는, 외적 수양은 어찌 되든지 내적 수양을 힘써야만 사람 구실을 하겠다고 마음먹고, 종전에 공부를 잘해서 과거에 급제하고 벼슬하여 천한 신분에서 벗어나 보겠다는 생각은 순전히 허영이요 망상이요, 호심인은 취할 바가 아니라고 생각되었다.

그러나 '호심인 아닌 자가 호심인 되는 방법이 있는가?' 하고 자문하면 역시 막연하다. 관상서는 그만 덮어 버리고, 지가서地家書[96]도 좀 보았으나 취미를 얻지 못했다. 그래서 병법서인 『손무자孫武子』,[97] 『오기자吳起子』,[98] 『삼략三略』,[99]

---

95 "상 좋은 것이 몸 좋은 것만 못하고, 몸 좋은 것이 마음 좋은 것만 못하다."는 뜻.

96 풍수지리에 근거를 두고 묏자리나 집터 따위의 좋고 나쁨을 알아보는 지술地術에 관한 책.

97 중국 춘추시대의 병법가 손무孫武(서기전 6세기경 인물)가 지은 병법서인 『손자병법孫子兵法』을 가리킨다.

98 중국 전국시대의 병법가 오기吳起(서기전 440?~서기전 381)가 지은 병법서인 『오자吳子』를 가리킨다.

99 중국 주周의 정치가 태공망太公望(강태공姜太公)이 지었다고 하는 병법서. 상략上略·

『육도六韜』[100] 등의 책을 보니 이해하지 못할 곳이 많았지만 장수가 될 만한 인재에 관해서 "태산이 앞에서 무너져도 마음은 망동하지 않는다.", "지위 낮은 군졸과 더불어 즐거움과 괴로움을 함께한다.", "나아가고 물러남을 호랑이처럼 빠르게 한다.", "상대를 알고 나를 알면 백 번 싸워도 지지 않는다." 등의 구절은 매우 흥미 있게 소리 내어 읽었다. 이렇게 1년간(17세) 문중 아이들을 모아 훈장질을 하면서 의미도 잘 모르는 병법서만 읽었다.

중략中略·하략下略의 3개 편목으로 되어 있어 '삼략'이라 한다. '약略'은 '기략機略'의 뜻으로, 일을 잘 처리할 수 있는 지혜를 의미한다.

100 중국 주周의 정치가 태공망太公望(강태공姜太公)이 지었다고 하는 병법서. 문도文韜·무도武韜·용도龍韜·호도虎韜·견도犬韜·표도豹韜의 6개 장으로 되어 있어 '육도'라 한다. '도韜'는 '화살을 넣는 주머니'의 뜻으로, 깊이 감추어진 병법의 비결을 의미한다.

동학의 세계

동학東學 입문

그러할 즈음에 사방에 요언괴설妖言怪說[101]이 분분한데, 어디서는 이인異人[102]
이 나와서 바다에 떠다니는 화륜선火輪船[103]을 못 가게 딱 붙여 놓고 세금을 내
야 놓아 보낸다는 둥, 머지않아 정도령鄭道令[104]이 계룡산에 도읍을 정하고 이
조李朝 국가는 없어질 테니 밭은목[105]에 가서 살아야 다음 세대에 양반이 된다
하고, 아무개는 계룡산으로 이사를 하였느니 하는 중이었다.

우리 동네에서 남쪽으로 20리 떨어진 포동浦洞[106]이란 곳의 오응선吳膺善

---

101 근거 없이 떠도는 소문과 괴상한 이야기.
102 재주가 뛰어나고 신통한 사람.
103 예전에 기선汽船을 이르던 말. 윤선輪船이라고도 한다.
104 도령道令은 탈놀이에 등장하는 인물 또는 총각의 뜻이나, 여기서는 존칭으로 쓰였다.
105 이에 대하여는 여러 가지 풀이가 있다. '밭은'은 "길이가 매우 짧은"의 뜻이고 '목'은
"중요한 통로가 되는 어귀"이니 큰길이나 넓은 지역과 인접하지 않은 깊숙한 곳의 뜻
으로 볼 수 있다. 또 일부 사전에서는 "물목 가운데 가장 좋은 목"으로 풀이하고, '물목'
은 "물이 흘러 들어오거나 나가는 어귀"라 하였다. 이를 정도령이 도읍하고자 하는 계
룡산과 가깝고, 『정감록鄭鑑錄』에서 십승지지十勝之地의 하나로 꼽는 유구維鳩 마곡麻谷
의 두물골의 둘레가 2백 리가 되므로 난을 피할 수 있다고 한 이야기와 종합해 보면, 물
이 있어 농사를 지을 수 있되 외부에 드러나지 않는 깊숙한 곳을 가리키는 듯하다.

과 이웃 동네 최유현崔琉玹 등은 충청도에서 최도명崔道明이라는 동학東學[107] 선생에게 입도入道하여 공부를 하는데, 드나들 때 방문을 열거나 닫지 않고, 갑자기 나타나거나 갑자기 사라지며, 공중으로 걸어 다닌다고 하며, 그 선생 최도명은 하룻밤 사이에 능히 충청도를 왕래한다고 한다.

나는 호기심이 생겨 한번 가서 보고 싶은 생각이 났다. 그런데 그 집을 찾아가는 예절은, 육류를 먹지 말고 목욕하고 새 옷을 입고 가야 접대를 한다고 한다. 생선도 먹지 않고 목욕하고 머리를 빗어 땋아 늘이고(18세 되던 정초) 푸른색 도포에 녹색 띠를 매고 포동 오 씨 댁을 방문하였다.

마침내 문 앞에 당도하니 방 안에서 무슨 글 읽는 소리가 들리는데, 보통 시나 경전을 읽는 소리와 달라서 노래를 합창하는 것 같으나 의미를 알 수는 없다. 공경하는 마음으로 문에 나아가 주인 면회를 청하니 젊은 청년 한 사람이 접대를 하는데, 그도 양반인 것은 알고 간 터여서 보니 상투를 짜고 통천관通天冠[108]을 쓰고 있었다. 공순히 절을 하니 그이도 맞절을 공손히 하고 하는 첫말이,

"도령[109]은 어디서 오셨소?"

한다. 나는 황공하여 본색을 말하였다.

"제가 어른(가관加冠[110]의 의미)이 되었어도 당신께 공대를 듣지 못할 터인데, 하물며 저는 아이 아닙니까?"

---

106 황해도 벽성군 장곡면 동봉리에 있는 마을로, 조선 중기에 정철鄭澈이 거처하였던 포천재浦川齋가 있다.

107 조선 말 19세기 중엽에 탐관오리의 착취와 외세의 침입에 대항하여 최제우崔濟愚가 세상과 백성을 구제하려는 뜻에서 창시한 민족종교. '사람이 하늘'이라는 인내천人乃天 사상을 기본 교리로 내세워 백성들로부터 크게 환영받아 세력이 커졌으나 1894년(고종 31)의 동학농민운동 이후 조정의 탄압을 받아 세력이 쇠퇴하였고, 제3대 교주 손병희孫秉熙 때 천도교天道敎라고 명칭을 바꾸었다.

108 임금이 정무를 보거나 조칙을 내릴 때 쓰던 관. 조선 말에는 양반들도 썼다. 검은 비단으로 만들었는데, 앞뒤에 각각 열두 솔기가 있고 옥으로 만든 비녀와 갓끈을 갖추었다.

109 '총각'을 대접하여 이르는 말.

110 어른이 된다는 뜻으로 상투를 틀고 갓을 쓰는 의례.

그이는 감동하는 빛을 보이면서,

"천만의 말씀이오. 다른 사람과 달라서, 나는 동학 도인이기 때문에 선생의 교훈을 받아 빈부귀천에 차별 대우가 없습니다. 조금도 미안해 마시고 찾아오신 뜻이나 말씀하시오."

하였다. 나는 이 말만 들어도 별세계에 온 것 같았다. 나는 묻기 시작하였다.

"제가 온 것은, 선생이 동학을 하신단 말을 듣고 도리道理를 알고 싶어 왔습니다. 이런 아이에게도 말씀하여 주실 수 있습니까?"

"그처럼 알고 싶어서 오셨다는데야 내가 아는 데까지는 말씀하겠습니다."

"동학이란 학문은 어떤 취지이며 어느 선생이 천명하셨습니까?"

"이 도道는 용담龍潭[111]의 수운水雲 최제우崔濟愚 선생이 천명하셨으나 이미 순교하셨고, 지금은 그 조카 해월海月 최시형崔時亨[112] 선생이 대도주大道主[113]가 되어 포교 중인데, 취지로 말하면 말세의 간사한 인류가 개과천선하여 새 백성이 되게 하고, 장래에 진주眞主[114]를 모셔 계룡산에 신국가를 건설하는 것입니다."

나는 한 번 듣고도 심히 기쁜 마음이 일어난다. 상격相格[115]에 낙제를 하고 호심인이 되기로 마음속으로 맹세한 나에게는 천주天主[116]를 몸에 모시고 체천행도體天行道[117]한다는 말이 제일 절실하였다. 그리고 상놈 된 원한이 골수에

---

111 최제우의 탄생지이자 동학의 발상지로 용담성지龍潭聖地라고 불리며, 행정구역상 경북 경주시 현곡면 가정리이다. 이 마을 앞산이 구미산龜尾山이고, 이 산 계곡에 용담정龍潭亭이 있다.

112 동학의 제2대 교주(1827~1898). 동학 경전을 간행하여 교리를 강화하고 교단의 조직을 강화하였다. 1892년(고종 29) 조정의 동학 탄압에 분개하여 교조의 신원伸冤을 상소하였고, 1897년 손병희孫秉熙에게 도통을 전수하였다. 그러나 이듬해 강원도 원주에서 체포되어 서울로 압송되고 교수형을 당하였다.

113 동학, 즉 천도교天道教를 통할하던 우두머리. 지금은 교령教領으로 명칭이 바뀌었다.

114 진명지주眞命之主. 하늘의 뜻을 받아 어지러운 세상을 평정하고 통일을 이루는 임금.

115 관상에서 얼굴 생김새를 이르는 말.

116 하느님.

사무친 나에게, 동학에 입도만 하면 차별 대우를 철폐한다는 말이나, 이조의 운수가 다하였으니 장래 신국가를 건설한다는 말에서는, 더욱이 작년에 과거 시험장에서 비관의 마음을 품은 것이 연상되었다.

동학에 입도할 마음이 불길같이 일어났다. 오 씨에게 입도 절차를 물으니, 백미 한 말, 백지 세 묶음, 밀초[황촉黃燭][118] 한 쌍을 준비해 가져오면 입도식入道式을 행하여 주마고 한다. 『성경대전聖經大全』[119]과 『팔편가사八編歌辭』[120]와 「궁을가弓乙歌」[121] 등 동학 서적을 열람한 후에 집에 돌아와 아버님에게 오 씨와 만나 이야기한 일체를 상세히 보고하니, 아버님은 쾌히 허락하시고 입도식에 필요한 예물을 준비해 주셨다.

동학 접주接主[122]

나는 새 예물을 가지고 곧 가서 입도하고 동학 공부를 열심으로 하였다.[123] 아버님도 이어서 입도하셨다. 그때의 인정세태는, 양반들은 가입하는 자가 희소한 반면에 내가 상놈인 만큼 상놈들의 취향이 동학으로 많이 쏠려 들어왔다.

---

117 하늘을 근본으로 삼아 도를 행함.

118 밀랍으로 만든 초.

119 동학의 창시자 최제우가 1860년(철종 11)에서 1863년(철종 14) 사이에 지은 『동경대전東經大全』을 가리킨다. 한문체로 되어 있으며 동학에서는 가장 중요한 경전이므로 '성경'을 붙여 부른다.

120 동학의 창시자 최제우가 1860년(철종 11)에서 1863년(철종 14) 사이에 지은 『용담유사龍潭遺詞』를 가리킨다. 동학 포교용 가사집으로 한글체로 되어 있으며, 8편으로 구성되어 있어 '팔편'을 붙여 부른다.

121 『용담유사』에 실려 있는 장편 동학가사. 한 행이 끝날 때마다 "궁궁을을弓弓乙乙 성도成道로다."를 후렴구로 반복하고 있다.

122 동학의 하부 교구 단위인 '접接' 또는 '포包'의 우두머리.

123 1893년(고종 30) 계사년 정초의 일이다.

불과 수개월 만에 연비聯臂[124](부하라 할까, 제자라 할까)가 수백 명에 달하였다.

　　그때 나에 대한 근거 없는 소문이 인근에 두루 유포되었다. 나를 찾아와서,

　　"그대가 동학을 해 보니 무슨 조화造化가 나더냐?"

물으면 나는 정직하게,

　　"'모든 악함을 짓지 말고, 여러 선함을 받들어 행함'[125]이 동학의 조화입
니다."

라고 하지만, 듣는 자들은 자기네에게는 아직 그런 조화를 보여 주지 않는 것
으로 생각하고, 전파하기는,

　　"김창수金昌洙(그때부터 널리 쓰던 이름)가 한 길 이상의 높이에서 걸어 다니
는 것을 보았다."

고 한 것이다. 잘못 전해진 말이 또다시 잘못 전해져 점점 도道가 높다는 소리
가 널리 퍼져 떠들썩해지니, 황해도 일대는 물론이고 평안남북도에까지 연비
가 수천에 달하였다. 당시 양서兩西[126] 동학당東學黨 중 나이 어린 자로서 가장
많은 연비를 가졌기 때문에 별명이 '아기접주'였다.

　　다음 계사년[127] 가을에 충청도 보은에 계신 해월 대도주에게 각기 자기 연

124　본래 '사람을 통해 간접적으로 소개함'이라는 뜻이나, 여기서는 그런 소개를 통해 동학
　　에 입도하게 된 사람을 뜻한다.

125　중국 당나라 때의 고승 조과선사鳥窠禪師가 불법을 묻는 백거이白居易(772~846, 자는
　　낙천樂天)에게 답한 말.

126　황해도와 평안도를 아울러 이르는 말.

127　1893년(고종 30)이다. 백범은 그해 정초에 동학에 입도한 후 가을에 황해도 동학 접주
　　들과 함께 보은報恩에 있는 해월海月 최시형崔時亨 대도주에게 연비들의 명단을 보고
　　하기 위하여 출발하였다.
　　　이후의 동학 관계 내용을 살펴보면, 다음해 갑오년(1894년) 2월 10일 전봉준全琫準
　　이 지휘하는 동학군이 전라도 고부古阜 관아를 습격함으로써 동학농민운동이 발발하
　　였다. 백범은 이 소식을 보은에서 들어 알고 있었다. 5월 6일 북접北接 동학당인을 이
　　끌던 최시형도 통문通文을 띄워 동학농민운동에 모두 참여할 것을 명하였는데, 이 사
　　실도 김구는 보은에서 직접 보아 알고 있었다. 이때 조선 조정에서는 홍계훈洪啓薰으
　　로 하여금 경군京軍을 이끌고 남하하여 이를 진압케 하였는데, 백범은 이때 보은을 떠

비들의 명단을 보고하라는 경통敬通(공문)에 의해 오응선·최유현 등이 도내道內에서 명망 높은 도유道儒(동학당인을 가리키는 자칭 또는 타칭의 명사) 15명을 선발했는데, 내가 참가자로 뽑혔다. 길게 땋은 머리로는 가기가 불편하다 하여 갓을 쓰고 출발하게 되었다.

연비들이 여비를 내서 토산土産 예물로 해주에서 참먹[향묵香墨]을 특별히 만들어 가지고 육로와 수로를 지나서 보은군 장안長安이라는 마을에 도착하니, 이 집 저 집, 이 구석 저 구석에서,

시천주조화정侍天主造化定 영세불망만사지永世不忘萬事知
지기금지至氣今至 원위대강願爲大降[128]

의 주문 외우는 소리가 들렸다. 한쪽에서는 떼를 지어 나가고 한쪽에서는 몰려들어오고, 집이 있는 대로 사람이 가득가득했다.

접대인에게 우리 일행 15명의 명단을 주어 해월 선생 면회를 청하였다. 시

나 경성을 지나면서 이 경군을 직접 보았다. 5월 22일 홍계훈의 경군이 남진을 계속하여 6월 1일 전주성에 도착하였다. 또 조정에서는 동학농민운동을 진압하기 위해 청나라에 군대 파견을 요청하여 청군이 6월 8일부터 아산만에 들어와 진을 치고 있었고, 이를 빌미로 일본군도 같은 시기에 인천을 경유하여 서울에 입성하였다. 이에 자극받은 전봉준의 동학군은 9월 중순부터 전주에서 '척왜斥倭'를 기치로 내걸고 대규모로 봉기하였다. 이해 9월 백범은 고향에 돌아왔는데, 10월 하순 황해도에서 장연·재령·안악·평산·봉산·신천 등지에서 동학군이 봉기할 때 백범도 이에 합세하여 활동하였다. 이후 서울을 향하여 북상하던 동학군이 12월 11일 충남 공주 우금치전투에서 패배하고 12월 30일에는 전봉준이 체포되어 서울로 압송된 후 이듬해 1895년 4월 23일 교수형을 당함으로써 동학농민운동은 종말을 고하였다.

[128] 동학에서 외우는 주문으로, "천주를 모시어 조화가 내게 자리를 잡으니, 언제나 잊지 않으면 만사가 다 알아질 것입니다.", "천주의 지극한 기운이 몸에 내려 기화氣化하기를 원컨대 청하여 비옵나이다."라는 뜻이다. 최제우가 경험한 종교 체험의 중심 내용이 표현된 말로, 이를 외워 소리 내어 말하고 그 뜻을 깨달아 실현하면 오래도록 죽지 않는다 하여 장생주長生呪라고도 한다. 특히 앞의 구절을 본주문本呪文, 뒤의 구절을 강령주문降靈呪文이라 한다.

간이 지나 황해도 도인들을 부른다는 통지를 받고 15명이 일제히 해월 선생 처소에 갔다. 안내인의 뒤를 따라 그 집에 가서 해월 선생 앞에 15명이 한꺼번에 절을 하는데, 선생도 역시 앉아서 상체를 구부리고 손을 땅에 짚고 한 번에 답례 절을 한다. 그리고 멀리서 수고스레 왔다는 간단한 인사를 하였다.

우리 일행 중의 대표가 15명이 각각 성책成冊한 명단을 선생 앞에 드렸다. 선생은 그 명단 책을 문서 책임자에게 맡기며 처리하라고 분부하였다.

그리고 다른 동행들도 그런 생각이 났겠지만, 불원천리하고 간 것은 선생이 무슨 조화 주머니나 주었으면 하는 마음과, 선생의 도골도풍道骨道風[129]은 어떠한가 보려는 생각이 간절하였던 터였다. 선생은 연세가 60[130] 가까이 되어 보이는데 채수염[131]이 보기 좋게 검은 오리가 약간 보이고, 얼굴 모습은 맑고 약간 여위었으며, 머리에 큰 흑립黑笠을 쓰고 저고리만 입고 앉아서 일을 보았다.

방문 앞에 놓인 무쇠 화로의 약탕관에서는 독삼탕獨蔘湯[132]을 달이는 김과 냄새가 나는데 선생이 잡수신다고 하였다. 방 안팎에서 많은 제자들이 옹위하는 가운데 더욱 친근히 모시는 자는 응구應九 손병희孫秉熙[133]와 김연국金演局[134] 두 사람으로 선생의 사위라 하고, 그 밖에 유명한 제자 박인호朴寅浩[135] 등 많은 사람이 있었다. 내가 보기에 손 씨는 젊은 청년이고,[136] 김 씨는 나이가 40 가까

---

129 '도인의 골격과 풍채'라는 뜻으로, 남달리 훌륭한 풍채, 고상한 풍채를 가리킨다.

130 1893년 당시 67세였다.

131 숱은 많지 않으나 길게 드리운 수염.

132 맹물에 인삼만 넣고 달인 탕약.

133 항일 독립운동가(1861~1922). 응구는 그의 자字이며, 호는 의암義菴이다. 1862년(철종 13) 동학에 입도하여 1897년 제3대 교주가 되었고, 1919년 3·1운동 때는 민족 대표 33인의 한 사람으로 활약했다.

134 1857~1944. 호는 구암龜菴으로, 처음에는 대표적인 천도교인으로 활동했으나 나중에 손병희와 불화가 생겨 계룡산 신도안에 상제교上帝敎를 창시하여 교주가 되었다.

135 1855~1940. 호는 춘암春菴으로, 동학교도들의 보은 시위 때의 공로로 대접주에 임명되었고, 후에 대도주가 되었다.

동학의 제2대 교주 최시형, 그리고 그의 수제자인 손병희와 김연국(왼쪽부터).

이 되어 보이는데[137] 순실한 농군 같아 보였고, 손 씨는 글 쓰는 재능도 있어 보이고 부적符籍 글에 '天乙天水'(천을천수)라고 쓴 것을 보니 글씨 쓰는 재능도 있어 보였다.

　그때 남도南道 각 관청에서는 동학당을 체포하여 압박하는 반면에 고부古阜에서는 전봉준全琫準이 벌써 군사를 일으켰다고, 우리가 그 자리에 서 있는 때에 들어와서 보고 하는 것을 들었는데 이어서,

　"아무 군수는 도유道儒의 온 가족을 잡아 가두고 가산家産 전부를 강탈하였나이다."
한다.

　선생은 진노하는 안색으로 순 경상도 어조로,

　"호랑이가 물러 들어오면 가만히 앉아 죽을까? 참나무 몽둥이라도 들고 나가서 싸우자!"

136　당시 33세였다.
137　당시 37세였다.

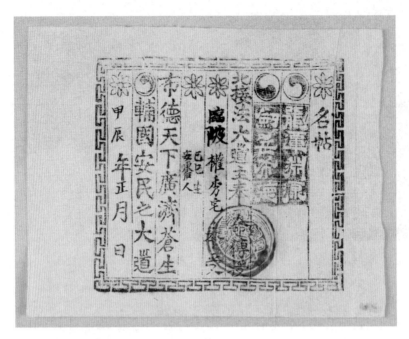

동학 첩지. 문서에 찍힌 도장이 태극 문양이 양각과 음각으로 찍혀 있는 '해월인'이다.

고 한다. 선생의 이 말이 곧 동원령이다. 각지에서 와서 대령하던 대접주들이 물 끓듯 밀려 나가기 시작한다. 우리 열다섯 사람에게도 각각의 이름으로 접주라는 첩지帖紙[138]를 내려 주었는데, '海月印'(해월인)이라고 둥근 형체에 전자篆字[139]로 새긴 글자가 찍혀 있었다.

선생에게 하직하는 절을 한 번 한 후 속리산을 구경하고 차차 귀로에 들어서자 벌써 곳곳에 한 무리가 되어서 흰옷에 칼을 찬 자들을 종종 만나게 되었다. 광혜원장廣惠院場[140]에 도착하니 수만의 동학군이 진영을 벌이고 지나가는 사람들을 검사하는데, 가관인 것은 인근의 양반으로 평상시에 동학당을 학대

---

138 사령장辭令狀 또는 임명장.
139 한자 서체의 한 종류.
140 충북 진천군 광혜원면에서 열리는 시장.

한 자들을 잡아다가 길가에 앉히고 짚신을 삼게 하는 것이었다. 우리 일행은 증표를 보고 무사히 통과시켜 주었다.

부근 촌락의 형편은, 밥을 짐으로 지어서 속칭 도소都所로 보내는 것이 수를 헤아리기 어려웠고, 논에서 벼를 베던 농군들이 동학당이 물밀듯 모여드는 것을 보더니 낫을 버리고 도주하는 것도 보았다. 경성을 지나면서 보니 벌써 경군京軍이 삼남三南[141]을 향하여 가고 있었다.

동년(1894) 9월경에 고향에 돌아오니, 황해도 동학당들도 다소 양반과 관리의 압박을 받는 동시에 삼남에서 호응하여 행하라는 공문이 속속 도착하였고, 그리하여 15인 접주를 위시하여 회의한 결과 거사하기로 결정되었다.

제1회 총소집의 위치를 죽천장竹川場[142] 포동浦洞 부근 시장에 정하고 각처에 공문을 띄웠다. 나는 팔봉산 아래에 산다고 해서 '팔봉八峯'이라는 접명接名을 짓고 푸른 비단에 '八峯都所'(팔봉도소) 넉 자를 큰 글씨로 두드러지게 쓰고, 표어로는 '斥倭斥洋'(척왜척양)[143] 넉 자를 써 걸었다.

회의 요점은, 거사만 하면 경군과 왜병이 와서 접전이 될 테니 연비 중에 무기가 있는 이를 모아서 군대를 편제하기로 하였다. 나는 본시 산골짜기에서 태어나 자랐고 또한 상놈인 까닭에 산포수山砲手[144] 상놈 연비가 가장 많았다. 인근 부잣집에서 약간의 호신 무기를 수집한 외에 대부분 자기 총기를 가져온 산포수 제자들을 군대로 편성하니, 총 가진 군인이 7백여 명이었다. 무력 면으로 보면 거사 초에 누구의 접接보다 우월한 지위에 있었다.

최고회의에서 수부首府[145]인 해주성을 먼저 함락하여 탐관오리와 왜놈을

---

141 충청도·경상도·전라도 세 지방을 통틀어 일컫는 말.

142 황해도 벽성군 장곡면 죽천리에서 열리는 시장.

143 "왜적과 서양 오랑캐를 배척한다"는 의미로, 당시 동학이 대외에 내세운 주장이었다.

144 산속에서 사냥하는 일을 직업으로 하는 사람. 포수는 총으로 짐승을 잡는 사냥꾼을 말하며, 포군砲軍과 같은 뜻으로 쓰여 총포를 가진 군사를 가리키기도 한다.

145 한 도道 안에서 감영監營이 있던 곳.

다 잡아 죽이기로 결정하고, 팔봉 접주 김창수가 선봉으로 결정되었다. 그것은 아무리 나이가 어리더라도 평소 무학武學에 연구가 있었고, 현재 순전한 산포수로 편성한 것이 가장 정밀하다는 것이지만, 이면에는 자기네가 총알받이 되기 싫다는 이유도 있는 것이다. 그러나 나는 승낙하였다.

즉시 전체는 후방에서 따르고, 나는 '先鋒'(선봉)이라는 사령기司令旗[146]를 잡고 말을 타고 선두에 서서 해주성을 향하여 나아갔다. 해주성 서문 밖 선녀산仙女山 위에 군사를 머물게 한 후에는 총지휘부에서 총공격령을 내리면서 선봉에게 작전 계획을 맡긴다. 나는 이런 계획을 제시하여 올렸다.

지금 성안에 아직 경군은 도착하지 못하였고 오합지졸로 편성한 수성군守城軍 2백여 명과 왜병 7명이 있으니, 선발대로 하여금 먼저 남문을 향하여 진격하게 하면 선봉이 거느리는 부대는 온 힘을 다하여 서문을 공격하여 함락할 테니, 총지휘부는 그 형세를 보아 허약한 곳을 응원한다.

이렇게 올린 계획이 채용되었다.

그러는 즈음에 왜병이 성 위에 올라 시험 삼아 총 네댓 발을 쏘니 남문으로 향하던 선발대는 도주하기 시작하였고, 왜병은 남문으로 나와 도주하는 무리를 향하여 총을 연발하였다. 나는 전군全軍을 지휘하며 선두에 서서 서문 아래에 도착해 맹공을 하는데 갑자기 총지휘부에서 퇴각 명령을 내렸고, 선봉대가 머리를 돌리기도 전에 병사들은 산으로 들로 뿔뿔이 도망하는 빛이었다.

퇴각하는 까닭을 물으니, 도유 서너 명이 남문 밖에서 총에 맞아 죽었기 때문이라 한다. 그러니 선봉군도 퇴각하지 않을 수 없었다. 비교적 종용하게 퇴각해서 해주 서쪽 80리 되는 회학동回鶴洞 곽 감역監役[147] 집에 선도대先導隊를

---

146 군대의 지휘자를 나타내는 기.
147 '감역관監役官'의 준말로, 조선시대에 토목이나 건축 공사를 맡아 보던 벼슬이다.

보내고 후방의 퇴각한 병사를 모으기로 하고, 최후에 군인들을 지도해서 회학동에 도착하니 무장 군인들은 전부 집합되었다.

대부분 정돈을 시키고 금번 실패에 분개해 군대 훈련에 진력하기로 하여, 원근 지방에서 동학교도, 비동학교도를 따지지 않고 종전에 장교의 경력이 있는 자는 공손한 말로 예의를 갖추어 맞아들여 총술銃術과 보행, 체조를 교련하였다. 그러던 차에 하루는 문밖에 어떤 인사가 면회를 청하였다.

접대하니 문화文化[148] 구월산 아래에 거주하는 정덕현鄭德鉉, 우종서禹鍾瑞 두 사람이었다. 나이는 나보다 10여 세 위요, 책을 두루 많이 읽어 박식한 명사名士들이었다. 찾아온 이유를 물으니 태연하게 대답하는 말이,

"동학군들은 한 놈도 쓸 것이 없는데 풍문으로는 그대가 좀 낫다는 말을 듣고 한번 보려고 왔소."
라고 하였다.

비밀 면회가 아니기 때문에 좌중에서 그 두 사람을 지목하여 훼도자毀道者[149]니 혹은 무뢰한이니 갖은 시비가 일어났다. 나는 크게 화를 내어 좌중의 여러 사람들을 꾸짖었다.

"이 손님들이 나와 면담하는 때에 이와 같이 혼잡, 무례함은 나를 돕는 게 아니라 나를 멸시하는 것이다."
하고, 다시 좌중을 향해 좀 나가 달라고 하여 세 사람만 회담하게 되었다.

나는 공손하게 정 씨, 우 씨 두 사람을 대하여,

"선생들이 이와 같은 노고도 불고하고 오신 것은 소생에게 좋은 계책을 가르쳐 줄 성의가 있는 것이 아닙니까?"
하였다. 정 씨가 하는 말이,

"내가 설혹 계책을 말하여도 그대가 듣고나 말는지, 실행할 자격이 있는지

---

[148] 황해도 문화군을 가리킨다. 문화군은 이후 1914년에 신천군에 합속되어 문화면이 되었다.

[149] 도道를 헐뜯는 자.

가 의문이오. 요새 동학군 접주나 하는 자들이 호기豪氣 충천하여 선배를 내려
다보는 판에 그대도 접주의 한 사람이 아니오?"

한다. 나는 더욱 공손한 태도로,

"이 접주는 다른 접주와 다를는지, 그것은 소생을 가르쳐 주신 후에 시행
여하를 보시는 것이 어떠하십니까?"

하였다. 정 씨는 흔쾌히 악수하고 방침을 말한다.

첫째, 군기정숙軍紀整肅. 병졸을 대하여도 서로 절하거나 경어를 사용하는
행위 등을 폐지할 것.

둘째, 득민심得民心. 동학당이 총을 가지고 시골 마을에 제멋대로 돌아다니
며 소위 곡식을 모으니 돈을 모으니 하는 강도적인 행위를 금지할 것.

셋째, 초현문招賢文[150]을 발포하여 경륜 있는 선비를 많이 얻을 것.

넷째, 전군全軍을 구월산 안에 모아 놓고 훈련을 시행할 것.

다섯째, 양식은 재령과 신천 두 군郡에 왜놈들이 장사하려고 쌀을 사들여
쌓아 둔 것이 수천 석이니 그것을 몰수하여 패엽사貝葉寺[151]에 옮겨 쌓아 둘 것.

등이었다.

나는 매우 만족스럽고 기뻐서 5개 방책을 시행하기로 결정하였다. 즉시 총
소집령을 내려 집합장에 나가서 정 씨는 모주謀主,[152] 우 씨는 종사從事[153]라 널
리 알리고, 전원을 지휘하여 그 두 사람에게 최경례最敬禮[154]를 행하도록 하였

---

150 현명한 인물을 초빙하는 글.
151 황해도 신천군 용진면 패엽리 구월산에 있는 절. 인근 7개 군의 34개 사찰을 관장하던
   큰절이었다.
152 일을 기획하는 사람으로, 참모의 역할을 한다.
153 본래 조선시대 종8품의 무관 벼슬로, 여기서 따서 쓴 명칭으로 보인다.
154 가장 존경하는 뜻으로 정중히 경례함.

다. 이로부터 간단한 군령 몇 개 조항을 공포하고 명령 위반자에게는 태장과 곤장으로 벌을 주었으며, 구월산으로 접接을 옮길 준비에 착수하였다.

하룻밤에는 안 진사進士의 밀사가 왔다. 진사 안태훈安泰勳[155]은 본진本陣인 회학동에서 동쪽으로 20리 거리에 있는 천봉산千峯山이라는 하나의 큰 산을 사이에 둔 신천군 청계동淸溪洞[156]에 사는데, 문장과 글씨로 해서海西는 물론이고 여기저기에서 두루 저명하고 지략을 겸비하여 당시 조정 대신들에게서도 기중器重[157]의 대우를 받는 이였다.

그는 동학의 궐기를 보고 이를 토벌하기 위하여 자제들에게 군사를 담당케 하고 3백여 명의 포수를 나누어 모아 청계동 자택에 의려소義旅所[158]를 설립하였고, 경성 모某 대신들의 원조와 황해감사 ○○의 지도하에 벌써 신천에서는 동학 토벌의 성적이 양호하여 각 접接이 매우 두려워하여 경계, 대비하는 중에 있고, 우리도 청계동을 향하여 경비하던 터였다.

정 씨 등이 밀사와 이야기한 내용은, 안 진사는 비밀 조사로 나의 어리지만 담대한 인품을 애중愛重하게 되어 군사를 일으켜 토벌하지는 않을 것이지만, 내가 인근 지역에서 많은 군사를 거느리고 있으니 만일 청계동을 침범하다가 패멸을 당하게 되면 인재가 매우 아깝다는 후의로 밀사를 파견하였다고 한다.

즉시 참모회의를 열고 의결한 결과, "상대가 나를 치지 않으면 나도 상대를 치지 않는다." 그리고 "양방 어느 쪽이든 불행이 닥치게 될 때 서로 돕는다." 는 밀약이 성립되었다.

기정 방침대로 구월산 패엽사로 군대를 출발시켰다. 그 절을 본영으로 삼고 어귀에는 파수막把守幕을 짓고 군인의 산 밖 출입을 엄금하였다. 그리고 신

---

155 안중근安重根 의사의 아버지(1862~1905)로, 관직은 진사였고 천주교 입교 후 세례명은 베드로였다.
156 황해도 신천군 두라면에 있는 동리이다.
157 앞으로 크게 될 인물로 보아 그의 재주와 기량을 소중히 여김.
158 의병 본부. '의려'는 의병義兵과 같은 뜻이다.

구월산의 위치와 그 부근.

천군에 왜놈들이 장사하려고 쌓아 둔 백미 천여 석을 몰수하여 놓고 산 아래 각 집에 훈령을 내려 백미 한 섬을 패엽사까지 운반하는 자에게는 백미 서 말씩을 준다고 하였더니, 그날로 전부가 절 안에 옮겨져 쌓였다. 그것은 운반 대금을 후하게 지급한 까닭이었다.

각 마을에 훈령하여 "동학당이라 칭하고 금전을 강제로 거두거나 행패 부리는 자가 있을 때는 즉각 와서 알리라." 하고, 고발되는 대로 군인을 보내어 체포해다가 무기가 있는 자는 무기를 빼앗은 후에 곤장과 태장의 엄한 형벌로 죄를 다스리고 맨손으로 행패 부리는 자도 엄중히 다스리니, 사방이 평안해지고 인심이 안정되었다.

매일 군인들에게 실탄 연습과 전술을 가르치고, 초현문을 발포한 후에 나는 구월산 내외에 지감知鑑[159]이 있다는 인사를 조사하여 길 안내자를 앞세우

___

159 사람을 잘 알아보는 능력.

일제강점기의 구월산 패엽사 전경.

고 홀로 걸어서 방문하였는데, 그러던 중에 월정동月精洞 송종호宋宗鎬 씨를 스
승으로 삼게 되었다. 사람과 말을 보내어 산사山寺에 모시고 자문을 받으니, 송
씨는 일찍이 상해上海를 두루 돌아다녀 해외 사정에도 정통하고 사람됨이 기
걸奇傑하고 영웅의 기풍이 있었다. 또 풍천군豊川郡[160]에서 허곤許坤이라는 명
사가 와서 만나 보니, 허 씨는 문필이 뛰어나고 시대의 흐름을 잘 아는 인물이
었다.

　그 절에서 가장 뛰어난 도승道僧이라고 이곳저곳에 명성이 현저한 하은당
荷隱堂이란 중은 모든 사찰의 일을 총괄하는데, 제자와 학인을 아울러 수백 명

160　황해도 중서부에 있던 군. 1895년(고종 32) 풍천군과 송화군으로 개편되었다가 1914년
　　송화군에 편입되었다.

의 남녀 승도僧徒가 있었다. 나는 때때로 하은대사에게서 도학설道學說을 들으며 간간이 최고회의를 열고 장래 방침을 토의하였다. 그러나 그때는 경군과 일병日兵이 해주성을 점거한 후 근방에 산재한 동학 기관을 소탕하고 점차 서쪽으로 나아가 옹진, 강령 등지를 소탕하여 평정하고 학령鶴嶺으로 넘어온다고 하였다.

당시 구월산 근방에 널려 있는 동학교도 중에 이동엽李東燁이란 접주가 대세력을 차지하고 있었는데, 종종 패엽사 부근 촌락에서 노략질을 하다가 우리 군인에게 잡혀 와서 무기를 빼앗기고 형벌을 당하고 돌아간 자가 있었고, 나의 부하 중에는 간간이 마을에 가서 재물을 약탈하여 엄한 형벌을 받고 나서 이동엽의 부하가 되는 자가 나날이 늘어났다. 또한 도적질을 하고 싶은 자는 야반도주하여 이동엽의 부하로 돌아가니 나의 세력은 날로 줄어들었다.

최고회의에서는 될 수 있는 대로 기회를 엿보아 김창수의 동학 접주 감투를 벗겨 버리기로 했는데, 이는 병권을 빼앗자는 야심이 아니라 나를 보호해 주려는 방책이었다. 즉 허곤을 평양에 보내어 장호민張好民의 소개를 받아 황주병사黃州兵使의 양해를 얻어서 패엽사에 있는 군대를 허곤에게 인도케 하는 것으로, 허곤은 송종호의 편지 한 장을 지니고 평양으로 출발하였다.

이때는 내 나이 19세인 갑오년[161] 섣달 무렵이었다. 수일간 신열과 두통이 심하여 조실방操室房[162]에 홀로 지내며 치료 중이었는데 하은당이 문병을 와서 자세히 보더니,

"홍역도 못 하였던 대장이구려."

하였다. 영장領將[163] 이용선李龍善에게 보고하여 나에게 문병 오는 자는 나 있

---

161 1894년(고종 31)으로, 갑오개혁과 동학농민운동이 일어난 해이다.
162 몸을 조리하고 훈련하는 방. 여기서는 하은당이 전용으로 사용하는 조실방祖室房을 가리키는 듯하다.
163 본래의 뜻은 '지방 관아에 속한 하급 장교'이나, 여기서는 최일선에서 동학군을 이끄는 지휘자의 직책을 말한다.

는 방 안에 출입을 금지시키고, 하은당이 치료를 맡아 여승당女僧堂의 연로한 수도자로 홍역에 경험 있는 자를 택하여 조리케 하였다.

하루는 이동엽이 전군을 거느리고 침공해 온다는 급보가 있은 후, 순식간에 총 쏘고 칼 휘두르는 자들이 절 안에 가득 차고, 우리 군인들은 뿔뿔이 흩어져 도망하거나 서로 육박전을 하고 있다고 한다. 그때 이동엽이 호령하기를,

"김 접주에게 손을 대는 자는 사형에 처한다."

하였다. 이는, 내가 밉지 않은 것은 아니었으나, 나는 해월 선생이 날인한 접주이니 동학의 정통이요, 이동엽은 제2세인데 임시로 임종현林宗鉉의 임명장을 받은 접주이므로, 나에게 박해를 가하면 뒷날 큰 화를 입을까 두려워하여 그런 것이었다. 그러고는,

"영장 이용선만 사형에 처하라."

한다. 나는 그 말을 듣고 돌연 뛰어나와,

"이용선은 나의 지도 명령을 받아서 일체를 시행한 것뿐이니, 만일 이용선이가 죽을죄가 있다면 그는 곧 나의 죄이니 나를 총으로 쏘아 죽여라."

하고 큰 소리로 꾸짖었다.

이동엽은 부하를 지휘하여 나의 손발을 꼭 껴안아 움직이지 못하게 하고 이용선만 끌고 나갔다. 시간이 지나 절 어귀에서 총성이 들리자 절 안에 있던 이동엽의 부하 거의 대부분은 퇴거하였고 이용선이 총살당했다는 보고가 있었다.

나는 이 말을 듣고 즉각 절 어귀로 달려가 보니, 과연 이용선은 총을 맞아 아직 전신의 의복에 불이 붙는 중이었다. 나는 머리를 껴안고 통곡을 하다가 나의 저고리(어머님이 남의 윗사람 노릇 한다고 근 20세에 처음으로 지어 보내신 명주 저고리)를 벗어 이용선의 머리를 싸서 동네 사람들을 지휘하여 잘 묻어 주게 하였다. 눈 속에서 벌거벗은 몸으로 소리 내어 슬피 우는 것을 본 이웃 사람들이 의복을 갖다 주었다.

밤에 부산동缶山洞 정덕현의 집에 가서 치욕과 고난을 당한 일을 설명하니

정 씨는 말하기를,

"이용선 군이 해를 입은 일은 불행이지만, 형은 지금부터 일을 마무리해야 할 대장부이니 며칠간 홍역의 여독이나 조리하고 나와 풍진세상을 피하여 유람이나 떠납시다."

한다. 나는 이용선의 원수를 갚아 주어야 한다고 말하였다. 정 씨는,

"의리로는 당연합니다. 그러나 지금 구월산을 소탕하려는 경군과 왜병이 아직 맹공을 시도하지 못하는 것은, 산 밖은 이동엽의 형세가 크고 산사에는 우리가 천연적으로 험한 형세에 의거한 비교적 정예 군사라고 탐문을 한 것인데, 오늘 소문을 듣고서는 즉각 이동엽을 섬멸하고 그 즉시로 패엽사를 점령할 것이니 원수 갚는 것을 말할 여지가 없습니다."

라고 하였다.

이용선은 함경도 정평定平 사람으로 평시에 행상行商으로 황해도에 와서 거주했는데, 수렵의 총술이 있고, 무식은 하나 사람 거느리는 재주가 있어 화포火砲 영장을 맡겼던 것이다. 그 후에 그의 아들과 조카들이 와서 정평 본고향으로 이장하는 때에 동네 사람들에게서 이 씨 피습 당시의 정황을 듣고, 시신을 파내다가 나의 저고리로 그 얼굴을 싼 것을 보고서 나에 대하여 악감을 품지 않고 가더라는 말을 들었다.

정 씨 집에서 2~3일을 요양한 후에 장연군 몽금포夢金浦[164] 근처 동네로 피란하여 석 달을 은거하였다. 동쪽에서 들려오는 풍문을 들으니 이동엽은 벌써 잡혀가서 사형을 당하고, 해서海西 각 군의 동학은 거의 소탕되었다고 한다.

정 씨와 함께 기동基洞 본가에 와서 부모님을 뵈었는데 매우 불안한 상태에 계셨다. 부모님께서는, 왜병이 죽천장竹川場에 머물면서 부근 동학당을 수색하는 중이니 도로 먼 곳으로 가서 화를 피하라고 말씀하신다.

---

164 황해도 장연군 해안면 장산곶 서쪽에 있는 항구이자 면소재지이다. 친필본의 한자 '夢슈浦'는 오기이다.

청계동 생활

이튿날 정 씨는 청계동 안 진사에게 가 보자고 한다. 나는 주저하였다. 안 씨가 용납한다 해도, 패장敗將인 나를 포로와 같이 대우한다면 갔던 길이 후회될까 염려된 것이다. 정 씨는,

"안 진사가 밀사를 파견한 참뜻은 원병援兵의 술책이 아니요, 진정으로 형의 어리지만 담대한 재주와 기량을 사랑함이니, 염려 말고 같이 갑시다."

하며 힘써 권한다.

나는 정 씨와 함께 그날로 천봉산을 넘어 청계동 어귀에 당도하였다. 그 동네는 사방이 험준하고 수려하며, 주밀하지는 못하나 40~50호의 인가가 여기저기에 있었다. 동네 앞에 한 줄기 긴 냇물이 흘러가고 석벽에 새긴 안 진사의 친필 글씨 '淸溪洞天'(청계동천) 네 글자가 흐르는 물소리를 따라 움직이는 것 같았다.

동네 어귀에 작은 산 하나가 있는데, 산꼭대기에 포대砲臺가 있다. 수병守兵의 질문에 따라 명자名刺[165]를 건네니, 의려장義旅長의 허가가 있다고 하면서 위병衛兵이 인도한다. 위병을 따라 의려소(즉 안 진사 댁)에 들어가면서 관찰하니, 문 앞에 소규모의 연못을 파고 못 가운데 한 칸짜리 초정草亭을 지었는데, 평상시에 안 진사 6형제가 여기서 술 마시고 시 읊는 것으로 소일한다고 한다. 대청에 들면서 보니 벽 위에 안 진사의 친필로 쓴 '義旅所'(의려소) 세 글자의 가로 편액이 붙어 있었다. 우리의 명자를 본 안 진사는 본채의 대청에서 우리를 맞아 친절히 영접하고 수인사 후에 제일 첫말이,

"김 석사碩士[166]가 패엽사에서 위험을 벗어난 후에, 내 생각에 심히 우려되어 애를 써서 계신 곳을 탐색하였으나 아직 행방을 모르던 터에, 오늘 이처럼

---

165 성명·주소·직업·신분 따위를 적은 네모난 종이쪽으로, 처음 만난 사람에게 자신의 신상을 알리기 위하여 건네준다.

166 예전에 벼슬이 없는 선비를 높여 부르던 말.

황해도 신천군 청계동 풍경.

찾아 주시니 감사합니다."

하고, 다시 나를 향하여 말한다.

"구경하俱慶下[167]라시던데 내외분께서는 어디 편히 계실 곳이 있습니까?"

"별로 편히 계실 곳이 없고 아직 본동에 계십니다."

그 즉시로 총 멘 군인 30명의 이름을 명부에서 차례로 점을 찍어 가며 불러 오일선吳日善에게 맡기면서,

"오늘 당장 기동에 가서 김 석사 부모님을 모시고, 그 이웃 동네의 우마牛馬를 잡아 그 댁 가산 전부를 운반하여 옮기도록 하라."

고 명령하고 인근의 가옥 한 채를 매입해 주었다. 이리하여 그날로 청계동 거주를 시작하니, 내 나이 20세 되던 을미년[168] 2월이었다.

---

167 부모님께서 모두 살아 계신 기쁜 처지. 한자는 '具慶下'라고도 쓴다. 한편, 아버지만 살아 계실 때는 엄시하嚴侍下, 어머니만 살아 계실 때는 자시하慈侍下라고 한다.

168 1895년(고종 32)이다. 을미사변이 일어난 해로, 이해 8월 20일 명성황후明成皇后가 일본 부랑배에게 경복궁에서 시해되는 사건이 일어났다.

안 진사는 친절히 부탁하기를,

"날마다 사랑에 와서 내가 없는 사이라도 나의 동생들과도 놀고, 사랑에 모이는 친구들과도 담화를 하든지 서적을 보든지 마음대로 안심하고 지내시오."
한다.

안 진사 6형제의 맏형은 태진泰鎭, 그다음은 태현泰鉉, 안 진사 태훈泰勳은 항렬로 셋째요, 넷째 태건泰健, 다섯째 태민泰民, 여섯째 태순泰純이 거의 모두 학식이 풍부하고 인격이 상당한데, 그중 안 진사가 학식으로나 기량으로나 가장 탁월했다. 안 진사는 나에게 종종 시험 삼아 질의도 하고 담론도 하나, 실제로 나는 유치한 행동거지가 많은 때였다.

봄기운이 화창한 어느 날이었다. 군인들을 데리고 술과 안주를 차려 놓고 유쾌하게 노는 때에 씨름 잘하는 자들을 모아 놓고 씨름을 시켰다. 최후 결승의 두 사람이 용맹스럽게 씨름하는 것을 구경하는데, 재주와 용기가 서로 비슷하여 쉽게 승부를 내지 못하였다. 안 진사는 나에게,

"창수가 보기에는 어느 사람이 이길 듯한가요?"
묻는다. 나는 이렇게 대답하였다.

"키가 크고 힘 있어 보이는 사람이 좀 작은 사람에게 질 줄 생각합니다."

진사는 그렇게 보이는 이유를 묻는다. 나의 대답은 이러했다.

"내가 보는 바로는, 아까 씨름할 때 키 큰 사람의 바지가 찢어져 볼기가 드러나게 된 것으로 보아 기운을 다 쓰지 못하는 빛이 있으니, 나는 단연코 그 사람이 질 줄 압니다."

말이 끝나기 전에 과연 그 사람이 지는 것을 본 진사는 나를 더욱 사랑하였다.

진사에게는 아들이 셋 있었다. 장자는 중근重根[169]으로, 당년 16세에 상투

---

169 안중근은 1879년생으로, 백범이 처음 그를 본 때(1895년)의 나이는 17세였다. 안중근은 1894년 16세 때 김아려金亞麗와 혼인하였다.

안태훈.

안태훈 진사의 가족들. 앞줄 왼쪽부터 조카 경근, 모친 고씨, 안태훈, 조카 봉근. 뒷줄 왼쪽부터 동생 태건, 태순, 태민.

를 틀었고, 자주색 명주 수건으로 머리를 동이고 돔방총(보통 장총이 아니고 메고 다니기에 편리하도록 만든 것)을 메고 노인당老人堂과 신상동薪上洞으로 다니며 날마다 수렵을 일삼았다. 재주와 기상이 뛰어나 여러 군인들 중에서도 사격술이 으뜸이라고 하였다. 사냥할 때도 날아가는 새, 달아나는 짐승을 백발백중하는 재주라 하며, 태건 씨와 중근 즉 숙부와 조카가 늘 동행하는데, 어떤 때는 하루에 노루, 고라니를 여러 마리 잡아다가 그것으로 군사들을 배불리 먹였다.

진사의 6형제가 거의 다 음주와 독서를 좋아하는지라, 짐승을 사냥해 오면 자기 6형제는 반드시 한데 모이고, 그 밖에 오 주부主簿, 고 산림山林, 최 선달先達[170] 등이 왔고, 나는 술 마시고 시 읊는 데 아무 자격이 없으나 또한 초대받아 산짐승과 들새 고기의 진미를 함께 맛보고 지냈다.

진사는 자기 아들과 조카를 위하여 서재를 만들었는데, 당시 빨간 두루마

---

170 '주부主簿'는 한약방을 차린 사람, '산림山林'은 학식과 덕이 높으나 벼슬하지 않고 숨어 지내는 선비, '선달先達'은 무과에 급제하고 벼슬을 받지 못한 사람으로, 각각 이들을 대접하여 부른 호칭이다.

기를 입고 머리를 땋아 늘어뜨린 8~9세[171]의 정근定根과 공근恭根에게는 글을 '읽어라', '써라' 독려하여도, 장자 중근을 공부 않는다고 질책하는 것은 보지 못하였다.

진사 6형제는 거의 모두 문사文士의 모습이 있으나 유약해 보이는 이는 한 사람도 없었다. 그중에서도 진사는 눈빛이 투명하여 사람을 꼼짝 못 하게 누르는 기운이 있었는데, 당시 조정 대관 중에 글로 또는 만나서 이야기하는 중에 공격을 당하고는 머릿속에서 안 진사를 악평하던 자도 얼굴을 마주하기만 하면 부지불식간에 공경하는 태도를 가지게 된다고 한다. 나의 관찰도 그러한데, 그는 퍽 소탈하여 무식한 하류들에게도 조금도 교만하거나 거만한 빛이 없이 매우 친절하므로 상류부터 하류까지 대체로 그와 함께하기를 좋아했다. 얼굴이 매우 깨끗하고 빼어나게 생겼지만, 주량이 과도하여 비홍증鼻洪症[172]이 있는 것이 결점으로 보였다.

당시 시객詩客들이 안 진사 율시律詩의 명작을 전해 가며 외우는 것을 많이 들었고, 안 진사도 종종 나를 대하여 득의작得意作[173]을 많이 들려주었으나, 기억에 남아 있는 것으로는 동학당이 창궐할 때 지었다는,

曉蝎求生無跡去　　새벽 굼벵이는 살고자 흔적 없이 가 버리나
夕蚊寧死有聲來　　저녁 모기는 죽기를 무릅쓰고 소리치며 달려든다

만 생각난다. 그는 황석공黃石公[174]의 『소서素書』를 자필로 써서 벽장문에 붙여 놓고 술기운이 있을 때는 늘 낭독하였다.

---

171 당시 안정근은 11세(1885년생), 안공근은 7세(1889년생)였다.
172 코가 빨개지고 두툴두툴해지는 증상.
173 작가 자신이 스스로 잘되었다고 생각하여 남에게 자랑하는 작품.
174 기원전 221년에 중국을 통일한 진秦나라 말엽의 병법가. 장량張良에게 자신이 지은 『소서素書』를 전해 주어 한고조 유방劉邦이 천하를 통일하는 데 기여하였다고 한다.

안 진사의 부친 인수仁壽 씨는 해주부 내에서 12~13대를 살다가, 진해현감을 역임한 뒤에 여유 있는 자산을 가까운 친척에게 분배해 주고 자기는 3백여 석 추수의 자본을 남겨 가지고, 청계동이 산수만 수려할 뿐 아니라 족히 피란지가 되겠다고 생각하고 장손 중근이 2세 때 청계동으로 이거하였다.

안 진사는 과거 시험 응시자로 경성 김종한金宗漢[175]의 집에 여러 해 묵으면서 과거 시험에 참가하였고, 급기야 소성小成[176]한 것도 김종한이 시험관인 때라 한다. 그리하여 안 진사는 김종한의 문객門客이니 식구니 하는 당시의 소문이 있었다.

고능선 선생의 가르침을 받다

나는 날마다 그 집 사랑에 다니며 놀았는데, 연세가 50여 세나 되어 보이고 기골이 장대하고 의관이 매우 검소한 노인 한 분이 종종 사랑에 오곤 했다. 그러면 안 진사는 그분을 극진히 공경하여 영접해 맨 윗자리에 모셨다.

하루는 진사가 나를 소개하며 그분에게 인사시킨 후, 나의 약력을 그분에게 고한다. 그분은 고능선高能善[177]이라는 학자로, 사람들이 "고 산림, 고 산림"하고 불렀다. 고능선은 해주 서문 밖 비동飛洞에 대대로 살았고, 성재省齋[178] 유중교柳重敎[179]의 제자요 의암毅菴 유인석柳麟錫[180]과 동문으로, 당시 해서 지방

175 조선 말의 문신(1844~1932). 한때 독립협회 위원으로 활동하고 국채보상운동에도 참여하였으나, 국권 피탈 후에는 일본으로부터 남작의 작위를 받고 친일 행위를 하였다.
176 과거 시험의 소과 중 초시에 합격함.
177 조선 후기의 성리학자(1842~1922). 호는 후조後凋, 별칭은 산림山林. 백범이 만날 당시는 54세였다.
178 친필본의 '중암重庵'은 오기로, 이는 조선 말의 유학자 김평묵金平黙(1819~1891)의 호이다.
179 조선 고종 때의 유학자(1832~1893). 어려서 이항로李恒老와 김평묵金平黙에게서 배워

에서 올바른 품행으로 손꼽히는 학자였다. 안 진사가 의병을 일으킬 초기에 고능선을 모사謀士 선생으로 모셔 오고 그의 온 가족을 옮겨 청계동에 거주하던 터였다.

고능선.

하루는 역시 안 진사 사랑에서 고 씨를 만나 뵙고 종일 논 후 헤어져서 갈 즈음에 고 씨는 나에게 이러한 말을 한다.

"창수, 내 사랑 구경은 좀 아니 하겠나?"

나는 감동하여,

"선생님 사랑에도 가서 놀겠습니다."

하였다.

이튿날 고 선생 댁을 방문하였다. 고 선생은 노안老顔에 기뻐하는 빛을 띠고 친절히 영접하고, 큰아들 원명元明을 불러 인사를 시킨다. 원명은 나이가 30이 넘었는데, 타고난 성품이 명민明敏은 해 보이나 위풍 있고 너그러우며 후덕한 그의 부친은 따라가지 못하겠다고 보였다. 둘째 아들은 성인이 되어 사망하여 과부 며느리만 거느리고 살고, 원명은 15~16세 된 큰딸과 4~5세 된 딸까지

주리설主理說을 주장하다가 나중에는 한원진韓元震의 호론湖論을 지지하였다. 저서에 『태극도설太極圖說』 및 『예설禮說』 등이 있다.

180 조선 말의 학자이자 의병장(1842~1915). 강원도 춘천 출생으로 일찍이 성리학을 공부하면서 우국정신을 배웠다. 1876년(고종 13) 강화도조약이 체결되자 제자들과 함께 반대 상소를 올렸으며, 1894년 갑오개혁으로 친일내각이 성립되자 의병을 일으켜 부패한 관리를 처단하였다. 그 후 만주로 건너가 독립운동에 헌신하다 연해주에서 병사하였다.

두 딸을 두었고 아직 아들은 없다고 하였다.

고 선생이 거처하는 사랑은 작은 방인데, 방 안에 쌓인 것은 대부분 서적이며, 사방의 벽에는 옛날 이름난 현인賢人, 통달한 선비들의 좌우명과 자기 스스로 깊은 깨달음을 얻었던 글 등을 돌려 붙였으며, 여기서 고 선생은 무릎을 모으고 옷자락을 바로 하고 단정히 앉아 품성을 기르기도 하고, 간간이 『손자孫子』와 『삼략三略』, 그리고 그 밖의 병서兵書도 읽는다고 한다.

고 선생이 나를 대하여 이야기하는 중에,

"자네가 매일 진사의 사랑에 다니며 놀지만 내가 보기에는 자네에게 절실히 유익될 정신 수양에는 도움이 안 될 듯하니, 매일 내 사랑에서 나와 같이 세상일도 담론하고 문자도 토론함이 어떠하겠는가?"

한다. 나는 황공 감사하였다.

"선생님이 이처럼 너그럽게 받아 주시지만 소생이 어찌 감당할 만한 재질이 있겠습니까?"

고 선생은 미소를 띠고 명백한 설명은 아니 하지만, 나에 대하여 사랑하는 마음이 충만한 것을 엿볼 수 있었다. 나의 그때 심리 상태로 말하면, 제일 먼저 과거 시험장에서 비관을 품었다가 희망을 관상서 공부로 옮겼고, 나의 상격相格이 너무도 못생긴 것을 탄식하다가 호심인好心人이 되겠다는 결심을 하였고, 호심인 되는 방법이 막연하던 차에 동학東學의 수양을 받아 신국가, 신국민을 꿈꾸었으나 지금에 와서 보면 그 역시 바람 잡는 것 같은 헛된 일이었고, 이제 패장敗將의 신세로 안 진사의 후의를 입어서 생명만은 안전히 보전하지만, 장래를 생각하면 어떤 곳에다 발을 딛고 진로를 취함이 좋을까 하는 데는 가슴에 안타까움과 답답함을 느끼던 즈음이었다.

고 선생이 저처럼 나를 사랑하는 빛이 보이지만, 참으로 내가 저러한 고명한 선생의 사랑을 바로 받을 만한 소질이 있는가? 내가 그이의 과분한 사랑을 받는다 하여도, 종전에 과거니 관상이니 동학이니 하던 것과 같이 효과를 내지 못할 지경이면, 나 자신이 타락됨은 둘째요, 고 선생과 같이 순결해 보이는 양반에게 누를 끼칠까 하는 두려움이 생긴다.

나는 고 선생을 대하여 진정으로 말하였다.

"선생님! 선생님은 저를 잘 살펴 가르쳐 주셔요. 저는 불과 20세에 일생 진로에 대하여 스스로를 속이고 스스로 잘못하여 허다한 실패를 겪어서, 지금에 이르러서는 참으로 민망합니다. 선생님이 저의 자격과 품성을 밝히 보시고, 앞으로 발전할 기미가 있어 보이거든 사랑도 해 주시고 교훈도 해 주시려니와, 만일 좋은 사람 될 조짐이 없다면 저는 고사하고 선생님의 고덕高德에 누를 끼침을 원치 아니합니다."

나도 모르는 결에 눈물이 그렁그렁했다.

고 선생은 나의 마음에 고통이 있음을 알고 극히 동정하는 말로,

"사람이 자기를 알기도 쉬운 일이 아니거든 하물며 타인을 밝히 알 수 있겠는가? 그러므로 성현聖賢을 목표로 하고 성현의 발자취를 밟아 가는 중에, 예로부터 성현의 지위까지 도달한 자도 있고, 좀 못 미치는 자도 있고, 성현이 되기까지는 너무 높고 멀다 하여 중도에 잘못된 길로 가거나, 또는 자포자기하여 금수禽獸와 같은 지경에 빠지는 자도 있으니, 자네가 호심인 되려는 본의를 가진 이상, 몇 번 길을 잘못 들어서 실패니 곤란이니 하는 것을 겪었을지라도 본심만 변치 말고 '고쳐 나가는 것을 그치지 않고, 앞으로 나아가는 것을 그치지 않는다.'면 목적지에 이르는 날이 반드시 있을 것이니, 지금의 심리에 고통을 가지는 것보다는 힘써 행해야 할 것 아닌가? 실패는 성공의 어머니요 고민은 쾌락의 근본이니, 자네는 상심 말게. 이러한 늙은이도 자네의 앞길에 혹시 도움이 된다면 이 늙은이에게도 영광이 아니겠는가?"
한다.

나는 고 선생의 말씀을 듣고서 위안이 될 뿐만 아니라, 젖을 주리던 어린아이가 모유를 먹는 것과 같았다. 나는 고 선생에게 다시 물었다.

"그러시면, 제 앞길에 대한 일체를 선생님이 보시는 대로 교훈해 주시면 마음을 다하여 받들어 행하겠습니다."

하였다. 고 선생은,

"자네가 그같이 결심하면 내 눈빛이 미치는 데까지, 자네의 역량이 있는 만큼, 그리고 내 역량이 있는 만큼은 자네를 위하여 마음을 다할 테니, 젊은 사람이 너무 상심 말고 매일 나와 같이 노세. 갑갑할 때는 우리 원명이와 산 구경도 다니며 놀게."

하였다.

그날부터는 밥을 안 먹어도 배고픈 줄을 모르겠고, 고 선생이 죽으라고 하면 죽을 생각이 들기도 했다. 그다음부터는 매일 고 선생 사랑에 가서 놀았다.

선생은 고금의 위인들을 비평해 주고, 자기가 연구하여 깨달은 요지를 가르쳐 주고, 『화서아언華西雅言』[181]이나 『주자백선朱子百選』[182] 중에서 긴요한 구절을 가르쳐 주었다. 주로 의리란 어떤 것인지에 관해 말씀하셨는데, 발군의 재주와 능력이 있는 자라도 의리에서 벗어나면 그 재능이 도리어 화근이 된다는 말이라든지, 사람의 처세는 마땅히 먼저 의리에 기본을 두어야 한다는 것, 일을 하는 데는 판단, 실행, 계속의 세 단계로 사업을 성취해야 한다는 것 등 여러 가지 금언金言을 들려주었다. 가만히 보면, 어느 때든지 나에게 보여 주기 위하여 책장을 접어 두었다가 들춰 보여 주었는데, 이를 보아도 정력을 기울여 가르쳐 주심을 알 수 있었다.

그런즉, 고 선생 생각에 경서經書를 차례대로 가르치는 것보다 나의 정신이나 재질이 어떠한지를 보아서, 비유하자면 뚫린 곳을 기워 주고 빈 구석을 채워 주는 방식으로 가르쳤는데, 이는 구전심수口傳心受, 즉 입으로 전하고 마음으로 받아들이는 빠른 교법이라 여겨졌다.

고 선생이 나와 지내 보고 가장 결점으로 생각한 것은 과단력果斷力 부족

---

181 조선 고종 때의 유학자 화서華西 이항로李恒老(1792~1868)가 일상생활에 가장 긴요한 것을 뽑아 엮은 수양서. 원제목은 『화서선생아언華西先生雅言』이다.
182 중국 송나라 학자 주자朱子의 편지 중에서 가장 요긴한 내용 백 편을 뽑아 모은 책. 조선 정조가 직접 편집하였으며, 원제목은 『주서백선朱書百選』이다.

이었다. 번번이 훈계하는 말을 할 때,

"무슨 일이나 밝히 보고 잘 판단해 놓고도 실행의 시발점인 과단, 그것이 없으면 다 쓸데없다."

는 말을 할 때는,

> 득수반지미족기得樹攀枝未足奇
> 현애살수장부아懸崖撒手丈夫兒[183]

구절을 힘 있게 설명하였다.

그리하기를 수개월 지내는데, 안 진사도 종종 고 선생을 방문하여 세 사람이 한자리에 모인 가운데 안 진사와 고 선생이 서로 주거니 받거니 고금의 일을 강론하는 것을 옆에서 듣는 취미는 비교할 데 없이 즐거웠다.

그런데 내가 청계동에 거주하면서 처음에는 갈 곳도 아는 사람도 없으므로 안 진사 사랑에 가서 놀았는데, 안 진사만 자리에 없으면 포군砲軍이란 자들이 나를 향해 들어라 하고,

"저자는 진사님만 아니었다면 벌써 썩어졌을 것이다. 아직도 '접주님!' 하고 여러 사람들에게 대접받던 생각이 날걸!"

하면, 또 내가 듣는 줄 알면서,

"그렇고말고! 저자는 우리 같은 포군들 보기를 초개같이 볼걸."

한다. 그러면 혹자는 입을 삐죽하며,

"여보게, 그런 말들 말게. 귀에 담아 두었다가 훗날 동학이 다시 득세하는 날에 앙갚음할지 알겠나?"

---

[183] "나무에 올라가 가지를 잡는 것은 기이한 일이 아니나, 매달린 벼랑에서 손을 놓는 것은 가히 장부로다."라는 의미이다. 중국 송나라 때의 승려 야보도천冶父道川의 시로, 뒤이어 "水寒夜冷魚難覓 留得空船載月歸(물은 차고 밤은 싸늘하여 고기를 찾기 어려우니 빈 배에 달빛만 가득 싣고 돌아오네.)"로 끝맺는다. 친필본의 한자 '無足奇'는 오기이다.

한다.

　이런 말을 들을 때는 즉시 청계동 생활을 끝내고 싶은 생각이 불꽃같이 일 었으나, 주장主將인 안 진사가 그처럼 후대하는데 무식한 병졸의 소행을 탓함 이 도리어 용렬하다 생각하여 참고 지냈다.

　그러나 진사는 번번이 사랑에서 잔치를 벌여 술 마실 때나 흥취 있게 놀 때 고 선생을 반드시 모시는데, 나는 술로나 글로나 나이로나 또 걸치레로나 자리의 빛을 줄어들게 할 것밖에 없지만, 내가 초대받고 조금만 늦어도 군인이 나 하인에 분부하여,

　"너, 속히 돼지골 가서 창수 김 서방님 모셔 오너라."

한다.

　자연히 포군들뿐만 아니라 안 진사의 친동생들까지도 나에 대해 공손한 태도가 생겼다. 안 진사의 동생들은 종전에 처음으로 나를 만나 말을 주고받아 보니 별 볼 것이 없는 게 사실이어서 자기네 사랑에서 군인들이 나를 대하여 희롱하는 듯한 언행을 하는 것을 옆에서 들을 때도 그 군인들에게 주의를 시키 는 빛도 보이지 않은 것인지, 아니면 그이들이 자기 형님인 진사가 자리를 뜬 동안 군인들의 언동을 듣고 진사에게 보고했는데도, 진사는 무식한 군인들을 직접 질책하는 것이 도리어 나에게 이롭지 못하겠다 생각하고 나를 그와 같이 특별 대우하는 것인지, 그것은 모르겠다. 어떻든지 군인들의 태도가 점차 공손 해지고, 더욱이 고 선생이 나를 친근히 접대하는 걸 본 동네 여러 사람들의 태 도까지도 차차 달라졌다.

　나는 몇 년 전부터 산증疝症[184]이 시작되어 종종 고생을 했다. 그때도 산증 이 일어나서 안 진사 사랑에 늘 다니는 오 주부에게 증상을 말하며 물어보니, 사삼沙蔘[185]을 많이 먹으면 병을 근본적으로 고칠 수 있다고 한다. 그러므로 고

---

184 생식기와 고환이 붓고 아픈 병의 증상.

선생 댁에서 놀다가도 원명과 약괭이를 둘러메고 뒷산에 올라가 사삼도 캐고 바위에 앉아 원명과 정담情談도 하며 세월을 보냈는데, 사삼을 3개월 장복하였더니 과연 산증이 근치根治되었다. 그 소문을 들은 당시 신천군수 아무개는 안 진사에게 청하고, 안 진사가 다시 나에게 청하므로 사삼 한 구럭을 캐어 보낸 일도 있었다.

매번 고 선생 댁에서 놀다가는 밥도 선생과 같이 먹고, 밤이 깊어 사람이 뜸할 때는 나랏일을 의논했다. 고 선생은 이런 생각을 말했다.

"만고천하萬古天下에 흥해 보지 못한 나라 없고 망해 보지 않은 나라 없다. 그러나 종전에 망국亡國이라 함은 토지와 인민은 가만두고 임금의 지위만 빼앗는 것을 두고 '흥興'이라, '망亡'이라 하였다. 오늘날에 와서는 그렇지 않아서 토지와 인민과 주권을 아울러 집어삼킨다. 우리나라도 반드시 망하게 되었는데, 끝내는 왜놈에게 멸망을 당하게 되었다. 소위 조정 대관들 전부가 외세에 아첨하는 사상을 가지고, '아라사와 친해져서 내 지위를 보전할까?', '영국이나 미국과, 아니 불란서와, 아니 일본과 친하면 내 지위가 공고해질까?' 순전히 이 생각뿐이니, 나라는 망하는데 국내에 최고 학식을 가졌다는 산림학자山林學者[186]들도 세상일을 혀를 차며 탄식할 뿐 나라를 구할 경륜 있는 자는 아무도 보이지 않음이 큰 유감일세. 나라 망하는데도 신성하게 망함과 더럽게 망함이 있는데, 우리나라는 더럽게 망하게 되겠네."

나는 놀라서 그 뜻을 질문했다. 선생은 대답했다.

"나라가 신성하게 망한다 함은 일반 인민人民이 의義에 의지하여 끝까지 싸우다가 적에게 전멸당하여 망함이요, 더럽게 망한다 함은 일반 신민臣民이 적에 아부하다가 적의 술책에 떨어져 항복하고 망함일세. 지금 왜놈의 세력이 전국에 넘쳐나고, 궐내까지 침입하여 자기 의사대로 대신들을 내쫓거나 새로

---

185 더덕의 뿌리를 한방에서 이르는 말.
186 학식과 덕이 높으나 벼슬을 하지 아니하고 숨어 지내는 선비.

뽑고 있으니, 모든 정치의 시행을 보면 이 나라가 제2의 왜국倭國이 아니고 무엇이겠는가? 만고천하에 망하지 않고 오래가는 나라 없으며, 만고천하에 죽지 않고 오래 사는 사람 없으니,[187] 자네나 나나 한목숨 바쳐 나라에 보답할 일만 남아 있네."

선생은 슬퍼하는 얼굴빛으로 나를 본다. 나도 울었다.

나는 또 물었다.

"그러면, 망할 것을 망하지 않게 할 방침은 없습니까?"

"자네 말이 옳으네. 기왕에 망할 나라이더라도 망하지 않게 힘써 보는 것도 신민의 의무이지. 우리는 현 조정 대관들 모양으로 외세에 아첨하지 말고, 서로 돕는다는 생각으로 청국淸國과 결탁할 필요는 있지. 작년에 청일전쟁[188]에서 청국이 패했으므로 언제든 청국의 복수 전쟁이 한번 있을 테니, 상당한 인재가 있다면 이제 청국에 가서 그 나라 사정도 조사하고 관련 인물도 연락해 두었다가 훗날 동성상응同聲相應[189]하게 되면 절대적으로 필요할 텐데, 자네 한 번 가 보려나?"

"저같이 나이 어리고 철없는 자가 간들 무슨 효과를 얻겠습니까?"

고 선생은 반쯤 웃는 태도로 이런 말을 하였다.

"그거야 그렇지. 자네만으로 생각하면 그렇지만, 우리 동지자同志者들이 많다면 청국의 정계나 학계나 상업계 등 각 방면에 들어가서 활동을 할 때 그런 뜻을 가진 사람을 알 수 있을 것 아닌가? 자네 한 사람의 생각이라도 그렇게 하는 것이 뒷날 유익할 것으로 본다면 실행해 보는 것뿐이지."

---

187 친필본의 원문은 "無長存不亡之國 無長生不死之人"이다.
188 1894년(고종 31) 조선의 동학농민운동 진압을 위해 군대를 파견하는 문제로 일어난 청국과 일본 사이의 전쟁. 일본이 승리하여 시모노세키조약(하관조약下關條約)을 맺고 청은 조선이 독립국임을 인정하는 등 일본에 유리한 내용들이 체결되었다.
189 "같은 소리는 서로 응하여 울린다.", 즉 같은 무리끼리는 서로 통하고 자연히 모인다는 뜻이다.

나는 기꺼이 승낙하였다.

"마음이 항상 울적하니 먼 곳 바람도 쏘일 겸 떠나 보겠습니다."

고 선생은 심히 만족하여,

"자네가 떠난 후에는 자네 부모 내외가 쓸쓸할 테니 자네 아버지와 내가
역시 우리 사랑에 모여서 이야기나 하고 놀겠네."

한다. 나는 고맙게 생각하였다.

나는 또 물었다.

"안 진사와도 상의를 하면 어떻겠습니까?"

고 선생은 이러한 말을 한다.

"내가 안 진사의 의향을 짐작하는바, 천주학天主學을 해 볼 마음이 있는 것
같네. 만일 서양 오랑캐를 믿고 의지할 마음이 있다면 이는 대의大義에 위반된
행동인데, 안 진사에 대한 태도는 훗날 결정할 때가 있을 테니 아직은 출국에
대한 문제는 말을 마는 것이 좋겠네. 안 진사는 확실한 인재이니 뒷날 자네가
청국에 돌아다녀 본 결과 좋은 동기가 있으면 그때 상의해도 늦지 않은즉, 이
번 가는 일은 비밀에 부치고 떠나는 것이 합당할까 하네."

나는 옳게 여기고 출발을 준비하던 중이었다.

구국의 길을 찾아 청국으로

청국으로 가는 길

하루는 안 진사 사랑에 갔다가 참빗장수 한 사람을 보았다. 가만히 그의 말과 행동거지를 보니 보통 돌아다니는 참빗장수와는 달라 보였다. 인사를 청하였다. 그 사람은 남원군 이동耳洞[190] 사는 김형진金亨鎭[191]이라 한다. 나와 본本이 같고, 나이는 나보다 8~9세 위였다. 그 사람에게 청했다.

"내 집에서 참빗을 살 테니 같이 가서 파시오."

하니 응낙하고 집에 따라온다.

하룻밤 함께 자며 문답한 결과, 그는 보통 참빗 장사를 목적으로 다니는 것이 아니라, 삼남三南에서도 신천 청계동의 안 진사가 당대 대문장가요 큰 영웅이라는 풍문이 있기에 한번 찾아뵙고자 온 것이라 한다. 그다지 인격이 출중하거나 학식이 넉넉지는 못하지만 시국에 대하여 불평을 품고 무슨 일을 해 보겠

---

190 지금의 전북 남원시 아영면 두락리에 속하는 마을이다.

191 본명은 김원명金元明(1861~1898)으로, 백범보다 15년 연상이었다. 동학농민전쟁 후 척양척왜의 뜻을 가지고 1895년 4월 상경하여 정세를 살피다가 5월 황해도 신천 안태훈의 의려소에 이르러 백범과 만났다. 이들은 곧 의기투합하여 함께 청국 시찰을 했는데, 김형진은 그 출발부터 1896년 1월 초에 돌아올 때까지의 자세한 행적을 『노정약기路程略記』란 여행기에 기록하였다.

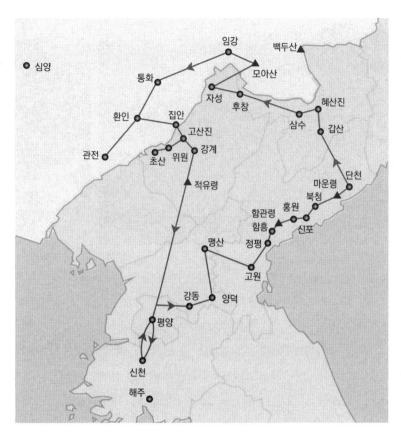

백범과 김형진의 청국 시찰 노정.

다는 결심은 있어 보였다.

　이튿날 김형진을 데리고 고 선생 댁을 방문하여 그의 인격을 감정케 하였다. 고 선생도 이야기를 나누어 보더니, 우두머리가 될 인물은 못 되나 남의 힘을 빌려 일을 성취할 소질은 있어 보인다고 했다. 나는 집에서 부리던 말 한 필을 내다 팔아서 2백 냥의 여비를 준비해서 김형진과 함께 청국으로 출발하였다.

　여행의 경로는, 먼저 백두산을 답파하고 나서 동삼성東三省¹⁹²으로, 최후는 북경北京까지를 목적하고 출발하였다. 평양까지 무사히 도착하여 여행 방법을

일제강점기의 평양 모란봉(왼쪽)과 을밀대.

협의한 결과, 김형진이 기왕 참빗장수로 행세하니 나도 동일한 방법을 택하기로 했다. 그리하여 여비 전부로 참빗과 필묵, 그 밖에 산중에서 요긴한 물품을 사서 두 사람이 한 짐씩 지고, 모란봉牡丹峯과 을밀대乙密臺를 잠시 구경하고, 강동江東으로, 양덕陽德·맹산孟山으로, 고원高原·정평定平을 지나서 함흥감영咸興監營에 도착하였다.

평양에서부터 함흥에 도착하기까지 그간 겪은 일 중 아직까지 기억에 남는 것은, 강동 어떤 시장에서 숙박을 하다가 그 시장에서 술주정뱅이 칠십 노인에게 이유 없이 매를 맞은 일이다. 하지만 원대한 목적을 품고 먼 길 가는 처지로서 사소한 부당한 일쯤이야 마음에 둘 바 아니라 하여, 한신韓信이 회음淮陰의 소년에게 당하던 일[193]을 김형진과 이야기하며 서로 위로하였다.

---

192 중국 동북지방의 요령성·길림성·흑룡강성을 함께 부르는 명칭으로, 일본은 이를 만주라고 하였으며 지금은 동북3성이라고 한다.

193 중국 한고조漢高祖를 도와 천하를 통일하는 데 공을 세운 한신韓信이 어릴 때 고향인 회음(지금의 강소성 청강淸江)의 부랑배가 시비를 걸며 자기 가랑이 밑으로 지나가라고 하자 시키는 대로 했다. 원대한 꿈을 품은 사람은 작은 일에 구애받지 않는다는 유

일제강점기 함경남도 북청군 신창면의 명태 어항과 어선.

　　고원군 함관령咸關嶺[194] 위에서 이태조李太祖의 전승비戰勝碑[195]를 구경하고, 홍원洪原, 신포新浦[196]의 경치와 북어 잡이 하는 광경도 보았다. 어떤 튼튼한 여자가 광주리에 꽂게 한 머리[197]를 힘껏 머리에 이고(두대頭戴) 가는 것도 보았는데, 게 다리 한 개가 나의 팔뚝보다 굵었다.

　　함경도의 교육제도가 양서兩西보다 일찍이 발달된 점은, 아무리 가난하여 게딱지만 한 가옥(보통 집도 양서에 비하면 구조가 정돈되어 가지런하다)을 짓고 사는 마을일지라도 서재는 반드시 기와집으로 지었다는 것이다. 그 밖에 도청都廳이라 하여 마을마다 공용 가옥을 비교적 크고 화려하게 지어서, 그 집에 모여

　　명한 고사이다.
194　함관령은 함경남도 홍원군과 함주군 사이에 있는 고개이다. 고원군이라 함은 착오이다.
195　고려 말에 이성계李成桂가 원나라 승상 나하추納哈出의 침략을 물리친 것을 기념하여 1830년(순조 30)에 세운 비로, 정식 명칭은 달단동전승기적비韃靼洞戰勝紀蹟碑이다. '달단韃靼'은 타타르족으로, 친필본의 '말갈靺鞨'은 착오이다.
196　함경남도 북청군 남쪽에 있는 항구. 동해안의 주요 산업 기지이며, 특히 명태 산지로 유명하다.
197　덩어리. '마리'가 아니다.

일제강점기의 함흥 만세교.

놀기도 하고 옛이야기 책도 보고 짚신도 삼고, 마을의 뉘 집이든 손님이 오면 식사를 대접하고 도청에서 묵어가게 한다. 돈 없는 손님이 묵어갈 것을 청하면 도청의 공금으로 음식을 대접하는 규례가 있고, 또 오락 기구로 북·장구·꽹과리·퉁소 등을 비치해 두어 마을 사람들이 종종 모여 즐기기도 하고 손님 위로도 하는 아름다운 풍속이 있었다.

　　홍원의 어떤 큰 마을 서재를 방문하니 건축이 매우 크고 웅장했다. 교사 세 사람이 있는데, 고등 교사 한 사람은 학생들 중 경서반經書班을 담임하여 가르치고, 그다음은 중등과를, 그다음은 유치반을 분담하여 가르치며, 대청 좌우에 북과 꽹과리를 걸어 놓고 북을 치면 학생들이 독서를 시작하고, 꽹과리를 치면 독서를 마치는 아름다운 규칙을 보았다.

　　함흥에 도착하여 나무다리로는 조선에서 제일 크다는 남대천南大川 다리[198]를 지나는데, 수심은 물이 넘쳐흐르는 장마 때를 제외하고 보통은 옷을 걷어 올

---

[198] 함흥의 명물 만세교萬歲橋를 가리킨다. 남대천은 성천강城川江의 착오이다. 만세교는 함흥 반룡산盤龍山 낙민루樂民樓 아래에 있는 길이 약 500m의 긴 다리로, 조선 태조가 역대 군주들의 만수무강을 기원한다는 뜻에서 이름 지었다 한다.

리고 물을 건너갈 만한데, 넓게 흐르는 곳은 그 다리와 같이 약 5리의 거리이다. 김병연金炳淵[199]의 「남대천」이라는 시에,

山疑野狹遠遠立　　　산은 들이 좁아 할까 하여 멀리멀리 서 있고
水畏舟行淺淺流[200]　물은 가는 배가 두려워 얕게 얕게 흐르는구나

등의 구절을 명작이라 한다.

　　그 다리를 지나니 조선의 4대 명물 중 하나인 장승(나무로 만든 사람의 형상으로, 머리에 사모紗帽를 쓰고 얼굴은 붉은색으로 물들이고 눈을 부릅뜨고 위엄 있게 만든 것) 네 개가 좌우 길가에 마주하고 서 있다. 조선의 4대 명물이란 것은 경주의 인경(종), 은진미륵恩津彌勒(석불), 연산철連山鐵(가마),[201] 함흥의 장승 이것들이다. 이태조의 유물이라는 함흥의 낙민루樂民樓도 구경하였다.

　　북청北靑은 산중의 큰 고을로, 이 고을 인사들은 예로부터 과거科擧를 열심히 한 결과, 군郡 안에 현재 생존한 진사가 30여 명이요, 생존한 급제자가 7명이라 한다. 남대천 좌우에 솟대(진사를 한 사람을 위해 크고 긴 나무 기둥에 용의 형상을 그리고, 나무 끝에 옆으로 날아가는 용의 몸체를 목각하여 단 것)가 **빽빽**하게 늘어선 것을 보았다. 참으로 '화려한 문文의 고을'이라 하겠다.

　　단천端川 마운령摩雲嶺[202]을 넘어 갑산군甲山郡에 이르니 을미년 7월경이었

199　조선시대의 방랑 시인(1807~1863). 김삿갓 또는 김립金笠으로도 불린다. 부끄러운 집안 내력을 안 후에 젊어서부터 전국을 떠돌아다니며 세상을 풍자하는 즉흥시를 많이 지었다. 친필본의 한자 金炳燕은 오기이다.
200　원문의 '협원원狹遠遠'과 '외畏'는 친필본에서는 '착초초窄超超'와 '공恐'으로 잘못 표기되어 있다.
201　인경(절에서 사용하는 종)은 성덕대왕신종聖德大王神鐘(에밀레종)을, 은진미륵은 논산 관촉사灌燭寺의 석조미륵보살입상을, 연산철은 논산 개태사開泰寺의 쇠로 만든 솥을 각각 가리킨다.
202　함경남도 단천군과 이원군 사이에 있는 고개. 높이 416m. 신라 진흥왕 마운령순수비 摩雲嶺巡狩碑가 있는 곳이다.

다. 이 고을 역시 산중의 큰 고을인데, 이상한 것은 성 안팎의 관사官舍를 제외하고는 집들마다 지붕에 푸른 풀이 무성하여 얼른 보기에는 사람 없는 황폐한 옛 고을의 느낌이 있다. 그것은 거기 말 '봇껍질'[203]이라는 것으로 지붕을 덮고, 흙을 깔고, 풀씨를 흙에 뿌려 무성케 해서, 물동이로 퍼붓듯 하는 큰비가 내려도 흙이 흘러 떨어지지 않게 한 것이다. 이 봇나무를 보니, 양서兩西에 있는 벗나무 껍질 색이 붉은색인 것과는 판이하다. 이 봇껍질은 색깔이 희고 탄력이 강하여 지붕을 덮을 때는 반드시 조약돌이나 흙으로 눌러놓는다. 흙기와나 돌기와보다도 오래간다고 하는데, 그곳에서는 사람이 죽은 후 염습할 때 봇껍질로 싸면 땅속에서 만년 가도록 해골이 흩어지거나 없어지지 않는다고 한다.

혜산진惠山鎭에 이르러 제천당祭天堂을 참관하였다. 이 사당은 백두산맥이 남쪽으로 달려 조선 산맥의 중심이 된 곳으로, 이 사당의 주련柱聯[204]을 보니,

六月雪色山	유월에도 눈 쌓인 산
白頭而雲霧	백두에 운무가 감돌고
萬古流聲水	만고에 소리쳐 흐르는 물
鴨綠而洶湧	압록에 용솟음치네

이다. 해마다 조정에서 관리를 보내어 백두산신에게 제례를 거행한다고 한다.

혜산진에서는 압록강 건너편 중국인 집의 개 짖는 소리가 들리고, 압록강을 옷을 걷어 올리고 건너다녔다. 거기서 백두산 노정을 물어보니 서대령西大嶺[205]을 넘어서 간다 하여 삼수군三水郡으로, 장진군長津郡으로, 후창군厚昌郡으로,

---

203 자작나무 껍질. '봇'은 봇나무로, 자작나무의 북한어이다.
204 기둥이나 벽 따위에 써서 걸어 놓은 글귀.
205 백두산 아래 첫 마을로 불리는 산골 고개이다.

자성군慈城郡 중강中江[206]을 건너 중국 지대인 모아산帽兒山[207]에 도착하였다.

이상 몇 개 군을 거쳐 지날 때 험악한 산, 가파른 고개 아닌 곳이 없고, 어떤 곳은 70~80리 동안 무인지경無人之境이어서 아침에 점심밥을 싸 가지고 간 적도 있었다. 산길이 극히 험악하나 맹수는 별로 없는데, 삼림이 아주 빽빽하여 지척을 분별하기 어렵고, 수목이 큰 것은 나무 한 개를 벤 밑바닥에서 일고여덟 사람이 둘러앉아서 밥을 먹는다고 한다. 내가 보기에도, 나무 한 개를 찍어 넘기고 그 나무를 절단하여 곡식 저장하는 통을 파는데, 장정이 나무통 안에서 도끼로 파고 있었다.

또 이 산꼭대기에 노목이 넘어져서 건너편 산꼭대기에 걸쳐 있는 것이 많은데, 행인은 깊은 골짜기로 가지 않고 그 나무다리를 타고 건너가게 되어 있었다. 우리도 나무를 타고 건너 보았다. 마치 신선이 다니던 자취인 듯싶었다.

그 지역의 인심은 극히 순후하고 먹거리는 풍부하므로, 오는 손님은 극히 반가워하고 얼마든지 묵게 하여 보냈다. 곡류는 대개가 귀리(연맥燕麥[208])와 감자(마령서馬鈴薯)요, 산천에는 이면수(어명魚名)라는 물고기가 많고 맛이 참 좋았다. 거주민들의 의복은 짐승 가죽으로 만들어 입은 것을 보면 원시시대의 생활이 그대로 있는 것도 같았다. 삼수읍성 안팎에 민가가 30여 호라 한다.

모아산에서 서북쪽을 향하고 노인치老人峙란 산고개를 넘고 또 넘어 서대령 가는 노정을 거쳐 전진하는 중에, 우리나라 사람을 백 리에 두세 명은 만나는데(태반은 금 광부) 만나는 사람마다 백두산행은 그만두라고 권한다. 이유는 서대령을 넘는 중도에 향적响賊(중국인)[209]이 숲속에 숨어 있다가 행인이 있을

---

206 압록강 지류인 중강천을 가리킨다.
207 중국 길림시 동단산東團山 유지 부근에 있는 산. 옛 발해의 고분군이 있던 곳이다.
208 친필본의 '구맥瞿麥'은 오기로, 패랭이꽃을 한방에서 이르는 말이다.
209 말을 타고 떼를 지어 다니는 도적으로, 청국 말기에 만주 지방에 많았다. 향마적嚮馬賊이라고도 한다.

때는 총살한 후에 시체를 뒤져 휴대품을 가져가는데, 요새도 우리 사람이 그같이 피살되었다 한다.

청국 시찰

그러므로 두 사람이 상의하여 백두산 참배는 그만두고, 통화현성通化縣城에 도착하였다. 이 현성은 건설이 오래지 않아 관사官舍와 성루城樓 문의 서까래가 아직 흰빛을 띠었고, 성 안팎에 집이 5백여 호라 한다. 우리 동포는 단지한 집인데 남자 주인은 머리를 길게 땋아 늘인 편발에 중국 복장으로 통화현 군대에서 복무한다 하고, 부인들은 온전히 한복이었다. 그 주인은 당시 명칭으로 호통사胡通辭[210]이다. 부근 10여 리에 있는 심 생원生員이라는 동포를 방문하니 문자를 겨우 조금 이해하는 자로, 정신없이 아편 담배를 빨아대고 몸이 얼굴은 없고 뼈만 있는 사람 같았다.

이들 여러 곳을 돌아다니는 중에 가장 증오스러워 보이는 것이 호통사였다. 갑오 난리를 만나 피란하여 사람도 땅도 생소한 외국에 건너와서 곳곳에 산림이 험악하여 중국 사람도 살지 않는 곳을 택해 화전火田[211]이나 일구어 조와 강냉이(옥촉서玉蜀黍) 농사를 지어 살아가는 자들을, 중국말 몇 마디 배웠다는 호통사들이 중국 사람에게 기대어 가지고 무리한 별별 학대를 많이 했다. 여자의 정조를 유린하고 돈과 곡식을 침탈하는 등등 차마 말로 할 수 없는 악행이 허다하였다.

한 곳에서는 중국인 집에 한복을 입고 머리를 땋아 늘인 우리 처녀 한 사람이 보였다. 다른 사람에게 물어보니, 그 처자의 부모가 그 처자를 위하여 혼처

---

210 만주어를 통역하는 사람.
211 주로 산간 지대에서 풀과 나무를 불살라 버리고 그 자리를 파 일구어 농사를 짓는 밭.

중국 길림 통화성 시가. 1912~1913.

를 구하는 눈치를 안 통사通辭가 만주인에게 채무 상환을 못 한 대신에 그 처자를 중매 서 주마는 승낙을 하고, 그 처자의 부모를 위협하여 강제로 그 중국인에게로 보낸 것이라 한다. 내가 돌아다닌 곳은 통화通化·환인桓仁·관전寬甸·임강臨江·집안輯安(당시 통화 이외에 다른 현은 현치縣治를 베풀지 못함) 등의 군郡인데, 어디나 호통사의 폐해는 동일하였다.

　그때 논은 보지 못했다. 그러나 근본 토질이 비옥하여 잡곡은 무엇이든지 비료를 조금도 주지 않아도 한 명이 경작하면 열 명이 먹어도 족할 만하였다. 다만 소금이 제일 귀했는데, 그 지역에 들어가는 소금은 다 의주義州 방면으로부터 물길로 수천 리 운반하여 판매된다고 한다.

　곳곳에 두세 집에서 십여 집까지, 산림을 개척하고 여두소옥如斗小屋[212]을 얽어 만들어 살아가지만 인심이 극히 순후하여, 거기 말로 '압대나그네'('고국故

212　말[斗]만 한 크기, 즉 아주 작은 크기의 집.

國 사람'이라는 뜻)가 왔다고 하면 반가워하는데, 그가 한 마을에 들어가면 제가 끔 영접을 하고, 남녀노유男女老幼가 모여 고국 이야기를 하라고 조르고, 이 집 저 집에서 다투어 음식을 대접한다.

그곳의 이주민은 대부분 생활난 해결을 위하여 간 자가 많은데, 갑오년 청 일전쟁 때 피란으로 건너간 집이 많고, 가장 적은 수는 범죄 도주자, 즉 각 도와 각 군의 민란 주동자들과 공금을 횡령한 평안·함경 두 도의 구실아치들도 간 혹 있었다.

지형으로 말하면, 파저강婆猪江[213] 좌우에 설인귀薛仁貴[214]와 천개소문泉蓋 蘇文[215]의 관루管壘 터가 있고, 도처마다 "한 사람이 관문을 막으면 만 사람도 열고 들어올 수 없다."는 천연 요새가 있다. 여진족女眞族과 금金·요遼·고구려 의 발상 근원지라 한다.

관전寬甸에서였던 듯한데, 한 곳에 비각碑閣이 있었다. 비문碑文에 '三國忠 臣林慶業之碑'(삼국충신임경업지비)[216]라고 쓰여 있었는데, 근처 중국인들 중 병 있는 자가 이 비에 와서 제사 지내는 옛 풍습이 남아 있었다.

이 지방을 돌아다니며 탐문해 보니, 벽동碧潼[217] 사람 김이언金利彦이 용기 와 힘이 뛰어나고 학식이 풍부하다고 한다. 일찍이 심양자사瀋陽刺史가 김이언

---

213 중국 요령성遼寧省에서 발원하여 남쪽으로 흘러 압록강에 합류하는 강. 동가강佟佳江 이라고도 하며, 길이는 약 80km이다. 1433년(세종 15) 최윤덕崔潤德이 이 일대의 여진 족을 정벌하고 압록강 유역에 사군四郡을 설치한 바 있다.
214 중국 당나라의 장군(614~683). 고구려 정벌에 참전하여 공을 세우고 고구려가 멸망한 뒤 안동도호부安東都護府의 도호가 되었다.
215 고구려의 정치가이자 장군인 연개소문淵蓋蘇文(?~665)을 가리킨다. 본래 성이 연淵이 나 중국 당나라 고조 이연李淵의 이름과 같다 하여 중국에서는 천개소문泉蓋蘇文으로 기록되어 있다. 642년 영류왕을 시해하고 보장왕을 세운 후 대막리지가 되어 정권을 장악하였으며, 645년(보장왕 4)에는 당 태종의 침입을 안시성安市城에서 격파했다.
216 임경업은 조선 인조 때의 장군(1594~1646)으로, 1636년(인조 14) 병자호란 때 중국 명 나라와 합세해 청국을 치고자 했으나 뜻을 이루지 못하고 주위의 모함을 받아 죽임을 당했다.
217 평안북도 중북부 압록강 연안에 있는 군.

의 용기와 힘을 가상히 여겨 준마駿馬 한 필과 『삼국지三國志』한 부를 주었고, 청국 고급 장교에게서는 융숭한 대우를 받았다고 하는데, 현재는 청국의 원조를 받아서 의병을 일으킬 계획이 있다고 하였다. 하여간 탐방해 보기로 상의하고, 두 사람이 따로 혹은 동반하여 김이언의 비밀 주소를 찾아냈다.

강계군江界郡 서문(인풍루仁風樓) 밖으로 80여 리를 가서 압록강을 건너면 주민들이 보통 황성皇城이라 부르는 곳이 있다. 그 부근 10여 리 거리에 있는 삼도구三道溝[218]라는 곳을 갔다. 김이언을 찾아갈 때 두 사람이 동행하기보다는 서로 모르는 사람처럼 하여, 김이언의 인격이 어떠한지, 정말 의병을 일으킬 마음인지, 혹시 무슨 술책이나 가지고 백성을 속이려는 자는 아닌지, 여러 면으로 각자 관찰하자는 의사가 같았다. 그래서 며칠 앞서 김형진을 유람객 행색으로 먼저 출발케 하고, 나는 참빗장수 행색으로 김이언과 그를 추종하는 사람들의 내용을 탐지하기로 하고 4~5일 뒤에 출발하여 남쪽으로 가는 터였다.

하루는, 압록강을 한 1백여 리 앞에 둔 행로 중에 홀연 청국 무관 한 사람이 궁둥이에 관인을 찍은 말을 타고, 머리에는 장식(옥로玉鷺)을 꽂고 붉은 실을 드리운 마락이(청국 군모)를 쓰고 지나가는 것을 마주치게 되었다. 나는 덮어놓고 앞으로 나아가서 말 머리를 잡았다. 그 무관은 곧 말에서 내렸다. 나는 청나라 말을 이해하지 못하기 때문에, 취지서 한 장을 써서 품속에 간직했다가 청나라 사람 중 문자를 이해하는 자에게 그 취지서를 꺼내어 보여 주곤 했다. 그 무관에게 그 글을 보였다. 그는 그 글을 반도 못 읽고 갑자기 길 위에 털썩 주저앉으며 방성대곡하는지라, 나 역시 놀라서 붙들고 이유를 물었다. 그 무관이 글 가운데,

痛彼倭敵與我 不共戴天之讐[219]

---

[218] 지금의 화룡시和龍市로, 중국 길림성 연변 조선족자치주에 있는 도시이다. 두만강을 경계로 함경북도를 마주보고 있다.
[219] 통탄스럽다! 저 왜적과 나는 같은 하늘 아래에서 함께 살 수 없는 원수이다.

라는 글자들을 손가락으로 가리키며 다시 나를 붙들고 통곡한다.

이에 나는 휴대하였던 필통을 꺼내어 필담筆談을 시작하였다. 그 사람이 물었다.

"왜倭는 어찌하여 그대의 원수인가?"

"우리나라와는 임진년[220]부터 대대로 나라의 원수일 뿐 아니라 지난달에 왜가 우리 국모國母[221]를 불에 태워 살해했기 때문이다."

하고, 나는 반문하였다.

"그대가 초면에 이렇게 통곡함은 무엇 때문이오?"

그 사람 대답이,

"나는 갑오년[222]에 평양에서 전사한 서옥생徐玉生의 아들(이름은 잊어버림[223])이다. 강계 관찰사에게 조회하여 부친의 시체를 찾아 달라고 의뢰하였더니, 강계 관찰사의 회답에 부친 시체를 찾아 놓았으니 와서 운구해 가라 하기에 가서 보니, 부친의 시체가 아니기에 빈손으로 돌아오는 길이다."

한다.

자기 집은 금주錦州[224]인데, 사병私兵 1천5백 명 중에 자기 부친이 1천 명을 거느리고 출전하였다가 자기 부친과 병사들이 전멸되고, 현재 자기 집을 지키는 군인 5백 명이 있다 한다. 재산은 넉넉하고 자기는 서른 몇 살이요, 처는 몇 살이요, 자녀는 몇 명이라고 상세히 고한다.

나는 먼저 평양 보통문普通門[225] 밖 들판에서 '徐玉生戰亡處'(서옥생전망처)란

---

220 임진왜란이 일어난 1592년(선조 25)을 가리킨다.
221 '나라의 어머니'라는 뜻으로, 여기서는 명성황후明成皇后를 가리킨다.
222 1894년(고종 31)을 가리키며, 이해에 청일전쟁이 일어났다.
223 이름은 서경장徐慶璋으로, 그의 아버지 서옥생徐玉生은 청일전쟁 때 평양에서 청군 도사都司로 전투하다 사망했다.(도진순 교감, 『정본 백범일지』, 돌베개, 2016, 161쪽.)
224 중국 요령성 서부에 있는 도시.
225 평양시 신양동에 있는 고구려시대의 성문. 6세기 중엽에 처음 세워졌으며, 1473년(성종 4)에 평양성 6개 성문 중 하나로 새로 지었다.

나무 비碑(일본인이 세움)를 본 것을 말하였다. 서 군은 나의 나이가 자기보다 연하이므로 나를 부르기를 '띠디弟弟'(아우)라 하고, 자기더러는 '꺼거哥哥'(형)라 부르라고 글로 써서 보이고, 곧 내가 짊어진 봇짐을 자기 말안장에 달아매고 나를 붙들어 말 등에 올려 태우고는 금주를 향하여 말채찍을 가하면서,

"언제까지든지 원수 갚을 시기가 올 때까지 우리 집에 가서 같이 살자."

고 한다. 나는 미안하여 같이 걸어가기를 청하니, 서 군이 말하기를,

"걱정하지 마라. 10리 못 가서 관청 말을 잡아탈 것이다."

라고 한다.

나는 말 위에서 곰곰 생각하였다. 서 군의 뜻을 보면 장래 교제에 좋은 길이 되겠으니 가서 같이 지내는 것이 극히 좋겠으나, 먼저 앞서 간 김형진에게 사실을 통지할 길도 없고, 또 김이언이 의병을 일으킨다는데 그 내용을 알고 싶은 생각에, 기한 없이 금주의 서 군 집에 머물러 있을 마음이 없는지라 말에서 내려서 서 군을 향하여,

"여보 형님, 내가 고국의 부모와 이별한 지 근 1년이 되었는데 소식을 알지 못하고, 황실皇室에서 변을 만난 후에 정치 현상도 어떻게 되어 가는지 모르니, 이 아우가 한 차례 고국에 돌아가 부모님께 승낙을 얻어 가지고 와서 형과 늘 함께 살면서 장래를 경영함이 어떻겠소?"

하니, 서 군은 대단히 섭섭하고 서운해 하며,

"아우의 사정이 그렇다면 빨리 고국의 부모를 뵈온 후 와서 만나자."

고 재삼 눈물로 부탁하고 서로 작별하였다.

5~6일 후에 삼도구에 도착하여 이 집 저 집 방문하며 참빗장수로 행세하면서 김이언의 동정과 그 부하를 찾아 살폈다. 우두머리 김이언은 일 벌이기를 좋아하는 만큼 자신감이 지나쳐 다른 사람의 계책을 용납하는 성질이 부족해 보이는데, 힘은 아주 뛰어나 당년 50여 세에 심양의 5백 근 화포를 편안한 자세로 앉아서 두 손으로 들었다 놓았다 한다고 한다. 그러나 나의 관찰로는 마음의 용기가 부족해 보였고, 김이언보다는 그 동지인 초산楚山 이방吏房을 지

일제강점기의 평안북도 강계군 강계읍 전경(위) 및 강계읍성의 동문 인빈문寅賓門(아래).

낸 김규현金奎鉉이란 인물이 의리와 예절도 있고 획책도 잘하여 보였다.

김이언은 의병의 수령이 되어서 압록강을 사이에 두고, 이쪽에서는 초산·강계·위원·벽동 등지에 포수를 빽빽하게 모집하고, 저쪽 편으로는 청국 땅 강연안 일대에 이주민 포수(집집마다 거의 절반은 엽총이 있다)를 모집하여, 그 수가 근 3백 명이었다. 의병을 일으킨 명분은 "국모가 원수 같은 왜놈에게 피살됨이 국민 일반의 큰 치욕이니 앉아서 참고 있을 수 없다."는 이유로, 글 잘하는 김규현이 격문을 지어 널리 퍼뜨리고, 병사를 일으킬 모의에 우리 두 사람도 참가하여, 나는 비밀히 강계성江界城[226]에 들어가서 화약을 사들여 등에 지고 압록강을 건너 초산·위원 등지에 잠행하여 포수를 모집해 갔다.

강계성 전투

거사한 때는 을미년 11월 초였다. 압록강은 대부분 빙판으로 얼어붙어 있어서, 삼도구에서 얼음 위로 행군하여 강계성까지 곧바로 도달할 계획이었다. 나는 위원에서 일을 마치고 책원지策源地[227] 삼도구로 다시 돌아오는데, 혼자서 살얼음을 밟아 가다가 몸이 강물 속에 빠졌다. 겨우 머리와 두 손만 얼음 면에 남아 있을 때 죽을힘을 다하여 솟아올라 육지에 닿았으나 의복이 삽시간에 얼음 덩어리가 되어 한 걸음도 발을 움직이기 어려웠다. 익사溺死는 겨우 면하였으나 동사凍死가 되어 갈 때에 고함 소리를 들은 산골 주민이 나와서 자기 집

---

226 평안북도 북동부 압록강 연안에 있는 조선시대 읍성. 예로부터 군사상 중요시되었던 석성으로 성벽의 동서남북에 성문 다락과 군사를 지휘하던 다락이 있었는데, 지금은 인풍루仁風樓와 망미정望美亭만 남아 있다. '강계江界'라는 지명은 이 지역의 장자강將子江(옛 이름 독로강禿魯江)과 북천·남천 등 여러 강과 하천들의 어귀에 있으면서 경계를 이룬다 하여 붙여진 명칭이다.

227 전방 부대를 지원하는 후방 기지.

으로 끌고 가 구호해 주어서 겨우 살아서 갔다.

　김이언에게 강계 진공책을 물으니,

　"이미 강계 병영 장교들과 내통이 있으므로 입성入城은 문제가 없다."
고 한다.

　"그러면 그 장교들이 순수한 애국심으로 내통하는 겁니까, 아니면 다른 이
유가 있는 겁니까?"
물으니, 김이언은 다음과 같이 답한다.

　"내가 이미 심양에 가서 인명仁明 노야老爺[228]와 친해져 하사하는 말까지
얻은 일을 그 장교들이 알고서, '언제든지 청국 병사의 응원을 받아 오면 우
리 모두 향응하겠다.'고 서로 굳게 약속하였으니, 이런 까닭으로 입성은 용이
하다."
고 한다. 나는 또 물었다.

　"그러면 청국 병사를 이번에 다소간이라도 사용하게 됩니까?"

　답은,

　"금번에는 그렇게 못 되나, 우리가 거사하여 강계라도 점령하면 원병이 온다."
고 한다.

　그리고 모집한 포수들의 복장 문제가 나와서 나는 이런 의견을 주장하였다.

　"포수 중에는 청나라 말을 잘하는 자가 많으니, 몇십 명은 청나라 군대 장
교 복장을 하여 청국 장교 혹은 대장이라 거짓으로 꾸미고, 그 나머지는 한복
을 입혀 후방에서 따르게 하고, 선두에게는 당신이 하사받은 말을 타게 하여,
장검을 찬 청나라 복장 군인이 선두로 입성케 함이 좋은 계책이 아닐까 합니
다. 이유는 강계성 장교들의 소위 내통이란 것을 순전히 믿기 어려운 것으로,
그자들은 다만 청국 병사가 온다는 데 대한 내통이지 의리상 내통이 아닌 데다
가, 청국 병사의 그림자도 없다는 것을 알면 어쩔 수 없이 반대 방면으로 갈 것

---

228 '어르신'의 중국어 존칭.

강계 인풍루.

입니다."

　　그리고 제1착으로 고산진高山鎭[229](거기 말로 고사리[230])을 쳐서 무기를 탈취하여 제2차로 강계를 착수하기로 하는 것도 불가함을 역설하였다. 이유는,

　　"지금 3백여의 포수가 있으니 이것만 가지고 질풍뇌우疾風雷雨의 형세로 쳐들어가면 선발대의 수가 비록 많지 않아도 우리의 뒤에 얼마나 더 있는지를 모르게 하는 것이 필요합니다."

라는 말에, 김규현과 백 진사(경성 사람) 등은 다 나의 의견에 찬동하나 독단적인 김이언은 반대한다. 이유는,

　　"첫째, 청나라 복장 및 청국 장교로 거짓 꾸밈이니, 우리가 당당하게 국모

---

229 평안북도 강계군 고산면에 있던 진으로, 조선 세조 때 남이南怡가 여진족을 무찌른 곳이다. 면소재지인 포상리에는 성터가 있는데, 헌종 때 포상마을을 방위하기 위하여 구축한 성으로 둘레 970m의 장방형 석성이었다.
230 전에 고산리라는 지명이 있었다.

의 원수를 갚는다는 격문을 전한 이상 당연히 백의白衣 군인으로 입성함이 옳다. 둘째, 아직 군인은 있으나 무기가 부족하니, 먼저 고산진을 쳐서 무기를 탈취하여 이튿날 강계를 점령함이 옳다."

함이었다. 우리 두 사람은 김이언이 고집하고 나가는 데 대하여 결렬의 태도는 취하지 말고 따라가 보자고 하였다.

가장 먼저 고산진을 야간에 침입하여 무기를 꺼내어 맨손으로 종군하던 자들에게 나누어 주고, 이튿날 강계로 진군하여 한밤중에 전군이 얼음 위를 답파하여 인풍루 밖 10리쯤에 선두가 도착했다. 그러자 강 남쪽 기슭인 소나무 숲속, 다수의 화승총火繩銃[231] 불빛이 반짝거리는 가운데로 몇 명의 장교(강계 부대)가 맞으러 와서 김이언을 찾아 첫 번째로 하는 말이,

"이번 오는 중에 청국 병사가 있는가?"

묻는다. 김이언은,

"우선 강계를 점령하고 소식을 알리면 곧 청국 병사가 온다."

고 답하였다.

그 장교들이 머리를 흔들며 가자마자 소나무 숲 가운데로부터 요란한 포성과 함께 탄환이 비 오듯 떨어졌다. 좌우의 산골짜기는 험준한데, 빙판 위에 근 1천 명의 사람과 말이 대혼잡을 연출하여 물밀듯 이리저리 밀려 나가며 벌써 총탄을 맞고 죽은 자, 부상을 입고 소리 내어 우는 자가 있었다.

나는 김형진과 몇 걸음 물러나면서 상의하였다. 김이언의 이번 실패는 영구 실패라 다시 수습을 못 할 테니 우리가 같이 퇴각한대야 아무 필요가 없고, 생소한 행색으로는 붙잡히기 쉬우니 강계성 부근에서 화를 피했다가 고향으로 가는 것이 낫겠다고 의논하여 결정하고, 산 주변으로 올라가서 강계성과 지척인 촌락에 들어가니, 한 동네 전부가 피란하고 집집마다 사람이 없었다.

한 집에 바깥문이나 안쪽 문을 상관하지 않고 들어가서 주인을 불러 봤으

---

231 화약심지의 불로 터지게 만든 구식 총.

나 역시 한 사람도 없는 빈집이었다. 안방에 들어가니 방 한구석 화덕(산골에 사는 사람이 방구석에 난로 대용으로 설치한 굿배기 화로)에 불이 일렁일렁한다. 우리 두 사람은 화덕 옆에 앉아 손과 발을 녹이고 있었는데, 방 안에서 기름 냄새와 술 냄새가 난다. 선반 위의 광주리를 꺼내어 보니 온갖 고기가 가득하였다. 우선 닭다리와 돼지갈비를 숯불에 쬐어 먹는 즈음에 포건布巾을 쓴 사람이 문을 가만히 열고 방 안을 들여다본다.

나는 거짓 책망을 하였다.

"웬 사람인데 밤중에 남의 집을 묻지도 않고 침입하는가?"

그 사람이 몹시 두려워하는 빛을 띠고 하는 말이,

"이것은 내 집인데요."

하고 머뭇거린다.

"누가 주인이든지 이처럼 눈 내리는 밤이니 들어와 몸이나 녹이시오."

그 사람이 들어온다. 나는 물었다.

"그대가 이 집 주인이라면 집을 비우고 어디를 갔었소? 내가 보기에 주인 같아 보이지 않으나, 추울 테니 고기나 자시오."

그 사람은 하도 어이가 없어 이야기를 한다.

"오늘이 나의 어머님 대상大祥입니다. 각처에서 조문객이 와서 제사를 지내려던 즈음에 마을 어귀에서 포성이 진동하므로 조문객이 흩어져 도망하고, 나도 식구들을 산속에 데려다 두고 잠시 왔던 길입니다."

나는 한편으로는 실례했음을 좋게 말하고, 한편으로는 위로를 했다.

"우리도 장사차 성안에 당도하자마자 난리가 났다고 소동을 하기에, 마을로 와서 난리를 피할까 하고 와서 보니 당신 집 문이 열려 있기에 들어왔소. 들어와서 보니 먹을거리가 있기에 요기를 하던 중인데, 난리 때는 이런 일도 있는 법이니 용서하시오."

주인은 그제야 안심을 한다. 그리고 나는 주인에게 권하여 산속에 숨어 있는 식구를 돌아오게 하라고 하였다. 주인은 겁이 나서 이렇게 말한다.

"지금도 보니, 동구 밖에 병대兵隊들이 밀려가던데요."

"병대가 무슨 일로 출발한다는지 들으셨소?"

주인이 말하기를,

"강 건너(청국을 가리킴)에서 의병이 밀려와서 강계를 치려다가 병대에게 몰려간다고 하는데, 멀리서 자꾸 포성이 들리니 알 수 있습니까? 승부가 어찌 될지 압니까?"

한다. 우리는 이렇게 말했다.

"의병이 오나 병대가 오나 촌사람에게야 무슨 관계가 있겠소? 부인과 어린아이가 눈 속에서 밤을 보내다가 무슨 위험이 있을지 모르니 속히 집으로 돌아오게 하시오."

주인이 말하기를,

"내 집 식구뿐 아니라 온 마을 사람들 대부분이 산 위에서 밤을 보낼 준비를 하였으니, 손님은 너무 염려하지 마시고 이왕 내 집에 오셨으니 집이나 지켜 주시오. 나는 산 위의 식구들을 가서 보고 오리다."

한다.

그 집(인풍루 밖 길가 첫 마을)에서 묵고 이튿날 아침에 일찍이 출발하여, 강계를 떠나서 적유령狄踰嶺232을 넘어 수일 만에 신천에 도착하였다.

고 선생 손녀와의 혼담과 파혼

청계동을 향하여 가는 길에 고 선생의 집에 호열자虎列子233가 들어서 큰

---

232 평안북도 중남부를 동동북 쪽에서 서남서 쪽으로 가로지르고 있는 적유산맥에 있는 고개. 높이 963m. 옛날 오랑캐가 쫓겨 넘어갔다 하여 '되넘이령'이라 하던 것을 한자어로 고쳐 부르고 있다.

233 '콜레라'의 음역어.

아들과 큰며느리인 원명 부부가 일시에 죽었다는 놀라운 소식을 들었다. 마을 어귀에 들어서서 먼저 고 선생 댁에 가서 위문하였다. 고 선생은 도리어 태연자약한 빛이 있으나 나는 슬프고 가슴이 답답하여 무슨 말을 할 수가 없었다.

부모 계신 집으로 가려고 인사를 올릴 때, 고 선생은 의미를 이해하기 어려운 한마디 말씀을 하셨다.

"곧 성례成禮를 하게 하세."

듣기만 하고는 집에 가서 부모님과 이야기하는 중에,

"네가 떠난 후에 고 선생 손녀(원명의 장녀)와 너와 약혼이 되었다."

하신다. 그제야 비로소 고 선생께서 말씀하신 것을 깨달았다.

아버님과 어머님은 번갈아 가며 약혼하던 경과를 설명하신다. 아버님이 말씀하시기를,

"네가 떠나간 후에 고 선생이 집에 찾아오셔서 '요새는 아들도 없고 매우 고적하실 테니 내 사랑에 오셔서 이야기나 하고 놉시다.' 하더라. 감사하여 그 사랑에 가서 노는데, 고 선생은 네가 어릴 때부터 어떻게 행동했는지 세밀히 묻더라. 그래서 나는 네가 어렸을 때 공부를 열심히 하던 것, 해주 과거 시험장에서 극단의 비관을 품고 돌아와 관상서觀相書를 보다가 낙심했던 일, 호심인 好心人 될 길을 찾아서 동학에 입도入道했던 일, 이웃 마을의 강씨와 이씨들은 조상의 뼈를 사고파는 죽은 양반이지만 너는 마음을 수양하고 몸으로 실행하는, 살아 있는 양반이 되겠다고 한 것을 말하였다."

하신다. 어머님은 말씀하시기를,

"어느 날 고 선생이 우리 집에 오셔서 나더러도 네가 자랄 때 하던 거동을 물으시기에, 네가 강령에서 칼을 가지고 신풍 이 생원 집 아이들을 죽이러 갔다가 칼도 빼앗기고 매만 맞고 왔던 일, 돈 20냥을 허리에 차고 떡 사 먹으러 갔다가 네 부친에게 매 맞던 일, 내가 사둔 청홍 염료를 전부 가져다가 개천에 풀어 놓아서 때려 주던 일이며, 아침에 울기 시작하면 종일토록 울던 이야기를 했다."

하신다. 아버님이 말씀하시기를,

"하루는 고 선생 댁에 가서 노는데, 선생이 갑자기 '노형, 우리 집과 혼인하면 어떻겠습니까?' 한다. 나는 무어라고 대답할지를 몰랐다. 선생은 다시 말씀하셨다. '내가 청계동에 와서 있은 후로 무수한 청년을 다 시험하여 왔으나 당신 아들만 한 사람을 아직 보지 못하였고, 불행히 아들 며느리 모두 죽고서 나의 몸과 마음을 전부 의탁할 사람을 생각하니, 노형 아들과 내 장손녀가 혼인을 하고 나까지 창수에게 의탁할까 하는데, 어떻소?' 하신다. 나는 황공하여 '선생께서 그처럼 미거한 자식을 사랑하시는 것이 감사하나 반상班常의 구별로나 덕행德行으로나 제 집의 형편으로나 자식의 처지로 감당할 수 없습니다. 제 자식이 내심은 어떤지 모르나, 저도 스스로 인정함과 같이 외모도 하도 못나서 선생 집안에 욕이 될까 두렵습니다.'고 하였다. 고 선생은 이런 말씀을 하시더라. '자식을 아는 것은 아버지만 한 자가 없다.'[234]고 하나 내가 노형보다 좀 더 알는지 알겠소? 아들이 못생겼다고 그다지 근심은 마시오. 내가 보건대 창수는 범의 상입니다. 인중人中이 짧은 것이라든지 이마가 속俗 붙은[235] 것이며 걸음걸이라든지, 장래 두고 보시오. 범의 냄새도 피우고 범의 소리도 질러서 세상을 놀라게 할는지 알겠소?' 그러그러하여 약혼을 하였다."
한다.

나는 고 선생이 그같이 내가 잘되기를 바라고 기대하며 스스로 원하여 손녀를 허락함에 대하여 책임이 무겁고 두터운 고마운 마음을 감당키 어려운 감이 있었다. 그러나 그 규수의 타고난 성품이나 상당한 수준의 가정교육을 받은 점으로는 만족한 마음도 있었다.

그 후로는 고 선생 댁에 가면 안채에서도 인정하는 빛이 보이고, 6~7세쯤 된 작은손녀 아이는 나더러 "아저씨"라고 부르고, "안아 주오", "업어 주오" 한

---

234 『한비자韓非子』「십과편十過篇」에 나오는 말로, 그 앞에 '지신막여군知臣莫如君'(신하를 아는 것은 임금만 한 자가 없다)이라는 구절이 있다.
235 이마가 두툼하게 올려 붙은 모양.

다. 그 규수는 조부 밥상에 나의 밥을 함께 차린 상을 들고 내가 앉은 자리에도 들어온다. 나는 마음에 퍽 기뻤다. 원명 부부의 장례도 내가 힘써 도와주어 지냈다.[236]

고 선생에게 청국을 두루 돌아다닌 일을 처음부터 끝까지 일일이 보고하였는데, 그중 압록강과 두만강 건너편 토지의 비옥함, 지형의 험함, 인심 상태, 서옥생의 아들과 결의한 진상, 돌아오는 길에 김이언을 만나 의거에 동참하였다가 실패한 일 등을 말씀드리고, 앞으로 북방에 나아갈 경우 이곳이 활동 지대, 즉 군사를 부릴 만한 곳임을 두루 자세히 보고하였다.

마침 그때는 단발령斷髮令[237]이 내리는 즈음이었다. 군대와 경찰은 대부분 단발하고 문관도 각 군의 면장까지 실시하는 중이었다. 고 선생과 상의하고 안 진사와 의병을 일으킬 문제를 가지고 회의하는 중에 안 진사는,

"아무런 승산 없이 일어나면 실패할 것밖에 없으니 아직은 큰일을 일으킬 생각이 없고, 천주교나 봉행하다가 후일에 기회를 보아 의병을 일으키겠지만, 지금은 머리를 깎게 되면 깎기까지라도 할 의향을 가지고 있소."

라고 한다. 고 선생은 두말 아니 하고,

"진사, 오늘부터 끊네."(우리나라에서 예로부터 선비들이 절교하는 표시)

하고 말을 마치고 자리를 뜨는 때에 나의 마음도 매우 서먹해졌다.

이 일이 안 진사의 인격으로 그렇게 된 것이든 그렇지 않은 것이든, 자국 내에서 일어난 동학은 토벌하면서 서양 오랑캐가 하는 서학을 한다는 말이 심히 괴이하고, 의리 있는 선비는 "목은 자를지언정 머리는 자를 수 없다.", "저승에서 머리 없는 귀신이 될지언정 인간으로서 머리 깎은 사람은 되지 않겠다." 등의 의로운 이론을 지니는 때, 안 진사가 단발할 의향까지 보이는 것은 의리가 없는 게 아닌가.

---

236 장례는 이미 치른 후이니 제사 등 뒷일을 돌보아 주었다는 뜻으로 보인다.
237 머리를 짧게 깎도록 내린 명령. 1895년(고종 32) 11월 15일 일제가 강제로 시행하여 이를 계기로 전국적으로 의병이 봉기하였다.

이런 생각을 하고 고 선생과 상의하기를, 속히 성혼成婚이나 하고서 청계동을 떠나기로 결정하였다. 부모님은 다른 자녀가 없고 단지 나 하나이므로, 또는 고 선생과 같은 훌륭한 가문 출신의 며느리를 맞게 됨이 무엇보다도 기뻐서 전력을 다하여 혼수와 혼구를 준비하기에 분주한 중이었다.

어찌 뜻하였으랴. 호사다마好事多魔로 괴이한 일이 생겼다.

하루는 10여 리 되는 해주와 검단檢丹 등지의 친구 집에 가서 일을 보고 날이 저물어 그 집에서 자고 겨우 아침에 일어나는 때에 고 선생이 나를 찾아왔다. 천만 낙심하여 하는 말이,

"자네가 어렸을 때 뉘 집과 약혼을 하였다가 자네가 원하지 않아 퇴혼하였다고 한 것이 지금 와서 문제가 되었네그려. 내가 어제 사랑에 앉았노라니 성이 김가라고 하는 사람이 찾아와서 '당신이 고 아무개요?' 묻기에 '그렇소.' 한즉 내 앞에다가 칼을 내놓고 하는 말이, '듣자 하니 당신 손녀를 김창수와 혼인시키기로 허락하였다 하던데, 첩으로 주는 것이오, 정실이오?' 묻기에 하도 괴상하여 김가를 꾸짖으며 '초면에 그게 무슨 무례한 말이오?' 한즉, 김가는 노기가 등등하여 하는 말이 '김창수의 본처는 곧 나의 딸인데 이제 들으니 당신 손녀와 결혼을 한다 하니, 첩이라면 좋으나 정실이라면 이 칼로 사생결단하겠소.' 하기에 나는 '김창수가 종전에 약혼한 곳이 있었으나 이미 파혼된 줄로 알고 혼인을 허락한 것인데, 이제 그대의 말을 듣건대 여전히 약혼 중이라 하니, 내가 김창수를 만나 보고 해결할 테니 그대는 물러가 있으시오.' 하여 돌려보냈네. 이를 어찌하나? 우리 집안 여자들은 대소동이 났네."

한다. 나는 이 말을 듣고 시초가 재미없게 된 것으로 보고 고 선생에게 말씀드렸다.

"제가 선생님을 믿고 받든 본의는 손녀사위나 되려고 그런 것이 아닙니다. 선생님에게서 직접 배우는 교훈을 마음속 깊이 새기고 평생토록 성스러운 가르침을 받들어 행하기로 마음으로 맹세한 이상, 혼인하든 혼인하지 않든 무슨 상관이겠습니까? 혼사는 서로 단념하고 의리로만 선생님을 받들겠습니다."

하였다. 말을 할 적에, 일이 되어 가는 기미가 이미 순조롭지 못할 줄 알고 잘라 말하였으나, 내심에는 매우 섭섭하였다.

고 선생은 나의 말을 듣고 눈물을 흘리며 한탄하셨다.

"장래에 나의 심신을 의탁할 만한 사람을 물색하는 터에 허다한 심력心力을 들여 자네를 만났고, 더욱이 미혼이므로 혼사까지 약속한 것인데, 이런 괴변이 어디 있겠나? 그러면 혼사는 거론하지 않은 것으로 하세. 그러나 바로 지금, 관리들이 단발한 후에는 평민들에게도 실행할 테니 자네는 시급히 몸을 빼서 단발의 화를 면하게. 이 늙은이는 단발의 화가 미치면 죽기로 작정하네."
라고 하였다.

여기서 이왕 지나간 일에서 제외하였던 한 사건을 추가로 이야기하겠다.

내 나이 14~15세 때 아버님이 어떤 주점에서 함경도 정평 사람 김치경金致景이란 함지박장수를 만나, 취중에 말이 오고 가고 하다가 김치경에게 8~9세 되는 여아가 있음을 알고 농담같이 청혼을 하였다. 김치경은 혼사를 승낙하였다. 사주四柱까지 보냈다. 그 후에는 아버님이 그 여자아이를 집에 종종 데려왔다. 나는 서당에 다닐 때인데, 동네 아이들이 조롱을 했다.

"너는 함지박장수의 사위다."

"너의 집에 데려온 처녀가 곱더냐?"

이런 조롱을 받을 때의 심사가 불쾌했다. 그런 데다가, 하루는 겨울철 추운 빙판에서 팽이를 돌리며 노는데, 그 여자아이가 내 곁에 와서 구경하다가 자기도 팽이 한 개를 깎아 달라고 하였다. 나는 그 말을 듣고 극단의 염증이 일어나서 어머님을 졸라 그 여자아이를 도로 보냈으나, 혼약을 해제한 것은 아니었다.

그랬다가 갑오년 청일전쟁이 일어나니, 일반 인심에 아들딸 가진 자는 혼인하기를 유일의 시급한 일로 알게 되었다. 당시 나는 동학 접주여서 동분서주하는 판이었는데, 하루는 집에 들어와 보니 술을 빚고 떡을 만들며 일체 혼구를 준비하는 중이었다.

나는 한사코 장가가지 않겠다고 부모님께 청하였다. 부모님도 할 수 없어서, 김치경에게 "자식이 절대로 원하지 않으니 혼약을 해제하자."고 상의하고 "그대의 딸도 타처에 출가시키라."고 한즉, 김치경도 '무방하다' 생각하고 신천 수유령水踰嶺으로 이사하여 술장사를 하던 때였다(거리는 청계동에서 10여 리쯤이다). 그때 김치경이 고 선생 댁과의 혼인 소문을 듣고서 방해를 하면 돈이나 좀 줄 것으로 생각하고 짐짓 방해한 것이다.

아버님이 분기탱천하여 곧 김치경의 집에 가서 싸움을 하였으나 이왕지사요, 김치경 내심으로는 벌써 자기 딸은 이웃 동네에 돈을 받고 혼약하였다 한다.

고 선생은 비동飛洞으로, 우리 집은 기동基洞으로 이사하고, 나는 시급히 청국 금주 서옥생의 집으로 갈 길을 작정했다.

치하포사건 : 1차 투옥

국모의 원수를 갚다

김형진은 자기 본고향으로 가기로 해서 동행하지 못하고 단신으로 출발했다. 평양에 도착하니 관찰사 이하 전부가 단발하고, 길목을 막고서 행인을 붙들어 머리를 깎게 하였다. 혹은 시골로, 혹은 산골 마을로 피란하는 인민의 원성이 길마다 넘쳐남을 목격하는 나는 머리끝까지 분기가 가득하였다.

안주安州에 도착하여 게시판을 보니 '단발정지령'이었다. 듣자 하니, 경성 종로에서는 시민들을 단발시키는 바람에 대소동이 일어나, 일본인 가옥을 깨부수고 일본인을 다수 때려죽이는 등 변란이 나고, 당시 정부 당국자에게 대변동이 생겼다 한다. 그러하니 장차 국내에 많은 일이 일어날 때여서 구태여 출국할 것이 없고, 삼남 방면에서 의병이 봉기한다 하니 도로 길을 되돌아와서 시국을 관찰하리라 결심하였다. 그래서 길을 되돌아 용강군에서 안악군 치하포鴟河浦[238]로 배를 타고 건너는데, 때는 병신년[239] 2월 하순이었다.

강 위에 유빙流氷[240]이 떠다녀서, 15~16명의 남녀 선객船客을 실은 배가 그

---

238 안악군 안곡면 대동강 하류에 있는 포구로, 안악읍에서 동북쪽으로 40리쯤 거리에 있다.
239 1896년(고종 33)으로, 명성황후가 시해된 이듬해이다.
240 물 위에 떠내려가는 얼음덩이. 친필본에서는 '빙산氷山'으로 표기하였다.

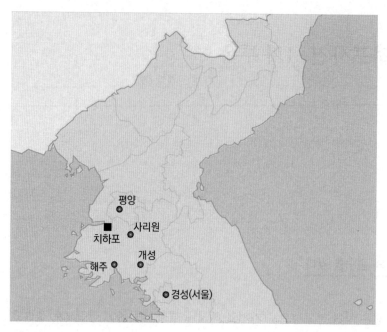

치하포의 위치와 그 부근.

유빙에 포위되어 진남포鎭南浦 하류까지 싸여 내려갔다가 조수를 따라서 다시 상류까지 오르락내리락하니, 선객은 물론 뱃사공까지 얼음 귀신이 된 줄 알고 갈팡질팡 어쩔 줄 모르고 걱정하고 있었다. 나도 해마다 결빙과 해빙 두 가지 일이 일어날 때 이들 나루터에서 유빙의 포위로 종종 참사가 있는 것을 아는 바, 오늘에 불행히 위험한 지경에 빠진 것이었다. 배 안의 사람들이 모두 하늘을 부르고 어머니를 부르는 등 곡성이 진동하였다.

나는 살길을 연구하였다.

그 배 안에는 식량이 없어 얼어 죽기보다는 먼저 굶어 죽을 터인데, 나룻배 안에는 다행히 나귀 한 필이 있었다. 유빙의 포위가 여러 날 계속된다면 잔인하나마 부득불 나귀를 잡아 죽여 15~16명의 생명을 보존하기로 했다.

한갓 소리 내어 우는 것이 목숨을 구하는 길이 아니니, 뱃일을 뱃사공에게만 맡길 것이 아니라 모든 선객이 일제히 힘을 써서 유빙을 밀어내면 순식간에 유빙이 물러나지는 않을지라도 신체 운동만으로도 유익하다는 의견을 맹렬히 주장하고 함께 힘쓸 자를 구하니, 선객과 뱃사공이 일제히 응하였다. 나는 몸을 솟구쳐 유빙에 올라 그 얼어붙은 유빙의 모양을 살펴보고 큰 유빙을 의지하여 작은 유빙을 밀어내기에 노력하던 중 홀연히 한 가닥 살길을 얻었다. 원래지점인 치하포에는 다다르지 못하고 5리 밖 강기슭에 오르니 서산에 지는 달의 여광餘光이 아직 있었다.

치하포구 주인(여관을 겸하고 있는)의 집에 들어가니 풍랑으로 인하여 유숙하는 나그네 등이 세 칸 여관방에 가득했다. 시간이 자정이 넘었으므로 각 방마다 코 고는 소리만 들렸다. 함께 고생한 우리 동행들도 방 세 칸에 나누어 잤다. 잠이 들자마자 행객들이 떠들며 "오늘은 일기가 순하니 배로 건너가게 하라."고 야단이다.²⁴¹

시간이 지나 아랫방부터 아침밥이 들어오기 시작하여 가운뎃방과 윗방까지 밥상이 들어왔다. 그때 가운뎃방에는 단발한 한복 입은 자가 동석한 행객과 인사를 하는데, 성은 정鄭이라 하고 사는 곳은 장연(그때 황해도에는 장연이 먼저 단발되어 평민들도 단발한 자가 간혹 있었다)이라 한다. 어조는 장연 말이 아니고 경성 말인데, 촌 노인들은 진짜 조선인으로 알고 이야기를 하지만, 내가 듣기에는 분명 이는 왜놈이었다. 자세히 살펴보니 흰 베 두루마기 밑으로 칼집이 보였다. 가는 길을 물으니 진남포로 간다고 한다.

나는 그놈의 행색에 대하여 연구하였다. '이곳은 진남포 건너편 기슭으로 날마다 왜놈 몇 명이 왜놈의 본색으로 통행하는 곳이니, 저놈이 보통 상공업에 종사하는 왜놈이라면 왜놈의 본색이어야 할 터이다. 최근 경성의 분란으로 인하여 민閔 황후를 살해한 미우라三浦梧樓²⁴²가 숨어 도망하는 것이 아닌가? 만일에 이 왜놈이 미우라가 아니더라도 미우라의 공범일 것 같고, 하여튼지 칼을

---

241 1896년 3월 9일 아침의 일이다.
242 일본의 군인(1846~1926). 청일전쟁 후 조선에 공사로 부임하여 친일정권을 수립하고자 명성황후明成皇后를 시해하는 을미사변을 일으켰다.

대안문(대한문) 앞 명성황후 국장 행렬. 1897.

차고 밀행하는 왜놈은 우리 국가와 민족의 독균일 것은 명백하다. 저놈 한 명을 죽여서라도 국가에 대한 치욕을 씻으리라.'

환경과 역량을 살펴보건대, 방 세 칸에 총 객원 수가 40여 명이요, 저놈의 앞잡이가 몇 명 섞여 있는지는 알지 못하나 나이 17~18세의 총각[243]이 곁에서 무슨 말을 한다.

'나는 단신이고 맨손이 아닌가. 섣불리 손을 쓰다가 죽이지도 못하고 내 목숨만 저놈의 칼 아래 끊어 보내지 않을까. 그렇게 된다면 나의 의지와 목적도 세상에 드러내 보이지 못하고 도적놈이라는 오명汚名의 시체 한 구만을 남기고 영원의 길을 갈 것이 아닌가. 또는, 내가 맨손으로 한 번에 죽일 수는 없고, 죽을 결심을 하고 손을 쓴다 하더라도 방 안 사람들이 붙잡고 못 하게 말릴 것이요, 말릴 때에는 저놈의 칼이 내 몸에 들어올 것이니, 아무리 생각해도 불가능한 일이다.'

---

243 당시 통역 겸 수행원 역할을 한 20세 임학길林學吉을 가리킨다.

이런 생각을 할 때 가슴이 울렁거렸다.

마음과 정신이 자못 혼란한 상태에 빠져 고민하던 중에 홀연히 한 가닥 빛줄기가 가슴속 깊은 곳에 비춘다. 그것은 다른 것이 아니라, 고후조高後凋(후조는 고능선의 호) 선생의 교훈 중 "나무에 올라가 가지를 잡는 것은 기이한 일이 아니나, 매달린 벼랑에서 손을 놓는 것은 가히 장부로다." 이 구절이었다.

곧 자문자답을 했다.

문: 네가 보기에 저 왜놈을 죽여서 치욕을 씻는 대상물로는 확인하느냐?

답: 그렇다.

문: 네가 어릴 적부터 호심인好心人 되기가 지극한 소원이 아니냐?

답: 그렇다.

문: 지금 죽여서 치욕을 씻을 왜놈 원수를 죽이려다가 성공 못 하고 오히려 왜놈의 칼에 죽으면 다만 도적의 시체를 세상에 남길 것이라고 하니, 그렇다면 너는 마음 좋은 호심인 될 소원은 거짓이고 몸 좋고 명성 좋은 호신호명인好身好名人 되는 것이 지극한 소원이 아니던가?

이렇게 해서 죽을 마음을 작정하자 가슴속이 가라앉으면서 온갖 계책이 잇달아 나왔다. 내가 방 안의 40여 명 객원과 동네 사람 수백 명을 무형의 노끈으로 꽁꽁 동여서 움직이지 못하게 하고, 저 왜놈에게는 내가 불안의 상태를 보이면 대비할 테니 그놈도 안심시키고 나 혼자만 자유자재로 연극을 하는 방법을 시행하였다.

아랫방에서 가장 먼저 밥상을 받아 숟가락질한 사람이 자던 입에 새벽밥이라 3분의 1도 못 먹었을 적에, 나중에 상을 받은 나는 네댓 숟가락에 한 그릇 밥을 다 먹었다. 일어나서 주인을 부르니, 골격이 준수하고 나이 17~18세나 됨직한 사람이 내문內門 앞에 와서,

"어느 손님이 불렀소?"

한다. 나는,

"네, 내가 좀 청했습니다. 다름 아니라 내가 오늘 7백여 리나 되는 산길을 답파할 텐데 아침을 더 먹고 갈 테니 밥 일곱 상(즉 7인분)만 더 차려다 주시오."
하였다. 주인은 아무 대답 없이 나를 보기만 하더니, 내 말에는 대답도 아니 하고 방 안에서 아직 밥을 먹는 객들을 보고,

"젊은 사람이 불쌍도 하다. 미친놈이군!"
이라고 한마디 말을 하고서는 안방으로 들어가 버렸다.

나는 한편에 드러누워서 방 안의 물의物議와 분위기를 보면서 왜놈의 동정을 살펴보았다. 방 안에서는 두 파의 논쟁이 일어났다. 식자識者 청년들 중에는 주인 말과 같이 나를 미친 사람이라 하는 이도 있고, 긴 담뱃대를 식후 제일의 맛으로 붙여 물고 앉은 노인들은 그 청년을 책망하는 말로,

"여보게, 말을 함부로 말게. 지금인들 이인異人이 없으란 법 있겠나? 이런 말세에 마땅히 이인이 날 때지!"
한다. 청년들은,

"이인이 없을 리가 없겠지만, 저 사람 생긴 꼴을 보셔요. 무슨 이인이 저렇겠어요?"
한다.

그 왜놈은 별로 주의하는 빛이 없이 식사를 끝내고 중문 밖에 서서 문기둥에 기댄 채 방 안을 들여다보면서 총각 아이가 밥값 계산하는 것을 살피고 있었다.

나는 서서히 몸을 일으켜 한마디 큰 호령 소리를 내며 그 왜놈을 발길로 차서 거의 한 길이나 되는 계단 아래로 떨어뜨리고, 쫓아 내려가 왜놈의 목을 한 번 밟았다.

세 칸 객방의 앞면 출입문이 모두 네 짝이다. 아랫방에 한 짝, 가운뎃방에 분합문分閤門244 두 짝, 윗방에 한 짝이었다. 그 방문 네 짝이 일시에 열리면서 그 문 입구로 사람 머리가 다투어 나왔다. 나는 몰려나오는 군중을 향해 간단

한 한마디로 선언하였다.

"누구든지 이 왜놈을 위하여 내게 범하는 자는 모두 죽일 것이다."

선언이 끝나기도 전에 새벽 달빛에 검광劍光이 번쩍하며, 일시에 발에 차이고 밟혔던 왜놈이 나에게 달려든다. 나는 얼굴에 내려지는 칼을 피하면서 발길로 왜놈의 옆구리를 차서 거꾸러뜨리고, 칼 잡은 손목을 힘껏 밟으니 칼이 저절로 땅에 떨어진다. 그때 나는 그 왜놈의 칼로 왜놈을 머리부터 발까지 점점이 난도질을 쳤다.

2월 날씨라 마당은 빙판이었다. 피가 샘솟듯 마당에 흘렀다. 나는 손으로 왜놈의 피를 움켜 마시고 왜놈의 피를 얼굴에 칠하고, 피가 뚝뚝 떨어지는 칼을 들고 방 안으로 나아가며,

"아까 왜놈을 위하여 나를 범하고자 하던 놈이 누구냐?"

하였다. 방 안의 손님으로 미처 도주하지 못한 자들은 모두 엎드려서,

"장군님, 살려 주시오. 나는 그놈이 왜놈인 줄 모르고, 보통 싸움으로만 알고 말리려고 나갔던 것입니다."

하거나, 혹은 말하기를,

"나는 어제 바다 가운데에서 장군님과 같이 고생하던 상인입니다. 왜놈과 같이 오지도 않았습니다."

하였다. 그중에 노인들은 겁은 나서 벌벌 떨면서도 아까 청년들을 책망하는 말로 나를 보호한 것으로 가슴을 내밀며 하는 말이,

"장군님, 아직 지각이 없는 청년들을 용서하십시오."

하는 중에 주인 이화보李和甫 선달이 감히 방 안에도 못 들어오고 문밖에서 무릎 꿇고 엎드려 말하기를,

"소인이 유목무주有目無珠[245]하여 장군님을 멸시하였사오니 죄는 사무여한

---

244 마루 앞쪽에 다는 네 쪽 문. 친필본의 한자 '分合門'은 오기이다.
245 눈은 있고 눈알이 없음.

死無餘恨[246]이올시다. 그러하오나 왜놈과는 다만 밥 팔아먹은 죄밖에 없습니다. 아까 장군님을 능욕하였사온즉 죽어 마땅합니다."

한다. 나는 방 안에서 엎드려 떨고 있는 사람들을 향하여,

"내가 알아 할 테니 일어나 앉아라."

하고 명하고, 주인 이화보에게 물었다.

"네가 그놈이 왜놈인 것은 어떻게 알았느냐?"

"소인이 포구에서 객주客主[247]를 하는 탓으로, 진남포로 왕래하는 왜놈이 종종 제 집에서 자고 다닙니다. 그러나 한복을 입고 온 왜놈은 금시초견今時初見[248]이올시다."

"이 왜놈은 복색만이 아니라 한국말도 능한데, 네 어찌 왜놈으로 알았느냐?"

"몇 시간 전에 황주黃州에서 온 목선 한 척이 포구에 들어왔는데, 뱃사람들의 말이 일본 영감 한 분을 태워 왔다고 하기에 알았습니다."

"그 목선이 아직 포구에 매여 있느냐?"

"그렇습니다."

나는 그 뱃사람을 대령하라 하였다.

이와 같이 문답하는 즈음에 일 처리에 재간이 있는 이화보는 한편으로 세면도구를 들여오고, 그 후로는 밥 일곱 그릇을 한 상에 놓고, 또 한 상에 반찬을 들여다 놓고 먹기를 청하였다.

나는 세면을 하고 밥을 먹게 되었다. 밥 한 그릇을 먹은 지가 10분밖에 안 되었으나 과격한 운동을 하였으므로 한두 그릇은 더 먹을 수 있었지만 일곱 그릇까지는 먹을 수 없었다. 그러나 당초에 일곱 그릇을 더 요구한 말이 거짓말로 알려져서는 재미없는 일이었다. 큰 양푼 한 개를 청하여 밥과 반찬을 한데

---

246 죽을지라도 남은 한이 없음.
247 조선시대에 다른 지역에서 온 장사꾼들을 재워 주고 물건을 팔거나 흥정을 붙여 주는 일을 하던 상인. '물상객주物商客主'도 같은 뜻이다.
248 지금 처음으로 봄.

두고 숟갈 한 개를 더 청하여 숟갈 두 개를 포개서 들고 밥 한 덩이가 사발통만 큼씩, 곁에서 보는 사람의 생각으로 '몇 번에 그 밥을 다 먹겠구나.' 하도록 보기 좋게 한 두어 그릇 분량을 먹다가 숟갈을 던지고 혼잣말로,

"오늘은 먹고 싶었던 원수의 피를 많이 먹었더니 밥이 들어가지를 않는구나."

하고 식사는 마치고 일의 조처에 착수하였다.

왜놈을 싣고 온 뱃사람 일곱 명이 문 앞에 꿇어 엎드려 죄를 청한다.

"소인들은 황주에 사는 뱃사람으로, 왜놈을 싣고 진남포까지 뱃삯을 정하고 가던 죄밖에 없습니다."

뱃사람들에게 명령하여 왜놈의 소지품 전부를 들여다가 조사한 결과, 왜놈은 스치다土田讓亮[249]이고, 직위는 육군 중위요, 소지한 돈은 엽전 8백여 냥이었다.

그 금액 중에서 뱃삯을 계산하여 지급하고, 이화보더러 동네 동장洞長을 부르라고 하니 이화보의 말이,

"소인이 동장 명색名色이올시다."

한다. 그 남은 금액은 동네 안의 극빈한 집에 나누어 주기를 명령하고,

"왜놈 시체를 어찌하오리까?"

함에 대하여는 이렇게 분부하였다.

"왜놈은 우리 조선 사람만의 원수가 아닌즉, 바닷속에 던져서 물고기와 자라까지 즐겁게 뜯어먹도록 하여라."

하고, 이화보를 불러 필기도구를 대령하라 하여 몇 줄의 포고문을 썼다. 내용은,

국모보수國母報讐의 목적으로 이 왜놈을 타살하노라.

---

249 본래 일본 나가사키현長岐縣 출신 상인으로, 당시 일본의 조선 진출을 장려하던 계림장업단의 지원을 받아 조선의 경제 상황과 군사 동향을 탐지하기 위해 조선에 온 것으로 알려져 있다. 그는 이때 황주에서 진남포로 가서 일을 끝내고 돌아오는 길에 치하포에서 유숙하게 되었다. 백범이 그를 '육군 중위'라고 한 것은 착오이다.

하고 끝줄에,

해주海州 백운방白雲坊 기동基洞 김창수金昌洙

라고 써서 통로 벽면에 붙이고, 다시 이화보에게 명령하기를,

"네가 본동 동장이니 곧 안악군수에게 사건의 전말을 보고하여라. 나는 내 집에 가서 다음 회답을 기다리고 있겠다. 그런데 기념으로 왜놈의 칼은 내가 가지고 간다."
하였다.

출발하고자 하니 의복 전체가 흰옷이 붉은 옷이 되었으나 다행히 벗어 걸어 두었던 두루마기가 있었다. 허리에 칼을 차고 평안한 태도로 행객과 동네 사람 수백 명이 모여서 구경하는 가운데로 귀로의 길을 떠났다. 내심에는 심히 조급하였다. 동네 사람들이 가는 길을 막고,

"네가 복수를 하였든지 무엇을 하였든지, 네가 내 동네에서 살인을 하였으니 네가 있다가 일을 당하고 가라."
하면(이것은 내 생각뿐이지 그때 나에게 그런 이론을 제출할 자는 없을 것이다), 사실 설명할 여유도 없이 왜놈들이 와서 죽일 것이다. 빨리 나가는 발길을 일부러 천천히 걸어서 산마루에 올라서면서 곁눈으로 치하포를 내려다보니 여전히 사람들이 모여 서서 내가 가는 것을 구경하고 있었다.

시간은 아침 해가 곧 비거리[250]나 올라와 있었다. 고개를 넘어서서는 빨리 걸어 신천읍에 도착하니 그날은 신천읍 장날이었다. 시장 안의 이곳저곳에서 치하포 이야기가 난다.

"오늘 새벽에 치하포 나루에서는 장사가 나타나서 일본인을 한주먹으로

---

250 한자어 '飛距離'로, 해가 하늘에 꽤 떠 올라와 있는 모양을 가리킨 말로 보인다. 지금도 야구나 골프에서 친 볼이 날아간 거리를 '비거리'라고 한다.

때려죽였다지?"

"그래! 그 장사하고 같이 용강서부터 배를 타고 왔다는 사람을 만났는데, 그 장사가 나이는 이십도 못 되어 보이는 소년이라던데. 강 위에 유빙이 몰려와서 배가 그 사이에 끼여 다 죽게 되었는데, 그 소년 장사가 큰 유빙을 손으로 밀어내고 사람을 다 살렸다던데."

혹은,

"그 장사는 밥 일곱 그릇을 눈 깜짝할 사이에 다 먹더라는걸."

이런 말을 듣다가 신천 서부 유해순柳海純(전의 동학 친구)을 찾아갔다. 한훤寒暄[251] 후에 유 씨가,

"형의 몸에서 피비린내가 나오."

하며 자세히 보더니 묻는다.

"의복에 웬 피가 저다지 묻었소?"

"길에 오다가 왜가리 한 마리를 잡아먹었더니 피가 묻었소이다."

"그 칼은 웬 것이오?"

"여보, 노형이 동학 접주 노릇 할 적에 남의 돈을 많이 강탈하여 두었다는 말을 듣고 강도질을 왔소."

유 씨가 말하기를,

"동학 접주가 아니고서 그런 말을 해야 믿지요. 어서 진정을 말하시오."

하고 조른다.

나는 대강 경과를 말하였다. 유해각柳海珏·유해순 형제는 놀라면서,

"과연 쾌남아다운 일이오."

하고, 본댁으로 가지 말고 다른 곳으로 피신하라고 강권한다. 나는 절대 불가로 말하였다.

"사람의 일은 광명하여야 사나 죽으나 값이 있지, 세상을 속이고 구차히

---

251 날씨의 춥고 더움을 말하는 인사.

살기만 도모하는 것은 장부의 일이 아니오."

라 하고, 곧 떠나서 집에 돌아와 아버님께 그간 한 일을 일일이 보고하니, 부모님 역시 피신을 힘써 권하나 나는,

　　"금번 왜놈을 죽인 것은 사사로운 감정의 소치가 아니요 국가의 큰 치욕을 씻기 위한 행동인즉, 구구히 피신할 마음이 있다면 당초에 그런 일을 하지 않았을 것입니다. 이미 실행한 이상에는 자연 법의 조치가 있을 테니 그때에 당하여 일신을 희생하여 만인을 교훈하면 비록 죽더라도 오히려 영광이오니, 자식 소견에는 집에 앉아서 당할 때 당하는 것이 의리에 지극히 가당할 줄 생각합니다."

하였다. 아버님도 다시 강권을 아니 하시고 이런 말씀을 하셨다.

　　"내 집이 흥하든 망하든 네가 알아 하여라."

1차 투옥

　　그럭저럭 석 달이 넘도록 아무 소식이 없더니, 병신년 5월 11일[252] 사랑에서 잔 자리에서 아직 일어나기도 전인데 어머님이 급히 사랑문을 열고,

　　"애! 우리 집 앞뒤에 보지 못하던 사람들이 무수히 둘러싸는구나."

하신다. 말씀이 끝나자 수십 명이 쇠채찍과 쇠몽둥이를 가지고 달려들며,

　　"네가 김창수냐?"

묻는다. 나는,

　　"그렇거니와 그대들은 무슨 사람인데 이같이 요란하게 인가에 침입하느냐?"

252　백범의 착오로, 이날은 5월 8일(양력 6월 18일)이다.(백범김구선생전집편찬위원회,
　　『백범김구전집』 3권, 대한매일신보사, 1999, 232쪽.)

하였다. 그제야 내무부령內務部令을 등인等因[253]한 체포장을 보이고, 해주로 압송되는 길을 떠났다. 순검巡檢[254]과 사령使令이 도합 30여 명이요, 나의 몸을 쇠사슬로 여러 겹으로 동이고 앞뒤에 서서 쇠사슬 끝을 잡고, 그 나머지는 옹위하여 간다. 마을 안은 20여 호 전부가 한집안 친족이지만 두려워서 한 사람도 감히 내다보지를 못하였다. 이웃 마을 강씨와 이씨들은 김창수가 동학을 한 죄로 붙잡혀 가는 줄 알고 수군거렸다.

2일 만에 해주감옥에 들어왔다. 어머님과 아버님이 다 해주로 오셔서, 어머님은 밥을 빌어다가 먹여 주시는, 속된 말로 옥바라지를 하시고, 아버님은 당신이 전에 썼던, 상투적이며 넉넉지 못한 방법인 사령청·영리청 계방들과의 교섭 수단으로 방면을 도모해 보지만, 세상 형편이 전과는 달라지고 사건이 하도 중대하므로 아무 효과가 없었다.

투옥된 지 한 달여 만에 신문訊問이 개시되었다. 옥에서 쓰던 대전목大全木칼[255]을 목에 걸고 선화당 뜰에 들어갔다. 감사 민영철閔泳喆이 묻기를,

"네가 안악 치하포에서 일본인을 살해하고 도적질을 하였다니, 사실이냐?"

한다. 답하기를,

"그런 일 없소."

하였다. 또 묻는다.

"너의 행적에 증거가 뚜렷한데 부인을 하느냐?"

형벌을 집행하라는 호령이 나자 사령들이 나의 두 발과 두 무릎을 한데 찬찬 동이고 다리 사이에 붉은 몽둥이 두 개를 들이밀고 한 놈이 한 개씩 잡아 좌우를 힘껏 누르니 단번에 정강이뼈가 허옇게 노출되었다. 나의 왼다리 정강마루의 큰 상흔이 곧 이것이다. 나는 함구하고 말을 안 하다가 필경은 기절하였다.

---

253 회답하던 공문에 쓰던 말로, "서면으로 알려 준 사실에 의한다."는 뜻이다.

254 조선시대에 경무청에 속하여 각 관아에 배치되었던 경찰 관리.

255 두껍고 긴 널빤지의 한쪽 맨끝에 구멍을 뚫어 죄인의 목을 끼우고 큰 못을 지른 형구.

報告

安岳郡守柳〇〇報告를接호온즉即接本郡安谷三
所坊執綱文報內에二月初叉日人一人이乘黃州趙應斗之
船호고來泊于本府鷗河浦而海州居金昌洙等四人이自
龍岡渡來호야自謂義兵이라호고就令호고日人이게
劒을授호야遍尸江中後에以日人錢七十五兩을一見日人이제
驢子를호고餘錢八百兩은往于海州云故로別遣耳目호야探得
고即於音直向海州호야金昌洙를自府로一遍捉來호야
가호음기로上項金昌洙를自府로一遍捉來호야
고受於音은一遍査探更報호라捨侖該郡호얏가

其根由는一遍查探更報호라指侖該郡호얏
那更報호아報告計料이오니即到該郡守更報內에
鷗河浦日人見害事를敍遣耳目호야探知이호
즉回告內에海州青山白雲等地에兩闋八呼接主金昌
洙外全羅道東學魁首金亨振과本郡大德坊居崔
昌祚等이自龍岡으로同渡鷗河浦이라고日人被害
時에自稱海州居金昌洙之亂이라호며其時當橋而崔
昌洙之亂이如彼得合則此漢等之亂이오於其時當橋而金
觀火이호고二月十五日에自平壤府日本警察官이라
呈聞其日人之姓名이고日本丁호야來到當
鷗河浦호아該洞民三人과浦主人李化甫妻次知及當

형벌을 중지하고 얼굴에 냉수를 뿌려서 회생시키고 다시 묻는다. 나는 감사를 보고 말하였다.

"본인의 체포장으로 보면 '내무부령 등인'이라 하였은즉, 본 관찰부에서 처리할 수 없는 사건이니 내무부에 보고만 하여 주시오."

하니, 다시는 아무 말 없이 도로 하옥하였다.

근 두 달이 지났다. 7월 초에 인천으로 이감되었는데, 인천감리서仁川監理署²⁵⁶에서 4~5명의 순검이 해주로 와서 나를 데려갔다. 일이 이 지경이 되니, 아버님은 본고향으로 가서 웬만한 가산 집물과 가옥까지 내다 팔아서 인천이든 서울이든 내가 가는 대로 따라가서 다음 결과를 보기로 하고, 어머님만 나를 따라서 인천으로 동행을 하셨다.

당일로 연안읍延安邑에서 하룻밤을 묵고, 이튿날은 나진포羅津浦²⁵⁷로 향하는 도중 연안읍에서 5리쯤 되는 길가 무덤 옆에서 날씨가 몹시 더우므로 순검들이 오이를 사 먹으며 앉아서 다리를 쉰다.

그 무덤 곁에 세운 비문을 보니 '孝子李昌梅之墓'(효자이창매지묘)라 하였고, 비 뒷면에 새긴 글자를 보니, 어느 임금이 이창매의 효성에 대하여 효자 정문旌門²⁵⁸을 내렸다고 하였다. 이창매 묘 곁에 이창매 부친의 묘가 있는데, 이창매는 본시 연안 통인通引으로, 그 아버지가 돌아가시어 장사 지낸 후에 사철 비가 오나 바람이 부나 그만두지 않고 시묘侍墓²⁵⁹를 지성으로 하여서, 묘 앞에 신 벗은 자

---

256 감리서는 조선 말 개항장의 행정 및 통상 업무를 맡아 보던 관아로, 감리영監理營이라고도 한다. 친필본에는 감리서와 감리영이 혼용되어 있다. 인천감리서는 1883년 1월 1일 인천이 개항되자 그해 8월 19일 설치되었고, 을미개혁 때 지방제도 개혁에 따라 1895년 윤5월 1일을 기해 폐지되었다가 1896년 8월 7일 다시 설치되었다. 이때는 그 권한이 확대되어 개항장에 거류하는 외국인과 내국인 간의 분쟁 해결과 치안 유지 업무도 담당하였으며, 이를 위해 감리監理 아래 경무관警務官을 두었다.
257 황해도 연백군 호동면 나진포리에 있는 포구로, 강화도를 거쳐 인천으로 가는 뱃길이 있는 곳이다.
258 세상에 널리 알리기 위하여 그 집 앞에 세운 붉은 문.
259 무덤 옆에서 움막을 짓고 지키며 사는 일.

광복 후 이창매 묘소를 방문한 백범.

리부터 한 걸음 한 걸음 성묘하던 곳까지 걸어간 발자국, 두 무릎을 꿇은 자국, 향로 향합을 놓았던 자리에는 영영 풀이나 나무가 나지 못하였고, 만일 사람이 그 움쑥움쑥 파인 자리를 흙으로 메우면 즉시 천둥소리가 진동하며 큰비가 내려 메운 흙을 씻어낸다는 말을 근처 사람과 순검들이 이야기하였다.

눈으로 그 비문을 보고 귀로 그 이야기를 듣는 나는 순검들이 알세라 어머님이 알세라 피가 섞인 눈물을 흘리며 이창매에게 대죄待罪를 하였다. 다 같은 사람의 자식으로, 이창매는 부모가 죽은 후까지 저러한 효의 자취가 있으니 그 부모 생전에 부모에게 어떠했을지 알 것이다. 넋이 나간 모습으로 허둥지둥 나의 뒤를 따라와 내 곁에 앉아서 하염없이 한심해하는 어머님을 볼 수 없고, 이창매가 무덤 속에서 부활하여 나를 향하여,

"네가 '나무는 조용히 있고 싶어 하나 바람은 그치지 않는다'[260]의 구절을

---

260 이 뒤의 구절은 "자식은 받들어 모시고자 하나 어버이는 기다려 주지 않는다子欲養而親不待"이다. 부모님이 살아 계실 때 효도하지 못함을 탄식한 구절로 『한시외전漢詩外傳』에 나온다.

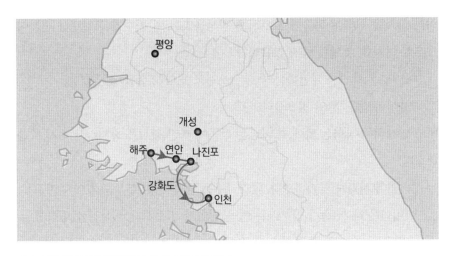

백범이 해주감옥에서 인천감옥으로 이감하여 간 경로.

읽지 못하였느냐?"

고 책망하는 듯싶었다. 몸을 일으켜 출발할 때 나는 이창매의 무덤을 다시금 돌아보며 수없이 마음속으로 절을 하였다.

　육로로 가는 것은 나진포까지로 끝나고, 배를 탔다. 병신년 7월 25일[261] 달빛이 없이 천지가 캄캄하고 물조차 소리뿐이었다. 강화도를 지나던 즈음, 종일 더운 날씨에 걸어오던 순검들이 방심하고 다 잠든 것을 보고, 어머님은 뱃사공도 듣지 못할 입안의 말로 내게 말씀하셨다.

　"애! 네가 이제 가서는 왜놈 손에 죽을 것이니, 맑고 맑은 물에 너와 내가 같이 죽어서 귀신이라도 모자母子가 같이 다니자."

　이 말씀을 하시고는 내 손을 끌고 뱃전으로 가까이 나가셨다. 나는 황송무지한 중에 어머님을 위안하였다.

　"어머님은 자식이 이번에 가서 죽는 줄 아십니까? 결코 죽지 않습니다. 자

261　백범의 착오로, 이날은 7월 7일(양력 8월 15일)이다.(도진순 교감, 『정본 백범일지』, 돌베개, 2016, 74쪽.)

식이 국가를 위하여 하늘에 사무치게 정성을 다하여 원수를 죽였으니 하늘이 도우실 테지요. 분명히 죽지 않습니다."

어머님은 자기를 위안하는 말로 들으시고 또다시 손을 끄는 것을,

"자식의 말을 왜 안 믿으십니까?"

하고 담대히 주장하는 말에, 어머님은 강물에 빠질 결심을 중지하고 다시 말씀하셨다.

"너의 부친과도 약속하였다, 네가 죽는 날이면 우리 부부도 같이 죽자고!"

어머님은 내가 죽지 않는다는 말을 얼마간 믿으시므로 하늘을 향하여 두 손을 비비면서 알아듣지 못할 낮은 음성으로 축원을 하시는 모양이었다.

인천감옥에 들어갔다. 내가 인천으로 이감된 원인은 이곳이 갑오경장甲午更張[262] 이후 외국인 관계 사건을 재판하는 특별 재판소였기 때문이다. 감옥의 위치는, 내리內里 마루에 감리서가 있고, 왼쪽에 경무청警務廳[263]이 오른쪽에 순검청巡檢廳[264]이, 순검청 앞으로는 감옥이 있고, 그 앞에 길을 통제하는 2층 문루가 있다.

감옥 바깥 둘레에 담장을 높이 쌓았고 담 안에는 단층집이 몇 칸 있는데, 반으로 나누어 한편에는 징역수와 강도·절도·살인 등의 죄수를 수용하고, 나머지 반에는 소위 잡범,[265] 즉 민사소송범과 위경범違警犯[266] 등을 수용하였다. 형사 피고 기결수는 청색 옷을 입고 상의 등판에 강도·살인·절도 등의 죄명을 먹물로 쓰고, 감옥 밖으로 출역出役할 때는 좌우 어깨와 팔을 동시에 함께 쇠사슬로 동여 등에 자물쇠를 채우고, 2인 1조로 압뢰押牢[267]가 거느리고 다녔다.

---

262 1894년(고종 31) 종전의 구식 제도를 버리고 근대적인 서양식 제도를 본받아 새로운 국가체제를 세우려고 시도한 개혁운동.
263 조선 말에 경찰 업무와 감옥의 일을 맡아보던 관청.
264 순검이 일을 보던 하급 관청.
265 자질구레한 범죄를 지은 사람. 친필본에는 '잡수雜囚'로 되어 있다.
266 경찰 관련 범죄를 저지른 범인.
267 조선시대에 죄수를 맡아서 지키던 하급 관리.

인천감리서와 그 일대 전경. 1880년대.

감옥에 들어가는 즉시 나는 도적 죄수 방에 9인용 긴 쇠고랑의 중간에 엄하게
갇혔다.

치하포에서는 이화보를 한 달 전에 체포, 압송하여 인천감옥에 가두었었
다. 이화보가 나를 보고서 매우 반긴다. 그는 내가 자기의 죄가 없다는 증거를
제출할 줄로 알고 있기 때문이리라. 이화보의 집 벽면의 포고문은 왜놈이 가서
조사할 때 떼어 감추고 순전히 살인강도로 교섭해 놓은 것이었다.

옥문 밖까지 나를 따라온 어머님은 내가 옥문 안으로 들어가는 것을 보시
고는 눈물을 흘리며 서 계셨는데, 나는 잠시 고개를 돌려서 거기까지만 보았
다. 어머님은 비록 시골 농촌에서 태어나 자라셨으나 모든 일을 능히 감당할
수 있고 더욱 바느질을 잘하셔서, 그때 무슨 일이 손에 걸렸으랴만, 자식의 목
숨을 구하기 위하여 감리서 삼문三門[268] 밖 개성 사람 박영문朴永文의 집에 들

---

[268] 관청 앞에 세운 세 개의 문. 정문正門·동협문東夾門·서협문西夾門을 이른다.

어가서 지금까지 겪은 바를 잠시 이야기하고 그 집의 동자꾼[269]으로 있게 해 달라고 청하였다. 그 집은 당시 항구 내 유명한 물상객주物商客主였다. 안살림의 밥 짓고 의복 바느질하는 일이 매우 바쁜 탓에 삯꾼으로 뽑혔고, 조건은 하루 삼시로 감옥에 밥 한 그릇씩을 갖다주기로 한 것이다. 압뢰가 밥을 받아 들여 주면서,

"네 모친도 얹혀살 곳이 생겼고, 네 밥도 매일 삼시로 들여 줄 테니 안심해라."

라고 한다. 동료 죄수들도 매우 부러워하였다. 옛사람이 말하기를,

슬프디슬프구나! 부모님께서 나를 낳아 기르시느라 고생하시었다.[270]

라 하였으나, 나의 부모는 나를 낳으실 때도 대단한 고생을 하셨고, 나를 살리기 위해서는 한없이 무거운 고생을 두루 겪으신다. 어느 불서佛書에 이르기를,

부모와 자녀는 천 번을 태어나는 오랜 세월에 은혜와 사랑을 끼치며 산다.

라고 한 말이 빈말이 아니었다.

감옥 안은 극히 불결하고 아직 무더운 여름이었다. 나는 장티푸스에 걸려 고통이 극도에 달해, 자살하겠다는 짧은 생각으로 동료 죄수들이 잠이 든 때를 타서 이마 위에 손톱으로 '忠'(충) 자를 새겨 쓰고 허리띠로 목을 졸라 드디어 숨이 끊어졌다. 숨이 끊어진 아주 짧은 시간에 나는 본고향에 가서 평시에 친애하던 육촌 동생 창학昌學(즉 지금의 태운泰運)이와 놀았다. 옛날에,

---

269 밥 짓는 일을 하는 사람.
270 『시경詩經』 「소아편小雅篇」에 나오는 구절로, 그 앞과 뒤의 구절은 다음과 같다. "아버지 날 낳으시고 어머니 날 기르시니父兮生我母兮鞠我 … 그 깊은 은혜를 갚고자 할진대 넓은 하늘과 같이 끝이 없구나欲報 深恩昊天罔極."

옛 고향 동산이 늘 눈앞에 있더니 넋은 일부러 부르지도 않았는데 먼저 가 있네.[271]

가 실은 빈말이 아니었다.

홀연 정신이 회복되니 동료 죄수들이 고함치며 죽는다고 소동을 한다. 그 자들이 나의 죽음 때문에 그러는 것이 아니라, 내가 숨이 끊어질 때 무슨 격렬한 요동이 있었던 것이었다. 그 후로는 여러 사람의 주의 감시로 자살할 틈도 없으려니와, 이후 병마가 죽여서 죽든지 원수가 죽여서 죽든지 누군가 죽여서 죽는 것은 어쩔 수 없지만 자살은 부당하다고 생각되었다. 그런 사이에 취한取汗[272]은 되었으나 15일 동안 음식은 입에 대어 보지를 못하였다.

그때 마침 신문이 시작된다는 기별이 있었다.[273] 나는 '내가 해주에서 다리 뼈까지 드러나는 악형을 당하고 죽는 데까지 이르면서도 사실을 부인한 본의는 내무부에까지 가서 대관들을 직접 대하여 발설하자는 것이었으나, 불행히 병으로 죽게 되었으니 부득불 이곳에서라도 왜놈 죽인 취지나 말을 하고 죽으리라.'는 마음을 작정하였다.

그러자 압뢰의 등에 업혀 경무청으로 들어갔다. 업혀 들어가며 살펴보니 도적들 신문하는 형구刑具가 삼엄하게 설비되어 있었다. 압뢰가 나를 업어다가 문밖에 앉혔는데, 나의 모습을 본 당시 경무관警務官[274] 김윤정金潤晶[275](윤치

---

271 중국 당나라 시인 송지문宋之問의 시 「소주를 일찍 떠나며早發韶州」의 한 구절로, 앞 구절은 다음과 같다. "초록나무 우거진 진경의 길 푸른 구름 드리운 낙수의 다리綠樹秦京道靑雲洛水橋."
272 병을 다스리려고 몸의 땀을 내는 일.
273 집에서 체포된 지 3개월 20일 후인 1896년 8월 31일의 일이다. 그간 심한 고문과 장티푸스로 인한 고통으로 자살을 시도하는 등 우여곡절이 많았다.
274 경무청에 속하였던 관직명. 우두머리 경무사警務使를 도와서 경찰 업무를 집행하였다.
275 김순근金順根으로 보는 연구도 있다.(『백범김구전집』 3권, 백범김구선생전집편찬위원회, 대한매일신보사, 1999, 252쪽.)

오尹致昊[276]의 장인)은,

"어찌하여 저 죄수의 모습이 저렇게 되었느냐?"

고 물으니,

"열병으로 그리되었습니다."

라고 압뢰가 보고하였다.

김윤정은 내게 물었다.

"네가 정신이 있어서 묻는 말에 족히 대답할 수 있느냐?"

내가 답했다.

"정신은 있으나 성대가 말라붙어서 말이 나오지 않으니 물을 한 잔 주면 마시고 말을 하겠소."

곧 청지기를 시켜 물을 가져다가 먹여 주었다. 김윤정은 뜰 위쪽에 앉아 관례대로 성명, 주소, 연령을 묻고 사실에 들어가,

"네가 안악 치하포에서 모월 모일에 일본인을 살해한 일이 있느냐?"

묻는다.

"본인이 그날 그곳에서 국모의 원수를 갚기 위하여 왜놈 원수 한 명을 타살한 일이 있소."

나의 이 대답을 들은 경무관, 총순總巡,[277] 권임權任[278] 등은 저마다 말없이 서로 바라볼 뿐이요, 뜰 안은 예사롭지 않게 침묵에 싸인다.

나의 옆에서 의자에 걸터앉아 신문 방청인지 감시인지 하고 있던 와타나베渡邊 순사 왜놈이 신문 시작부터 뜰 안이 침묵에 싸인 것을 의아하게 여겨 통역을 통해 질문하는 것을,

"이놈!"

---

276 근현대의 정치인(1869~1950). 1906년 인천부윤을 지낸 김윤정金潤晶의 사위이며 윤치호의 사촌 동생이다. 친필본의 '윤치호尹致昊'는 착오이다.
277 경무청의 경무사와 경무관 아래서 경찰 실무를 담당하던 관리.
278 순검의 우두머리.

하고 한마디로 죽을힘을 다하여 호령하였다.

"지금 소위 만국공법萬國公法이니 국제공법國際公法이니 하는 법조문의 규정 가운데 국가와 국가 간에 통상통화조약通商通和條約을 체결한 후에 그 나라 임금을 살해해도 된다는 조문이 있느냐? 개 같은 왜놈아, 너희는 어찌하여 우리 국모를 살해하였느냐? 내가 죽어 신神으로 살면 몸으로 네 임금을 죽이고 왜놈을 씨도 없이 다 죽여서 우리나라의 치욕을 씻을 것이다."

몹시 꾸짖는 것이 무섭고 두려워서이던지 와타나베 놈이,

"칙쇼, 칙쇼!"[279]

하며 대청 뒤로 도망하여 숨는다.

뜰 안의 공기는 긴장되어 갔다. 총순인지 주사인지가 김윤정에게 말을 한다.

"사건이 하도 중대하니 감리監理[280] 영감께 말씀하여, 와서 신문을 주관해 달라고 해야겠습니다."

라고 하더니 몇 분 후 감리사監理使 이재정李在正이 들어와 주석에 앉는다. 김윤정은 신문하던 진상을 보고하였다. 그때 뜰 안에서 참관하는 관리와 관청 구실아치들이 분부 없이도 찻물을 가져다가 마시도록 해 주었다.

나는 뜰 위쪽 주석의 이재정에게 물음을 던졌다.

"본인은 시골의 일개 천한 출신이지만, 나라가 기이한 치욕을 당하매 청천백일青天白日 아래 나의 그림자가 부끄러워 한 사람의 신민臣民 된 의리로 원수 같은 왜놈 한 명이라도 죽였거니와, 내가 아직 우리 사람 중에 왜놈 천황을 죽여 복수하였다는 말을 듣지 못하였소. 지금 당신들이 몽백蒙白[281]을 하였는데 춘추대의春秋大義[282]에 '임금의 원수를 갚지 못하면 몽백을 아니 한다.'는 구절

---

279 일본어 욕설 ちくしょう로, 축생畜生 즉 '개자식', '짐승만도 못한 놈'의 뜻이다.
280 감리서의 으뜸 벼슬. 감리사監理使라고도 한다.
281 국상을 당하여 흰 갓을 쓰고 흰 상복을 입음.
282 대의명분을 밝혀 세우는 큰 의리. 공자가 중국 노나라 242년간의 역사를 기록한 『춘추

도 읽어 보지 못하고 한갓 부귀영화와 총애와 녹봉을 도적질하는 더러운 마음으로 임금을 섬기시오?"

이재정과 김윤정을 비롯하여 참석한 관리 수십 명이 내 말을 듣고 있었는데, 그 광경을 보니 저마다 얼굴에 홍당무 빛을 띠었다. 이재정이 마치 내게 하소연하는 말로,

"창수가 지금 하는 말을 들으니, 그 충의와 용감함을 흠모하게 되는 반면에 나의 황송하고 부끄러운 마음도 비할 데 없소이다. 그러나 상부의 명령대로 신문하여 위에 보고하려는 것뿐이니 사실이나 상세히 공술하여 주시오."

하였다. 김윤정은 나의 병세가 아직 위험함을 보고, 감리와 무슨 말을 소곤소곤하고서는 압뢰에게 명하여 도로 하옥시켰다.

나를 신문한다는 소문을 들은 어머님은 경무청 문밖에서 내가 압뢰의 등에 업혀 들어가는 것을 보시고는, '병이 저 지경이 되었으니 무슨 말을 잘못 대답하여 당장에나 죽지 아니할까.' 하는 근심이 가득하였다.

그러나 신문 시작부터 관리들 전부가 떠들기 시작했고, 감리서 부근 인사들은 벌써부터 희귀한 사건이라며 구경하는 자가 많았는데, 뜰 안은 발 디딜 곳이 없어서 문밖까지 빙 둘러서서,

"참말 별난 사람이다. 아직 아이인데 사건이 무엇이냐?"

고 하였다. 압뢰와 순검들이 보고 들은 대로,

"해주의 김창수라는 소년인데 민 중전 마마의 원수를 갚으려고 왜놈을 타살하였다나. 그리고 아까 감리 사또를 책망하는데 사또도 아무 대답을 잘 못하던걸."

한다. 이런 이야기가 파다하게 퍼졌다.

내가 압뢰의 등에 업혀 나가면서 어머님의 얼굴빛을 살펴보니 약간의 희

春秋』에 담겨진 의리라는 뜻이나, 이는 중국 주변 국가를 무시하고 중국 위주의 서술로 일관된 역사서이다.

색을 띠셨는데, 이것은 여러 사람들이 구경한 이야기를 들으신 까닭인 듯하였다. 나를 업고 가는 압뢰도 어머님을 대하여,

"당신, 안심하시오. 어쩌면 이런 호랑이 같은 아들을 두셨소?"
하였다.

나는 감옥에 들어가 옥중에서도 일대 소동을 일으켰다. 다름이 아니라 나를 다시 도적 죄수 방에다 착고着錮[283]를 채워 두는 데 대하여 나는 크게 분개하였다. 소리를 벽력같이 지르며 관리를 몹시 꾸짖었다.

"전날에 내가 아무 의사를 표하지 않았을 때는 강도로 대우하건 무엇으로 대우하건 말을 하지 않았지만, 오늘은 정당하게 의지를 표명하였거늘 아직도 나를 이다지 홀대하느냐? 나는 할지위옥割地爲獄이라도 의불출義不出이다.[284] 내가 당초에 도망가서 살 생각이 있었다면, 왜놈을 죽이고 주소지와 성명을 갖추어 널리 알리고 내 집에 와서 석 달여나 체포를 기다리고 있었겠느냐? 너희 관리배가 왜놈을 기쁘게 하기 위하여 내게 이런 하대를 하느냐?"

이런 말을 하면서 어찌나 요동을 하였던지, 한 착고의 여러 구멍에 같이 발목을 넣고 있는 자가 좌우로 4인씩 합이 9인인데, 좌우에 있는 죄수들이 말을 보태어서, 내가 한 다리로 좌우 8인과 착고 전부를 들고 일어서는 바람에 저희들은 발목이 다 부러졌다고 고함고함 야단이다.

김윤정이가 즉시 옥내에 들어와 이 광경을 보고 애꿎은 압뢰를 꾸짖는다.

"그 사람은 다른 죄수들과 달리 특별한데 왜 도적 죄수들과 함께 두느냐? 하물며 중병이 있지 않으냐? 즉각 좋은 방으로 옮기고 신체 구속은 조금도 하지 말고 너희들이 잘 보호해 드려라."

그때부터는 옥중왕獄中王이 되었다.

그러다가 어머님이 옥문 밖에서 면회를 오셨는데 초췌한 얼굴에도 희색이

---

283 죄수를 가두어 둘 때 쓰는 형구인 '차꼬'를 가리킨다. 두 개의 기다란 나무토막을 맞대어 그 사이에 구멍을 파서 죄수의 두 발목을 넣고 자물쇠를 채우게 되어 있다.
284 "땅에 금을 그어 놓고 감옥이라고 해도 의리 때문에 나가지 않는다."는 뜻이다.

돌았다. 어머님이 말씀하시기를,

"아까 네가 신문받고 나온 뒤에 경무관이 돈 150냥(지금의 3원)을 보내면서 네 보약을 해 먹이라고 하더라. 오늘부터는 주인 내외는 물론이요 사랑손님들도 나를 매우 존경하며, '옥중에 있는 아드님이 무슨 음식을 자시고자 하거든 말만 하시오. 다 해 주겠소.' 한다. 일전에는 어떤 뚜쟁이[285] 할미가 '당신이 아들을 위해 이곳에서 삯꾼 노릇을 하는 것보다는, 내가 중매를 서서 돈 많고 권력도 많은 남편을 얻어 줄 테니 그리 가서 옥에 밥도 맘대로 해 가져가고 일도 주선하여 속히 나오도록 하는 것이 어떻겠소?' 하기에, '나는 남편이 있소. 며칠 안에 이곳에 올 것이오.'라고 말한 일도 있다."

하신다. 그 말씀을 들으니 천지가 아득했다.

"그것이 다 이놈의 죄올시다."

하였다.

이화보는 불려 가서 신문받을 때나 옥중에서나,

"김창수는 지용智勇을 겸전하여 당해낼 수가 없소. 하루에 7백 리를 걸어가고, 한 끼에 밥 일곱 그릇을 먹지요."

라고 선전을 했다. 내가 감옥에서 야단할 때나 죄수들이 소동할 때나, 이화보는 자기가 이왕에 한 말이 부합이나 되는 것처럼 떠들었다. 그가 신문받은 이유는 '자기 집에서 살인을 하는데 왜 수수방관하고 있었느냐?', '살인 후에라도 살인자를 결박해 놓고 관청에 고발을 해야 할 것 아니냐?'라는 것이었다.

이튿날부터는 나를 만나 보려고 옥문 앞에서 면회를 청하는 인사들이 하나둘 생기기 시작했다. 그것은 감리서·경무청·순검청·사령청 등의 수백 명 직원이 각각 자기들 친한 사람에게 '제물포가 개항한 지 9년 만에, 즉 감리서가 설립된 후 처음 보는 희귀한 사건'이라고 자랑 겸 선전한 까닭이었다. 항구 내 권력자와 노동자까지도, 아는 관리에게 '김창수 신문할 때 알려 달라'는 부탁

---

285 '중매쟁이'를 낮잡아 부르는 말.

이 많다는 말을 들었다.

그러던 차에 제2회 신문 날을 맞았다. 그날도 역시 압뢰 등에 업혀 옥문 밖을 나서면서 사방을 살펴보니, 길에는 사람이 가득 찼고, 경무청 안에는 각 관청 관리와 항구 내 유력자들이 모인 모양이고, 담장 꼭대기와 지붕 위에까지 경무청 뜰이 보이는 곳은 사람들이 다 올라갔다.

뜰 안에 들어가 앉으니 김윤정이 슬쩍 내 곁으로 지나가며,

"오늘도 왜놈이 왔으니 기운껏 호령을 하시오."

한다. (그때는 김윤정이 얼마간 진심이 있었던 듯하나, 오늘까지 소위 경기도 참여관參與官[286] 노릇을 하고 있는 것을 보면 그때 신문정訊問庭을 하나의 연극장으로 알고 나를 한 명의 배우로 뭇사람들에게 구경시킨 것이라고 해석할 수도 있을 듯하다. 또는, 항상 떳떳한 마음이 없는 자들의 행위로, 그때는 의협심이 좀 생겼다가 날이 오래될수록 마음이 변한 것으로 볼 수도 있다.)

다시 신문을 시작한 후에는,

"신문에 대하여는, 나는 전날에 다 말하였으니 다시 할 말이 없소."

하고 말을 끝맺고, 뒷방에 앉아서 나를 넘겨다보는 와타나베를 향해 몹시 꾸짖었다. 다시 옥에 돌아온 후는 날마다 면회인 수가 증가했다. 와서는,

"나는 항구 내에 거주하는 모某이올시다. 당신의 의기義氣를 사모하여 신문정에서 얼굴은 뵈었소이다."

"설마 오래 고생할라구요."

"안심하고 지내시고 출옥 후에 한자리에서 반가이 뵈옵시다."

그런 말들이었다.

면회 올 때는 음식을 한 상씩 넉넉하게 차려 들여 준다. 나는 그 사람들의 정에 감심하여 보는 데서 몇 점씩 먹고는 도적 죄수 방에 차례대로 나누어 주었다.

---

286 각 도의 우두머리 아래에서 자문역을 하던 관리. 친필본의 '경성부京城府'는 착오이다. 김윤정은 경기도 참여관을 지냈다.

그때 새 감옥 제도는 실시하는 모양이었지만, 죄수들의 음식물을 규칙적으로 날마다 분배하는 것이 아니라, 징역수라도 짚신을 삼아서 압뢰가 인솔하고 길거리에 나가 팔아다가 죽이나 쑤어 먹는 판이었다. 내게 가져오는 음식은 각기 준비하는 사람이 되도록 넉넉하게 준비한 것이어서, 죄수도 죄수려니와 나도 처음 먹어 보는 음식이 많았다. 앉은 차례대로 내가 나오는 날까지 먹었다.

제3차 신문은 감리서에서 했는데, 그날도 항구 내 거주자는 다 모이는 것 같았다. 그날은 감리사 이재정이 직접 물었는데 왜놈은 보이지 않았다. 감리가 매우 친절히 말을 묻고 나중에 신문조서 꾸민 것을 열람케 하고, 교정할 것은 교정하고 '白'²⁸⁷ 자에 성명을 적었다. 신문은 끝이 났다.

수일 후에는 왜놈들이 내 사진을 박는다고 하여 경무청으로 또 업혀 들어갔다. 그날도 뜰 안팎에 허다한 관중이 산처럼 많은 모양을 이루었다. 김윤정은 슬쩍 나의 귀에 들릴 만큼 말을 한다.

"오늘 저 사람들이 창수의 사진을 박으러 왔으니 주먹을 쥐고 눈을 부릅뜨고 사진을 찍히라."

그러자 '사진을 찍혀 가리, 못 찍혀 가리'가 교섭의 문제가 되어 한참 동안 의논이 분분하였다. 마침내는,

"청사에서는 허락하지 못할 터이니 길 가운데에서나 찍히라."

하고 나를 업어서 길 가운데에 앉힌다. 왜놈이 다시 청하기를,

"김창수에게 수갑을 채우든지 포승줄로 얽든지 죄인 된 표시를 내어 달라."

고 한다. 김윤정은 거절한다.

"이 죄수는 계하죄인啓下罪人²⁸⁸인즉 대군주大君主 폐하께서 분부가 없는 이상 그 몸에 형구를 댈 수 없다."

---

287 말하는 사람의 이름 뒤에 붙여 '아뢰다', '말씀드리다'의 뜻을 더하는 말.
288 임금의 재가를 받은 죄인. 친필본의 한자 '階下'는 오기이다.

고 한다. 왜놈은 질문하기를,

"정부에서 형법을 정하여 사용하면 그것이 곧 대군주의 명령이 아니냐?"

한다. 김윤정은,

"갑오경장 이후에 형구는 폐하였다."

고 답한다. 왜놈은 다시 질문한다.

"귀국 감옥 죄수들이 쇠사슬 찬 것과 칼 쓴 것을 내가 보았다."

고 한다. 김윤정은 노하여 왜놈을 꾸짖는다.

"죄수의 사진은 조약에 의한 의무는 없고 단지 상호간 참고 자료에 불과한 미세한 일인데, 이같이 내정간섭을 하는 데는 응할 수 없다."

고 야단을 한다.

관중들은 경무관이 명관이라고 웃으며 칭찬한다. 급기야는 길 가운데에서 사진을 찍히게 되었다. 왜놈이 다시 애걸하여 내가 앉은 옆에 포승줄을 놓아만 두고 사진을 찍었다.

나는 며칠 전보다는 기운이 좀 돌아오는 때라 경무청을 들었다 놓도록 소리를 질러 왜놈을 몹시 꾸짖고 일반 관중을 향하여 연설을 했다.

"이제 왜놈이 국모를 살해하였으니 전 국민의 큰 치욕일 뿐 아니라 왜놈의 독한 폐해가 궐내에만 그치지 않고 당신들의 아들과 딸이 마침내는 왜놈의 손에 다 죽을 터이니, 나를 본받아서 왜놈을 보는 대로, 만나는 대로 다 죽이시오."

하고 고함 고함 질렀다. 와타나베 왜놈이 직접 나에게 말을 한다.

"네가 그러한 충의가 있을진댄 어찌 벼슬을 못 하였느냐?"

"나는 벼슬을 못 할 상놈이기 때문에 조그마한 놈이나 죽이거니와, 벼슬하는 양반들이야 너희 황제의 목을 베어 원수를 갚을 테지!"

그러자 김윤정은 와타나베를 향하여,

"당신들이 죄수에게 직접 신문할 권리가 없으니 가라."

고 하여 물리쳐 보냈다.

그런 후에 나는 김윤정에게 이화보의 석방을 요구하였다.

"이화보는 아무 관계가 없으니 금일로 방면시켜 주시오."

"알아서 처리할 테니 과히 우려 마시오."

한다. 옥에 돌아와 얼마 못 되어 이화보를 호출하더니, 이화보는 옥문 밖에서 나를 면회하면서,

"당신이 말을 잘하여 무사히 석방되었소."

하며 치사하고 작별하였다.

옥중 생활

이로부터 옥중 생활의 대강을 들어 본다.

첫째는 독서讀書다. 아버님이 오셔서 『대학大學』 한 질을 사다 주시므로 날마다 『대학』을 독송했다. 그런데 이 항港이 수차首次로[289] 열린 항구이므로 구미歐美 각국 사람으로 이곳에 거주하는 자와 여행하는 자도 있고, 각 종교당도 설립하였으며, 우리 사람 중에도 간혹 외국에 유람하거나 상업을 경영하여 신문화의 취미를 아는 자도 약간 있던 때라, 감리서 직원 중에도 나를 대하여 이야기한 후에는 신서적을 사서 읽어 보기를 권한다.

"우리나라의 폐문자수閉門自守[290]하던 구지식, 구사상만으로는 나라를 구할 수가 없으니, 세계 각국의 정치·문화·경제·도덕·교육·산업이 어떠한지를 연구해 보고, 내 것이 남만 못하면 좋은 것은 수입하여 우리 것을 만들어 국

---

289 이를 '제일 먼저'로 해석할 때 내용상 착오가 생긴다. 일본은 그들의 의중에 따라 부산(1876년, 경제면), 원산(1879년, 군사면), 인천(1883년, 정치면)의 순으로 개항을 압박하였다.
290 문을 닫고 자기 스스로를 지킴.

계민생國計民生[291]에 유익하게 하는 것이 시급한 일을 잘 아는 영웅의 사업이지, 한갓 배외사상만으로는 멸망을 구하지 못할 터인즉, 창수와 같은 의기남자義氣男子로서는 마땅히 신지식을 가지면 장래 국가에 큰 사업을 할 것이오."라며 세계 역사歷史와 지지地誌[292] 등 중국에서 발간된 책자와 국한문으로 번역한 것도 갖다주며 읽어 보기를 권하는 이도 있었다.

"아침에 도를 들으면 저녁에 죽어도 좋다."[293]는 격으로, 나는 '죽을 날을 맞을 때까지 글이나 실컷 보리라.' 하고 손에서 책을 놓지 않았다. 감리서 직원들이 종종 와서 신서적에 열심인 것을 보고 매우 좋아하는 빛이 보였다.

신서적을 보고 새로 깨달아지는 것은, 고 선생이 전날 조상에 제사를 지낼 때 "유세차 영력永曆[294] 2백 몇 해"라고 축문을 쓴 것이나, 안 진사가 양학洋學을 한다고 하여 절교하던 것이 그리 달관達觀 같아 보이지 않는다는 것이다. 의리는 학자에게 배우고, 일체 문화와 제도는 세계 각국에서 채택하여 적용하면 국가에 복리가 되겠다고 생각했다.

예전에 청계동에서 단지 고 선생만을 신인神人처럼 숭배할 때는, 나도 척왜척양斥倭斥洋이 우리나라 사람의 당연한 직분이요, 이에 반하면 사람이 아니라고, 즉 금수禽獸라고 생각하였다. 고 선생 말씀 중에 "우리나라 사람에게만 한 가닥 밝은 맥이 남아 있고, 세계 각국이 거의 대부분 피발좌임被髮左衽[295]의 오랑캐"라는 말만 믿었다. 그러나 『태서신사泰西新史』[296] 한 권만 보아도, 심목고준深目高準[297]의 원숭이나 성성이 같은 오랑캐들은 도리어 나라를 세우고 백

---

291 나라의 살림살이와 국민의 생활.
292 특정 지역의 자연과 인문 현상을 다루는 교과목으로, 지금의 지리地理 과목에 해당한다.
293 공자의 『논어論語』에 나오는 말이다.
294 중국 명나라의 연호(1647~1661년)이다.
295 머리를 풀어 헤치고 옷깃을 왼쪽으로 여밈. 즉 미개한 나라의 풍습을 일컫는다.
296 1897년(고종 34)에 대한제국 학부學部 편집국에서 간행한 서양사 교과서. 한자로 된 원문을 그대로 펴내면서 동시에 그것을 한글로 번역하여 발행하였다.
297 깊숙한 눈과 높직한 코. 여기서는 서양 사람의 얼굴 모습을 나타낸 말이다.

『태서신사』 상하권 표지.

성을 다스리는 좋은 법규가 있어서 사람다운데, 우아한 관을 쓰고 넓은 허리띠를 두른 선풍도골仙風道骨[298] 같은 우리나라 탐관오리는 오히려 오랑캐가 받는 당호堂號를 받을 수 없다고 깨달아졌다.

　둘째는 교육敎育이다. 당시 함께 갇힌 자들이 평균 근 1백 명씩 되는데, 들락날락하는 민사소송사건 외에 대다수가 절도, 강도, 사주私鑄,[299] 약인略人,[300] 살인의 징역수로, 열에 아홉이 문맹이었다. 내가 문자를 가르쳐 주마 하니, 그 죄수들은 문자를 배워서 자기가 후일에 긴히 사용할 마음보다는 내게 잘못 보이면 날마다 주는 진수성찬을 얻어먹지 못하니, 그 고마움을 갚기 위해 배우는 체만 하는 자가 많았다.

　화개동花開洞[301]의 기생서방으로 몸 파는 기생을 중국으로 팔아 보낸 죄로

---

298 신선의 풍채와 도인 같은 모습.
299 개인이 사사로이 돈을 주조함.
300 사람을 속여서 남의 것을 빼앗음.
301 지금의 인천광역시 중구 선화동이다.

10년 징역을 받은 조덕근曹德根은 『대학』을 배우는데, "인생팔세개입소학人生八歲皆入小學"[302]을 큰 소리로 읽다가 '개입' 두 글자를 잊고 '개아가리소학'이라고 읽는 것을 보고서 까무러치게 몹시 웃은 일도 있었다.

당시는 건양建陽 2년[303]쯤으로, 『황성신문皇城新聞』이 창간된 때였다.[304] 어느 날 신문을 보니 나의 사건을 간략하게 게재하고, "김창수가 인천감옥에 들어온 후는 감옥이 아니라 학교"라고 쓴 기사를 보았다.

셋째는 대서代書다. 그 시대에도 비리非理로 원통하게 누명을 쓴 송사가 많은 때였다. 내가 옥중의 미결수를 위하여 말을 자세히 들어 보고서 소장訴狀을 지어 주면 간혹 승소하는 적이 있었다. 미결수의 처지로 감옥 밖에 연락하여 대서소代書所에 비용을 써 가면서도 곤란한 점이 허다하나, 대서자代書者인 나와 상의하여 인찰지印札紙[305]만 사다가 써서 보내는 것은 극히 편하기도 하고 비용 한 푼 들지 않았다. 또한 내가 성심으로 소장을 지어 주는 탓에 옥내에서는 물론이고, 김창수가 쓴 소장은 건건이 승소된다고 와전되어, 심지어 관리의 대서까지도 한 일이 있었다.

비단 대서뿐이랴. 인민을 터무니없이 모함하고 금전을 강탈하는 사건이 있으면 상급 관리에게 알려 주어 파면시킨 일도 있어서, 압뢰들은 나를 꺼려서 죄수들을 능멸하거나 학대하지 못했다.

넷째는 성악聲樂이다. 나는 향촌에서 태어나 자랐으나 농군의 〈김매는 소리〉나 목동의 〈갈까 보다〉[306] 소리 1절도 불러 본 적이 없고, 시나 풍월을 읊은

---

302 "사람은 여덟 살이면 모두 소학에 들어간다."는 뜻이다.
303 1897년이다. 건양은 1896년 조선 고종 때 사용하기 시작한 연호로, '양력을 쓰기 시작한다'는 뜻을 지니고 있다.
304 『황성신문』은 1898년 9월 5일에 창간되었다. 따라서 건양 2년1897년쯤에 김구가 본 신문은 『황성신문』이 아니라 1896년 4월 7일에 창간된 『독립신문』일 것이다. 김구는 『황성신문』이 창간되기 전인 1898년 3월 인천감옥에서 탈옥한다.
305 주로 공문서 작성에 사용하는, 가로세로로 선이 그어져 있는 종이.
306 판소리 〈춘향가〉 중 '갈까부다' 대목을 말하는 듯하다. 이 대목은 "갈까부다 갈까부네

것밖에 없었다. 그때 감옥의 규칙은, 낮잠은 허락하되 야간에는 죄수들이 잠을 자지 못하게 하고 밤새도록 소리나 옛날이야기를 시켰다. 이유는, 야간에 잠을 재우면 잠든 틈을 타서 도주한다는 것이다. 그런 규칙을 나에게는 시행하지 않았으나, 보통 다 그러하니까 나도 자연 밤에 오래 놀다가 자게 되었다. 그리하여 시조든 타령이든 남이 잘하는 것을 들어 운치를 알게 되었고, 조덕근에게 온갖 시조에 여창女唱 지름[307]과 남창男唱 지름,[308] 〈적벽가赤壁歌〉,[309] 〈가세타령〉,[310] 〈개고리타령〉[311] 등을 배워서 죄수들과 같이 어울려 부르며 지냈다.

사형 선고를 받다

하루는 아침에 『황성신문』[312]을 열람하니 경성·대구·평양·인천에서 아무 날(지금까지 기억되기로는 7월 27일이라고 생각한다) 강도 누구누구, 살인 누구누구, 인천에는 살인강도 김창수를 교수형에 처한다고 게재되었다. 나는 그 기사를 보고 고의로라도 태연자약한 태도를 가지려고 할 터였지만, 어찌 된 일인지 마음에 놀라는 움직임이 생기지는 않았다. 사형 집행대에 갈 시간이 반나절이 남

님을 따라 갈까부다. 천리라도 따라가고 만리라도 나는 가지…"로 시작된다.

307 시조 창법의 하나로, 주로 여성에 의하여 불리는 시조창인 '여창지름시조'를 말한다. 초장은 처음부터 높은 소리로 질러 부르고, 중장과 종장은 평시조와 같이 부른다.

308 시조 창법의 하나로, 주로 남성에 의하여 불리는 시조창인 '남창지름시조'를 말한다. 초장을 높은 소리로 질러 부르는 것이 특징이다.

309 중국의 장편소설 〈삼국지연의三國志演義〉의 적벽대전赤壁大戰을 소재로 한 판소리로, 일반 백성들 사이에 많이 구전되었다.

310 서울의 잡가 중의 하나로, 본래 제목은 〈선유가船遊歌〉이나 "가세 가세 자네 가세 가세 가세 놀러 가세…"의 후렴구가 있어 〈가세타령〉이라고 불린다.

311 민요의 하나로, 판소리 〈춘향가〉 〈흥부가〉 〈심청가〉 중 일부 사설을 가져다 엮은 것이다. 내용이 일관성이 없으며, 개구리와도 관계가 없다.

312 『독립신문』 1896년 11월 7일 자의 오기로 보인다.

앉지만 음식이며 독서며 사람들과의 대화를 평상하게 하고 있었다. 그것은, 고 선생의 강설 중에 박태보朴泰輔[313]가 보습 단근질에 "이 쇠가 차가우니 다시 달구어 와라."고 했다는 사실과 삼학사三學士[314]의 역사를 열심히 들었던 효험으로 안다.

그 신문이 배포된 후로 감리서가 술렁술렁하고 항구 내 인사들의 산 사람 조문이 옥문에 답지하였다. 오는 인사들마다 내 얼굴을 대하고,

"마지막으로 보려고 왔소."

하며 눈물 흘리지 않는 자가 없었다. 나는 도리어 그 사람들을 위로해 보내고 『대학』을 외우고 있노라면 또,

"아무 나리가 오셨소."

"아무 영감께서 오셨소."

하여 나가 보면 그 사람들도 역시,

"우리는 김 석사가 살아 나와서 상면할 줄 알았는데, 이것이 웬일이오?"

하며 눈물이 비 오듯 한다. 그런데, 어머님이 오셔서 음식을 손수 들여 주시는데 평상시와 조금도 다름이 없다. 주위에 있는 사람들이 모르게 한 것이다.

인천감옥에서 사형수 집행은 매번 오후에 끌고 나가 우각동牛角洞에서 목을 옭아매어 죽이던 터이므로 아침밥·점심밥도 잘 먹고, 죽을 때 어떻게 하겠다는 준비도 하고 싶은 마음 없이 있었으나, 옥중 동료 죄수들의 가엾은 정상이 차마 보기 싫었다. 나에게 음식을 얻어먹던 도적 죄수들, 나에게 글을 배우던 감옥 제자들, 나에게 소송에 대한 지도를 받던 잡범들이 평소 제 부모 죽는데 그렇게 애통해하였을는지가 의문이었다.

그러자 끌려 나갈 시간이 되었다. 그 시각까지 성현의 말씀에 마음을 두면

---

313 조선 중기의 문신(1654~1689). 1689년(숙종 15) 기사환국己巳換局 때 인현왕후仁顯王后의 폐위를 강력히 반대하다 심한 고문을 받고 유배를 가는 도중에 사망하였다.

314 1636년(인조 14)에 일어난 병자호란 때 중국 청나라에 항복하는 것을 반대하다 청나라에 끌려가 죽임을 당한 홍익한洪翼漢·윤집尹集·오달제吳達濟 등 세 사람의 선비.

서 성현과 동행할 생각으로 『대학』만 읽고 앉아 있었으나 아무 소식이 없었다. 그럭저럭 저녁밥을 먹었다. 여러 사람들이 '창수는 특별한 죄수이므로 야간 집행을 하는 것'으로 알고 있다.

대군주께서 형 집행을 멈추라고 친히 전화하시다

밤이 초경初更[315]은 되어서 여러 사람의 소란스런 소리가 들리더니 옥문 열리는 소리가 들린다. '옳지, 지금이 그때로군!' 하고 앉아 있는데, 내 얼굴을 보는 동료 죄수들은 자기들을 죽이기나 하려는 것처럼 벌벌 떤다. 안쪽 샛문을 열기도 전에 감옥 뜰에서,

"창수, 어느 방에 있소?"

한다. 그러고는 나의 대답은 듣는지 마는지,

"아이구, 이제 창수는 살았소! 아이구, 우리는 감리 영감과 감리서 전 직원, 각 청사 직원이 아침부터 지금까지 밥 한술 먹지 못하고, '창수를 어찌 차마 우리 손으로 죽인단 말이냐.' 하고 서로 얼굴만 쳐다보며 한탄하였소. 그런데 지금 대군주 폐하께옵서 대청大廳[316]에서 감리 영감을 부르시어 친히 '김창수 사형은 정지하라!'는 칙령을 내리셨고, '밤이라도 옥에 내려가 창수에게 뜻을 전하여 주라.'는 분부를 듣고 왔소. 오늘 하루 얼마나 상심하셨소?"

한다.

그때 관청의 일 처리 절차가 어떠했는지는 모르지만, 내가 헤아려 본 바로는 이재정이 그 공문을 받고 상부 즉 법부法部에 전화로 교섭을 한 것 같았다. 그 후에 대청에서 나오는 소식을 들으니, 사형은 형식적으로라도 임금의 재가를

---

315 저녁 7시에서 9시 사이.
316 고종의 집무실을 가리킨다. 이때는 고종이 아관파천俄館播遷(1896. 2. 11.~1897. 2. 20.)으로 러시아 공관에서 집무하던 시절이다.

고종 황제.

1896년 고종 황제 때 들여와
덕수궁과 인천에서 사용했던
에릭손 전화기와 같은 모델의
자석식 벽걸이 전화기.

받아 집행하는 법인데, 법부대신이 각 사형수의 진술 문건을 가지고 조회朝會
에 들어가서 상감 앞에 놓고 친감親監 절차를 거친다고 한다. 그때 입시하였던
승지 중 누군가가 각 죄수의 진술 문건을 뒤적여 볼 때 '國母報讐'(국모보수) 네
글자가 눈에 이상히 보여서 재가 절차를 거친 안건을 다시 빼어다가 임금에게
보이니, 대군주가 즉시 어전회의를 열고 의결한 결과 "국제 관계이니 아직 생
명이나 살리고 보자." 하여 전화로 친히 명령하였다고 한다.

하여튼지 대군주(이 태황李太皇[317])가 친히 전화한 것만은 사실이었다. 신기
하게 생각되는 것은, 그때 경성부 내에는 이미 전화[318]가 가설된 지 오래였으나

경성 이외 지역으로의 장거리전화는 인천까지가 처음인데, 이날이 인천까지의 전화 가설 공사가 완료된 지 3일째 되는 날, 즉 병신년 8월 26일이었던 것이다. 만일 전화 가설 준공이 못 되었어도 사형은 집행되었겠다고 한다.

감리서에서 내려온 주사는 이런 말을 하였다.

"우리 관리뿐 아니라 오늘 항구 전역의 32명 객주들이 긴급회의를 하고 통문通文[319] 돌린 것을 보았는데, 항구 내 집집마다 몇 사람씩이든지 형편껏 우각현牛角峴[320]으로 김창수 교수형 집행 구경을 가되 각자 엽전 1냥씩 준비하여 가져오기로 했고, 그렇게 모인 돈이 김창수 한 사람의 몸값으로 부족하면 그 액수는 32명 객주가 부담해서라도 창수를 살리려고까지 하던 일이 있었소. 그러나 지금은 천행으로 살았고, 며칠이 못 되어 궐내에서 은명恩命이 계실 터이니 아무 염려 말고 계시오."

눈서리가 내리다가 갑자기 봄바람이 부는 듯이, 밤에 옥문 열리는 소리를 듣고 벌벌 떨던 동료 죄수들이 이 소식을 전해 듣고서 너무 좋아 죽을 지경이다. 신골방망이[321]로 착고 등을 두드리며 온갖 노래를 부르면서 청색 바지저고리짜리가 춤도 추고 우스운 짓도 하는 등 청의青衣[322] 배우의 연희장으로 하룻밤을 지냈다.

그리고 동료 죄수들이 나를 진짜 이인異人으로 알았다. 사형당할 날인데

---

317 조선 26대 왕 고종(재위 1863~1907)을 가리킨다. '태황'은 "자리를 물려주고 들어 앉은 황제"를 일컫는 말로, 이때 친히 전화할 때(1897년)는 아직 태황이 아니고, 백범이 『백범일지』 상권을 집필하는 때(1928~1929)를 기준으로 '태황'이라 한 것이다.
318 당시 전화기 명칭은 텔레폰telephone을 음역하여 덕률풍德律風 또는 다리풍이라 하였다.
319 여러 사람의 성명을 적어 차례로 돌려보도록 통지하는 문서. 누가 주동자인지 모르게 사람 이름을 사발 모양으로 둥글게 빙 돌려 적은 통문을 사발통문沙鉢通文이라고 한다.
320 지금의 인천광역시 동구 창영동에 있는 고개. '쇠뿔고개'로도 불리며, 1899년 경인선 철도 기공식이 열렸던 곳으로 유명하다.
321 짚신 삼을 때 쓰는 방망이.
322 푸른 빛깔의 옷. 예전에 천한 사람이 입었으므로 천한 사람을 가리킨다.

평소와 똑같이 말하고 먹고 행동한 것은 자기가 죽지 않을 것을 미리 알았기 때문이라고 하였다. 관리들 중에도 그렇게 아는 사람이 있었다.

대군주께서 친히 하신 전화를 감리가 받고 어명을 전하여 그날 밤에야 어머님이 비로소 알게 되었는데, 누구보다도 어머님이 나를 이인으로 아셨다. 각구지목[323]을 지나올 때, 어머님이 '같이 강에 빠져 죽자.'고 하시자 내가 '저는 결코 죽지 않습니다.'라고 하던 일을 생각하시고는 '내 아들이 미리 죽지 않을 줄 알았다.'고 확신하시고, 내외분부터 그런 신념을 가지고 계셨다.

'대군주가 친히 내린 명령으로 김창수의 사형이 정지되었다.'는 소문이 전파되니, 전날에 와서 영결永訣의 인사를 하던 인사들, 치하致賀의 면회를 하러 오는 사람들이 감옥 문에 답지하여, 옥문 안에 자리를 잡고 앉아서 며칠 동안 응접을 하였다.

사형 정지 이전에는 사람들이 순전히 나의 '어린 나이에 의기義氣 있음'을 애석히 여기고 뜨거운 동정을 했는데, 지금은 그 외에 내가 머지않아 대군주의 부름을 받아서 영귀하게 될 줄 알고, 내가 권세를 얻으면 별수가 생기리라 생각하고 와서 아첨하는 사람이 관리 중에 있고, 항구 내 인사 중에도 그런 빛이 보인다.

나를 살리기 위해 가산을 탕진한 김경득

압뢰 중 수장首長인 최덕만崔德萬은 강화읍 내 김 우후虞侯[324] 집 계집종의 남편으로서, 상처喪妻하고 인천으로 와서 경무청 사령을 다년간 봉직하여 사령의 우두머리가 되었다. 최덕만이가 강화에 가서 자기의 전 상전인 김 우후를

---

323 지금의 강화도 갑곶甲串을 가리킨다.
324 조선시대에 수군절도사를 보좌하는 일을 맡아보던 무관 벼슬이다.

보고 나의 이야기를 했다. 하루는 감리서 주사가 의복 한 벌을 가지고 와서 주며 하는 말이,

"강화 김주경金周卿이란 사람이 이 의복을 지어다가 감리 사또에게 들이고 김창수에게 내려보내 입도록 해 달라는 청원을 한 것이니, 이 의복을 입고 김주경이란 친구가 면회하거든 보시오."

하고 갔다. 그 후에 시간이 지나 옥문에 김주경이란 사람이 왔다. 나이는 근 40되어 보이고 얼굴 생김새가 단단해 보이는데, 대면해도 별 말이 없고,

"고생이나 잘 하시오. 나는 김주경이오."

하고는 물러갔다.[325]

어머님이 저녁밥을 가지고 오셔서,

"아까 강화 계신 김 우후라는 양반이 너의 아버지와 나를 찾아와서, 네 의복만 자기 집에서 지어 왔다면서, 우리 부부 의복은 재료로 끊어 주시고 돈 2백냥을 쓸 곳에 쓰라고 주고는 금방 가면서, '10일 후에 다시 찾아오겠다.' 하고 가더구나. 네가 보니 어떠하더냐? 밖에서 듣기에는 아주 훌륭한 사람이라고 한다."

하시기에 내가,

"사람을 한 번 보고 어찌 잘 알 수 있습니까마는, 그 사람이 하는 일은 감사하지요."

하고 모자간에 이야기를 하였다.

최덕만에게서 김주경의 역사와 인격을 자세하게 알았다.

김주경의 자字는 경득卿得이니 원래 강화 구실아치로서, 병인양요丙寅洋擾[326] 이후 운현雲峴[327]이 강화에 3천 명의 별무사別武士[328]를 양성하고 그 섬 주위에

---

325 1897년(고종 34)의 일이다.
326 1866년(고종 3) 프랑스 함대가 조선의 천주교 탄압에 항의하여 강화도를 침범한 사건. 조선의 저항으로 40일 만에 물러갔다.
327 서울 종로구 운니동에 있는 운현궁雲峴宮으로, 조선 고종의 아버지 흥선대원군興宣大院

돌로 성채를 높이 쌓아 국방의 진영[329]으로 설비하던 때에 김주경이 포량미砲糧米[330] 창고지기의 직책을 지냈다.

사람됨이 어려서부터 호방하여 초립동 시절부터 독서는 아니 하고 도박을 일삼았다. 그래서 그의 부모가 징계하기 위해 김경득을 곳간에 가두었는데, 김경득은 곳간에 들어갈 때 투전鬪牋[331] 한 벌을 가지고 들어가서 갇혀 있는 동안 묘법을 연구했다. 나와서는 서울로 올라가 투전 몇만 벌을 만들어 강화로 운반해 와 팔았는데, 투전을 만들 때 그는 자기만 알 수 있는 안표眼標를 해 놓았다. 강화는 섬 지역이기 때문에 사면의 포구에 어선이 빽빽하게 늘어서 있는 곳이다. 김경득은 그 투전을 친구들에게 나누어 주어 각 어선에 들어가 팔아 놓고, 자신은 각 어선을 돌아다니며 투전을 해서 돈 수십만 냥을 땄다.

그 돈을 가지고는 각 관청 구실아치들을 전부 매수하여 자기 지휘명령을 받도록 하고, 원근에 지용智勇이 있다는 자는 거의 대부분 망라하여 자기 식구를 만들어 놓고는, 어떤 양반이라도 비리의 행동만 보면 직간접으로 앙갚음하던 터였다. 설사 어떤 지역에 도적이 나타나서 포교捕校[332]가 출장 가서 체포를 해도, 먼저 김경득에게 보고하여 '잡아가라.'면 잡아가고, '내게 두고 가거라.' 하면 거역을 못 하였다 한다.

君의 저택이다. 여기서는 당시 정권을 장악했던 흥선대원군을 가리킨다.

328 조선 말에 말단 병졸 가운데서 무예가 뛰어난 자를 선발하여 특별히 승급시킨 군사.

329 강화도에 있던 군영인 진무영鎭撫營으로, 병인양요(1866년) 이후 외세의 침입이 잦아지자 국방상 중요한 군영으로 인식하여 지위를 승격시키고 군영 기구를 대폭 강화하였다.

330 강화 진무영의 운영을 위하여 징수하던 세미稅米.

331 노름 도구의 하나. 두꺼운 종이로 손가락 너비만 하고 15cm 정도의 길이로 만들어, 인물·새·짐승·어류 등을 그려 끗수를 나타내서 기름에 절여 만든다. 60장 또는 80장을 한 목으로 하는데 실제는 25장 또는 40장만 쓰기도 한다. 친필본의 한자 '套錢'은 오기이다.

332 조선시대에, 포도청에 속하여 범죄자를 잡아들이거나 다스리는 일을 맡아보던 벼슬아치.

당시 강화에 두 인물이 있었는데, 양반 중에서는 이건창李健昌[333]이요, 상놈 중에서는 김경득이라 하였다. 운현궁, 즉 흥선대원군이 김경득의 인격을 조사하여 알고는 포량감砲糧監[334]이라는 중임을 맡겼다 한다.

최덕만의 말을 듣건대, 김경득이 자기 집에 와서 음식을 먹으면서,

"김창수를 살려 내야 할 텐데, 지금 정부 대관들은 눈에 동록銅綠[335]이 슬어서 돈밖에는 아무것도 보이지를 않으니, 불가불 금력을 사용하지 아니하면 쉽게 방면시키지 못할 것이네. 내가 집에 가서 전 가산을 팔아 가지고 와 김창수 부모를 모시고 경성에 가서, 어느 때까지든지 석방되도록 주선을 하겠네."
하고 돌아갔다 한다.

10여 일 후에 김경득이 과연 와서 부모 중에 한 분만 서울로 동행하자고 하여 어머님이 서울로 가시고 아버님은 인천에 머무르셨다. 김경득은 서울로 가서 당시 법부대신 한규설韓圭卨[336]을 찾아보고,

"대감께서 책임지고 김창수의 충의를 표창하고 감옥에서 조속히 방면되도록 해야 옳지 않습니까? 폐하께 은밀히 아뢰기라도 해서 장래에 많은 충의지사가 생기도록 함이 대감의 직책이 아닙니까?"
하니, 한규설은 내심 존경하여 감복하면서도,

"하야시林權助[337] 일본 공사가 벌써 이 김창수 사건이 국제 문제가 될까 우

---

333 조선 후기의 문신(1852~1898). 강화 출신으로 일찍이 중국 청나라에 가서 이름을 떨쳤으며, 부모상을 당하여 강화에 머물 때 『당의통략黨議通略』을 저술하였다. 강화에서 양명학陽明學을 연구하여 발전시킨 강화학파江華學派의 한 사람으로 추앙된다.

334 강화의 방위를 맡은 진무영鎭撫營의 군량을 관할하는 직위.

335 구리 표면에 녹이 슬어 생기는 독성 물질. 또는 구리로 만든 녹색 안료의 뜻으로, '돈에 대한 욕심'을 비유적으로 이르는 말이다.

336 조선 말의 무신(1848~1930). 서울 출신으로, 일찍이 무과에 급제하여 28세에 진주병사를 지내고 전라좌수사를 역임한 후 1896년(고종 33) 법부대신 겸 고등재판소 재판장에 올랐다. 1905년 을사늑약 체결에 반대하다 파면당하였고, 국권 피탈 후 일본에서 주는 남작 작위를 거절한 애국지사이다.

337 주한 공사로 온 때는 1899년 6월로, 1898년 3월 백범이 탈옥한 후에 부임한다. 백범 투

려하여, 대신들 중에 이 사건을 폐하께 아뢰는 자만 있으면 별별 수단으로 위험에 몰아 떨어뜨릴 독계毒計를 행하니, 달리 어찌할 수 없소."

하였다. 김경득은 숙소에서 분기탱천하여 대관들을 욕하고서, 하여튼지 공식으로 소장訴狀이나 제출하자 하여 1차로 법부에 소송 서류를 올리자 제지題旨[338]에,

> 원수를 갚는다는 말이 그 뜻은 가상하나, 사건이 매우 중대한 관계로 마음대로 편한 대로 할 일이 아니다.

라고 하였다. 2차, 3차로 각 관아에 일일이 소장을 올렸으나 이리 미루고 저리 미루어 결말이 나지를 아니하였다.

소송에 전력하기를 7~8개월 동안 김경득의 금전은 전부 소진되었다. 그동안 아버님과 어머님이 번갈아 인천으로, 경성으로 오르락내리락하다가, 마침내는 김경득이 소송을 그만두고 돌아와서 나에게 한 통의 서신을 보냈다. 편지는 보통 위문의 내용으로, 한시 한 수가 있었다.

脫籠眞好鳥	조롱을 벗어나니 진실로 좋은 새이며
拔扈豈常鱗	그물을 빠져나오니 어찌 예사로운 물고기이리.
求忠必於孝	충성은 반드시 효도에서 구할 수 있으니
請看倚閭人	청컨대 자식을 기다리는 간절한 마음을 살피소서.

이 시를 읽고 나서 즉시 김주경에게 '그간 나를 위하여 몸과 마음을 다해 힘써 줌은 지극히 감사하나, 일시의 구차한 삶을 위하여 생명보다 중한 광명을

_____

옥 시의 일본 공사는 하라 다카시原敬(1896. 6.~1897. 2.)와 가토 마스오加藤增雄(1897. 2.~1899. 6.)였다.

338 백성이 제출한 소송장에 대하여 관청에서 쓰던 판결.

버릴 수는 없다. 과히 걱정하고 애쓰지 마시라.'는 뜻으로 회답을 하고서, 그대로 옥중 생활을 계속하며 구서적보다 신학문을 열심히 보고 있었다.

김경득은 그길로 집에 가 보니 재산이 탕진되어 있었다. 동지를 규합하여서, 그때 관용선(기선汽船)으로 청룡환靑龍丸 · 현익호顯益號 · 해룡환海龍丸 세 척이 있었는데, 그중 어느 배를 탈취하여 대양에 떠서 해적질할 준비를 했다. 그러다가 당시 강화군수 모某의 염탐으로 도주하게 되었는데, 상경하는 그 군수를 도중에 실컷 두드려 주고 블라디보스토크 방면으로 갔다고도 하고, 어느 곳에 잠복하였다고도 했다.

그 후에 아버님이 경성에 가서 제출한 소송 문서 전부를 가지고 강화 이건창에게 가서 뵙고 방책을 물으니, 이건창 역시 탄식만 하고 별 방법을 제시함이 없었다.

탈옥, 그리고 마곡사에 은신

파옥破獄

그때 옥중에서 함께 고생하던 장기수로 10년형의 조덕근曺德根, 3년형의 양봉구梁鳳九, 10년형의 김백석金白石, 그 밖에 종신수도 있었다. 이 사람들이 내게 감히 발언은 못 하지만, 내가 하려는 마음이 없어서 그렇지 만일 자기네들을 살리려는 마음만 있으면 자기들을 한 손에 몇 명씩 쥐고 공중으로 날아가서라도 족히 구해 줄 재주가 있는 것처럼 믿고, 종종 조용한 때면 그런 말을 비친다.

어느 날 조덕근이가 나를 대하여,

"김 서방님은 상감께서 어느 날이든지 특전을 내려 나가서 영귀하게 되려니와, 나 같은 놈은 김 서방을 모시고 근 2년이나 고생을 하였는데 김 서방만 특전을 입어 나가시는 날이면 압뢰의 능멸과 학대가 비할 데 없이 심할 테니 어찌 10년 기한을 채우고 살아 나갈 수가 있겠습니까? 김 서방, 우리들이 불쌍치 않습니까? 그간 가르치심을 받아 국문 한 글자 모르던 것이 국한문 편지를 쓰게 되었으니 만일 살아서 세상에 나간다면 종신 보배가 되겠으나, 여기서 죽는다면 공부한 것을 무엇 합니까?"

하며 눈물을 흘린다. 나는 점잖은 태도로,

"나는 감옥에 갇힌 죄수가 아니더냐? 피차에 어느 날이고 동시 출옥이 안 되면 그 섭섭한 마음이야 어찌 말로 다 하리오?"

하였다. 조덕는,

"그러나 김 서방은 아직은 우리 더러운 놈들과 같이 계시지마는, 내일이라도 영광스럽게 감옥을 면하실 테니 저를 살려 주시면 결초보은하겠습니다."

라고 말의 의미를 평평하게 한다. 어찌 들으면 내가 대군주의 특전을 입어서 나간 후에 권력으로 자기를 구해 달라는 것도 같고, 어찌 들으면 내가 나가기 전에 나에게 있는 용력勇力을 가지고 자기를 구해 달라는 말로도 들을 수 있다. 나는 말을 아니 하고 말았다.

그때부터는 부지불식간에 나의 마음이 동요되었다.

'무기한하고 놓아주지 않으면, 내가 옥에서 죽는 것이 옳으냐 옳지 않으냐? 당초에 왜놈을 죽인 것은, 우리 국법이 범죄 행위로 인정한 것이 아니다. 왜놈을 죽이고 내가 죽어도 한이 없다고 생각한 것은, 나의 힘이 부족하여 왜놈에게 죽든지, 나의 충의를 몰라주는 조선 관리들이 죄인으로 몰아 죽이든지 한이 없다고 결심한 것이다. 지금 대군주가 나를 죽일 놈이 아니라고 한 것은 윤8월 26일에 전화로 사형 정지를 명령한 한 가지 일로 족히 증명할 수 있고, 이후 감리서로부터 경성 각 관아에 소장訴狀을 올린 데 대한 판결을 보아도 나의 행위를 죄라고 명시한 곳이 없다. 또는 김경득이 그같이 자기 가산을 탕진하며 나의 한목숨을 살리려 하던 것, 항구 내 인사들 중 한 명도 내가 옥중에서 죽는 것을 원하는 사람이 없을 것을 분명히 아는바, 다만 나를 죽이려 애쓰는 놈은 원수 같은 왜놈이니, 왜놈을 즐겁게 하기 위하여 내가 옥에서 죽는 것은 아무 의미가 없는 일이 아닌가?'

심사숙고하다가 옥을 부수고 탈옥하기로 결심하였다.

이튿날 조덕근을 보고 비밀히 물었다.

"조 서방이 꼭 내가 하라는 대로 한다면 살려 줄 도리를 연구하여 보리다."

조는 감심 또 감심하여 무엇이나 지도에 복종한다고 한다.

"그대네 집에서 밥 가지고 오는 하인 편에 집에 편지하여 돈 2백 냥만 가져다가 그대 몸에 감추어 두시오."

하였더니, 곧 그날로 백동전白銅錢[339]으로 가져왔다.

그때 옥의 죄수 중 큰 세력이 있기로는 징역살이하다가 만기가 되어 가는 자로, 그에게 죄수 감시를 맡기던 터였다. 강화 출생인 황순용黃順用이란 자는 절도로 3년형을 다하고 출옥일이 15일 남아 있었다. 황가가 옥중에서 이 일을 하면서 권세를 부렸다. 황가가 남색男色[340]으로 지내는 김백석은 나이 17~18세에 절도 재범으로 10년 징역을 받은 지 몇 달이 못 되었다.

나는 조덕근에게 은밀히 부탁하여,

"김백석이더러 황가에게 애원하며 살려 달라고 말하라 하시오. 황가가 백석이의 애정에 못 이겨 살릴 방법을 묻거든, 황가더러 '창수 김 서방에게 애원하여 김 서방이 들어주면 나의 명이 살 도리가 없지 아니하다.'면서 황가를 조르라고 하시오."

하였다.

황가가 백석의 애원을 듣고, 몇 해를 함께 지내던 더러운 정에 못 이겨서 하루는 나를 비밀히 보고서,

"백석이를 살려 주시오."

라고 간청한다. 나는 황가를 엄히 꾸짖었다.

"네가 출옥될 기한도 머지않아서 사회에 나가서 좋은 사람이 될 줄 알았더니, 벌써 출옥도 전에 범죄의 생각을 하느냐? 백석이는 어린것이 무거운 징역을 져서 나도 가엾지 않지 않으나 피차 죄수의 처지로 무슨 도리가 있겠느냐?"

황가는 송구스러워하며 물러갔다.

다시 조로 하여금 백석을 시켜서 2차, 3차라도 황가를 졸라서 김 서방님에

---

339 구리와 니켈의 합금인 백통으로 만든 화폐. 1891년(고종 28) 공포된 「신식화폐조례」에 의해 인천전환국에서 주조한 동전이다.

340 남성끼리의 동성연애.

게 '백석이 살려 주마'는 허락을 받도록 하라고 가르쳤다.

황가는 이튿날에 눈물을 흘리면서,

"될 수만 있으면 백석이의 징역을 대신이라도 살겠으니, 김 서방님은 하지 않을지언정 하지 못하는 바가 없으니, 백석이를 살려 주신다면 죽을 데라도 사양치 않겠습니다."

한다. 나는 다시 황가를 믿지 못하는 태도로 말을 했다.

"네가 백석이를 얼마나 사랑하는지 모르나, 너는 다만 더러운 정 때문에 백석이를 살렸으면 하는 생각이 있나 보다. 그러나 그것이 '그 어린것이 필경이 옥중의 혼이 되지나 않을까.' 하고 백석에 대해 불쌍해하는 나의 생각만 할는지가 의문이고, 내가 설사 '백석이를 살려 주마.' 허락하고 살려 줄 절차를 밟는다면 너는 그것을 순검청에 고발하여 나를 망신이나 시키지 않을까 한다. 네가 나와 근 2년이나 이곳에 있어 보는바, 이순보李順甫가 탈옥하였을 때 감옥의 죄수 전부가 불려 가 매를 맞았으나 관리들이 내게 감히 말 한마디 묻는 것을 보았느냐? 만일 내가 백석이를 불쌍히 여기는 마음으로 백석이를 살리려 했다가는 오늘까지 관리들의 경애敬愛를 받아 왔었는데 점잖지 못한 것만 드러내고, 백석이를 살리려다가 도리어 백석이를 죽일 것이니, 살고자 하는 백석이보다 살리려는 네 마음을 믿을 수 없다."

황가는 별별 맹세를 다 한다. 그리고 내가 같이 나가지는 않고 자기들만 옥문 밖에 내어놓을 넓은 마음이 있는 줄 안다. 황가에게 '절대 복종하겠다'는 서약을 받고 쾌히 승낙하였다.

조덕근·양봉구·황순용·김백석은 다 내가 자기네들을 옥문 밖에 내어놓을 줄 믿으나 무슨 방법으로 어떻게 할 것인지는 감히 묻지도 못하고, 자기들 생각에 나는 결코 도주하는 행동은 안 할 줄 믿고, 자기들만 내놓아 주고 나는 의연히 옥에 있을 줄 믿는 모양이다. 황가가,

"우리가 가려면 노잣돈이 있어야지요?"

하는 말에 대해서도, 조덕근이 돈을 가지고 있는 것을 보았고 내게는 한 푼 돈

이 없었던 것이다.

무술년[341] 3월 초9일 하오에 아버님을 옥문 밖으로 오시라고 청하여,

"대장장이에게 가서, 한 자 길이의 삼릉창三稜槍[342] 한 개를 만들어 새 의복 속에 싸 들여 주십시오."

라고 한즉, 아버님도 무슨 일을 하는 줄 아시고 즉시 삼릉형으로 만든 철극鐵戟[343] 한 개를 의복 속에 넣어 주시기에 받아서 품속에 감추었으나 조덕근 등은 알지 못했다. 어머님이 저녁밥을 갖다주실 때에 나는,

"오늘 밤에 옥에서 나가니 아무 때든 찾아갈 날을 기다리시고, 부모님 두 분은 오늘 저녁으로 배를 타시고 고향으로 가십시오."

하였다. 어머님은,

"네가 나오겠니? 그럼 우리 둘이는 떠나마."

하시고 작별하였다.

그날 오후에 압뢰를 불러 돈 150냥을 주고,

"내가 오늘은 죄수들에게 한턱 낼 테니 쌀과 고기와 모주母酒[344] 한 통을 사 오시오."

라고 부탁하였다. 별로 괴이할 것도 없는 것은, 종전에도 종종 그렇게 한 일이 있었기 때문이다.

"그대가 오늘 밤 당번이니 50전어치 연토烟土[345]를 사 가지고 밤에 실컷 먹으시오."

하였다. 그 당시에는 매일 밤 압뢰 한 명씩 감옥 방에서 밤을 보내는 규례가 있었다. 그자는 아편쟁이였고 성행이 불량하여 죄수들에게 특별히 미움받던 자였다.

---

341 1898년(고종 35)이다.
342 창 끝의 모서리가 3개로 된 창. 친필본의 한자 '三菱鎗'은 오기이다.
343 옆 가지 날을 단 쇠 창.
344 술을 거르고 남은 찌끼에 물을 타서 부옇게 걸러낸 막걸리.
345 '아편'의 중국말.

저녁 식사 때 50여 명의 징역수와 30여 명의 잡범까지 주렸던 창자에 고 깃국에 모주를 실컷 먹고 울적한 감회가 일어날 즈음에 나는 김 압뢰에게 청했다.

"도적 죄수 방에 가서 소리나 시키고 듭시다."

압뢰가 생색이나 쓰는 듯이,

"김 서방님 듣게 너희들의 장기대로 노래를 불러라."

하고 명령을 내리자 죄수들이 노래하느라고 야단이다. 김 압뢰는 자기 방에서 아편을 실컷 빨고 혼곤하였다. 나는 도적 죄수 방에서 잡범 방으로, 잡범 방에서 도적 죄수 방으로 왔다 갔다 하는 틈에 마루 속으로 들어가서 바닥에 깔려 있는 벽돌을 창끝으로 들치고 땅속을 파서 건물 밖으로 나섰다.

감옥 담을 넘을 줄사다리를 매어 놓고서 문뜩 딴 생각이 났다. '조덕근 등을 데리고 나가다가 무슨 변이 날지 모르니, 이 길로 곧 가 버리는 것이 좋지 않을까. 그자들이 결코 동지는 아니다. 기필코 건져 내면 무엇 하리.' 또 한 생각은, '그렇지 않다. 사람이 현인군자賢人君子의 죄인이 되어도 대천입지戴天立地[346]에 부끄러운 마음을 견디지 못할 텐데, 저 같은 더러운 죄인의 죄인이 되고서야 종신토록 그 부끄러움을 어찌 견디랴.' 마침내 두 번째 생각이 이기게 되었다.

나오던 구멍으로 다시 들어가서 천연스럽게 내 자리에 앉아서 눈짓으로 네 명을 하나씩 다 내보내고 다섯 번째로 내가 또 나갔다. 나가서 보니, 먼저 내보낸 네 명이 감옥 담 밑에 앉아서 벌벌 떨고 감히 담을 넘지 못하고 있었다. 내가 한 명씩 감옥 담 밖으로 다 내보내고 담을 넘으려 할 때, 먼저 나간 자들이 용동마루의, 감리서와 감옥을 통합하느라 송판으로 둘러막은 데를 넘느라고 야간에 요란한 소리를 내니, 벌써 경무청과 순검청에서 호각을 불어 비상소집이 되는 모양이었다.

---

346 하늘을 머리에 이고 땅에 섬. 즉 살아 있음을 비유적으로 이르는 말이다.

벌써 감옥 문밖에 북적북적한 소리가 들렸다. 나는 아직 감옥 담 밑에 서 있었다. 내가 만일 감방 안에만 있다면 관계가 없으나 이미 감옥 담 밑에까지 나오고 보니 급히 탈주하는 것이 상책인데, 남을 넘겨 주기는 쉬우나 내가 혼자서 한 길 반이 넘는 담을 넘기는 극히 곤란했다. 시기가 급박하지 않으면 줄사다리로나 넘어 볼 것이나, 문밖에서는 벌써 감옥 문 여는 소리가 나고 감방의 죄수도 떠들기 시작한다. 곁에 있던 한 자쯤 되는 몽둥이(징역수들이 물통을 마주 메는 것)를 가지고 몸을 솟구쳐 담 꼭대기를 손으로 잡고 내리뛰었다. 그때는 최후의 결심을 한 때라, 누구든지 나의 가는 길을 막아 방해하는 자가 있으면 결투를 할 마음으로 철극을 손에 들고 바로 삼문三門으로 나갔다. 삼문의 파수 순검도 비상소집에 갔는지 인적이 없었다.

거지 행색으로 서울로

탄탄대로로 나왔다. 봄날에 밤안개가 자욱한 데다가, 몇 해 전에 서울 구경을 하고 인천을 지난 적이 있으나 길이 생소하여, 어디가 어디인지 지척을 분간 못 할 캄캄한 밤에 밤새도록 해변 모래사장을 헤매다가 동쪽 하늘이 훤할 때 마침내 와서 보니 감리서 후방 용동 마루터기에 당도하였다.[347]

벌써 보니, 수십 보 밖에 순검 한 명이 허리에 군도軍刀를 차고 절그럭절그럭하며 달려온다. '또 죽었구나!' 하고 은신할 곳을 찾았다. 그때 서울이나 인천의 길거리 상점은 방문 밖에 아궁이를 내고 긴 널빤지 한 개를 놓아 그 아궁이를 가리고, 거기다가 신을 벗고 점방 출입을 했었다. 선뜻 그 널빤지 밑에 들어가 누웠다. 순검의 흔들리는 칼집이 내 콧부리를 스치는 것같이 지나갔다.

---

[347] 탈옥 후 백범의 도피 경로는 다음과 같다. 인천 내동 감리서 감옥 → 용동 마루터기 (감리서 후방) → (시흥, 서울 방면) → 화개동 마루터기 → 벼리고개 → 부평 지역 → 서울 양화도 → 남대문 → 남영희궁.

나는 얼른 몸을 일으켜 보니 하늘 색은 밝아 오고 천주교당 뾰족집이 보였다. 그곳이 동쪽인 줄 알고 걸어갔다. 어떤 집에 가서 주인을 부르니,

"누구냐?"

묻기에,

"아저씨, 나와 보셔요."

하였다. 그 사람은 더욱 의심이 나서,

"누구란 말이야?"

한다. 나는

"내가 김창수인데 감리가 비밀리에 풀어 주어 출옥하였으나 갑자기 갈 수가 없으니 댁에서 낮을 지내고 밤에 가면 안 되겠습니까?"

하였다. 주인은 응하지 않았다.

다시 화개동花開洞을 향하여 몇 걸음을 옮기니, 어떤 모군꾼[348] 한 사람이 토土상투[349] 바람에 두루마기만 입고 식전에 막걸리집에 가는 모양이었다. 자다 일어난 목청으로 노래를 부르며 간다. 나는 그 사람을 붙잡았다. 그 사람이 깜짝 놀라며,

"누구시오?"

한다. 나는 또 성명을 말하고 비밀리에 풀려난 사유를 언급하고 길 안내를 청했다. 그 사람은 반겨 승낙하고 이 골목 저 골목 한적하고 외진 작은 길로만 가서 화개동 마루터기에 올라서서 동쪽을 향하여 가리키며,

"저리로 가면 수원 가는 길이고 저리로 가면 시흥으로 해서 서울 가는 작은 길이니, 마음대로 갈 길을 취하시오."

라고 말을 마치고 작별하였다. 시기가 급박하여 성명도 묻지를 못하였다. 나는 시흥 가는 길을 취하여 서울로 갈 작정이었다.

---

348 공사판 따위에서 삯을 받고 일하는 사람.
349 '맨상투'의 북한 방언으로, 아무것도 두르거나 쓰지 아니한 상투를 말한다.

나의 행색으로 보면 누가 보든지 진짜 도적놈으로 보기 쉬웠다. 염병을 앓은 후에 머리털은 전부 다 빠지고 새로 난 머리털은 이른바 솔잎상투[350]로 꼭대기만 노끈으로 졸라매서 수건으로 동였고, 두루마기 없는 바지저고리 바람의 의복만으로는 가난한 자의 옷에서는 벗어났지만, 새로 입은 의복에 보기 흉하게 흙이 묻었고, 아무리 스스로 살펴보아도 평범한 사람으로 보이지 않았다.

인천항 5리 밖에서 아침 해가 하늘에 떠올랐고 바람결에 들리는 소리는 호각 부는 소리요, 인천 근처의 산 위에도 사람이 희뜩희뜩 올라 있다. 나의 이런 행색으로 길을 간다면 좋지 못하고, 산중에 은신을 한다 하여도 산을 반드시 수색할 터인즉 산에 숨는 것도 불가하다 생각한 결과, 허즉실실즉허虛則實實則虛[351] 격으로 대로변에 숨기로 하였다. 인천서 시흥 가는 대로변에 어린 소나무를 키워서 드문드문 방석솔[352] 포기가 한 개씩 서 있었다. 그 솔포기 밑으로 두 다리를 들이밀고 반듯이 드러누워 보니 얼굴만 드러나기에 소나무 가지를 꺾어 얼굴을 가리고 드러누워 있었다.

과연 순검과 압뢰가 떼를 지어 시흥대로로 달려간다. 주거니 받거니 의논이 분분하다.

"조덕근은 서울로, 양봉구는 기선으로, 김창수는 어디로 갔을까?"

"그중 김창수는 잡기가 가장 어려운걸. 과연 장사야."

"창수만은 잘했지. 갇혀 있기만 하면 무엇 하나."

바로 나보고 들으라고 하는 말 같았다. 부근 산기슭은 다 수색한 모양이었다.

해가 서산에 걸칠 즈음, 아침에 가던 순검 누구누구, 압뢰 김장석金長石 등이 도로 몰려 바로 내 발부리 앞으로 해서 인천으로 돌아가는 것을 보고서야 비로소 솔포기 속에서 나왔다. 나오기는 하였으나 어제 저녁 해가 높이 있을

---

350 짧은 머리털을 끌어 올려서 뭉뚱그려 짠 상투. 솔잎을 묶은 모양과 비슷하다.
351 겉은 허술해도 속은 알차고 겉은 알차지만 속은 텅 비어 있음.
352 가지가 옆으로 넓게 퍼져 소복하고 탐스럽게 생긴 방석 모양의 키 작은 소나무.

때 밥을 먹고 밤에 파옥하느라 힘을 쓰고, 밤새껏 북성고지[353] 모래밭을 헤매고, 다시 황혼이 되도록 물 한술 못 먹고 있으니 하늘땅이 팽팽 돌고 정신을 차릴 수가 없었다.

근처 동네에 들어가 한 집을 찾아가서,

"나는 서울 청파靑坡에 사는데, 황해도 연안으로 가서 곡식을 사서 운반하다가 간밤에 북성포北城浦에서 파선을 하고 서울로 가는 길인데 시장하니 밥을 먹여 주시오."

하고 청하였다.

그 주인은 죽 한 그릇을 준다. 내게는 주머니 속에, 누가 정표로 준 화류면경花柳面鏡[354] 한 개가 있었는데, 그것을 꺼내서 그 집 아이를 주었다. 손거울 한 개의 시가는 엽전 1냥으로, 이를 뇌물로 주고 하룻밤 자고 아침에 가겠다고 청하였으나 효력이 없었다. 죽 한 그릇을 25냥 주고 사 먹은 셈이었다.[355]

그 주인은 내 모습이 수상해 보인 것이었다.

"저기 저 집 사랑에는 행객이 더러 자고 다니니 그 사랑에나 가서 물어보시오."

하고 문밖으로 나갈 것을 요구한다. 하릴없이 그 집에 가서 하룻밤 숙박을 청하였으나 거절당하였다.

가만히 살펴보니 동네 안에 디딜방앗간이 있고 그 옆에 볏짚단이 있었다. 볏짚을 안아다가 방앗간에 펴서 덮고 하룻밤 고급 여관방을 준비하였다. 볏짚을 깔고 볏짚을 덮고 볏짚을 베고 누워 있으니, '인천감옥 특별방에서 2년 동안

---

353 인천 개항 이전 만석동의 일부로, 어선이 많이 드나드는 북성포北城浦가 있었다. 지형이 바다로 돌출해 있어 북성고지 또는 북성곶이라 불렸다.

354 꽃과 버드나무 문양이 새겨진 작은 손거울.

355 거울 1개의 값이 엽전 1냥이고, 죽 한 그릇 값이 25냥이라고 하여 내용에 모순이 있다. 당시는 종전의 화폐와 신식 화폐가 함께 통용되던 시기여서 화폐 단위를 혼동한 것으로 보인다.

지내던 연극의 제1막이 내려지고, 지금은 방앗간 잠이 제2막으로 열리는구나.'
하는 회포가 생긴다.

『손무자』와 『삼략』을 낭독하였다. 동네 사람들이 수군거린다.

"거지도 글을 읽는다!"

혹은,

"그것이 거지가 아닌가 보데. 아까 큰사랑에 와서 '하룻밤 자자.'고 하던 사람이다."

나는 흥을 돋우는 마음이 생겼으나 장량張良[356]이 '흙다리 위를 한가로이 걷던'[357] 데 비하여 거칠다 생각하고 미친 사람 모양으로 욕설을 함부로 하다가 잠이 들었다.

새벽 일찍 깨어 작은 길을 취해 경성으로 향하였다. 벼리고개[358]를 향하여 걷다가 아침밥을 걸식하는데, 한 집의 문 앞에 당도하여, 전에 고향에 있을 때 소위 '활인소活人所[359] 걸인배'라고 10여 명씩 몰려다니며 집집에 가서 큰 소리로 부르며 활발하게 하던 그런 말과 같이 넌출지게는 못 하고 다만,

"밥 좀 주시오!"

하고 힘껏 소리를 질렀지만, 사람은 듣지를 못하고 그 집 개가 소개원의 직분으로 심하게 짖어대는 서슬에 주인이 나온다.

"걸식을 할 테면 미리 시켜야지, 지금 무슨 밥이 있느냐?"

한다.

---

356 중국 한漢나라의 공신(?~서기전 168). 고조 유방劉邦을 도와 천하를 통일하는 데 공을 세웠다.

357 장량이 흙다리 위를 한가로이 걷고 있는데, 한 노인이 다가와 일부러 신발을 다리 아래로 떨어뜨리고는 주워 와 신겨 달라고 하자, 장량은 참고서 신을 주워 와 꿇어앉아 신겨 주었다. 그 노인이 병법서를 주면서 10년 뒤에 제왕의 스승이 될 것이라고 예언했는데 그대로 되었으며, 그 노인이 바로 황석공黃石公이다.

358 인천시 남동구 만수동에서 부평구 일신동으로 넘어가는 지점에 있는 고개.

359 가난한 사람의 의료와 의식을 제공하여 돌보아 주던 곳.

"여보, 밥 숭늉이라도 좀 주시오."

하였다. 하인이 갖다주는 밥 숭늉 한 그릇을 먹고 떠났다.

대로를 피하여 매번 촌마을로 갈 길을 정했다. 이 동리에서 저 동리를 가는 동네 사람 모양으로 인천과 부평 등의 군郡을 지나갔다. 2, 3년간 소천지小天地, 소세계小世界의 생활을 하다가 넓은 세상에 나와서 가고 싶은 곳을 활개를 쳐 가며 가니 심신이 상쾌했다. 감옥에서 배운 시조와 타령을 해 가면서 길을 갔다. 그날로 양화도楊花渡[360] 나루에 당도하였다. 날도 이미 저물고 배도 고프고, 나루 뱃삯 줄 돈도 없었다.

동네 서당에 들어가 선생과 인사 나누기를 청하였다. 선생은 내가 나이 어리고 의관을 잘 갖추지 못한 것으로 보아 그랬던지, 초면에 높임말을 사용하지 않고 "누구라 하나?" 하는 낮춤말을 사용했다. 나는 정색하고 선생을 꾸짖었다.

"당신이 남의 사표師表가 되어 다른 사람에게 교만하니 아동 교양에 잘못될 것 아닙니까? 내가 일시 운수가 불길하여 행로 중에 도적을 만나 이 모양으로 선생을 대하나, 결코 선생에게 하대 받을 사람은 아닙니다."

하였다. 그 선생이 사과하고 내력을 묻는다.

"나는 경성 사는 모某인데, 인천에 볼일이 있어 갔던 차, 돌아오는 길에 벼리고개에서 도적을 만나 의관과 짐을 빼앗기고 집으로 가는 길에 날도 저물고 주리기도 하여 예절을 아실 만한 선생을 찾았습니다."

라고 하였다.

선생은 한방에서 숙식하는 것을 승낙하고, 문자文字 토론으로 하룻밤을 보내며 묵었다. 이튿날 아침밥을 먹은 후에 선생이 학동 한 명에게 편지를 주어 나루 주인에게 전하여, 무료로 양화도를 건너 경성에 도달하였다.

서울로 가는 목적은 별것 없었다. 인천감옥에 있는 동안 각처 사람과 많이

---

360 서울 마포 서남쪽 잠두봉 아래 있던 조선시대의 나루.

친했는데, 그중 경성 남영희궁南永禧宮[361] 청지기였던 한 사람은 배오개[362] 유기장鍮器匠 5~6명을 모아서 인천 해상에 배를 띄우고 백동전白銅錢을 사사로이 주조하다가 전부 체포되어 인천감옥에서 1년여를 고생했다. 당시 그들은 나에게,

"평생토록 잊지 못할 은혜를 입었습니다."

라는 말을 하였고, 출옥할 때는,

"감옥에서 나오게 되거든 부디 알려 주시면 저희들이 와서 만나 보겠습니다."

라고 간절히 부탁한 사람들이었다. 출옥 후에 의관을 바꿔 입혀 줄 사람도 없으므로, 그 사람들도 찾아보고 조덕근도 좀 만나 보려는 작정이었다.

남대문을 들어서서 남영희궁을 찾아가니 하루해는 이미 초어스름이었다. 청지기 방문 앞에서,

"이리 오너라!"

불렀다.

청지기 방에서 누가 미닫이를 반쯤 열고 하는 말이,

"어디서 편지를 가져왔으면 두고 가거라."

한다. 목소리를 들으니 진 오위장五衛將[363]이었다.

"네, 편지를 친히 받아 주세요."

하고 뜰 안에 들어섰다. 진陳이 마루에 나와서 자세히 보더니,

"아이구머니, 이게 누구요?"

하고 버선발로 마당에 뛰어나와 내게 매달린다. 자기 방에 들어가 곡절을 묻는다. 나는 바른대로 말을 하였다.

---

361 조선왕조의 태조·세조·원종(선조의 아들)·숙종·영조·순조의 영정을 모시고 제사 지내던 전각. 서울의 남부, 지금의 저동에 위치하여 남별전南別殿으로 불리다가 숙종 때 영희전永禧殿으로 고쳐 불렀다.
362 서울 종로 4가에서 퇴계로 쪽으로 있던 고개 이름. 한자어로 '이현梨峴'이라고 한다.
363 조선시대에 오위의 중앙 군대를 통솔하던 장수.

진 오위장은 자기 방에 나를 앉히고, 한편으로는 자기 식구들을 불러 인사를 시키고, 한편으로는 그때 공범들을 불러 모았다. 나의 행색이 수상함을 근심하여,

"나는 백립白笠[364]을!"

"나는 두루마기를!"

"나는 망건을!"

하면서 제각기 사다 주며 속히 망건과 갓을 갖추어 쓰라고 한다. 3~4년 만에 비로소 망건을 쓰니 어쩐 일인지 눈물이 떨어진다.

몇 날 동안 그 사람들과 잘 놀며, 짬을 내서 청파靑坡[365] 조덕근의 집을 찾아갔다. 문밖에서,

"이리 오너라!"

불렀다. 조덕근의 큰마누라가 내가 온 줄 알고 꺼리는 빛이 있다.

"우리 댁 선달님이 옥에서 나왔다고 인천 집에서 기별은 있었으나, 이모 댁에 계신지 내가 오늘 가 보고 내일 오시면 말씀하겠습니다."

혹시 그렇게 여기고 돌아왔다가 이튿날에 또 갔다. 역시 모른다고 말을 하는 눈치가, 조덕근과 상의한바 '그는 나보다 중죄인이니, 이미 출옥한 바에 다시 보아 이익 될 것 없다.' 생각하고 잡아떼는 수작이었다.

'세상에, 내가 퍽도 어리석었다! 파옥하고 내가 먼저 나와서 홀몸으로 쉽게 달아나려다가 그가 나에게 애걸하던 정경을 생각하고 이중의 위험한 곳에 다시 들어가서 그자들을 위험 지대에서 다 벗어나게 해 준 것인데, 지금 내가 빈손으로 자기를 찾았을 줄 알고, 나를 보면 금전의 피해가 있을까 하여 거절하는구나. 그 사람에 그 행실이니 심하게 책할 것 없다.'

하고 돌아와서는 다시는 가지 않았다.

---

364 흰 베로 만든 갓. 상주喪主가 쓰거나, 국상國喪 때 일반 백성이 썼다.
365 현 서울시 용산구 청파동.

수일을 두고 이 사람 저 사람에게서 성찬盛饌으로 잘 먹고 다리도 쉬었다. 그 사람들에게 팔도강산 구경이나 한다고 작별을 하니, 그 사람들이 노자를 나누어 걷어서 한 짐을 지워 준다.

삼남 지방 유람

그날로 동적강銅赤江[366]을 건너 삼남三南 지방으로 향하였다. 그때 심리가 매우 울적하여 승방僧房[367] 뜰에서부터 폭음을 시작하여 밤낮으로 계속 마셔서, 과천을 지나 겨우 수원 오산장烏山場에 도착하자 한 짐을 지고 떠난 노자가 다 떨어지게 되었다.

오산장 서쪽으로, 동네 이름은 잊었으나 김 삼척三陟[368]의 집이 있었는데, 늙은 주인은 일찍이 삼척 영장領將을 지냈고, 여섯 아들 중 장자 아무개가 인천항에서 상업을 경영하다가 실패한 관계로 인천감옥에서 한 달여를 고생했다. 그동안 나를 몹시 사랑하고, 자기가 방면될 때도 차마 헤어지기 싫은 인정과 의리로 훗날 만나기를 굳게 약속한 터였다. 그 집에 찾아가서 그들 6형제와 같이 술 마시고 노래 부르며 며칠을 심심찮게 보내고, 약간의 노자를 얻어서 공주를 지나 은진 강경포江景浦 공종렬孔鍾烈의 집을 찾아 들어갔다.

공종렬도 역시 감옥 친구인데, 그의 부친 공 중군中軍[369]이 작고하여 상제의 몸이었다. 사람됨이 연소하지만 영리하고 문자도 어느 정도는 할 줄 알았다. 일찍이 운현궁 청지기를 지냈고, 당시 조병식趙秉式[370]의 사음舍音[371]으로

---

366 서울 동작동 앞을 흐르는 한강.
367 승려들이 쉬어 가던 절로, 현재 서울 사당역 근처에 있었다.
368 삼척 영장을 지냈다 하여 부르는 별칭이다.
369 조선시대에 각 군영의 대장 밑에서 군대를 통솔하던 직책.
370 조선 고종 때의 문신(1823~1907). 함경도 관찰사 때 일본에 대한 곡물 수출을 금한 방

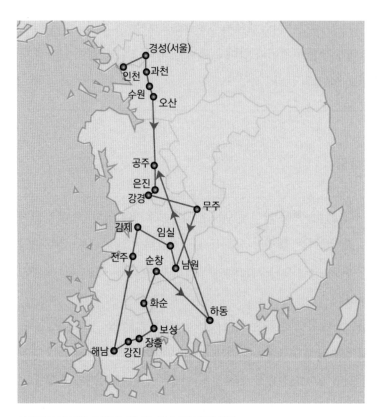

인천에서 공주 마곡사까지, 백범의 삼남 지방 유람 행로.

강경포에서 물상객주업을 경영하다가 금전 관계로 다른 사람에게 소송을 당하여 여러 달 인천감옥에 죄수로 갇혀 있었는데, 그동안 나와 극히 절친하게 지냈다.

강경포에 들어가 공孔의 집에 당도해 보니 가옥이 극히 크고 넓었다. 공종렬은 나의 손을 끌고 일곱째 대문을 들어가서 나를 자기 부인 방에 묵도록 하고, 공 군의 어머니도 인천에서 만나 알았으므로 반가이 뵈었다. 공 군이 나를

<hr>

곡령防穀令을 선포하였으며, 동학교도를 탄압하여 동학농민운동의 원인을 제공하였다. 후에 황국협회皇國協會를 배후에서 조정하여 독립협회獨立協會 탄압에 앞장섰다.

371 지주를 대리하여 소작권을 관리하는 사람. '마름'이라고도 한다.

이같이 특별 대우하는 것은 옥중 친구에 대한 동정심 때문이기도 했고, 그 포구가 인천에서 아침에 떠나면 저녁에 닿는 지대였는데, 자기 집 각 사랑방에 역시 사방의 사람들이 출입하므로 나의 비밀이 탄로 날까 봐 두려워했기 때문이기도 했다.

　며칠을 휴양하던 중 하룻밤은 달빛이 뜰에 가득한데, 공 군 어머니의 방문이 여닫히는 소리가 들린다. 나는 가만히 일어나 앉아 창문에 달린 유리로 뜰 가운데를 내다보니 갑자기 칼날 빛이 번쩍한다. 자세히 살펴보니, 공종렬은 칼을 들고 그 어머니는 창을 끌고 모자가 사람들을 움직이고 있다. 의외의 변고가 있을까 하여 의복을 정돈하고 앉아 있노라니, 시간이 지나 공 군이 어떤 청년의 상투를 끌고 들어와서 하인을 소집하여 드레집³⁷²을 지은 후 그 청년을 거꾸로 매달고서, 10세 안팎의 사내아이 두 명을 호출하여 다듬잇방망이 한 개씩을 주면서,

　"너희 원수이니 너희 손으로 때려죽여라."

한다. 그러다가 공 군이 내 방에 들어와,

　"형이 매우 놀랐을 테니, 미안하오."

라고 말한다. 그러고는,

　"형과 나 사이에야 무슨 감출 일이 있겠소? 나의 누님 한 분이 과부로 지내며 수절을 하다가 내 집 하인 놈과 간통하여 일전에 아이를 낳고 사망하였소. 그러므로 그놈을 불러 '네 자식을 데리고 먼 곳에 가서 기르고, 내 앞에 보이지 말라.'고 하였더니, 그놈이 천주학天主學을 하며 신부神父의 세력을 믿고 내 집 곁에 유모를 두고 내 집안에 수치를 끼치니, 형이 나가서 호령하여 저놈이 멀리 달아나도록 해 주시오."

한다.

　나는 어디로 보든지 그만한 청을 안 들어주지 못할 처지였다. 승낙하고 나

372　삼각대 모양으로 세운 구조물.

가서 달아맨 것을 풀어 앉히고 그자의 죄를 따졌다.

"네가 이 댁에서 길러 준 은혜를 생각한들, 주인의 면목을 그다지도 무시하느냐?"

하고 호령을 하였다. 그자는 나를 슬쩍 보더니 겁이 나서 벌벌 떨며,

"나리 분부대로 하겠습니다. 살려 줍시오."

한다. 공종렬은 그자를 향하여,

"네가 오늘 밤으로 네 자식을 내다 버리고 이 지방을 떠날 테냐?"

물으니, 그자는 시키는 대로 하겠다면서 물러났다.

나는 공 군에게 물었다.

"그자가 자식을 데리고 갈 곳이나 있소?"

공이 대답하기를,

"개울 건너 임피臨陂 땅에 제 형이 사니까 그리로 가면 자식도 기를 수 있을 거요."

라고 하였다.

"아까 두 사내아이는 누구요?"

물으니 공이 답하기를,

"그것이 내 생질이오."

한다.

나는 내일 아침에 다른 곳으로 출발하겠다는 말을 하였다. 그 집 일로 나 또한 숨어 있던 본색이 탄로되었기 때문이다. 공 군 역시 그렇게 생각하고,

"나의 매부 진 선전宣傳[373]이 무주읍에 사는데 부자요. 그 읍이 한적하고 외지니 그리 가서 세월을 기다림이 좋을 듯하오."

하며 소개 편지 한 장을 써 주었다.

---

[373] 선전관宣傳官으로, 조선시대에 병조의 선전관청에서 출납을 맡아 보던 무관 벼슬아치이다.

이튿날 아침에 공 군과 작별하고 무주행 길을 떠났다. 강경포를 채 벗어나지 못하여 거리에 사람들이 웅성웅성한다.

"지난 새벽 갯가에 어린아이 우는 소리가 들렸는데 소리가 끊어진 지 오래되었다. 그러니 그 아이는 죽은 것이다."

라고 야단이다.

나는 이 말을 들으니 천지가 아득하였다.

'오늘날[374] 살인을 하고 가는 길이로구나. 그자가 밤에 나의 얼굴을 대할 때 심히 무서워하더니, 공종렬의 말을 곧 나의 명령으로 생각하고 제 자식을 안아다가 강변에 버리고 도주한 것 아닌가. 가뜩이나 마음이 울적했었는데 세상에 아무 죄악이 없는 어린애를 죽게 하였으니, 이것이 얼마나 큰 죄악이냐.'

일생을 위하여[375] 심히 비관悲觀될 일이다.

마침내 무주읍 진 선전의 집에 갔으나, 구차하게 한곳에만 머물러 있으니 울적한 마음만 도리어 더할 뿐이었다.

드디어 무전여행無錢旅行을 떠났다. 나의 걸음이 이왕 삼남을 두루 돌아다니게 된 바에는 '남원에 가서 김형진과 상봉하리라.' 하였다. 전주 남문 안 한약국 주인 최군선崔君善이 김형진의 매형임을 평소에 들어서 알았으나, 먼저 남원 이동耳洞을 찾아가서 김형진을 아느냐고 물었다. 그랬더니 그 동네 사람들이 놀라듯 의아해하며 김형진 찾는 연유를 묻는다. 나는,

"김형진을 경성에서 알아서, 지나는 길에 들렀소."

하였다. 동네 사람이 말하기를,

"김형진은 과연 이 동네에 대대로 살았으나, 연전에 김형진이가 동학에 가입하였다가 그 후 가족을 데리고 살림살이를 챙겨서 도주하고는 다시 소식을 모릅니다."

---

374 "며칠 동안 지내면서 결국"이라는 뜻으로 쓰인 듯하다.
375 "앞으로 일생을 사는 동안"이라는 뜻으로 쓰인 듯하다.

라고 하였다.

　나는 듣기에 좀 섭섭하였다.

　'김형진이는 나와 청국清國까지 동행하며 크고 작은 위험을 같이 겪어서 친형제보다 정과 의리가 깊은 처지였는데, 나의 일생은 빠짐없이 자기가 다 알면서 자기가 살아온 내력의 일면을 숨겨 비밀로 한 것은 왜 그랬을까? 하여튼지 전주까지 가서 행방을 탐지하리라.'
생각하고, 전주읍의 최군선을 찾아가 김형진의 친구임을 말하고 현재 사는 곳을 물으니, 최군선 역시 냉담한 어조로,

　"김형진 말씀이오? 김형진은 과연 나의 처남이나, 나에게는 지기 어려운 무거운 짐을 지우고 자기는 벌써 황천객黃泉客[376]이 되었소."
하였다.

　천신만고 끝에 찾아간 나는 서글픈 마음을 금하기 어려운 중에, 최의 응접이 너무 불친절한 것을 보고서 다시 더 물어볼 생각이 없었다. 곧 작별하고, 그날이 전주 장날이므로 장터에 나와서 구경을 하였다.

　이리저리 다니다가 백목전白木廛[377]에 가서 포목 환매換買[378]하는 광경을 보던 즈음이었다. 촌 농군의 자태가 보이는 청년 한 사람이 포목 환매하는 것을 보니 얼굴 생김새가 김형진과 흡사하였다. 김형진보다는 어려 보이고, 김형진은 문사文士의 자태가 보이나 이 사람은 농군의 태도가 보일 뿐이고, 언어와 행동거지가 꼭 김형진과 같았다. 나는 그 사람이 시장 일을 다 마치고 돌아가려는 틈을 타서,

　"당신, 김 서방 아니시오?"
물었다. 답하기를,

---

376 '저승으로 간 나그네'라는 뜻으로, 죽은 사람을 이르는 말.
377 조선시대에 무명을 팔던 가게로, 면포전綿布廛이라 부르다가 나중에 백목전이라 하였다.
378 돈을 주고받지 않고 물건과 물건을 직접 서로 바꿈. 물물교환.

"네, 그렇지라오마는 당신은 뉘시오니까?"

한다. 다시 물었다.

"노형이 김형진 씨 계씨季氏[379]가 아니오?"

그 사람이 머뭇머뭇하고 말대답을 못 한다. 나는,

"당신의 얼굴을 보아 김형진 씨 계씨임을 짐작하는데, 나는 황해도 해주의 김창수요. 노형의 백씨伯氏[380] 생전에 혹시 내 이야기를 들어 계시오?"

물었다. 그 청년은 두 눈에 눈물을 흘리며 말을 제대로 하지 못하고 슬피 운다.

"과연 그렇습니까? 내 형 생전에 당신의 말씀을 들었을 뿐 아니라 별세하실 때에도 '창수를 생전에 다시 못 보고 죽음이 유한이다.'라고 하였지라오. 제 집으로 가십시다."

금구金溝 원평院坪[381]을 가서 조그마한 집에 들어가, 이 사람이 자기 어머니와 형수에게 내가 찾아온 것을 말하자 그 집에는 곡성이 진동한다. 김형진이 작고한 지 19일 후라 하였다. 영연靈筵[382]에 들어가 조문하고 절하니, 60 노모는 자기 아들을 생각하고, 30 과부 며느리는 남편을 생각하고, 아들 맹문孟文은 아직 8~9세에 아무 철을 몰랐다. 장터에서 만난 사람은 형진의 둘째 아우로, 아들 맹열孟悅이가 있고 농업을 하면서 생활하고 있었다.

수일을 쉬고 무안과 목포를 향하였다. 목포에 도착하니 신개항新開港으로 아직 관사 건축도 미처 못 하고 모든 것이 보잘것없어 보였다. 양봉구를 만나 인천 소식을 들으니, 조덕근이가 서울서 인천으로 잡혀가서 눈 한 개까지 빠지고 다리가 부러졌으며, 그때 압뢰 김가는 아편독이 퍼져서 옥중에서 죽었다 하고, 나에 관한 소문은 듣지를 못하였다 한다. 그리고 인천과 목포 간에 순검들도 서로 오가니 오래 머물 곳이 아니라 하고, 약간의 여비를 마련해 주면서 항

---

379 남의 남동생을 높여 이르는 말.
380 남의 맏형을 높여 이르는 말.
381 지금의 전북 김제시 금산면 원평리이다.
382 상례 기간에 죽은 사람의 영혼을 모셔 놓은 자리. 상청喪廳.

구를 떠날 것을 권한다.

목포를 떠나서 해남 관두關頭[383]와 강진, 고금도古今島[384]와 완도 등지를 구경하고 장흥, 보성(송곡면. 현 득량면得粮面 득량리의 종씨宗氏 김광언金廣彦 등의 집에서 40여 일 휴식하고 떠날 때 같은 마을 선씨宣氏 부인이 만들어 보낸 필낭筆囊[385]을 받았음)으로, 화순 동복同福으로, 순창淳昌[386] 대명大明[387]으로, 하동 쌍계사雙磎寺로 칠불아자방七佛亞字房[388]도 구경하고, 다시 충청도로 들어와 계룡산 갑사甲寺에 도착하니 시기는 8~9월이었다. 사찰 부근에 감나무가 빽빽하게 늘어서 있는데 붉은 감이 익어서 저절로 떨어졌다.

절에서 점심밥을 사 먹고 앉아 있었더니 동학사東鶴寺에서 와서 점심을 먹는 유산객遊山客[389] 한 명이 있다. 인사를 하니 공주 사는 이 서방이라 한다. 유산시遊山詩를 들려주는데 나이는 40이 넘은 선비로, 시로나 말로나 퍽 비관하는 마음을 품었다. 초면이라도 말을 붙이며 가까이하게 되었다. 그가 나의 행방을 묻기에 나는,

"개성에서 태어나고 자라 상업에 실패하고 홧김에 강산 구경이나 하자고 떠나서 근 1년을 남도에서 지내고 지금은 고향으로 갑니다."

라고 말하였다.

이 서방은 다정히 나에게 청한다.

---

383 전남 해남군 화산면 관동리로, 앞바다에 관두포關頭浦가 있다. 조선시대에는 왜倭와 제주로 출발하는 관문으로 해양 진출을 위한 전진기지였다.

384 전남 완도군 고금면에 속하는 섬.

385 붓을 넣어 차고 다니는 주머니.

386 담양의 잘못인 듯하며, 친필본의 한자 '順昌'은 오기이다.

387 전남 담양군 대면大面(지금의 대덕면大德面)인 듯하다. 한편, 『김구 자서전 백범일지』 (국사원, 1947)에는 '담양'으로 고쳐져 있다.

388 하동 쌍계사에서 10km 떨어진 칠불사七佛寺에 있는 온돌방으로, 그 방 모양이 '亞' 자와 같아 붙여진 이름이다. 1951년에 불탄 것을 초가로 복원하였다가 현재는 기와집으로 신축되어 있다.

389 산으로 놀러 다니는 사람.

"노형이 이왕 구경을 떠난 바에는 여기서 40여 리를 가면 마곡사麻谷寺[390]
란 절이 있으니 그 절이나 같이 구경하고 가시는 것이 어떠하오?"
한다. 나는 마곡사란 말이 의미심장하게 들렸다.

어렸을 때부터 본 바, 우리 집에 『동국명현록東國明賢錄』 한 책이 있었는데,

> 화담花潭 서경덕徐敬德[391] 선생이 동지冬至 하례賀禮에 참례하여 크게
> 웃었다. 임금이,
> "경은 무슨 일로 여러 사람 가운데에서 혼자 웃느냐?"
> 물으니 화담이 아뢰기를,
> "오늘 밤 마곡사의 상좌승이 밤을 새워 죽을 쑤다가 잠을 이기지 못하
> 여 죽 가마솥 안에 빠져 익사하였는데, 여러 승려들이 전혀 알지 못하고
> 죽을 퍼먹으며 희희낙락하는 것을 생각하니 우습습니다."
> 라고 하였다.
> 임금이 곧 말을 출발시켜 하루 낮밤으로 3백여 리 마곡사에 가서 조사
> 하니 과연 증거가 있었다.

라는 문구를 아버님이 늘 소설로 이야기하시던 것이 연상되었다.
승낙하고 이 서방과 같이 마곡사를 향해 출발하였다.

---

390 충남 공주시 사곡면 운암리 태화산泰華山 남쪽 기슭에 있는 절. 예로부터 전란을 피할
    수 있는 십승지지十勝之地의 한 곳으로 알려져 왔다. 현재 경내에는 백범이 광복 후 방
    문 때 심은 향나무가 있다.
391 조선 중종 때의 학자(1489~1546). 이기론理氣論의 본질을 연구하여 이기일원설理氣一
    元說을 체계화하였다. 저서에 『화담집花潭集』이 있다. 유명한 기생 황진이의 유혹에 넘
    어가지 않고 그를 제자로 만든 일화가 널리 알려져 있다.

삼남 지방의 모습

이곳저곳 한가로운 유람은 여기까지가 끝막음이 될 텐데, 그사이에 보고 듣고 직접 겪은 사실을 간략하게 적어 본다.

아산牙山 배암밭 마을에 들어가 충무공 이순신李舜臣의 기념비를 공경히 보았고, 광주光州 역말驛이란 마을에 들어가니, 촌마을에 몇백 호인지는 모르지만 동장洞長 일곱 명이 일을 본다 하니 서북西北[392]에서는 보지 못하던 일이었다. 광주·나주·화순·대명 도처의 대나무 숲 역시 서북에 없는 특산特産으로, 나는 10여 세 때까지 대나무도 1년에 한 마디씩 자라는 줄 알았는데 실제로 직접 본 것은 처음이며, 장흥과 보성 등 각 군에서는 여름철에 콩잎을 따서 당장 국도 끓여 먹고, 또 뜯어 말렸다가 삼동三冬에 먹기도 하는데, 말린 것을 소에, 말에 싣고 가 시장에서 주요 상품이 되는 것을 보았다.

해남의 이 진사 집 사랑에 며칠 묵을 때 동시에 묵던 객이 대여섯 명이었다. 그중에 그 집 손님 노릇 한 지가 8~9년 된 자가 있었다. 손님이 힘들여 일하면 주인이 가난해진다는 미신이 있어서, 그는 손가락 하나 움직이지 않고도 주인과 차별 없는 대우를 받았다.

양반이 못 되면 대재산가라도 감히 사랑문을 바깥쪽으로 열지 못한다. 그러므로 과객이 주인을 찾아 숙박을 청하면 첫 번째로 묻는 말이 "간밤엔 어디서 유숙하였소?"이다. 만일 유숙한 집이 양반의 집이면 두말이 없고, 중인 집에서 잔 것 같으면 객을 타일러 주의시키는 반면에, 과객을 대접하여 유숙하게 한 상놈들은 양반이 사사로이 잡아다가 형벌을 가하는 별별 고약한 습속이 많았다.

내가 직접 보지는 못하였으나, 그 여러 곳의 과객 중 유명한 자는 홍초립洪草笠·박도포朴道袍 등이라 한다. 홍가는 초립동이 적부터 과객으로 일생을

---

392 황해도·평안도·함경도 세 지방을 통틀어 일컫는 말.

살았고 박도포는 늘 도포만 입고 과객질을 했다는데, 그자들이 어느 집에 들든지 주인이 응대를 조금만 잘못하면 무수히 발악하였다 한다.

해남은 윤尹·이李 두 성씨가 가장 큰 양반으로 큰 세력을 차지하고 있었는데, 윤씨 댁 사랑에서 유숙하노라니 한밤중에 사랑문 앞 말기둥에 어떤 사람을 결박하고 가혹한 형벌을 가한다. 주인의 말이,

"너 이 죽일 놈! 양반이 정해 준 품삯대로 받는 것이 아니라 네 마음대로 삯을 더 하여 올리느냐?"

충청남도 아산의 충무공 이순신 신도비.

하고 추상같은 호령을 한다. 형벌을 당하는 사람은 극구 죽을죄를 지었다고 빈다. 나는 주인에게 물었다.

"양반이 정한 품삯은 얼마이고, 상놈이 마음대로 더하여 올린 삯은 얼마입니까?"

주인이 말하기를,

"내가 금년은 동네 품삯을 년은 두 푼, 놈은 서 푼씩 정한 것인데, 저놈이 어느 댁 일을 하고 한 푼을 더 받았기 때문에 징계하여 다스리는 것이오."

라고 하였다. 나는 다시 물었다.

"길 가는 행인의 음식점 밥값도 한 끼 최하가 5~6푼인데, 하루 품삯이 밥한 상 값의 반액도 못 되면 독신 생활도 버티어 나가기 어려울 텐데 식구들을

데리고 어찌 생활을 합니까?"

주인이 말하기를,

"설사 한 집에 장정이 년놈 하여 두 명이라 하면 매일 한 명씩이라도 양반 집 일을 안 할 때는 없고, 일만 하는 날이면 그놈 집 온 식구가 다 와서 먹소. 품 삯을 많이 지불하여 상놈이 자기 옷과 밥을 풍족하게 하면 자연 양반에게 공손 치 못하기 때문에 그같이 품삯을 정하여 주는 것이오."
라고 한다.

나는 이 말을 듣고 깜짝 놀랐다. '내가 상놈으로 해주 서촌에서 태어난 것 을 늘 한스러워하였으나, 이곳에 와서 보니 양반의 낙원은 삼남三南이요 상놈 의 낙원은 서북西北이로구나. 내가 해서海西 상놈이 된 것이 큰 행복이지, 만일 삼남 상놈이 되었던들 얼마나 불행하였을까.' 생각되었다.

경상도 지방의 양반과 상놈 간의 특수한 현상은, 삼남에서 백정은 망건을 쓰지 못하는 것이 상례이고 맨머리에 패랭이(평량자平凉子)를 쓰고 출입을 하지 만, 경상도에서는 패랭이 밑에 대나무테를 둘러 대고 거기다가 끈을 맨 것이 백정 놈인데, 백정이 길을 가다가 남녀노소를 막론하고 사람을 마주치면 반드 시 길 아래 내려서서 "소인 문안 드리오." 하고 행인을 지나 보내고서야 자기 발걸음을 옮기는 것이다.

삼남 양반의 위세와 속박이 심하디심한 중에도 약간의 아름다운 풍속이 없지는 않다.

모내기 철에 김제 만경을 지나며 보니, 농군이 아침에 일하러 나갈 때 사명 기司命旗[393]를 들고 꽹과리와 북을 울리며 야외에 나가 농기農旗를 세우고, 모를 심을 때는 선소리꾼이 북을 치고 농가農歌를 이끌면 남녀 농군은 몹시 신나서 춤추며 일을 한다. 농사 주인은 탁주를 논두렁에 여기저기 동이째 놓아두어 마 음대로 먹게 하고, 행인이 지나가면 다투어 권한다. 농군이 음식을 먹을 때는

---

393 기폭에 글자를 써 넣고 행렬의 앞에 세우고 가는 기.

현직 감사나 수령이라도 말에서 내려 예의를 갖춰 감사의 뜻을 표한다.

대개 노동자는 조직이 있어서, 농주農主가 일꾼을 고용할 때 그 우두머리에게 교섭하여 삯꾼을 결정한다. 그때 의복·품삯·휴식·질병 등에 대한 조건을 정하고, 실제 감독은 그 우두머리(유사有司[394] 청수廳首[395])가 하고, 만일 일꾼이 태만하여도 농주가 마음대로 꾸짖거나 벌을 주지 못하고 그 우두머리에게 고발하여 징계한다.

반상班常의 구별이 그같이 심하지만, 정초正初와 팔월 추석에는 마을과 마을 중간에 나무기둥이나 돌기둥을 세우고 그 기둥에 동아줄을 매고, 그 기둥 끝이 각기 자기 마을로 향하여 눕도록 겨루기를 하는데, 그때는 남녀노소, 반상의 구별 없이 즐겁게 용기를 내어 논다고 한다.

고금도에서 충무공의 전적지, 금산에서 조중봉趙重峯[396]의 패전 유적지, 공주에서 승려 영규靈圭[397]의 비碑를 보고 많은 느낌이 있었다.

임실에서 전주를 향하던 도중 당현堂峴(전주와 임실의 중간 큰 고개)을 넘으려 할 즈음에 풍채가 부잣집 노인 같아 보이는 어떤 40여 세 중늙은이 한 사람이 나귀를 타고 몰며 가다가 고개 밑에 와서 나귀에서 내려 걸어가는데, 자연 동행이 되어 인사를 하니 임실읍 내 문지래文之來라는 사람이었다. 같이 이야기를 해 가면서 고개 위에 당도하였다.

고개 위에는 주점 네다섯 집이 있고, 주점 근방에는 그날이 전주 장날이어서 보부상褓負商[398] 수십 명이 장에 갔다가 돌아오는 길에 그 고개 위에서 다리

---

394 단체의 사무를 맡아보는 직책.

395 농민 조직의 우두머리.

396 중봉은 조선 선조 때의 학자이자 의병장인 조헌趙憲(1544~1592)의 호이다. 임진왜란이 일어나자 의병을 일으켜 옥천·홍성 등지에서 활약하였으나 금산전투에서 패하여 7백 명의 의병과 함께 전사하였다. 당시의 유적지로 칠백의총七百義塚이 금산에 있다.

397 조선 선조 때의 승병장(?~1592). 임진왜란이 일어나자 승병을 모아 청주를 수복하고 금산에서 왜군과 격전 끝에 패하여 전사하였다. 친필본의 한자 '靈奎'는 오기이다.

398 보상褓商(봇짐장수)과 부상負商(등짐장수)을 함께 일컫는 말.

충청남도 금산 칠백의총七百義塚. 임진왜란 때 전사한 의병장 조헌 등 7백 의사의 유골을 안치했다. 1967.

를 쉬고 있었다. 문지래가 고개 위에 도착하자 주점 주인이 나와서,

"오위장 영감 오십니까?"

하고 반가이 영접을 하고,

"들어가 술이나 한잔 자십시오."

라고 권하나 문 씨는 사양하더니, 나에게 같이 쉬어 감을 청한다. 문 씨가 환영해 줄 사람 없어서 동행하다가 술이나 한 잔씩 먹자고 청한다면 사양할 바 없지만, 문 씨는 점주에게 환대받을 모양이므로 사양하고 고개를 넘는 때는 햇빛이 서산에 발앙발앙하였다.[399]

급히 걸어서 상관上關[400] 주점에 와서 거처를 정하고, 저녁밥을 먹고 앉아

---

399 해가 금방 넘어가려고 붉은빛을 내는 모습을 표현한 듯하다.
400 지금의 전북 완주군 상관면 지역을 가리킨다.

서 담배를 피울 즈음에 급보가 왔다. 오늘 해가 지기 바로 전에 고개 위에 30여 명의 강도가 나타나서 행상行商의 재물을 약탈하고, 문 오위장은 취중에 그 강도떼를 대하여 호령을 하다가 강도가 날카로운 도끼로 한 번 내리치자 두골頭骨이 두 쪽 나고, 재차 내리치니 머리와 몸이 세 토막이 난 참사가 생겼다고 한다. 그런즉, 내가 문 씨의 손에 끌려 술자리에 동참하였더라면 이 몸과 목숨이 어찌 되었을까. 심히 놀랍도록 의심스러웠다. 들으니 문 씨는 임실의 구실아치로, 자기 친아우가 민영준閔泳駿[401]의 신임을 받는 청지기로 권위를 가지고 위세를 부렸으므로 부근의 인심을 잃어 이러한 화를 만났다고 한다.

전주에서 본 것은, 영리營吏와 사령使令이 서로 원수이기 때문에, 당시 진위대鎭衛隊[402]의 병정을 모집하는데 사령이 병정으로 들어올까 의심하고 두려워하여 영리의 자식과 조카들을 전부 병정으로 편입하였다는데, 머리 위에 상투는 그대로 두고 병정 모자를 높직하게 만들어 썼다.

치도緇徒[403]

다시 이야기를 하겠다.

공주 이 서방과 갑사에서부터 동행하는 중에, 이 서방은 홀아비로 몇 해 동안 서당 훈장을 하였는데 지금은 마곡사로 가서 중이나 되어 일생을 편안하고 한가롭게 지내려는 의향이 있다고 하며, 나에게도 권한다. 나도 얼마간의 의향이 있으나 갑자기 나온 문제이므로 속단할 수 없어 이야기만 하고 종일 걸어서 마곡사 남쪽 산상에 올랐다.

---

401 조선 고종 때의 문신 민영휘閔泳徽(1852~1935)의 초명이다. 갑신정변을 진압하였고 국권 피탈 후 일본 정부의 자작子爵이 되었으며 휘문학교를 설립하였다.
402 조선 말 지방의 각 진鎭에 두었던 군대. 1907년 군대해산 때 없앴다.
403 수행하는 승려들.

일제강점기의 공주 마곡사 전경.

　햇빛은 황혼인데 온 산에 가득한 단풍잎은 누릇누릇 불긋불긋하여 나그네의 비애가 가을바람에 느껴지는 데다가, 저녁 안개가 산 밑에 있는 마곡사를 자물쇠로 채워 나와 같은 온갖 풍진 속에서 허우적거리는 자의 더러운 발을 거절하는 듯한데, 저녁 종소리가 안개를 헤치고 나와 나의 귀에 와서 일체 번뇌를 해탈하고 입문하라고 권고하는 듯하다.

　이 서방은 결정적 의사를 묻는다.

　"노형, 어찌하시료? 세상사를 다 잊고 중이 되십시다."

　나는 이 서방을 대하여,

　"이 자리에서 노형과 결정하면 무슨 소용이 있겠소? 절에 들어가 보아서 중이 되려는 자와 중을 만들 자 사이에 의견이 합하여야 될 것이 아니오?"

하였다. 이 서방이 말하기를,

　"그는 그렇겠소."

하였다. 곧 몸을 일으켜 마곡을 향하여 안개를 헤치고 들어간다. 걸음걸음 들어간다. 한 발걸음씩 혼탁한 세계에서 청량한 세계로, 지옥에서 극락으로, 세간世間에서 걸음을 옮겨 출세간出世間의 걸음을 걸어간다.**404**

　처음 도착한 곳이 매화당梅花堂이고, 큰 소리를 내며 산문山門으로 급하게 질주하는 시냇물 위의 긴 나무다리를 지나서 심검당尋劍堂**405**에 들어가니 대머리 노승이 화폭을 펴 놓고 살펴보다가 우리를 보고 인사를 한다. 이 서방은 낯이 익은 얼굴로 인사를 한다. 자기는 포봉당抱鳳堂이라고 한다. 이 서방은 나를 심검당에 앉히고 자기는 다른 방으로 갔다. 시간이 지나 내게도 손님을 위한 밥 한 그릇이 나온다. 저녁밥을 마치고 앉았으니, 어디서 왔는지 백발 노승이 나와서 인사를 공손히 한다. 나는,

　"개성 출생으로 어려서 부모를 여의고 가까운 친척도 없는 외로운 홀몸인데, 강산 구경이나 하려고 나와서 여기저기 두루 다니는 중입니다."

라고 말하였다.

　그 노승은 속성俗姓이 소씨蘇氏요, 익산에 살다가 삭발한 지 40~50년이 되었다고 하면서, 은근히 자기의 상좌上佐가 되기를 청한다. 나는 다소의 겸양을 하였다.

　"저는 본래 학식이 박약하고 재질이 둔하여 노대사老大師께 누 됨이 많을 것을 생각하여 자연 주저되나이다."

　그 노승은 힘써 권하며,

　"당신이 나의 상좌만 되면 고명한 대사에게 각종 불학佛學을 학습하여 장

---

404 불교에서 태어나고 죽는 윤회輪廻를 '세간'이라 하며, 윤회로부터 벗어난 깨달음과 해탈의 경지를 '출세간'이라 한다.

405 '지혜의 칼을 찾는 곳'이라는 뜻으로, 마곡사에서 승려들이 거처하는 요사채이다. 친필본의 '심일당尋釰堂'은 오기이다.

래에 대강사大講師[406]가 될지도 모르니, 부디 결심하고 삭발하시지요."
라고 한다.

밤을 지낸 뒤에 이 서방은 계란두鷄卵頭[407]로 나와서 문안을 한다.

"노형도 주저 마시고 곧 삭발을 하시오. 어제 찾아왔던 하은당荷隱堂[408]은
이 절에서 재산이 갑부인 보경대사寶鏡大師의 상좌이니, 훗날 노형이 공부를
하려 해도 학자금 염려는 없을 것이오. 내 노형의 말을 하였더니, 자기가 나와
서 보았더니 매우 마음에 든다고, 나더러 권하여 속히 결정하라고 하더이다."

나는 하룻밤 사이에 청정법계淸淨法界[409]에서 오만 가지 상념이 모두 재가 된
기분이어서 중이 되기로 승낙하였다. 시간이 지나서 사제師弟[410] 호덕삼扈德三
이가 머리 깎는 칼을 가지고 천변으로 나가서 삭발진언削髮眞言[411]을 쏭알쏭알
하더니 나의 상투가 모래 위에 뚝 떨어진다. 이미 결심을 하였지만 머리털과
같이 눈물이 뚝뚝 떨어진다.

법당에서는 종을 울리고, 향적실香積室에서는 공양주供養主가 불공밥을 짓
고,[412] 각 암자에서 가사 입은 중 수백 명이 모이고, 나도 검은색 장삼과 붉은색
가사를 입고 대웅보전大雄寶殿으로 인도되었다. 곁에서 덕삼이가 부처님께 절
하는 법을 가르치고, 은사 하은당은 나의 승명을 원종圓宗이라 명명하여 부처
님 앞에 고하고, 수계사授戒師[413]는 용담龍潭이라는 점잖은 화상和尙으로, 경문
經文을 낭독하고 오계五戒[414]를 전한다. 예불을 마친 후에는 노스님 보경당을

---

406 여기서 '강사'는 강당에서 경론을 강의하는 승려를 뜻한다.
407 계란처럼 반들반들한 머리. 즉 삭발한 머리를 뜻한다.
408 앞에서 구월산 패엽사에서도 하은당이 나오는데, 동명이인으로 보인다.
409 '맑고 깨끗한 불교도들의 세계'라는 뜻으로, 절을 비유적으로 이르는 말.
410 한 스승의 제자로 아우뻘 되는 사람.
411 머리털을 아주 짧게 깎으면서 외우는 불교 경문.
412 향적실은 절의 부엌 즉 공양간을, 공양주는 절에서 밥 짓는 일을 하는 사람, 공양밥
    은 부처님 앞에 올리는 밥을 뜻한다.
413 계를 주는 승려. 친필본의 한자 '受戒師'는 오기이다.
414 불교 신자가 지켜야 할 다섯 가지 계율. 살생·도둑질·음란행위·거짓말·음주 등을 금

비롯하여 절 안의 연로한 대사들에게 돌아가며 절하고, 승려의 절하는 법을 연습하고, 『진언집眞言集』[415]과 『초발자경初發自警』[416] 등 간단하고 쉬운 승려의 규칙을 배웠다. 승려의 수행은 하심下心[417]이 제일이라 하여, 인류는 물론이요 심지어 모든 짐승과 곤충에까지 하심하지 않으면 지옥고地獄苦를 받는다고 한다.

어젯밤에 교섭할 때는 지극히 공손하던 은사 하은당부터 "이애, 원종아!"를 거리낌 없이 부르고,

"생기기를 미련스럽게 되어서 고명한 중은 되지 못하겠다."

"얼굴은 저다지도 밉게 생겼을까."

"어서 나가서 물도 긷고 나무도 쪼개어라."

고 한다. 나는 깜짝 놀랐다. 내가 망명객이 되어 사방을 떠돌아다니지만 영웅심도 있고 공명심도 있어서, 평생의 한이던 상놈의 껍질을 벗고 평등한, 아니 월등한 양반이 되어 평상한 양반에게 오랜 원한을 갚고자 하는 생각도 가슴속에 있었다.

중놈이 되고 보니 이러한 허영과 야욕의 심리는 곧 악마로, 부처님 문중에서는 털끝만큼도 용납될 곳이 없고, 만일 이들 악한 생각이 마음에 싹틀 때는 곧 호법선신護法善神[418]에 의뢰하여 물리쳐 쫓아내지 않으면 아니 될 터였다. '하도 많이 돌아다니더니 나중에는 별세계 생활을 다 하겠다.'고 혼자 웃고 혼자 한탄을 마지아니하나 순종하는 수밖에는 도리가 없었다. 장작도 패고 물도 길었다.

하루는 앞내에 가서 물을 지고 오다가 물통 한 개를 깨뜨렸다. 은사가 어

하고 있다.

415 불경 가운데 진언(진실하고 거짓 없는 비밀스러운 어구)을 뽑아 엮은 책.

416 『초발심자경문初發心自警文』을 가리킨다. 처음 승려가 된 자가 배우는 불경으로, 스스로 경계하고 조심해야 할 내용이 수록되어 있다.

417 불교에서 자신을 낮추고 남을 높이는 마음.

418 불법을 수호하는 신.

찌나 몹시 야단을 하던지, 노스님 보경당이 한탄을 한다.

"지난번에도 사람은 괜찮은 것들을 상좌로 데려다 주면 못 견디게 굴어서 다 내쫓았는데, 금번 원종이도 잘 가르치면 장래에 제 앞가림은 하겠는 것을 또 저 모양을 하니 몇 날이나 붙어 있을까."

그 말에 좀 위로는 되었다.

낮에는 노역勞役을 하고 밤에는 보통 중의 본무인 예불 절차와 『천수심경 千手心經』[419] 등을 외우고, 수계사 용담 스님은 불학의 요집要集인 『보각서장 普覺書狀』[420]을 가르친다. 용담은 당시 마곡사에서 불가佛家 학식뿐 아니라 유가儒家 학문도 풍부한 터였고, 사람됨이 세상의 이치를 잘 아는 존경받는 고승高僧이었다.

용담을 시봉하는 상좌 혜명慧明이라는 청년 불자가 있었는데, 나를 동정하는 마음이 깊었다. 용담도 하은의 가풍이 괴상한 것을 알고 글을 가르치다가는 종종 위로를 하였다. 견월망지見月亡指[421]란 오묘한 이치를 말하고, 칼날 같은 마음을 품으라는 '인忍' 자의 해석을 해 준다.

차츰차츰 흐른 세월은 벌써 반년의 시간이 지나고 기해년[422] 정월을 맞았다. 절 안 1백여 명의 승려들 중에는 나를 매우 행복스러운 사람이라고 생각하는 자도 있었다. "원종대사는 아직 고생을 하지만 노스님과 은사가 다 칠팔십 노인들이니 그이들만 작고하는 날이면 거대한 재산이 원종대사의 차지가 되겠다."는 것이다.

내가 추수책秋收冊을 보니 백미로 받는 것만 2백여 석인데, 그것은 전답 경

---

419 『천수경千手經』을 가리킨다. 관세음보살의 대자대비를 찬양한 불경으로, 우리나라에서 가장 많이 독송되는 불경이다.
420 중국 송나라 때의 선승 보각선사普覺禪師의 글을 모아서 제자들이 편찬한 책.
421 "달을 봤으면 달을 가리키는 손은 잊으라."는 뜻으로, 본질을 깨우쳤으면 수단은 버려야 한다는 의미.
422 1899년(고종 36)이다.

일제강점기의 공주 마곡사 대웅보전(위)과 대광보전(아래).

작인이 해마다 갖다 바치는 것이고, 금전으로나 그 밖의 상품으로도 수십만 냥의 재산이 있었다. 그러나 나는 속세와의 오랜 인연을 다 끊어내지 못하였거나, 망명객의 임시 은신책으로거나, 하여튼지 다만 청정적멸淸淨寂滅의 도법 道法[423]에만 일생을 희생할 마음은 생기지 않았다.

　작년 인천감옥을 파옥하던 날 작별한 부모의 생사를 모르고, 나를 구출하기 위해 집안 재산을 모두 없애고 몸을 망친 김경득의 행방을 알고 싶으며, 해주 비동의 고후조 선생도 보고 싶고, 당시에 천주학을 하겠다 하여 대의의 반

---

423 '청정무위淸淨無爲를 주장하는 노자老子와, 적멸위락寂滅爲樂을 종지宗旨로 하는 석가의 가르침에 이르는 올바른 법'이라는 뜻으로, 여기서는 계속해서 수행해 나가는 승려의 생활을 이른다.

역으로 생각하고 불평을 품은 채 물러간 청계동 안 진사도 다시 상봉하여 과거의 오해를 사과할 생각이 때때로 마음속에서 떠돌아다녔다. 보경당의 넉넉한 재산에 집착할 마음은 꿈에도 없었다.

마곡사를 떠나다

하루는 보경 노스님에게 말을 하였다.

"소승이 이미 중이 된 이상에는 중으로서 응당 해야 할 공부를 해야겠사오니, 금강산으로 가서 경전의 뜻이나 연구하고 일생 충실한 불자가 되겠나이다."

보경 노스님이 답하기를,

"내가 벌써 짐작하였다. 할 수 있느냐, 네 원이 그런데야."

하면서, 즉시 하은을 불러 둘이 한참 다투더니 세간을 내준다. 백미 열 말과 가사와 바리때를 주어 큰방으로 내보낸다.

그날부터는 자유이다. 백미 열 말을 내다 팔아서 여비를 하여 서울을 향해 출발하였다. 수일 후 경성에 도착하였으나 그때까지는 중이 경성 문 안에 발을 들여놓지 못하도록 국법으로 금하는 중이었다. 성곽 밖으로 이 절 저 절을 다니다가 서문 밖 새절[424]에 가서 하루를 묵는 중에 사형師兄[425] 혜명을 만났다. 혜명은 나에게 묻는다.

"원종대사, 어쩐 일로 이곳에 왔소?"

"사형은 어찌하여 이곳에를 왔소?"

"내 은사가 장단長湍 화장사華藏寺[426]에 있기로 찾아뵈옵고 얼마간 지내려

---

424 서울시 서대문구 봉원동 안산鞍山에 있는 봉원사奉元寺를 가리킨다. 신라 때 창건되었으나 1748년(영조 24)에 현재의 자리를 하사받아 새로 지었다 하여 '새절'이라 불렸다.

425 자기보다 먼저 스승의 제자가 된 사람.

426 당시 경기도 장단군 진서면 대원리 보봉산寶鳳山에 있던 절. 강화도 전등사傳燈寺의 말

고 오는 길이오."

"나는 금강산으로 공부 가는 길이오."

하고 작별을 하였다.

거기서 경상도 풍기 출신 혜정慧定이란 중을 만났는데, 평양 강산이 좋다기에 구경을 간다고 한다. 그러면 나와 동행하자고 약조하고 서쪽으로 임진강을 건너 송도松都[427]를 구경하고, 해주 감영부터 구경하고 평양으로 가기로 하고 수양산首陽山[428]에 들어갔다.

신광사神光寺[429] 부근 북암北庵에 머물면서 혜정에게 약간의 사정을 통하고,

"기동 본가에 가서 내 부모님을 비밀히 방문하여 안부만 알고, 나의 부모님께는 나의 몸이 건재함만 말하고 어느 곳에 있는 것까지는 아직 말을 마시오."

라고 부탁하여 보냈다. 혜정 스님의 소식만 기다리던 4월 29일[430] 석양에 혜정 스님의 뒤를 따라 부모 두 분이 북암으로 들어오신다.

사末寺였다.

427 고려의 수도였던 개성開城의 옛 이름.

428 황해도 해주시와 벽성군 경계에 위치한 산.

429 황해도 벽성군 북숭산北嵩山에 있었던 고려시대의 사찰. 패엽사貝葉寺의 말사였다.

430 1899년(고종 36)이다.

고향으로 돌아오다

부모님을 만나 평양으로 동행하다

부모님은 혜정이 전하는 자식의 안부를 듣자,

"네가 내 아들이 있는 곳을 알고 왔을 테니, 너를 따라가면 내 자식을 볼 것이다."

하시고 중을 따라 떠나신 것이었다. 마침내 와서 만나니 돌중놈이라. 세 식구가 서로 붙들고 희비 교감의 눈물을 흘렸다.

북암에서 5일 동안을 휴식하고 중의 행색 그대로 부모를 모시고 혜정과 같이 평양으로 구경을 떠났다.

행로 중에 부모님께서 과거에 겪으신 일을 말씀하신다.

무술년 3월 초9일에 인천으로부터 집에 도착하자마자 인천 순검이 곧 뒤를 따라와서 체포되어 3월 13일에 부모님 두 분이 다 인천감옥에 갇히게 되어 태형笞刑을 당하시고, 어머님은 곧 석방되고 아버님은 3개월 후에 석방되어 내외분이 같이 고향에 돌아왔다고 하시면서,

"2년 동안이나 너의 생사존망을 모르고 하루하루 고대하는 중에 흉한 꿈만 꾸어도 종일 음식을 먹지 못하고 기다리고 있었다. 그러다가 혜정이가 와서 우리의 안부를 알고만 간다 하기에 따라왔다."

하신다.

5월 초4일 평양성에 도착하여 여관에서 밤을 지내고, 이튿날 단오일에는 모란봉牡丹峰에서 추천秋千[431] 구경을 하고 돌아오던 길에 관동貫洞 골목을 지나다가, 한 집에 머리엔 치포관緇布冠[432]을 쓰고 몸엔 심의深衣[433]를 입은 학자가 무릎을 모으고 바른 자세로 앉아 있는 것을 보았다. 말이나 좀 주고받으리라 하고,

"소승 문안 드리오."

하였다. 그 학자는 자세히 바라보다가 들어와 앉기를 청한다. 방 안에 들어가 대화를 시작하였다.

그 학자의 성명은 최재학崔在學[434]이요 호는 극암克菴인데, 간재艮齋 전우田愚[435]의 제자였다. 나는,

"소승은 마곡사의 미천한 승려로 금번 서쪽 행로에 천안 금곡金谷[436]에 가서 간재 선생을 찾아뵙고 인사드리고자 하였으나 마침 그때 전 선생이 출타 중이어서 제봉題鳳[437]을 면치 못했는데, 지금 선생을 만나 인사 올리게 되니 심히

---

431 '그네'의 중국어로, 우리나라의 추천鞦韆과 같은 말이다.

432 선비가 평상시에 쓰던, 검은 베로 만든 관.

433 신분 높은 선비들이 입던 웃옷으로, 흰 베를 써서 두루마기 모양으로 만들었으며 소매를 넓게 하고 검은 비단으로 가를 둘렀다.

434 조선 말의 정통 주자학자로, 국운이 기울어지자 현실에 참여하여 을사늑약 반대 상소에 앞장서고, 이후 서우학회西友學會에 간여하여 계몽운동을 벌였다.

435 조선 말의 학자(1841~1922). 일생 동안 후진 양성에 힘써 많은 인재를 길러 냈고, 조선 말 나라가 어지러워지자 도학을 일으켜 국권을 회복하고자 했으며, 이후 저술과 제자 양성에 힘썼다.

436 천안과 이웃한 충남 아산시 배방읍 신흥리 감타기마을이다.

437 '봉鳳 자를 씀'이라는 뜻. 중국 위魏의 여안呂安이 친구인 진晉의 혜강嵇康을 찾아갔는데, 그는 외출하여 없고 형인 희喜가 맞이하므로 집 안에 들어가지는 않고 문 위에 '鳳' 자를 쓰고 갔다. 희는 깨닫지 못하고 기뻐했으나, 이 글자를 파자破字하면 '범조凡鳥' 즉 '보통으로 흔한 새'란 뜻으로, 남을 우롱하는 뜻이 있었다. 이에서 어떤 사람을 보러 갔다가 만나지 못하고 돌아왔음을 뜻한다.

반갑습니다."

하고, 도리道理 연구에 관한 다소의 문답이 있었다.

　그때 최재학과 함께 노인 한 분이 앉아 있었는데, 긴 수염과 아름다운 구레나룻에 위풍이 늠름하였다. 최재학은 나를 소개하여,

　"이 영감에게 인사 올리시오."

한다. 나는 합장배례合掌拜禮하였다. 그 노인은 전효순全孝舜이니 당시 평양진위대의 영관領官이요 그 후에 개천군수价川郡守[438]를 지냈다. 최재학이 전효순에게 청한다.

　"지금 이 대사는 도리道理가 고상한 중이오니 영천암靈泉菴[439] 방주房主[440]를 내어주시면 당신 자제와 외손주들의 공부에 매우 유익하겠는데 의견이 어떻습니까?"

하고 묻는다. 전 씨는 기꺼이 승낙한다.

　"내가 지금 옆에서 들어 보니 대사의 고명함에 우러러 공경함을 금치 못하겠소. 대사, 어찌하겠소? 내가 최 선생님에게 나의 자식과 외손자 놈들을 부탁하여 영천암이란 절에 보내서 공부를 시키는데, 주지승이 성행이 불량하여 술에 취해 이리저리 떠돌아다니고 음식 마련 등 제반 절차에 곤란함이 막심하니, 대사가 최 선생님을 보좌하여 나의 자손 등의 공부를 조력해 주면 그 은혜가 더할 수 없이 크겠소."

라고 한다. 나는 겸양하였다.

　"소승의 방랑이 원래 승려보다 심할지 어찌 아십니까?"

　최재학은 전효순에게,

---

438 개천군은 평안남도 북단에 있는 군으로, 1895년(고종 32) 8도제가 폐지되면서 평양부 소속으로 되었다.

439 친필본에는 영천암과 영천사로 혼용되고 있으나, 절의 관리를 혼자 하면서 학동들을 가르치는 것으로 보아 규모가 작은 암자인 것으로 보인다.

440 절의 관리 책임을 맡은 승려. 당시 영천암 방주는 평양부에서 임명하였다.

"즉각 평양 서윤庶尹[441] 홍순욱洪淳旭에게 교섭하여 영천암 방주 차첩差帖[442]을 받아 주십시오."

하고 간청한다. 전효순은 그길로 홍순욱을 방문하여, "승려 원종에게 영천암 방주를 맡긴다."는 첩지를 가지고 와서 즉일 취임을 청하였다.

나는 만족스러워 승낙했다. 부모를 모시고 탁발하기도 황송하던 터였는데, 이왕 학자와 동거하면 학식에도 많은 도움이 되겠고, 의식주에 대한 당면 문제도 근심이 없겠고, 망명의 본의에도 방해가 없을 터라 생각되었기 때문이다. 우선은 혜정과 함께 최재학을 따라 평양 서쪽의 대보산大寶山[443] 영천암에 가서 대강 절의 사무를 파악해 정돈하고 방 하나를 정해 부모님을 모시고 지냈다.

학생은 전효순의 아들 병헌炳憲·석만錫萬, 전 씨 사위 김윤문金允文의 아들 형제, 맏손자와 둘째 손자(관호寬浩), 그 밖에 배우는 아이 몇 명이 있었다. 전효

광복 후 대보산 영천암에서. 1948. 4. 26. 앞줄 왼쪽부터 안신호, 백범, 김신, 김두봉의 비서. 뒷줄 김종항.

---

441 조선시대에 한성부와 평양부의 우두머리 벼슬인 판윤判尹을 보좌하던 벼슬.

442 구실아치나 책임자에게 주는 임명장.

443 평남 대동군 대보면 태평내리에 있는 산(372m). 고구려 승려 보덕普德이 수행한 곳으로 유명하다.

일제강점기의 평양 대동문.

순은 하루 걸러 진수성찬을 그 절에 운반해 주고 산 아래 신흥동新興洞의 푸줏
간을 영천암 물품 배달소로 하였다.

　나는 매일 푸줏간에 가서 고기를 한 짐씩 져다가 승복을 입은 대로 드러내
놓고 고기를 먹고, 염불하는 대신 시를 외우고, 종종 평양성에 최재학과 함께
가서 사숭재四崇齋[444]에서 황경환黃景煥 등 시객들과 율시律詩를 지었다. 또 밤
에는 대동문大同門 옆에 가서 첫 번은 가게 주인이 주는 대로 소면素麪을 먹다
가 나중에는 육면肉麪을 그대로 먹었다. 불가에서 말하는 "손에는 돼지 머리를
들고 입으로는 경전을 외운다."는 구절과 비슷하게 되어 가는 중이었고, 당시
평양성 사람들이 칭하기를 걸시승乞詩僧[445]이라 하였다.

---

444 평양에 있던 정자 명칭으로 보인다.
445 시를 구걸하는 중.

하루는 최재학과 글 배우는 아이들이 평양엘 가고 나 혼자 있노라니, 대보산 앞 태평리[446] 내촌內村의 서당 훈장 한 분이 학동 수십 명, 시인 몇 명과 함께 영천암 시회詩會를 차리고 술과 안주를 갖추어 절 안에 집합하였다.

맨 먼저 방주승房主僧 호출령이 난다. 나는 공손히 합장배례하였다. 시객 한 명이 오만한 태도로,

"너 이 중놈, 선배님들이 오시는데 거행이 어찌 이리 태만한가?"
한다.

"네, 소승이 선배님들 오시는 줄을 알지 못하여 산 밖에 나가서 받들어 맞이하지 못해 매우 죄송하올시다."

"이놈, 그뿐이냐? 네가 이 절의 방주房主가 된 지는 얼마냐?"

"서너 달 전에 왔습니다."

"그러면 그사이에 이웃 마을에 계신 양반들께 문안드리지 않음은 죄가 아니더냐?"

"네, 소승이 새로 부임한 초에 절의 업무 정리를 위하여 아직 인근에 계신 양반들을 못 찾아뵌 죄가 막대하오나 용서하심을 바라나이다."

이른바 '항복하는 자는 죽이지 않는다.'는 격으로, 훈장이 한편으로는 나를 나무라고 한편으로는 그 선배를 타일러서 근근이 평화로이 해결되었다. 나는 다시 죄책이 생길까 두려워하며, 당일의 복역을 마음 조이며 지냈다.

술이 반쯤 취하자 훈장 김우석金愚石부터 여러 시인들이 시 짓는 두루마리를 펴 놓고 짓는 자, 쓰는 자가 소리 높여 읊는 것을, 술 부어 드리고 물 떠다 바치는 틈에 주시하니 글씨부터 촌 냄새가 나는데, 소위 절창絕唱이니 득의작得意作이니 하고 떠드는 것을 보니 노리고 고린 수작이 많다. 나는 전에 시를 전공하지 않았으나, 최재학을 상종한 후에 종종 산사山寺에서 호정湖亭 노동항盧東恒의 시축 글씨, 그리고 왕파汪波 황경환黃景煥과 김성석金醒石 등 당시 평양의 일

---

446 친필본의 '태평시太平市'는 대보면 태평리太平里를 가리키는 것으로 보인다.

류 명사들과 몇 달을 상종하여 시나 글씨에 대한 약간의 이해가 있었다.

훈장에게 청하였다.

"소승의 글도 더럽다 않으시고 시축 끝자리에 끼워 주실 수 있습니까?"

훈장은 특별히 허락한다.

"네가 시를 지을 줄 아느냐?"

"네, 소승이 오늘 여러 선배님들에게 불공한 죄가 많으니 겨우 운자韻字나 채워서 사죄코자 하나이다."

시의 처음과 끝은 잊어버렸고 한 구절에,

儒傳千歲佛千歲　　유가가 천 년 동안 전해졌으면 불가도 천 년이요
我亦一般君一般　　내가 보통이면 그대들도 보통일세

가 있었다. 훈장과 시객詩客이 서로의 얼굴을 쳐다보며 '중놈이 참으로 오만하다.' 생각하고 각기 불평의 얼굴빛이 드러나는 즈음에 최재학의 일행인 명사名士 몇 명이 도착했다. 촌객들의 시축을 구경하다가 말단에 봉연승奉硯僧[447] 원종의 글에 와서 '유전천세儒傳千歲'에 이르러서는 마치 동시에 소리 내어 창가唱歌를 하듯이 일동이 좋아서 손을 흔들고 발을 구르며 산사가 들썩하도록 걸작이니 절창이니 야단을 하는 바람에 촌객들은 당당하던 호기가 쑥 들어갔다. 이 소식이 평양에 전파되어 기생들이 노래할 때 곡조에 앞서 불렀다고 한다. 이런 까닭으로 평양에서는 '걸시승 원종'이라는 별명이 있었다.

어느 날 전효순의 편지를 받아서 평양 서촌에서 60~70리 떨어진 갈곡葛谷으로, 당시 평안도에서 고명하기로 유명한 김강재金强齋 선생을 찾아갔다. 갈골을 못미처 10여 리쯤 전에 한 주점 앞을 지나는데 갑자기 주점 안에서,

"이놈, 중놈!"

---

447 벼루를 갖다 바치는 중.

하는 호령이 난다. 머리를 돌려 보니 봉두난발蓬頭亂髮[448]한 촌사람 10여 명이 큰 잔으로 술을 마시며 흥이 잔뜩 오른 즈음이었다. 문 앞에 가서 합장배례하였다. 한 사람이 썩 나서더니 묻는다.

"이 중놈, 어디 사느냐?"

"네, 소승은 충청도 마곡사에 있습니다."

"이놈, 충청도 중놈의 버릇은 그러냐? 양반님들 앉아 계신 데를 인사도 없이 그저 지나가고. 에, 괴한 중놈이로군!"

"네, 소승이 대단히 잘못했습니다. 소승이 갈 길이 바빠서 미처 생각을 못하고 그저 지났습니다. 용서하여 주십시오."

"이놈, 지금 어디를 가는 길이야?"

"네, 갈골을 찾아갑니다."

"갈골 뉘 집에?"

"김강재 댁으로 갑니다."

"네가 김 선생을 알더냐?"

"네, 뵌 적은 없고 성안 전효순 씨 서간을 가지고 갑니다."

이자가 이 말을 듣더니 두리번두리번하며 말을 잘 못 한다. 방 안에 앉은 자들도 서로 얼굴만 쳐다본다. 한 중재인이 나오더니 시비하던 자를 나무란다.

"이 사람, 내가 보기에는 저 대사가 잘못한 것이 없네. 길 가는 중이 가게마다 다 찾아가 인사를 하려면 길을 어찌 가겠나? 자네 취하였네. 대사, 어서 가게."

내가 보니 전효순이 진위대 영관임을 알고 겁이 나는 모양이다. 나는 한번 물었다.

"저 양반(나를 시비하던 자)의 택호宅號가 뉘신지요?"

중재인이,

---

448 머리털이 쑥대강이처럼 헙수룩하게 마구 흐트러짐.

"저 양반은 이 안마을 이 군노軍奴[449] 댁 서방님이라네. 물을 것 없이 어서 가게!"

한다.

속으로 웃으면서 몇 걸음 와서 황혼에 소를 끌고 집으로 돌아가는 농부에게 이 군노 댁을 물었다. 농부는 손을 들어 산기슭의 한 집을 가리킨다. 나는 또 물었다.

"이 군노 양반이 지금 계신가요?"

농부가 답하기를,

"아니, 이 군노는 죽고 지금은 그 손자가 집을 맡고 있네."

라고 한다. 나는 대단히 우습기도 하고 한심도 하다고 생각하였다.

강재 선생을 찾아가서 하룻밤을 이야기하며 묵었다. 강재는 그 후에 강동군수江東郡守가 되었다는 『관보官報』[450]를 보았을 뿐 다시 만남이 없었다.

영천암 절까지 같이 와서 지내는 혜정 스님은 나의 불심佛心이 쇠약해지고 속심俗心이 심해짐을 보고, 자기는 고향으로 돌아갈 의사가 있으나 나를 떠나기가 심히 애처로워 날마다 산 입구까지 송별을 하다가 차마 분별을 못 하고 다시 울며 돌아오기를 한 달이 넘도록 한 후에, 마침내는 약간의 노자를 준비하여 경상도로 돌아가게 되었다.

나는 중의 행색으로 서도西道[451]에 내려온 후로는 아버님이 다시는 삭발을 허락하지 않는 까닭에 장발승이 되었다.

---

449 군대 업무를 맡아 보는 관청의 사내종. 민간에서는 세도를 부렸다.
450 국가의 법령과 시책을 널리 알리고자 1894년(고종 31) 8월 창간한 기관지.
451 황해도와 평안도 지방을 통틀어 일컫는 말. 양서兩西라고도 한다.

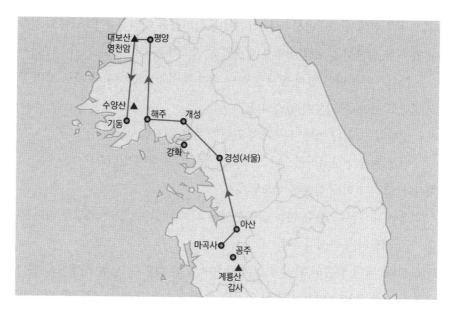

백범이 마곡사에서 평양을 거쳐 고향으로 돌아오기까지의 이동 경로.

부모님을 모시고 고향으로

9~10월경에[452] 치마다래[453]로 상투를 짜고 신사의 의관을 갖추어 입고 부모
님을 모시고 고향인 해주 기동으로 돌아왔다. 근처의 양반들과 친척들은, '이제
김창수가 돌아왔으니 이후에는 무슨 사달이 다시 일어나지 않을까?' 걱정한다.

준영 막내 삼촌은 그간의 과거를 뉘우치고 둘째 형인 아버님을 공경하여
대했지만 나에게는 털끝만큼의 동정도 없었다. 그것은 식자우한識字遇寒[454]이

---

452 1899년(고종 36)이다.

453 치마머리, 즉 머리털이 적은 남자가 상투를 짤 때 본머리에 덧둘러서 감는 딴머리를 말
한다.

454 "학식이 있는 것이 오히려 어려움을 만난다."라는 뜻으로, '식자우환識字憂患'과 같은
의미로 쓰였다.

라고, 내가 집에서 지내면서 생산 작업에 무성의함을 미워하고, 또 난봉의 경향이 있는 줄 알아서 부모님 내외분께 간곡히 권하기를,

"창수가 부지런히 힘써 농사를 하면 내가 책임지고 맡아서 장가도 보내 주고 살림도 차려 줄 의향이 있습니다."

라고 말한다. 그러나 아버님은 나의 원대한 뜻을 짐작하시는지라,

"이제는 제가 장성하였으니 스스로에게 맡길 수밖에 없다."

하신다. 그러나 막내 삼촌은 부모님에게,

"형님 내외분이 창수 놈을 글공부시킨 죄로 비할 수 없는 고생을 하신 것을 아직 깨닫지 못하십니까?"

라고 한다. 막내 삼촌의 관찰이 실제로는 바로 본 것이다. 만일 문맹으로 있었으면 동학 두령이나 인천 사건이 없겠고, 순전한 기동의 한 농부로 '밭 갈아 먹고 우물 파서 마시며' 세상을 요란케 할 일이 없었을 것은 명백하였다.

경자년[455] 2월경에 막내 삼촌이 농사일을 개시하고 매일 새벽이면 와서 단잠을 깨워다가 밥을 먹이고 가래질을 시킨다. 며칠을 순종하다가 갑자기 강화도로 몰래 떠났다. 고 선생이나 안 진사를 먼저 찾을 일이지만, 번듯이 나서서 방문하기는 아직은 이른 일로 생각되었다.

은인 김경득을 찾아 강화도로

그리하여 면모 생소한 쪽으로 이름을 바꾸어 김두래金斗來라 하고 강화에 도착하였다. 김경득의 집을 찾아 남문 안에 들어가니, 김경득의 소식은 묘연하고 그 셋째 아우 진경鎭卿이가 접대한다. 나더러 묻기를,

"어디 사시며, 가형家兄[456]을 이전에 친숙히 아십니까?"

---

455 1900년(고종 37)이다.

한다. 나는,

"연안에 살았고, 영백씨令伯氏[457]와는 막역한 동지인데 수년간 소식을 몰라 궁금하기에 찾아왔소."

하고 방문한 뜻을 말하였다. 진경도 그리 여기고,

"형님이 집 나간 지 지금까지 3~4년인데 편지 한 자 없고, 살림살이는 다 탕진하고 남은 것이 없어 형님이 계시던 집으로 합쳐 살면서 형수를 모시고 조카아이를 거느리고 있습니다."

라는 말을 세세히 한다.

가옥은, 비록 초가일망정 처음에는 극히 화려하고 뛰어나게 지은 것이나, 해가 갈수록 수리를 하지 않아서 황폐하고 퇴락하였다. 그러나 김경득이 앉았던 포단蒲團[458]과, 동지 중 신의에 위배하는 자를 친히 징벌하던 몽둥이가 그저 벽면 위에 걸린 것을 진경이가 손으로 가리키면서 지난 일을 이야기한다.

사랑에 나와서 노는 7세 아동 윤태潤泰가 현 김경득의 아들이다. 천신만고로 찾아간 김경득은 소식도 모르니 부득이 갈 수밖에 없었는데, 진경에게 과거의 실제 사실을 드러내어 말할 수는 없고 차마 그 집을 떠나기는 섭섭하여 진경에게 이런 말을 했다.

"내가 존경하는 형님의 소식을 모르고 가기가 극히 섭섭하니, 사랑에서 윤태에게 글자나 가르치고 지내며 형님의 소식을 같이 기다리고 있는 것이 어떻소?"

진경은 감격무지하여,

"형장兄丈[459]이 그같이 돌보아 주시면 오죽 감사하오리까? 윤태뿐 아니라 둘째 형 무경武卿의 두 아이가 다 학령에 달하였으나 촌에서 그대로 놀린답니

---

456 남에게 자기 맏형을 겸손하게 이르는 말. 사백舍伯.
457 남의 맏형을 높여 이르는 '백씨'라는 말 앞에, 또 높여 부르는 접두사 '영' 자를 붙여 극존칭을 썼다.
458 부들풀로 둥글게 만든 방석.
459 나이가 엇비슷한 친구 사이에서 상대편을 높여 이르는 이인칭 대명사.

다. 그러시면 둘째 형께 알려서 조카아이들을 데려다가 같이 공부를 시키겠습니다."

하고, 자기가 이웃 마을 무경에게 가서 전후를 설명하고, 무경이 두 아이를 데리고 진경을 따라 그날로 와서 반가이 만나고, 그날부터 서당 훈장을 시작하였다.

윤태는 『동몽선습童蒙先習』을, 무경의 한 아이는 『사략史略』 초권初卷을, 다른 한 아이는 『천자문』을 심혈을 다하여 가르쳤다. 그 사랑에 왕래하는 주경의 친구와 진경의 친구들이 내가 열심히 가르치는 것을 옆에서 보고서 진경에게 청하여 제가끔 아이들을 데려온다. 한 달이 못 되어 그 크나큰 세 칸 사랑에 30여 명의 아동이 모였다. 나도 무한한 재미를 가지고 가르치고 있었다.

서당을 연 후 석 달이 지난 어느 날, 주인 진경은 서울서 온 어떤 서간 한 장을 보면서 괴상하게 여겨 혼잣말로 탄식을 한다.

"이 사람은 알지도 못하는 나에게 자꾸 편지만 하니 어찌하란 말이야? 이런 사실이 없다고 답장을 했는데도 불구하고 또 사람을 보내?"

하고 중얼거린다. 나는 물었다.

"그 무엇을 그러는가?"

진경은 대답한다.

"부평富平의 유 씨, 유인무柳仁茂 혹은 완무完茂[460]라고 하는 양반이 몇 년 전 이 섬에, 여기서 30리쯤 되는 촌에서 상喪을 당한 몸으로 한 3년 동안 살다 갔습니다. 여기 살 때, 자기는 양반이지만 형님을 문수산성文殊山城으로 오라고 청하여 며칠 함께 자면서 말을 주고받은 일이 있었고, 그 후에는 형님이 유 씨 댁에 방문한 일도 있었지요. 그런 후 재작년에 해주 사람 김창수란 청년이 왜놈을 죽이고 인천감리서에 갇혔는데, 압뢰 중 전에 우리 집 계집종의 남편이던 최덕만이 형님께 '김창수가 인천항을 떠들썩하게 하고, 감리나 경무관이 꿈쩍

을 못 하게 호령을 하였고, 그러다가 교수형까지 당하게 된 것을 상감이 살려 주어서 죽지는 않고 있다.'는 말을 하여, 형님이 우리 집 재산을 있는 대로 톡 톡 털어 가지고 근 1년 서울 가서 김창수를 살리려고 애를 썼지만 될 일인가요? 돈만 다 쓰고, 형님은 돌아오신 후 무슨 다른 사건으로 피신을 하였지요. 그 후에 들으니 김창수는 옥을 부수고 도주하였다고 하는데, 지금 유완무는 벌 써 여러 번 얼굴도 모르는 나에게 '해주 김창수가 오거든 자기에게 급보하여 달라.'고 편지를 하기에 '그런 사람이 왔던 일이 없다.'고 회답을 하였는데, 형 님이 평소에 친하던 통진通津 사는 이춘백李春伯이란 양반은 유 씨와도 친한 모양이에요. 유 씨 편지에 '이춘백을 보내니 의심 말고 자세히 알게 해 달라.' 는 부탁입니다."

나는 들건대 모골이 송연하기도 하고 온갖 의아함이 생긴다. 나는 진경에 게 물었다.

"김창수란 사람이 와서 다녀는 갔는가?"

진경은,

"형씨는 생각하여 보시오. 여기서 인천이 지척인데요, 그것도 형님이 집에 계신 터이면 비밀히 올지도 모르지요. 형님도 아니 계신데 그런 사람이 왔다손 내 형님이 계신가 안 계신가 비밀히 조사해 보고 집에 안 계신 줄 알면 내 집에 들어올 리가 있는가요? 그 양반이 아무 맥도 모르고 그러는 것이지요."

한다. 나는 또 말을 하였다.

"그것은 현제賢弟[461]의 말이 옳은데, 그러면 어떤 왜놈의 부탁이나 현 관리 의 촉탁을 받고 정탐 활동을 하는 것이지?"

진경은 답하기를,

"그는 결코 아닐 줄 믿습니다. 내 유완무 그 양반을 만난 적은 없으나 지금 조정에 드나드는 보통 양반과는 판이한데요. 유 씨는 학자의 기풍이 있고, 형

---

461 남의 아우를 높여 이르는 말.

님을 의기남아라고 하면서 조금도 반상班常의 구별을 차리지 않고 극히 존대하더라는데요."

나는 곰곰 생각하니, 중대한 시기가 닥쳐 온 것도 같고 유완무라는 사람의 본의를 알고 싶기도 하다. 그러나 진경에게 수상스럽게 더 물을 수도 없다. 겉으로는 극히 평상한 태도를 가졌으나 속마음은 심히 산란하였다.

밤을 지내고 이튿날 아침 식후인데 어떤 기골이 장대하고 얼금얼금 마맛자국이 있는, 나이는 30여 세나 됨직한 인사가 서슴없이 사랑에 들어와 내 앞에서 공부하는 윤태를 보고서,

"이놈 윤태야, 그새 퍽 컸구나. 안에 들어가 작은아버지 좀 나오시래라. 내가 왔다고."

한다. 윤태는 곧 안방에 들어가 진경을 앞에 세우고 나온다. 그 사람은 진경과 인사를 마치고 첫째로 묻는 말이,

"아직 형님의 소식 못 들었지?"

하니, 진경이 답하였다.

"아직 소식이 없습니다."

"하, 걱정이로군! 유완무의 편지 보았겠지?"

"네, 어제 받았습니다."

그 말을 하고서 진경은 내가 앉은 앞의 방을 미닫이로 닫아 사이를 두고 둘이서만 이야기를 한다. 나는 학동들이 글을 읽을 때 "하늘 천, 따 지"를 "하늘 소, 따 갑"이라고 잘못 읽어도 그것을 교정해 줄 성의는 반점도 없고, 윗방에서 이춘백이와 진경이가 이야기하는 말만 듣고 있었다.

진경이 물었다.

"유완무란 양반이 지각이 없지 않아요? 김창수가 형님도 안 계신데 내 집을 왜 오리라고 생각하고 그렇게 여러 번 편지를 하십니까?"

이 씨가 말하였다.

"자네 말이 옳지만, 우리가 1년 남짓을 김창수 때문에 별별 애를 다 썼다

네. 유완무가 남도로 이거하고 서울 다니러 왔다가, 자네 형님이 김창수를 구출하려고 전 가산을 탕진하고 끝내 피신까지 한 것을 알았네. 유완무는 우리 몇 사람을 모으고, 김창수를 기어이 구출해야겠는데 법률적으로나 말로 설득하거나 뇌물을 주는 등은 형님이 해 보았으니, 이제 강제로 탈취하는 방법밖에는 없다고 하여 용감한 청년 13명 중에 나도 들었네. 13명 모험대를 조직해 가지고, 인천 항구 요해처에 밤중에 석유 한 통씩을 지고 들어가 7~8곳에 불을 지르고 감옥을 부수고 김창수를 구출하자는 방침을 정하였네. 유 씨가 나더러 '두 사람을 데리고 인천항에 들어가 요해처와 감옥의 형편과 김창수의 근황을 조사해라.' 하기에 가지 않았겠나? 급기야 인천항에 가서 감옥 형편을 조사하니, 3일 전에 김창수가 죄수 네 사람과 같이 감옥을 부수고 도주를 하였데그려. 그리고 돌아가 유 씨와 함께 김창수의 종적을 탐지할 길을 연구하는데, 한 길은 해주 본고향이나 기필코 고향에 갈 리가 없고, 그 부모에게는 설혹 기별이 있다 하더라도 결코 발설을 않을 터요, 잘못 탐지하다가는 도리어 그 부모를 놀라게만 할 것이니, 이를 제외하고는 자네의 집인데, 자기가 몸소 오기는 몹시 어려우니 어느 곳에서 편지하였던 일이 없는가?"

진경이 답하였다.

"편지도 없습니다. 편지를 하고 회답을 요할 것 같으면, 차라리 자기가 와서 조사할 테지요."

두 사람의 이야기는 거기서 그치고, 진경이 묻기를,

"언제나 서울을 가시료?"

하자, 이 씨가 답하기를,

"오늘은 친구나 좀 찾고, 내일은 곧 상경할 터일세."

라며 내일 아침의 작별을 기약하고 이춘백은 떠나갔다.

두 사람이 하는 말을 들으니, 유완무란 사람이 참으로 나에 대하여 그같이 성의를 썼다면 곧 만나 주어야 하겠는데, 만약 정탐의 활동이라 하면 그 계략 역시 기묘한 것이었다. 그러나 믿음이 있는 것은, 이춘백이가 진경을 대하여

하는 말이 참된 동지로 알고 숨김없이 하는 말이 분명하고, 또 유 씨가 주경의 실패를 이어서 모험적 운동을 벌였다는 것도 가히 믿을 만하였다.

"군자도 그럴듯한 방법으로 속아 넘어갈 수 있다."[462]라는 말과 같이, 내가 이만큼 알고 끝내 자취를 감추는 것은 그 역시 불의라고 생각했다. 그래서 그 밤은 그대로 자고, 이튿날 아침에 진경과 한 상에서 밥을 먹을 때 진경에게 물었다.

"어제 왔던 사람이 이춘백인가?"

"네, 그렇습니다."

"언제 또 오는가?"

"아침 후에 와서 작별하고 서울로 간다니까 조금 후에 오겠지요."

"이춘백이 오거든 내게 인사 소개나 하여 주게. 형님과 평소 친한 동지라니 나도 반가운 마음이 있네."

"그렇게 하지요."

또 말을 하였다.

"진경 자네와 오늘 작별케 되고, 윤태와 사촌 형제 아이도 아울러 작별일세. 섭섭한 것은 말로 다 할 수 없네."

나의 눈에 반드시 눈물이 고였을 것이다. 진경이 이 말을 듣고 몹시 놀라 얼굴빛이 하얘졌다.

"형님, 이게 무슨 말씀이야요? 제가 무슨 잘못한 일이 있습니까? 갑자기 작별 말씀이 웬 말씀이야요? 저야 미거한 것인즉, 형님을 생각하시고 저를 용서도 하시고 책망도 하여 주셔요."

"내가 곧 김창수일세. 유완무라는 친구의 추측이 바로 맞았네. 내가 어제 자네가 이춘백과 이야기하는 말을 다 들었네. 자네 생각에 정탐의 유인책만 아닌 줄 믿거든 나를 놓아 주어 유완무란 친구를 가서 만나도록 하여 주게."

진경은 이 말을 듣고 깜짝 놀란다.

---

462 『맹자孟子』에 나오는 구절로, 속이려고 들면 누구라도 속을 수밖에 없다는 뜻이다.

"형님이 과연 그러시면 제가 만류를 어찌 합니까? 최덕만은 작년에 사망하였다 하오나 이곳에서 감리서에 주사로 다니는 자도 있고 순검으로 다니는 자도 있어 종종 내왕이 있습니다."

한편 학동에게 선포하기를,

"선생님이 오늘 본댁에 다녀오실 테니 너희들은 집으로 돌아가라."

하였다.

시간이 지나서 이춘백이 진경에게 고별차 왔다. 진경은 이춘백을 영접한 후에 나와 인사를 붙인다. 나는 이 씨를 보고,

"나도 서울 갈 일이 있으니 동행하여 주시지요."

하고 청하였다. 이 씨는 보통으로,

"심심한데 이야기나 하면서 동행하시면 매우 좋겠습니다."

한다.

진경이 이 씨의 소매를 끌고 뒷방에 들어가 두어 마디 말을 수군거리다가 나와서, 곧 출발하였다. 학동 30여 명과 그 학부형이 몰려와서 남문통南門通 길이 메도록 모여서 송별을 한다. 내가 정성을 다하여 가르치기도 하였지만 한 푼의 훈료訓料를 요구하지 않았다. 그러므로 동정이 더 두터운 것이었다.

나를 구출하기 위해 모험대를 조직했던 유완무

그날로 서울 공덕리 진사 박태병朴台秉의 집에 도착하였다. 이춘백 군이 먼저 안사랑에 들어가서 무슨 말을 했는지, 키가 중키 이하요 얼굴이 태양에 그을어 가무잡잡하게 되었고 망건에 흑립을 쓰고 의복은 검소하게 입은 생원님 한 분이 나와서 맞는다. 그러고는 방 안에 들어가서,

"나는 유완무요. 오시느라 고생하셨소. '남아가 어디서든 만나지 못하랴.'란 말이 오늘 창수 형에게 비유한 말인가 보오."

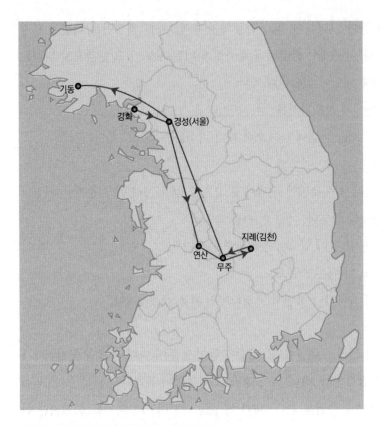

백범이 유완무와 그의 동지들을 만나러 다닌 행로.

한다. 유柳는 이춘백을 보고,

"무슨 일이고 한두 번 실패를 한다손 낙심할 것이 아니고 끝내 구하면 반드시 얻을 날이 있다고 내 전날 말하지 않던가?"

한다. 그는 곧 나를 만났다는 의미에 자기네들 평소에 경영하던 방법을 말함이리라.

나는 유완무를 대하여 말하였다.

"내가 강화 김 씨 댁에 있으면서 선생이 이만한 사람을 위하여 허다한 노고를 하신 것을 알고 오늘 얼굴을 뵈옵거니와, 세상은 침소봉대의 거짓 전하는 바가 많은 탓으로 들으시던 말과 실물이 용두사미로 괴악하고 못생긴 상이니 매우 낙심될 것을 예상하여 두십시오."

유는 빙그레 웃으면서,

"뱀의 꼬리를 붙들고 올라가면 용의 머리를 볼 테지요."

하니, 주객主客이 웃었다. 주인 박태병은 유 씨의 동서라 한다. 저녁 식사 후에 성안 유완무가 머무는 숙소로 들어가서 자고, 며칠 다리를 쉬면서 간혹 요릿집에 가서 음식도 사 먹고 구경도 다녔다.

유 씨는 서신 한 봉과 노자를 주며 충청도 연산連山 괭이다리[463] 앞의 도림리 이천경李天敬에게로 가라고 부탁한다. 그날로 길을 떠나 이천경의 집에 가서 서신을 전하니, 반가이 영접하며 날마다 닭을 잡고 기장밥을 해서 잘 대접해 주었고, 한가로이 이야기 나누며 한 달을 보냈다.

하루는 이천경이 서신 한 봉을 써 주며 무주읍 내 인삼 재배업을 하는 이시발李時發에게로 가라고 한다. 또 이시발을 찾아가서 서신을 전하니 영접해 주어 하룻밤을 묵었다. 이튿날 이시발이 또 서신 한 봉을 주며 지례군知禮郡[464] 천곡川谷이란 동네의 성태영成泰英[465]에게로 보낸다.

또 성태영의 집을 찾아가니 택호가 성 원주原州 집으로, 태영의 조부가 원주목사를 지냈다 한다. 사랑에 들어가니 수청방守廳房,[466] 상노방床奴房[467]에 하인이 수십 명이고, 사랑에 앉아 있는 사람은 거개 귀족의 풍도가 있었다. 주인

---

463 충남 논산시 연산면 고양리와 청동리를 잇는 다리.

464 1895년(고종 32) 지금의 경상북도 김천시 지례면에 설치되었던 행정구역. 1914년 지방제도 개편에 따라 김천군이 되었다.

465 경상도 김천 출신의 대지주로 유완무와 함께 비밀결사를 조직하고 후원자가 되었으며, 1905년 이후 북간도에 독립운동 근거지 개척 사업을 전개하였다. 1919년 3·1운동 직후 김창숙金昌淑 등 전국 유림들이 파리강화회의에 한국의 독립을 탄원하는 「파리장서巴里長書」를 제출할 때 재경 유림단으로 중추적 역할을 하였다. 백범을 만날 당시 성태영의 집은 김천시 부항면 월곡리로, 천곡川谷이라 함은 백범의 착각으로 보인다.(도진순 교감, 『정본 백범일지』, 돌베개, 2016, 251쪽.)

466 청지기 방.

467 밥상을 나르는 하인 방.

성태영이 서간을 보고 환영하여 상객上客[468]으로 대우하니, 상노·별배別陪[469]들이 더욱 존경하였다. 성태영의 자는 능하能河, 호는 일주一舟로, 날마다 그와 함께 산에 올라 나물 캐고 물가에 나아가 고기 잡는 것을 구경하는 취미 있는 생활을 해 가며 고금古今의 일 중 어렵고 의문 나는 점을 서로 묻고 답하면서 또한 달여를 지냈다.

하루는 유완무가 성 씨의 집에 와서 상봉하였다. 이튿날 아침에 자신이 이사하여 사는 무주읍으로 함께 돌아와 유 씨 댁에서 숙식하였다. 유 씨는, 장성한 딸은 이충구李忠求의 조카며느리로 시집보내고, 아들 형제 한경漢卿 등 두 아이가 있고, 당시 무주군수 이탁李倬과도 과갈瓜葛[470]인 듯하였다.

유완무는 나를 대하여 이런 말을 한다.

"창수는 경성으로부터 이곳에 도착하는 동안 심히 의아하셨지요? 실정을 말하리다."

조금 누락된 것이 있다. 창수昌洙라는 이름자가 널리 사용하기에 심히 불편하다 하여 성태영과 유완무가 이름과 호를 개작하여 주었다. 김구金龜라 하고, 호는 연하蓮下, 자는 연상蓮上으로 행세하기로 하였다.

"연산 이천경이나 지례 성태영이 다 나의 동지인데, 새로 동지가 생길 적에는 반드시 몇 곳으로 차례대로 돌며 1개월씩 함께 살면서 각기 관찰한 바와 시험한 것을 총합하여 어떤 사업에 적당한 자격임을 판정한 후에, 벼슬살이에 적당한 자는 벼슬을 하도록 주선하고, 상업이나 농업에 적당한 인재는 상·농으로 인도하여 그 일에 종사케 하는 것이 우리 동지들이 정한 규칙입니다. 연하는 동지들이 시험한 결과 아직 학식이 얕으니 공부를 더 하되 경성 방면의 동지들이 책임지고 맡아서 자격이 이루어지도록 할 것입니다. 그리고 연하의

---

468 윗자리에 모실 만큼 중요하고 지위가 높은 손님.
469 벼슬아치 집에서 사사로이 부리던 하인.
470 덩굴이 뻗어 서로 얽힌 오이와 칡의 뜻으로, 가까운 친척을 비유적으로 이르는 말이다. 친필본의 '고갈苽葛'은 오기이다.

출신이 상인 계급이니 불가불 신분부터 양반에게 눌리지 않게 할 것을 급무로 인식하여, 지금 연산 이천경의 집과 논밭, 가구 전부를 그대로 연하의 부모님 생활에 제공할 테니, 그 고을 큰 성씨 몇몇만 단속하면 족히 양반 생활을 할 것입니다. 연하는 경성에서 유학하다가 가끔 부모님을 찾아뵙게 할 테니, 곧 고향으로 가서 다음 2월[471]까지 부모님 몸만 모시고 서울까지만 오면, 서울서 연산까지의 여정 준비는 내가 하겠습니다."

하고 서울로 동행하였다.

서울에 와서 유완무의 제자인 강화 장곶長串(버드러지)[472]의 진사 주윤호朱潤鎬(형은 윤창潤彰)를 찾아갔다. 김경득의 집에 들어가기는 여러 가지로 염려되어 비밀히 주 진사 집을 왕래하였다. 주 진사가 유 씨에게 보내는 백동전 4천 냥을 온몸에 돌려 감고 서울로 왔다. 주 진사 집은 해변이어서, 11월인데도 아직 감나무에 감이 달려 있었다. 또한 수산물이 풍족한 곳이므로 몇 날을 잘 지내고 왔다.

고 선생을 마지막으로 배알하다

그 돈으로 노자를 해서 고향으로 돌아가는 길을 떠났다. 철로가 아직 부설되지 못하여 육로로 출발했다. 출발하기 전날, 아버님이 나에게 '黃泉'(황천) 두 글자를 쓰라고 하신 꿈을 꾸고 유 씨와 꿈 이야기를 하였다. 봄에 병환이 계시다 좀 나으신 것을 보고 떠나서, 서울 와서 우편으로 탕약과 보조약도 지어 보내드렸지만 마음은 놓지를 못하였는데 흉몽을 꾼 것이다. 그날로 떠나 동짓달 날씨에 송도에 일찍 도착하고, 이튿날에도 급한 걸음으로 4일 만에 해주 비동

---

471 다음 해인 1901년 2월을 말한다.
472 강화군 서남쪽 해안 화도면 장화리에 있는 마을. 장곶돈대가 있다.

을 지나다가 고 선생을 보고 싶은 마음에 찾아 들어갔다.

산비탈의 작은 집에서 선생을 배알하니, 5~6년간에 그다지 쇠약하시지는 않았으나 돋보기 안경을 쓰지 않고는 글을 못 보시는 모양이었다. 내가 고 선생께 인사드리고 앉아서 두어 마디 말을 시작할 때 사랑 내문이 방긋이 열리더니 여남은 살 먹은 처녀가,

"아이구, 아저씨 왔구나!"

하고 뛰어 들어온다. 보니, 청계동 살 적에 고 선생 사랑에 가면 늘 나와서 내게 매달리고 업어 달래다가 고 선생에게 꾸중을 들었고, 끝내 원명의 장녀와 나의 혼약이 성립된 후에는 자연 허물없이 지내게 되었으며, 고 선생이 전과 같이 꾸중을 아니 할 뿐 아니라 나를 가리켜 '아저씨'라고 부르라는 명령을 받고서는 한층 거리낌 없이 내게 매달리고 온갖 응석을 하던, 원명의 둘째 딸이다.

내심에는 극히 반갑고 또 부모 없이 숙모의 손에 자라는 형편을 잘 아는 나로서는 퍽 불쌍도 해 보였다. 그러나 '아저씨'라는 호칭을 그대로 듣고서 아는 척하기는 매우 미안한 일이었다. 그 광경을 보시는 고 선생도 흉중에 감회가 있는지 침묵하고 담벼락만 건너다보고 앉아 있고, 나도 아무 말대답을 못하고 눈으로만 그 처녀를 보고 반가운 표정을 하였을 뿐이다.

고 선생이 지난번에 나와 혼약을 파하고 돌아가자 과부인 둘째 며느리가 청하기를,

"아무 댁과 혼인을 하십시다."

하고 또,

"아무 댁 자제가 학문도 상당하고 문벌도 서로 맞고 재산도 풍족하니 거기에다 통혼通婚을 합시다. 김창수는 상놈인 데다가 집안이 몹시 가난하고, 더구나 전 혼처에서 그같이 괴악을 부리니 김창수에게 딸을 주다가는 집안이 망하겠습니다."

라고 떠들어 화증이 났던지, 당장 청계동의 미미한 농부인 김사집金士集이란

사람의 아들로 역시 농군인 떠꺼머리총각에게 자청하여 그날로 혼약을 했다고 한다.

한참 동안이나 고 선생과 나는 서로 말없이 각기 과거 혼사 문제를 추억한 모양이다. 고 선생은 서서히 말을 한다.

"나는 그간 자네가 왜놈을 죽인 의거를 듣고, 자네를 평소 기대하던 터에 매우 감복하였네. 내가 유의암柳毅菴 선생에게 말씀하였더니, 선생이 저작한 『소의신편昭義新編』[473] 속편續編에 '김창수는 의기남아'라고 칭찬한 것도 보았네. 자네가 인천으로 간 후 의암이 의병에 실패하고 평산平山으로 와서 서로 만나 장래 방침을 의논할 때, 연전에 자네가 서간도西間島[474]를 시찰한 보고 내용을 내가 선생께 보이고, 바로 지금의 형세로는 양서兩西에 발붙일 땅이 없으니 속히 압록강을 건너서 적당한 지대를 택하여 장래를 도모함이 상책이라고 하였네. 그랬더니 의암도 심히 좋게 여겼고, 나도 동행하여 앞서 자네가 말하던 곳을 탐사하여 그곳에 의암이 머물러 살 곳을 정하고, 한편으로는 공자의 성상 聖像을 봉안하여 여러 후배들의 성인을 숭모하는 마음을 증진케 하고, 다른 한편으로는 본국에서 종군하던 무사를 소집하여 훈련시키는 중이니, 자네도 속히 선생께 가서 장래 대계大計를 함께 도모함이 어떠한가?"

나는 내가 그사이에 깨달은 세계 사정이라든지, 또는 선생님이 평소에 교훈하시던 "중국은 높이 받들고 오랑캐는 물리친다."는 주의가 정당한 주의가 아니라는 것, 눈이 깊고 코가 높은 서양인이면 덮어놓고 오랑캐라고 배척하는 것이 정당하지 않다 하고, 이렇게 말했다.

"어느 나라를 막론하고 그 나라 사람의 나라 다스리는 큰 원칙을 보아서, 오랑캐의 행실이 있으면 오랑캐로 대우하고 사람의 행실이 있으면 사람으로 대우함이 옳다고 생각합니다. 우리나라 탐관오리가 사람의 모습을 가졌으나

---

473 1902(고종 39) 의암 유인석 등이 항일의 의의를 밝힌 책으로, 의병들의 활동 모습과 애국정신을 자세히 알 수 있다.
474 서쪽 간도, 즉 백두산 부근의 만주 지방을 가리킨다.

금수의 행실이 많으니 그것이 참으로 오랑캐요, 지금은 임금이 스스로 벼슬 값을 매기고 관직을 팔아먹으니 곧 오랑캐 임금인데, 내 나라 오랑캐도 배척을 못 하고 있습니다. 저 대양 건너에 사는 각 나라에는 국가 제도와 문명이 공맹孔孟의 그림자도 보지 못하고도 공맹의 법도 이상으로 제법 발달해 있는데도 불구하고 '오랑캐 오랑캐' 하고 배척만 한다면 무슨 필요가 있겠습니까? 제 소견에는 오랑캐에게서 배울 것이 많고, 공맹에게는 버릴 것이 많다고 생각합니다."

"자네, 개화꾼과 많이 상종하였지? 나도 몇몇 개화꾼을 만나 보니까 자네 말과 같데."

"그러니 선생님께서 보시는 장래 국가 대계는 어떠한지 가르침을 베풀어 주세요."

"선왕先王의 법이 아니고 선왕의 도가 아닌 것은 논할 필요가 없네. 잘못하면 피발좌임被髮左衽의 오랑캐가 될 뿐이니…."

"선생님이 피발좌임을 말씀하시니 드리는 말씀인데요, 머리털은 즉 피의 잉여물이요 피는 즉 음식이 소화된 순수한 액체이니, 음식을 먹지 않으면 머리털도 자라날 수 없습니다. 설사 천 길의 장발을 길러 위대한 상투를 머리 위에 올려놓았기로 왜놈이나 양놈이 그 상투를 무서워하지 않는데 어찌합니까? 녹의綠衣와 복건幅巾[475]으로 아무리 훌륭하게 차렸다 해도 왜인이나 양인이 그것으로는 숭배하여 무릎을 꿇지 아니할 것입니다. 학문에 힘쓰고 도덕을 공부한 상류 인물이 인민을 잔학하게 대하는 데는 최상의 망나니요, 거짓 없이 참된 자, 즉 전국의 인민은 거의 대부분 목불식정目不識丁[476]이니 사람들이 이익을 따르는 것이 물이 아래로 흐르는 것과 같습니다. 이렇듯 인민이 어수룩하고 어리석다 보니, 자기의 권리와 의무는 모르고 탐관오리나 토호의 능학을 받으면

475 녹의는 관복을, 복건은 유생들이 도포에 갖추어 머리에 쓰던 건巾을 뜻한다.
476 아주 간단한 글자인 丁 자를 보고도 그것이 '고무래'인 줄을 모른다는 뜻으로, 글을 읽을 줄 모르는 아주 무식한 자를 가리키는 말이다.

서도 당연히 받는 것으로 알게 됩니다. 탐관오리나 토호들이 자기 백성을 능학함과 같이 왜와 서양을 능학한다면 왜와 서양은 멸종되고 그네들은 천하를 호령할 것입니다. 그러나 그들이 자기 백성의 고혈을 빨아다가 왜놈과 서양놈에게 아첨을 하면서 자기가 백성을 잔인하게 죽이는 망나니 기능이 출중한 것을 자랑하게 되니 나라는 망하고야 말 것입니다. 세계 문명 각국의 교육제도를 모방하여 학교를 설립하고, 전국 인민의 자녀를 교육하여 건전한 2세 국민을 양성하고, 애국지사를 규합하여 전 국민에게 망국亡國의 고통이 어떠하고 흥국興國의 복락이 어떠한지를 알게 하는 것이 망하는 나라를 구하는 도라고 이 제자는 생각합니다."

"박영효朴泳孝,[477] 서광범徐光範[478] 역적이 주장하던 것을 자네가 말하네그려. 만고천하에 오래가는 나라 없고 만고천하에 오래 사는 사람 없느니, 우리나라도 망할 운명에 처한 바에야 어찌하겠나? '나라 구하는 길'이라고 하여 왜놈에게도 배우고 서양인에게도 배우다가 나라도 못 구하고 절의까지 배반하고 죽어서 지하에 가면 선왕과 선현을 무슨 면목으로 대하겠나?"

대화에 자연히 신구의 충돌이 생겼다. 그러나 고 선생의 가정에서 외국 물건이라면 당성냥[479] 한 가치도 쓰지 않는 것을 보면 고상하게도 보였다. 하룻밤을 함께 묵고 이튿날 하직 인사를 올리고 물러났다.

어찌 뜻하였으랴, 이때의 하직 인사가 곧 영원한 이별이었던 것을. 그 후에 전하여 들으니 고 선생은 제천의 동문同門 집에서 객사하였다고 한다.

아, 슬프다! 이 말을 기록하는 오늘까지 30여 년 동안 내가 마음을 쓰고 일

---

477 조선 말의 정치가(1861~1939). 정치적 혁신을 부르짖어 개화당에 참여해 1884년(고종 21) 갑신정변을 일으켰으나 실패하고 일본에 망명하였다. 국권 피탈 후 일본으로부터 작위를 받고 중추원中樞院 고문을 지내는 등 친일 행위를 하였다.
478 조선 말의 정치가(1859~1897). 정치적 혁신을 부르짖어 개화당에 참여해 1884년(고종 21) 갑신정변을 일으켰으나 실패하고 갑오개혁 후 법부대신을 거쳐 주미 공사를 지냈다.
479 '성냥'의 방언. 성냥은 1880년 개화승 이동인李東仁이 일본에 갔다가 처음 들여온 것으로 알려져 있다.

을 행함에 있어 만에 하나 좋은 점이 있었다면, 그것은 온전히 당시 청계동에서 고 선생이 나를 특히 사랑하시어 심혈을 기울여 말씀으로 전하고 마음으로 받아들인 교화의 효과일 것이다. 이 세상에서 나를 그같이 사랑해 주시던 위대한 모습을 다시는 찾아뵙지 못하고, 그같이 참되고 거룩한 사랑을 다시는 받지 못하게 되었으니, 아, 슬프다!

부친의 별세

그날로 기동 본가에 당도하니 황혼이었다. 안마당에 들어서니 부엌에서 어머님이 나오시며 하시는 말씀이,

"네 아버지 병세가 위중한데, 아까 '이 애는 왔으면 들어오지 않고, 왜 뜰에 서 있느냐?' 하기에 헛소리로 알았더니 네가 정말 오는구나."

하신다.

내가 급히 들어가 뵈오니, 심히 반가워하시나 병세는 과연 위중하셨다. 약간의 약 시중으로는 약효를 내지 못하여 14일 동안을 나의 무릎을 베고 계시다가 경자년[480] 12월 초9일에 힘껏 나의 손을 잡고 있던 힘이 풀리시며 먼 나라로 길을 떠나셨다. 운명하시기 하루 전, 나는 평생지기인 유완무와 성태영 등을 만나서 그네들의 주선으로 연산으로 이사를 한다면 우선 백발이 성성한 아버님이 이웃 마을 강씨, 이씨들에게 날마다 상놈 대우 받던 뼈에 사무치는 고통은 족히 면할 것이라 생각했는데, 아주 먼 길을 떠나시게 됨은 두고두고 한으로 남았다.

산촌 가난한 집에 고명한 의사를 모셔 오거나 기사회생의 명약을 복용하기는 형편이 허락지 않았다. 우리 할머님 임종 시에 아버님이 단지斷指[481]를 하

---

480 1900년(고종 37)이다.

셨는데, 이런 절망적인 지경에서 행하신 일이었다. 내가 단지를 할 것 같으면 어머님의 마음이 상하실 테니 나는 할고割股[482]를 하리라 마음먹고, 어머님이 안 계신 때를 타서 왼쪽 허벅지에서 살점 한 점을 떼어서 고기는 불에 구워 약으로 삼아 잡수시게 하고 흘러나오는 피는 마시게 해 드렸다. 그리고 양이 적은 듯하여 다시 칼을 들어 전보다 크게 살점을 떼어 내려고 했는데, 처음보다 천백 배의 용기를 내어 살을 베지만 살 조각이 떨어지지를 않고 고통만 심하였다. 두 번째는 다리 살을 베어 놓기만 하고 손톱만치도 떼어 내지 못하였다. 스스로 탄식하였다. '단지나 할고는 진정한 효자가 하는 것이지, 나 같은 불효로 어찌 효자가 되랴?'

초종初終[483]을 마치고 성복일成服日[484]에 원근에서 조문객이 왔다. 눈바람이 사람의 뼈를 파고드는 때 뜰에 상청喪廳[485]을 차려 놓고 조문을 받는데, 독신 상주여서 잠시도 상청을 비울 수는 없고 베어만 놓고 떼어 내지 못한 다리는 고통이 심하였다. 어머님에게 알려 드릴 수도 없고, 조문객 오는 것이 괴롭고 할고한 것을 후회하는 생각까지 났다.

유완무와 성태영에게는 부고訃告를 하고, 이사를 중지한다고 분명히 말해 두었다. 경성에 체류 중이던 성태영은 5백여 리 길을 말을 타고 와서 조문해 주었다. 사람과 말은 돌려보내고 성 군은 며칠 휴식했다. 그런 후 구월산 구경이나 시켜 주려고 작은 나귀에 태워 월정동의 옛 친구 송종호宋宗鎬[486]의 집을

---

481 예전에, 가족의 병이 위중할 때, 그 병을 낫게 하기 위해 피를 내어 먹이려고 자기 손가락을 자르거나 깨물던 일.

482 예전에, 가족의 병이 위중할 때 그 병을 낫게 하기 위해 자기 허벅지 살을 잘라 내어 약으로 쓰던 일.

483 초상이 난 뒤부터 부고장을 낼 때까지 약 3일간의 절차. 다른 뜻으로는 장례의 처음과 마지막 곡을 하는 약 3개월 동안의 절차를 말한다.

484 처음으로 상복을 입는 날. 즉 초상이 난 지 나흘째 되는 날이다.

485 죽은 사람의 신위神位와 그에 딸린 모든 것을 차려 놓는 곳.

486 정덕현과 같이 동학군 시절 백범을 도운 인물로, 친필본의 송종서宋鍾瑞는 착오로 보인다.

찾아갔다. 거기에서 부산동의 정덕현을 불러서 닭을 잡고 기장밥을 해 먹으면서 멀리 떨어져 있어 쌓였던 회포를 풀었다. 백악白嶽[487]의 절경을 구경하고 성군은 돌아갔다.

아버님 장지葬地는 기동 오른쪽 산기슭에 내가 택하여 안장하였다. 상을 당해 칩거하면서 어디를 잘 가지 않고 준영 막내 삼촌의 농사를 돕고 있으니까 막내 삼촌은 심히 기특하고 다행스럽게 생각하면서, 자기가 2백 냥을 줄 테니 이웃에 사는 어떤 상놈의 딸과 결혼하라고 한다. 나는 고사하였다. 나는 상놈의 딸은 고사하고 정승의 딸이라도 재물을 논하는 결혼은 죽기를 맹세하고 하지 않는다고 하였다. 막내 삼촌의 생각에는, 형님도 없는 조카를 자기가 힘을 써서 장가보내는 것이 당연한 의무요 영광으로도 알았다. 그런데 내가 고사하는 것을 보고 대로하여 낫을 들고 나를 향해 달려드는 것을 어머님이 가로막았다. 나는 그 틈에 도주하였다.

두 번째 혼사의 실패

임인년[488] 정월을 맞아 여기저기 세배를 다니다가 장연 무산茂山[489]의 먼 친척 댁에 갔다. 친척 할머니는 내 나이 근 30에 장가들지 못한 것을 매우 염려한다. 나는 그 할머니를 대하여,

"내 중매는 할 사람도 쉽지 않고, 나에게 딸을 주고 싶은 사람이 있을지도 의문이요, 설혹 있다 해도 내가 장가들 마음이 생길 만한 낭자가 있을지도 의문입니다."

하였다. 할머님은 웃으면서 묻는다.

---

487 구월산九月山의 별칭.
488 1902년(고종 39)이다.
489 황해도 장연군 목감면 무산리이다.

"자네 마음에 드는 낭자라면, 어떤 낭자를 희망하는가?"

내 대답은 이랬다.

"첫째, 재물을 논하지 말아야 하고, 둘째, 낭자라도 학식이 있어야 하며, 셋째, 만나서 마음 터놓고 얘기하여 서로 맞아야 합니다. 그렇다면 결혼합니다."

그 할머님은 첫째와 둘째에는 의문이 없는데, 셋째는 심히 난색을 보인다. 내가 물었다.

"할머님이, 어디 혼처가 있습니까?"

"나의 본가 당질녀堂姪女[490]가 당년 17세에 과부 어머니를 모시고 지내는데, 어지간한 학식은 있고, 아무리 빈한하지만 재물을 논하는 것은 옳지 않은 것으로 알며, 마땅한 남자가 있다면 혼인을 허락하겠다고 하네. 내가 형님의 말을 들었지만 어떤 기준으로 신랑감을 택할는지는 알 수 없으니 내가 한번 물어보려고 하는데, 자네의 말대로 만나서 마음을 터놓고 얘기하는 것은 가장 어려운 문제가 아닐까 하네."

"그다지 어려운 문제로 생각한다면 나와 혼인할 자격이 없겠지요."

대화 간에 그 할머님 말씀이,

"우리 형님에게 자네의 인격을 일찍이 말한 바 있는데, 내 형님이 자네를 한번 데리고 자기 집에 와 달라는 부탁이 있었네. 그러니 한번 함께 가 보면 어떤가?"

하신다.

"오늘 가면 처녀를 만나 보게 해 준다면, 가 봅시다."

동행하여 장연 속내東內[491] 기동基洞[492] 조그마한 오막살이집에 도착하였다. 그 집 과부댁은 연로하며, 아들이 없고 다만 여식 넷을 두었다. 세 딸은 이미 출가하고 막내딸 여옥如玉을 데리고 세월을 보내는데, 글은 간신히 국문을

---

490 사촌 형제의 딸.
491 장연군 속내면으로, 1914년 행정구역 통폐합 시 목감면과 속달면으로 분리되었다.
492 장연군 속내면(후에 목감면) 기동리. 백범의 고향 해주 '기동'과 동네 이름이 같다.

가르쳤을 뿐이고 바느질과 베 짜기를 주로 가르쳤다고 한다.

　나를 맞아 안방에 앉히고 저녁 식사를 마친 후에, 할머님의 소개로 노댁에게 절을 올렸다. 그 전에 부엌에서 세 사람이 회의를 하는 모양이었다. 듣지는 못하였으나 나의 일가 할머님이 나의 구혼 조건을 꺼낸 모양이다. 이야기가 착실히 많은 모양인데, 할머님이 단도직입으로 혼인 문제를 꺼낸다. 할머님 말씀이,

　"자네 말대로 거반 되겠으나 규중처자閨中處子가 어찌 모르는 남자와 대면을 하겠나? 병신이 아닌 것은 내가 담보할 테니 좀 면하여 주게."
라고 한다. 나의 대답은,

　"대면은 꼭 해야겠고, 얘기뿐 아니라 혼인할 생각이 계시다면 조건 한 가지가 또 있습니다."
하였다. 할머님은 웃으면서 말한다.

　"조건이 또 있어? 들어 보세."

　"다른 것이 아니구요, 지금 약혼을 한다 해도 성례成禮는 내가 삼년상을 치른 후에 할 테니, 그 기한 동안에는 낭자가 나를 '선생님'이라 하고 한문 공부를 정성껏 하다가, 삼년상 후에 성례할 조건을 이행한대야 합니다."

　"여보게, 혼인하여 데려다가 공부를 시키든지 무엇을 하든지 자네 마음대로 하면 될 것 아닌가?"

　"근 1년 동안의 세월을 허송할 필요가 있습니까?"

　노댁과 할머님이 빙긋이 웃고 무슨 말을 하더니 낭자를 부른다. 한 번 부르고 두 번 부를 때는 아무 소식이 없더니, 노댁이 친히 부르니까 처녀는 가만가만히 걸음을 걸어 들어와 자기 모친 뒤에 앉는다. 내가 인사를 먼저 하였으나 처녀는 아무 대답을 못 하고 있다. 나는 다시 물었다.

　"당신이 나와 혼인할 마음이 있으며, 또한 성례하기 전에는 나에게 학문을 배울 생각이 있소? 할머님 말씀은 성례 후에 공부를 시키든지 마음대로 하라고 하시지만, 지금 세상에는 여자라도 무식해서는 사회에 받아들여질 수 없고, 여자의 공부는 20세 이내가 적당하니 1년 동안이라도 그저 허송함이 옳지

않지요."

라고 이유를 설명하였다. 그 처자의 말소리가 내 귀에는 들리지 않으나, 할머니와 그 모친은 처자가 그리하겠다는 대답을 한다고 한다.

밤을 지내고 이튿날 아침에 집으로 돌아와서 어머님과 막내 삼촌에게 혼약婚約 보고를 하였다. 준영 막내 삼촌은 처음엔 이를 믿지 않고 어머님에게 친히 가서 낭자도 보고 약혼 여부도 알아보라고 하여, 어머님이 친히 다녀오신 뒤에야 믿었다. 막내 삼촌은 말하기를,

"이 세상에 참 어수룩한 사람도 있다."

고 한다.

나는 곧 『여자독본女子讀本』[493]처럼 책자의 초안을 잡아서 지필묵紙筆墨까지 준비해 가지고 가서 미혼인 처를 가르쳤다. 그 집에서만 오래 있으면서 가르칠 형편이 되지 못했는데, 가사도 돌봐야 했고, 삼년상 후에는 교육에 헌신할 결심을 가졌기 때문이었다. 그래서 문화면의 우종서 목사와 송종호, 김 선생, 은율의 김태성金泰聲, 장련의 장의택張義澤·오인형吳麟炯[494]·정창극鄭昌極 등과 신교육 실시를 협의하기 위하여 각처로 돌아다니다가 틈만 있으면 처가로 가서 가르쳤다.

당시 김 선생은 본성명이 손경하孫景夏이니, 원산 사람으로 박영효의 동지였다. 일본에 여러 해 체류하다가 귀국 후에 정부에서 체포령이 내리자 구월산으로 망명하여 우종서·송종호 등의 보호로 숨어 지낸 인사인데, 그 후 박영효가 귀국하는 날부터 손영곤孫泳坤으로 지금껏 행세하고 있다.

장의택은 장련의 선비 집안 출신으로, 구학식도 풍부하며 신학문의 포부도 해서海西에서 제일이었다. 큰아들 응진膺震을 경성으로, 일본으로, 미국으로

---

493 장지연張志淵이 편찬한 여성용 국어독본. 개화기에 여성 교육의 중요성을 강조한 선구적인 교재로서 널리 보급되었으나 1910년 국권 피탈 후 일제에 의하여 발매가 금지되었다.

494 친필본의 한자 '吳寅炯'은 오기이다. 뒤에는 吳麟炯으로 나온다.

유학시키며 신교육에 노력하는 지사였으므로 구식 양반들에게는 비할 데 없이 심한 비난을 받았다. 장 씨는 스스로 신학문이 국민 지식 보급에 급선무라고 깨달았으나, 평안도는 물론이고 황해도에도 신교육의 풍조가 예수교로부터 일깨워져 신문화 발전을 도모하는 자는 거의 대부분 예수교에 투신하여, 그동안 폐관자수閉關自守[495]하던 자들이 겨우 서양 선교사들의 혀끝으로 나라 밖 사정을 알게 되던 때였다.

예수교를 신봉하는 사람은 대부분 중류층 이하로, 실제 학문으로 배우지는 못하고, 다만 우부우부愚夫愚婦[496]들이 선교사의 숙달치도 못한 반벙어리 말이라도, 그들이 문명족이기 때문에 그 말을 많이 들은 자는 신앙심 외에 애국사상도 갖게 되었으니, 전 민족의 대다수가 이 예수교 신봉자임은 숨기지 못할 사실이었다. 우종서는 당시 전도조사傳道助事[497]였는데, 나와 여러 해 친교가 있기 때문에 나에게 예수교 신봉을 힘써 권하였다. 나도 삼년상 후에 예수도 믿고 신교육을 장려하기로 결심하고 있었다.

계묘년[498] 2월에 담사禫祀[499]를 마친 즉시 어머님이 혼례 준비를 더욱 열심히 주선하셨다. 그해 정초에 또 무산의 먼 친척 할아버지 댁에 세배를 갔다. 세배한 후에 앉아서 대화를 하던 즈음에 장연 기동의 미혼 처가에서 급보가 왔다. 낭자의 병세가 위중하니 김 상주喪主에게 알리라는 기별이었다. 나는 깜짝 놀라 즉시 처가에 갔다. 방문을 열고 들어가니 낭자는 병세가 위중한 중에도 나를 심히 반가워한다. 병은 장감長感[500]인데 의약을 쉽게 구하기 어려운 산중이라 이삼일 후에 드디어 사망하였다. 손수 염습하여 남산에 안장安葬하고 묘

---

495 밖으로부터의 길목을 막고 자신을 지킴. 즉 외국과의 조약을 폐지하고 자국의 주장을 고집함.
496 평범한 남녀, 즉 보통 백성을 가리키는 말.
497 목사를 도와 전도하는 교직에 있는 사람.
498 1903년(고종 40)이다.
499 삼년상 후 2개월, 초상 후 27개월 만에 지내는 제사.
500 오래된 감기로 생기는 증상으로, 기침과 오한이 심하고 폐렴이 되기 쉽다.

앞에서 영원한 이별을 고하였다. 장모는 금동金洞 김윤오金允五의 집으로 인도하여 예수교를 신봉케 하고, 깜짝 놀랄 소식을 듣고서 오시는 어머님을 모시고 도로 집에 돌아왔다.

예수교와 교육자

그해 2월에 장련읍 사직동으로 이사하였다. 장련읍의 진사 오인형은 자기가 사들인 사직동 가대家垈 즉 집터, 산림과 과실나무, 20여 두락의 전답을 전적으로 맡겼는데, 내가 무슨 일을 하든 집안에 대한 염려 없이 공공사업에만 전력하게 한 것이었다.

해주 본향에서 사촌 형 태수泰洙 부부를 데려다가 사촌 형에게 가사를 주관, 처리하게 하고, 나는 오 진사 집 큰사랑에 학교를 차렸다.[501] 오 진사의 큰딸 신애信愛와 아들 기수基秀, 오봉형吳鳳炯의 두 아들과 오면형吳勉炯의 아들과 딸, 오순형吳舜炯의 두 딸을 주 인원으로 하고, 그 밖에 학교를 이해하고 도와주는 자의 자녀 몇 명을 모집하여, 방 중간을 병풍으로 간격을 두어 남녀가 따로 앉게 하고 가르쳤다. 인형의 셋째 동생 순형은 극히 후덕하고 근검하여 나와 같이 예수교를 행하며 교육에 전력하기로 마음을 같이하게 되어 학생을 가르치면서 예수교를 선전하였다.

1년 안에 교회 방면도 흥성하고 학교도 점차 진보되었다. 당시 장련읍에서 주색장酒色場으로 출입 방랑하던 백남훈白南薰[502]을 인도하여 예수교를 신봉케 했는데, 그 후 그는 봉양학교鳳陽學校 교원이 되고 나는 공립학교 교원이 되어

---

501 이 학교는 1905년 9월 광진학교光進學校로 발전했다.
502 황해도 은율 출신의 교육자·정치가(1885~1967). 일찍이 백범의 인도로 교육계에 입문하여 해서교육총회海西教育總會 결성에 참여했고, 광복 후 정계에 입문하여 1958년 민주당 최고위원을 거쳐 국회의원을 지냈다.

장련 광진학교 교사 시절. 맨 뒷줄 왼쪽부터 손영곤, 백남훈, 최상륜, 백범.

공사립학교를 발전 유지시켰다.

황해도에 학교라는 명칭이 공립으로는 해주와 장련에 설립되었는데, 해주에서는 아직 사서삼경四書三經의 구학문이나 가르치고 있었고, 강사가 칠판 앞에 서서 산술算術·역사·지지地誌 등을 가르치는 곳은 오로지 장련공립학교뿐이었다. 이 학교 설립 시초의 교원이 허곤許坤이요, 장의택과 임국승林國承과 내가 교원으로 사무를 보았다.

세 번째 혼사의 실패

평양에서 예수교 주최로 소위 '선생 공부' 즉 사범강습師範講習이라 하여, 여름철에 각지 교회와 학교의 직원·교원들이 강습하는 시기에 나도 선생 공부를 갔다.[503] 평양의 방기창邦基昌[504] 목사 집에서 묵고 있을 즈음, 최광옥崔光玉[505]

은 당시 숭실중학교 학생으로 교육과 애국의 열성이 학계와 종교계와 일반 사회에 명성이 쟁쟁한 동지였다.

최 군과 친밀히 교제하며 장래 일을 의논하던 중, 최 군이 나의 혼인 여부를 묻기에 과거 몇 번의 실패를 간략하게 말하였다. 최 군은 안신호安信浩[506] 양과의 결혼을 권한다. 신호는 즉 안창호安昌浩[507]의 누이동생으로, 당년 20여 세이고 사람됨이 극히 활발하며 당시 처녀들 중에 샛별이라고 한다. 만나 보고 피차에 마음이 맞으면 혼인하기로 하고, 이석관李錫寬 즉 안도산安島山의 장인 집으로 신호를 불러 오게 하여 최광옥·이석관과 한자리에 모였다. 신호를 마주하여 몇 마디 말로 의사 교환을 하고 물러나 숙소로 돌아왔더니, 최 군이 뒤쫓아 와서 의향을 묻는다. 나는 마음이 맞음을 표시하였다. 최 군 역시 신호도 마음이 맞음을 전하고, 내일은 아주 약혼을 하고 고향으로 가라고 부탁한다.

어찌 뜻하였으랴. 이튿날 이른 아침에 이석관과 최 군이 달려와서, 신호가 어제 저녁에 한 통의 서신을 받고 밤새껏 고통으로 마음속에 큰 풍파가 생겼다고 한다. 다름이 아니고, 안창호가 미국에 건너갈 때 상해를 거치면서 상해 모某중학에 재학 중인 양주삼梁柱三[508] 군에게 자기 누이동생과 혼인하라는 부탁을

---

503 1904년(고종 41)의 일이다.

504 황해도 신천 출신으로, 한국장로교회 최초 7인의 목사 중 한 사람이다(1851~1911). 황해도와 평안도 지역에서 전도하며 교회를 세우는 데 이바지했다.

505 조선 말의 교육자·계몽운동가(1879~1911). 평안남도 중화 출신으로, 평양 숭실중학을 졸업하고 일본에 유학했다. 귀국 후 신민회新民會에서 안창호 등과 함께 국권수호운동에 힘썼으며, 1909년 평양 대성학교 교장으로 부임하여 교육계에 헌신했다.

506 당시 안신호(1884~1963)는 20세, 백범은 28세였다. 안신호는 광복 후 1948년 4월 백범이 남북연석회의에 참석차 평양을 방문하였을 때 상봉하여 안내를 맡은 바 있다.

507 일제강점기의 독립운동가·교육자(1878~1938). 호는 도산島山. 평안남도 강서 출신으로, 신민회와 흥사단 등 애국단체를 조직하여 활동하고 평양에 대성학교를 세웠다. 1919년 3·1운동 후 중국으로 건너가 상해 임시정부 내무총장 등을 지내며 독립운동을 했다.

508 조선 말, 일제강점기의 사회사업가·목사(1879~?). 평안남도 용강 출신으로 일찍이 기

한 적이 있는데, 그때 양 군은 아직 재학 중이라 혼사에 대해 정해진 의견은 없으나 학업을 마친 후에 결정하겠다는 말이 있었던바, 어제 형과 만나고 돌아가니 때마침 양 군에게서 자기는 학업을 마쳤으니 혼인 허락 여부를 통지하라는 편지가 왔다는 것이었다. 양수집병兩手執餅[509]인 신호는 어찌할 줄을 모르고 애를 쓰는 중이니, 다시 확정하는 의사를 듣고서 출발하라고 말한다.

아침 식사 후에 최광옥이 다시 와서 신호가 결정한 바를 말한다. 신호 자기 처지로서는 양주삼이나 김구 두 사람 중 한 사람은 취하고 한 사람은 버리는 것은 의리에 옳지 않으니 양쪽을 다 버리고, 어린아이 때부터 한 동리에서 같이 자란 김성택金聖澤이 이미 청혼을 했지만 그의 신체가 약함을 꺼려 혼인을 허락하지 않았으나, 지금에 이르러서는 김구와 양주삼 두 사람은 사절하고 김성택에게로 결심했다고 한다. 일은 비록 그런 형세일지라도 정리상으로는 매우 섭섭하였다.

시간이 지나 신호는 나를 찾아왔다.

"나는 지금으로부터 당신을 오라버님으로 섬기겠습니다. 매우 미안합니다. 나의 사정이 그리된 것이오니 너무 섭섭히 생각 마십시오."

한다. 나는 신호의 쾌활하며 명확히 판단하는 도량을 보고서 더욱 흠모하지만 이미 지나간 일이었다.

독교에 입문하여 미국 선교사의 주선으로 중국과 영국을 거쳐 미국에 정착하여 한인 감리교회를 설립하고 전도사로 일했다. 1910년 목사가 되어 이듬해 귀국 후 신사참배 찬성, 학도병 지원 독려 등 친일 행위를 하여 비난받았다. 6·25전쟁 때 납북되어 이후의 행적은 알려져 있지 않다.

509 양 손에 떡을 잡고 있다는 뜻으로, 이러지도 저러지도 못하는 상황을 이르는 말이다.

종상위원種桑委員 임명서를 받다

다시 장련에 돌아와 교육과 종교에 종사하고 있었다. 하루는 군수 윤구영
尹龜榮의 초청장이 왔다. 가서 보니 윤 군수의 말이,

"지금 정부에서 잠업蠶業을 장려할 목적으로 해주에 상묘桑苗[510]를 보내서
각 군에 분배하고 심어 기르게 하라는 공문이 온바, 우리 군 안에서는 오직 그
대가 이 사무를 담당하면 성적이 좋을 것이라 하니, 해주에 가서 상묘를 가져
오시오."

라고 한다. 그것은 이 군郡의 토반土班들이 명예직이라 하여 서로 하려고 다투
는 판이나, 수리首吏[511] 정창극의 말을 듣고 나에게 하는 말이었다. 민생 산업에
관계되어 긴요함을 알고 승낙하였더니 정창극이 2백 냥 여비를 내주며,

"해주에 가면 관찰부에 농상공부農商工部[512]의 주사들이 상묘를 가져왔을
테니 한번 오라고 청하여 연회나 하고, 부족액은 군으로 돌아온 후에 다시 청
구하시오."

라고 한다. 예예 하고 길을 떠났다. 말이든 가마든 마음대로 타라는 말을 듣고
나서 나는 걸어서 해주에 갔다.

관찰부에 공문을 교부하고 숙소에 돌아왔다. 이튿날 아침에 관찰부의 부
름에 따라 관청에 들어가니 농부農部에서 특파된 주사가 장련 지역에 분배하
는 상묘 몇천 그루를 가져가라고 준다. 내가 상묘를 검사해 보니 상묘가 다 말
랐다. 나는 주사에게 가져가지 못하겠다는 뜻을 말하였다. 주사는 왈칵 화를
내며 '상부 명령 불복종'이라는 말을 붙여서 위협을 한다. 나는 대로하여,

"주사는 경성에 살므로 장련이 산골에 있는 군임을 알지 못하오? 장련군

---

510 뽕나무 묘목.
511 각 지방 관아의 여섯 아전 가운데 으뜸인 이방아전吏房衙前을 가리킨다.
512 1895년(고종 32) 관제 개편에 의하여 설치된 중앙 부서로, 주로 농업·상업·공업에 관
   한 업무를 관장하였으며, 1910년까지 존속하였다.

의 연료는 넉넉하여 다른 군에 의뢰하지 않거든, 먼 해주[513]까지 연료를 구하러 온 길이 아니오."

라고 말하고,

"그대가 본부에서 상묘를 가지고 오는 사명使命이 상묘의 생명을 보호하여 분배함으로써 쉽게 함이거늘, 이같이 상묘를 마르게 해서 위협적으로 분배하는 것은 그 책임 소재를 알아야겠소."

하고,

"나는 관찰사에게 이 사유를 보고하고 그냥 군으로 돌아가겠소."

라고 언명하였다. 그 주사는 몹시 두려워하여 간절히 빌며 이렇게 말한다.

"장련에 갈 상묘는 귀하가 생묘生苗[514]로만 스스로 택하여 수효대로 골라서 가시오."

나는 전부 생묘로만 골라 가지고 숙소로 돌아와 물을 뿌려 보호해 두었다가, 말 한 필에 실어서 우리 군으로 돌아왔다. 정창극에게 여비 계산을 하여 130냥 남짓 남은 돈을 교부하였다. 정창극이 여비 내역을 보다가, "짚신 한 켤레에 얼마, 냉면 한 그릇에 얼마, 떡 한 그릇에 얼마, 말 빌린 값과 밥값을 합하여 도합 70냥"이란 것을 보고 경탄하였다.

"우리나라 관리가 다 김 선생 같으면 백성의 고통이 없겠소. 박가나 신가가 갔다 왔으면 적어도 몇백 냥은 더 청구하였을 것이오."

정창극은 비록 아전이지만 극히 검박하여 노닥노닥 기운 의복을 입고 관청에서 정한 액수 외에는 한 푼도 마음대로 쓰는 일이 없으므로 군수가 감히 탐욕을 내거나 포학을 부리지 못하였다. 전국 제일의 전주 관아 구실아치는 천한 직책의 명목으로도 '창고 재상'[515]의 권세를 가졌고, 각 도의 구실아치가 모

---

513 친필본의 '경성'은 착오이다.
514 살아 있는 묘목.
515 창고 관리를 하면서 재상 같은 권세를 가지고 부정을 저지르는 탐관오리.

두 호가호위狐假虎威[516]로 양반에 기대어 양민의 좀도둑이 된 시대에 정창극은 구우일모九牛一毛[517]의 귀한 존재라 하겠다.

며칠 후 농부農部에서 '종상위원種桑委員'이란 임명서가 왔다. 이 소문이 전파된 후로, 군郡의 하인들과 노동자들 중에는 내가 지나는 곳마다 담뱃대를 감추어 존경의 뜻을 표하는 자가 있었다.

예수교회 여학생 최준례와의 혼인

오 진사는 어선업漁船業을 개시한 지 2년 만에 가산을 탕진하여 이로 인해 울화병이 나서 작고하였다. 나는 내가 살던 사직동 가대家垈를 유족에게 돌려주었다.

그동안 나를 따라와서 가사家事를 맡아 준 사촌 형 태수는 같이 예수교를 신봉하게 되었는데, 어릴 적부터 목불식정이었으나 종교를 신봉한 후로는 국문에 능통하여 종교 서적을 능히 보고 강단에서 교리를 강론하여 전하게 되므로 나의 장래에도 많은 도움을 받을 줄 믿었더니, 교당에서 예배하다가 갑작스럽게 뇌출혈로 사망하였다. 사촌 형수는 자기 본가로 보내서 개가改嫁를 허락하고, 나는 사직동에서 떠나 장련읍으로 이주하였다.

사직동에서 근 2년을 거주하는 사이에 겪은 것을 간략히 들어 본다.

유완무가 진사 주윤호와 함께 몸소 방문하여,

"나는 종전에 북간도北間島[518]에 가서 관리사 서상무徐相茂와 그곳의 장래

---

516 여우가 호랑이의 위세를 빌려 호기를 부린다는 뜻으로, 남의 권세를 빌려 위세를 부린다는 뜻이다.
517 아홉 마리 소에 박힌 하나의 털이란 뜻으로, 매우 많은 수 가운데 극히 적은 수를 이르는 말이다.
518 북쪽 간도. 즉 두만강과 마주한 간도의 동부 지역을 가리킨다.

발전을 계획하고 잠시 국내에 돌아왔는데, 동지들과 방침을 협의한 후 곧 북간
도로 갈 것이오."

라고 하며 며칠 머물렀다. 이때 어머님이 밤을 삶고 닭을 삶아 갖다주셔서, 유
완무·주윤호와 세 사람이 밤도 까먹고 닭고기도 먹어 가면서 연일 밤새도록
심경을 피력하며 대소사를 토의하였다.

　　강화 김주경의 소식을 물어보니 경운畊雲(유 씨가 당시에 두루 쓰던 별호로, 북
간도에 가서는 백초白樵라는 호를 쓰고 다녔다)이 탄식하며 하는 말이,

　　"김주경은 강화를 떠난 후로 10여 년 만에 붓장수를 해서 수만 원의 금전
을 저축해 자기 몸에다 몰래 감추고 다니다가 작년에 연안 등지에서 불행히도
객사하였는데, 그 아들이 알고 찾아가서 주인을 걸어 소송까지 하였으나 별 효
과가 없었소. 김주경이 부모·친척에게도 알리지 않고 비밀 행상으로 그 같은
거액의 금전을 모은 것은 그 심중에 어떠한 계획이 있었던 것이나, 이제는 다
시 세상에서 김주경의 포부와 위대한 계략을 알 길이 없소."

라면서 그 셋째 아우 김진경도 전라도에서 객사하고, 그 집안은 말도 못 할 형
편이라고 하였다.

　　그 무렵, 신천 사평동謝平洞 예수교회의 당시 영수領袖[519] 양성칙梁聖則이
그 교회의 여학생 최준례崔遵禮와 결혼하라는 권유가 있었다. 최준례는 그때
그 동네에 거주하는 의사 신창희申昌熙의 처제였다. 준례의 모친 김 부인은 경
성에서 태어나 자란 청년 과부로, 두 여식을 보살펴 기르며 예수교를 신봉하
고, 제중원濟衆院[520]이 임시로 구리개[동현銅峴]에 설치되었을 때 그 병원 내에
의지하고 병원에 입주하면서 신창희를 맏사위로 맞았다. 신창희가 그 병원 의

---

519 우리나라 선교 초기 장로교회의 평신도 직분 중 하나로, 조사助事를 돕고 교회를 돌보
　　기 위해 신설된 직분이다.
520 1885년(고종 22) 미국인 호러스 알렌H. N. Allen에 의하여 설립된 우리나라 최초의 근대
　　식 의료 기관. 처음 명칭은 광혜원廣惠院이었으며, 1894년까지 존속하다가 후에 세브
　　란스병원으로 개편되었다.

과생이 되어 일하다가 생업을 위해 사평동으로 옮기게 되니, 여덟 살 난 준례가 그 모친과 같이 신창희를 따라와서 함께 살았는데, 그 모친이 이웃 동네 청년 강성모姜聖謨에게 차녀와의 혼인을 허락하였던 것이다. 마침내 준례가 장성한 후에는 모친의 명령을 순종치 않고 그 혼약을 부인하므로 교회 안에 큰 문제가 되어, 선교사 한위렴韓衛廉[521] · 군예빈君芮彬[522] 등이 준례를 알아듣도록 타일러 강성모에게 출가케 하려다가 준례의 항의에 해결을 못 하고 있었다. 당시 18세[523]로 알맞은 남자를 택하여 자유 결혼을 목적하는 터에, 나에게 의향 유무를 물어본 것이었다. 나는 당시에 조혼早婚으로 인하여 종종의 폐해를 절감하던 터라 준례에게 극히 동정심이 생겼다.

사평동에 가서 준례를 만나 본 후 혼약이 성립되자, 강성모 측에서 선교사에게 고발하여 교회에서 나에게 그만둘 것을 권하고, 친구 중에도 만류하는 자가 많았다. 그럼에도 불구하고 그때는 신창희가 은율읍에 거주할 때로, 신창희가 준례를 사직동 나의 집으로 데려와 혼약을 확정하고 준례는 경신학교敬信學校[524]로 유학을 보냈다.

처음에는 교회의 그만두라는 권고를 듣지 않았다고 하여 교회에서 책벌을 선언하였으나, 끝내 불복할 뿐 아니라 교회가 구식 조혼을 인정하고 개인의 자유를 무시하는 것이 잘못이고 사회 악풍을 조장하는 것이라고 항의하였더니 군예빈이 혼례서를 작성해 주고 책벌을 해제하였다.

---

521 영문 이름은 윌리엄 헌트William B. Hunt로, 황해도 재령 지역의 자립적 교회 형성에 기초를 놓은 인물이다.
522 영문 이름은 에드윈 쿤스Edwin W. Koons(1880~1947)로, 1903년 미국 북장로교 선교사로 내한하여 서울 경신학교儆新學校 교장과 새문안교회 목사로 일했다.
523 1906년 12월 혼인 당시 최준례(1889~1924)는 18세, 김구는 31세였다.
524 남자 학교이며, 한자 '敬信'은 '儆信'의 오기이다. 1887년 개설된 여학교 정신학교貞信學校의 착오로 보인다.

국민 계몽 강연 : 2차 투옥

을사늑약 반대 운동에 참여하다

을사년[525]에 소위所謂[526] 신조약新條約[527]이 체결되었다. 사방에서 지사들이 구국의 길을 강구하고, 산림학자들은 의병을 일으켜 경기·충청·경상·황해·강원 등지에서 전쟁이 계속되어 동쪽에서는 패하고 서쪽에서는 일어나고 하는데, 허위許蔿·이강년李康秊·최익현崔益鉉·신돌석申乭石·연기우延起羽·홍범도洪範圖·이범윤李範允·강기동姜基東·민긍호閔肯鎬·유인석柳麟錫·이진룡李鎭龍·우동선禹東鮮 등은 군사 지식 없이 다만 하늘을 찌를 듯한 의분심만 가지고 계속 일어나지만 도처에서 실패하던 때였다.

진남포 의법청년회懿法靑年會[528] 총무의 임무를 이어받고 그 회의 대표 자

---

525 1905년(고종 42)이다.
526 '이른바' 또는 '세상에서 말하는 바'라는 뜻으로, 백범은 일제와 관계되는 사건이나 정치적 행위는 일절 인정하지 않는 마음에서 '소위所謂'라는 용어를 의식적으로 계속 사용하고 있다.
527 일본이 조선의 외교권을 빼앗은 을사늑약乙巳勒約을 가리킨다. 을사조약 또는 제2차한일협약으로도 불렸다.
528 에버트청년회Evert靑年會를 가리킨다. 1889년 미국에서 창설된 감리교의 청년 단체로, 우리나라에서는 1897년 서울 정동교회에서 처음 창립되었다.

일제강점기의 상동교회.

격으로 경성에 파견되었다. 경성 상동尙洞[529]에 가서 의법청년회에 대표 위임장을 제출하였다. 그때 각 도의 청년회 대표가 모여, 표면으로는 교회 사업을 토의하지만 이면에서는 순전히 애국운동이었다. 앞서 의병을 일으킨 산림학자들을 구사상이라 하면, 예수교인들은 신사상이라 하겠다.

그때 상동에 모인 인물로 말하면, 전덕기全德基·정순만鄭淳萬·이준李儁·이석李石(동녕東寧)·최재학崔在學(평양 사람)·계명륙桂明陸·김인집金仁澉·옥관빈玉觀彬·이승길李承吉·차병수車炳修·신상민申尙敏·김태연金泰淵(지금의 홍작鴻作)·표영각表永珏·조성환曹成煥·서상팔徐相八·이항직李恒稙·이희간李僖侃·기산도奇山濤·전병헌全炳憲(지금의 왕삼덕王三德)·유두환柳斗煥·김기홍金基弘·김구金龜 등이었다. 회의한 결과 상소上疏하기로 하여, 상소문은 이준이 짓고

---

529 서울시 중구 남대문로에 있는 상동교회를 가리킨다.

일제강점기의 덕수궁 대한문.

제1회 소수疏首[530]는 최재학이 맡고, 그 외 4인을 더하여 5인이 신민臣民 대표의 명의로 서명하였는데, 이는 1회, 2회로 계속할 작정에서였다.

정순만의 인도로 회당에서 맹세의 기도를 올리고, 대한문大漢門[531] 앞에 모두 나아가 서명한 5인만 궐문 밖에서 형식상으로 개회하고 상소를 의결하였으나, 상소장은 벌써 별감別監[532]들의 내응으로 상감께서 보시도록 전달되었다.

갑자기 왜倭 순사대가 달려와서 간섭하였다. 5인이 일시에 왜 순사에게 달려들어 내정간섭의 무리함을 공박하니 즉각 대한문 앞에 왜놈의 검광이 번쩍이는데, 5인 지사의 맨손 싸움이 개시되었다. 부근에서 호위하던 우리는 소리

---

530 조선시대에 연명連名으로 상소를 올릴 때 제일 먼저 이름을 적는 우두머리로, 주동이 되는 사람이다.

531 서울 덕수궁의 정문. 처음 이름은 대안문大安門이었다가 1906년에 '대한문'으로 바꾸었다.

532 궁궐 안의 각종 행사를 맡아보며 임금과 세자의 행차 때 호위하던 사람.

를 벽력같이 지르며,

왜놈이 국권을 강탈하고 조약을 억지로 체결하는데 우리 인민은 원수의 노예가 되어 살 것인가, 죽을 것인가?

라는 격분한 연설을 곳곳에서 하니 인심은 흉흉하고, 5인 지사는 경무청에 감금되었다. 당초 5인만 한 것은, 상소를 하기만 하면 필연 사형당할 것이요, 사형당하거든 다시 5인씩 몇 차례든지 계속하기로 한 것인데, 첫 번째 5인 지사를 경무청에 가두고 심문하는 것이 필경 타일러서 내보낼 모양이었다.

두 번째 상소는 그만두고, 종로에서 공개 연설을 하다가 못 하게 하거든 대대적으로 육박전을 하기로 하고 종로에서 연설을 하니, 왜 순사가 칼을 뽑아 들었다. 연설하던 청년이 맨손으로 달려들어 발로 차서 왜 순사를 땅에 거꾸러 뜨리자, 왜놈들이 총을 마구 쏘았다. 그때 마침 어물전 도매점이 화재를 당한 후라 기와와 벽돌이 산적하였는데, 우리 몇 사람이 기와와 벽돌을 왜 순사대를 향해 던지며 접전이 개시되었다. 왜 순사 놈들은 중국인 상점에 침입, 잠복하여 총을 발사하고, 군중은 기와와 벽돌을 중국 점포에 던지자, 왜 보병 중대가 포위, 공격하여 인산인해의 군중은 각기 흩어지고, 왜놈들이 한국인은 잡히는 대로 포박하여 수십 명이 갇혔다.

그날 민영환閔泳煥[533]이 칼로 자결하였다. 그 보도를 접하고 몇몇 동지들과 같이 민 씨 댁에 가서 조문을 마치고 돌아서 대로에 나오니, 나이 40세 안팎 됨 직한 사람이 흰 명주 저고리에 갓과 망건도 없이 맨상투 바람에 의복에는 핏자국이 얼룩얼룩한데, 이를 여러 사람이 호위하여 인력거에 태워 가는데 큰 소리

---

[533] 조선 말의 문신(1861~1905). 1878년(고종 15) 문과에 급제한 후 1896년 특명전권공사로 러시아 황제의 대관식에 파견되었으며, 1905년 일제의 강요로 을사늑약이 체결되자 이의 폐기를 상소하였으나 받아들여지지 않자 국민과 각국 공사에게 고하는 유서를 남기고 자결하였다.

민영환.

로 울고 있었다. 누구냐고 물으니 참찬 이상설李相卨[534]이 자살 미수하였다고
한다. 그도 나랏일이 날로 잘못되어 감을 보고 의분을 못 이겨 자살하려던 것
이다.

당초 상동 회의에서는 5~6인이 한 조가 되어 몇 차례든지 앞사람이 죽더
라도 뒷사람이 이를 이어서 하기로 하였으나, 상소하다가 체포된 지사들을 몇
십 일 구류에 처하고 말 정황이니 계속할 필요가 없고, 아무리 급박해도 국가
흥망에 대한 절실한 각오가 적은 민중과 더불어 무슨 일이든 실효 있게 할 수

---

[534] 조선 말의 문신·독립운동가(1870~1917). 1904년(고종 41) 문과에 급제하여 의정부 참
찬을 지냈다. 1905년 일제의 강요로 을사늑약이 체결되자 1907년 고종의 밀서를 가지
고 네덜란드 헤이그에서 열리는 평화회의에 참석하여 을사늑약의 부당성을 호소하려
하였으나 참석 자격을 얻지 못하고 실패하였다. 이후 국내외에서 독립운동을 벌이다
병사하였다.

는 없었다. 바꾸어 말하면, 애국 사상이 박약했다.

칠년병삼년애七年病三年艾[535] 격으로, 늦었으나마 인민의 애국 사상을 고취하여 인민으로 하여금 국가가 즉 자기 집인 줄을 깨닫게 하고, 왜놈이 곧 자기 생명과 재산을 빼앗고 자기 자손을 노예로 대할 줄을 분명히 깨닫도록 하는 외에 최선책이 없다고 생각하였다. 그때 모였던 동지들은 사방으로 헤어져 애국 사상을 고취하고 신교육을 실시하기로 하고, 나도 다시 황해도로 돌아와 교육에 종사하였다.

약탈하는 왜병들

장련에서 내 나이 33세 때인 무신년[536] 9월 9일에 떠나서 문화군 초리면 종산鍾山[537]으로 가 거주하며 그 동네 사립 서명의숙西明義塾[538]의 교사가 되어 농촌 아동을 가르쳤다. 그러다가 그 이듬해 정월 18일 안악읍으로 이사하여, 그 읍에 새로 설립한 사립 양산학교楊山學校 교사가 되어 사무를 보았다. 장련에서 종산으로 간 것은 우종서 목사의 간청 때문이었는데, 서명의숙은 산촌에 있어서 발전성이 보이지 않았다. 그런 데다 안악의 김용제金庸濟 등 몇몇 친한 벗의 초청이 있어서, 이에 응하여 안악읍으로 옮겨 가 살게 된 것이다.

서명의숙에서 사무를 볼 때 의병장 우동선禹東鮮[539]이 10리쯤 떨어진 내동

---

535 7년 동안 묵은 병에 앞으로 3년을 말려야 할 약쑥을 구한다. 원문은 "칠년지병七年之病 구삼년지애求三年之艾"로 『맹자孟子』에 나오는 말이다. 평소에 준비해 두지 않다가 일을 당해서 갑자기 구할 때는 이미 시기가 늦음을 뜻한다.

536 1908년(순종 2)이다.

537 초리면 월산리의 마을로 종산학교가 있던 곳이다.

538 1907년 3월에 학생 50여 명으로 개교하였다. 당시 교장은 군수가 담당하였다.(한규무, 「1900년대 김구의 황해도 장련·문화·안악 이주와 계몽운동」, 『한국독립운동사연구 45』, 2013.)

에 진을 치고 머물렀는데, 왜병의 야간 습격으로 인하여 달천達泉[540] 부근 내동 밖에 17명의 의병 시체가 널려 있다는 소식을 들었다. 그때 마침 왜병 세 명이 총기를 휴대하고 종산 동네에 들어와 동장을 호출하여 집집마다 다니며 계란과 닭을 빼앗아 간다고, 동장이 놀라서 겁을 내며 와서 상의하였다.

내가 동장 우창제禹昌濟의 집에 같이 가니, 왜병이 산 닭과 계란을 여지없이 거칠고 사납게 강제로 찾아내고 있었다. 나는 그 왜병에게 필담으로 질문하였다.

"군대에서 물품을 징발하느냐, 매수하느냐?"

"매수한다."

"만일 매수한다면 달천에서 가능하거늘, 어찌 이와 같이 촌민을 압박하느냐?" 하니, 그 왜병이 그 말에는 대답이 없고 반문한다.

"당신이 문화군수냐?"

"나는 서명의숙 교사이다."

한 놈이 나와 문답을 하는 사이에, 그 나머지 왜병은 밖으로 나가 앞집, 뒷집에서 닭을 쫓아가 몰면 안마당으로 돌입하여, 부인과 어린애들이 놀라서 달아나는 소리가 들린다. 나는 동장을 호령하였다.

"그대가 동네 일을 맡은 사람이 되어, 도적이 집집에 돌입한다는데 가서 현지 시찰도 안 하는가?"

나와 문답하던 왜병이 호각을 불자 밖에 나갔던 놈들이 한 손에 닭을 두세 마리씩 가지고 들어온다. 그놈들이 무슨 말을 하더니, 강탈한 닭을 내버리고 동네 밖으로 나가 아랫동네에서 집집마다 닭을 쳐서 몇 짐을 져 갔다고 동리 사람들이 후환을 걱정하기에, 내가 담당한다고 하였다.

---

539 조선 말의 의병장(1870~1908). 황해도 신천 출신으로 1905년 을사늑약에 반대하여 구월산에서 의병을 일으켜 공을 세웠으나 후에 일본군과 교전 중 적탄을 맞고 체포되어 순국하였다.

540 황해도 문화군(후에 신천군) 초리면 달천리로, 신라시대부터 알려진 달천온천이 있다.

안악 양산학교에서 신교육에 힘쓰다

종산에서 처음으로 여아 하나를 낳은 후 며칠 만에 모녀를 가마에 태워 왔더니, 찬 기운을 접했던지 안악에 도착한 후 곧 여아가 사망하였다.

안악군에는 당시 십수 명의 유지有志가 있었다. 김용제·김용진金庸震·김홍량金鴻亮·이시복李始馥·이상진李相晋·최재원崔在源·장윤근張允根·김종원金鍾元·최명식崔明植·김형종金亨鍾·김기형金基瀅·표치정表致禎·장명선張明善·차승용車承用·한필호韓弼昊·염도선廉道善·전승근田承根·함덕희咸德熙·장응선張應璇·원인상元仁常·원정부元貞溥·송영서宋永瑞·송종서宋鍾瑞·김용승金庸昇·김용정金庸鼎·한응조韓應祚 등은 중년 및 청년이요, 김효영金孝英·이인배李仁培·최용화崔龍化·박남병朴南秉·박도병朴道秉·송한익宋漢益 등 나이 든 이들은 이 군내 중견 인물인데, 이상에 적은 인원은 직접 나의 일에 관계가 있는 사람 수만을 센 것이다.

신교육의 필요를 절감하여 김홍량·최재원 외 몇 명의 청년은 경성과 일본에 유학하고, 나이 든 이들은 교육 발달에 정성과 힘을 다하여 읍내 예수교회에서 제일 먼저 안신학교安新學校[541]를 설립하고, 그다음 사립 양산학교가 설립되고, 그 후에 공립 보통학교普通學校[542]가 설립되고, 동창東倉[543]에 배영학교培英學校, 용순龍順[544]에 유신학교維新學校 등 교육기관이 계속해서 설립되었다.

황해·평안 두 개 도에 교육계로나 학생계로나 평양의 최광옥이 제일 신망을 가진 청년이므로, 최광옥을 예를 갖추어 초빙하여 양산학교에서 하계사범강습을 실시하였다. 황해도에서는 교육에 종사하는 인사라면 시골의 서당 훈

---

541 1903년 10월 미국 군예빈君芮彬 목사가 설립하였으며, 1908년 8월 정식 학부 인가를 받았다.(한규무, 「1900년대 김구의 황해도 장련·문화·안악 이주와 계몽운동」, 『한국독립운동사연구 45』, 2013.)

542 지금의 초등학교에 해당한다. 처음에는 4년제였으나 후에 6년제로 되었다.

543 황해도 안악군 용문면 동창리.

544 황해도 안악군 용순면.

장까지 소집하고, 평안남북도에서 유지·교육자들이 오고, 경기도·충청도에서까지 강습생이 와서 4백여 명에 달하였다. 강사로는 김홍량·이시복·이상진·한필호·이보경李寶慶(지금의 광수光洙)·김낙영金洛英·최재원·도인권都寅權 외 몇 사람, 여교사는 김낙희金樂姬·방신영方信榮, 강습생에는 강구봉姜九峰·박혜명朴慧明 등 승려들까지 있었다.

박혜명은 연전에 나와 경성 영도사永導寺[545]에서 피차 백납百衲[546]으로 헤어진 사형師兄인데, 당시 패엽사 주지승으로 우연히 상봉했다. 나는 매우 반가워서 양산학교 사무실로 인도하여 여러 교사들에게 내 형님이라고 소개하였다. 교사들은 의아해한다. 나이도 나보다 적어 보일 뿐 아니라 내가 누이도 없는 독자獨子임을 아는 까닭이다. 나는 자초지종을 설명하고 나의 친형으로 알아 달라고 하였다. 그리고 승僧·속俗을 불문하고 교육이 급선무임을 힘써 주장한 결과, 혜명대사도 자기부터 사범학師範學을 공부해서 곧 패엽사에 학교를 설립하고 승려 학생과 속인 학생을 나누어 모아 교육을 하였다.

혜명은 나에게 과거를 이야기한다.

"우리 형제가 영도사에서 헤어진 후에 나는 본사인 마곡사에 돌아갔소. 원종 스님(나를 가리킴)의 노스님 보경당과 스님 하은당 두 늙은이가 석유 한 통을 사서 기름의 좋고 나쁨을 시험해 보기 위해 불이 붙은 막대 끝을 석유통에 넣자 석유통이 폭발되어 그 집 안의 보경·하은·포봉 세 사람이 일시에 사망했다는데, 그리고 보니 재산 관리를 해서 이 절의 명성을 이을 자는 오직 원종 스님이라고 사찰 회의에서 공식적으로 결정되어, 덕삼이를 금강산까지 보내서 원종 스님을 탐문했는데 종적을 알지 못했고, 결국 그 거대한 재산은 사찰 공유가 되고 말았소."

---

545 서울시 성북구 안암동에 있는 개운사開運寺의 옛 이름. 친필본의 한자 '永導寺'는 오기이다. 그런데, 앞에서는 서문 밖 새절에서 혜명을 만났다가 헤어졌다고 기술되어 있다.
546 '백 개의 조각조각 이어진 천으로 만든 승복'이라는 뜻으로, 여기서는 승려를 가리킨다. 친필본의 한자 '白衲'은 오기이다.

김효영 선생의 애국심

당시 칠순이 넘은 김효영 선생은 즉 김홍량의 조부이니, 젊었을 때 한학漢學을 연구하다가 가세가 빈곤해져서 상업을 경영하게 되었는데, 황해도 산물인 포목을 사들여 어깨에 메고 강계와 초산 등지에서 행상을 하면서, 굶주림이 심할 때는 허리띠를 더욱 졸라매고 극히 절검節儉하여 자기 힘으로 치부致富하였다고 한다. 내가 만나 뵐 때는, 노선생이 비록 기골이 장대하고 용모가 탈속하나 허리가 굽어 ㄱ자형 몸을 지팡이에 의지하고 안마당을 드나들었다. 구시대 인물이지만 두뇌가 명석하여 시세時勢에 대한 관찰력이 당시 신진 청년과 더불어 의논할 만한 자격이 있는, 보기 드문 분이었다.

그 군에 안신학교를 신설하고 직원들이 경비 곤란으로 회의를 열 때 모금함에 익명의 벼 1백 석 기부가 들어왔다. 뒷날 김효영 선생이 자기 자손에게도 알리지 않고 남몰래 의로운 마음으로 낸 것을 알았다. 또 장손 홍량을 일본에 유학시킨 것으로 선생의 교육에 대한 각오는 증명된다. 선생은 바둑과 술을 아주 좋아하였는데, 원근에 몇 명의 바둑 친구가 있어서 자신의 사랑에서 술 마시고 바둑 두면서 노년을 즐겁게 지내고 있었다. 해주 서촌의 강경희姜景熙는 본시 우리 고향 침산강씨砧山姜氏인데, 전해 내려오는 거부巨富였지만 젊었을 때 떠돌아다니며 재산을 탕진한 자로, 선생의 바둑 친구 중 한 사람이었다.

하루는 선생에게 문안드리고자 사랑에 갔다. 그 강 씨는 내가 어릴 적부터 보고 알던 노인이요 나의 조상을 멸시 압박하던 양반이지만, 아버님과 친분이 비교적 두텁던 옛정을 돌이켜 생각하면서 절하고 뵈었다. 며칠 후에 선생을 모시던 용진 군에게 들으니, 어제 자기 부친과 강 노인이 바둑을 두다가 두 노인이 언쟁이 되었는데, 바둑 두는 중에 강 노인이 자기 부친에게 이런 말을 했다고 한다.

"노형은 팔자가 좋아서 노년에 가산도 넉넉하고, 자손이 번성하고 또 효순孝順합니다."

자기 부친이 듣자마자 분기탱천하여 바둑판을 들어 문밖에 던지고 강 씨를 크게 꾸짖어 말하기를,

"당신의 이 말은 결코 나를 위하는 말이 아니오. 70 노구로 며칠 후면 왜놈의 노예 호적에 편입될 악운명을 가진 놈을 가리켜 팔자 좋은 것이 무엇이오?"

라며 고함 고함 하시는데, 자손 된 처지로 강 씨를 대하여 미안하고, 부친이 그같이 나랏일을 우려하시는 것을 볼 때 황송도 하고 울분도 하여, 오늘 아침에 노자를 후하게 주어 강 씨를 고향으로 돌아가게 했다고 한다.

나는 그 말을 들으니 피눈물이 눈자위에 가득해짐을 금치 못하였다. 나는 비록 당신 자손과 동년배요, 학식으로나 인품으로나 선생의 따뜻한 사랑을 받을 자격이 없는데도, 지팡이를 짚고 몇 날에 한 차례씩은 반드시 문 앞에 와서,

"선생님, 평안하시오?"

하는 말씀을 하고 가신다. 그것은 사마골오백금死馬骨五百金[547] 격만이 아니고, 제2세 국민을 가르치는 중대한 임무를 존중하는 지성에서 나온 일일 것이다. 나에게뿐 아니라, 애국자라면 누구에게든지 뜨거운 동정을 가지는 것을 보았다.

성묘차 고향에 가다

나는 장련에 살 때 해주 본향에 성묘차 갔다. 준영 막내 삼촌에게, 장련에서 사촌 형제가 한집안에 모여 살면서 형은 농업과 가사 모든 일을 맡아 하고 나는 교육에 종사하여 생활이 안정되고 집안 간에 화락함을 보고하였다. 막내 삼촌은 의아해한다.

---

[547] 죽은 말의 뼈를 5백 금으로 산다. 천리마를 구한다는 뜻을 사람들에게 널리 알리기 위하여 죽은 천리마의 뼈를 5백 금이나 주고 샀다는 고사에서 나온 말로, 큰 것을 얻기 위해 작은 것을 귀하게 여긴다는 뜻이다.

"너 같은 난봉꾼을 누가 도와주어서 그렇게 사느냐?"

"저의 난봉이 삼촌이 보시기에 위험해 보이지만 난봉으로 아니 보는 사람도 더러 있는 게지요."

라고 대답을 하고 웃었다. 막내 삼촌은 다시 묻는다.

"네가 맨손으로 가고, 네 사촌 형도 뒤미쳐 가고, 이용근李用根 즉 네 사촌 매부 식구까지 너를 따라가서 동거한다니 생활의 근거는 어떻게 하고 사느냐?"

"제가 그 군郡에 몇 명 아는 친구가 있어서 오라고 청하여 이주하였습니다. 친구 중 진사 오인형 군은 일찍이 그 군의 갑부인 오경승吳景勝 진사의 장손으로 아직 유산을 가지고 가난하지 않은 처지에 있는바, 인형 군이 특별히 천여 냥의 가치가 있는 가대家垈와 전답, 원림을 모두 갖추어 주면서, 언제든지 살아가는 동안에는 내 물건과 같이 사용하여 의식주의 토대로 삼으라고 하며 농우農牛 한 필까지 사 주었습니다. 그리고 집안에서 쓰는 돈은 수시로 인형 군에게 청구하여 씁니다."

라고 많은 식구가 살아가는 내용을 일일이 보고하였다. 막내 삼촌은 다 듣고 나서,

"이 세상에 어찌 그렇게 후덕한 사람도 있느냐?"

하지만, 막내 삼촌의 생각에는 내가 무슨 협잡이나 하지 않는가 하고 의심하는 것이었다.

평소 삼촌 조카 사이에 정이 두텁지 못한 것은 이러했다. 인근 부호의 아들이나 조카들이 왜놈에게 돈 백 냥을 빌려 쓸 때 증서에는 천 냥이라고 써 주고 왜놈이 돈 받을 때는 천 냥을 다 받는데, 당사자에게 가산이 부족하면 친족에게 물렸다. 막내 삼촌은 이를 자주 보고, 내가 서울도 가고 남도에도 오가고 하니 왜놈의 돈이나 얻어 쓰고 다니지 않는가 하여 어디를 간다면 야단을 했고, 그 때문에 내가 어디 갈 때는 조용히 몰래 나가 버렸던 것이다.

그해 가을에 막내 삼촌이 장련에 오셨다. 사직동 집이 집만 좋을 뿐 아니

라 추수한 곡물도 당신 댁 살림보다 나을 것이었다. 막내 삼촌에게는 심히 만족한다기보다는 예상외였다. 그러나 오 진사를 찾아가서 보고는 어머님을 대하여,

"조카가 남에게 그같이 믿음을 받을 줄은 생각 못 하였습니다."
하시고, 나에 대한 오해가 풀린 후에는 막내 삼촌은 나를 매우 사랑하셨다.

안악으로 이주한 후에도 교무를 담임하다가 휴가에 성묘차 고향에 갔다. 여러 해 만에 어릴 적부터 공부도 하고 놀기도 하던 고향 땅을 방문하니 옛일에 대한 감회가 형언할 수 없었다. 당시에 나를 안아 주고 사랑해 주던 노인들은 태반이나 보이지를 않고, 내가 보았던 어린아이들은 모두 장성하였다. 성장한 청년 중에 쓸 만한 인재가 있는가 살펴보았지만, 모양만 상놈이 아니라 정신까지 상놈이 되고 말았다. 그들은 민족이 무엇인지, 국가가 무엇인지 털끝만큼의 각성도 없는 밥벌레에 불과했다. 젊은 사람들에게 교육을 말하니, 신학문은 예수교나 천주교로 안다.

이웃 마을의 양반 강 진사 집을 찾아갔다. 그 양반들에게 전과 같이 절을 할 자에게는 절을 하고, 말로 공대하던 자에게는 입인사로, 이전과 똑같은 상놈의 본모습으로 대하면서 그 양반들의 태도를 살펴보았다. 그같이 교만하던 양반들이 나에게 공대도 아니요 하대도 아닌 말로, 나의 지극한 공경함을 감당하지 못하는 모습이 보인다. 생각건대, 작년에 강경희 노인이 안악 김효영 선생과 함께 바둑을 둘 때 효영 노선생이 몸을 일으켜 나를 영접했던 것, 그때 양산학교에 사범생 4백~5백 명이 모인 중에 내가 주선하던 것을 보고 가서 자기 집안사람들에게 이야기한 것 같았다. 하여튼지 양반의 세력이 쇠퇴한 것은 사실이다. 당당한 그 양반들로서 초라한 상놈 한 명을 접대하기에 힘이 부쳐서 애를 쓰는 것을 볼 때 더욱 가련하게 생각되었다. 나라가 죽게 되니까 국내에서 중견 세력을 가지고 온갖 위세를 다 부리던 양반부터 저 꼴이 된 것이 아닌가. 만일 양반이 살아야 국가가 독립할 수 있다면, 나는 양반의 학대를 좀 더 받더라도 나라만 살아났으면 좋겠다는 생각이 들었다.

평소에 재사才士라고 스스로 인정하며 호기롭게 자랑하던 강성춘姜成春에게 구국의 길을 물었다. 강 군은 망국의 책임이 당국자에게 있고 자기와 같은 시골 노인은 관계가 없는 것처럼 조심스럽게 대답을 한다. 내 집안의 '상놈의 상놈'이나 그대의 '양반인 상놈'이나 상놈 맛은 마찬가지라고 생각된다. 자제를 교육하라고 권하니 단발이 문제라고 한다. 교육은 단발이 목적이 아니라 인재를 양성하는 것으로, 장래 완전한 국가의 일원이 되게 하여 자기 나라의 약함을 강하게 하고 어둠을 빛나게 함에 있다고 해도, 그이의 귀에는 천주학이나 하라는 줄 알고, 자기 가문에도 예수교에 참가한 사람이 있다고 하면서 대화를 회피한다.

저주하리로다, 해주 서촌 양반들이여! 자기네가 충신忠臣 자손이니 공신功臣 자손이니 하며 평민을 말이나 소 보듯 하고 노예시하던 기염이 오늘 어디에 있는가? 저주하리로다, 해주 서촌 상놈들이여! 5백 년 기나긴 세월에 양반 앞에서 담배 한 대와 큰기침 한 번을 마음 놓고 못 하다가 이제는 재래在來의 썩은 양반보다 신선한 신식 양반이 될 수 있지 않은가? 구식 양반은 군주 일개인에 대한 충신으로도 자자손손 그 조상의 음덕을 입었거니와, 신식 양반은 삼천리 강토의 2천만 민중에게 충성을 다하여 자기 자손과 2천만 민중의 자손에게 만세 장래에 복음을 남길지니라. 그 얼마나 훌륭한 양반일까 보냐.

"양반도 깨어라."

"상놈도 깨어라."

하고 절규한 것은, 고향에 갈 때 환등기를 가지고 가서 인근의 양반과 상놈을 다 모아 놓고 환등회 석상에서 한 말이다.

황해도 각 군에서 강연회를 개최하다

안악에서 사범강습을 마치고 양산학교를 확장하여 중학부와 소학부를 설

치하고[548] 김홍량金鴻亮[549]이 교주校主
겸 교장이 되어 교무를 맡아보고, 나는
최광옥 등 교육자와 합력하여 해서교육
총회海西教育總會를 조직하고,[550] 그 회
의 학무총감 직임을 맡아 전 도내道內
교육기관을 설립해 관리하는 책임을 가
지고 각 군을 순행하였다.

김홍량.

　이때 배천군수 전봉훈全鳳薰의 요구
에 의하여 배천읍에 당도하니, 전 군수
가 각 면에 훈령하여 면내 두민頭民[551]과
신사紳士[552]를 오리정五里亭에 소집하고
기다리다가 군수가 앞장서서 "김구 선생 만세萬歲!"를 부르자 군중이 다 같이
큰 소리로 외친다.

　나는 전 군수의 입을 막고 망발임을 말해 주었다. 나는 그때까지 '만세' 두
글자는 황제에게만 쓰는 전용 축사요, 황태자에게는 '천세千歲'를 부르는 것만
알았다. 전 군수는 내 손을 잡으며,

　"김 선생, 안심하시오. 내가 선생을 환영하며 만세를 부르는 것은 통례이지
망발이 아닙니다. 친구 간에도 맞아들이고 떠나보낼 때 만세를 부르는 터이니
안심하고 영접하는 분들과 인사나 하시오."

---

548 1908년 9월 11일이다.
549 일제강점기의 교육자·독립운동가(1885~1950). 황해도 안악 출생으로, 1905년 을사늑
　　약으로 일본에 국권을 침탈당하자 애국계몽운동에 참가하여 안악에 양산학교를 설립
　　하여 교장으로 있으면서 교육 사업에 헌신했다. 1907년 신민회가 조직되자 이에 참여
　　했고, 1911년 안악사건에 연루되어 백범 등과 함께 복역했다.
550 1908년 4월경이다.
551 동네에서 나이가 많고 식견이 높은 사람.
552 여기서는 신문명에 눈을 뜬 사람을 가리킨다.

한다. 배천읍에서 전 군수의 사저에 묵으면서 각 면의 유지有志와 회동하고 교육 시설에 대한 방침을 협의, 진행하였다.

전봉훈은 본시 재령 관아의 구실아치로, 해주읍에서 총순總巡으로 다년간 일하며 교육을 장려하여 해주에 정내학교正內學校를 설립하고 야학을 권장했는데, 시내 각 점포의 사환을 야학에 보내지 않으면 그 점포 주인을 처벌하는 등 별별 수단을 다 동원해서 교육에 대한 훌륭한 업적이 매우 많았다. 그 후에 배천군수가 되어 그 군내에서 교육을 열심히 시행하던 때였다. 전 군수의 외아들은 일찍 죽었고, 장손 무길武吉은 5~6세였다. 그때 군마다 일본의 수비대와 헌병대를 주둔케 하여 모든 군이 똑같이 관아를 빼앗겼으나 유독 배천은 전 군수가 이유를 들며 강하게 거부하여 빼앗기지 않았다. 일본이 눈엣가시로 생각하여 종종 곤란한 교섭이 많았으나, 전 씨의 본의는 군수를 영화로운 직으로 알지 않고 군수의 권리를 가지고 교육에 힘을 보태는 것이었다.

그는 최광옥을 초빙하여 사범강습소를 세우고 청년을 모집하여 애국심을 고취하기에 전력하였는데, 최광옥은 배천읍에서 강연하다가 끝내 피를 토하고 사망하였다. 원근의 인사들이 이처럼 고심하며 열성적인 청년 지사가 중도에 사망함을 애처롭게 여겨 임시로 배천읍 남산 위 학교 운동장 옆에 장사를 지냈다. 양서兩西의 인사가 최 선생의 성충誠忠을 영원히 기념하기 위해 장지葬地를 사리원 정거장 근방에 정하고, 비석은 평양 정거장에 이토 히로부미伊藤博文[553]의 기념비보다 뛰어나게 세워서 오가는 사람들에게 영원한 인상을 주기로 하고, 안태국安泰國[554]에게 비석의 모양까지 정하게 하여 평양에서 만들도록 했으

---

[553] 일본의 정치가(1841~1909). 1905년 주한 특파대사로서 조선의 외교권을 빼앗는 을사늑약 체결을 주도하였고, 초대 조선 통감으로 우리나라 국권 강탈을 준비하던 중 중국 하얼빈에서 안중근 의사에게 피살되었다.

[554] 일제강점기의 독립운동가(?~1920). 평양 출생으로 일찍이 항일비밀결사 신민회新民會 조직에 참여하였다. 1911년 105인사건에 주동자로 체포되어 복역한 후 중국 상해에 망명하여 독립운동에 헌신하다 병사하였다.

나, 합병조약合併條約[555]이 체결되어 그 역시 이루지 못하고 아직 배천에 그대로 묻혀 있다.[556]

재령 양원학교養元學校에서 유림儒林을 소집하여 교육에 대한 방침을 토의하고 장연에 가니, 그 군수 이 씨가 영접 후에 자기 관할 각 면에 훈령을 내려, "김구 선생의 교육 방침을 성심으로 복종하라."고 한 후에 나에게 각 면을 순행해 달라고 간청하였다. 이를 물리치지 못해 읍내에서 한 차례 환등대회幻燈大會를 열어 수천 명의 남녀노소가 모여 성황으로 치른 뒤에 순택면蓴澤面과 신화면薪花面[557] 등을 순회하고, 안악의 학교 사무가 급박하여 귀환의 길에 올랐다.

송화松禾 수교시水橋市[558]에 도착하여 시내 유력자인 감승무甘乘武 등 몇 명 유지의 요청에 의하여 부근 대여섯 곳 소학교를 소집하여 환등회를 열고 길을 떠나려고 할 즈음에 송화군수 성낙영成樂英이 대표를 보내와서 말하기를,

"초면인 장연군수는 인사만 하고도 각 면 순회강연까지 해 주고, 친숙한 나는 찾아 주지도 않고 지나가려 하시느냐?"

며 방문을 간청한다. 그 군의 세무소장인 구자록具滋祿 군도 교육에 열심인 탓으로 친숙한 터여서, 구 군의 요청까지 받고 부득이 송화군 읍내로 향하였다. 이 소문을 접한 성낙영은 즉시 각 면의 10여 곳 학교와 군내 유지有志 인사와 부인, 아동까지 소집하였다. 나는 수년 만에 송화읍의 광경을 보았다. 이곳은 해서海西 의병을 토벌하던 요지였는데, 읍내 관사는 대부분 일본이 점령하였다. 수비대·헌병대·경찰서·우편국 등의 기관이 가득 찼고, 소위 군청이란 것

---

555 1910년의 경술국치庚戌國恥를 가리킨다. 그해 8월 22일 일본과 합병한다는 조약이 강제로 체결되고 8월 29일 공포됨으로써 국권이 상실되었다.

556 1933년 11월 안창호·조만식·김홍량 등의 노력으로 평양 장대현교회 묘지로 이장되었다.(도진순 교감, 『정본 백범일지』, 돌베개, 2016, 283쪽.)

557 친필본의 한자 '薪化'는 오기이다.

558 당시 송화군 봉래면 수교리이다. 시골이지만 면소재지로 국민학교가 있고, 철도가 지나 기차역이 있고, 도로가 발달되어 도시 같은 모습을 보여 수교시水橋市라고 호칭한 듯하다.

이 개인 집으로, 거기서 일하는 광경을 보고 분한 마음에 몹시 화가 났다.

환등회를 열었는데, 태황제太皇帝[559]의 얼굴이 나오자 일동에게 일어나 몸을 굽혀 예를 표하라고 명하여, 한국 관민은 물론이고 일본 장교와 경관 무리까지 몸을 굽혀 예를 표하게 하였다. 그리고 "한국인이 일본을 배척하는 이유가 어디에 있는가?"라는 강연 제목 아래,

> 과거 아일전쟁俄日戰爭,[560] 중일전쟁中日戰爭[561] 때만 해도 일본에 대한 한국인의 감정은 극히 너그러웠다. 그 후 강압 조약이 체결됨에 따라 점점 악감惡感이 격증하였다. 내가 연전에 문화군 종산에서 직접 겪은 사실로, 일본 병사가 시골 마을에서 약탈을 감행하는 것을 목도하였으니, 일본의 나쁜 짓이 곧 한국인이 일본을 배척하는 원인이다.

라고 큰 소리로 꾸짖으면서 자리에 죽 벌여 앉아 있는 성낙영과 구자록을 보니 얼굴이 흙빛이었고, 왜놈들은 노기가 등등하였다.

2차 투옥

경찰이 갑자기 환등회를 해산하고 나를 경찰서로 데려간다. 군중은 노하였으나 감히 말은 못 하고 대단히 격앙된 기색이 보였다. 나를 경찰서에 데리

---

559 자리를 물려주고 들어앉은 황제. 곧 고종황제를 가리킨다.

560 아라사俄羅斯(러시아)와 일본 사이에 일어난 전쟁. 즉 러일전쟁으로, 1904년(고종 41) 한반도와 만주에 대한 지배권을 둘러싸고 일어났다. 일본이 승리하여 한국에 대한 지배권을 인정받는 결과를 가져왔다.

561 중국과 일본 사이의 전쟁. 여기서는 1894년(고종 31)에 일어난 청일전쟁을 가리킨다. 중국과 일본은 그 후 1937년에 역사적으로 '중일전쟁'이라 일컫는 전쟁을 또 벌인 바 있다.

의거 직후의 안중근(왼쪽)과 이토 히로부미.

고 가서 한국인 감독 순사의 숙직실에서 같이 자게 하였다. 그러자 각 학교에서 학생이 번갈아 와서 방문하기로 하고 위문대를 조직해 연속하여 위문하였다.

하룻밤을 자고 이튿날에는 하얼빈 발신으로 이토 히로부미가 한국인 은치안(그때 신문에 게재된 '은치안' 세 글자는 '안응칠安應七'이니, 즉 안중근의 자字가 응칠이다)에게 피살되었다는 신문을 보았다. 은치안을 몰라서 매우 궁금했는데, 이튿날 아침에 안응칠 즉 안중근으로 명백하게 신문에 게재되었다. 그때서야 나는 어렴풋이 내가 구류당하는 원인을 깨달았다. 그날 저녁 환등회에서 일본 놈을 꾸짖고 욕하였으나 그만한 것은 도처에서 다 그렇게 했으니 하필 송화 경찰이 나에게 손댄 것을 이상히 알았고, 구류를 당한대야 며칠 후 타이르며 내보내

줄 것으로 알았는데, 하얼빈 사건의 혐의라면 좀 길게 고생하리라고 생각되었다.

며칠 뒤 대수롭지 않은 몇 마디 질문을 하더니, 유치장에서 1개월을 보내고 나서 해주지방재판소로 압송한다. 수교시 감승무 집에서 점심밥을 먹을 때, 시내 학교 직원과 어르신들이 일제히 모여서 호송하는 왜 순사에게,

"김구 선생은 우리 교육계의 사표師表이니 위로연을 베풀고 일차 접대하겠소."

라고 요구한다. 그러자,

"후일 해주 다녀온 뒤에 실컷 위로하시오."

라며 그날은 거절한다.

마침내 해주에 도착하여 즉시 감옥에 갇혔다. 하룻밤을 지내고, 검사는 안중근과의 관계 유무를 질문한다. 그러나 종전에 사귀었던 관계뿐이고 금번 하얼빈 사건과는 아무 관련이 없는 것을 알고는, 나에게 지방에서 일본 관헌과 반목하는 증거인 『김구金龜』라고 쓴 백여 쪽의 책자 하나를 내놓고 신문한다. 내용은 전부 내가 수년간 각처에서 행동한 것을 경찰이 보고하였는데, 이를 집성한 것이었다.

결국은 불기소로 방면되어 소지품을 가지고 박창진朴昌鎭의 책방에 갔다. 마침 박 군을 만나 그간의 과정을 이야기할 때, 옆에 있던 유훈영柳薰永 군이 인사를 하고 자기 부친의 생신연에 동참해 달라는 요청을 하기에 이에 응하여 회갑잔치에 참석하였다. 회갑을 맞은 노인은 즉 해주 부호의 한 사람인 유장단柳長湍이었다. 송화경찰서에서 따라온 한일韓日 순사 중 한국인 순사들은 나에게 동정하므로 연회가 끝난 후에도 사건의 진행을 알고 싶어 하여 아직 길을 떠나지 않고 있었다. 순사 전부를 연회장으로 오라고 해서 경과를 말해 주어 돌아가게 하였다. 그리고 나서 이승준李承駿·김영택金泳澤·양낙주梁洛疇 등 여러 사람을 방문할 즈음 안악 친구들이 한정교韓貞敎를 파송하였다. 동지들의 걱정을 덜어 주기 위해 하루 일찍 한정교를 따라 안악으로 돌아왔다.

재령 보강학교장 때의 일들

당시 안악 양산학교에는 중학과 소학 2개 부를 두고, 처음에는 이인배가 교장이었고, 그 후는 김홍량이 교주校主 겸 교장이 되었다. 나는 소학부의 유년幼年 교수를 담임하고 재령 북률면北栗面 무상리武尚里562의 보강학교保强學校 교장 직임을 겸하고 그 학교 유지 발전을 위하여 종종 왕래하였다. 그 학교는 최초에는 노동자들의 주동으로 설립되었으나, 부근 동리의 유지有志들이 운영해 가면서 그 학교 진흥책으로 나를 교장으로 추천하여 뽑은 것이다. 전승근을 주임교사로 임명하고, 장덕준張德俊563은 교사 반 학생 반 목적으로 친동생 덕수德秀564를 데리고 교내에서 숙식하고, 교감 허정삼許貞三 등의 협력으로 교무를 발전시키고 있었다.

학교 건물은 새로 지은 것으로, 아직 기와를 얹지 못하여 이엉만 이고 개교하여 가르치던 터였다. 그 학교는 무상리 동네와 떨어져서 야외에 독립한 건물인데, 종종 도깨비불[귀화鬼火]이 발생하여 이를 진화鎭火한다는 보고가 있었다. 나는 교직원 한 사람에게 비밀히 주의를 주었다. 그 학교의 화재가 매번 야심한 후에 난다 하니 3일을 기한으로 정하고 은밀한 곳에서 학교의 인적人跡 유무를 주목하다가 만일 인적이 있거든 가만히 추적하여 행동을 살펴보라고 일렀다.

---

562 친필본에는 무상동武尚洞으로 나온다.
563 일제강점기의 언론인(1891~1920). 황해도 재령 출생으로, 1917년 일본에 건너가 청년운동과 사회운동에 참여하여 활동하다가 귀국한 후 1920년 『동아일보』 창간에 참여하여 논설위원을 지냈고, 그해 10월 일본군이 혼춘사건琿春事件을 일으켜 중국 길림성 혼춘의 우리나라 동포와 독립운동가를 대량 학살하자 이를 대내외에 알리기 위하여 현지에 가서 취재하다 일본군에 의해 살해되었다.
564 일제강점기의 독립운동가이자 광복 후의 정치가(1895~1947). 호는 설산雪山으로, 중국 상해로 건너가 독립운동을 하다가 체포되어 옥고를 치렀다. 광복 후 한국민주당에 참여하여 활동하다가 암살되었다.

과연 둘째 날에, 학교에 중대 사고가 있으니 교장이 출석하여 달라는 급보가 왔다. 보고를 접한 즉시 출발하여 학교에 가니 건물을 지키던 직원이 방화범 한 명을 포박하고 동네에서 또는 학교에서 죽이자느니 살리자느니 소동이 났다. 범인을 직접 심문하니 그 동네에 거주하는 서당 훈장이었다. 내가 동네 부로父老들을 초청하여 신교육의 필요성을 설명하니 자기가 가르치던 아동 네다섯 명이 전부 학교에 입학하였고, 그러고 보니 자기는 고역인 농사짓는 일밖에 생활 방도가 없게 되어, 이를 원망하여 불의不義의 수단으로 학교 사업을 방해하고자 방화했다고 자백하였다.

내가 일찍이 학교 사무원을 불러 학교에 화재 나던 진상을 물으니, 그이들은 확실히 도깨비불이라고 하였다.

"교사校舍 부근에 그 동네에서 해마다 제사 지내던 소위 부군당府君堂[565]이 있고 그 당 주위에는 아름드리 고목古木이 줄지어 서 있었는데, 학교 건물을 새로 지은 후에 그 고목을 베어 내어 연료로 제공하였습니다. 이런 까닭으로 동네 사람들은 도깨비불로 인정하였고, 학교로서는 그 부군당에 제사 지내지 않으면 화재를 면치 못한다는 미신설이 있는 등 이러쿵저러쿵 말이 많았습니다." 라고들 하였다. 이런 까닭으로 그 학교 직원에게 비밀리에 부탁해 두었던 것이다.

직원의 보고에 의하면, 두 번째 화재가 난 후에 매일 밤 학교 건물 부근에 숨어서 살펴보았는데, 그러던 둘째 날 밤중에 무상리 동네에서 학교 건물로 가는 길에 인적이 있으므로 가만가만히 뒤를 따라가며 보니, 어떤 사람이 갑자기 학교 건물로 급히 달려가 교정에 서서 강당의 처마[566] 위와 마주하고 있는 사무실 지붕에 무슨 물건을 던지는 것이었다. 강당 지붕에서는 벌써 화염이 일어나고 사무실 지붕에서는 반딧불같이 반짝반짝만 하고 아직 불은 나지

---

565 각 관아에서 신령을 모셔 두고 제사를 지내던 집.
566 친필본의 '옥뢰屋雷'는 '옥류屋霤'(처마)의 오기로 보인다.

않음을 본 그 사람이 도주하려는 즈음에 건물을 지키던 직원이 붙잡아, 한편으로는 결박하고, 한편으로는 동네 사람을 불러내서 불을 끄고 나에게 급히 보고한 것이었다.

그 범인을 신문하니 일일이 자백하였다. 과연 학교가 설립됨에 따라 자기 생활에 손해가 미치므로 불을 지른 것이요, 그 방화의 방법은 한 손가락 길이의 화약심지 끝에 당성냥 대가리를 한 줌 묶고, 한쪽 끝에는 돌을 달아매어 지붕 꼭대기에 던져서 발화케 한 행위를 알아냈다. 그러나 경찰에 고발하지는 않고 조용히 그 동네를 떠나라고 명하고, 그 후로는 교무를 진전시켰다.

안악에서 보강학교까지는 20리 거리이므로 일주일에 한 차례만 그 학교에 나갔다. 안악읍에서 신환포新換浦⁵⁶⁷ 하류를 건너 학교를 가는데, 여름철에 학교에 가면서 나루터를 향하여 가노라면 학교에서는 소학생들이 나를 바라보고 영접하느라고 몰려나오고 직원들도 뒤를 이어 나온다. 내가 나루터에 도착하여 보니, 건너편에 도착한 소학생 전부가 의복을 척척 벗고 강으로 뛰어 들어간다. 나는 크게 놀라 고함을 지르니 직원들은 강가에서 웃으면서 안심하라고 답한다. 나룻배에 올라 강 가운데로 나아가자 가뭇가뭇한 학생들의 머리가 물속에 나타나서 뱃전에 매달리는 것이 마치 쳇바퀴에 개미떼 붙듯 하였다. 나는 장래에 해군을 모집하게 되면 바닷가 촌락에서 모으는 것이 좋겠다고 생각하였다.

무상리 역시 재령 여물평餘物坪⁵⁶⁸의 한 동리이다. 여물평 안에는 특별히 큰 부자는 없으나 보통으로는 그다지 빈곤하지 않은 곳이니, 토지가 대부분 궁장宮莊⁵⁶⁹이고 극히 비옥한 까닭이었다. 사람들의 인품이 명민, 준수하고 시대

---

567 황해도 재령군 서호면 신환포리로, 1893년(고종 30) 재령군 최초로 신환포교회가 설립되었다.

568 재령평야를 이루는 한 평야로서, "먹고 입고 쓰고도 남는다."는 의미에서 '나무리벌'로도 불렸다.

569 조선 후기에 왕족에 필요한 경비를 지원하기 위한 농장. 무상리가 있는 북률면에는 북률농장이라 하여 순조의 생모 수빈박씨綏嬪朴氏의 사당 경우궁景祐宮 소속의 궁장토가 있었다. 친필본의 한자 '宮庄'은 오기이다.

변천에 순응하였으며, 학교로는 운수雲水 · 진초進礎 · 보강保强 · 기독基督 등이 설립되어 자제를 교육하고 농무회農務會를 조직하여 농업 발달을 꾀하는 등 공익사업에 착안함이 실로 볼만하였다.

나석주 · 이재명 의사와의 만남

나석주羅錫疇[570] 의사는 당시 20세 안팎의 청년으로, 나라의 형편이 날로 나빠짐을 분하고 한스럽게 여겨 여물평 내에서 남녀 어린아이 8~9명을 배에 싣고 비밀히 중국으로 도망하여 철망 밖으로 벗어나서 가르치고자 출발하다가, 장련 오리포梧里浦[571]에서 왜경에게 발각되어 몇 개월의 옥고를 치렀다. 출옥 후에는, 겉으로는 상업과 농업에 종사하면서 속으로는 독립 사상을 부추겨 직간접으로 교육에 열성을 다하여 여물평 내 청년의 수뇌首腦로 신임을 받고 있었다. 나도 종종 여물평에 내왕하게 되었다.

노백린盧伯麟[572]이 군직軍職에서 벗어나 풍천豐川[573] 자택에서 교육 사업에

---

570 일제강점기의 독립운동가(1892~1926). 황해도 재령 출생으로 23세 때 만주로 건너가 무관학교에 입학하여 군사훈련을 받았다. 1919년 국내에 들어와 3·1운동에 참여하였다가 일본 경찰에 붙잡혀 옥고를 치렀다. 이후 다시 중국으로 망명하여 1925년 상해 임시정부에서 일하다가 1926년 천진으로 가서 의열단義烈團에 가입한 후 국내에 들어와 우리나라 토지 수탈에 앞장섰던 동양척식주식회사東洋拓殖株式會社와 식산은행殖産銀行에 폭탄을 던지고 자결하였다.

571 황해도 은율군(전의 장련군) 이도면 오리포리에 있는 항구로, 바다 건너 평안북도 용강군과 마주 보고 있다.

572 일제강점기의 독립운동가(1874~1925). 호는 계원桂園. 황해도 은율 출생으로 일찍이 항일비밀결사 신민회新民會 조직에 참여하였다. 1919년 3·1운동 후 중국에 망명하여 상해 대한민국임시정부에서 군무총장과 국무총리를 지냈다. 그 후 미국으로 건너가 워싱턴의 구미위원부에서 소련에 파견되어 외교 활동을 하였다.

573 황해도 송화군의 옛 지명으로, 1914년 풍천군에서 송화군에 편입되었다. 노백린의 본관이 풍천이다.

종사하던 때였다. 하루는 내가 경성 가는 도중에 안악에서 만나 그와 함께 여
물평 진초리⁵⁷⁴의 교육가인 김정홍金正洪 군의 집에서 묵게 되었다. 진초학교
직원들과 식사하며 술 마시던 즈음에 갑자기 동리에서 시끄럽게 떠들어대는
소리가 난다. 진초학교 교장 김정홍이 놀라서 허둥지둥하며 사실을 말한다.

그 학교의 여교사 오인성吳仁星은 이재명李在明⁵⁷⁵의 부인인데, 이 군이 자
기 부인을 권총으로 위협하며 무슨 요구를 강경히 하였던지 오 여사는 놀라
고 겁이 나서 학교 수업을 감당치 못할 사정을 말하고 이웃집에 피해 숨었고,
이 군은 미친 사람이 행동하는 것처럼 동네 입구에서 총을 쏘아 대고 나라 팔
아먹은 도적놈을 하나하나 총살하겠노라고 큰소리쳐서 동네가 떠들썩하다고
한다.

노백린과 상의하여 이 군을 불러오게 하였다.⁵⁷⁶ 누가 알았으랴. 며칠 후에
조선 천지를 진동하던, 경성 이현泥峴⁵⁷⁷에서 군밤장수로 가장하여 하늘을 찌
를 듯한 기개로 이완용李完用⁵⁷⁸을 저격하여, 먼저 차부車夫를 죽이고 이완용의
생명은 다 빼앗지 못하고 체포되어 순국하신 이재명 의사인 줄을.

---

574 황해도 재령군 북률면 소속 행정 지명으로, 친필본에는 진초동進礎洞으로 나온다.
575 일제강점기의 독립운동가(1886~1910). 평북 선천 출생으로 1904년 미국으로 건너갔
다가 일제의 한국 침략이 노골화되자 국권 회복을 목적으로 1907년 귀국하여 침략 원
흉 이토 히로부미 암살을 기도했다가 주위의 만류로 그만두었다. 그 후 러시아 연해주
로 건너가 활동하다가 친일 매국노 처단을 계획하고 국내에 몰래 들어와 1909년 12월
22일 서울 명동성당 앞에서 이완용을 습격하여 중상을 입히고 일본 경찰에 체포되어
이듬해 10월 순국하였다.
576 1909년(순종 3)의 일이다.
577 '종현鐘峴'의 착오이다. 이재명 의사의 의거 장소는 지금의 명동성당(당시 종현천주교
회) 정문 앞이었다. 이현泥峴은 지금의 서울 충무로 2가 지역이다. 일명 '진고개'로, 이
일대 땅이 너무 질어서 붙여진 이름이다.
578 조선 말의 정치가(1858~1926). 경기도 광주 출생으로 25세 때 문과에 급제하였다.
1905년 을사늑약 체결을 주도한 5적의 하나로 친일 행위에 앞장섰으며, 1910년 총리
대신으로 한일병합조약 체결을 주도하였다. 이후 일본으로부터 백작의 작위를 받고 중
추원 고문을 지냈다.

노백린.

나석주.

이재명.

이완용.

부름에 응하여 나이 23~24세의 청년이 미간에 분기를 띠고 방으로 들어왔다. 우리 두 사람이 차례로 인사를 하니,

"저는 이재명입니다. 몇 달 전에 미국에서 귀국하여 평양의 오인성이라는 여자와 결혼하여 지냅니다. 제 처의 가정은 과부 장모가 여자 세 명을 데리고

지내는데, 가세는 넉넉하여 딸들 교육은 시켰지만 국가 대사에 충성을 바칠 용기는 없고, 다만 구차한 편안함에 들러붙어 나의 의기와 충성을 이해하지 못하는 점을 가지고 부부간에도 간혹 다툼이 생기니, 학교에 손해가 될까 우려합니다."

라는 말을 기탄없이 한다.

계원桂園[579] 형과 나는 이 의사에게 장래에 목적하는 일과 과거 경력과 학식을 일일이 물었다.

"저는 어린 나이에 하와이(포와布蛙)[580]에 건너가서 공부를 하다가 조국이 섬나라 왜놈에게 강점된다는 말을 듣고 귀국하였으며, 지금 하려는 일은 나라 팔아먹은 도적 이완용을 비롯하여 몇 놈을 죽이려고 준비 중입니다."

라면서 단도 한 자루와 권총 한 자루, 이완용 등의 사진 몇 장을 품속에서 내놓는다. 계원과 나는 같은 관찰 결과를 냈는데, 똑같이 시세에 격분하여 헛된 열정에 들뜬 청년으로 보았다.

계원이 이 의사의 손을 잡고 간곡히 말하였다.

"자네가 나랏일에 비분하여 용기 있게 활동함은 극히 가상하나, 대사를 경영하는 남아가 총기로 자기 부인을 위협, 협박하고 동네에서 총을 함부로 쏘아 민심을 요란케 하는 것은 의지가 확고하지 못한 표징이니, 지금은 칼과 총을 나에게 맡겨 두고 의지도 더욱 굳세게 수양하고 동지도 더 사귀어서 실행할 때 나에게 와서 찾아가 실행함이 어떠하오?"

이 의사는 계원과 나를 자세히 보다가 총과 칼을 계원에게 주었지만, 안색에는 기껍지 않음이 겉으로 나타났다. 작별하고 사리원역에서 차가 막 떠나려 할 때 이 의사가 갑자기 나타나 계원에게 그 물품의 반환을 요구하였다. 계원은 웃으면서,

---

579 노백린盧伯麟의 호이다.
580 친필본의 한자 '包蛙'는 오기이다.

"경성 와서 찾으시오."

하자 기차가 떠났다.

그리한 지 1개월이 못 되어 의사는 동지 몇 명과 회동해 경성에 도착하여, 이 의사가 군밤장수로 가장하고 길가에서 밤을 팔다가 이완용을 칼로 찔러서 이완용은 생명이 위험하고, 이 의사와 김정익金正益·김용문金龍文·전태선全泰善[581]·오복원吳復元[582] 등이 체포된 사건이 신문에 게재되었다.

나는 깜짝 놀랐다. 이 의사가 권총을 사용하였다면 도적 이완용의 생명 결말이 확실할 것인데, 알아보지 못한 우리가 간섭하여 무기를 빼앗았기 때문에 충분한 성공을 못 한 것이었다. 한탄과 후회가 그치지 않았다.

---

581 친필본의 전태선田泰善은 오기이다.
582 친필본에는 '오吳'로만 표기되어 있는데, 이름이 기억나지 않아 성만 써 넣은 듯하다. 뒤에 서대문감옥에서 이재명 의사의 동지 오복원을 만난 사실이 기록되어 있다.

신민회 사건 : 3차 투옥

합병의 치욕을 당하여 교육에 더욱 힘쓰다

기록의 선후가 바뀌었다.

아! 국가는 병합된 후이다. 국가가 합병의 치욕을 당한 당시의 인정은 심히 흉흉하였다. 원로 대신大臣들 중에 자살하는 자들이 있고, 내외 관인官人 중에도 자살하는 자 다수이고, 교육계에는 배일사상이 극도에 달하고, 오직 듣지 못하고 알지 못하는 농민들 중에만 합병이 무엇인지, 망국이 무엇인지 모르고 있는 자가 많았다.

나부터 망국의 수치를 당하고 나라 없는 아픔을 느끼나, 사람이 사랑하는 아들을 잃으면 상실을 슬퍼하면서도 어떤 때에는 생존해 있을 것 같은 생각이 나는 것과 같이, 나라가 망하기는 하였으나 국민이 일치 분발하면 곧 국권이 회복될 것같이 생각되었다. 그리하려면 후세들의 애국심을 양성하여 장래에 광복하게 하는 길 외에는 다른 길이 없으리라고 생각되어, 계속해서 양산학교를 확장하여 중학부와 소학부에 학생을 더 모집하고 교장의 임무를 지니고 있었다.

신민회 비밀회의에 참가하다

이보다 먼저 국내외를 통하여 정치적 비밀결사가 조직되니 즉 신민회新民會였다. 안창호는 미주에서 귀국해 평양에 대성학교大成學校를 창설하여 청년 교육을 표면의 사업으로 하고, 이면에서는 양기탁梁起鐸[583] · 안태국 · 이승훈李昇薰[584] · 전덕기 · 이동녕李東寧[585] · 주진수朱鎭洙 · 이갑李甲[586] · 이종호李鍾浩 · 최광옥 · 김홍량 외에 몇 사람이 중심인물이 되고, 당시 4백여 명의 정수분자로 조직된

---

[583] 일제강점기의 언론인 · 독립운동가(1871~1938). 평남 평양 출신으로 어린 시절 한학을 공부하고 일찍이 독립협회에 가입하여 만민공동회 간부로 활약했다. 1900년 캐나다 선교사 게일 J. S. Gaie의 주선으로 일본과 미국을 여행하며 견문을 넓혔다. 1905년 『대한매일신보』를 창간하여 주필로서 항일 논조의 글을 많이 게재하였으며, 신민회新民會에 참여하여 활동하다가 1909년 자신의 집에서 신민회 전국 간부회의를 열어 만주에 무관학교 설립을 주창하고 이를 추진하여 성사시켰다. 이후 1911년 105인사건에 연루되어 옥고를 치른 후 상해 임시정부에서 활동하였다.

[584] 일제강점기의 교육자 · 독립운동가(1864~1930). 호는 남강南岡. 평북 정주 출신으로 가정이 빈한하여 일찍이 상업에 종사해 국내 굴지의 부호가 되었으나 1904년 러일전쟁으로 사업이 기울었다. 이 무렵 평양에서 안창호安昌浩의 강연을 듣고 감화를 받아 신민회新民會에 가입하여 구국운동에 힘썼으며, 1907년 고향 정주에 오산학교五山學校를 설립하여 신학문과 애국사상을 고취하였다. 1911년 105인사건에 연루되어 옥고를 치르고 1919년 3 · 1운동 때는 민족대표의 한 사람으로 참가하였다가 다시 투옥되었다. 뒤에 조선교육협회 간부와 동아일보사 사장을 지냈다.

[585] 일제강점기의 독립운동가(1869~1940). 호는 석오石吾. 충남 천안 출신으로 일찍이 아버지를 따라 육영사업에 종사하였다. 1896년 독립협회에 가입하여 만민공동회에서 적극적으로 활동하다 옥고를 치렀다. 출옥 후 『제국신문』 논설위원을 지냈으며, 국권 피탈 후에는 서간도로 가서 독립군 양성에 힘썼다. 1919년 상해 임시정부 수립에 앞장섰고 국무총리를 역임하였다. 1937년 중일전쟁이 일어나자 한국광복진선 결성에 참가하여 항일전에 앞장섰다.

[586] 일제강점기의 독립운동가(1877~1917). 평남 평원 출신으로 일찍이 일본 육군사관학교를 졸업하고 대한제국 군인이 되었다. 그러나 1905년 을사늑약으로 일제의 침략이 노골화되자 사직하고 신민회新民會에 참여하여 국권회복운동에 힘썼다. 1907년에는 고종의 양위를 반대하다가 투옥되었고, 뒤에 시베리아로 망명하여 독립운동에 헌신하였다.

안창호.

단체 즉 신민회를 훈련 지도하였다. 그러다가 안창호는 용산헌병대[587]에 붙잡혀 간 일도 있었고, 합병된 후에는 소위 '주의인물'을 일망타진할 것을 예상함이었던지, 비밀히 장연 송천松川[588]에서 위해위威海衛[589]로 몰래 건너가고, 이종호·이갑·유동열柳東說[590] 동지가 계속 강을 건너간 후였다.

경성에서 양기탁의 주최로 비밀회의를 한다는 통지를 받고 나도 회의에 참석하였다. 양기탁의 주소에 출석한 인원은 양기탁·이동녕·안태국·주진수·이승훈·김도희金道熙·김구로, 비밀회의를 열고 지금 일본이 경성에 소위 총독부總督府[591]를 두고 전국을 통치하니 우리도 경성에 비밀히 도독부都督府[592]를 두어 전국을 다스리고, 만주로 이민 갈 계획을 실시하고, 무관학교武官學校를 설립하여 장교를 양성해 광복전쟁을

---

587 안창호는 서북 지역 대표적 인사로 지목되어 개성헌병대에 갇혀 3개월간 수감 생활을 했다.

588 황해도 장연군 대구면 송천리로, 면사무소 소재지이다.

589 중국 산동반도 북쪽 끝에 있는 항구 도시 웨이하이웨이의 한자어. 친필본의 한자 '威海尉'는 오기이다.

590 일제강점기의 독립운동가(1877~ ?). 평북 박천 출신으로 일찍이 일본에 건너가 육군사관학교를 졸업하고 귀국하여 대한제국 군인이 되었다. 그러나 1907년 군대가 해산되자 국권회복운동에 힘썼으며, 1911년 105인사건에 연루되어 옥고를 치른 후 만주로 망명하여 상해 임시정부 참모총장을 지냈다. 광복 후 귀국하여 통위부장을 맡아 국군 창설에 힘썼으며, 6·25전쟁 때 납북되었다.

591 일제가 1910년부터 1945년까지 우리나라를 지배하기 위하여 설치하였던 최고 행정기관. 입법·사법·행정 및 군대 통수권에 관한 막강한 권한을 행사하였다.

592 본래는, 중국에서 군정郡政을 다스리던 지방 관아로, 외지外地를 통치하던 기관의 뜻이다.

양기탁.   이동녕.

일으키기로 하고, 이를 위한 준비로 이동녕을 먼저 만주에 파송하여 토지 매수, 가옥 건축, 기타 일반적인 일을 위임하여 보냈다. 그리고 나머지 참석 인원으로 각 지방 대표를 선정하여 15일 내에, 황해도에서 김구가 15만 원을, 평안남도에서 안태국이 15만 원을, 평안북도에서 이승훈이 15만 원을, 강원도에서 주진수가 10만 원을, 경기도에서 양기탁이 20만 원을 모금하여 이동녕의 뒤를 이어 보내기로 의결하고 즉각 출발하였다.

안명근 의사와의 만남

때는 경술년[593] 11월 20일이었다. 이른 아침에 양기탁의 친동생 인탁寅鐸 및 그 부인과 함께 사리원역에서 하차하여, 인탁 부부는 재령으로(인탁은 재령재

---

593 1910년이다. 이해 8월 22일 일본과 합병하는 조약을 강제로 체결하고 8월 29일 일본에게 국권을 빼앗기는 경술국치를 당하였다.

판소 서기로 부임하는 길에 동행한 것뿐이고, 우리의 비밀 계책을 알리지 않은 것은 기탁이 친동생에게 사정을 말하지 말라고 우리에게 부탁했기 때문이다), 나는 안악으로 돌아왔다.

나는 김홍량과 협의하여 토지와 가산을 파는 일에 착수하고, 신천 유문형柳文馨 등 몇 사람 외에 가까운 군郡의 동지에게 장래 방침을 몰래 알려 일을 진행하였다. 그러던 중에 장연 이명서李明瑞는 자기 집 모친과 친동생 명선明善을 서간도에 먼저 가게 하여 뒤에 도착하는 동지들의 편의를 제공하기로 하고 안악에 왔기에 북행을 인도하고 출발하도록 하였다.(이명서는 남만주에 건너갔다가 동지 15인을 인솔하고 국내에 잠입하여 은율군수를 사살하고 일본 수비대와 극렬히 싸우다가 적탄에 순국하였다)

안악에 돌아와 소문을 들으니, 안명근安明根[594]이 안악에 와서 여러 차례 나를 찾았다고 한다. 그러나 나의 경성행과 서로 어긋나 만나지 못했는데, 갑자기 그 밤중에 명근이 양산학교로 찾아왔다. 나를 찾아온 뜻을 들으니,

"제가 해서海西 각 군의 부호를 다수 교섭한 결과 모두 독립운동 자금을 허락하여 인정하였습니다만, 그러고도 요구에 빠르게 응하지 않아서 안악읍의 부호 몇 집을 총기로 위협하여 다른 지방에 영향을 미치게 할 목적이니, 응원 지도해 주시기를 청합니다."

한다. 내가 구체적인 장래 방침을 물으니 말하기를,

"황해도 일대 부호들에게 분담시켜 금전을 모아 가지고 동지들을 모아서 전신과 전화를 단절하고 각 군에 산재한 원수 같은 왜놈들은 각 해당 군에서

---

594 일제강점기의 독립운동가(1879~1927). 황해도 신천 출생으로 안중근 의사의 사촌동생 이다. 호는 매산梅山. 1910년 국권 피탈 후 독립운동 자금을 거두다가 12월 체포되어 종신형을 선고받고, 이후 감형받아 10년을 복역하였다. 출옥 후 만주로 망명하여 독립 운동을 계속하였다. 일제는 이 같은 안명근의 항일운동을 계기로 1911년 1월 안악 양 산학교 등에서 교육에 종사하던 민족운동가들을 일제히 검거하여 이른바 안악사건을 일으켰고, 9월에는 일본 총독 암살 미수 사건을 조작하여 105인사건을 일으켜 독립운 동가들을 철저히 탄압하였다.

도살하라는 명령을 발포하면, 왜병 대대가 도착하기 전 5일 동안은 자유의 천지가 될 것입니다. 거기서 더 진행시킬 능력이 없다 해도 당장에 분함을 씻는 일은 족하지 않겠습니까?"

한다. 나는 명근을 붙잡고 만류하였다.

"형이 여순旅順 사건[595]을 목도한 나머지, 더욱이 혈족의 관계이므로 더한층 분한 피가 솟는 까닭에 이러한 계획을 생각해 낸 듯하나, 5일 동안 황해도 일대에 자유 천지를 조성하려고 해도 금전보다 더욱 동지의 결속이 필요한데 동지자는 몇 사람이나 얻었나요?"

라고 물었다. 매산梅山(명근의 호)이 말하기를,

"나의 절실한 동지도 수십 명 되지만, 형이 동의하신다면 인물은 용이할 줄 압니다."

하였다. 나는 간곡히 만류하고,

"장래에 대규모의 전쟁을 하려면 인재 양성이 없고는 성공을 기할 수 없고, 일시적으로 격발하는 것으로는 5일은커녕 3일의 공功도 기하기 어렵소. 분한 마음을 인내하고 다수 청년을 북쪽 지대로 인도하여 군사 교육을 실시함이 당장 해야 할 급한 일이오."

라고 하니, 매산 역시 뜻은 옳으나 자신이 생각한 바와는 다른 점을 발견하고 좀 만족스럽지 못한 의사를 가지고 작별하였다.

불과 며칠 후에 사리원에서 매산은 왜경에게 체포되어 경성으로 압송되고, 신천·재령 등지에서 이와 연루되어 체포되는 소식이 신문에 발표되었다.

---

[595] 안중근安重根 의사가 1909년 10월 중국 하얼빈에서 침략 원흉 이토 히로부미伊藤博文를 사살하고 1910년 3월 중국 여순감옥에서 순국한 역사적 사실을 가리킨다.

3차 투옥

신해년[596] 정월 초5일에 내가 양산학교 사무실 잠자리에서 일어나지도 않은 때에 일본 헌병 한 사람이 와서 헌병소장이 잠시 면담할 일이 있다고 같이 가기를 청한다. 같이 가니, 벌써 김홍량·도인권·이상진·양성진楊星鎭·박도병·한필호·장명선 등 교직원들을 차례로 불러 모았다. 경시총감부의 명령으로 임시 구류한다고 선언하고는 2~3일 후에 전체를 재령에 옮겨 가두고, 황해도 일대에서 평소 애국자로 지시된 인사를 거의 대부분 체포하였다.

이보다 앞서 배천군수 전봉훈이 나에게 상의해 왔다.

"국가 대세가 이미 기울어져, 소위 군수라는 직책도 마음이 격분하여 맡은 일을 해 내기가 불가능하니 형 등이 종사하는 안악 양산학교 부근에 가옥한 채를 사들여 살면서 손자 아이 무길의 학업이나 전적으로 힘쓰는 것이 소원이오."

라고 한다. 그래서 습락현習樂峴[597]에 기와집 한 채를 매입하여 수리하고 당시 수안遂安으로 이직된 군수 전봉훈이 온 집안 식구를 거느리고 안악으로 옮겨 오는 날이 바로 우리가 재령에서 사리원으로, 사리원에서 경성차로 압송되는 날이었다. 전봉훈이 우리 소식을 듣고 안악으로 이사하던 심회가 어떠하였을까.

해서 각 군에서 체포되어 경성으로 이송되는 인사 중에 송화 반정泮亭[598]의 신석충申錫忠 진사는 재령강 철교를 건너다가 강에 몸을 던져 자살하였다. 신석충은 본시 해서에서 저명한 학자요 겸하여 자선 대가였다. 석충의 둘째 형 석제錫悌 진사의 자손 교육 문제로 내가 한 차례 방문하고 하룻밤 함께 자며 대화한 일이 있었다. 그때 석제 진사를 방문하고자 동네 어귀에 들어서니 신 씨

---

596 1911년이다.
597 황해도 안악군 안악읍 교외의 남산에 위치한 곳이다.
598 후에 황해도 신천군 용문면 반정리로 되었다.

댁에서 소식을 듣고 석제의 자손, 즉 아들 낙영洛英, 손자 상호相浩 등이 동네 밖에 나와서 맞이하였다. 내가 모자를 벗고 인사를 하니 낙영 등은 흑립黑笠[599]을 벗고 답례를 하려 한다. 나는 웃으면서 갓끈 끄르는 것을 못 하게 말리니 낙영 등은 송구한 빛을 띠고,

"선생께서 모자를 벗으시는데 우리가 그저 답례를 할 수 있습니까?"

한다. 나는 도리어 미안하여,

"내가 쓴 담벙거지[600]는 서양인이 쓰는 물건인데, 서양인의 통례가 인사할 때 모자를 벗는 것이니 용서하라."

하고, 석제 진사에게 국가 문명에 교육이 급선무인 것을 하룻밤 동안에 진정으로 설득하여 말하고, 손자 상호의 교육 의뢰를 받고 안악으로 돌아왔던 것이다.

사리원에서 우리 전부와 호송하는 헌병 몇 명이 경성차를 타고 가는 중에 차 안에서 이승훈을 만났다. 이승훈이 우리가 포박되어 가는 것을 보고 다른 사람이 알지 못하게 차창 밖으로 머리를 내밀고 하염없이 눈물을 흘렸다. 차가 용산역에 도착할 때 형사 한 명이 남강南岡(승훈의 호)에게 인사를 청한다.

"당신, 이승훈 씨 아니오?"

"그렇소."

그 형사 놈이,

"경시총감부에서 영감을 부르니 좀 갑시다."

하고, 하차 즉시 우리와 같이 포박되어 끌려갔다.

왜놈들은 한국을 강점한 후 제일 먼저 국내의 애국자를 망라하여 찾아내 체포하였다. 황해도를 중심으로 먼저 안명근을 잡아 가두고는, 계속해서 도내道內의 모든 지식 계급과 부호를 일일이 붙잡아 올려서, 경성에 이미 배치한 감

---

599 조선시대에 양반 남성이 쓰던 갓. 옻칠을 한 어두운 흑갈색이다.
600 짐승의 털을 다져서 평평하고 두툼하게 만든 조각인 '담毯'으로 만든 모자.

옥과 구치감, 각 경찰서 구류소에는 미
처 수용할 수 없으므로, 집물 창고와 사
무실까지 구금소로 사용하였다. 한편 창
고 안에 벌집과 같은 감방을 만들어서
나도 그리로 옮겨 갇혔는데, 한 방에 두
명 이상은 넣기가 불가능하였다.

이승훈.

　황해도에서 안명근을 위시하여 군
별郡別로 보면, 신천의 이원식李源植과
박만준朴萬俊은 기회를 틈타 도망가고,
신백서申伯瑞(석효錫孝의 아들)·이학구
李學九·유원봉柳元鳳·유문형·이승조
李承祚·박제윤朴濟潤·배경진裵敬鎭·최중호崔重鎬, 재령의 정달하鄭達河·민영룡
閔泳龍·신효범申孝範, 안악의 김홍량·김용제·양성진·김구·박도병·이상진·
장명선·한필호·박형병朴亨秉·고봉수高鳳洙·한정교·최익형崔益馨·고정화
高貞華·도인권·이태주李泰周·장응선張膺善[601]·원행섭元行燮·김용진, 장련의
장의택·장원용莊元容·최상륜崔商崙, 은율의 김용원金容遠, 송화의 오덕겸吳德謙·
장홍범張弘範·권태선權泰善·이종록李宗錄·감익룡甘益龍, 장연의 김재형金在衡,
해주의 이승준·이재림李在林·김영택金榮澤,[602] 봉산의 이승길·이효건李孝健,
배천의 김병옥金秉玉, 연안의 편강렬片康烈, 그리고 평남의 안태국·옥관빈, 평
북의 이승훈·유동열과 김용규金龍圭 형제, 경성의 양기탁·김도희, 강원의 주
진수, 함경의 이동휘李東輝였다. 나는 이동휘를 만나 본 적이 없으나 유치장에
서 명패를 보고 역시 붙잡힌 줄 알았다.

　국가가 망하기 전에 구국 사업에 성의誠意와 성력誠力을 십분 다하지 못한

601　앞에서는 한자가 '張應璇'으로 나온다.
602　앞에서는 한자가 '金泳澤'으로 나온다.

죄를 받게 된 줄 알았다. 나는 깊이 생각하였다. 이처럼 위급하고 난처한 때를 당하여 응당 지켜 갈 신조가 무엇인가 연구하였다. "거센 바람이 불어야 억센 풀을 알 수 있고, 나라가 어지러워져야 충성스러운 신하를 알 수 있다."[603]는 옛 가르침과, 고후조 선생의 가르침 중 "사육신死六臣[604]과 삼학사三學士는 죽어도 뜻을 굽히지 않았다."는 말을 다시금 생각하였다.

혹독한 고문

하루는 소위 신문실에 끌려갔다. 처음에는 연령·주소·성명을 묻고 다시 묻는 말은,

"네가 어찌하여 여기를 왔는지 알겠느냐?"

였다. 나는,

"잡아 오니까 끌려올 뿐이지 이유는 모른다."

고 하였다. 다시는 묻지도 않고 손과 발을 결박하여 천장에 달아맨다. 처음엔 고통을 느꼈으나, 끝에 가서는 고요히 눈 내리는 밤 달빛에 신문실 한구석에 가로누워 있었고, 얼굴과 온몸에 냉수를 끼얹자 감각이 살아남을 알 뿐이지 이전의 일은 알지 못하였다. 정신을 차리는 것을 보는 원수 같은 왜놈은 비로소 안명근과의 관계를 묻는다. 나의 대답은,

"안명근은 아는 친구일 뿐이고, 같이 일한 사실은 없다."

고 하였다. 그놈은 크게 화를 내며 나를 다시 천장에 매달고, 세 놈이 둘러서서

---

603 『구당서舊唐書』「소우전蕭瑀傳」에 나오는 말이다. 원문은 "疾風知勁草 板蕩識誠臣"으로, 판탕板蕩은 『시전詩傳』「대아大雅」의 '판板'과 '탕蕩' 두 편篇이 모두 문란한 정치를 읊은 데서 유래하여 정치가 어지러워짐을 뜻한다.

604 1456년(세조 2)에 단종의 복위를 꾀하다 죽임을 당한 박팽년朴彭年·성삼문成三問·유성원柳誠源·유응부俞應孚·이개李塏·하위지河緯地 등 여섯 충신을 이른다.

막대기와 몽둥이로 무수히 마구 때린다. 나는 또 정신을 잃었다.

세 놈이 마주 들어다가 유치장에 들여다 뉠 때는 동쪽이 이미 밝았고, 내가 신문실에 끌려가던 때는 어제 해가 진 후였다. 처음에 성명부터 신문을 시작하던 놈이 불을 켜 놓고 밤을 새우는 것과 그놈들이 성력을 다하여 사무에 충실한 것을 생각할 때에 자괴감을 감당할 수 없었다. 내가 평일에 무슨 사무든지 성심껏 보거니 하는 자신도 있었다. 그러나, '국가를 구원하고자, 즉 나라를 남에게 먹히지 않겠다는 내가, 남의 나라를 한꺼번에 삼키고 다시 되씹는 저 원수 같은 왜놈처럼 밤 새워 사무를 한 적이, 묻노니 몇 번이나 있었는가?' 하고 자문하니, 전신이 바늘로 찌르는 곳에 누운 듯이 통절한 중에도, '네가 과연 망국노亡國奴의 근성이 있지 않은가?' 하여 부끄러운 눈물이 눈자위에 가득해진다.

비단 나뿐이랴. 이웃 칸 방에 있는 김홍량·한필호·안태국·안명근 등도 끌려갔다 돌아올 때는 거의 반은 죽여서 끌고 온다는 소식을 들었는데, 그럴 때는 애처롭고 분개한 마음을 억제하지 못하였다. 명근은 소리소리 지르면서,

"너희 놈들이 죽일 때 죽일지언정 애국 의사의 대접을 이렇게 하느냐?"

고 큰 소리로 꾸짖으면서 어쩌다가 한마디씩,

"나는 내 말만 하였고 김구와 김홍량 등은 관계없다 하였소."

한다.

감방에서는 무선無線으로 이야기를 통한다. 양기탁 있는 방에서 안태국 있는 방과 내가 있는 방으로, 이재림 있는 방 좌우 20여 방의 40여 명은 서로 밀담을 전하였는데, 사건을 2건으로 나누어 소위 보안 위반범과, 계획적인 살인 및 강도라는 것이다. 누가 신문을 당하고 오면 내용을 각 방에 전달하여 주의하게 했는데, 왜놈들이 사건의 범위가 축소됨을 기이하게 여기고 그중 한순직韓淳稷[605]을 불러다가 감언이설로 꾀어 각 방에서 밀어하는 내용을 알아내어

---

[605] 일제강점기의 독립운동가(1884~ ?). 황해도 신천 출생. 1910년 안명근 등과 함께 무관 학교 설립에 참여했으며, 안악사건에 연루되어 6년형을 언도받고 옥고를 치렀다.

보고하도록 하였다.

하루는 양기탁이 식구食口(감방에서 밥그릇을 들이거나 내보내는 곳)에 손바닥을 대고,

"우리가 비밀히 전하는 말은 한순직이가 전부 고발하니, 지금부터 밀담 전달을 폐지하자."

하였다. 과연 거센 바람이 불어야 억센 풀을 알 수 있다. 당초에 명근 형이 한순직을 나에게 소개할 때는 용감한 청년이라고 하였다. 이렇게 위급하고 어려울 때 어찌 특히 한순직 한 사람뿐이겠는가. 최명식崔明植[606]도 밀고는 아니 하였으나 사실 아닌 허무한 일을 그놈들의 혹형酷刑에 못 이겨 남을 해치는 말로 답한 것이 후회되어, 스스로 호를 짓기를 '긍허兢虛'[607]라 하였다. 나는 결심에 결심을 가하였다. 당시 형세로는, 나의 혀끝에 사람의 생사가 달린 것을 깨달았다.

어느 날 또 신문실에 끌려갔다. 왜경이,

"너의 평생지기平生知己가 누구냐?"

묻기에 나의 대답은,

"평생지기의 벗은 오인형이다."

라고 하였다. 왜놈이 반가운 낯으로,

"그 사람은 어디서 무엇을 하는가?"

묻는다.

"오인형은 장련에 살았으나 연전에 사망하였다."

하니 그놈들이 또 정신을 잃도록 혹형을 하였다.

---

[606] 일제강점기의 독립운동가(1880~1961). 황해도 안악 출생. 1905년 을사늑약이 체결되자 안악에서 반대운동을 일으켰으며, 1910년 안악사건에 연루되어 7년형을 언도받고 옥고를 치렀다. 1919년 3·1운동 후 상해 임시정부에 참여하여 김구와 함께 일하였고, 광복 후에는 민주당에 입당하여 반독재운동을 전개하였다.

[607] '헛된 것을 조심한다'는 뜻이다.

경시총감부가 있었던 남산 자락의 일제 통감부 건물. 1910년 이후에는 조선총독부가 되어 경복궁의 새 건물로 이전하였다.

"학생 중에는 누가 너를 가장 사랑하더냐?"

하는 말에 나도 모르게 내 집에 와서 공부하던 최중호를 말하고서는 혀를 끊고 싶었다. '젊은 것이 또 잡혀 오겠구나.' 하고 생각한 것이었으나, 눈을 들어 창밖을 보니 벌써 언제 잡혀 왔는지 반이나 죽은 것을 끌고 지나가는 것을 보았다.

　이른바 경시총감부가 있는 진고개 산기슭에서는 밤이나 낮이나 도살장에서 소와 돼지를 타살하는 듯한 소리가 여기저기서 끊임없이 들렸다. 하루는 한필호韓弼昊[608] 의사가 신문을 갔다 와서 밥그릇 주고받는 구멍으로 겨우 머리를 들어 나를 보고,

　"일체를 부인하였더니 너무 혹독한 형구刑具로 고문을 당하고 나는 죽습니다."

---

608 일제강점기의 독립운동가(1886~1911). 황해도 신천 출생. 1906년 양산학교에서 교육에 종사하고 1907년 신민회에 가입하여 활동하였다. 1910년 안악사건에 연루되어 검거되어 혹독한 고문을 받다 이듬해 순국하였다.

하고서는 나에게 작별하는 모습을 보인다. 나는 위로하고,

"물이라도 좀 마시지요."

라고 하였다. 한 의사는,

"물도 먹을 필요가 없습니다."

한 후에는 다시 어디로 데려갔는지 몰랐는데, 소위 공판 때 동지들에게 신석충이 철교에서 자살한 것과 한 의사가 살해당한 것을 비로소 알았다.

와타나베渡邊를 다시 만나다

하루는 최고 신문실에 갔다. 누가 뜻하였으랴. 17년 전 인천경무청에서 심문당할 때 방청하다가 나에게 호령을 당하고 "칙쇼! 칙쇼!" 하면서 건물 뒤로 피신하던 와타나베 순사라던 왜놈이, 전과 같이 검은 수염을 길러 늘어뜨리고 얼굴에 약간의 노쇠한 빛을 띠고 당시 총감부 기밀과장 제복을 입어서 위엄 있는 모습으로 17년 만에 다시 내 앞에 떡 마주 앉아 있을 줄을. 와타나베 놈이 입을 열어서 이런 말을 한다.

"내 가슴에는 엑스광선을 대고 있어서 너의 일생 행동에 대하여 역사적으로 일체의 비밀한 것을 명백히 알고 있으니 털끝만치도 숨김없이 자백을 하면 그만이지만, 만일에 감추거나 숨기기만 하면 이 자리에서 때려죽일 것이다."

나는 연전에 여순 사건 혐의로 해주검사국에서 '김구金龜'라고 제목을 쓴 책자를 내놓고 신문당하던 일을 생각하였다. 틀림없이 그 책자에 각 방면의 보고를 수집한 중에는 경향京鄕이 떠들썩하고, 더구나 황해도와 평안도 양서兩西에서는 배일排日 연설의 연제가 되고 평소 이야기의 화제가 되던 치하포 왜놈 살해, 그리고 인천에서의 사형 정지와 파옥 도주의 사실이 기재되었으리라고 상상을 하지만, 와타나베가 자발적으로 "네가 17년 전에 인천경무청에서 나를

꾸짖으며 욕하던 일을 기억하느냐?" 하는 말을 하기 전에는 입을 열지 않고, 와타나베의 엑스광선이 확실한가 아닌가를 시험할 생각을 하고서는 이렇게 대답을 하였다.

"나의 일생이 어떤 외진 곳에서 은사隱士의 생활을 한 것이 없었고, 일반 사회에 헌신적 생활을 한 탓으로 말 한마디 한마디, 행동 하나하나가 자연히 공개적이요 비밀이 없다."

와타나베는 순서대로 질문을 한다.

"출생지는?"

"해주 기동에서."

"교육은?"

"서당에서 한문을 배웠고, 직업은 농촌에서 태어나 자랐으므로 나무하고 논밭을 갈다가 25~26세에 장련으로 이주해 종교와 교육에 종사하기 시작하여, 지금은 안악 양산학교 교장의 직으로 일하던 중에 체포되었다."

와타나베 놈이 성을 버럭 내며,

"종교나 교육은 피상적인 운동이고, 이면에 반역을 꾀하는 숨겨진 음모가 한둘이 아닌 것을 내가 분명히 알고 있다. 서간도에 무관학교를 설립하여 후일 독립전쟁을 준비하려던 사실과, 안명근과 공모하여 총독總督[609]을 살해할 음모를 꾸미고 부자의 금전을 강탈한 사실을 우리 경찰계에서는 불을 보듯 분명히 알고 있거늘 네 끝내 숨기느냐?"

하며 노기가 등등하지만, 나는 두렵기보다는, '너의 가슴에 붙였다는 엑스광선이 병이 나지를 않았느냐?' 하는 우스운 생각이 나서 참아 가며,

"안명근과는 일절 관계가 없었고, 서간도에는 빈한한 농가에게 이사를 권하여 생활의 근거를 이끌어 지도하던 것뿐이고 다른 일이 없었는데, 지방 경찰

---

609 조선총독부의 우두머리로, 식민지가 된 우리나라의 정치·경제·군사 등에 관한 모든 통치권을 행사하였다. 여기서는 1910년 12월 27일 안명근이 암살하려다 미수에 그친 초대 총독 데라우치 마사다케寺內正毅를 가리킨다.

의 시야가 너무 좁아서 걸핏하면 배일이니 무엇이니 하여 교육 사업에도 방해가 많았으니, 이후는 지방 경찰을 주의시켜 우리 같은 사람들이 교육이나 잘하고 있도록 해 주고, 학교 개학 시기가 이미 지났으니 속히 내려가 학교 개학이나 하게 하라."

고 하였다.

와타나베 놈은 악형惡刑도 하지 않고 그냥 유치장으로 보내 주었다.

국가는 망해도 인민은 망하지 않는다

나의 국모國母 복수 사건은 비밀이 아니고 세상이 모두 알고 있는 공연한 사실이었다. 왜놈들이 각 경찰 기관에 주의인물로 붉은색으로 구별하여 나의 온갖 행동을 조사해 온 터라 해주검사국에 비치한 『김구』라는 책자에도 틀림없이 스치다土田讓亮의 사실을 조사하여 실었으리라 생각하고, 이번에 총감부 경시警視610 한 명이 안악에 출장 조사하였으니 그 사실이 발각된다면 나의 일생은 여기에서 종막終幕이 되리라고 생각하였다.

와타나베 놈이 썩 들어서면서,

"내 가슴에 엑스광선을 붙였으니 과거를 무엇이나 다 알고 있다."

고 말할 때 인천 사건은 피할 수 없이 당했다고 생각을 하면서도, 그놈의 엑스광선을 시험하자는 것뿐이었다. 과연 와타나베 놈이 그 사실을 알았는데 후일에 물으려고 남겨 두고 다른 말만 묻는 것이 아닌 것은, 그놈이 신문할 때, 엑스광선과 같이 나의 과거와 현재를 잘 아는 표를 내려고 애를 쓰는 것을 보아서 잘 알 수 있었다.

그러고 보니, 국가는 망하였으나 인민은 망하지 않았다고 생각된다. 나는

---

610 일제강점기의 경찰관 계급으로, 지금의 총경에 해당한다.

평일에 우리 한국인 정탐을 제일 미워해서 여지없이 공격하였다. 그러나 나에게 공격을 받은 정탐배까지도 자기가 잘 아는 그 사실만은 밀고를 하지 않고 왜놈에 대하여 비밀을 지켜 준 것이 아닌가. 다른 사람은 말할 것 없고, 나의 제자로서 형사가 된 김홍식金弘植이와, 같은 학교 직원으로 있던 원인상元仁常 등부터 밀고를 하지 않았으니, 그리고 보면 각처 한국인 형사와 고등 정탐까지도 그 양심에 애국의 정성이 얼마간 잔재함이 아닌가.

사회에서 나에게 이 같은 동정을 주었으니 나로서는 최후 한순간까지 동지를 위하여 분투하고 원수의 요구에 불응하리라 결심하였다. 그리고, '김홍량은 여러 가지로 활동할 능력이 나보다 낫고 품격도 나보다 나으니 신문 때 홍량에게 이롭도록 말을 하여 방면케 하리라.' 생각하여,

구龜는 진흙 속에 빠질 것이니 홍鴻은 해외로 날아가라.[611]

하는 구절을 스스로 읊었다.

모두 7회의 신문 중에 와타나베 놈만 혹형을 가하지 않고 여섯 차례는 번번이 정신을 잃은 후에야 유치장에 끌려 들어왔는데, 그럴 때는 각 방 동지들의 정신을 고취하고 격려하기 위하여,

"나의 생명을 빼앗을 수 있거니와 내 정신은 빼앗지 못하리라."

는 말을 하면 왜놈들은,

"나쁜 말이 해서도 다다귀."[612]

라고 위협을 하지만, 내 말을 듣는 동지들은 견고한 마음을 가졌다.

제8회 신문에는 각 과장과 주임경시 7~8명이 줄지어 앉아서 묻는 말이,

611 '구龜'는 거북이 즉 김구 자신을 가리키고, '홍鴻'은 기러기 즉 김홍량을 가리킨다.
612 우리말과 일본말이 뒤섞인 말로 "나쁜 말을 했으니 때려 준다"라는 의미이다. '다다귀'는 '다다쿠たたく'를 표현한 말로 '때리다'라는 뜻이다.

"너의 동류同類가 거의 대부분 자백하였거늘 너 한 놈이 자백을 않고 있으니 심히 어리석고 고집스럽구나. 토지를 사들인 지주가 되어 그 논밭에서 뭉어리돌[613]을 골라내는 것이 당연한 일 아니냐? 네가 아무리 입을 다물고 한마디도 실토하지 않지만 여러 놈의 입에서 네 죄가 다 발각되었으니, 지금 곧 말을 하면 그만이지만 한결같이 고집하면 이 자리에서 때려죽일 것이다."

라고 한다. 나는,

"나를 당신네 논밭에 있는 기와 조각과 자갈로 알고 캐내려는 너희 노고보다 파내어지는 나의 고통이 더 심하니 내가 스스로 죽는 것을 보아라."

하고 머리로 기둥을 들이받고 정신없이 엎어졌다. 여러 놈들이 인공호흡을 하고 냉수를 면상에 뿜어서 정신이 돌아왔다.

한 놈이 능청스럽게 청원을 한다.

"김구는 조선인 중에서 신망받는 인물인데 이같이 대우하는 것은 적당치 않으니 본인에게 위임하여 신문케 하십시오."

즉시 승낙을 얻어 나를 자기 방에 데리고 가더니 특별대우를 한다. 담배도 주고 말씨도 존대하며,

"내가 황해도에 출장하여 김구의 온갖 행동을 일일이 조사해 보니, 교육사업에도 열성이어서 학교에서 월급을 받든 못 받든 교무를 한결같이 보고, 일반 인민의 여론을 들어 보아도 정직한 사람인데, 총감부에 와서 김구의 신분을 모르는 아랫사람들에게 형벌도 많이 당한 모양이니 매우 유감이오. 신문도 순조로운 방법으로 해야만 사실대로 고할 사람이 있고 힘든 방법으로 할 사람은 따로 있는데, 김구에게는 실례가 많았소."

라고 뻔뻔스럽게 말을 한다.

---

613 엉겨서 굳어 덩어리가 된 돌.

왜놈의 신문 방법

왜놈의 신문하는 방법은 대략 세 종류의 수단으로 한다.

첫째는 혹형이다. 채찍이나 몽둥이로 마구 때리는 것, 두 손을 등 뒤로 하게 하고 붉은 오랏줄로 결박한 후 천장의 쇠갈고리에 붉은 오랏줄을 묶어 올리고 수형인受刑人을 의자 위에 세우고 붉은 오랏줄의 한 끝을 한편에 잡아매고 의자를 빼 버리면 전신이 공중에 매달려 질식된 후에 결박을 풀어서 전신에 냉수를 뿌려 숨이 돌아오게 하는 것, 화로에 쇠막대기를 늘어놓아 벌겋게 달군 후에 그 쇠막대기로 전신을 마구 지지는 것, 손가락 크기의 모난 작은 막대기 세 개를 세 손가락 사이에 끼우고 막대기 머리 양 끝을 끈으로 단단히 동여매는 것, 거꾸로 매단 후 콧구멍에 냉수를 부어 넣는 것 등이 있다.

둘째는 굶기는 것이다. 신문 시기에는 보통 죄수의 음식을 절반으로 줄여서 겉보기에 생명 유지만 하게 해 놓고, 친척이 사식私食[614] 들여보내기를 청해도 신문주임의 허가를 얻지 못하면 사식을 도로 보낸다. 신문주임 되는 놈은, 죄수가 사실 유무에 관계없이 거짓말로라도, 자기 사건이나 다른 사람에게 불리한 조건이더라도 왜놈들 좋아할 만한 말을 하면 그에게는 사식 넣는 것을 허락하고, 반항성이 있어 보이면 절대 불허한다. 그곳 유치장에서도 사식을 받아먹는 자는 자연히 강경하지 못하다고 보였다.

그 밖에 한 가지는 온화한 수단으로, 좋은 음식도 대접하고 훌륭히 장식한 아카시[615](당시 총감부 총장)의 방으로 데리고 가서 극진히 공경하며 점잖게 대우하는데, 그 바람에 혹형을 참아낸 자도 그 자리에서 실토한 사람을 더러 알 수 있다.

내가 몸에 가하는 형벌은 한두 번 참아도 보았고, 저놈이 발악을 하면 나도

---

614 감옥에 갇혀 있는 사람에게 사사로이 마련하여 들여보내는 음식.
615 아카시 모토지로明石元二郎. 당시 통감부 경무총장으로, 재임 기간은 1907년 9월부터 1910년 10월까지였다.

감정이 일어나 자연 저항력이 생기므로 능히 참았지만, 둘째와 셋째 방법을 당할 때는 매우 참기 어려운 경우를 겪었다. 둘째 방법인 굶기는 것은, 처음에는 밥이라고 해야 껍질도 절반 모래도 절반에, 소금이라고 쓴 염근鹽根을 주어서 입맛이 없어 안 먹고 도로 보내기도 하였다. 그러나 며칠 뒤에는, 죽도록 맞은 날이 아니면 그런 밥이라도 기다려서 달게 먹는다. 그때까지 근 석 달을 인仁의 어머니[616]는 매일 아침저녁으로 밥을 가지고 유치장 앞에 와서 말소리가 들리도록 어성을 높여,

"김구의 밥을 가지고 왔으니 들여 주시오."

한다. 그러면 왜놈이,

"김가메 나쁜 말이 했소데 사시이레 일이 없소다."[617]

하여 번번이 돌려보낸다.

나의 몸은 더욱 말이 못되었다. 그놈이 달아매고 때릴 때는, 박태보가 보습 단근질에 "이 쇠가 오히려 차가우니 다시 달구어 와라." 했다는 구절을 암송하였다. 그때는 겨울철이라 그리하는지 겉옷만 벗기고 양직洋織 속옷(내의)은 입은 채로 결박하고 때리는데,

"속옷을 입어서 아프지 않으니 속옷을 다 벗고 맞겠다."

고 하여 번번이 알몸으로 매를 맞아서 육탈肉脫[618]이 될 뿐 아니라 온전한 피부가 없었다. 그런 때에 다른 사람들이 문 앞에서 사식을 먹으면 고깃국과 김치 냄새가 코에 들어와서 미칠 듯이 먹고 싶었다. '나도 남에게 해가 될 말이라도 하고서 가져오는 밥이나 다 받아먹을까?' '아내가 묘령妙齡이니 몸을 팔아서라도 좋은 음식이나 늘 해다 주면 좋겠다.' 매일 아침저녁으로 음식 냄새가 코에

---

616 김구의 아내 최준례로, 당시 김구의 장남 김인金仁은 태어나기 전이었다.

617 우리말과 일본말이 뒤섞인 말로, "김구가 나쁜 말을 하여 사식이라는 것이 필요가 없다."라는 뜻이다. '김가메'의 '가메かめ'는 '거북'의 뜻인 '구龜' 곧 김구를 가리키고, 왜놈이 '사식' 발음을 못 하고 '사시'라고 한 것을 그대로 적은 것이다.

618 몸이 야위어 살이 빠짐.

들어올 때마다 더러운 생각이 났다.

박영효의 부친[619]이 감옥에서 섬거적[620]을 뜯어 먹다가 죽었다는 말과, 소무蘇武[621]가 담요의 털을 뜯어 먹으며 19년 동안 한漢나라에 대한 절개를 지켰다는 글을 생각하고, 전날에 알몸으로 매 맞던 일을 생각하며, 내 육체의 생명은 빼앗을 수 있을지언정 나의 정성은 빼앗을 수 없다고 같이 갇혀 있는 동지들에게 주창하던 기개와 절개를 생각하니, 인성人性은 없어지고 수성獸性만 남은 게 아닌가 자책되었다.

그러던 때 아카시의 방에서 나를 극진히 우대하면서 신문했는데, 그놈의 요령으로 보면,

"신부민新附民[622]의 자격만 표시하면 즉각 총독에게 보고하여 이와 같은 고통도 면케 할 뿐 아니라 조선을 통치함에 있어 순전히 일본인만으로 할 것이 아니라 조선인 중에 덕망 있는 인사를 얻어 정치를 실시하려는 터이니, 당신같이 충후忠厚한 어른이 시세時勢 추이를 깨닫지 못하지는 않을 테니 순응함이 어떠한가?"

하면서,

"안명근 사건과 서간도 사건을 실토하는 것이 어떠한가?"

한다. 나의 대답은,

---

619 박원양朴元陽(1804~1884)을 가리킨다. 조선 말의 문신으로 아들 박영효가 철종의 사위가 되자 벼슬을 받기 시작하여 공조판서까지 지냈다. 그러나 1884년(고종 21)에 일어난 갑신정변에 박영효가 참여하였다가 실패하고 일본에 망명하자, 이에 연루되어 체포되어 관직을 삭탈당하고 감옥에서 사망하였다.

620 섬을 만들려고 엮은 거적. '섬'은 곡식 따위를 담기 위하여 짚으로 엮어 만든 그릇이고, '거적'은 짚을 두툼하게 엮어 자리처럼 만든 물건이다.

621 중국 전한의 명신으로 무제武帝(재위 기원전 141~87) 때 화해 사절로 흉노에 갔다가 붙잡혀 부하 되기를 강요받았으나 이를 끝까지 거절하고 19년간 감옥 생활을 하였다. 그동안 굶주림으로 인하여 담요의 털까지 뜯어 먹으면서 연명하다가 끝내 살아 돌아왔다.

622 새로 다른 나라에 합해진 백성.

"당신이 나의 충후함을 인정하려거든 내가 처음부터 공술한 것도 인정하라."
고 하였다. 그놈은 매우 점잖은 태도를 띠지만 기색은 좋지 못한 채로 나를 돌려보냈다.

오늘 처음에는 당장 쳐 죽인다고 발악하던 끝에 이놈에게 끌려왔는데, 그놈은 소위 구니토모[623]라는 경시였다. 그놈은,

"내 연전에 대만인臺灣人 범죄자 한 명을 맡아 신문했는데 오늘의 김구와 같이 고집하다가 검사국에 가서 일체를 자백했노라고 내게 편지한 것을 보았다. 김구도 이제는 검사국으로 넘어갈 텐데 거기 가서 사실대로 고해야 검사의 동정을 더 받을 수 있다."
라고 말하고는, 전화로 국수장국밥에 고기를 많이 가져오라고 하여 나의 앞에 놓고 먹기를 청한다. 나는,

"당신이 나를 무죄로 인정한다면 대접하는 음식을 먹을 것이지만, 만약 유죄라 하면 먹을 수 없다."
고 하였다.

"김구는 한문병자漢文病者[624]이다. 김구는 지금껏 나에게 동정하지 않았으나 나는 자연 동정할 마음이 생겨서 변변치 못하지만 대접하는 것이니 식기 전에 먹어라."
하나, 나는 한결같이 사양하였다.

---

623 구니토모 쇼켄國友尚謙. 1876년 일본 사무라이 출신으로 경찰감옥학교와 법률학교를 졸업한 후 경시청 순사 등을 거쳐 1905년 3월 한국에 들어와, 경성 서대문경찰서를 거쳐 1909년 평양경찰서 서장으로 진급했다. 1910년 8월 조선 강점 이후 총독부 경무총감부 경시警視로 진급하여 '105인사건'을 조작, 날조했으며, 앞서 있었던 안악사건, 양기탁 보안법 위반 사건 등을 직접 다룬 악질적인 경찰이었다. 윤경로, 「신민회 창립시기와 입회동기 및 신민회 규모에 관한 재검토─신민회 창립 110주년을 기념하며」, 『한국독립운동과 민주공화제』(신민회 110주년 및 윤기섭 탄생 130주년 기념 학술회의 자료집), 신흥무관학교 기념사업회, 2017. 참조.
624 고루한 한문에만 매달려 사는 사람. 즉 융통성 없이 일본을 배척하고 협력하지 않는 사람이라는 뜻으로 쓰인 듯하다.

구니토모는 웃으면서 한자로 "君疑置毒否(군의치독부)"[625] 다섯 자를 써 보이고,

"이제부터는 사식 들여보내는 것도 허가할 것이다. 신문이 종결된 모양이니 그리 알라."

고 말한다. 내가,

"독을 넣었는지 의심을 품은 것은 아니다."

라 하고, 그 음식을 먹고 돌아오니 저녁부터 사식이 들어왔다.

같은 방에 있는 이종록李宗錄은 나이 어린 청년이었다. 따라온 친척이 없으므로 사식을 갖다줄 사람이 없는데, 방 안에서 먹게 되면 나누어 먹게 하겠으나 반드시 사식은 방 밖에서 따로 먹게 하므로 종록이 먹고 싶어 하는 모습은 차마 볼 수 없었다. 내가 방 밖에서 밥을 먹다가 고기 한 덩이와 밥 한 덩이를 입에 물고 방 안에 들어와서 입안에서 도로 꺼내어 마치 어이[626] 새가 새끼에게 물어다 먹이듯 하였다.

종로구치감으로 이송되다

그 이튿날은 종로구치감으로 넘어왔다. 비록 독방에 있지만 총감부보다는 얼마나 편리한지 모르고, 소위 감식監食[627]도 전에 비하여 훨씬 양이 많았다.

왜놈들이 나의 신문에 대하여 사실대로만 법률을 적용한다면 소위 보안법 위반이라 하여 가장 무거운 형이라도 2년밖에는 지울 수 없었다. 억지로 안명근의 소위 강도 사건에 끌어다 붙일 작정이었지만, 내가 경성 양기탁의 집에서 서간도에 대해 회의하여 이동녕을 파송케 한 날이, 곧 안명근이 안악에 와서

---

625 "당신은 독을 넣은 것은 아닌지 의심하는가?"라는 뜻.
626 짐승의 어미.
627 감옥에서 나오는 식사.

원행섭·박형병·고봉수·한정교 등과 안악 부호를 습격하자고 회의하였다는 날이었다. 그때 안악에 있던 김홍량·김용제·도인권·양성진·장윤근 등은 물론 안명근의 종범從犯으로 했지만, 나에게는 그날 경성에 있었다는 확실한 증거가 있었다.

그리하여 왜놈들은 안악에 안명근이 도착하여 모인 날짜만 이십 며칠이라 기입하고, 경성 회의 날짜는 모월 중순에 양기탁의 집에서 서간도에 대한 사실을 회의하였다고 어름어름 기입하고, 내가 그날 안악에서 회의에 참석한 것을 목도하였다는 증인으로 양산학교 교지기의 아들인 이원형李元亨이라는 14세 학생을 붙잡아 올렸다.

내가 소위 검사 신문을 당할 때 벽을 사이에 두고 신문실에서 이원형의 말소리가 들린다. 왜놈이 묻는다.

"안명근이 양산학교에 왔을 때 김구도 그 자리에 있었지?"

원형이 답했다.

"나는 안명근도 누구인지 모르고, 김구는 어디 가고 그날 없었습니다."

왜놈들이 죽일 것같이 위엄을 보이고, 조선인 순사 놈은 원형을 대하여,

"이 미련한 놈아, 안명근이와 김구가 함께 있었다는 것을 보았다고 대답만 하면 네가 지금 바로 너의 아버지를 따라 집에 가도록 말을 잘할 테니 내가 시키는 대로 말을 하여라."

한다. 원형은,

"그러면 그렇게 말하겠습니다. 때리지 마셔요."

한다. 검사 놈이 나를 신문하다가 초인종을 울려 원형을 문 안에 들이세우고 원형을 향해 묻는다.

"양산학교에서 안명근이 김구와 같이 앉아 있는 것을 네가 보았느냐?"

"네."

하는 말이 끝나자마자 원형을 문밖으로 끌고 나간다. 검사 놈은 나를 향하여,

"네가, 이런 증거가 있는데도?"

한다.

"5백여 리 멀리 떨어져 있는 곳에, 같은 날 같은 시간에 두 곳의 회의에 다 참석한 김구가 되게 하느라고 매우 수고롭겠다."

고 말을 마치니, 곧 소위 예심豫審 종결이었다.

그때 우리 사건 외에 의병장 강기동姜基東[628]이 원산元山에서 체포되어 경시총감부에서 같이 취조를 받고 소위 육군법원에서 사형을 받은 사건이 있었고, 김좌진金佐鎭[629] 등 몇 사람은 애국운동을 하다가 강도죄로 징역을 받고 같은 감옥에서 함께 고생을 하였다. 강기동은 처음에 의병에 참가하였다가 즉시 일본에 귀순의 형식을 취하고 헌병보조원이 되어 경기 지방에서 복무하였다. 그때 왜놈들이 의병을 총검거하여 수십 명을 일시에 총살할 예정이었는데, 그들은 강기동의 지난날 동지들이었다. 강기동은 보초 서는 시간에 갇혀 있던 의병을 전부 풀어 주고 사무소에 비치한 총기를 꺼내다가 각기 무장시켜 야간에 경계망을 뚫고 나갔다. 그 후 강원·경기·충청 각지에서 수년 동안 항일전쟁을 계속하다가, 원산에서 안기동安基東으로 행세하며 무슨 일을 계획하다가 체포되어 총살을 당하였다.

왜놈에게 강탈당한 양산학교

하루는 종로감옥으로 안악군수 이 아무개가 면회를 와서, 양산학교 교사

---

[628] 대한제국의 군인(1884~1911). 서울 출신으로 1907년 군대가 해산되자 해산된 군대를 규합하여 의병 활동을 하였다.

[629] 일제강점기의 독립운동가(1889~1930). 호는 백야白冶. 충남 홍성 출생으로 1919년 3·1운동 후 만주로 들어가 북로 군정서를 조직하고 총사령이 되어 사관 양성소를 설립하고 군대를 양성하였다. 1920년 만주 청산리대첩靑山里大捷에서 일본군을 크게 무찌르고 항일운동을 계속하다가 후에 공산당원에게 저격당하여 순국하였다.

校舍는 근본적으로 관가官家 건물이니 환부하라고 강요하고, 학교의 도구와 집기들도 공립보통학교에 인도한다는 서류에 날인이 필요하다고 하였다. 이에 대해 나는,

"교사는 공물公物이니 환수해도 되지만 비품과 기구는 안신학교에 기부하겠다."

고 하였으나 끝내 학교 전부를 공립보통학교의 소유로 강탈해 갔다.

양산학교 소학생들은 국가에 대한 관념이 부족했다. 중학생 중 손두환孫斗煥[630]은 내가 장련읍 봉양학교(예수교에서 설립하여 후에 진명進明으로 개칭)에서 일할 때 초립둥이였는데, 그 부친 손창렴孫昌濂이 늦게 얻은 아들이라 애지중지하여 그 부모와 어른들은 물론이요 군수까지도 두환에게 '해라'의 말을 들었고, 어떤 사람이고 두환의 공대恭待를 들어 본 사람이 없었다.

황해·평안 두 도에는 특히 지방 풍습으로 성년이 되기까지 부모에게 '해라' 하는 습속이 있어서 그 나쁜 관습을 고치기에 주의하던 때였다. 두환을 살살 꾀어 학교에 입학시킨 후 어느 날 수신修身[631] 시간에,

"학생 중에 아직 부모나 어른들에게 '해라' 하는 이가 있으면 손을 들어라."

명령하고 학생석을 보니, 몇 명 손 드는 학생이 있는 중에 두환이도 있었다. 하교 때 두환을 별실로 오라고 하여,

"젖 먹는 시기에 있는 어린애는 부모나 어른들에게 경어를 사용하지 못한대도 탓할 수 없으나, 너와 같이 어른 된 표로 상투도 짜고 초립도 쓰고서 부모와 어른에게 공대할 줄을 모르고도 부끄러운 줄을 모르느냐?"

---

630 일제강점기의 독립운동가·사회주의운동가(1895~ ?). 황해도 은율 출생으로 1916년 일본에 유학하여 공부하다 중국 상해로 망명하였다. 1919년 상해 임시정부가 수립된 후 임시의정원 의원 등을 지냈으나 사회주의 시각으로 임시정부를 비판하였다. 광복 후 귀국하여 1948년 남북연석회의와 남조선 인민대표자회의에 참석하여 활동하였으나 그 후의 행적은 알려져 있지 않다.
631 마음과 행실을 바로 닦음. 지금의 도덕道德과 같은 의미이다.

고 물었다. 두환은,

"그러면 언제부터 공대를 할까요?"

묻는다. 내 대답은,

"잘못인 줄 아는 때부터이니라."

하고 보냈다. 이튿날 이른 아침에 문 앞에서,

"김구 선생님!"

하고 부르는 이가 있다. 나가 보니 의관議官632 손창렴 씨였다. 하인에게 백미를 한 짐 지우고 와서 문 안에 들여 놓고 희색이 만면하여, 너무 기뻐서 언어의 순서도 차리지 못한다.

"우리 두환이 놈이 어제 저녁에 학교에서 돌아와서 내게 공대를 하고 저의 모친에게는 전과 같이 '해라'를 하더니, 깜짝 놀라 '에고, 잘못했습니다.' 하고 말을 그치며 선생님의 가르침이라고 합니다. 선생님, 진지 많이 잡수시고 그놈 잘 가르쳐 주십시오. 밥맛 좋은 쌀이 들어왔기에 좀 가져왔습니다."

나도 마음에 기뻐서 웃었다.

그때 학교를 신설하고서 학령 아동이 있는 집에 차례로 방문하여 학부형에게 학생들의 머리는 깎지 않겠다는 조건부로 애걸하여 아동들을 모아 왔는데, 어떤 아이들은 부모들이 머리도 자주 빗기지 않아서 이와 서캐가 가득하였다. 할 수 없이 얼레빗과 대나무 참빗을 사다가 두고 매일 몇 시간씩 학생들의 머리를 빗겼다. 점차 아동의 수가 늘어남에 따라 학과 시간보다 머리 빗기는 시간이 많아지니, 두 번째 수단으로 하나씩 둘씩 머리를 깎아 주되 그 부모의 승낙을 얻어 실행하였다.

두환은 그 부친의 승낙을 구하다가는 도리어 퇴학이 될지 몰라서 두환이와 상의하였다. 두환은 상투 짜는 것이 괴롭고 초립이 무거워서 깎기가 소원이라 한다. 곧 깎아서 집에 보낸 후에 슬금슬금 따라가 보았다. 손 의관은 눈물을

---

632 조선시대 중추원中樞院의 벼슬로, 1895년(고종 32)에 두었다.

비 오듯 흘리며 화가 끝까지 났으나 비할 데 없이 사랑하는 두환을 심하게 꾸짖기는 싫고 다만 나에게 분풀이를 하고 싶은데, 두환이가 내가 온 것을 보고 기뻐하자 이를 본 손 의관은 분한 마음이 갑자기 다 어디로 가고, 눈에서는 눈물이 뚝뚝 떨어지는데 얼굴에는 기쁨이 가득해지며,

"선생님, 이것이 웬일이에요? 내나 죽거든 머리를 깎아 주시지 않고⋯."
한다. 나는 미안함을 표하면서,

"영감께서는 두환이를 지극히 사랑하시지요? 나도 영감 다음으로는 사랑합니다. 나는 두환이가 목이 가는 데다가 큰 상투를 짜고 망건으로 조르고 무거운 초립을 씌워 두는 것이 건강에 큰 방해가 될 줄 알기 때문에 나도 아끼고 사랑스러운 생각으로 깎았습니다. 나중에 두환이 신체가 튼튼해지는 때에는 영감에게 고맙다는 인사를 듣고야 말걸요."
라고 말했다. 이로부터 두환은 나를 따라 안악에 유학하게 되고, 손 의관도 같이 따라와서 객지에 머물며 두환이 공부하는 것을 보았다. 두환은 사람됨이 총명도 하거니와 우리의 망국의 한을 같이 느낄 줄 알았다.

중학생 중에 우기범禹基範은 내가 문화군 종산 서명의숙에서 가르치던 때 과부의 자식으로 입학하여 수업을 하였는데, 그 모친의 능력으로는 공부를 계속할 수 없었고, 재능과 기질로는 일취월장이 있어 보였다. 나는 그 모친에게 청하였다.

"기범이를 나에게 맡기면 데리고 안악으로 가서 내 집에 두고 공부를 계속시키겠습니다."

그 모친은 매우 감동하여,

"만일 선생께서 그같이 생각하신다면, 나는 따라가서 엿장사를 하며 기범이가 공부하는 모습을 보겠습니다."
라고 하였다. 그래서 기범을 9세 때부터 집에서 키우며, 공부는 안신학교 소학과를 마치고 양산학교 중학부에 입학하게 하였다.

수포로 돌아간 지난날의 노력과 희망

이제는 왜놈들이 양산학교를 해산하고 학교의 도구 전부를 강탈하니 교육 사업도 춘몽春夢이 되고 말았다. 목자牧者[633]를 잃은 양 떼 같은 학생들은 원수의 채찍질 아래에서 신음하게 되었으니 원통하고, 함께 갇힌 김홍량은 애를 써서 불행의 그물을 벗어나 높이 날아서 해외에서 활동하기를 기도하였지만, 자기가 안명근의 부탁을 받아서 신천 이원식에게 권고하였다고 자백한 점으로 보아도 책임을 벗어날 수 없게 되었다.

어머님은 상경하여 날마다 사식을 들여보내시고 종종 편지로 소식도 전하신다. 안악의 가산家産과 집물什物을 전부 매각해서 서울로 오다가 둘째로 난 두 살 먹은 딸 화경化敬[634]과 아내는 당시 평산에 있는 장모와 처형의 집에 들러서 뒤에 상경한다고 한다.

어머님이 손수 담은 밥그릇을 열고 밥을 먹으면서 생각하니, 어머님의 눈물이 밥에 점점이 섞였을 것이다. 18년 전 해주 옥바라지부터 인천까지 옥바라지를 하실 때는 슬프고 두려운 중에도 내외분이 서로 위로하고 의논하시며 지냈으나, 지금 당신은 과부의 몸으로 어느 누가 살뜰하게 위로해 줄 사람도 없다. 준영 삼촌과 육촌 형제가 있으나 거의 대부분 토착민이어서 거론할 여지가 없고, 아내와 어린애는 어머님에게 무슨 위안을 할 능력이 있겠는가.

또한 아내가 어린애(화경)를 데리고 자기 모친이 한때 머물러 산 처형의 집에 갔다는 기별에는 무한한 느낌이 생긴다. 처형으로 말하면, 처음 신창희 군과 결혼하고 황해도로 집안 식구를 거느리고 와서 살았다. 내가 그의 동생[635] 준례와 결혼한 후에 신 군은 다시 의과 학업을 마치기 위해 세부란의학교世富蘭

---

633 '양을 치는 사람'이라는 뜻으로, 기독교에서 성직자를 가리킨다. 친필본의 한자 '牧子'는 오기이다.
634 친필본에는 한자 이름이 '花慶'과 섞여 나온다.
635 친필본의 '처제妻弟'는 착오이다.

醫學校⁶³⁶에 들어가려고 부부와 장모까지 도로 경성으로 옮겨 갔다. 그 뒤에 내가 장련읍에 있을 때, 모녀 두 사람만 평양을 들러 장련 나의 집까지 아내와 딸을 보려고 방문하였는데 어떤 사유인지 신창희 군과 서먹한 빛이 보이고, 더욱 처형의 거동이 바른길에서 벗어나는 경향이 보였다. 하물며 기독교 신자의 행위로 이를 본 우리 부부는 처형과 장모를 권하여 신창희에게 보냈다.

그 후 내가 안악으로 옮겨 살 때 역시 처형과 장모가 왔는데, 처형은 신창희와 부부의 관계를 끝냈다고 하였다. 나와 어머님은 일시라도 집안에 받아들일 생각이 없으나 아내는 장모와 처형에게 강경한 태도를 보이지 못하는 것이 사실이어서, 가정은 심히 불안에 빠졌다. 아내에게 비밀히 부탁하고, 장모에게 큰딸을 데리고 나가 주지 못할 터이면 작은딸까지 데리고 나가 달라고 말을 하였다. 말뜻을 깨닫지 못한 장모는 좋아라 하고 세 사람이 집을 떠나서 경성으로 출발하였다.

내가 얼마 후에 경성에 가서 동정을 살펴보니, 아내는 어머니와 언니를 떠나서 어느 학교에 투신할 계획을 하고 있었다. 나는 아내에게 비밀히 약간의 여비를 주고 내려와서 재령 선교사 군예빈에게 말하니, 준례는 당분간 자기 집에 데려다가 있게 할 테니 서서히 데려가라고 하였다. 나는 곧 경성으로 준례에게 소식을 전하고 사리원역 앞에서 기다리니 준례 혼자만 하차한다. 맞이하여 재령 군예빈 목사 집에다가 데려다 두고 나는 안악으로 와서 어머님에게 경위를 설명하였다.

"장모나 처형이 비록 여자의 도리에 위반되는 죄상이 있더라도, 죄 없는 아내까지 쫓아내는 것은 도리가 아니니 용서하시지요."

어머님은 듣자마자 곧 기꺼이 승낙하시고,

"그렇다. 네가 데려오는 것보다 내가 직접 가서 데려오마."

---

636 세브란스의학교. 1904년 세브란스기념병원이 설립되면서 세브란스의학전문학교를 세웠고, 1909년 세브란스의학교가 되었다. 1945년 세브란스의과대학으로 발전하였으며, 1957년 연희대학교와 통합하여 연세대학교 소속으로 되었다.

하시고 그날로 재령에 가서서 아내를 데려오시니, 가정의 파란은 이로부터 안정되었고, 아내 역시 친어머니와 친언니에 대한 친족 관념을 단절하고 지냈다. 처형은 평산 등지에서 헌병보조원의 처인지 첩인지가 되어 살고, 장모도 함께 산다는 풍설만 듣고 있었다. 그러다가 이번에 전부 경성으로 옮겨 오게 되었는데, 소위 공판을 본다고 오던 길에 평산 처형 집에 아내와 화경이는 두고 어머님만 경성으로 먼저 오셨고, 공판 날짜를 알려서 아내가 경성에 오게 하였다는 어머님의 편지를 보았다.

이제 내가 주장하던 것과 힘써 온 것은 대부분 수포로 돌아갔다. 학교에서 학생을 가르치고 이끌 때 학생들이 나를 숭배하는 것보다도 나는 학생들을 천배 만배 숭배하고 공대하며 희망을 두었고, 나는 일찍이 교육을 충분히 받지 못하여 망국민이 되었으나 학생들은 후일 비할 데 없는 건국 영웅이 되리라고 바라던 마음도 헛노릇이 되고 말았다. 또한 아내도 평일에 자기 언니가 헌병의 첩질을 한다는 말을 들은 후로는 영구히 안 보기로 결심을 했건만, 내가 이 지경이 되니 부득이 갔을 것이다.

15년 징역형을 언도받다

그럭저럭 소위 공판 날짜가 정해졌다고 어머님이 왜놈 나가이永井라는 변호사를 고용하였다고 한다. 예심 심문 때 나가이 놈은 내게 이런 말을 묻는다.

"총감부 유치장에 있을 때 널빤지 벽을 두드려 양기탁과 무슨 말을 하였는가?"

나는 나가이를 노려보고,

"이것은 신문관을 대리하는 것인가? 나에 관한 사실은 신문 기록에 상세히 기재되어 있으니 나에게 더 물을 것이 없다."

고 대답하니, 검사 놈과 눈을 끔적이며 실패의 의미를 표시하는 것 같았다.

소위 재판일을 맞았다. 죄수 마차에 실려 경성지방재판소 문 앞에 당도하니 어머님이 화경이 아이를 업고 아내와 같이 문 안에서 기다리고 있는 것을 보면서 소위 2호 법정으로 끌려 들어갔다.

첫 번째 자리에 안명근, 다음에 김홍량이요, 나는 세 번째에 앉히고, 이승길·배경진·한순직·도인권·양성진·최익형·김용제·최명식·장윤근·고봉수·한정교·박형병 등 15명[637]이 출석하였고, 방청석을 돌아보니 각 학교 남녀 학생과 친척, 옛 친구들이 와서 참석하였고, 변호사들과 신문기자들도 늘어 앉아 있었다. 동지들에게서 한필호·신석충 두 사람의 경과를 들었는데, 한필호 선생은 그때 경시총감부에서 피살되고, 신석충은 끌려오다가 재령 철교에서 강에 몸을 던져 죽었다는 비통한 소식을 알게 되었다.

대강 신문을 끝낸 후 소위 판결이라고, 안명근은 종신 징역이요, 김홍량·김구·이승길·배경진·한순직·원행섭·박만준 일곱 명은 15년, 원행섭·박만준은 출석하지 않고, 도인권·양성진은 10년, 최익형·김용제·장윤근·고봉수·한정교·박형병은 7년 또는 5년으로 논고한 후 판결도 그대로 언도되었으니, 이상은 강도 사건으로 되었다.

그 후에 소위 보안법 사건으로 또 재판할 때는 수석 양기탁 이하 안태국·김구·김홍량·주진수·옥관빈·김도희·김용규·고정화·정달하·감익룡, 그리고 김용규의 조카인데, 판결되기는 양기탁·안태국·김구·김홍량·주진수·옥관빈은 2년 징역이고, 그 나머지는 1년 또는 6개월이었다. 그 밖에 이동휘·이승훈·박도병·최종호崔宗鎬·정문원鄭文源·김병옥 등 19명은 무의도·제주도·고금도·울릉도로 1년 유배를 정하여 보냈다.

---

637 친필본에서는 14명으로 잘못 표기하였다. 이름이 빠진 1명은 최명식崔明植(1880~1961)으로, 7년형을 언도받고 백범과 함께 친교를 유지하며 복역하고, 후에 상해로 가서 임시정부 조직에 참여하였다.

서대문감옥으로 이감되다

며칠 후에 서대문감옥으로 이감되었다.[638] 동지들은 전부가 앞서거니 뒤서 거니 그곳으로 와 함께 징역을 살게 되었는데, 날마다 서로 대면하는 것으로도 족히 위로가 되고 간간이 말로도 사정을 통하고 지내니 괴로움 속에서도 낙이 있다는 느낌이 들었다. 뿐만 아니라 징역 5년 이하는 바깥세상에 나간다는 소망이 있으나 7년 이상은 옥중혼獄中魂[639]이 될 것이라고 스스로 믿기 때문에, 육체로는 복역을 하지만 정신으로는 왜놈을 짐승 보듯 하고 쾌활한 마음으로 죽는 날까지 낙천적인 생활을 하기로 하고, 동지들도 대부분 지향이 동일하므로 옥중 행동에 있어 모의하지 않아도 일치하는 때가 많았다. 더욱 오월동주 吳越同舟[640]라는 옛말이 빈말이 아닌 참말임을 깨달았다.

옥중에서 생을 마치게 될 동지들 중에 대부분은 장성하건 어리건 아들을 두었는데 오로지 나만 어린 딸아이 화경이만 있고, 또한 나는 누이도 형제도 없는 외아들임을 안타깝게 생각하여, 김용제는 4남 1녀를 두어 장남 선량善亮, 그다음 근량勤亮, 그다음 문량文亮, 그다음 순량順亮인데, 자원하여 문량을 나에게 주어 대를 잇게 하기로 약속하였다.

나는 체포되기 전후로 심리 상태에 대변동이 생김을 자각하였다. 체포 전에는 십수 년 동안 성경을 들고 교회당에서 설교하거나 교편을 잡고 교실에서 학생을 가르쳤으므로 매사에 양심을 본위로 삼았고, 간사한 마음이 일어날 때마다 먼저 나 자신을 나무라지 않고는 감히 남의 잘못을 나무라지 못하는 것이

---

638 1911년 7월의 일이다.
639 감옥에서 죽은 사람의 넋이나 혼령.
640 서로 적대시하는 사람들이 같은 자리에 있게 된 경우 또는 서로 협력해야 하는 상황을 빗대어 이르는 말로, 여기서는 뒤의 의미로 쓰였다. 중국 춘추전국시대에 서로 적대시 하는 오나라 사람과 월나라 사람이 같은 배를 탔는데 풍랑을 만나서 서로 협력하게 되 었다는 데서 유래한다. 『손자孫子』에 나오는 말이다.

일제강점기의 서대문형무소 전경.

거의 습관이 되었다. 그렇기 때문에 학생들과 친구들 사이에서 충직하고 성실하다는 믿음을 받고 지냈고, 그러므로 모든 일에 추기급인推己及人[641]이 습관이 되었었다.

그랬건만 어찌하여 반년도 지나지 않아서 심리에 대변동이 생겼는가를 연구해 보면, 경시총감부에서 신문을 받을 때 와타나베 놈이, 17년 후에 다시 마주 앉은 오늘의 김구가 17년 전 김창수인 것도 모르는 놈이 대담히 자신의 가슴에는 엑스광선을 붙여서 나의 출생 이후 지금껏 일체 행동을 투시하고 있으니 털끝만큼도 숨기면 당장 때려죽인다고 대단한 위세를 부리던 때부터 태산만큼 크게 생각되던 왜놈이 겨자씨같이 작아 보이기 시작했다. 또 모두 일곱 차례나 매달려 질식된 후에 냉수를 끼얹어 회생시킴을 당해도 마음속 의지는 점점 강고해지고, 왜놈에게 국권을 빼앗긴 것이 우리의 일시적 국운 쇠퇴요, 일

---

641 "자기를 미루어 남에게 미친다."는 뜻으로, 자기의 처지에 비추어 다른 사람의 형편을 헤아림을 이르는 말이다.

본으로서는 조선을 영구 통치할 자격이 없음이 불을 보듯 분명하다고 생각되었다.

소위 고등관高等官이라고 모자에 금줄을 두셋씩 붙인 놈들이 나를 대하여 일본 천황의 신성불가침神聖不可侵의 위세와 권력을 과장한다. 그리고 천황이 재가한 법령을 행사할 때 행정 관리는 털끝만큼도 범위에서 벗어나지 못한다 하고, 조선 인민도 천황의 백성이니 누구에게나 차별 없이 똑같이 대하는 행복을 받는다고 하며, 공功 있는 자는 상을 주고 죄罪 있는 자는 벌을 주는 법령대로 관리가 공평히 그대로 좇아 시행한다고 한다. 그러니 구舊한국 관리가 자기에게 좋게 하는 인민에게는 죄가 있어도 벌하지 않고, 자기가 미워하는 자는 죄가 가벼워도 중벌을 내리던 시대와는 천양지차라고 혀가 타도록 과장하였다. 그렇게 말하던 그놈의 그 입에다 대고 며칠 후에 내가 반문하기를,

"그대가 말하기를 '안악에 가서 보니, 김구는 학교 일을 보아도 봉급이 후하건 박하건 불문에 부치고 오직 성심으로 학교만 잘되도록 애쓰는 선생이라고 일반 인민들에게 신망 받는 것을 보면 지방 유공자의 한 사람'이라고 하지 않았느냐? 더욱이 오늘까지 나에게 범죄 사실이 없으니, 즉 상 받을 사람의 열에는 있지만 벌 받을 사실로 인정될 것은 없으니, 어서 내보내면 곧 학교로 돌아가 개학하겠다."

고 하였다. 왜놈이,

"네가 그런 줄 안다마는, 전답을 매수한 지주가 그 전답의 뭉어리돌을 골라내는 것이 상례가 아니냐? 너는 아무리 범죄 사실을 자백하지 않았으나, 너의 동류가 다 너도 범죄의 우두머리라고 말하였으니 증거가 되어 끝내 벗어날 수 없다."

고 한다. 나는 또 반문하였다.

"관리로서 법률을 무시하는 게 아니냐?"

하니 미친개 모양으로 관리를 희롱한다며 분기탱천하여 죽도록 얻어맞았다. 그러나 왜놈이 나를 뭉어리돌로 인정하는 것은 참으로 기뻤다. '오냐, 나는 죽

어도 왜놈에게 대하여 뭉어리돌의 정신을 품고 죽겠고, 살아도 뭉어리돌의 책무를 다하고 말리라.' 하는 생각이 깊이 새겨졌다. 나는, '죽는 날까지 마귀 같은 왜놈의 소위 법률을 조금이라도 파괴할 수만 있다면 단행할 것이고, 마귀 같은 왜놈 희롱을 유일한 낙으로 삼고 보통 사람은 맛보기 어려운 별종 생활에서 진수를 맛볼 것이다.'라고 결심하였다.

서대문에 이감될 때 감옥 관리가 나에게,

"김구는 오늘 부로 입고 있던 의복을 벗어서 집물 창고에 봉하여 둠과 같이 네 자유까지 맡겨 두고 죄수복을 입고 입감될 터이니, 모든 것은 관리에게 복종만 하면 된다."

라고 하는 말을 듣고 수긍하였다.

이튿날 복역을 시킨다면서 수갑은 풀어 주지 않고, 간수看守[642]가 수갑 검사를 하면서 너무도 꽉 조여 놓아서 하룻밤 사이에 손목이 퉁퉁 부어 보기에 끔찍하게 되었다. 이튿날 아침 검사 때 간수들이 보고 놀라면서 이유를 묻는다. 나는 답하기를,

"관리가 알지, 죄수가 어찌 아느냐?"

하였다. 간수장看守長이 와서 보고,

"네 손목이 이 지경이 되었으면 수갑을 늦춰 달라고 요청해야 할 것 아니냐?"

한다. 나는,

"어제 전옥典獄[643]의 훈계에, '일체를 관리가 다 알아서 할 테니 너는 복종만 하라.'고 하지 않았느냐?"

하였다. 즉시 의사가 와서 치료하였으나 수갑이 손목뼈까지 들어가서 상처 부위가 컸던 까닭에 근 20년이 지난 오늘까지 손목에 자국이 그대로 있다. 간수

---

642 감옥의 업무를 보면서 감옥에 갇힌 사람들을 감시하던 관리. 지금의 교도관에 해당한다.
643 감옥의 우두머리. 오늘날의 교도소장에 해당한다.

장의 말이,

"무엇이든 수감자가 불편한 사정이 있을 때는 간수에게 신청하여 전옥까지도 면회하고 사정을 말할 수 있으니 유의하라."

고 한다.

감옥의 규정을 보면, 죄수들 상호 간에 대화를 하거나 어떠한 소식도 통하지 못하게 되어 있으나, 그러나 말도 많이 하고 소식도 서로 신속하게 통한다. 근 40명 되는 우리 동지들은 무슨 말이나 의견을 충분히 교환하고 지냈다. 심리 상태가 변한 것은 나뿐만이 아니었고, 동지들도 다 평소에 비하여 크게 변하였다.

그중 고정화는 용모부터 험한 데다가 심리에 변화를 겪어, 옥중에서 소위 관리를 괴롭게 하기로 유명하였다. 그는 음식을 먹다가 밥에 돌이 있음을 발견하고, 땅에서 모래흙을 주워 입에 넣어 밥과 섞은 것을 싸 가지고 전옥 면회를 청해서, 자기가 받은 1년 징역을 종신역으로 고쳐 달라고 하였다. 이유는,

"인간은 모래를 먹고 살 수 없는데 내가 먹는 한 그릇 밥에서 골라낸 모래가 밥의 분량만 못하지 않다. 이것을 먹고는 반드시 죽을 것이니, 이왕 죽을 바에는 징역이나 중하게 지고 죽는 것이 영광이다. 1년도 종신이요 종신도 종신이 아닌가?"

하였다. 전옥은 얼굴빛이 주홍빛이 되어서 식당 간수를 불러 나무라고, 밥 지을 때 극히 주의하여 모래가 없도록 개선시켰다.

며칠 후 감방에서 동료 죄수들이 의복에서 이를 잡는 것을 보았다. 고 군은 비밀히 각 사람에게 부탁하여 이를 거두어 모아서 뒤 씻는 종이에 싸 놓고 간수에게 전옥 면회를 청하였다. 전옥 앞에 이 꾸린 것을 내놓고,

"앞서 전옥장典獄長 덕으로 돌 없는 밥을 먹는 것은 감사하지만, 의복에 이가 끓어서 잠도 잘 수 없고 깨어도 이 때문에 온몸이 근지러워서 견디기 어렵소. 구한국 시대에는 감옥의 죄수가 자기 집 의복을 가져다가 착용할 수 있었으나 대일본의 문명한 법률은 그도 불허하니, 이러한 불결한 의복을 입으면 질

병이 생길까 염려되오."

하니, 즉시 각 감방에 새 의복을 바꾸어 넣어 주고 헌 옷은 증기 기계를 사용하여 간간이 소독해 주므로 다시는 이 잡는 사람이 없었다.

서대문감옥 사람들

그때 서대문감옥은 경성감옥京城監獄[644]이라는 문패를 붙인 때로, 죄수의 총수는 2천 명 미만에 죄수의 대부분이 의병이요 그 나머지는 소위 잡범이었다. 옥중의 대다수가 의병이란 말을 들은 나는 심히 행운이라고 생각하였다. 그이들은 일찍이 나랏일을 위하여 분투한 의기남아들이니 기개나 경험으로나 배울 것이 많으리라고 생각하였다.

감방에 들어가서 차차 인사를 하며 물어보니, 강원도 의병 참모장이니 경기도 의병 중대장이니 하며 거의 대부분이 의병장이고 졸병이라는 사람은 보지 못하겠는데, 처음에는 극히 존경하는 마음으로 교제를 하였으나, 마침내는 마음을 쓰고 일을 행함이 순전한 강도로밖에는 보이지 않았다. 참모장이라고 하는 사람이 군대 규율과 군사 전략이 무엇인지 모를뿐더러 의병을 일으킨 목적이 무엇인지도 모르는 사람이 많았고, 국가가 무엇인지도 모르고, 당시 무기를 가지고 시골 마을을 활보하며 만행을 저지른 것을 잘한 일인 양 호기롭게 말하였다.

내가 처음으로 13호 방에 들어가니 저녁 식사 후 공장에 출역했던 사람들이 몰려 들어와 의복을 입은 후에 그중 한 명이 나를 향하여,

"여보 신참, 어디 살았댔으며 죄명은 무엇이고 징역은 얼마나 받았소?"

---

[644] 1908년 서대문에 설치되었는데, 감옥의 수용 공간이 부족해지자 일제는 1912년 서울 공덕동에 새 감옥을 짓고 경성감옥이라 부르고, 종전의 경성감옥은 서대문감옥으로 개칭하였다. 서대문감옥은 1923년 서대문형무소로 명칭이 다시 바뀌었다.

한다. 나는 일일이 대답하였다. 이 구석 저 구석에서 질문과 반박이 연이어 나왔다.

"여보 신참, 똥통을 향하여 절하시오."

"좌상座上에게 절하시오."

"그자도 생김생김이 강도질할 때는 무서웠겠는데, 강도질하던 이야기나 좀 들읍시다."

함부로 질서 없이, 조리 없이 떠드는 판에 어떤 말에 대답해야 할는지 몰라서 잠잠히 앉아 있었다. 어떤 자는,

"이게 어디서 굴러먹던 도적놈이야? 사람이 묻는 말에 대답이 없으니! 신문 때 그같이 대답을 안 했으면 형벌을 받지 않지."

하며 조소와 능멸, 모욕이 여지가 없었다. 나는 생각하기를, '이곳은 하등들만 몰아넣은 잡범 방인가 보다.' 하고 잠잠히 앉아 있었더니, 시간이 지나 어떤 조선 간수 한 사람이 와서 나를 보고서,

"56호는 구치감에서 나왔소?"

한다. 나는,

"그렇습니다."

대답하였다. 그 간수는 말을 이어,

"내가 공판 때도 참관을 했지만 심히 애석한 일이오. 운수가 다한 탓이니 어찌하겠소. 마음을 편히 가질 수밖에 없지요."

하며 대단히 동정하는 빛을 보이며 돌아가고, 그다음은 일본인 간수들이 몰려와서 나의 명패를 보고, 또 내 얼굴을 보고 수군거린다. 방 안에서 한참 야단으로 떠들던 죄수들이 다시금 수군댄다.

"이야, 박 간수 나리가 저 신참을 보고 존경을 하니 관리가 죄수에게 공대하는 모양은 처음 보겠다."

어떤 자는,

"박 간수 나리의 가까운 친척인 게지."

한다. 한 사람이 엄숙하게 묻는다.

"신참은 박 간수 나리와 무엇이 되시오?"

"박 간수인지 이 간수인지 나는 모르오."

"그러면 이전에 무슨 높은 벼슬을 지냈소?"

"나는 벼슬하지 않았소."

그중 다른 한 사람이 묻는다.

"당신, 양기탁을 아시오?"

"짐작하지요."

"옳거니, 이 신참도 국사범國事犯 강도인가 보군. 3일 전 『대한매일신보大韓每日申報』 사장 양기탁이란 신참이 왔고, 그 공범으로 유명한 신사들 여러 명이 징역을 졌다고 어떤 간수 나리가 말씀하더군. 그러면 신참도 신사이니 우리가 묻는 말에 대답도 잘 안 하는가 본데, 아니꼬운 놈, 나도 당시에 허왕산許旺山[645] 밑에 있던 당당한 참모장이야. 여기 들어와서 교만을 부려 봐야 소용 없어."

나는 처음에 그자들을 하등 잡범들로만 알았다가 허위許蔿의 부하라는 말을 듣고서는 심히 통탄하였다. 저런 자가 참모장이 되었으니 허위 선생이 실패하였을 것은 불을 보듯 뻔하지 않은가.

옥중에 전래하는 이야기가 있다. 이강년李康秊[646] 선생과 허위 선생은 왜적에게 체포되어 신문과 재판을 받지 않고 형을 당하기까지 왜적을 경멸하며 욕

---

645 왕산旺山은 조선 말의 의병장 허위許蔿(1855~1908)의 호이다. 1895년 을미사변이 일어나고 단발령이 내려지자 의병을 모집하여 성주 등지에서 활약하다가 관군에 패했다. 1905년 을사늑약이 체결되자 다시 의병을 일으켜 서울 진입을 시도했으나 패하여 퇴군했고, 재기를 도모하던 중 1908년 경기도 포천에서 일본 헌병대에 체포되어 옥중에서 순국했다.

646 조선 말의 의병장(1858~1908). 1895년 을미사변이 일어나자 의병을 일으켜 활약했으며, 1907년 군대가 해산당하자 다시 의병을 일으켜 충북 청풍 등지에서 활약했으나 일본군에게 체포되어 교수형을 받고 순국했다.

하다가 순국했다. 서대문감옥에는 예로부터 사용해 오던 우물이 있었는데, 허위 선생이 형을 당한 날부터 우물물이 벌게져서 우물을 없앴다고 한다.

그처럼 서릿발 같은 절의節義를 듣고 생각하니 자괴감이 끝없이 들었다. 정신은 정신대로 보중하지만, 왜놈의 마소 같은 야만적 대우를 받는 내가 당시 의병들의 자격을 평론할 용기가 있을까. 지금 내가 의병 죄수를 무시하지만, 그 영수領袖인 허 선생, 이 선생의 혼령이 내 눈앞에 출현하여 엄중하게 질책을 하는 듯싶었다.

"구시대 의병은 네가 보는 바와 같이 목불식정目不識丁의 무식한 것들이니 국가에 대한 의무도 이해하지 못하는 것이 사실이다. 그러나 너는 일찍이 고후조高後凋에게서 의리가 어떤 것인지를 가까이에서 배워 알았고, 네가 그에게서 배운 금언金言 중에 '삼척동자라도 개와 양에게 절을 시키면 반드시 대로하여 불응한다.'는 말을 강단에서 신성한 제2세 국민에게 설명해 주었는데, 그랬던 네가 머리를 숙여 왜놈 간수에게 예의를 차리느냐? 네가 항상 외우는 옛 사람의 시, '임의 밥을 먹고 임의 옷을 입으며, 일평생 품은 뜻이 변할 줄이 있으랴.'647를 망각하였느냐? 네가 어려서부터 늙을 때까지 스스로 농사지어 먹거나 스스로 옷을 지어 입지 않고 대한大韓의 사회가 너를 입히고 먹였는데, 오늘날 왜놈이 주는 콩밥 먹고 붉은 의복 입히는 데 순종하라고 너를 먹이고 입힌 것이더냐? 명색이야 의병이든 적병이든, 왜놈이 순종하는 백성이 아니라고 인정하여 종신이니 10년이니 감금하여 두는 것으로 족히 의병의 가치를 인정할 수 있지 않느냐? '남아는 의義로 죽을지언정 구구히 살지 않는다.'고 평일에 어린 학생을 가르치고서, 네가 오늘 사는 것이냐 죽은 것이냐? 네가 개 같은 생활을 참으면서 보내고 17년648 후에 장차 공을 세워 속죄할 자신이 있느냐?"

---

647 사육신의 한 사람인 성삼문成三問(1418~1456)이 죽음을 앞두고 지은 〈임사부臨死賦〉의 한 구절로, 여기서 '임'은 단종의 선왕 문종을 가리킨다.
648 안악사건으로 15년형을 언도받고, 또 105인사건으로 2년형을 추가로 언도받았다.

이 같은 생각을 하는 사이에 정신이 극도로 혼란스러웠다. 그러던 차에 마침 안명근 형이 나에게 침착하게 이런 말을 한다.

"내가 감옥에 들어온 이후에 아무리 생각해 보아도 하루를 살면 하루의 치욕이요 이틀을 살면 이틀의 치욕이니, 굶어 죽기로 생각하였습니다."

나는 쾌히 찬성하였다.

"가능하거든 단행하시오."

그날부터 명근 형은 단식했다. 자기 몫의 음식은 다른 죄수들에게 나누어 주고 자기는 굶었다. 연이어 4~5일을 굶으니 기력이 탈진하여 운신을 못 하게 되었다. 간수가 물으면,

"배가 아파서 밥을 안 먹는다."

고 하나, 눈치 빠른 왜놈들이 병원으로 옮겨 놓고 진찰해 보아도 아무 병이 없으므로 명근 형을 뒷짐 지우고 계란을 풀어서 억지로 입안에 넣었다. 이 봉변을 당한 명근 형이 나에게 기별하였다.

"이 아우는 부득이 오늘부터 음식을 먹습니다."

나는 전하여 말하기를,

"죽고 사는 문제에서 자유롭다는 부처님이라도 '이 문 안에 들어서면 안다는 생각을 버려야'[649] 할 것이니 자중하시오."

라고 하였다.

옥중에서 고故 이재명 의사의 동지들인 김정익·김용문·박태은朴泰殷·이응삼李應三·전태선·오복원 등을 만나고, 안중근 의사의 동지 우덕순禹德淳[650] 등도 만났다. 한 번 보았지만 옛 친구 같아 서로 사랑하는 정이 있을 뿐 아니라, 마음가짐과 일처리에서 의병 죄수들에 비하면 대부분 닭 무리 속의 봉황

---

649 부처님이라도 감옥 세계에 들어오면 어쩔 도리가 없다는 뜻으로 쓰였다.
650 한말의 독립운동가(1880~1950). 1904년 블라디보스토크에 가서 안중근 의사와 함께 독립운동을 하기로 맹세하고 1909년 이토 히로부미 저격에 성공한 후 옥고를 치렀다.

우덕순.

김좌진.

105인사건으로 체포되어 가는 애국지사들.

같은 느낌이 있었다. 그리고 김좌진은 침착하고 굳세고 용감한 청년으로, 나랏일을 위하여 무슨 운동을 하다가 징역에 처해졌으므로 친애의 정을 서로 표하니 점차 옥중에서도 생활의 취미가 있음을 깨닫게 되었다.

내가 서대문감옥에 들어온 지 며칠 후에 또 중대 사건이 발생하니, 왜놈의 소위 뭉어리돌 줍는 2차 사건이었다. 1차는 황해도 안악을 중심으로 하여 40여 명 인사를 타살·징역·유배 세 가지로 처결하였다. 이어서 평안도 선천宣川

을 중심 삼아 일망타진으로 105명을 검거, 취조하였는데,[651] 그 내용은 이미 1차에서 소위 보안법 사건으로 2년형을 집행하고 있는 양기탁·안태국·옥관빈과 유배형에 처하였던 이승훈까지 다시 집어넣고 신문을 개시하였으니, 그것은 이미 보안법으로 최고 2년만 지운 것이 왜놈의 마음에 미흡하여 좀 더 지우자는 야만적인 마음에서 나온 것이었다. 나와 김홍량도 15년에 2년 징역을 더하여 도합 17년의 징역을 졌다.

어머님이 면회 오시다

어느 날은 간수가 와서 나를 면회소로 데려간다. 누가 왔는가 하고 기다리다가 널빤지 벽에서 달가닥하고 주먹 하나가 나들 만한 구멍이 열리는 데로 내다보니 어머님이 와 서셨고, 곁에는 왜놈 간수가 지키고 서 있었다. 거의 7~8개월 만에 뵙는 어머님은 태연하신 안색으로 말씀하신다.

"이야! 나는 네가 경기감사 한 것보다 더 기쁘게 생각한다. 네 처와 화경이까지 데리고 와서 면회를 청하니 한 번에 한 사람밖에는 허락하지 않는대서 네 처와 화경이는 저 밖에 있다. 우리 세 식구는 평안히 잘 있다. 너는 옥중에서 몸이나 잘 있느냐? 우리를 위하여 근심 말고 네 몸이나 잘 보중하기 바란다. 만일 식사가 부족하면, 하루에 사식을 두 번씩 들여 주랴?"

오랜만에 모자가 상봉하니 반가운 마음이었으나, 저와 같이 씩씩한 기개와 절조를 가진 어머님이 개 같은 원수 왜놈에게 자식을 보여 달라고 부탁했을 것을 생각하니 황송하기가 그지없었다. 다른 동지들에게서 면회했다는 정황을 들어 보면, 부모처자가 와서 피차에 대면하면 울기만 하다가 간수의 제지로 말

---

651 1911년 9월에 일어난 105인사건을 가리킨다. 이때 일제는 안명근安明根의 조선 총독 암살 미수 사건을 구실로 신민회新民會 회원 등 6백여 명을 체포하여 혹독한 고문을 가해 자백을 강요하였으며, 그중 105인을 기소하였다.

한마디도 못 하였다는 것이 보통인데, 우리 어머님은 참 놀랍다고 생각되었다. '나는 17년 징역 선고를 받고 돌아와서 잠은 전과 같이 잤어도 밥은 한동안 먹지 못한 적이 있었는데 어머님은 어찌 저렇게 강인하신가?' 하고 탄복하였다. 나는 실로 말 한마디를 못 하였다. 그러다가 면회구面會口는 닫히고 어머님이 머리를 돌리시는 것만 보고 나도 끌려 감방으로 돌아왔다.

어머님이 나를 대하실 때는 태연하셨으나 돌아서 나가실 때는 반드시 눈물에 발부리가 보이지 않았을 것이다. 어머님이 면회 오실 때 아내와는 물론 많은 상의가 있었을 것이요, 나의 친구들도 주의를 주어 드렸을 듯하나 마침내 대면만 하면 울음을 참기가 극히 어려울 것인데, 어머님은 참 놀라운 어른이시다.

서대문감옥에서

옥중 생활

옥중 생활을 일일이 기록하기 불가능하지만, 의衣·식食·주住·행行을 각각 나누어 쓰면서 그때 체험하고 목도한 것과 내가 생활하던 진상을 말하겠다.

각 죄수들이 소위 판결을 받기 전에는 자기 의복을 입거나, 자기 의복이 없으면 청색 옷을 주워 입힌다. 그러다가 형刑이 결정되어 복역하는 때부터는 적색 옷을 조선식으로 만들어 입힌다. 입동立冬 시기부터 춘분春分까지는 솜옷을, 춘분에서 입동까지는 홑옷을 입히되, 병든 죄수에게는 흰옷을 입혔다.

식사는 하루에 3회 분배하는데, 그 재료는 조선 각 도에서, 각기 그 지방에서 가장 값싼 곡물을 선택하므로 각 도의 감옥 밥이 동일하지 않았다. 당시 서대문감옥은 전체가 10이면 콩 5, 좁쌀 3, 현미 2의 비율로 밥을 지어, 최하 8등급 식사 250문匁[652]에서 시작하여 2등급까지 문 수를 늘린 것이다. 사식私食은 감옥 밖 식당 주인이 죄수 친족의 부탁을 받아서 배식 시간마다 밥과 한두 가지 찬을 들여보내 주는 것으로, 이를 가져오면 간수가 검사하고 밥을 일자一字 모양 통에 다식茶食처럼 박아 내어 분배해 준다. 사식 먹는 죄수들은 한곳에 모

---

[652] 일본의 무게 단위 '몬메もんめ'로 3.75g에 해당한다. 따라서 250문은 937.5g이다.

여 먹게 하고, 감옥 밥은 등수는 다르지만 밥은 같은 것으로 각 공장이나 각 감방에서 먹게 하였다. 세 끼니로 밥과 찬을 일제히 분배한 후에는 간수가 고두례叩頭禮[653]를 시킨다. 이때 죄수들은 호령에 따라 무릎을 꿇고 무릎에 두 손을 올려놓고 머리를 숙였다가, 왜놈 말로 "모도이!"[654] 하면 머리를 일제히 들었다가, "끼빵!"[655] 해야 각 죄수가 먹기를 시작한다. 죄수들에게 경례를 시키는 간수가 훈화하기를,

"식사는 천황께서 너희 죄인을 불쌍히 여겨 주는 것이니, 머리를 숙여서 천황께 예를 표하고 감사의 뜻을 표하라."
한다.

그런데 매번 "모도이!"라고 할 때 들어 보면 각 죄수들이 입안의 소리로 무슨 중얼거리는 것이 있었다. 나는 이상하게 생각되었다. 밥을 천황이 준대서 천황을 향하여 축의祝意를 표하는 것인가 했는데, 마침내 친숙한 죄수들에게 물어보니 이구동성으로,

"당신, 일본 법전을 보지 못했소? 천황이나 황후가 죽으면 대사면이 내려서 죄인들을 내보낸다고 하지 않았소? 그러므로 우리 죄수들은 머리를 숙이고 상제께 '메이지明治[656]란 놈을 즉사시켜 줍소서.' 하고 기도합니다."
한다. 나는 그 말을 듣고 심히 기뻐서 나도 그렇게 하겠다고 했다. 그 후에는 나도 '노는 입에 염불한다'는 격으로 매번 식사 때는, '동양의 대악괴인 왜놈 천황을, 나에게 전능을 베풀어 내 손에 죽게 합소서.' 하고 상제께 기도하였다.

죄수들 중 종종 감식減食 벌을 받는 자가 있다. 내 밥을 남에게 주거나 남

---

653 공경하는 뜻으로 머리를 땅에 대고 조아리는 의례. "경례!"라는 구령으로 시행한다.
654 일본어 もどい로, 우리의 군호軍號 "바로!"와 같다.
655 '끽반喫飯'의 일본어로, "밥을 먹음"이라는 뜻이다.
656 일본의 제122대 왕(재위 1867~1912). 16세 때 즉위한 후 메이지유신을 단행하여 왕정 복고를 실현하고 여러 가지 개혁정치로 일본 발전에 기여하였다. 45년간 재위하면서 청일전쟁과 러일전쟁에서 승리하고 한국의 강제 병합을 감행하였다.

의 밥을 내가 얻어먹다가 간수에게 발견되면, 그 정도가 무거운 자는 3분의 2를 감하고 가벼운 자는 2분의 1을 감하여 3일 혹은 7일을 먹이는데, 감식 벌을 당하기 전에 간수 놈들이 죽지 않을 만큼 마구 때리니, 소위 감옥 규정에 의하면 감식도 벌칙 중의 하나였다.

이 점에 대하여 나는 깊이 연구하였다. 겉으로는 나도 붉은 옷을 입은 복역수이지만 정신적으로 나는 결코 죄인이 아니다. 왜놈의 소위 신부지민新附之民[657]이 아니고, 나의 정신으로는 죽으나 사나 당당한 대한의 애국자이다. 될 수 있는 한 왜놈의 법률을 복종하지 않는 실제 사실이 있어야만 내가 살아 있는 본뜻이다. 나는 하루에 한 번 혹은 두 번 사식을 먹었는데, 나는 한 끼라도 자양분 있는 음식을 먹으니 밥이 부족하여 애쓰는 죄수들을 먹여도 내 건강에는 큰 해가 없을 것을 깨닫고, 매번 내 밥은 곁에서 먹는 죄수에게 주어 먹게 하였다. 첫 번 먹기 시작할 때 곁에 앉은 죄수의 옆구리를 꾹 찌르면 그 사람은 알아차리고 빨리 자기 몫을 먹은 뒤에 내 앞에다가 빈 그릇을 놓는다. 그때 내 밥그릇을 그 사람에게 주면, 간수 놈 보기에 나는 밥을 빨리 먹고 앉아 있는 것으로 보인다.

죄수들의 품행은, 열 번 내 밥을 먹는다면 그 먹을 때는 은혜를 죽어도 잊지 못하겠다고 치사를 하던 자도, 아침밥은 얻어먹고 저녁밥은 다른 사람을 주면 그 즉시 욕설을 퍼부었다.

"저놈이 네 의붓애비냐? 이야, 효자 정문 세우겠다."

하면, 밥을 얻어먹는 자는 또한 나를 옹호하는 말로 맞대고 욕설을 하다가 간수에게 발각되어 다 벌을 받으므로, 선善을 행함이 도리어 악惡을 행하게 되는 경우가 허다하였다.

그러나 죄수들이 나에게는 함부로 못 하는 이유가 몇 가지 있었다. 죄수 중에 핵심 인물인 이재명 의사의 동지들이 모두 다 일본어에 익숙하여 왜놈들

---

657 '새로 합해진 백성'이라는 뜻이다.

에게 큰 신임을 받는데, 그 사람들이 나를 극히 존경하는 것을 본 것이다. 죄수들을 임시 신문할 때 그 사람들을 통역으로 사용하는데, 성행 사나운 자는 하루에도 몇 번씩 불려 다니니 통역들을 멀리하면 자기에게 직접적인 해가 돌아오지 않을까 하였다. 그리고 내가 날마다 밥을 다른 사람에게 주는 것을 보았으니 자기도 후일에 소망이 있었다. 통틀어 말하자면, 우리 동지들의 인격과 재능이 뛰어나고 50~60명이 정신적으로 뭉쳐 있어서 멸시할 수 없었다. 또 우리와 다른 사건이어도 똑똑한 사람은 모두 다 우리와 인정과 의리를 통하고 지내는 터이니, 엄연히 죄수들의 영도적 조직이 되었다. 죄수들의 표면적 감독은 왜놈이 하고, 정신적 지도는 우리 동지들이 하게 되었다.

숙소는 감방에서 한데 섞여 지내니, 왜놈의 초석草席(다다미)**658** 석 장 반에 해당하는 방 안 면적에 죄수 10여 명은 보통이고, 어떤 때 어떤 방에는 20여 명을 몰아넣을 때도 종종 있다. 앉아 있는 시간에는 각 죄수의 번호 순서에 따라 1, 2, 3, 4열을 지어 있다가, 저녁 식사 후에 몇 시간은 마음대로 책도 보게 하고 문맹들은 소곤소곤 이야기도 하게 하지만, 큰 소리로 책을 읽지는 못하게 하고 이야기는 더욱 엄금을 한다. 무슨 말소리가 나면 간수가 와서,

"누가 무슨 말을 하였나?"

하고 물어서, 이야기를 하였다고 자백하면 그 죄수들에게 쇠창살 사이로 손을 내놓으라 하여 실컷 때려 주는 터이므로 앉아 있는 동안에 이 방 저 방에서, "아이구!" "아이구!" 소리와 사람 치는 소리가 끊일 때가 없었다. 첫 번에는 그 맞는 것과 그 야차夜叉**659** 같은 왜놈들의 만행을 차마 볼 수 없었으나, 하도 자주 보아서 그런지 점점 신경이 둔해져서 보기에 대수롭지 않은 때도 있었다.

이제 생각하니, 우리 독립운동이 시작된 후에 장덕준 의사가 『동아일보』의 종군기자로 북간도에 출장하여 왜놈들이 독립군이나 평민이나 잡히는 대로

---

658 일본어 たたみ로, 마루방에 까는 일본식 돗자리를 말한다.
659 사람을 괴롭히거나 해친다는 사나운 귀신.

끌어다 개 치듯 하는 광경을 보고서 의분을 참지 못하여 왜놈 대장에게 엄중하게 항의를 하니, 그 대장 놈은 사과하고 문밖에서 장 의사와 작별한 뒤에 비밀히 체포하여 암살하였다는 사실을 당시 몰래 알아내기도 하였으나, 나의 옥중 체험으로 인하여 더욱 명확하다고 믿는다.

장덕준.

하루는, 내가 최명식 군과 너무 오래 떨어져 지내서 적적하고 우울한 회포를 풀기로 하고 한방에서 함께 지낼 계획을 세웠는바, 옴[660]을 만들어서 감옥의監獄醫에게 진찰을 받아 같은 방에서 지내게 되었다. 옴을 만드는 방법은, 가는 철사를 얻어서 끝을 갈아 뾰족하게 만들어 감추어 두었다가 의사가 각 공장과 감방으로 돌아다니며 병든 죄수들 진찰할 때, 30분 전에 철사 끝으로 좌우 손가락 사이를 꼭꼭 찔러 두면 찌른 자리가 옴과 같이 솟아나고 그 끝에서는 맑은 물이 나온다. 그러면 누가 보든지 옴으로 보게 된다. 그 방법으로 진찰하니 그날로 옴방으로 옮기게 되어 둘이 같이 그 방에 들어갔다.

그날 저녁에 하도 그리웠던 판에 이야기를 하다가 사토佐藤라는 간수 놈에게 발각되었다.

"누가 먼저 말을 하였나?"

묻기에,

"내가 먼저 이야기를 했다."

고 대답하였다.

"창살 밑으로 나와라!"

---

660 옴진드기가 기생하여 일으키는 피부 전염병으로, 한방에서는 '개창疥瘡'이라고 한다.

하기에 나가 서니, 그놈이 역시 곤봉으로 마구 때린다. 나는 아무 소리도 내지 않고 한참 동안을 맞았다. 그때 맞은 상흔은 왼쪽 귀의 연골이 상하여 봉충이[661]가 되어서 지금껏 남아 있다. 명식 군은 용서하면서 다시 왜말로,

"하나시(이야기) 했소데 다다꾸도(때려 줄 테야)!"
하고 물러갔다.

그때 일부러 옴을 만들어 방을 옮긴 이유가 한 가지 또 있었다. 감방에 죄수의 수가 너무 많아서 앉아 있을 때는 마치 그릇에 콩나물 대가리 나오듯이 되었다. 그러다가 잘 때는 먼저 한 사람은 머리를 동쪽으로, 한 사람은 머리를 서쪽으로 착착 모로 누워서 다시 더 누울 자리가 없으면, 나머지 사람들은 일어서고 좌우에 한 사람씩 힘이 센 자가 판벽에 등을 붙이고 두 발로 먼저 누운 자의 가슴을 힘껏 밀어낸다. 그러면 드러누운 자들은,

"아이구, 가슴뼈 부러진다!"
하고 야단을 하지만, 밀어내는 쪽에 또 드러누울 자리가 생기면서 서 있던 자가 그 사이에 드러눕고, 몇 명이든지 그 방에 있는 자가 다 누운 후에야 밀어 주던 자까지 다 눕는데, 모말[662]과 같이 사개[663]를 물려 짜서 지은 방이 아니면 방이 파괴될 터였다. 힘써 밀어낼 때는 사람의 뼈가 상하는 소리인지 벽 널빤지가 부러지는 소리인지 "우두둑!" 소리에 소름이 돋는다. 그런 광경을 보고 감독하는 간수 놈들은 떠들지 말라고 개 짖듯 하고 서서 들여다본다. 내가 본 것만 해도, 노쇠한 자가 흉골이 상하여 죽는 것을 여러 명 보았다.

종일 노역을 하던 죄수들이므로 그같이 끼여서도 잠이 든다. 처음 누울 때는 각각 얼굴을 남쪽과 북쪽으로 하고, 그렇게 누워 잠이 들었다가도 가슴이 답답하여 잠이 깨면 방향을 바꾸자는 의사가 일치하여 남쪽을 향했던 측은 북

---

661 짝짝이. 서로 짝이 아닌 것.
662 곡식의 분량을 재는 네 개의 모가 반듯한 말의 하나.
663 상자 따위의 모퉁이를 끼워 맞추기 위하여 서로 맞물리는 끝을 들쭉날쭉하게 파낸 부분. 또는 그런 짜임새를 말한다.

쪽으로, 북쪽을 향했던 측은 남쪽으로 돌아눕는다. 그것은 고통의 방향을 바꾸기 위해서, 그리고 입과 코를 마주 대고 호흡을 할 수 없기 때문이지만, 잠이 깊이 들었을 때 보면 서로 키스하고 자는 사람이 많고, 약한 자는 솟아올라 사람 위에서 잠을 자다가 밑에 있는 자에게 몰려서 이리저리 굴러다니다가 날을 밝히는 것이 옥중의 하룻밤이다.

옥살이의 괴로움은 여름과 겨울 두 계절이 더욱 심하니, 여름철에는 감방에 있는 죄수들의 호흡과 땀에서 증기가 나와서 서로 얼굴을 분간 못 하게 된다. 가스에 불이 나서 죄수들이 질식되면 방 안으로 무소대[664]를 들이쏘아 진화하고, 질식된 자는 얼음으로 찜질하여 살리는데, 죽는 것도 여러 번 보았다. 죄수들이 가장 많이 죽는 때가 여름철이다. 겨울철에는, 감방에 20명이 있다면 솜이불 네 채를 들여 주는데, 턱 밑에서 겨우 무릎 아래까지만 가려지므로 버선 없는 발과 무릎은 태반 동창凍瘡이 나고, 귀와 코가 얼어서 극히 참혹하며, 발가락과 손가락이 물러나서 불구자가 된 죄수도 여럿을 보았다. 간수 놈들의 심술은 이러했다. 감방에서 무슨 말소리가 나서,

"누가 말을 하였나?"

하고 물었는데 말한 자가 자백을 안 하고 동료 죄수들도 누가 말했다는 고발이 없는 때는, 여름철에는 방문을 닫아 버리고, 겨울철에는 방문을 열어 두는 것이 감시의 묘책이었다. 감옥 생활에서 제일 고생을 많이 하는 자는 신체 장대한 자이니, 내 키가 5척 6촌[665]이니 중키에 불과하나 잘 때 종종 발가락이 남의 입에 들어가고 추위도 더 받는다.

그놈들이 나에게는 아주 다른 대우를 했는데, 복역시킨다고 말만 하고 실제로는 복역을 안 시켰다. 그리고 서대문감옥에 가서도 100일 동안 수갑을 채워 두었는데, 그같이 좁은 방에서 두 손을 묶어 놓아서 잠잘 때 너무 고통이 되

---

664 북한 사투리 '물쏘대'로, "소방 호스 앞에 달려 있는 쇠로 된 물건"이다.
665 약 1m 68cm이다.

고, 동료 죄수들도 잠결에 나의 수갑이 몸에 닿으면 죽는다고 야단이었다. 그래서 좀 넓은 방에서 거처할 생각으로 그렇게 해서 계획이 들어맞았으나 모처럼 이야기를 좀 하다가 이 봉변을 당한 것이다.

행동에는 구속이 더욱 심하여, 아침에 잠을 깨도 마음대로 일어나지를 못하고 반드시 일정한 시간을 지켜서 일시에 호령으로 기침을 시킨다. 그러고는 즉시 간수들이 각 방의 죄수들을 꿇어앉힌 후에 한 놈이 방 안을 향하여 왜말로 "기오츠케!"⁶⁶⁶를 부르면 죄수들은 일제히 머리를 숙이고, 한 놈이 명패를 들고 첫 자리에 앉은 죄수의 번호부터 끝까지 내리읽으면 죄수마다 자기 가슴에 붙인 번호 읽는 소리를 듣고 입으로 "하이!"⁶⁶⁷ 하고 곧 머리를 들어 끝자리에 앉은 죄수까지 다 마친다.

그 후에는 잘 때 입던 의복은 벗어 꾸려 놓고 수건 한 장씩으로 허리 아래를 가리고 알몸으로 공장까지, 멀면 100보, 가까우면 50보 이내인 거리를 알몸에 맨발로 빨리도 못 걷고, 천천히 손 활개도 못 치고 벽돌 한 개씩 펴 놓은 것을 밟고 공장엘 간다. 가서는 각각 자기 작업복을 입으면, 또 열을 지어 쪼그려 앉힌 뒤에 인원 점검을 하고, 세면을 시킨 후에 아침밥을 먹고 나서는 곧 일을 시작한다. 일의 종류는 간단한 철공鐵工, 목공木工, 직공織工, 피복공被服工, 그리고 보석補蓆(왜말로 무시로⁶⁶⁸ 가마니 등), 담뱃갑 제조, 새끼 꼬기, 경운耕耘(김매기), 빨래, 밥 짓기, 그 밖에 여러 가지이다.

죄수들 중에 품행이 방정하다고 보인 자는 내감內監이나 외역소外役所의 소제부, 병감病監의 간병인, 취사장의 취사부로 골라서 쓰는데, 이상 특종의 일에 쓰이는 자는 정승 부럽지 않다고 하니, 대우도 좀 후하고 고통도 비교적 덜하기 때문이다.

---

666 일본어 きおつけ로, "차려!"의 뜻이다.

667 일본어 はい로, "예!"의 뜻이다.

668 왕골·짚·대 따위로 엮은 깔개의 총칭으로, 자리·거적·멍석 등을 뜻한다. 일본어 むしろ 는 보석補蓆의 뜻이 있으므로 친필본의 '보석寶石'은 오기인 듯하다.

감방에서 공장에 나갈 때나 들어올 때, 여름철은 괜찮으나 겨울철에는 전신이 꺼멓게 죽어서 들어오고 나가는데, 겨울에 공장에 가서 옷을 풀어 보면 틈틈이 눈이 껴 있는데, 그래도 몸에 입기만 하면 훈훈한 더운 기운이 돌아온다. 공장에서 노역을 마치고 저녁밥을 먹고 감방으로 들어올 때도 역시 작업복을 벗고 알몸에 수건만 들고 들어와 아침과 같이 번호 점검을 하고, 그런 후에 앉아 있다가 정해진 시간에야 자게 한다.

구속을 너무나 가혹하게 하니 죄수들의 심성도 따라서 악화되어, 횡령 사기죄로 입감한 자가 절도나 강도질을 연구해서 만기 출옥 후에는 무거운 징역을 지고서 다시 입감하는 것을 거듭 볼 수 있었다. 감옥은 물론 이민족에게 속박 받는다는 감정이 충만한 곳이므로 왜놈들의 지능으로는 털끝만큼이라도 감화를 줄 수 없으나, 내 민족끼리 감옥을 다스린다 해도 웬만큼 남이 하는 것을 모방이나 해서는 감옥 설치에 조금도 이익이 없겠다고 보였다.

그리하여 훗날 우리나라가 독립한 후에는 감옥의 간수부터 대학 교수 자격으로 채용하고, 죄인을 죄인으로 보는 것보다는 국민의 일원으로 보아 선善으로 지도하기에만 주력해야겠고, 일반 사회에서도 전과자라고 멸시하지 말고 대학생 자격으로 대우해야 그만한 가치가 생기겠다고 생각되었다.

옥중에서의 견문

서대문감옥에는 대대로 내려온 진귀한 보물이 있으니, 지난날 이승만李承晚[669]

---

[669] 일제강점기의 독립운동가(1875~1965). 대한민국 초대 대통령이다. 황해도 평산 출생으로 서울 배재학당에서 공부하였다. 일찍이 개화운동에 참여하여 독립협회의 간부로 활약하다가 투옥되었다. 이후 미국으로 가서 공부하면서 독립운동을 하였으며, 중국으로 와서 상해 임시정부 대통령을 지냈다. 광복 후 1948년에 대통령으로 당선되어 장기 집권을 하다가 1960년 부정선거로 또 대통령에 당선되었으나 4·19혁명으로 실각하여

1904년 한성감옥 앞의 이승만(왼쪽에서 세 번째). 당시 이승만은 옥중 학교를 운영하여 한글과 한문을 가르쳤다.

박사가 자기 동지들과 같이 투옥되었을 때 서양인 친구들과 연락하여 옥중에 도서실을 설치하고 국내외의 진귀한 서적을 구입하여 5~6년 긴 세월 동안 감옥의 죄수들에게 구국救國과 흥국興國의 길을 강론하였다고 한다. 일을 하지 않는 날에는 서적고에 쌓인 각종 책자를 각 방마다 들여 주는데, 그중 이 박사의 손때와 눈물 자국이 얼룩져 있는, '감옥서監獄署'[670]라는 도장이 찍힌 『광학유편廣學類編』,[671] 『태서신사』 등의 서적을 보았다. 나는 그런 책자를 볼 때 내

미국 하와이로 망명하였다가 그곳에서 병사하였다.

670 조선시대에 형벌의 집행에 관한 일을 맡아보던 관청. 1894년(고종 31) 갑오개혁 때 이전의 전옥서典獄署를 고친 것이다.

671 영국 선교사 티모시 리처드T. Richard가 편찬한 일종의 백과사전으로, 중국 청나라 임정욱任廷旭이 번역하여 1903년에 출간되었다.

용보다도 찾아뵙지 못한 이 박사의 얼굴을 보는 듯 반갑고 무한한 느낌이 있었다.

앞에서는 의병들의 결점을 대강 말하였고, 여기서는 죄수들 대다수의 성행과 견문을 통틀어 대강 말하겠다.

감옥 밖 보통 사회에서는 듣고 보지 못할 괴이한 특별한 정황을 발견하였다. 보통 사회에서는 아무리 막역하고 친밀한 사이라도 내가 뉘 집에 가서 강도나 살인이나 절도를 했노라고 발언할 자 없거늘, 하물며 초면 인사 후에 서슴지 않고 "내가 아무개를 죽였다."(그것도 세상이 다 알듯이 그 죄로 벌을 받는 중이라면 혹시 가능하겠으나, 이는 숨기고 발표하지 않던 사실이다), "아무 집에서 불한당 不汗黨[672]질 한 것(이 역시 숨기던 사실이다)도 나와 아무개가 하였다."고 기탄없이 공개하고 이야기한다.

우선 한 가지 먼저 말할 것은, 어느 날 가마니 짜는 제3공장에서 최명식 군과 내가 소제부 일을 하는 때였다. 우리는 제조 원료를 각 죄수들에게 돌려주고 뜰이나 청소하고 나서는 죄수들이 물건 제조하는 구경을 하고 있었다. 왜놈 간수가 한 시간 지킬 때는 자유가 없으나, 조선 간수가 반 시간 볼 때는 더욱 한가하고, 죄수 전부가 담화회를 여는 것과 같이 수군거린다. 그러면 조선 간수도 왜놈 간수와 같이

"말 말라!"

는 어성은 왜놈 간수보다 더 크게 호령을 하지만, 실제로는 왜놈 간수장이나 부장 놈이 오는가 망보는 데 불과하였다. 그 틈에 최 씨와 소견의 다름과 같음을 시험하기로 하였다. 2백여 명을 한 번만 나가면서 살펴보고 내려오면서 본 뒤에 그중 특이한 인물을 골라 몇째 자리에 앉은 자라고 그 번호를 써 가지고, 서로 맞추어 보아 의견이 같으면 그자의 인격을 조사해 보기로 한 것이다. 한 차례씩 살펴보고 돌아와서 각기 적은 번호를 맞추어 보니 소견이 부합되었다.

---

672 떼를 지어 돌아다니면서 남의 재물을 함부로 빼앗는 사람들의 무리.

그런 후에 1회 조사를 내가 하기로 언약하고 그자를 찾아가서 인사를 청하였다(그자는 나이가 40이 넘어 보이고, 똑같은 작업복을 입었으나 몸가짐이 다르고, 말은 못 들었지만 눈에 정기가 들어 보이므로 우리 눈에 띈 것이었다).

내가 묻기를,

"당신은 본향이 어디고 징역은 얼마나 되시오?"

하니, 그자가 답하기를,

"나는 괴산槐山에 살았고 징역은 강도 5년이며, 재작년에 입감하여 3년 후면 출감하겠소."

하고는 반문한다.

"당신은?"

내가 대답하였다.

"나는 안악에 살았고 징역은 강도 15년이며 작년에 입감하였소."

"하, 짐이 좀 무겁게 되었소. 초범이시지요?"

"네, 그렇소."

그렇게만 문답하고 왜놈 간수가 오므로 일어나서 와 버렸다. 그자에게 가서 무슨 이야기하는 것을 본 죄수 중에 나에게 묻는 자가 있었다.

"56호는 그 사람을 이왕에 아셨소?"

나는 말했다.

"몰랐소. 당신은 그가 누구인지 아시오?"

그자는,

"알고말고요. 남도南道 도적치고 그 사람 모르는 자는 없을 듯하오."

한다. 나는 흥미 있게 물었다.

"그는 어떤 사람이오?"

"그가 삼남 불한당 괴수 김 진사입니다. 이 감옥에 그와 같은 무리가 여러 명 있었는데 더러는 병나서 죽고 사형도 받고 방면된 자도 많지요."

하고 말을 그쳤다.

그날 저녁에 감방에 들어오니 그자가 벌거벗고 우리 뒤를 따라오며,

"오늘부터는 이 방에서 괴로움을 끼치게 되었습니다."

하고 들어온다. 나는 반기며 물었다.

"당신이 이 방으로 방을 옮기게 되셨소?"

"네, 노형 계신 방이구려."

각각 의복을 입고 점검을 마친 후에 나는 죄수들에게 부탁하여,

"철창 좌우로 귀를 대고 들어 보아서 간수의 신발 끄는 소리가 들리거든 알려 달라."

고 하고서는 그자와 이야기하기를 시작했다. 내가,

"공장에서 잠시 인사하고 정다운 이야기 한마디를 못 하고 떨어지게 되어 퍽이나 유감으로 생각하고 들어오던 차에, 노형이 곧 방을 옮겨 함께 지내게 되니 퍽도 기쁩니다."

라고 하니 진사도,

"네, 나 역시 동감이올시다."

한다. 진사는 나에게 마치 예수교의 이름난 목사가 교인에게 세례 문답하듯이 질문을 한다.

"노형, 강도 15년이라고 하셨지요?"

"네, 그렇습니다."

"그러면 계통으로 추설이요, 목단설이요, 북대요? 행락行樂[673]은 얼마 동안 하셨소?"

나는 한마디도 대답을 못 하였다. 진사가 빙긋이 웃으면서 말했다.

"노형은 북대인가 싶소."

나는 처음 들어 보는 말이라 "북대요."라고도 대답을 못 하고 앉아 있었다. 내 곁에 앉아 이야기를 듣던 죄수 중 한 사람이 김 진사에게 대하여 나를

---

[673] 본래는 '재미있게 놀고 즐겁게 지냄'의 뜻이나 여기서는 '도적질'의 의미이다.

가리키며,

"이분은 국사범 강도랍니다. 그런 말씀을 물으셔야 대답 못 할걸요."

한다. 그자는 감옥 말로 '찰(참)강도' 즉 계통 있는 도적으로, 내가 김 진사의 말에 대답 못 하는 것을 이해시키는 말이었다. 김 진사는 그 말을 듣고 고개를 끄덕인다. 진사는,

"내 어쩐지 공장에서 노형이 강도 15년이라는 말을 할 때에 아래위로 살펴보아도 강도 냄새를 발견 못 하겠기로 북대인가 보다 했구려."

한다.

나는 갑자기 양산학교 사무실에서 여러 교사들이 모여 지낼 때가 생각났다. 우리나라에 소위 활빈당活貧黨[674]이니 불한당不汗黨이니 하는 여러 가지 비밀결사가 있어서 진鎭을 공격하고 성城을 빼앗고 사람을 죽이고 재물을 탈취하면서도 동에 번쩍 서에 번쩍 동작이 민첩하므로 포교와 병대를 풀어서도 뿌리 뽑지 못하는 것을 보면 공고한 단결과 기민한 훈련이 있음이 사실일 텐데, 우리도 어느 날이고 독립운동을 하자면 견고한 조직과 기민한 훈련이 없으면 성공하지 못할 터이니 도적의 결사와 그 훈련을 연구해 볼 필요가 있다 하여 몇 달을 두고 각 교사가 연구했는데, 끝내 이룬 실적은 없었던 것이다.

보통 인정人情에 "3일 끼니를 거르면 도적의 마음이 일어나지 않을 자 드물다."고 하지만 도적의 마음만 가지고 도적이 될 수는 없다. 설사 한두 명의 좀도둑은 가능하겠지만, 수십 명, 수백 명의 집단체가 기민하게 움직이려면 반드시 지휘명령을 내리는 기관과 수뇌 인물이 있어야 이들을 이끌고 도적질을 할 것이었다. 그러니 그만한 인물이라 하면 그 자격과 지능이 정부 관리 이상의 인격자라야 할 것이니 연구 조사해 볼 필요가 있다 한 것인데, 끝내 단서를 얻지 못하고 말았다. 이를 생각하고 김 진사에게 바짝 들러붙어서 묻기 시작한

---

674 '가난한 사람을 살리는 무리'라는 뜻으로, 1900년부터 1904년까지 활동한 민중 봉기 집단이다. 봉건주의와 제국주의 타파를 목표로 삼남 지방에서 활약하였다.

것이다.

그러나 김 진사란 자가, 내가 자기와 같은 부류가 아님을 알린 이상 나에게 자기네 내막을 다 말해 줄까가 의문이지만, 평소에 애쓰던 것을 이 기회가 아니면 알 수 없다 생각하고, 먼저 나의 신분에 대하여 대강 설명하고,

"평소에 귀 단체의 조직 훈련을 연구해 보았으나 단서를 얻지 못하였으며, 연구의 목적이 도적을 박멸함이 아니고 훗날 나랏일에 참고, 응용하고자 함이니 명료하게 설명해 줄 수 있겠습니까?"

하고 물었다. 진사는 말했다.

"우리 비밀결사의 시초는 수백 년 전으로 이제는 자연히 공공연한 비밀이 되었으나, 법망이 엄밀하여서 나라가 망함에 따라 그전부터 지켜 오던 사회 기강이 여지없이 추락된 오늘날에도 조선에는 벌[蜂]의 법과 도적놈의 법이 그대로 남았다고 자인합니다. 노형을 북대로 생각하고 알지 못하시는 것을 여러 말로 물은 데 대하여 미안합니다. 그러니 내가 노형에게 물은 말에 대하여 먼저 설명을 하고, 이어 조직과 훈련과 실행을 몇 가지 예를 들어 말씀하오리다.

우리나라 이조李朝 전은 헤아릴 수 없으나 이조 이후 도적의 계파와 시원은 이렇습니다. 도적이라는 이름부터가 명예적이지 않으니 누가 도적질을 좋은 직업으로 알고 스스로 행할 자 있으리오만, 대개 불평분자의 반동적 심리로 기인된 것입니다. 이성계李成桂[675]가 신하로서 임금을 쳐서 나라를 얻은 후에, 당시 두문동杜門洞 72인[676] 같은 사람들 외에도 왕조王朝에 충성스런 뜻을 가지고 있는 자가 많았을 것을 알 수 있겠지요? 그러한 지사志士들이 비밀히 연락

---

675 조선의 제1대 왕(1335~1408, 재위 1392~1398). 고려 말의 무신으로서 왜구를 물리쳐 공을 세웠고 1388년(우왕 14) 위화도회군威化島回軍을 계기로 정권을 장악하여 조선왕조를 세웠다.

676 이성계가 조선을 건국한 것에 반대한 72명의 고려 옛 신하들이 외부와의 왕래를 끊고 두문동에 모여 살았다고 한다. 두문동은 경기도 개풍군 광덕면 광덕산光德山 서쪽 기슭에 있다.

하고 혹은 모임을 이루어서 제약부경濟弱扶傾[677]의 선의와 질서 파괴의 보복적 대의를 표방하고, 인적 없는 외진 곳에 동지들을 소집해서 이조에서 많은 녹봉을 먹는 자, 또 그자들의 족속들로 소위 양반이라 하면서 평범한 백성을 착취하여 풍족해진 자들의 재물을 탈취하여 가난한 백성을 구제하였는데, 이조에서 이들에게 '도적'이란 명칭을 붙여서 5백여 년 동안 압박하고 도살해 온 것입니다.

그런데 강원도에 근거를 둔 자들의 기관 명의는 '목단설'이요, 삼남三南에 있는 기관은 '추설'이라 해 왔습니다. '북대'라는 것은 임시 임시로 작당해서 백성들의 집을 부수고 재물을 마구 빼앗는 우둔하고 완고한 자들을 이름한 것입니다. 목단설과 추설 두 기관에 속한 도당끼리는 서로 만나면 처음 만났어도 오래된 친구처럼 동지로 인정하고 서로 돕지만, 북대에게는 두 설에서 똑같이 적대시하는 규율을 정하였으므로 북대는 만나기만 하면 무조건 사형을 하는 것입니다. 목단과 추 두 설의 최고 수령은 노사장老師丈이요, 그 아래에 총사무를 보는 자는 유사有司라 하고, 각 지방 주관자도 유사라고 합니다. 두 설의 공동 대회를 '대大장 부른다'라고 하고, 각기 단독으로 부하를 소집하는 것을 '장 부른다'라고 합니다. 대장은 종전에는 매년 1회씩 불렀으나, 지금에 이르러서는 재알이(왜놈을 가리킴)가 하도 심하게 구는 탓으로 없어졌습니다.

종전에는 대장을 부른 뒤에는 어느 고을을 떨든지 큰 시장을 치는 운동이 있었습니다. 대장을 부르는 본의가 도적질만 하는 것이 아니고 설의 공적인 일을 처리하는 것인데, 그때 크게 위세를 떨쳐 보이기 위해 한 차례 하는 것입니다. 대장을 부를 때는 각 도 각지의 책임자에게 그 부하 누구누구 몇 명을 파송하라고 통지하고, 그러면 어김없이 가는데, 흔히 큰 시장이나 사찰로 부릅니다. 소명을 받고 길을 떠나서 갈 때는 돌림장수로, 중으로, 상제로, 양반 행차로, 등짐장수로, 형형색색으로 별별 형식을 다 가장해서 갑니다.

---

[677] 약한 자를 구제해 주고 기울어 가는 세상을 붙들어 줌. 『천자문』의 한 구절이다.

일례를 들면, 연전에 하동 화개장花開場에서 대장이 섰는데 볼만하였습니다. 그 장날을 이용한 것인데, 사방에서 장을 보러 오는 사람이 길에 차서 몰려들어오는데 거기 섞여서 도적놈들도 들어오지요. 시장의 중간쯤이나 되어서는 어떤 상여가 들어오는데, 상주가 3형제요, 그 뒤에는 상복 입은 상제들과 말 위에서 호상護喪하는 사람도 많고, 상여는 비단으로 맵시 있게 꾸몄고, 상여꾼도 차림차리를 소복으로 똑같이 입었습니다. 시장 안에 들어와서 큰 주점 뜰에 상여를 멈추고 나서 상주들은 죽장을 짚고 '아이구! 아이구!' 상여 앞에서 곡을 하고 상여꾼들에겐 술을 먹일 때 어떤 호상객護喪客 한 명이 개장국[구탕狗湯] 한 그릇을 사 가지고 상주에게 권합니다. 상주는 온순하게 그자를 향하여

'희롱은 무슨 희롱을 못 해서 상제에게 개장국을 권하는가? 그러지 말라.'고 해도 개장국을 권하던 호상인은 도리어 강하게 청하여 기어이 상제들에게 개장국을 먹이려 합니다. 온유하던 상주들도 차차 노기를 띠고 거절합니다.

'아무리 무례한 놈이라도 초상집 상제들에게 개장국을 먹으라는 놈이 어디 있느냐?'

'친구가 권하는 개장국을 좀 먹으면 못쓰냐?'

차차 싸움이 됩니다. 다른 호상인들도 싸움을 말리느라고 야단을 치니 시장의 장꾼 눈이 다 그리로 집중되고 웃기를 마지아니할 즈음에 상주 3형제가 죽장을 들어 상여를 부수고 관[柩]을 깨부수고 관 뚜껑을 딱 잡아 젖히니, 시체는 없고 5연발 장총이 가득 들었습니다. 상주와 호상인, 상여꾼이 총 한 자루씩을 들고 사방의 길목을 지키며 출입을 막고 시장에 놓인 돈과 집에 쌓아 둔 부상富商의 돈 전부를 탈취하여 가지고 쌍계사雙溪寺에서 공적인 일을 마치고 헤어졌습니다.

노형이 황해도에 사시니 연전에 청단장靑丹場[678]을 치고 곡산군수를 죽였

---

678 청단은 황해도 연백군 내에 조선시대 역참이 있던 곳으로, 지금은 북한의 청단군 청단읍이 되었다.

다는 소문을 들었을 것입니다. 청단장을 칠 때 내가 총지휘하여 도당을 거느렸는데, 나는 어떤 양반의 행차로 가장하여 사인교四人轎[679]를 타고 구종별배[680]를 늘어세우고 호기 있게 달려들어 시장 사무를 무사히 마치고, 질풍뇌우처럼 곡산군 관아를 습격하여 군수 놈이 하도 인민을 짓밟기에 죽여 버렸지요."

나는 물었다.

"노형의 이번 징역이 그 일 때문이오?"

진사는 대답했다.

"아니오. 만약 그 일 때문이라면 5년만 지겠습니까? 기왕에 면하기 어렵게 되었으므로 간단한 사건을 실토하였더니 5년 형을 받았소.

조직 방법에 대해서는 근본적으로 비밀결사인 만큼 엄밀하고 기계적이므로 설명을 충분히 해 드리기 어려우나, 노형이 연구해 보아도 단서를 얻지 못하였다는 점에서부터 말하지요. 도당은, 수효만 많고 정밀치 못한 것보다는 수효가 적어도 정밀한 것을 목적하기 때문에, 노사장이 각 도 각 지방의 책임 유사에게 매년 각 분分설에서 자격자 한 명씩을 정밀 조사하여 보고하도록 지시합니다. 그 자격자란 것은 이렇습니다. 첫째, 눈의 정기가 굳세고 맑을 것. 둘째, 아래가 맑을 것. 셋째, 담력이 강하고 실할 것. 넷째, 성품이 침착할 것. 이상 몇 가지를 갖춘 자를 몰래 보고하여 상上설에서 다시 비밀 조사를 해 보고(보고하여 추천한 유사도 모르게), 조사에 전후가 부합되는 때는 해당 설의 책임 유사에게 전임하여 그 합격자를 도적놈으로 만듭니다. 물론 그 합격자는 자기에 대해 보고하고 조사하는 것을 전혀 알지 못하게 합니다.

드디어 책임 유사가 노사장의 분부를 받아 그 자격자에게 착수하게 됩니다. 그 방법은, 먼저 그 자격자가 즐기고 좋아하는 것을 알아봐서, 여색을 좋아하는 자에게는 미색으로, 술을 즐겨 마시는 자에게는 술로, 재물을 좋아하는 자

---

679 앞뒤로 2인씩, 모두 4인이 메는 가마.
680 벼슬아치의 뒤를 따라가는 하인들. '구종별배驅從別陪'가 본디말이다.

에게는 재물로 극진하게 정을 베풀어 환심을 사서 친형제 이상으로 인정과 의리가 가까워진 후에는 훈련을 시작합니다.

방법의 한 토막을 말하자면 이렇습니다. 책임자가 자격자와 함께 어디를 가서 놀다가 밤이 깊은 후에 동행하여 돌아오다가 책임자가 어떤 집 문 앞에 와서 자격자에게 부탁하기를, '잠시 동안만 이 문밖에서 기다려 주면, 내가 이 집에 들어가서 주인을 보고 곧 나오겠소.' 하면, 자격자는 무심히 문밖에서 나오기를 기다리고 서 있을 것입니다. 그러다가 갑자기 안마당에서, '도적이야!' 하는 고함이 나자, 그 집 주위로는 벌써 포교가 달려들어 우선 문 앞에 서 있던 자격자를 포박하고, 안마당에 침입하여 책임자를 포박해서 심심산곡으로 끌고 가서 신문을 개시하는데, 주로 자격자에게 70여 종의 악형으로 고문을 해 보아서 자기가 도적이로다 하고 무고하면 그 자리에서 죽여서 흔적을 없애 버리고, 끝끝내 도적이 아니라고 고집하는 자는 결박을 풀어 준 후에 인적 없는 곳으로 데리고 가서 며칠간 술과 고기를 잘 먹여서 입당식을 거행합니다.

입당식에는 책임 유사가 정석正席에 앉고 자격자를 앞에 꿇어앉히고, '입을 벌리라.' 한 후에 칼을 빼어 칼끝을 입안에 넣고 자격자에게 호령하기를, '윗니와 아랫니로 칼끝을 힘껏 물라.'고 한 후에 칼을 잡았던 손을 놓고 나서 다시 호령하기를, '하늘을 쳐다보아라.' '땅을 내려다보아라.' '나를 보아라.'고 한 뒤에 다시 칼을 입안으로부터 칼집에 넣고 자격자에게 선고하여 말하기를, '너는 하늘을 알고 땅을 알고 사람을 안즉, 확실히 우리의 동지로 인정한다.'고 합니다. 식을 마친 후에는 입당자入黨者까지 거느리고 예정된 방침에 따라 정식으로 강도질을 한 차례 해서 신입 당원까지 골고루 나누어 주고, 이후 몇 차례만 더 동행하면 완전한 도적놈이 됩니다."

나는 또 김 진사에게 물었다.

"동지들이 사방에 흩어져 움직이면 서로 얼굴을 모를 사람도 많을 테고, 서로 만나서 피차에 동지인 줄 모르면 충돌을 피하기 어렵고 여러 가지 불편이 있을 텐데, 그에 대해서는 무엇으로 표시하여 구별합니까?"

진사가 답한다.

"그렇지요. 우리의 구별 표시는 자주자주 고치고 영구히 그대로 시행하지는 않지만 구별 표시는 반드시 있습니다. 일례를 들면, 연전에 어떤 여관에 대상大商 몇 명이 숙박함을 알고 밤중에 무리를 이끌고 침입하여 재물을 찾아내어 빼앗는데, 얼굴을 바닥에 대고 꿈쩍 못 하는 무리들 가운데 한 자가 갑자기 반벙어리 말로, '에구, 나도 장 담글 때 추렴 돈 석 냥 내었는데요.' 합니다. '저놈이 방자스럽게 무슨 수작을 하니 저놈부터 동여 앞세워라.' 하여 끌고 와서 문답해 본 결과 확실히 동지였습니다. 그런 경우에는 그 동지에게까지 장물을 나누어 주는 법입니다."

내가 물었다.

"내가 간혹 듣기를, 도적질을 해서 장물을 분배하다가 싸움이 되어 그로 인해 발각, 체포된다고 하는데, 그것이 결점 아니오?"

"그것이 소위 북대의 소행입니다. 우리 계통 있는 도적들은 절대로 그런 추태는 없습니다. 첫째, 우리는 임시 임시 도적질을 자주 하는 것이 아니고 1년에 한 차례, 많아야 두세 차례에 불과합니다. 장물은 더욱 예로부터 내려온 엄정한 규칙에 의하여 분배합니다. 즉 백분의 몇은 노사장에게로, 그다음 각 지방에 공용으로 얼마, 사망자의 유족 구제비 얼마를 우선 제한 후에도 극단적인 모험을 한 자에게 장려금까지 주고 나서 나머지를 평균 분배하므로 그런 더러운 짓은 절대로 없습니다.

우리 법에 네 가지 사형죄가 있습니다. 첫째는 동지의 처첩과 간통한 자, 둘째는 체포되어 신문받을 때 자기 조직을 실토한 자, 셋째는 도적질할 때 장물을 은닉한 자, 넷째는 자기 조직의 재물을 강탈한 자입니다. 포교捕校는 피하여 높이 날아 멀리 달아나면 혹시 생명을 보존할 수 있겠으나, 우리 법의 사형을 받고 그물을 빠져나가기는 극히 어렵습니다. 그리고 도적질을 하다가 하기 싫어졌거나 연로하여 그만두겠다는 청원을 해도, 동지가 급한 경우에 자기 집에 숨겨 주기를 요구하는 한 가지 일에만은 응낙을 한다는 서약을 받고 행락行樂

을 면제해 줍니다."

"행락이 무엇이오?"

"즉 도적질을 이름하여 행락이라 합니다."

또 물었다.

"만일 행락을 하다가 포교에게 체포되면 생환시킬 방법은 없습니까?"

진사가 답한다.

"여보, 우리가 잡히는 족족 다 죽는다면 몇백 년 동안에 근거가 소멸되었을 것이오. 우리 떼설이는 민간에만 있지 않고 벼슬살이하는 관청에, 더구나 포도청과 군대에 요직을 가지고 있소. 그래서 어느 도에서 도적이 잡힌 후에 서울로 보고가 오면, 자연 정적正賊 곧 설과 가적假賊 곧 북대를 판별할 수 있으니, 북대는 지방 처결에 맡기고 정적은 서울로 올려 보내어 모아서, 자기 조직을 실토한 자는 사형시키고 자기 사실만 진술한 자는 기어이 살리고 옷과 밥도 공급하다가 출옥시킵니다."

김 진사의 말을 듣고 나는 생각해 보았다. '내가 나랏일을 위하여 가장 원대한 계획을 품고 비밀결사로 일어난 신민회 회원의 한 사람이지만 저 강도단에 비하면 아무것도 아니다.' 조직과 훈련이 아주 유치한 것을 깨닫고 스스로 부끄러움을 금치 못하였다.

당시 옥중의 죄수들 중에도 이 같은 강도의 인격이 제일이므로, 왜놈에게 의뢰하여 순사나 헌병보조원 등 왜倭 관리로 다니다가 입감된 자는 감히 죄수들 중에 머리를 들지 못하고, 사기·절도·횡령 등의 범죄자도 강도 앞에서는 옴짝을 못 하기 때문에 죄수 세계의 권위를 강도가 잡고 있는 것이다.

그러나 우리 동지 중에는 목단계나 추계 강도보다 월등한 행장行狀을 가진 자가 많았다. 그중에 고정화의 의식衣食 항쟁을 위시하여 고봉수의 담임 간수가 고봉수의 발에 차여 거꾸러졌다가 일어난 후에 벌을 주지 않고 도리어 상표賞票를 받은 것도 특이하고(그 왜놈이 죄수에게 욕본 것을 상관에게 보고하자니 자기 인격에 욕을 먹겠으므로 고봉수의 복역 태도가 극히 모범적이라고 보고했던 것이다), 김홍량은 간수들을 매수해서 비밀히 보약을 갖다 먹고 각 신문을 들여다보았다. 그 외에 가장 특출하고 탁월한 행동을 한 자는 도인권이었다.

도 군은 본시 용강 사람으로, 노백린·김희선金羲善·이갑 등 여러 장군에게 무학武學을 배워 일찍이 정교正校[681]의 군직을 가졌고, 왜놈에게 군대가 해산된 후에 고향에 거주하다가 양산학교 교사로 뽑혀 일하였는데, 사람됨이 민첩

도인권.

하고 활발하며 의지가 굳세고 강직하였다. 징역 10년을 받고 노역勞役하면서 예수교를 독실하게 믿었는데, 왜놈의 소위 교회사敎誨師[682]가 일요일에 불상 앞에서 각 죄수들에게 머리를 숙이고 예불하기를 명하여, 죄수들이 마음속으로는 천황 급살을 빌면서도 겉으로는 머리를 숙이고 있는데, 수백 명이 한 번의 호령에 머리를 숙인 중에 도인권 한 사람만 머리를 까딱도 아니 하고 앉아 있었다. 간수가 물으니 도 군은,

"나는 예수교도이므로 우상에 절하지 않는다."

고 하였다. 왜놈들은 분이 나서 도 군의 머리를 억지로 타 누르거니 도 군은 눌리지 않으려거니 대소동이 일어났다. 도 군은,

"일본 국법에도 종교 신앙의 자유가 있고 감옥법에도 죄수들은 불교만 신앙해야 한다는 조문이 없는데 어디에 근거하여 이같이 무리한가?"

하였다. 일본인의 눈으로 보아도, 도인권이 죄인이라 하지만 신神의 눈으로는 일본인이 죄인이 될지도 모른다고 하여 큰 시비가 생겼고, 마침내는 교화 시

---

681 조선 말 대한제국 때 두었던 지금의 부사관 계급. 특무정교의 아래이고 부교의 위이다.
682 잘 가르치고 타일러서 지난날의 잘못을 깨우치게 하여 교화시키는 역할을 하는 사람. 여기서는 교회에서 죄수를 상대로 이러한 일을 수행하는 사람을 가리킨다.

간에 부처에게 절하는 한 가지 일은 죄수의 자유에 맡긴다는 전옥의 교시가 있었다.

이뿐만이 아니었다. 전옥이 도인권에게 상표와 상장을 주려 하니 도 군은 절대로 사양하여 물리쳤다.

"죄수의 상표는 잘못을 뉘우치는 상황이 있는 자에게 주는 것인데, 나는 당초에 죄가 없었고 죄수가 된 것은 일본의 세력이 우리보다 우월한 것뿐이거늘 상이 무슨 상관인가?"

하여 끝내 상을 거절하였다. 그 후에 소위 가출옥을 시키는데도,

"나에게 죄가 없는 것을 지금에야 깨달았거든 판결을 취소하고 아주 내보낼 것이지, 가출옥이라는 '가假' 자가 정신에 상쾌하지 못하다. 그러니 기한까지 있다가 나가겠다."

하니 왜놈도 어쩌지를 못하고 기한을 채워서 방면하였다.

도인권의 행동은 강도로서는 능히 가지지 못할 뿐 아니라, "온 산의 고목에 나뭇잎 하나 푸르다."는 그 특색을 누가 흠모하여 감탄치 않겠는가? 불가佛家의 책에서 이르는 "홀로 높고 깨끗하여 구애됨이 없으니, 홀로 천하를 걸으매 누가 나를 짝하랴."[683]라는 구절을 도 군을 위하여 한 차례 외웠다.

동료 죄수 중에 이종근李鍾根이라는, 나이 겨우 스물인 청년이 있었다. 의병장 이진룡李鎭龍[684]의 집안 동생으로서 어릴 적부터 일본어를 이해하여 아일전쟁俄日戰爭 때 왜장 아카시明石가 통역으로 쓰다가 헌병보조원으로 사용하였다. 그 무렵 이진룡이 의병을 일으킬 시초에 종근을 불러들여 사형을 집행하고자 하니 종근은 이 의사를 향하여,

"제가 나이 어려 대의大義를 몰각하고 왜놈의 심부름하는 졸개가 되었으나, 지금이라도 형님을 따라 의병이 되어 왜병을 섬멸하고 장차 공을 세워 속

---

683 불교의 게송偈頌 중 〈출산게出山偈〉의 한 구절이다.
684 일제강점기의 독립운동가이자 의병장(1879~1918)이다. 친필본의 한자 '李震龍'은 오기이다.

죄케 해 주심이 어떠합니까?"

하니, 이 의사가 기꺼이 승낙하였다.

종근은 곧 보조원의 총기를 그대로 메고 이 의사가 실패하기까지 종군從軍하다가 왜倭에게 사로잡혀 사형을 받게 되었는데, 종근은 이전에 신임 받던 아카시 면회를 청하여 용서를 구한 결과 5년 징역을 받게 되었다. 종근은 왜 간수에게 청하여,

"제가 목불식정目不識丁이니 56호와 함께 같은 방에서 자고 같은 공장에서 일하게 해 주면 글을 배우겠습니다."

라고 하여 허가를 얻었다. 2년 동안이나 글을 가르치노라니 나도 종근의 애호를 많이 받았고, 그리하다가 종근은 가출옥으로 옥살이를 면하게 되었다. 그 후에 집에서 온 편지를 보니, 종근이가 아내를 데리고 안악까지 가서 어머님을 뵈었다는 말이 있었다.

메이지明治 부부의 사망으로 감형되다

어느 날, 출역 중에 갑자기 일을 중지시키고 죄수들을 한곳에 모으더니 메이지의 사망[685]을 선언한 뒤에 소위 대사면을 반포한다. 먼저 보안법 징역 2년은 형을 면제하게 됨에 보안법으로만 징역을 살던 동지들은 그날로 출옥되고, 강도 관련해서는 명근 형에게는 감형도 안 해 주나, 15년 징역 중 나 한 사람만 8년을 감하여 7년으로 하고, 김홍량 이외 몇 사람은 거의 대부분 7년을 감하여 8년으로 하고, 기타 10년, 7년, 5년 받은 사람들도 차례로 감형되었다.

몇 달 지나지 않아 메이지의 처[686]가 또한 사망하여서 잔여 기간의 3분의 1을

---

685 1912년 7월 30일 만 60세로 사망하였다.
686 이름은 쇼켄昭憲으로, 명치 사후 20개월 만인 1914년 4월 9일 만 65세로 사망하였다.

일본의 122대 왕 메이지(왼쪽)와 그의 부인 쇼켄.

감하니 5년여의 형으로 가벼워졌다. 그때는 명근 형도 종신형을 감하여 20년이라 하였으나, 명근 형은 형을 더하여 죽을지언정 감형은 받지 않는다고 하였다. 그러나 왜놈의 말은,

"죄수들에게 일체를 강제로 집행하는 것이니, 감형을 받고 안 받고는 죄수들의 자유에 있지 않다."

고 하였다.

그때는 공덕리孔德里에 경성감옥을 준공한 후로, 명근 형은 그리로 이감되어 서로 얼굴만이라도 다시 보지를 못하였다. (명근 형은 전후 17년 동안 구속되었다가 연전에 방면되어 신천 청계동에서 그 부인과 같이 1년여를 지냈고, 중국과 아라사 접경 지역에 있는 자기 부친과 친동생이 그리워 식구를 데리고 이주하다가 원체 장구한 세월에 가혹한 고생을 한 탓으로 저항력이 없어졌으므로 그다지 심하지도 않은 병으로 만고의 분한 憤恨을 품고 중국령인 화룡현和龍縣[687]에서 마침내 불귀不歸의 객이 되었다.)

그럭저럭 내가 서대문감옥에서 지낸 것이 3년여이고 잔여 형기는 불과 2년

이었다. 이때부터는 마음속에 확실히 다시 세상에 나가서 활동할 수 있다는 신념이 보였다. 그리하여 밤낮으로, '세상에 나가서는 무슨 사업을 할까.' 생각하였다. 나는 본시 왜놈이 이름 지어 준 뭉어리돌이다. 뭉어리돌의 대우를 받은 지사들 중에는 왜놈의 불가마 즉 감옥에서 인간으로서 당하지 못할 학대와 모욕을 받고도 세상에 나가서는 도리어 왜놈에게 순종하여 남은 목숨을 이어가는 자도 있다. 그것은, 뭉어리돌 중에 석회질이 함유되어 있으므로 다시 세상의 바다에 던져지면 평소 굳은 의지가 석회같이 풀리는 것 같았다. 그러므로 나는 다시 세상에 나가는 데 대하여 우려가 적지 않았다. '만일 나도 석회질을 가진 뭉어리돌이라면, 만기滿期 이전에 거룩하고 깨끗한 정신을 품은 채로 죽으면 좋지 않을까.' 하였다.

결심의 표시로 이름을 '구九'라 하고 호를 '백범白凡'이라 고쳐서 동지들에게 선포하였다. 구龜를 구九로 고친 것은 왜倭의 민적民籍에서 벗어나고자 함이요, 연하蓮下를 백범白凡으로 고친 것은, 다년간 감옥에서의 연구에 의하여, 우리나라 하등 사회 곧 백정白丁[688]과 범부凡夫[689]들이라도 애국심이 지금 나의 정도는 되어야 완전한 독립 국민이 되겠다는 소원과 바람을 가지자는 것이었다.

복역 중에 뜰을 쓸 때나 유리창을 닦을 때는, '우리도 어느 때 독립 정부를 건설하거든, 내가 그 집의 뜰도 쓸고 창문도 잘 닦는 일을 해 보고 죽게 해 달라.'고 하느님께 기도하였다.

---

687 중국 길림성 연길시 남쪽에 위치한 곳으로 우리나라의 회령會寧과 마주 보고 있다. 유명한 청산리대첩青山里大捷도 이 일대에서 전개되었다.
688 소나 개, 돼지 따위를 잡는 것을 직업으로 하는 사람.
689 평범한 사내.

인천감옥으로 이감되다

나는 남은 형기 중 2년을 채 못 남기고 서대문감옥을 떠나 인천으로 이감되었다.[690] 원인은 내가 제2과장 왜놈과 싸운 사실이 있었는데, 그놈이 비교적 고역이 심한 인천항 건축 공사를 시키는 곳으로 보낸 것이다. 서대문감옥은 우리 동지들이 다수 있어서 정리상情理上 위로도 되고 노역 중에도 편의가 많은 터이므로 쾌활한 생활을 했다고 할 수 있는데, 이곳을 떠나 철사로 허리를 묶고 30~40명 붉은 옷을 입은 자들에 편입되어 인천감옥 문 앞에 당도하였다.

무술년 3월 초9일 밤중에 파옥 도주한 이 몸이 17년 후에 철사에 묶여서 다시 이곳에 올 줄 누가 알았으랴. 옥문 안에 들어서며 살펴보니 새로 감방을 더 지었으나 지난날 내가 앉아 글 읽던 방이 그대로 있고, 산보하던 뜰이 그대로 있고, 호랑이같이 와타나베 놈을 꾸짖던 경무청은 매춘부 검사소로 되고, 감리사가 사무 보던 내원당來遠堂은 감옥 집물 창고가 되었고, 옛적 순사와 주사들이 뒤끓던 곳은 왜놈의 세계가 되어 버렸다. 마치 사람이 죽었다가 몇십 년 후에 다시 살아나 자기가 놀던 고향에 와 보는 듯하였다. 감옥 뒷담 너머 용동 마루턱에서 옥중에 갇힌 불효자인 나를 보시느라고 날마다 우두커니 서서 내려다보시던 선친의 얼굴이 보이는 것 같았다. 그러나 세상이 바뀌고 시절이 변한 탓으로, 오늘의 김구를 지난날의 김창수로 알 자는 없을 것이라고 생각하였다.

감방에 들어가서 보니 서대문에서 먼저 감옥이 옮겨진 낯익은 자도 더러 있었다. 한 사람이 곁에 썩 다가앉으며 나를 보고서,

"그분 낯이 매우 익은데, 당신 김창수 아니오?"

한다. 참말 청천벽력이다. 놀라서 자세히 보니 17년 전에 절도로 10년 징역을 받고 같은 감방에 있던 문종칠文種七이다. 나이는 늙었을망정 소싯적 얼굴은

---

690 1914년의 일이다.

그대로여서 알겠으나 천정天庭⁶⁹¹에 전에 없던 쑥 패인 구멍이 있다. 나는 짐짓 머뭇거렸다. 그자는 내 얼굴을 자세히 보면서 말했다.

"창수 김 서방, 지금 내 면상에 구멍이 없다고 생각하고 보면 아실 것 아니오? 나는 당신이 파옥한 후에 죽도록 매를 맞은 문종칠이오."

"그만하면 알겠구려."

나는 반갑게 인사를 하였다, 밉기도 하고 무섭기도 했지만.

문文이 물었다.

"당시에 항구를 진동하던 충신이 지금은 무슨 사건으로 입감되었소?"

"15년 강도요."

문은 입을 비죽거리며 말했다.

"충신으로 강도는 서로 거리가 심히 먼데요. 그때 창수는 우리 같은 도적 놈들과 함께 지내게 한다고 경무관까지 꾸짖었는데, 그랬던 것을 보아서는 강도 15년 맛이 꽤나 무던하겠구려."

나는 문의 말을 탓하기는커녕 도리어 빌붙었다.

"여보, 충신 노릇도 사람이 하고 강도도 사람이 하는 것 아니오? 한때는 그렇게 놀고 한때는 이렇게 노는 게지요. 대관절 문 서방은 어찌하여 다시 고생을 하시오?"

"나는 이번까지 감옥 출입이 일곱 차례이니 일생을 감옥에서 보내게 됐습니다."

"징역은 얼마요?"

"강도 7년에서 5년이 되어 한 반년 후에는 다시 나가 다녀오겠소."

"여보, 끔찍한 말씀도 하시오."

"자본 없는 장사는 걸인과 도적뿐이지요. 더욱이 도적질에 입맛을 붙이면

---

691 관상에서, 두 눈썹 사이 또는 이마의 복판을 이르는 말. 친필본의 '天頂'은 오기로 보인다.

별수가 없습니다. 당신도 여기서는 별 꿈을 다 꾸리다만 사회에 나가만 보시오. 도적질하다가 징역 산 놈이라고 누가 받자를 하오? 자연히 농사나 공업, 상업에 발을 붙이지 못하지요. 개 눈에는 똥만 뵌단 말과 같이 도적질해 본 놈은 거기에만 눈치가 뚫려서 다른 길은 밤중이구려."

"그같이 여러 번이라면 감형이 어찌 되었소?"

"번번이 초범이지요. 지나온 일을 역사적으로 진술하다가는 바깥바람도 못 쐬게요."

나는 서대문감옥에서, 평소에 같은 조직에서 도적질을 하다가 자기는 중형을 받고 복역 중인데 같은 조직원이 횡령죄를 지고 입감하여 서로 만나서 지내는 중에, 중형자가 경형자인 동료 조직원을 고발하여 종신 징역을 받게 하고 자기는 그 공로로 감형이 되고 후한 대우를 받고, 그래서 동료 죄수들에게 질시를 받는 것을 보았다.

'만일 문가를 덧들여⁶⁹² 놓으면 감옥에 눈치가 훤한 자이니 무슨 괴악한 행동을 할는지 알 수가 없다. 나의 신문 기록에 3개월 징역의 사실이 없는데도 17년이나 지우는 왜놈들인데, 저희 군관을 죽이고 파옥한 사실이 발각되는 날에는 아주 마지막이 될 것이다. 처음 체포된 후에 그 사실이 드러났다면 죽든 살든 상쾌하게나 지내 버렸을 텐데, 만기가 1년 남짓한데, 지금까지 감당하기 어려운 모욕과 학대를 다 겪고 나서 세상에 나갈 희망을 가진 오늘에 문가가 고발만 하면 나의 일신은 고사하고 늙은 어머님과 어린 처자의 딱한 처지가 어떠할까.'

나는 문가에게 친절 또 친절하게 대우하였다. 집에서 부쳐 주는 사식도 틈을 타서 문가를 주어 먹게 하고, 감옥의 음식이라도 그자가 곁에만 오면 나는 굶으면서도 문가를 주어 먹이다가, 문가는 먼저 만기 출옥이 되고 보니 시원하기가 내가 출옥한 것 못지않았다.

---

692 건드려서 언짢게 하다.

인천 축항 공사 현장. 1913. 10.

　아침저녁 쇠사슬로 허리를 마주 매고 축항築港 공사장에 출역을 하였다. 흙 지게를 등에 지고 10여 자의 높은 사다리를 밟고 오르내렸다. 여기서 서대문감옥의 생활을 회고하면 속담 '누워서 팥떡 먹기'였다. 불과 한나절 만에 어깨가 붓고 등에 부스럼이 나고 발이 부어서 운신을 못 하게 되었다. 그러나 면할 도리는 없었다. 무거운 짐을 지고 사다리로 올라갈 때 여러 번 떨어져 죽을 결심을 하였다. 그러나 같이 쇠사슬을 마주 맨 자들의 거반이 인천항에서 남의 구두 켤레나 담뱃갑이나 도적질한 죄로 두 달, 석 달을 징역살이하는 가벼운 죄수였다. 그자들까지 내가 죽이는 것은 도리가 아니어서, 생각다 못해 사역에 잔꾀를 부리지 않고 죽을힘을 다하여 일하였다. 몇 달 후에 소위 상표賞票를 준다. 도인권과 같이 거절할 용기도 없고, 도리어 다행으로 생각했다.

　감옥 문밖에서 축항 공사장에 출입할 때 왼편 첫 집이 박영문의 물상객주 집이다. 17년 전 부모 두 분이 그 집에 계실 때 박 씨는 후덕한 사람인 데다가 더욱이 나를 사랑하여 나에게 마음으로 물질로 힘을 많이 썼고, 아버님과 동갑이어서 친밀히 지냈다. 그랬던 그 노인이 문 앞에서 우리가 들어가고 나오는 것을 보고 있다. 나의 은인이요 겸하여 부집존장父執尊長[693]이시니 곧 가서 절하고 "나는 김창수입니다." 하고 싶었다. 그렇게 하면 그이가 오죽이나 반겨할까? 왼쪽 맞은편 집도 역시 물상객주인 안호연安浩然의 집인데, 안 씨 역시 나에게나 부모님에게 극진한 성력誠力을 다하던 노인으로, 그도 여전히 그 집에 그대로 살고 있어서 출입할 때 종종 마음속으로 절을 하고 지냈다.

---

[693] 아버지와 나이가 비슷한 어른.

가석방, 그리고 상해로 망명

가출옥으로 석방되다

육칠월[694] 더위가 심한 어느 날, 갑자기 죄수 전부를 교회당敎誨堂에 모으므로 나도 가서 앉았다. 소위 분감장分監長인 왜놈이 좌중을 향하여 55호를 불러 나는 대답하였다.

"곧 일어나서 나오라."

는 호령에 의하여 단상에 올라가니 가출옥으로 방면한다는 뜻을 선언한다. 나는 꿈인 듯 생시인 듯 좌중 죄수들을 향하여 고개 숙여 예를 표하고 곧 간수의 인도로 사무실에 나가니 벌써 준비한 흰옷 한 벌을 내준다. 그때부터 붉은 옷의 죄수가 변하여 흰옷 입은 사람이 되었다. 맡겨 두었던 금품과 출역한 품삯을 계산하여 준다.

감옥 문밖으로 나와서 한 걸음 한 걸음 걸으며 생각하였다. 박영문이나 안호연을 의당 찾아뵈어야 할 것이지만, 여전히 두 집에 객주 문패가 붙어 있으니 집안이 조용하지 못할 것은 불문가지요, 또한 내가 그 두 분을 찾아뵈면 김창수라는 본명을 말해야 그이들이 알 테고, 그들이 알게 된 뒤에는 자연 그들

---

694 1915년의 일이다.

부인들에게 이야기하게 될 것이다. 남자는 고사하고 부인들이 내가 왔다는 말을 들으면 20년 동안이나 생사를 모르던 터에 기이하다고 자연 이야기가 퍼질 테니, 그리고 보면 나의 신변에는 위험천만이다.

박 씨나 안 씨 집을 지날 때 발길이 떨어지지 않는 것을 억지로 지나, 옥중에서 친하던 중국인을 찾아가서 하룻밤 자고 이튿날 아침에 전화국에 가서 안악으로 전화를 걸어 아내를 불렀다. 안악전화국에서 전화를 받은 직원이 성명을 묻는다.

"김구요!"

하였다.

"선생님, 나오셨소?"

"네, 나와서 지금 차 타러 나갑니다."

직원은,

"네, 그러시면 제가 댁에 가서 말씀드리겠습니다. 그만 끊읍시다."

한다(그는 나의 제자였다).

그날로 경성역에서 경의선 차를 타고 신막新幕에서 하룻밤 자고, 이튿날에 사리원에서 하차하여 선유진船踰津을 건너서 여물평을 건너가며 살펴보니, 전에 없던 신작로로 수십 명이 쏟아져 나오는데 그 맨 앞에는 어머님이 나의 걸음걸이를 보시고 눈물을 흘리며 와서 붙들고,

"너는 오늘 살아서 오지만 너를 심히 사랑하고 늘 보고 싶다던 화경이 네 딸은 서너 달 전에 죽었구나. 네게 알게 할 것 없다고 네 친구들이 권하기에 기별도 안 했다. 그뿐 아니라 일곱 살도 안 된 어린 것이지만 죽을 때 부탁하기를, '나 죽었다고 옥에 계신 아버지께는 기별 마십시오. 아버지가 들으시면 오죽이나 마음이 상하겠소?' 하더라."

하신다. 나는 그 후에 곧 화경의 묘지(안악읍 동쪽 기슭의 공동묘지)에 가 보아 주었다.

뒤로 김용제 등 수십 명의 친구들이 다투어 달려들어 원망과 기쁨이 뒤얽

흰 얼굴로 인사를 했고, 나는 돌아와서 안신학교로 들어갔다. 그때까지 아내가 안신여학교 교원 사무를 보면서 교실 한 칸에서 지내고 있었으므로 나는 예배당에 앉아서 오는 손님을 보았다. 아내는 극히 수척한 모습으로 여러 부인들과 같이 잠시 나의 얼굴을 보는지 마는지 하고서는 음식 준비하기에 골몰하였다. 그것은 어머님과 아내가 상의하여, 내가 전에 친하던 친구들과 같이 앉아 음식 먹는 것을 보겠다는 마음으로 성심을 다하여 음식을 준비하는 것이었다.

며칠 후 읍내 친구들이 이인배의 집에서 나를 위한 위로회를 개최한다고 부르기에 갔다. 한편에는 노인들, 한편에는 중늙은이 즉 나의 친구들, 또 한편에는 평소 나의 제자들인 청년들이 모이고, 음식이 상 위에 차려질 즈음 갑자기 기생 한 무리와 악기가 들어온다. 나는 놀랐다. 최창림崔昌林 등 몇 명의 청년들이,

"선생님을 오래간만에 뵈오니 너무 좋아서 저희들은 즐겁게 좀 놀렵니다. 선생님은 아무 말씀도 마시고 여러 분들과 같이 진지나 잡수셔요."
한다. 노인들 중에도 나에게,

"김 선생은 젊은 사람들의 일을 묻지 마시고 이야기나 합시다."
하였다. 청년들이 어떤 기생에게 지정하기를,

"김 선생님 장수를 비는 잔을 올려라!"
하는 말이 끝나자 한 기생이 술잔을 부어 들고 권주가勸酒歌를 한다. 청년들이 일시에 일어나서 나에게 청한다.

"저희들이 성의로 올리는 장수 기원주 한 잔을 마셔 주십시오."

나는 웃으며 사양하였다.

"내가 평소에 술 마시는 것을 군들이 보았는가? 먹을 줄 모르는 술을 어찌 마시는가?"

그러자,

"물 마시듯 마셔 봅시다."
하고 기생의 손에 든 술잔을 빼앗아 내 입에다 대며 강권한다. 나는 그 청년들

의 감흥을 떨어뜨릴까 하여 술 한 잔을 받아 마셨다. 청년들은 나에게 술을 권하고, 이어서 기생의 가무가 시작되었다.

이인배의 집 앞이 바로 안신학교여서 음악 소리와 기생의 노랫소리가 어머님과 아내의 귀에 들렸다. 곧 어머님이 사람을 보내서 나를 부르신다. 그 눈치를 안 청년들이 어머님께 가서,

"선생님은 술도 안 잡수시고 노인들과 이야기나 하십니다."

하였다. 그 말을 들으시고 어머님이 친히 오셔서 부르신다. 나는 어머님을 따라 집에 왔다. 분노하신 어머님의 책망이 내렸다.

"내가 여러 해 동안 고생을 한 것이 오늘 네가 기생 데리고 술 먹는 것을 보려 하였더냐?"

나는 무조건 처벌을 기다렸다. 어머님도 어머님이지만, 아내가 어머님께 고해 바쳐 나를 자리에서 물러나게 할 꾀를 낸 것이었다.

아내와 어머니

아내와 어머니 사이는, 종전에는 고부간에 충돌되는 점도 없지 않았으나, 내가 체포된 후부터는 6~7년간 서울로 시골로 잇달아 옮겨 다니며 별별 고생을 다 하면서 고부간이 일심동체로 조금의 충돌 없이 지냈다고 한다. 경성에서 지낼 때는 연동蓮洞의 안득은安得恩 여사와 곽귀맹郭貴孟 여사의 돌봄도 많이 받았으며, 경제적인 압박으로 화경이는 어머님에게 맡기고 아내가 매일 왜놈의 토지국土地局 제책製冊 공장에서 일도 하였다 한다. 또 어느 서양 여자가 아내의 학비를 부담하고 공부를 시켜 주겠다고 했으나 설움에 파묻힌 어머님과 어린 화경이를 돌볼 결심으로 공부도 못 하였다고, 종종 자기 의사와 맞지 않는 때는 반드시 이런 말을 하면서 나를 괴롭게 하였다.

다른 가정에서는 보통 부부간에 말다툼이 생기면 주로 모친은 자기 아들

편을 들지만, 우리 집안에서는 아내가 내 의견을 반대할 때는 어머님이 열 배나 백 배의 권위로 나만 몰아세운다. 가만히 경험해 보면, 고부간에 귓속말이 있은 후에는 반드시 나에게 불화不和한 문제가 발생한다. 그러므로 집안일에 대하여는 한 번도 내 마음대로 해 본 적이 없다고 해도 과언이 아니다. 내가 아내의 말을 반대만 하면 어머님이 엄청난 기세로 호령을 하신다.

"네가 감옥에 들어간 후에 네 동지의 어떤 젊은 처자는 남편이 죽을 곳에 있는데도 돌아보지 않고 이혼을 하느니 추행을 하느니 하는 판에, 네 처의 절행은 나는 고사하고 너의 오래된 친구들이 감동하여 인정하였으니 네 처는 결코 박대해서는 못쓴다."

이런 말씀을 하시기 때문에 내외 싸움에서 한 번도 승리를 못 얻고 늘 실패만 하였다.

어머님이 말씀하시기를,

"네가 체포된 후에 우리 세 식구가 해주 고향에 다녀서 경성으로 가려 하니, 네 준영 삼촌은 극력 만류하며, '제가 집이나 한 칸 짓고 살림을 차려 드릴 테니 다른 데로 가지 말고, 세 식구 살아가는 모든 일은 형수와 조카며느리가 고생하지 않아도 조밥 먹으면서 조카가 살아 돌아오도록 뒤를 돌보아 드리겠다.'고 하면서, '젊은 며느리를 데리고 다니다가 무지한 놈들에게 빼앗기면 어찌하느냐.'고 야단을 했지만, 내가 네 처의 굳세고 깨끗한 심지를 알기 때문에 그같이 머물라는 권유도 뿌리치고 경성으로 출발하였다. 네가 장기 징역 판결이 된 후에는 아무리 고생을 하더라도 네가 있는 가까운 곳에 머물러 지내며 생활하고자 했으나 그도 여의치 못하여 다시 고향으로 돌아왔고, 그 후에 종산鍾山의 우종서 목사가 맞아들여 주어 그곳에서 지냈다. 그때 준영 삼촌이 양식으로 쓸 쌀을 소 등에 싣고 그곳까지 찾아왔더라. 네 삼촌의 너에 대한 정분이 전보다 매우 애절하였다. 네가 출옥한 줄만 알면 와서 볼 것이다. 편지나 하여라. 네 장모도 너에 대해서는 전보다 더욱 애중하니 곧 통지하여라."

하고 분부하신다.

나는 서대문에서 한 번은 어머님을, 한 번은 아내를 면회한 뒤로, 번번이 면회 기간이면 장모가 늘 오는 것을 보고서 전날 그 장녀와의 관계로 너무 박하게 한 것도 뒤늦게 깨닫고 번번이 면회해 줌을 감사하였다. 준영 삼촌에게, 그리고 장모에게 출옥된 사유를 우편으로 보냈다.

안악헌병대에 출두하니, 장래 취업에 대하여 질문한다.

"나는 평소에 아무 기술이 없고 단지 학교에서 다년간 사무를 보았으므로, 안신학교에서 나의 아내가 교편을 잡고 있으니 가르치는 것을 도와주는 일이나 하면 어떨까 한다."

하였다. 왜놈은,

"공식적으로는 할 수 없으나 비공식으로 보조 사무를 한다면 경찰은 묵과하겠다."

고 한다. 나는 날마다 안신학교에서 어린아이를 가르치며 세월을 보냈다.

나의 서신을 본 장모는 좋아라 하고, 이미 여자의 정절을 잃고 헌병보조원의 첩이 되었다가 몸에 폐렴이라는 중병을 얻고 도로 모녀가 함께 지내지만 생활할 길이 없어 곤경에 빠진 때여서, 염치를 불고하고 병든 딸을 데리고 집에 들어왔다. 전과 같은 보조원의 첩이라면 문안에 들이지 않았을 테지만, 죽을 병이 들어 자기 동생의 집으로 오는 것이 미운 마음보다 가련하게 여겨져 다 같이 동거하며 지냈다.

준영 삼촌의 별세

울적한 나머지 이리저리 다니며 바람이나 쏘일 마음도 있었으나, 소위 가출옥 기간이 일고여덟 달 남아 있어서 무슨 볼일이 있어서 어디를 가려면 반드시 사유를 적어 헌병대에 청원하여 허가를 얻은 후에 겨우 나가 다닐 수 있으니, 청원하기 싫은 탓으로 이웃 군郡의 출입도 하지 않았다.

그 후 해제가 되자 김용진 군의 부탁을 받고 문화文化 궁궁농장弓弓農莊의 추수를 검사하고 돌아오니, 해주 준영 막내 삼촌께서 점잖은 조카를 보러 가면서 초라하게 갈 수 없다 하여 남의 말 한 필을 빌려 타고 왔는데, 이틀이나 지나도 내가 돌아올 시기를 모르므로 섭섭해하며 돌아갔다고 한다. 나도 역시 섭섭했으나, 그해 연말이 머지않았으니 정초를 기다려서 삼촌에게 신정新正 문안을 하고 성묘도 하기로 하였다.

그러다 새해 정초를 맞았다.[695] 나는 첫 사나흘간은 간혹 그곳 어른도 찾아뵙고, 혹은 어머님을 뵈러 오는 친구들을 맞아 대접하고 초5일에 해주행을 작정하였는데, 초4일 석양에 육촌 동생 태운이가 와서 고하기를,

"준영 당숙이 별세하였습니다."

한다. 한 번 듣고는 너무 놀랐다.

여러 해 동안 옥중 고생을 하던 내가 보고 싶어서 왔다 가시고, 정초에는 볼 줄 알고 기다리다가 끝내 내 얼굴을 못 보고 멀고 먼 길을 떠나실 때의 그 마음이 어떠하였을까. 하물며 당신 역시 딸은 하나 있으나 아들이 없고, 당신 4형제에서 난 아들이 오직 나 하나뿐이었는데, 그런 조카를 마지막으로 대하고 세상을 떠나고 싶은 마음이 얼마나 간절하였을까. (백영 백부는 두 아들 관수觀洙와 태수泰洙가 있었으나, 관수는 20여 세에 장가까지 들고 사망하였고, 태수는 나보다 두 달 먼저 난 동갑으로 장련에서 나와 함께 지내다가 갑자기 죽어 역시 후사後嗣가 없었고, 딸 둘도 모두 출가하여 죽어서 후사가 없었다. 필영 숙부는 딸 하나뿐이었고, 준영 숙부도 역시 딸 하나뿐이었다).

이튿날 아침에 태운과 함께 기동에 도착해 장례를 맡아 기동(텃골고개) 동쪽 기슭에 장사 지내고, 집안일을 대강 처리하고 선친 묘소에 나아가 내 손으로 심은 잣나무 두 그루를 살펴보고 다시 안악으로 돌아왔다. 그 후로 다시는 정 많고 한 많은 기동 산천을 보지 못하고, 아직 생존하신 당숙모와 재종조를

---

695 1917년이다.

뵙지 못하였다.

그해에 셋째 딸 은경恩敬이 태어났다. 나는 계속해서 안신학교에서 가르치는 일을 하고 있었고, 매번 추수 시기에 김용진의 농장에서 타작을 살펴 검사하였다.

농부

읍내 생활의 취미가 줄어들어서 홍량과 용진·용정에게 농촌 생활을 하게 해 달라고 부탁했다. 그들은 자기네 소유 중에 산천이 깨끗하고 아름다운 곳을 택하여 주겠으니 농사 감독이나 하라며 기꺼이 승낙한다. 나는 해마다 추수를 감독하고 시찰한 결과 가장 성가시고 말썽 많고 또 토질병 구덩이로 예로부터 유명한 동산평東山坪으로 보내 달라고 요구하였다. 그들 숙질은 놀란다.

"동산평이야 되겠습니까? 소작인들의 인품이 극히 험할 뿐 아니라 물과 풍토가 극히 좋지 못한 곳에 가서 어찌 견딥니까?"

"나 역시 몇 년간 그 동산평 안 소작인들의 악습과 부패한 풍속을 자세히 관찰하였으니 그런 곳에 가서 농촌 개량에나 취미를 붙이고자 한다."
하고, 물과 풍토에 대한 것은 주의하여 지낼 셈 잡고 기어이 동산평으로 가겠다고 강청하였다. 그들은 고소원불감청固所願不敢請[696]으로 다행스럽게 생각한다.

동산평은 예로부터 내려오던 궁장宮莊[697]으로, 감독관이나 소작인이 서로 협잡하여 추수에 1천 석을 거둬들였다면 몇백 석이라고 궁宮[698]에 보고하고 감독관이 자신을 살찌우는 한편, 소작인들은 수확기에 벼를 베고 운반하고 타작할 때 전부 도적질을 하니 실제 곡식량은 얼마 안 되었다. 그런 데다 감독관 역

---

696 '본디부터 바라던 바이나 감히 청하지 못함'이라는 뜻.
697 친필본의 한자 '宮庄'은 오기로 보인다.
698 궁궐의 뜻 외에 왕족들을 지원하는 부서인 궁방宮房의 뜻도 있다.

시 스스로 도적질을 하여 오는 몇백 년 동안 소작인의 악습과 악풍이 그 극에 달하였다. 김씨 문중에서 이 농장을 사들인 것은, 맨 처음 진사 용승이 혼자 사들여 거대한 손해를 입어 파산 지경에 빠지자, 우애가 특별했던 여러 동생들이 그 손해를 분담하고 동산평을 김씨 문중의 공유로 한 것이었다.

예로부터 노형근盧亨根이란 자가 그 동산평 감독관으로, 소작인들을 자기 집에 모아 놓고 도박을 하게 하여 추수 때 소작인 몫의 곡물을 전부 탈취하였는데, 도박에 응하지 않는 자는 농작지를 얻기 어려웠다. 소작인의 풍습은, 아버지는 도박하고 자식은 망보는(경찰이 오는지) 것이 보통이었다. 내가 굳게 그 동산평의 농사 돌볼 것을 요구한 본의는 그러한 풍속이나 풍습을 개선하고자 함이었다.

정사년[699] 2월에 동산평으로 세간을 싣고 이사하였다. 내가 어머님에게 주의를 주어 드려,

"내가 없는 사이라도 소작인들 중 뇌물을 가지고 오는 자 있으면 일절 거절하십시오."

라고 하였다. 그러나 내 앞에 담배·닭·어물·과일 등의 물품을 가져다주는 자가 있었는데, 그자들은 반드시 농작지에 대한 요청이 있었다.

"그대가 빈손으로 왔으면 생각해 볼 여지가 있으나 뇌물을 가지고 와서 요청하는 데는 그 말부터 듣지 않을 테니, 즉시 물건을 도로 가져가고 뒷날 다시 빈손으로 와서 말하시오."

라고 하면 그자들은,

"뇌물이 아니올시다. 선생께서 새로 오셨는데 내가 그저 오기가 섭섭하여 좀 가져왔습니다."

한다.

"그대 집에 이러한 물건이 많으면 구태여 남의 토지를 소작할 것 없으니,

---

699 1917년이다.

그대의 농작지를 다른 사람에게 주겠소."

그자들은 처음 들어 보는 말인 까닭에 어쩔 줄을 몰라 한다.

"이것은 전에 감독관님에게 늘 해 오던 것입니다."

"전 감독관은 어찌하였든 간에 본 감독관에게는 그런 수단을 쓰면 안 되오."
하고 번번이 물리쳐 보냈다.

그리고 소작인 준수 규칙 몇 개 조항을 발표하였다.

- 소작인으로서 도박을 하는 자에게는 소작권을 허락하지 않음.
- 집에 학령 아동이 있는데 학교에 입학시키는 자는 1등지 2두락斗落[700]씩
  을 더 지급함.
- 집에 학령 아동이 있는데 입학시키지 않는 자는 기존 소작지에서 상등
  지 2두락을 회수함.
- 농업에 근실한 성적이 있는 자는 조사하여 추수 때 곡물로 상을 줌.

이상 몇 개 조항을 널리 알린 후에, 동산평 내에 소학교를 설립하고 교사
한 명을 모셔 오고 학생 20여 명을 모집하여 개학하였다. 교원이 부족하므로
나도 시간을 내서 교과를 담임하였다. 소작인들 중 토지를 요청하고자 하는 자
는 학부형이 아니면 말 붙이기가 어렵게 되었다.

여전히 전 감독관 노형근 대여섯 형제는 규칙을 따르지 않고 나의 농정農政
에 대하여 반대 입장에 있었다. 노가 형제의 소작 전지田地는 동산평 내에서 상
등이었다. 그 토지 전부에 소작권 회수의 통지를 보내 놓고 학부형에게 분배하
고자 하니 한 명도 감히 경작하겠다는 사람이 없었다. 이유를 물으니, 노가의
대단한 위세를 두려워함이었다. 내 소작지를 그들에게 분배해 주고, 내가 노가

---

[700] 논이나 밭의 넓이 단위로 '마지기'라고도 한다. 볍씨 한 말의 씨앗을 심을 만한 넓이로,
지역에 따라 다르나 200평을 기준으로 하는 곳이 많다.

에게서 회수한 농지를 경작하기로 하였다.

어느 날 캄캄한 밤에 문밖에서 "김 선생"을 부르는 자가 있었다. 집 밖으로 나가니,

"김구야, 좀 보자!"

한다. 나는 그자의 음성을 듣고 노형근임을 알았다.

"야간에 무슨 사유로 왔느냐?"

노가는 와락 달려들어 나의 왼팔을 힘껏 물고 늘어진다. 그러고는 힘껏 나를 끌고 저수지 근처로 나간다. 이웃집에 거주하는 동네 사람들이 겹겹이 둘러섰으나 한 명도 감히 싸움을 중재하는 자가 없었다. 나는 생각하였다.

'이처럼 무리한 놈에게는 의리도 소용이 없고 당장에 완력으로 대항할 수밖에 없는데, 노가는 나에 비하면 나이도 젊고 힘도 센 놈이다.'

그러므로 '눈에는 눈, 이에는 이目償目齒償齒' 격으로 내가 그놈의 오른팔을 힘껏 물고 치하포 식으로 극단의 용기를 내어 저항하니 그만 노가는 물었던 내 팔을 놓고 물러선다. 나는 노가의 형제들과 무리들이 몰려와서 이웃집에 숨어 있으면서 노형근을 선봉으로 보낸 사실을 알았다. 나는 큰 목소리로,

"형근이 한 명만으로는 나의 적수가 못 되니, 너희 노가 무리는 숨어 있지만 말고 도적질을 하든지 사람을 죽이든지 예정한 계획대로 해 보아라!"

하였다. 과연 숨어서 형세를 엿보던 노형근 무리는 웅성거리기만 하면서 나오는 자가 없고, 형근이,

"얘, 김구야! 이전에 당당한 경성의 감독관도 저수지 물맛을 보고 쫓겨 간 자가 얼마나 되는지 아느냐?"

한다. 또한 숨어 있던 사람들 가운데에서 한 사람이 툭 튀어나와 다른 곳으로 가면서 하는 말이,

"어느 날이고 바람 잘 부는 날 두고 보자."

한다. 나는 겹겹이 둘러서서 싸움 구경하는 자들을 향하여,

"여러 사람들은 저자의 말을 명심하시오. 어느 날이고 내 집에 화재가 나

면 저놈들의 소행일 것이니 여러 사람들은 그때 입증하시오!"
하였다.

　형근이 물러간 후에 여러 사람들은 나에게 노가 형제들과 원수를 맺지 말라고 권한다. 나는 준엄하게 꾸짖고 밤을 지냈다. 어머님은 밤으로 안악으로 통보하였다. 그랬더니 이튿날 아침에 용진과 홍량 숙질이 의사 송영서를 데리고 급한 걸음으로 달려와서 나의 상처를 진단해 소송 수속을 준비하였다.

　노가 형제들은 몰려와서 머리를 조아리며 사죄를 하였다. 나는 용진과 홍량 두 사람을 만류하면서 노가에게 다시는 이러한 행위가 결코 없게 하겠다는 서약을 받았고, 그 문제는 결말을 맺게 되었다. 이로부터는 이미 반포한 농사 규칙은 어김없이 시행되었다.

　나는 날마다 일찍 일어나 소작인의 집을 방문하여, 게을러서 늦도록 잠을 자는 자가 있으면 깨워서 꾸짖으며 집안일을 하게 하고, 가정이 더러운 자는 청결하게 하고, 땔감 채취와 짚신 삼기, 자리 짜기를 장려하였다. 수확기에는, 평소에 소작인들의 근만부勤慢簿[701]를 비치하였다가 농장주의 허락을 얻은 범위에서 부지런히 농사지은 자에게는 후하게 상을 주고, 태만한 자에게는 또다시 태만하면 경작권을 허락하지 않는다고 예고하였다.

　종전 추수 때는 거반이 타작하는 곳에서 채권자가 모여들어 곡물 전부를 다 가져가고 소작인은 타작 기구만 가지고 집으로 가곤 했는데, 나의 감독을 받은 후에는 곡식 포대를 자기 집으로 운반하여 쌓게 되니 농가 부인들이 더욱 감심하여 나를 집안 늙은이 모양으로 친절하게 대우하였고, 도박의 풍습은 거의 근절되었다.

　때마침 장덕준 군이 재령에서 명신여교明信女校 소유의 토지를 관리하게 되므로, 장 군의 평소 연구와 일본 유학 때 시찰한 농촌 개발의 방안을 모아 장래에 협조하기로 하여 여러 차례 서신이 오갔다. 동산평에서 같이 농토를 살펴

---

[701] 부지런함과 게으름의 성적을 매겨 놓은 책.

검사하는 동업자이자 동지인 지일청池一淸 군은 지난날 교육 종사 때부터의 지기知己로, 힘을 합하여 진행하니 그 효과가 더욱 두드러졌다.

출국

딸아이 은경이가 사망하고 처형 역시 사망하여 그곳 공동묘지에 묻었다.

무오년[702] 11월에 인이가 태어났다. 인이가 태중胎中에 있을 때의 어머님 소망은 물론이고 여러 친구들도 득남하기를 바랐는데, 그것은 나의 나이 40여 세에 하물며 딸도 없는 독신인데 자식이 없음을 걱정했기 때문이다. 인이가 태어난 후에 김용제는 어머님께 축하하며 말하기를,

"아주머님, 손자 장가보낼 때 내가 후행後行[703] 가요."

하였다. 김용승 진사는 작명을 맡아서 김린金麟이라 한 것을, 왜놈의 민적에 등록된 까닭에 인仁으로 고쳤다.

인이 태어난 지 석 달이 지났다. 어두웠던 겨울이 지나고 따뜻한 봄날 화창한 바람이 부는 기미년 2월[704]이 돌아왔다. 청천벽력과 같이 경성 탑동공원塔洞公園[705]에서 독립만세 소리가 일어나고 독립선언서가 각 지방에 배포되자, 평양·진남포·신천·안악·온정溫井[706]·문화 각지에서 벌써 인민이 궐기하여 만세를 부르고 안악에서도 준비하던 때였다. 장덕준 군은 자전거에 사람을 태워 한 차례 서신을 보냈다. 뜯어보니,

---

702 1918년이다.
703 혼인 때 가족 중에서 신랑이나 신부를 데리고 가는 사람.
704 1919년 음력 2월을 가리킨다. 서울에서 처음 3·1운동이 일어난 날은 음력 1월 29일이었다.
705 서울 종로 2가의 탑골공원을 가리킨다.
706 황해도 연백군 온정면을 가리키는 것으로 보인다.

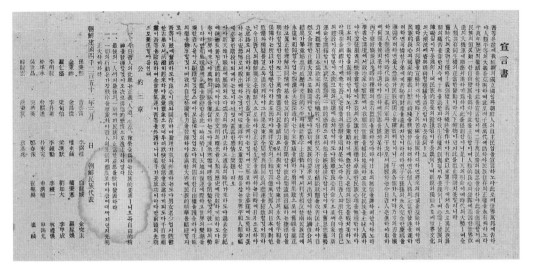

기미독립선언서 .

국가 대사大事가 일어났으니 같이 재령에 앉아서 토의를 진행하자.

라고 하였다. 나는,

기회를 보아 움직이겠다.

라고 답장을 보내고, 밀행하여 진남포를 건너 평양으로 가려 하니 그곳 친구들이,

　"평양에 무사히 도달하기는 불가능하니 고향으로 돌아가라."

고 권고하여 그날로 돌아왔다. 집에 돌아오니,

　"안악에서는 이미 준비가 끝났으니 함께 나가서 만세를 부르십시다."

하는 청년이 있다. 나는 그들에게,

　"만세운동에는 참여할 마음이 없다."

라고 하였다. 그들은,

"선생님이 참여하지 않으면 누가 앞장서서 외칩니까?"

한다. 나는 다시 그들에게,

"독립이 만세만 부른다고 되는 것이 아니고 장래 일을 계획, 진행해야 할 것이다. 내가 참가하고 불참하고가 문제가 아니니, 어서 만세를 불러라."

하여 돌려보냈다. 그날 안악읍에서도 만세를 불렀다.

나는 그 이튿날 아침에 동산평 안 각 소작인들을 지휘하여,

"농구를 가지고 일제히 모여라."

하고 지팡이를 짚고 축동築垌에 올라 둑 수리에 몰두하였다. 내 집을 지키던 헌병 놈들이 나의 동정을 엿보아도 농사 준비만 하고 있으니, 그래서인지 정오가 되자 유천柳川[707]으로 올라가 버렸다. 나는 점심시간에 각 소작인들에게 일을 마쳐 달라고 부탁한 후에,

"나는 잠시 이웃 동네에 다녀오겠다."

하고 안악읍에 도착하니 김용진 군이 이런 말을 한다.

"홍량이더러 상해로 가랬더니 10만 원을 주어야 가지 그렇지 못하면 떠나지 않겠다고 하니 선생부터 가시고, 홍량은 추후로 갈 셈 하지요."

지체할 수 없는 형편을 보고 즉시 출발하여 사리원에 도착해 김우범金禹範 군에게서 하룻밤 묵고 이튿날 아침에 신의주행 차에 올랐다. 찻간 안에서 물 끓듯 하는 말소리는 만세 부르는 이야기뿐이었다. 평금천平金川[708]은 어느 날 불렀고, 연백은 어느 날 황봉산黃鳳山에서 어떻게 불렀고, 평양을 지나니 역시 어디서 만세 부르다가 사람 몇 명이 상하였다 하고, 어떤 사람은,

"우리가 죽지 않고 독립이 됩니다!"

하고, 또 어떤 사람은,

"우리 독립은 벌써 되었지요. 아직 왜놈이 물러가지만 않은 것뿐이니, 전국

---

707 황해도 신천군 용진면 유천리이다. '버드나무가 많은 냇물을 낀 마을'이라는 의미이다.
708 황해도 평산군과 금천군을 합해 부른 명칭으로 보인다.

의 인민이 다 떠들고 일어나 만세를 부르면 왜倭가 자연 쫓겨 나가고야 말지요."
한다. 그런 이야기에 주린 것도 잊고 신의주역에서 하차하였다.

그 전날 신의주에서는 만세를 부르고 스물한 명이 구금되었다고 한다. 개
찰구에 왜놈이 지키고 서서 행객들을 엄밀히 검사한다. 나는 아무 짐도 없이
수건에 여비만 싸서 허리띠에 잡아매었다.

"무슨 물건이냐?"
고 물어봄에는,

"돈이다."
라고 하였고,

"무엇 하는 사람이냐?"
고 물어봄에는,

"재목상材木商이다."
라고 하였다. 왜놈은,

"재목이 사람이야?"
하고는 가라고 한다.

중국 안동에 있었던 이륭양행 사옥.

신의주 시내에 들어가 요기를 하며 분위기를 살펴보니 그곳 역시 흉흉하
다. 오늘 밤에 또 만세를 부르자고 아까 통지가 돌아갔다는 둥 술렁술렁한다.
나는 중국인의 인력거를 불러 타고 바로 큰 다리 위를 지나서 안동현安東縣[709]
의 어떤 여관에서 성명을 바꾸고 좁쌀 장수라 표방하여 7일을 지낸 후 이륭양
행怡隆洋行[710] 배를 타고 상해로 출발하였다.

황해안을 지날 때 일본 경비선이 나팔을 불고 따라오며 배를 세울 것을 요
구하나, 영국인 함장은 들은 체도 안 하고 전속력으로 경비 구역을 지나서 4일

---

709 중국 요령성 단동丹東의 옛 이름. 1907년 개항하여 1965년 현 명칭으로 고쳤다. 압록
강 하구의 신의주 대안에 위치하여 일제의 대륙 진출 문호 역할을 하였다.
710 아일랜드 출신의 영국인 조지 루이스 쇼G. L. Shaw가 1919년 중국 안동에 설립한 무역
선박회사.

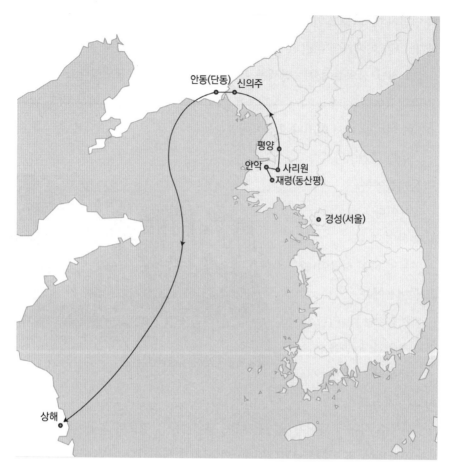

백범의 상해 망명 경로.

후에 무사히 포동浦東[711] 부두에 닻을 내렸다. 같은 배에 탄 동지는 도합 15명이

었다. 안동현에서는 아직 얼음덩어리가 첩첩이 쌓인 것을 보았는데, 황포黃浦[712]

부두에 내리며 바라보니 녹음이 우거져 있었다. 공승서리公昇西里 15호에서 하룻

711 '황포黃浦의 동쪽'이란 말로 중국 상해를 흐르는 황포강과 바다가 만나는 지역을 가리
     킨다.
712 중국 황포강과 바다가 만나는 상해의 연해 지역으로, 일찍부터 항구가 발달된 곳이다.
     백범은 포동 부두에서 다시 작은 배를 타고 황포강을 건너 황포 부두로 상륙하였다.

상해 황포강 연안의 외탄外灘 거리 풍경. 1934.

밤을 잤다. 이때 상해에 모인 인물 중 평소에 나와 친숙한 이의 이름은 이동녕·이광수李光洙·김홍서金弘敍·서병호徐丙浩 4인만 들어서 알겠고, 그 밖에는 구미歐美와 일본에서 건너온 인사들, 중국 및 아라사령과 본국에서 온 인사들, 예전부터 중국에서 유학 또는 장사하는 동포들의 수를 어림잡아 계산하면 5백여 명이라고 한다.

이튿날 아침에, 전부터 상해에 식구들을 거느리고 먼저 와 살던 김보연金甫淵 군이 와서 자기 집으로 인도하여 숙식을 같이하게 되었다. 김 군은 장연읍 김두원金斗元의 큰아들이고 경신학교 출신으로, 전에 내가 장연에서 학교 일을 총괄할 때부터 나를 성심껏 애호하던 청년이었다. 이동녕·이광수·김홍서·서병호 등 옛 동지들을 방문하여 인사를 나누었다.

경무국장에서 내무총장으로

그때 임시정부臨時政府[713]가 조직되었다. 이에 대해서는 국사國史에 자세하게 기재될 터이므로 생략한다. 나는 내무위원內務委員의 한 사람으로 선출되었고, 그 후 안창호安昌浩 동지가 미주에서 상해로 건너와 내무총장內務總長으로 취임하고, 제도는 차장제次長制를 채용하였다.

나는 안 씨에게 정부 문지기를 시켜 달라고 청하였다.[714] 이유는, 종전에 본국에 있을 때 내 자격을 시험해 보기 위해 순사 시험 문제를 보고 혼자 스스로 시험에 통과하려 했으나 합격하기 어려움을 알았던 경험과, 허영을 탐하여 실무에 소홀할 염려 때문이었다. 안 내무총장은 기꺼이 받아들였다. 자기가 미국에서 본바, 특히 백궁白宮[715]만 수호하는 관리를 두었는데, 우리도 백범 같은 이가 정부 청사를 수호하는 것이 좋겠으니 국무회의에 제출하여 결정하겠다고 하였다.

이튿날 도산島山은 나에게 갑자기 경무국장警務局長 임명장을 내주며 취임하여 일할 것을 적극 권하였다. 국무회의에 각 부 총장들이 아직 다 취임하지 않았으므로 각 부 차장이 그 부의 총장 직권을 대리하여 국무회의를 진행하던 때였는데, 당시 차장들은 윤현진尹鉉振·이춘숙李春塾 등 젊은 청년들이어서 노

---

[713] 정식 명칭은 대한민국임시정부로, 상해 임시정부로도 불린다. 1919년 4월 11일 중국 상해에서 이동녕李東寧을 의장으로 하는 임시의정원이 10개 조항으로 이루어진 「대한민국임시헌장大韓民國臨時憲章」을 제정하고, 이승만李承晚을 국무총리로 하는 각료들을 선임해 정부를 구성했다. 아울러 4월 13일에 국내외 동포들과 세계 각국의 정부에 포고문과 선언서를 발표해 임시정부의 수립을 정식으로 선포하여, 이후 1945년 광복 때까지 항일독립운동의 중심 기관이 되었다. 한편, 1989년 임시정부 수립일을 법정 기념일로 제정할 때는 그 날짜를 4월 13일로 했으나, 2019년부터는 4월 11일로 날짜를 바꾸어 기념하고 있다.

[714] 당시 국무총리는 이승만이었으나 아직 미국에서 오지 못해 안창호가 임시정부 내무총장 자격으로 업무를 총괄하였다.

[715] 백악관白堊館. 외벽을 희게 칠하여 이름 붙인 미국 대통령 관저이다.

대한민국임시정부 경무국장 시절의 가족사진. 왼쪽부터 백범, 큰아들 인, 아내 최준례. 1921.

인에게 문을 여닫게 하면서 그리로 지나가기가 미안하고, 백범이 다년간의 감옥 생활로 왜놈의 실정을 잘 알 테니 경무국장이 합당하다고 인정되었다고 한다. 나는,

"순사의 자격이 되지 못하는데 경무국장이 어찌 합당하겠습니까?"

하니, 도산은 강권하기를,

"백범이 만일 사양하여 피하면 청년 차장들의 부하 되기가 싫다는 것으로 여러 사람이 생각할 테니 사양하지 말고 공무를 행하시지요."

라고 한다. 나는 부득이 응낙하고 취임하여 일하였다.

2년[716]에 아내가 인仁이를 데리고 상해에 와서 함께 지냈고, 본국에는 어머

---

716 대한민국 2년 곧 대한민국임시정부를 세운 지 2년째 되는 1920년을 말한다. 이후 김구는 연도를 이와 같은 형식으로 밝히고 있다.

님이 장모와 같이 동산평에 계시다가 장모 또한 별세하여 역시 그곳 공동묘지에 안장하고, 4년에 상해에 와서 재미있는 가정을 이루었다. 그해 8월에 신信이가 태어났다.

경무국에서 접수한 본국의 보도에 의하면, 왜놈들이 나의 국모國母 복수 사건을 24년 만에 비로소 알았다고 한다. 이 비밀이 이같이 장구한 세월, 하물며 양서兩西에서는 사람마다 모두 알던 일을 그같이 오랫동안 지나온 것은 참으로 드물고 이상하다 하겠다. 내가 학무총감의 직을 띠고 해서海西 각 군을 순회할 때 학교에나 사람들에게,

"왜놈을 다 죽여서 우리 원수를 갚자!"

고 연설할 때 번번이 나를 본받으라고 치하포 사실을 말하였다. 해주검사국과 경성총감부에서 각 방면의 보고를 수집하여 나의 말과 행동 하나하나를 '김구'라는 제목의 책자에 자세히 기재하였건만, 어떤 정탐도 그 사실만은 왜놈에게 보고하지 않았던 것이다. 그러다가 나의 몸이 본국을 떠나서 상해에 도착한 줄을 알고서야 비로소 그 사실이 왜놈에게 알려졌다고 한다. 나는 이 한 가지 일을 보아도, 우리 민족의 애국 정성이 충분히 장래에 독립의 행복을 누리게 할 것이라고 기대하였다.

민국 5년에 내무총장으로 일하였다.

상처喪妻

그간 아내는 신이를 낳은 후에 낙상을 했고, 그로 인해 폐렴이 되어 몇 년을 고생하다가 상해 보륭의원寶隆醫院에서 진찰을 받고, 역시 서양인이 세운 격리 병원에 입원하게 되었다. 나는 보륭의원에서 마지막 작별을 하였고, 아내는 홍구虹口 폐병원에 입원하였다가 6년[717]1월 1일 영원의 길을 떠났다. 불란서 조계租界[718] 숭산로嵩山路 포도청 뒤편의 공동묘지에 매장하였다.

아내 최준례 묘비에서 찍은 백범의 가족사진이 수록된 신문 기사.(『동아일보』, 1924. 2. 18.)

　　나의 본의는, 독립운동 기간에 혼인이나 장례를 성대한 의식으로 치러 금전을 소모하는 데 찬성하지 않으므로, 아내의 장례를 극히 검약하게 치르고자 하였다. 그러나 여러 동지들은 아내가 이전부터 나로 인하여 비할 수 없는 괴로움을 겪은 것이 곧 나랏일에 공헌한 것이라고 하여 나의 주관으로만 장사 지내는 것을 불허하고, 각기 돈을 모아 장례도 성대하게 지내고 묘비까지 세웠

717 1924년이다. 이때 큰아들 인은 만 6세, 작은아들 신은 만 2세였다.
718 친필본 '법계法界'는 '법국法國 조계租界'를 줄인 말이다. '법국'은 '불란서佛蘭西'와 같이 프랑스의 음역어이고, '조계'는 19세기 후반 중국 개항 도시의 외국인 거주지로, 영국·프랑스·미국·러시아·일본·독일·오스트리아·이탈리아·헝가리·벨기에 등의 조계지가 있었다.

다.[719] 그중에 유세관柳世觀·유인욱柳仁旭 군은 병원 교섭과 묘지 주선에 성력誠力을 다하였다.

아내가 병원에 입원할 때 인이도 병이 중하여 공제의원共濟醫院에 입원 치료했는데, 아내의 장례 후에 완전히 나아 퇴원하였다. 신이는 겨우 걷는 법을 익힐 때요 아직 젖을 먹을 때라 먹을거리는 우유를 사용했지만 잘 때는 반드시 할머니의 빈 젖을 물고야 잠이 들었다. 차차 말을 배울 때는 단지 '할머니'만 알고 '어머니'가 무엇인지를 몰랐다.

8년에 어머님은 신이를 데리고 고국으로 가셨다. 9년에는 인이까지 보내라는 어머님의 명령에 따라 환국시키고 상해 땅에는 내 한 몸만 외로이 지냈다.

국무령에서 국무위원으로

같은 해[720] 11월에 국무령國務領[721]으로 선출되었다. 나는 의정원議政院[722] 의장 이동녕에게,

"내가 김 존위의 아들로서, 아무리 추형雛形[723]일망정 일국의 원수元首가 되는 것이 국가의 위신을 추락함이니 국무령 직책을 감당하여 맡아서 할 수 없

---

719 묘비명은 김두봉金枓奉이 썼는데, 고인의 생일과 사망일을 한글 자음의 순서를 숫자로 바꿔 대입해 사용한 것이 특이하다. 즉 "ㄹㄴㄴㄴ해 ㄷ달 ㅊㅈ날 남"은 "4222년 3월 19일 남"이고, "대한민국 ㅂ해 ㄱ달 ㄱ날 죽음"은 "대한민국 6년 1월 1일 죽음"이 된다. 이와 같이 우리나라의 시작인 단기와 대한민국정부의 출발에 대한 명확한 인식을 나타내고 있다.

720 1926년이다.

721 지금의 국무총리 격으로 실권을 가지고 행정 전반을 관리하였다. 임시정부는 1919년 9월 11일 개헌을 하여 대통령제를 채택하였으나 초대 대통령 이승만이 독선적인 정치로 탄핵을 받아 사임하자 1925년 4월 7일 국무령제로 바꾸었다.

722 대한민국임시정부 내에 두었던 입법기관으로, 임시의정원臨時議政院으로 불렸다.

723 병아리 모양. 즉, 원래 모양보다 줄어든 모양.

습니다."

라고 하였으나,

　　"혁명 시기에는 무관합니다."

라며 강권하므로 부득이 승낙하고, 윤기섭尹琦燮·오영선吳永善·김갑金甲·김철
金澈·이규홍李圭洪으로 내각을 조직하였다. 그 후 헌법 개정안을 의정원에 제
출하여 독재 제도인 국무령제를 고쳐서 평등인 위원제委員制[724]로 개정 실시하
여, 지금은 위원의 한 사람으로 임명되어 일하고 있다.

지난날을 회고하며

　나의 60 평생을 회고하면 너무도 상식적인 이치에서 벗어나는 일이 한두
가지가 아니었다. 대개 사람이 귀하면 궁함이 없겠고 궁하면 귀함이 없을 것이
나, 나는 귀해도 역시 궁하고 궁해도 역시 궁함으로 일생을 지냈다.

　국가가 독립을 하면 삼천리강산이 다 내 것이 될는지는 모르겠으나, 천하의
넓고 큰 지구 위에 한 치의 땅, 반 칸의 집도 가진 게 없다. 그러므로 과거에는
영욕의 심리를 가지고 궁함을 면하여 보려고 버둥거려 보기도 하고 옹산甕算[725]
도 많이 해 보았다.

　이제 와서는 이런 생각을 한다. 옛날에 한유韓愈[726]는 〈송궁문送窮文〉[727]을

724　1927년 3월 5일에 채택한 국무위원제國務委員制로서, 국무위원으로 선출된 이들이 모
　　여 국가 정책을 논의하는 집단지도체제이다.
725　독장수셈. 실현 가능성이 없는 계산을 하거나 헛수고로 애만 씀을 이르는 말이다. 옛날
　　에 옹기장수가 길에서 독을 쓰고 자다가 꿈에 큰 부자가 되어 좋아서 날뛰다가 꿈을 깨
　　고 보니 독이 깨졌더라는 이야기에서 유래한다.
726　중국 당나라의 문인(768~824). 자는 퇴지退之. 당송팔대가唐宋八大家의 한 사람으로 변
　　려문駢儷文을 비판하고 고문古文을 주장하였다.
727　'궁함을 보내는 글'이라는 뜻으로, 한유가 44세 되는 원화元和 6년(811년) 정초에 지었

지었지만 나는 〈우궁문友窮文〉[728]을 짓고 싶으나 글을 잘 못하므로 그것도 할수 없다. 자식들에게 아비 된 의무를 조금도 못 하였으므로, 나를 아비라 하여 자식 된 의무를 해 주기도 원치 않는다. 너희들은 사회의 은택을 입어서 먹고 입고 배우는 터이니, 사회의 아들의 정성스런 마음으로 사회를 아비로 여겨 효도하면 나의 소망은 이보다 더 만족스러운 것이 없을 것이다.

기미년 2월 26일이 어머님 환갑이므로 약간의 술과 안주를 차려서 친구들을 모아 축하연이나 하자고 아내와 의논을 하고 진행하려는데, 어머님은 눈치를 채시고 극력 말리셨다.

"네가 1년 추수만 더 지나도 좀 생활이 나을 텐데, 한다면 네 친구들 다 불러서 하루 놀아야 하지 않느냐? 네가 곤란한 중에서 무엇을 차린다면 도리어 내 마음이 불안하니 후년으로 미루어라."

하시므로 이루지 못하였다. 나는 며칠 안 되어 나라를 떠나게 되었고, 어머님은 그 후에 상해에 오셨다. 그러나, 공사다망하고 경제적으로도 허락하지 않았지만, 설사 역량이 있다 해도 독립운동을 하다가 목숨 잃고 집안 망하는 동포가 매일 수십, 수백이라는 비참한 소식을 듣고 앉아서 어머님을 위하여 환갑잔치를 준비할 용기부터 없어졌다. 그러므로 나의 생일 같은 것은 입 밖에 내지도 않고 지냈다. 그러다가 8년[729]에 나석주가 식전에 고기와 채소를 많이 사 와서 어머님에게 드리며 말했다.

"오늘이 선생님 생신이 아닙니까? 그런데 돈은 없고, 의복을 전당하여 고기 근斤이나 좀 사 가지고 밥해 먹으려고 왔습니다."

그리하여 가장 영광스러운 대접을 받은 것을 영원히 기념할 결심을 하고,

다고 한다.

728 '궁함을 벗하는 글'이라는 뜻.

729 7년(1925)의 착오로 보인다. 김구의 생일은 음력 7월 11일인데, 나석주는 8년에는 김구 생일 전인 6월에 천진으로 가서 의열단에 가입해 활동하다가 국내로 들어가 동양척식주식회사에 폭탄을 던지고 자결하였다.

어머님께 너무 죄송하여 내가 죽는 날까지 나의 생일을 기념하지 않게 하고, 나의 생일 날짜를 적지 않는다.[730]

상해에서 인천 소식을 들어 보니, 박영문은 별세하셨고 안호연은 생존하였다 하기에 믿을 만한 인편에 회중시계 한 개를 사 보내면서 나의 그간의 상황을 말해 달라고 하였으나 돌아오는 소식은 없었다. 성태영은 그간 길림에 와 산다고 하였으므로 연락을 하였다. 유완무는 북간도에서 누군가에게 살해당하고, 아들 한경은 아직 북간도에 살고 있다고 한다. 이종근은 아라사 여자를 아내로 거느리고 상해에 와서 종종 만나 보았다. 김형진 유족의 소식은 아직 듣지 못했고, 김경득 유족은 탐문 중이다.

나의 지난 일을 적은 글 중 연월일을 써넣은 것은, 나는 기억나지 않아서 본국의 어머님에게 서신으로 물어서 쓴 것이다. 나의 일생에서 제일 행복이라 할 것은 기질이 튼튼한 것이다. 감옥의 고역에 거의 5년 동안 하루도 병으로 노역을 쉰 적이 없는데, 인천감옥에서 학질[731]에 걸려 반나절 동안 노역을 하지 않았을 뿐이다. 병원이라는 곳에 간 것은, 혹을 떼고 제중원에서 1개월, 상해에 온 후 스페인 감기[732]로 20일 동안 치료한 것뿐이었다.

기미년에 강을 건너온 이후 10여 년에, 그간 겪은 일에 대해서는 중요하고 또 진기한 사실이 많지만 독립 완성 이전에는 절대 비밀로 할 것이므로 너희들에게 알려 주도록 기록하지 못함이 극히 유감이다. 이해해 주기를 바라고 그만 그친다.

이 글을 쓰기 시작한 지 1년이 넘은 11년 5월 3일에 종료하다. 임시정부 청사에서.

---

730 이 글의 맨 앞에서 백범은 "병자년(1876년) 7월 11일에 태어났다."고 자신의 생일을 밝힌 바 있다. 그러나 이 부분은 어머님이 돌아가신 후에 새로 정리하여 넣은 것으로 보인다.
731 말라리아. 앞에서는 인천감옥에서 장질부사(장티푸스)에 걸려 고통이 극도에 달해 자살을 기도했다가 실패했다는 내용이 나온다.
732 스페인독감. 1918년 처음 발생해 2년 동안 전 세계에서 2천500~5천만 명의 목숨을 앗아갔다.

하권

자인언自引言[1]

하권은 중경重慶 화평로和平路 오사야항吳師爺巷 1호 임시정부 청사에서 67세에 집필.

본지本志 「상권」은 53세 때 상해 불란서 조계 마랑로馬浪路 보경리普慶里 4호 임시정부 청사에서 1년여의 시간을 가지고 기술한 것이다.

그 동기로 말하면, 약관의 나이에 붓을 내던지고 이순耳順[2]의 나이에 가깝도록 큰 뜻을 품고서 나의 역량이 박약하고 재주와 지혜가 고루함도 돌아보지 않고, 성공과 실패도 계산하지 않고, 영예와 치욕도 가리지 않고 국가와 민족을 위하여 30여 년을 분투하였으나 이룬 것이 하나도 없었다. 임시정부를 10여 년 동안 고수해 왔으나 기미년 이래 독립운동이 점점 퇴조기에 접어들어 정부

---

1 스스로 자신의 지난 잘못을 들어 하는 말. 이 부분은 하권 앞에 수록되어 있어서 서문처럼 보이는데 1942년 2월 하권을 다 쓰고 나서 쓴 글이다. 내용 중에 이 글을 쓴 후의 역사적 사실, 이를테면 1942년 4월 임시정부 수립 23주년 되는 때 공식석상에서 중국의 입법원장 손과孫科가 일본을 없애 버리는 좋은 방책은 임시정부를 승인하는 것이라고 주장하였다는 내용이 있고, 1943년 11월 카이로회담에서 미국 루스벨트 대통령이 한국의 독립에 관해 언급한 내용을 보아도 알 수 있다.
2 나이 예순 살을 달리 이르는 말. 『논어』 「위정편爲政篇」에서, 공자가 예순 살부터 생각하는 것이 원만하여 어떤 일을 들으면 곧 이해가 된다고 한 데서 나온 말이다.

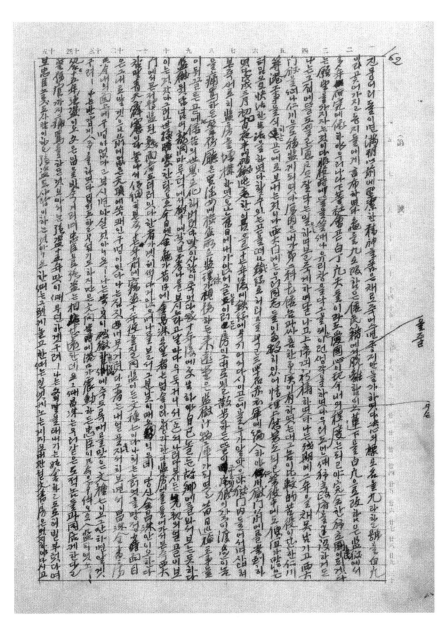

『백범일지』「상권」 본문 중 한 페이지.

의 명의만이라도 보전하기가 어려웠다. 당시 떠들던 말과 같이 몇 명의 동지와 더불어 고성낙일孤城落日³에 슬픈 깃발을 날리며 스스로 헤아리기를, 운동도 부진하고 세월도 취목就木⁴이 가까웠으니 "호랑이 굴에 들어가지 않고는 호랑이 새끼를 잡을 수 없다."는 격으로 침체한 국면을 추동할 목적으로, 한편으로는 미국과 하와이 동포들에게 편지하여 금전의 후원을 구하고, 한편으로는 철혈남아鐵血男兒들을 물색하여 테러(암살과 파괴)운동을 계획하는 때에 「상권」 기술을 종료하였다. 그 후 동경사건東京事件⁵과 홍구작안虹口炸案⁶ 등이 진행되었는데 만행萬幸으로 성공되었으므로 취피낭臭皮囊⁷의 최후를 고할까 하여, 본국에 있는 자식들이 장성하여 해외로 건너오거든 확실히 전해 달라는 부탁으로 「상권」을 등사하여 미국과 하와이의 몇 분 동지에게 보낸 바 있다.

「하권」을 쓰는 오늘 불행하게도 천한 목숨이 아직 부지되었고 자식들도 이미 장성하였으니 「상권」에서 부탁한 것은 문제가 없게 되었고, 지금 「하권」을 쓰는 목적은 누구든 나의 50년 분투 자취를 열람하여 허다한 과오를 은감殷鑑⁸으로 삼아 전철을 밟지 말라는 것이다.

전후 정세를 논하면, 「상권」을 기술하던 때의 임시정부는 외국인은 말할 것도 없고 한국인 중에서도 국무위원들과 십수 명의 의정원 의원 이외에는 아

---

3 "고립된 성에 지는 해"라는 뜻으로, 세력이 다하고 매우 외로운 처지를 이르는 말이다.

4 죽어서 관 속에 들어감.

5 이봉창李奉昌(1900~1932) 의사가 1932년 1월 8일 일본 동경의 사쿠라다몬櫻田門에서 관병식觀兵式을 마치고 돌아오는 히로히토裕仁 왕에게 수류탄을 던진 의거. 이봉창 의사는 목적을 이루지 못하고 체포되어 그해 10월 10일 일본 형무소에서 순국하였다.

6 윤봉길尹奉吉(1908~1932) 의사가 1932년 4월 29일 중국 홍구공원虹口公園에서 열린 일본 왕의 생일을 기념하는 천장절天長節 축하식장에 폭탄을 던진 의거. 일본 시라카와白川義則 대장 등이 사망하고 기타 요인들이 부상을 입었으며, 윤봉길 의사는 일본 경찰에 체포되어 그해 12월 19일 일본 형무소에서 순국하였다.

7 '냄새나는 가죽 껍데기'라는 뜻으로, 중국어로 '사람의 몸'을 이른다.

8 "은殷은 전대의 하夏가 멸망한 것을 교훈으로 하라."는 뜻으로, 전의 잘못을 거울삼아 경계할 것을 이르는 말이다.

무도 관심을 갖지 않았으니, 당시 일반의 평판과 같이 이름은 있으나 실상은 없는 상태였다. 그러나 「하권」을 기술하는 때는 의원·위원들의 무기력함도 없어지고, 내부內部·외부外部·군부軍部·재부財部 4부의 행정이 비약적으로 진전되었다고 말할 수 있겠다.

내정內政으로 말하자면, 중국 관내關內[9] 한국인의 각 정당 각 정파가 다 같이 임시정부를 옹호 지지하고, 미국·멕시코[10]·쿠바 각국의 한인 교포 1만여 명이 떠받들며 독립 자금을 정부에 상납하고 있다.

외교外交로 논하면, 일단 민국 원년 이후부터 국제 외교에 노력하지 않은 것은 아닌데, 중국·소련·미국 등 정부 당국자들의 비공개적 찬조가 없지는 않았으나 공식적인 응원은 없었다. 오늘에 이르러서 미국 대통령 라사복羅斯福[11] 씨는 장래에 한국이 완전히 독립해야겠다고 전 세계를 향하여 공식적으로 널리 알렸고,[12] 중국의 입법원장 손과孫科 씨는 우리 23주년 공공 석상에서 일본 제국주의를 박멸하는 중국의 좋은 방책은 가장 먼저 한국 임시정부를 승인하는 것이라고 큰 소리로 질타하였으며,[13] 임시정부에서는 화성돈華盛頓[14]에 외교위원부를 설치하고 이승만 박사를 위원장에 임명하여 외교와 선전에 노력 중이다.

군정軍政으로는, 한국광복군韓國光復軍[15]이 정식으로 성립되어 이청천李

---

9   '관문關門 안'의 뜻으로, 영향력이 미치는 지역의 범위를 가리킨다.

10   친필본의 '묵墨'은 '묵서가墨西哥'를 줄인 것으로, 멕시코의 음역어이다.

11   미국의 제32대 대통령 루스벨트T. Roosevelt의 음역어이다.

12   미국 루스벨트 대통령은 1943년 11월 22일에서 26일까지 이집트 수도 카이로에서 제2차세계대전 후의 전후 처리 문제를 협의하기 위해 영국의 처칠W. Churchill 수상, 중국의 장개석蔣介石 총통과 회담하였는데, 여기서 전후 한국의 독립을 보장하는 국제적 합의를 하였다.

13   1942년 3월 23일의 일이다.

14   미국의 수도 워싱턴Washington의 음역어이다.

15   일제강점기에 중국에서 우리나라의 광복을 위하여 일본에 대항해 싸우던 군대. 1940년 중경重慶에서 조직되었으며, 총사령관에 이청천李靑天, 참모장에 이범석李範奭이 취임

靑天[16]을 총사령관에 임명하고, 서안西安에 사령부를 설치하여 징모徵募·훈련
訓練·작전作戰을 계획, 실시 중이다.

재정財政으로 논하면, 원년도부터 2~4년까지는 본국에서 비밀리에 보내오
는 기부금, 미국과 하와이의 한인 교포가 세금 명목으로 상납하는 기부금의 실
정實情이 원년도보다 2년도의 액수가 줄어들고, 3, 4, 5, 6년 이후로 점점 줄어
들어(원인은 왜倭의 강압과 독립운동의 퇴조, 축소 등) 임시정부의 직무도 정체되고
직원들도 총장·차장들 중에 투항하여 귀국하는 자가 한두 사람에 그치지 않
았으니 그다음은 알 만하니, 중요 원인은 경제적 곤란이었다. 그렇던 현상이
홍구 폭탄 사건 이후로 내외국인의 임시정부에 대한 태도가 좋게 바뀌어 정부
재정 수입액이 해마다 증가되어, 23년도의 수입이 53만 이상에 달했으니 임시
정부 설립 이래 기록을 깬 것이요, 이로부터 몇백, 몇천 배의 액수로 늘어날 단
계에 들어섰다.

그해 상해 불란서 조계 보경리 4호 2층에서 참담하고 고난한 환경을 극복
하기 위하여 최대 최후의 결심을 하고 본지 「상권」을 쓰던 그때에 비하면 공공
단체로는 약간의 진보된 상태로 볼 수 있으나, 나 자신으로 논하면 날마다 늙
고 병들어 노쇠해짐을 맞기에 골몰하니, 상해 시대를 '죽자꾸나 시대'라 하면,
중경 시대를 '죽어 가는 시대'라 하겠다.

어떤 사람이 묻기를,

"어떻게 죽는 것이 마지막 소원인가?"

하면,

"나의 최대 욕망은 독립 성공 후에 본국에 들어가 입성식을 하고 죽는 것

하였다.

16 일제강점기의 독립운동가이자 현대 정치가(1888~1957). 본명은 지청천池靑天이다. 서
울 출신으로, 일본 육군사관학교를 졸업하고 중국으로 망명하여 한국광복군 총사령관
을 지냈다. 광복 후에는 귀국하여 대동청년단을 창단하여 청년운동에 힘쓰고 국회의원
을 지냈다.

이지만, 아무리 작더라도 미국과 하와이 동포들을 만나 보고 돌아오다가 비행기에서 죽어 시체를 투하하여 산속에 떨어지면 짐승의 배 속에, 바다 가운데 떨어지면 어류의 배 속에 영원히 장사 지내는 것이다."

라고 할 것이다.

세상은 고해苦海라더니 살기도 어렵고 죽기도 어렵다. 타살보다 자살은 결심만 강하면 쉬운 것 같지만 자살도 자유가 있는 데서 가능한 것이다. 옥중에서 나도 자살의 수단을 쓰다가 두 차례나 실패하였다(인천감옥에서 장티푸스 걸렸을 때와 17년 후 축항 공사 때). 서대문감옥에서 매산梅山 안명근 형이 굶어 죽기를 결심하고 나에게 침착하게 묻기에 나는 찬성하였다. 마침내 실행하여 3~4일 음식을 끊은 것은 배가 아프니 머리가 아프니 하여 간수의 질문에 응하였으나, 눈치 빠른 왜놈은 의사에게 진찰하게 하고 매산을 결박한 후 계란을 풀어서 입을 강제로 열고 삼키게 하였다. 이후 매산이 자살을 단념하노라고 통고한 것 등을 보면, 자유를 잃으면 자살도 쉬운 일이 아니다.

나의 70 평생을 회고하면, 살려고 하여 산 것이 아니라 살아져서 산 것이고, 죽으려고 하여도 죽지 못한 이 몸이 마침내는 죽어져서 죽게 되었다.

대한민국임시정부 경무국장

상해 도착

안동현에서 기미년 2월 ○일 영국 상인 쇼G. L. Shaw[17]의 기선을 타고 15인의 동행들과 같이 4일 동안의 항해 일정을 마치고 상해 포동 부두에 닻을 내렸다. 육지에 오르려 할 때 눈에 선뜻 들어오는 것은, 치마도 입지 않은 여자들이 삼판선三板船[18] 노를 저으면서 손님들을 건네어 옮기는 것이다. 불란서 조계에 오르니, 안동현에서 승선할 때는 얼음덩어리가 쌓인 것을 보았는데 이곳 마로가馬路街 생나무에는 녹음이 우거지고, 솜옷을 입고도 배 안에서는 추운 고생을 했었는데 이제는 등과 얼굴에 땀이 난다.

그날은 일행과 같이 공승서리 15호 우리 동포의 집에서 담요만 깔고 방바

---

17 아일랜드 출신의 영국인 사업가(1880~1943). 1919년 중국 안동에 무역선박회사를 설립하였으며, 그의 아버지가 영국의 통치를 받고 있는 아일랜드계이므로 조선의 독립운동을 여러 가지로 도왔다. 회사 내에 상해 임시정부의 비밀 아지트인 안동교통국 사무실을 제공하였고, 독립운동가들의 우편물 왕래와 무기 수입 편의까지 제공하였다. 이로 인해 1920년 7월 일제에 체포되었으나 영국 측의 항의로 석방되었다. 1963년 대한민국 정부로부터 건국훈장 독립장 대상으로 선정되었으나 수상자가 없어 시상을 못하다가 50년 후인 2012년 손녀를 찾아 수여하였다.

18 항구 안에서 사람과 짐을 실어 나르는 중국식 작은 돛단배.

닥 잠을 잤다. 이튿날은 상해에 집합한 동포 중에 친구를 조사하니 이동녕 선생을 비롯하여 이광수·서병호·김홍서·김보연 등이었다. 김보연은 장연군 김두원의 장자로 몇 년 전에 처자를 데리고 상해에 와서 살고 있었는데, 그가 찾아와 자기 집에 함께 살 것을 청하기에 응하였고, 그로부터 상해 생활이 시작되었다.

한국 독립운동을 지원해 준 이륭양행 사장 조지 루이스 쇼.

주인 김 군을 안내자로 하여 10여 년 동안 밤낮으로 그리워하던 이동녕 선생을 찾아갔다. 그분은 연전에 양기탁의 사랑에서 서간도에 가서 무관학교를 설립하고 지사들을 소집하여 장래에 광복 사업을 준비할 중대한 임무를 전권 위임하던 그때보다는 10여 년 동안 비할 데 없는 고생을 겪어서인지 그같이 포동포동하던 얼굴에 주름살이 잡혀 있었다. 서로 악수하고 나니 원통함과 슬픔이 한이 없어서 무슨 말을 해야 할지도 생각나지를 않았다.

당시 상해의 한인은 5백여 명인데, 그중에 약간의 상업가와 유학생, 십수 명의 전차회사 사표원査票員[19]을 제외하고는 대부분이 독립운동을 목적하고 본국과 일본·미국·중국·아라사령에서 온 지사들이었다.

---

19 차표를 검사하는 직원.

대한민국임시정부 수립

　본국의 13개 도道가 각각 대도시는 물론이고 외떨어진 궁핍한 마을에서도 '독립만세'를 부르지 않는 곳이 없이 물 끓듯 하고, 해외에서도 우리 한인이 어느 국토에 거주하든지 정신으로나 행동으로나 독립운동은 모두 함께 전개하였으니, 그 원인을 말하자면 대체로 두 개로 나누어 설명할 수 있다.

　첫째, 소위 한일합병의 참뜻을 알지 못한 것이다. 단군 개국 이후 명의상 다른 민족의 속국이 된 때도 있었고 같은 민족 중에서도 이씨가 왕씨를 혁명하고 스스로 왕을 세운 전례가 있었기 때문에 왜놈에게 나라를 빼앗겨도 당唐·원元·명明·청淸 등의 시대와 같이 우리가 완전한 자치自治는 하고 명의상으로나 왜의 속국이 되는 줄 인식하는 동포가 대부분이었고, 인도印度와 안남安南[20]에서 행하는 영국과 불란서의 정치를 절충하려는 왜놈의 악독한 계책을 아는 사람은 백 명 중 두셋에 불과하였다. 그러나 합병 후 가장 먼저 안악사건安岳事件[21]을 조작한 것과 두 번째로 선천宣川 105인사건의 참혹하고 지독하기 그지없음을 보고 "저 해는 언제 없어지나."[22] 하는 악감정이 격발될 분위기가 농후하였다.

　둘째, 제1차세계대전이 종료되고 파리강화회의에서 미국 대통령 윌슨

20　'베트남'의 다른 이름.

21　1911년 1월 일제가 황해도 안악安岳 양산학교를 중심으로 교육에 종사하던 민족운동가들을 일제히 검거하여 탄압한 사건. 백범도 이에 연관되어 모진 고문을 받고 서대문감옥과 인천감옥에서 복역하고 출옥하였다. 그 자세한 내용은 「상권」에 자세히 기술되어 있다.

22　「맹자孟子」「양혜왕梁惠王 상上」에서 「서경書經」「탕서湯誓」에 나오는 말을 인용하여 쓴 글로, 원문은 "時日害喪"이다. 여기서 '時'는 '是'와 같은 '이것'의 뜻이며, '害'는 '曷'과 같은 '언제'의 뜻이다. 중국 하나라의 폭군 걸왕桀王이 일찍이 "내가 천하를 얻은 것은 하늘에 해가 있는 것과 같으니 저 해가 없어져야 내가 망한다."라고 하자, 백성들이 태양이 없어져 세상이 망하기를 바라는 마음을 표현한 구절이다.

대한민국임시의정원 제6회 기념 촬영. 1919. 9. 17. 둘째 줄 맨 오른쪽이 백범이다.

T. Wilson이 민족자결주의民族自決主義[23]를 제창하였다.

　　이상의 두 가지 원인으로 우리의 만세운동이 폭발되었다. 그러므로 상해

에 와서 모인 5백여 명의 인원은 어느 곳에서 와서 모였든지 우리의 지도자

인 노선배와 나이 젊고 기력 왕성한 청년 투사들이다. 당시 상해에 새로 도착

한 인사들로 벌써 신한청년당新韓青年黨[24]이 조직되어 김규식金奎植[25]을 파리

---

23 자기 나라의 일은 그 민족 스스로 결정하여 처리해야 한다는 원칙을 실현하려는 주의.
　　미국 윌슨 대통령이 처음 제창하여 1919년에 열린 파리강화회의에서 채택됨으로써 식
　　민지 국가의 독립운동에 많은 영향을 미쳤다.

24 1918년 중국 상해에서 조직된 독립운동 단체. 서병호徐丙浩를 이사장으로 하여 산하 6개
　　부서에 당원이 150여 명이었다. 이들 중 핵심 당원 30여 명은 1919년 4월 초 상해의 불
　　란서 조계 보창로寶昌路 329호에 임시사무소를 설치하였는데, 이것이 후에 대한민국

대한민국임시정부 재在상해 직원 일동 기념 촬영. 1919. 10. 11. 둘째 줄 맨 오른쪽이 백범이다.

에 대표로 파송하였고, 김철金澈[26]을 본국 내에 대표로 파견하여 활동하는데, 여러 청년들 중에는 정부 조직이 대내외적으로 독립운동의 진전에 절대 필요하다는 목소리가 점점 높아져 각 도에서 상해에 온 인사들이 각기 대표를 선

임시정부의 모체가 되었다.

25 일제강점기의 독립운동가이자 현대 정치가(1881~1950). 부산 동래 출생으로 가정이 불우하여 미국 선교사의 도움을 받아 성장하였다. 1919년 4월 상해 임시정부의 외무총장으로 파리강화회의에 대표로 참석하였고, 이어 임시정부 부주석을 지냈다. 1945년 광복 후 귀국하여 신탁통치와 남한의 단독 총선거에 반대하고 김구와 함께 남북협상을 시도하다가 정계에서 은퇴하였다. 1950년 6·25전쟁 때 납북되었다.

26 일제강점기의 독립운동가(1886~1934). 전남 함평 출신으로 1915년 일본 메이지대학明治大學을 졸업하고 3·1운동 후 중국 상해로 망명하여 임시정부에서 전라도 의원으로 본국에 관한 일을 맡아 하였다. 1920년 백범 등과 함께 의용단義勇團을 조직하여 독립운동에 힘썼으며, 1932년 대한교민단의 정치위원과 국무위원으로 활약하였다.

1919년 10월 당시 사용한 임시정부 청사. 상해 불란서 조계 하비로 321호.

출하여 임시의정원을 조직하고 임시정부가 탄생하니 즉 대한민국임시정부
였다.

　이승만李承晩에게 총리를 맡기고, 내무·외무·군무·재무·법무·교통 등의
부서가 조직되고, 안도산安島山이 미국에서 상해로 와서 내무총장에 취임하였
다. 그러나 각 부 총장이 먼 곳에서 미처 도착하지 못해서 차장들을 대리로 하
여 국무회의를 진행하는 중에, 이동휘李東輝·문창범文昌範은 아라사령으로부
터, 이시영李始榮·남형우南亨祐 등은 북경으로부터 와서 모여 정부 사무가 첫
발을 내딛게 되었다. 그 즈음에 한성漢城에서 비밀히 각 도의 대표가 모여 이승
만에게 집정관 총재를 맡기는 정부[27]를 조직하였으나 본국에서 행사하기는 불

한성 임시정부의 이승만 집정관 총재(왼쪽)와 김규
식 구미위원부 위원장.

가능하므로 상해로 보냈으니, 미리
의논하지 않고도 의견이 같아서 두
개의 정부가 되었다.

그리하여 두 개 정부를 개조하
여 이승만에게 대통령을 맡기고 4
월 11일에 헌법을 발포하였다. 이
들 내용은 독립운동사와 임시정부
회의록에 상세히 기재되어 있으니
생략하고, 나에 대한 사실만을 쓰
겠다.

나는 내무총장인 안창호 선생
에게 정부 문지기 시켜 주기를 청
하였다. 그이는 내가 벼슬을 시켜
주지 않아 반감이나 가진 것이 아
닌가 하는 의심과 염려의 빛을 보
였다. 나는,

"종전에 본국에서 교육 사업을 할 적에 어느 곳에서 순사 시험과목을 보고
집에 가서 혼자 시험을 쳤으나 합격을 못 했고, 서대문감옥에서 징역살이할 때
소원을 세운 것이, 후일에 만일 독립 정부가 조직되면 정부 뜰을 쓸고 문을 지
키기로 하고, 이름은 구九로, 별호는 백범白凡으로 고쳤습니다."
라고 모든 평소의 소원을 말하였다. 도산은 기꺼이 승낙하며,

"내가 미국에서 백악관 지키는 관원이 있는 것을 보았는데, 백범 같은 이

---

27 1919년 4월 서울에서 수립된 한성정부漢城政府를 가리킨다. 이 정부의 출범은 외국 통
    신사에 의해 보도되어 대외적으로 선전 효과가 컸다. 지금의 서울은 조선 초 한양漢陽
    으로 불리다가 1395년(태조 5) 한성부漢城府가 되었으며, 일제강점기에 경성京城으로
    개칭되었다가 광복 후 서울로 되었다.

초창기 임시정부에서 함께 활동했던 김철, 이동휘, 이시영.(왼쪽부터)

가 우리 정부 청사를 수호하는 것이 적당하니 내일 국무회의에 제출하겠소."
라고 해서 마음속으로 혼자 기뻐하였다.

이튿날 아침에 도산은 나에게 경무국장 임명장을 주며 취임하여 일할 것을 권하나, 나는 고사하였다.

"순사 자격에도 못 미치는 나로서 경무국장 직은 감당 불가입니다."

도산은,

"국무회의에서 백범은 다년간 감옥에 있어서 왜놈의 사정을 잘 알고 혁명시기 인재는 정신을 보아서 등용하는 것이라 하여 이미 임명한 것이니, 사양 말고 공무를 행하시지요."
라고 강권하므로 취임하여 일하였다.

5년 동안 복무할 때 경무국장은 신문관·검사·판사로서 형 집행까지 하게되었다. 요약하면, 범죄자 처분은 말로 타이르지 않으면 사형이다. 예를 들면, 김도순金道淳은 17세 소년으로 본국에 파견하였던 정부 특파원의 뒤를 따라 상해에 와서 왜倭 영사관에 협조하여 그 특파원을 체포하는 데 여비 10원을 받았는데, 미성년자를 부득이 극형에 처하는, 다른 나라에서는 보지 못할 특종 사건 등이 있었다.

경무국 사무는, 남의 조계에서 임시로 사는 임시정부이므로, 지금의 세계

초창기 임시정부 시절의 경무국장 백범, 내무총장 안창호, 이탁.(왼쪽부터) 1919.

다른 각 나라의 보통 경찰 행정이 아니고 왜적의 정탐 활동을 방지하고 독립운동가 중에 투항하는 자가 없는지 정찰하는 것으로, 왜의 마수魔手가 어느 방면으로 침입하는지를 똑똑히 살피기 위해 정복과 평상복 입은 경호원 20여 명을 임용하였다.

불란서 조계 당국의 우리 독립운동 지원

홍구虹口의 왜倭 영사관과 우리 경무국이 대립하여 암투 중이었을 당시 불란서 조계 당국은 우리 운동에 대하여 특별한 동정이 있었다. 그래서 일본 영사가 우리 운동가를 체포해 달라는 요구가 있을 때는 우리 기관에 통지하고, 급기야 체포할 때는 일본 경관을 대동하고 빈집을 수색하고 갈 뿐이었다.

왜놈 다나카田中義—[28]가 황포 부두에서 오성륜吳成倫[29] 등에게 폭탄을 맞았으나 폭발이 안 되었는데, 권총을 발사하여 미국 여행객 여자 한 명이 총을 맞고 죽었다.[30] 그 후에 일본·영국·불란서 세 나라의 합작으로 불란서 조계의 한인을 대거 수색, 체포하는데, 그때는 우리 집에 모친까지 본국에서 상해로 오신 때였다. 하루는 이른 아침에 왜경 일곱 명이 노기등등하여 침실에 침입하였다. 불란서 경관 서대납西大納은 나와의 친분이 오래된 자로, 사전에 나인 줄 알았으면 잡으러 오지도 않았을 것이나 일본 말과 불란서 말이 서로 달라서 체포장의 이름이 '김구金九'임을 알지 못하고, 한인 강도로만 알고 체포하고자 한 것인데, 마침내 와서 보니 잘 아는 터였다. 왜놈들이 달려들어 철수갑을 채우려 할 때 서대납은 못 하게 하고, 나에게 옷을 입고 불란서 경무국으로 가자는 뜻을 표하였다.

나는 그 말을 따라 숭산로 경찰서로 가서 보니, 원세훈元世勳 등 다섯 사람은 먼저 잡아다가 유치장에 구금해 놓고서 나에게 왔던 것이었다. 내가 유치장에 들어간 후에 왜경이 와서 신문하려 하니 불란서 사람들은 허락지 않고, 일본 영사가 인도를 요구해도 듣지 않고 나에게 묻기를,

"체포된 다섯 명은 김 군이 잘 아는 사람인가?"

한다. 나는,

"다섯 사람이 다 좋은 동지다."

---

28 일본의 군인·정치가(1864~1929). 육군대학 졸업 후 청일전쟁에 종군하였고, 러일전쟁 때 만주군 참모로 참가하였다. 육군대신을 거쳐 총리에 올랐으며, 중국에 대하여 강경 정책을 취했고 시베리아 출병을 추진했다.

29 일제강점기의 독립운동가(1900~ ?). 함경북도 온성 출신으로 3·1운동 후 군자금 모금에 힘썼고 중국 상해로 건너가 의열단義烈團에 가입하여 활약하였다. 1923년 3월 상해에서 일본 육군대장 다나카 기이치를 저격하였으나 실패하고 체포되어 수감 생활을 하였다.

30 사망자는 미국인 부인 스나이더W. J. Snyder로, 당시 남편과 함께 세계 여행 중이었다. 이때 4명의 부상자도 발생하였다.(『독립신문』 1922. 10. 22.)

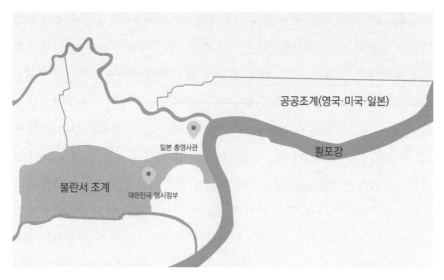

당시 상해의 불란서 조계지 위치.

라고 하였다. 또다시 묻기를,

"김 군이 다섯 사람을 담보하고 데리고 가기를 원하는가?"

하기에,

"원한다."

하니 즉시 석방하였다.

나는 여러 해 동안, 불란서 경찰국에 한인 범죄자들이 체포될 때마다 배심 관陪審官[31]으로서 임시정부를 대표하여 신문하고 처리를 판단하던 터여서, 불란서 공부국工部局[32]에서는 나만 인도하지 않을 뿐 아니라 내가 보증하는 사람

---

31 법률가가 아닌 일반 국민으로서, 재판에 참여하여 사실 인정에 대해 판단을 내리는
    사람.

32 중국 상해 외국인 거주지에 외국이 설치하였던 행정기관. 중국 청나라 말기에 상해·천
    진·광주·한구 등 개항장에 외국인이 자유롭게 거주하며 치외법권을 누릴 수 있는 조
    계租界가 설정되었는데, 규모가 작은 조계는 그 나라 영사가 행정을 담당했으나 상해
    처럼 규모가 큰 곳에는 공부국工部局이라는 기관이 설립되어 일반 행정을 담당했다.
    처음에는 토목 사업이 주업무여서 '공무국'이라 하였는데, 점차 경찰 업무도 담당하여

불란서 조계지인 상해 구강로. 1920.

은 현행범 외에는 즉시 석방시켰다. 왜는 불란서인과 나의 관계를 안 이후로는 체포 요구를 하지 않았고, 정탐으로 하여금 나를 유인하여 불란서 조계 밖 영국 조계나 중국 지역으로만 데리고 오면 포박해서 영국이나 중국 당국에 통보만 하고 잡아갈 의도였는데, 이를 안 후에는 불란서 조계에서 위험한 곳으로는 한 발짝도 넘어가지 않았다.

불란서 조계에서의 사건들

불란서 조계 생활 14년 동안 기괴한 사건을 일일이 기록하기가 불가능한 것은, 연월일시를 잊어버려 순서를 차리기 어렵기 때문이다.

그 역할이 커지게 되었다. 친필본의 공무국工務局은 착오로 보인다.

5년 경무국장 직을 맡아 지낼 때 고등 정탐 선우갑鮮于甲³³을 유인해 포박 신문하니, 죽을죄를 자인하고 사형 집행을 원하는 것을 본 후에,

"살려 줄 테니 장차 공을 세워 속죄할 테냐?"

하니,

"소원입니다."

하기에 풀어 주어 내보냈더니, 상해에서 정탐하여 얻은 문건을 임시정부에 바치겠다고 하였다. 그래서 김보연·손두환 등을 왜놈의 가쓰타여관勝田旅館으로 시간을 약속하고 보냈으나 왜에 고발하여 체포하지 않았고, 내가 전화로 호출하면 시각을 지체하지 않고 와서 기다리다가 4일 후에 몰래 도망하여 본국에 돌아가 임시정부의 높은 뜻을 칭송하였다고 한다.

강인우姜麟佑는 왜의 경부警部³⁴로 비밀 사명使命을 띠고 상해에 와서,

김구 선생에게 내가 상해에 온 임무를 보고하겠으니 면대를 허락하겠는가?

하는 서신을 보내왔기에, 왜놈과 동행하면 충분히 체포할 수 있는 영국 조계의 신세계 음식점으로 오라 하고 정각에 가서 보니 강인우 한 사람만 와 있었다. 그는,

"총독부에서 사명을 받은 것은 모모 사건인즉, 그 점을 주의하고 선생께서 거짓 보고 자료를 주시면 귀국하여 책임을 면하기나 하겠습니다."

하기에, 나는 흔쾌히 수락하고 자료를 잘 제작해 주었더니 귀국 후에 그 공로로 풍산豊山 군수가 되었다고 했다.

---

33 일제강점기의 고등계 형사. 1919년 동경에서 일어난 2·8독립선언 때 중심인물 체포에 일본 경찰에 협력하고, 3·1운동 후에는 미국에 파견되어 악화된 국제 여론을 일본에 유리하도록 선전하기도 했다.

34 일제의 경찰로, 경시警視(지금의 총경급)의 아래 계급이다.

구한국[35] 내무대신 동농東農 김가진金嘉鎭[36] 선생은 한일합병 후에 남작男爵 작위를 받았는데, 기미년 3·1선언 이후에 대동당大同黨[37]을 조직하여 활동하다가 아들 의한毅漢[38] 군을 데리고 여생을 독립운동의 본거지에서 보내는 것을 큰 영광이자 큰 목적으로 알고서 상해에 도착했다. 그 후 왜 총독이 남작 중에 독립운동에 참가한 것이 일본의 수치라고 인식하여 김가진 자부子婦[39]의 사촌 오빠인 정필화鄭弼和[40]를 밀파하여 김동농 선생에게 은밀히 권고하여 귀국하게 하려는 운동이 진행되었는데, 이를 발견하고 비밀리에 검거하여 신문하니 일일이 자복하므로 교수형에 처하였다.

해주 사람 황학선黃鶴善은 독립운동 이전에 상해에 온 자인데, 청년들 중에서 우리 운동에 가장 열정이 있어 보였다. 그런데 각 방면에서 상해로 온 지사

---

35 1897년(고종 34)에 새로 정한 우리나라의 국호 대한제국大韓帝國을 말한다.

36 대한제국 때의 문신이자 일제강점기의 독립운동가(1846~1922). 1877년(고종 14) 문과에 급제한 후 일본 동경에 파견되어 판사대신으로 있다가 귀국하여 농상공부대신을 지냈다. 뒤에 이를 부끄럽게 생각하고 비밀결사인 대동단大同團 총재로 임시정부를 지원하다가 1919년 중국 상해로 망명하여 임시정부 요인으로 활동하였다.

37 1919년 3·1운동 직후에 일진회 회원이었던 전협全協·최익환崔益煥 등이 서울에서 조직한 독립운동 단체. 대동단大同團이라고도 한다. 『대동신문』을 발간하였으며 1919년 11월 11일 의친왕義親王을 임시정부의 지도자로 추대하기 위하여 상해로 탈출시키려다 실패하였다.

38 일제강점기의 독립운동가(1900~1951). 아버지 김가진과 함께 중국 상해로 망명하여 윤봉길 의사 의거 후 임시정부가 항주로 이전할 때 이동녕과 백범 등을 모시고 가흥으로 피신하면서 임시정부 활동에 참가하였고, 이후 임시정부 외교위원으로 활약하였다. 광복 후 한국독립당 대표로 남북협상에 참여하였으며, 6·25전쟁 때 납북되었다. 친필본의 한자 '懿漢'은 오기이다.

39 친필본의 '의한 자부'는 착오이다. 김가진의 자부는 정정화鄭靖和(1900~1992)로, 3·1운동 후 시아버지 김가진과 남편 김의한을 따라 상해로 건너가 임시정부 안살림을 맡았다. 1920년에는 비밀 연락망인 연통제聯通制를 통해 국내에 들어가 독립운동 자금을 조달했고, 압록강을 건너가 밀사 역할을 수행하여 김구로부터 '한국의 잔다르크'라는 칭송을 받았다.

40 정필화는 사촌 오빠가 아니라 팔촌 오빠로, 정정화가 남편 김의한이 있는 중국 상해로 망명할 때 서울역에서 기차를 태워 주며 안내를 맡았다고 한다.

김의한·정정화 부부와 그 아들 자동. 1934.

들이 자신의 집에서 숙식하게 됨을 기회로 하여 임시정부 성립이 며칠 안 되었을 때 정부를 악평하였다. 그리하여 새로 도착한 청년 중 동농 선생과 같이 경성에서 열렬히 운동하던 나창헌羅昌憲[41] 등이 황黃의 악독한 계책에 걸려들어 정부에 극단적인 악감을 품고 김기제金基濟·김의한 등과 함께 십수 명이 임시정부 내무부를 습격하는 사건이 발생했다. 그러자 당시 정부를 옹호하는 청년들이 극도로 격분하여 육박전을 개시해 나창헌과 김기제 두 사람은 중상을 입었다. 내무총장 이동녕 선생의 명령을 받아서 포박된 10여 명 청년은 잘 타일러서 풀어 주고, 중상 입은 나창헌과 김기제 두 사람은 입원 치료케 하였다.

경무국에서 그 분란의 원인을 깊이 조사하니 놀랄 만한 사건이 발생되었

---

41 일제강점기의 독립운동가(1896~1936). 평안북도 희천 출신으로 대동단의 비밀단원이 되어 1919년 11월 11일 의친왕義親王을 경호하여 상해 임시정부로 탈출시키려다 실패하고 옥고를 치렀다. 이후 상해 일본 영사관 폭파 계획을 세우고 두 동생과 함께 거사하려다 실패하고 항주로 피신했다가 중경에서 사망하였다.

다. 나羅·김金 등의 활동 배후에서 황학선이 활동 자금을 공급하였고, 황의 배후에서는 일본 영사관이 자금과 계획을 실시한 것이었다. 황을 비밀리에 체포하여 신문하니, 나창헌 등의 애국 열정을 이용하여 정부의 각 총장과 경무국장 김구까지 전부 암살하기 위해, 외지고 조용한 곳에 3층 양옥을 세내어 얻어 대문에 '민생의원民生醫院'이라는 큰 간판을 붙이고(나 군은 의과생이었다) 정부 요인들을 유인하여 암살하려던 것이었다. 황의 신문 기록을 나창헌에게 보이니, 나 군은 크게 놀라면서 처음부터 황에게 속아서 무의식적으로 큰 죄를 범할 뻔한 속마음을 설명하고 황의 극형을 주장하였으나, 벌써 형을 집행하고 나 군 등의 행위를 조사 중이었다.

어느 때는 박 모某라는 우리 청년이 경무국장 면회를 청하기에 만났더니, 초면에 눈물을 흘리며 품속에서 권총 한 자루와 왜놈이 준 수첩 한 권을 내놓는다.

"저는 며칠 전에 본국에서 생계를 위해 상해에 왔는데, 도착하자마자 일본 영사관에서 나의 체력이 튼튼한 것을 보더니 '김구를 살해하고 오면 돈도 많이 주고 본국의 가족들에게는 국가의 토지를 주어 경작하게 하겠으나 만일 불응하면 불령선인不逞鮮人[42]으로 엄히 다스릴 것이다.'라고 하기에 응낙하였습니다. 그리고 불란서 조계에 와서 선생을 멀리서 보기도 하고, 독립을 위하여 애쓰시는 것을 보니 나도 한인의 한 사람으로서 어찌 감히 살해할 마음을 품을 수 있습니까? 그래서 권총과 수첩을 선생께 바치고 중국 지방으로 가서 상업을 경영하고자 합니다."

나는 감사의 뜻을 표하였다.

나의 신조가 "일을 맡기면 사람을 의심하지 않고, 사람이 의심되면 일을 맡기지 않는다."이니, 일생을 통해 이 신조 때문에 종종 해를 당하면서도 천성

---

[42] '불온하고 불량한 조선 사람'이라는 뜻으로, '불령'은 멋대로 행동한다는 말이고, '선인'은 조선인의 약어로 경멸의 의미가 담겨 있다.

이라 고치지 못하였다. 경호원 한태규韓泰奎는 평양 사람으로 사람됨이 근실하므로 7~8년을 고용하였다. 그사이에 그는 안팎으로 사람들의 신망이 매우 두터워졌고, 내가 경무국장을 그만둔 후에도 경무국 사무를 여전히 보고 있었다. 어느 날 이른 아침, 계원 노백린 형이 나의 집에 와서,

"뒷길 가에 어떤 젊은 여자 시체 한 구가 있는데 한인이라고 중국인들이 떠드니, 백범, 나가서 봅세다."

한다. 계원과 같이 가서 보니 명주明珠의 시체였다. 명주는 하층 여자로 상해에 어찌하여 왔던지, 정인과鄭仁果[43]와 황진남黃鎭南[44] 등의 식모로도 있었고, 젊은 남자들과 야합적 행위도 있는 모양이었다. 어느 날 밤중에 한태규와 함께 오가는 것을 보고 내가 '한 군도 청년이니 서로 친한 관계가 있는가 보다.'라고 생각한 때가 그다지 머지않은 것으로 생각되었다. 시신을 자세히 살펴보니 살해당한 것이 분명했다. 처음에는 무언가로 쳐서 머리에 혈흔이 있고 그다음에 새끼줄로 목을 졸랐는데, 그 목 졸라 죽인 수법이 내가 서대문감옥에서 김 진사에게 활빈당 사형법 배운 것을 경호원들에게 연습시켜서 정탐 처치에 응용하던 그 수법과 흡사하였다.

나는 불란서 공부국에 달려가서 서대납에게 고발하고 협동 조사에 착수하였다. 한태규가 명주와 야간에 출입하던 집집마다 가서 '모습이 어떠한 남녀가 세를 얻어 살았던 일이 있는가?' 탐문하니 한 달 전에 한과 명주가 동거한 사

---

43 일제강점기의 독립운동가·친일변절자(1888~1972). 평안북도 순천 출생으로 미국 샌 프란시스코신학교 졸업 후 안창호安昌浩를 따라 황진남黃鎭南과 함께 중국 상해에 수행원으로 왔다. 이후 미국령 교민 대표로서 임시정부 의원과 임시의정원 부의장과 외무차장으로 활동하였다. 그러나 1924년 귀국하여 수양동우회修養同友會에서 활동하다가 구속되었는데, 전향하여 석방되면서 본격적으로 친일 활동을 하였다.

44 일제강점기의 독립운동가(1896~ ?). 함경남도 함흥 출생으로 어려서 미국으로 건너가 교육을 받아 영어에 능통하였다. 1919년 안창호安昌浩를 따라 정인과鄭仁果와 함께 수행원으로 와 내무총장인 안창호의 통역관으로 활약했고, 상해 임시정부 외교위원을 지냈다.

실을 발견하였으나 명주의 시체가 있는 곳과는 서로 거리가 멀었다. 그래서 시체가 놓여 있는 근처 방동房東[45]의 집세 장부를 조사하니 10여 일 전에 방 하나를 성이 한韓인 사람에게 임대한 흔적이 있는데, 그 방문을 열고 자세히 살펴보니 저쪽 마루 위에 핏자국이 있었다. 그러니 한에게 의혹이 집중되었다.

서대납에게 한태규 체포를 상의하고 나는 한태규를 불러서,

"요즘은 어디서 숙식을 하는가?"

하고 물어보니,

"셋방을 얻지 못하여 이리저리 다니며 숙식합니다."

한다. 이렇게 묻고 답할 즈음에 불란서 순포巡捕[46]가 한태규를 체포하였다. 내가 배심관으로서 신문하니, 한태규는 내가 경무국장을 그만둔 후에 여러 가지 환경으로 왜놈에게 매수되어 밀탐을 하면서 명주와 비밀 동거하였는데, 그러던 중 그가 왜놈의 앞잡이임을 명주가 알게 되었고, 명주는 불학무식한 하층 여자이지만 애국심이 풍부하고 김구 선생을 극히 믿고 받드니 반드시 고발할 형세이므로 흔적을 없애기 위하여 암살하였다는 사실을 자백하므로, 그를 종신 징역에 처하게 하였다.

이 사건에 대한 조사를 할 때 나를 도와 일하던 같은 관리인 나우羅愚 등은 말하기를,

"우리는 한 모가 돈을 물 쓰듯 하고 괴상한 행동을 하기에 10에 8, 9는 정탐이라고 추측한 지 이미 오래입니다. 그러나 확실한 증거를 못 얻고 단지 의심으로만 선생께 보고하였다가는 도리어 선생께 동지를 의심한다는 책망이나 받을 것이므로 함구하였습니다."

라고 하였다.

그 후 한태규는 감옥의 중죄수重罪囚들과 같이 파옥을 공모하여 양력 1월

---

45 '집주인'을 뜻하는 중국어. 중국에서는 예로부터 주인의 자리는 동쪽, 손님의 자리는 서쪽이므로, 세를 주는 집에서도 동쪽을 주인이 사용한다고 한다.
46 지금의 경찰이다.

1일 이른 아침에 거사하기로 결정하고, 이를 불란서 감옥 관리에게 밀고하였다. 거사하기로 한 시각, 간수들이 총을 지니고 경비하는 중에 각 감방 문이 일시에 열리며 칼날 있는 몽둥이와 석회를 가진 죄수들이 나오는 대로 간수들이 총을 쏘아 여덟 명의 죄수가 즉사하였다. 그러자 나머지 죄수는 감히 움직이지 않아 감옥의 소란은 진정되었다. 재판할 때 태규가 여덟 명의 관 머리에 서서 증인으로 출정하더라는 말을 들었다.

그런 악한을 절대 신임하던 나는 세상에 머리를 들 수 없는 자괴감으로 비할 데 없는 고민으로 지냈는데, 하루는 태규의 서신이 왔기에 보니, 감옥의 죄수로 함께 고생한 감옥 친구를 여덟 명이나 잔인하게 죽이고도, 불란서 감옥 관리가 큰 공으로 인정해 주어 특전으로 풀려났으니 전에 저지른 죄를 용서하고 다시 써 주기를 원한다 하였으나, 나의 회답이 없음을 보고 겁이 났던지 귀국하여 평양에서 소매상으로 돌아다니더라는 소식을 들었다.

상해의 당시 국내외 정세

상해의 당시 우리 시국을 논하면, 기미년 즉 대한민국 원년에는 국내와 국외가 일치하여 민족운동으로만 진전되었으나 세계 사조가 점차 봉건封建이니 사회社會니 복잡해짐에 따라 단순하던 우리 독립운동계에서도 사상이 분기되었다. 따라서 음으로 양으로 투쟁이 개시될 때 임시정부 직원 중에도 공산주의니 민족주의니(민족주의는 세계가 규정하는, 자기 민족만 강화하여 타민족을 압박하겠다는 주의가 아니고 우리 한국 민족도 독립하여 자유를 얻어 다른 민족과 같은 완전한 행복을 향유하고자 함) 하는 분파적 충돌이 격렬해졌다.

심지어 정부 국무원國務院[47]에서 대통령과 각 부의 총장도 민주주의로 혹

---

47 지금의 행정부 역할을 한 부서이다.

은 공산주의로, 각기 옳다고 하는 곳으로 간다. 큰 사건을 들어 말하면, 국무총리 이동휘李東輝[48]는 공산혁명을 부르짖고 대통령 이승만李承晩은 데모크라시를 주창하여 국무회의 석상에서도 의견 불일치로 종종 쟁론이 일어나 국시國是[49]가 서지 못했는데, 그래서 정부 내부에 기괴한 현상이 겹쳐서 거듭 생겨났다. 예를 들면, 국무회의에서 아라사 대표로 여운형呂運亨,[50] 안공근安恭根,[51] 한형권韓亨權[52] 세 사람을 선정하여 파견하기로 결정하고 여비를 마련하던 중 금전이 들어옴을 보고 이동휘는 자기 심복인 한형권을 비밀리에 먼저 보내 시베리아[53]를 통과한 후에야 공개하니, 정부나 사회에 물의가 분분하였다. 이동휘의 호는 성재誠齋인데, 블라디보스토크에서 성명을 바꾸어 '대자유大自由'라고 행세하던 일도 있다고 한다.

어느 날 이 총리가 나에게 공원 산보를 청하기에 동반했더니, 이 씨는 종용히 자기를 도와 달라는 말을 한다. 나는 좀 불쾌한 생각이 나서 이같이 대답

---

48 일제강점기의 독립운동가(1873~1935). 호는 성재誠齋. 함경남도 단천 출신으로 대한제국 때 육군 참령을 지내고 신민회新民會 조직에 참여하였다. 이후 중국 상해로 건너가 임시정부 국무총리를 지냈으나 이 무렵 공산당으로 전향하여 소련으로부터 받은 독립운동 자금을 유용하는 등 불화를 일으켜 사임하고 시베리아에서 사망하였다.

49 국가 이념이나 국가 정책의 기본 방침.

50 일제강점기의 독립운동가이자 현대 정치가(1886~1947). 호는 몽양夢陽. 경기도 양평 출생으로 상해 임시정부 조직에 참여하였으며 고려공산당에도 관여하였다. 광복 후에는 건국준비위원장에 취임하여 좌우익의 합작을 추진하다가 암살당하였다.

51 일제강점기의 독립운동가(1889~?). 황해도 신천 출신으로 안중근安重根 의사의 친동생이다. 안중근 의사 의거 후 중국으로 건너가 1919년 상해 임시정부에 참여하였으며, 1922년에는 소련 모스크바에 머물면서 레닌 정부로부터 독립운동 자금을 지원받는 데 힘썼다. 1926년 상해 한인교민단 단장을 지냈고, 한국국민당을 조직하여 독립군 양성에 힘썼다.

52 일제강점기의 사회주의 운동가(?~?). 함경북도 경흥 출신으로 일찍이 러시아로 건너가 1911년 블라디보스토크에서 권업회勸業會 창설에 참여하여 부회장을 지냈고, 1918년에는 이동휘의 한인사회당에 들어가 당내 이론가로 활동하였다. 1920년 초에는 임시정부 국무총리로 있던 이동휘의 지시로 러시아에 가서 독립운동 자금을 받아 오는 등의 활동을 하였다.

53 친필본의 '서백리아西伯利亞'는 시베리아Siberia의 음역어이다.

하였다.

"이 아우가 경무국장으로서 총리를 보호하는 터에 직책상 무슨 잘못된 일이 있습니까?"

이 씨는 손을 가로저으며 말하기를,

"아니오 아니오. 무릇 혁명은 유혈 사업으로 어느 민족에나 대사大事인데, 현재 우리 독립운동은 민주주의여서 이대로 독립을 한 후에 다시 공산혁명을 하게 되면 두 번 유혈이라, 우리 민족의 큰 불행이오. 그러니 아우님도 나와 같이 공산혁명을 하자는 요구인데, 뜻이 어떠하오?"

한다. 나는 반문하였다.

"우리가 공산혁명을 하려면, 제3국제당[54]의 지휘명령을 받지 않고 우리가 독자적으로 공산혁명을 할 수 있습니까?"

이 씨는 고개를 저으며 말하기를,

"불가능이오."

한다. 나는 강경한 어조로,

"우리 독립운동이 한민족의 독자성을 떠나서 어느 제3자의 지도나 명령의 지배를 받는 것은 자존성을 상실한 의존적 운동입니다. 선생이 우리 임시정부 헌장에 위배되는 말을 하시는 것은 매우 옳지 않으므로 이 아우는 선생의 지도를 따를 수 없으니, 자중하기를 경고합니다."

하였다. 이 씨는 얼굴에 불만의 빛을 보이고, 각자 헤어졌다.

이 씨가 밀파한 한형권은 혼자서 시베리아에 도착하여 아라사 관리에게 아라사에 온 임무를 전달하니 아라사 관리는 즉시 모스크바[55] 정부에 보고하

---

54 '제3인터내셔널'을 가리키며, 코민테른Comintern이라고도 한다. 공산당의 통일적인 국제 조직으로, 1919년에 레닌 주도하의 소련 공산당과 독일 사회민주당 좌파를 중심으로 창립되어 국제 공산주의운동을 지도하다가 1943년에 해산되었다. 일제강점기 때 우리나라 공산주의운동에 강력한 영향력을 행사했다.

55 친필본의 막사과莫斯科는 모스크바Moskva의 음역어이다.

였고, 아라사 정부에서는 한국 대표를 환영하여 큰길가에 사는 한인들을 동원하여 한韓이 도착하는 정거장마다 한인 남녀들이 태극기를 손에 들고 임시정부 대표를 열렬히 환영하였다. 급기야 모스크바에 도착하니 아라사 최고 영도자 레닌V. I. Lenin[56] 씨가 친히 영접하여 한에게,

　"독립 자금이 얼마나 필요합니까?"

물을 때 한은 입에서 나오는 대로 200만 루블[57]을 요구하였다. 레닌은 웃으면서,

　"일본을 대항하는 데에 200만으로 될 수 있겠소?"

하였다. 한은 말하기를,

　"본국과 미국에 있는 동포들이 자금을 조달합니다."

하니 레닌은 말하기를,

　"자기 민족이 자기 사업을 하는 것은 당연하지요."

하고 즉시 아라사 외교부에 명령하여 현금 200만 루블을 지급하게 하였으나, 우선 거액의 돈뭉치를 운반하는 시험으로 제1차로 40만 원만 한형권이 휴대하고 시베리아에 도착하였다. 그 시기를 맞추어 이동휘는 비서장 김립金立[58]을 밀파해 한형권을 종용하여 그 돈뭉치를 임시정부에 납부하지 않게 하였다. 김립은 그 돈으로 북간도의 자기 식구를 위해 토지를 샀으며, 소위 공산주의운동가라는 한인·중국인·인도인에게 얼마를 지급하고, 자기는 상해에 비밀리에 잠복하여 광동廣東 여자를 첩으로 삼아 향락에 빠졌다. 임시정부에서는 이동

56　소련 공산당의 창시자(1870~1924). 러시아혁명을 지도하고, 1917년 케렌스키A. F. Ker-enskii 정권을 타도하여 프롤레타리아 독재하의 소비에트사회주의공화국을 건설하였다. 그는 마르크스주의 이론의 혁명적 실천자로서 국제적 혁명운동에 깊은 영향을 주었다.

57　현재의 우리 돈 약 12억 원이다. 당시(1924~1931년) 1루블은 0.5달러였다.

58　일제강점기의 사회주의 운동가(?~1922). 1918년 한인사회당 창당에 참여하여 이동휘 위원장 아래서 활동하다가 이듬해 상해 임시정부로 가서 역시 이동휘 총리의 비서장이 되었다. 1920년 러시아에 파견되어 레닌 정부로부터 비자금을 받아 임시정부 몰래 고려공산당 자금으로 이용하려다가 탄로 나서 큰 파문을 일으켰으며, 결국 반대파에게 암살당하였다.

이르쿠츠크파의 여운형, 엠엘파의 김준연, 무정부주의의 유자명(왼쪽부터).

휘에게 죄를 물으니, 이 씨는 총리직에서 물러나 아라사로 도망갔고, 한형권은
다시 아라사 수도에 가서 통일운동을 하겠다는 이유를 설명하고 다시 20만 루
블을 받아 가지고 상해에 잠입하여 공산당 무리들에게 돈을 뿌려 소위 국민대
표대회國民代表大會[59]를 소집하였다.

  당시 한인공산당은 세 파로 분립하였으니, 상해에서 설립한 것은 상해파로
그 우두머리는 이동휘이며, 이르쿠츠크파[60]는 그 우두머리가 안병찬安秉瓚[61]·
여운형呂運亨 등이고, 일본에서 공부하던 유학생들로 일본에서 조직된 엠엘

---

59 1923년 1월 3일 중국 상해에서 열린 한국 독립운동 계파 간의 회의. 국민대표회의라고
    도 한다. 대한민국임시정부의 진로와 독립운동 방안에 대해 논의하고자 국내와 상해,
    만주, 북경, 간도, 러시아, 미주 등지에서 120개 단체의 대표 120여 명이 모여 63일에
    걸쳐 진행되었다. 그러나 계파 간의 의견 불일치로 주요 안건을 처리하지 못하고 폐회
    되었다.
60 이르쿠츠크Irkutsk는 러시아 동남쪽에 있는 상공업도시로, 제정러시아 때 시베리아 총
    독부가 있던 곳이다. 이곳에서 1919년에 김철훈金哲勳 등이 한인공산당(뒤의 고려공산
    당)을 조직하였다.
61 일제강점기의 독립운동가(1854~1921). 충남 청양 출생으로 을사늑약이 체결되자 의병
    을 일으켰다가 투옥되었다. 3·1운동 후 만주로 망명하여 고려공산당 중앙위원으로 활
    약하였다.

파ML派[62]는 일본인 후쿠모토福本和夫[63]와 김준연金俊淵[64] 등을 우두머리로 한 것인데, 상해에서는 세력이 미약했으나 만주에서는 맹렬한 활동을 하였다. 또 있을 것은 다 있어서, 이을규李乙奎[65]·이정규李丁奎 형제와 유자명柳子明[66] 등은 무정부주의無政府主義[67]를 신봉하여 상해·천진 등지에서 활동이 맹렬하였다.

상해에서 개최한 국민대표대회는 잡종회雜種會라고 해야 옳으니, 일본·조선·중국·아라사 등 각지 한인 단체의 대표라는 형형색색의 명칭으로 200여 명의 대표가 모였다. 그중 이르쿠츠크[68]와 상해 두 파 공산당은 서로 경쟁적으로 민족주의자 대표들을 분열시켜 양파 공산당이 나뉘었다 합쳐졌다 하였는데, 이르쿠츠크파는 창조創造, 상해파는 개조改造를 주장하였다. 이른바 창조는

---

62 마르크스Marx와 레닌Lenin의 앞 글자를 따서 이름 붙인 엠엘당ML黨을 말한다. 1926년 12월에 조직된 제3차 조선공산당으로, 경찰의 추적을 피하기 위하여 책임자를 수시로 바꾸며 활동하였으나, 1928년 2월 모두 검거되었다.

63 일본의 사회주의 사상가(1894~1983). 일본 최초의 공산주의 정당이 1922년에 결성되었으나 이듬해 제1차 공산당 검거로 해산되자 1926년부터 공산당 재건의 이론적 근거를 설파하여, 이후 일본 공산당이 합법적인 정당으로 되는 데 밑받침이 되었다.

64 일제강점기의 독립운동가이자 현대 정치가(1895~1971). 전남 영암 출생으로 엠엘당 ML黨 사건에 연루되어 옥고를 치르고, 1937년 『동아일보』 주필로 있다가 일장기말소 사건으로 사임하였다. 광복 후 법무부 장관과 국회의원 등을 역임하였다.

65 일제강점기의 독립운동가(?~?). 충남 논산 출신으로 3·1운동 직후 독립대동단에 가입하여 활동하다가 본부를 중국 상해로 이전하고 의친왕義親王을 상해로 탈출시키려다 실패하고, 옥고를 치렀다. 1924년 동생 이정규와 유자명 등 동지들과 재중국조선무정부주의자연맹을 결성하고 무정부운동을 벌였다.

66 일제강점기의 독립운동가(1894~1985). 본명은 유흥식柳興湜이다. 3·1운동 당시 중국으로 망명하여 상해 임시정부 임시의정원 충청도 대표의원으로 선출되었고, 의열단 義烈團에 가입하여 국내외 일본인과 친일파 처단에 많은 성과를 올렸다. 1927년에는 동방피압박민족연합회를 조직하여 일본에 대한 공동 투쟁을 기도하였고, 이우관李又觀 등과 무정부주의자연맹 상해부를 조직하여 활동하였다.

67 모든 정치 권력이나 공공적 강제의 필요성을 부정하고 개인의 자유를 최상의 가치로 내세우려는 사상. 아나키즘anarchism이라고도 한다.

68 친필본의 이시尼市는 이르쿠츠크Irkutsk의 음역어이다.

현재의 임시정부를 취소하고 새로 정부를 조직하자는 것이고 개조파는 현 정부의 개조를 주장하는 것으로, 끝내 합일되지 못하여 그 대회는 분열되었다. 창조파에서는 한국정부를 조직하였고, 그 정부 외무총장 김규식이 소위 한국정부를 끌고 블라디보스토크까지 가서 아라사에 선보였지만 아라사가 내버려 두고 상대하지 않으므로 계획대로 되지 않았다.

국민대표대회가 두 파 공산당이 서로 투쟁하여 순진한 독립운동가들까지도 두 파 공산당으로 인해 나누어져 창조니 개조니 하고 전체가 요란해지므로, 나는 당시 내무총장의 직권으로 국민대표대회 해산령을 내렸다. 그래서 시국은 안정되었고, 정부의 공금 횡령범인 김립은 오면직吳冕稙,[69] 노종균盧鍾均[70] 등 청년에게 총살당하니 인심은 통쾌하다고들 하였다.

임시정부에서는 한형권을 아라사 대표직에서 파면하고 안공근을 아라사 대표로 보냈으나 별 효과가 없었다. 아라사와의 외교 관계는 이로부터 단절되었다.

상해에서는 공산당들의 운동이, 국민대회에서의 실패 후에도 통일이라는 미명으로 끊임없이 민족운동가들을 종용하였다. 공산당 청년들은 여전히 두 파

---

69   일제강점기의 독립운동가(1894~1938). 황해도 안악 출생으로 평양 대성학교를 중퇴하고, 노종균盧鍾均 등과 『조선일보』와 『동아일보』의 안악지국 기자로 일하다가 중국 상해로 망명하여 김구를 만나 독립운동에 전념하였다. 1922년 임시정부 비서장 김립金立이 러시아로부터 받은 독립운동 자금 40만 루블을 횡령하자 노종균과 함께 그를 사살하였다. 이후 1935년에 맹혈단猛血團을 조직하여 상해 일본 총영사를 살해하려다 미수에 그치고 체포되어 해주감옥에서 사형당하였다.

70   일제강점기의 독립운동가(1894~1939). 김동우金東宇라는 이름도 사용하였다. 황해도 안악 출생으로 오면직吳冕稙 등과 『조선일보』와 『동아일보』의 안악지국 기자로 일하다가 1921년 중국 상해로 망명하여 김구 휘하에서 독립운동에 참여하였다. 1922년 임시정부 비서장 김립金立이 러시아로부터 받은 독립운동 자금 40만 루블을 횡령하자 오면직과 함께 그를 사살하였다. 이후 1930년 5월 5일 창설된 대한교민회에 들어가 1938년에는 의경대장義警隊長으로 활동하고 맹혈단猛血團에 가입하여 독립운동에 힘썼다. 1939년 친일파인 조선인민회장 이갑녕李甲寧을 살해하려다 미수에 그치고 체포되어 해주감옥에서 옥사하였다. 친필본의 한자 '盧宗均'은 오기이다.

로 나누어져 동일한 목적, 동일한 명칭의 재중국청년동맹과 주중국청년동맹[71] 을 결성하여 각기 상해 우리 청년들을 다투어 빼앗아 가며 처음 주장 그대로 "독립운동을 공산운동화하자."고 외쳤다. 그러다가 레닌의 공산당 사람들이 드러내고,

   "식민지운동은, 국권 회복 운동이 사회주의운동보다 먼저다."

라는 말을 하자 어제까지 민족운동 즉 국권 회복 운동을 비난, 조소하던 공산 당원들이 갑자기 변하여 독립운동과 민족운동을 공산당의 기본 방침으로 주창하였고, 이에 민족주의자들은 자연 찬동하여 유일독립당촉성회唯一獨立黨促成會[72]를 성립시켰다. 그러나 내부에서는 여전히 두 파 공산당의 권리 쟁탈전이 음으로 양으로 대립되어 한 걸음도 나아가기 어려우므로 민족운동자들도 차차 깨닫게 되어 공산당 속임수에 응하지 않자, 공산당의 음모로 촉성회는 해산되었다

   그 후에 한국독립당이 조직되었는데,[73] 순전한 민족주의자 이동녕·안창호·조완구趙琬九·이유필李裕弼·차이석車利錫·김붕준金朋濬·김구·송병조宋秉祚 등 주요 인물로 창립되었으니, 이로부터 민족운동가와 공산운동가가 조직을 따로 갖게 되었다. 공산당들은 상해 민족운동가들이 자기 수단에 농락되지 않음을 깨닫고, 남북 만주로 진출해서는 상해에서의 활동보다 열 배, 백 배더 맹렬히 활동하였다. 이상룡李相龍[74]의 자손은 살부회殺父會[75]까지 조직했는

---

71 정식 명칭은 재중국한인청년동맹在中國韓人靑年同盟과 주중국한인청년동맹住中國韓人靑年同盟으로 모두 상해에 지부를 둔 독립운동 단체이다.

72 정식 명칭은 한국유일독립당상해촉성회韓國唯一獨立黨上海促成會이다. 1926년 7월 임시정부의 존립과 통일을 목적으로 상해에서 개최되었다.

73 1930년 1월의 일이다.

74 일제강점기의 독립운동가(1858~1932). 경북 안동 출신으로 1910년 국권을 빼앗기자 이듬해 만주로 망명하여 집필에 힘썼다. 1919년 3·1운동 후 신흥무관학교에서 독립운동 간부를 양성하였고, 1925년 상해 임시정부 국무령이 되었으나 여의치 않자 곧 사임하고 서간도로 돌아가 활동하다가 길림성에서 병사하였다.

데, 살부회에서도 체면을 보았는지 회원이 직접 자기 손으로 아비를 죽이는 것이 아니라, 너는 내 아비를 죽이고 나는 네 아비를 죽이는 것이 규칙이라고 한다.

남북 만주의 독립운동 단결체인 정의부正義部·신민부新民部·참의부參議部[76] 외에 남로군정서南路軍政署·북로군정서北路軍政署[77] 등 각 기관에 공산당이 침입하여 각 기관을 여지없이 깨뜨려 부수고 인명을 살해하니, 백광운白狂雲·정일우鄭一雨·김좌진·김규식金奎植[78] 등 우리 독립운동계에 없어서는 안 될 용장勇將들을 다 잃었고, 그로 인하여 국내외 동포들의 독립사상이 날로 줄어들었다.

그런데 재앙은 홀로 오지 않는다고, 동삼성의 왕이라 할 장작림張作霖[79]과 일본의 협정이 성립되어 독립운동을 하는 한인은 잡히는 대로 왜에게 인도하고, 심지어 중국 백성들은 한인 한 명의 머리를 베어 가지고 왜놈 영사관에 가서 몇십 원 또는 심지어 3, 4원씩 받고 팔았다. 어찌 중국 백성뿐이랴? 그곳의 우리 한인들도 처음에는 아무리 중국 경내에 거주하고 있지만 집집마다 매년 우리 독립운동 기관인 정의부나 신민부에 납세를 정성껏 부지런히 하던 순한

---

75 '아버지를 살해하는 모임'이라는 뜻. 공산주의자들이 이념이 다르면 아버지라도 처단한다는 의지로 만든 단체이다.

76 1920년대 중국에서 조직된 항일 독립운동 단체들로, 정의부는 1924년 만주에서, 신민부는 1925년 만주에서, 참의부는 대한민국임시정부 직할 군단으로 각각 조직되었다.

77 남로군정서와 북로군정서 외에 서로군정서西路軍政署가 있었다. '군정서'는 항일 독립운동과 관련된 군정 업무를 담당하던 부서이다.

78 대한제국 때의 장교(1880~1931). 상해 임시정부의 외무총장을 지낸 김규식(1881~1950)과 동명이인이다. 경기도 양주 출생으로 1907년 군대가 해산되자 의병 활동을 하다가 일본 경찰에 체포되어 옥고를 치렀다. 이후 만주로 망명해 1920년 청산리대첩에 참가하여 공을 세운 후 교육 활동에 힘쓰다가 공산주의자에게 암살당하였다.

79 중국의 군인(1873~1928). 요령성 출신으로 일찍이 동삼성 총독 아래 들어가 활약하다가 1919년부터 실권을 장악하고 그 일대를 지배하였다. 1926년에는 일본의 지원을 받으며 북경까지 진출하여 북벌군에 대항하였으나 패배하고, 열차로 후퇴하던 중 열차가 폭발되어 사망하였다.

백성들이었는데, 우리 무장 대오에게 위세와 침탈을 당하고부터 점차 마음이 돌아섰다. 그래서 독립군이 자기 집, 자기 동네에 오면 비밀히 왜놈에게 고발하는 악풍이 생겼으며, 독립운동가들도 점차 왜에게 투항하는 분위기도 일어났다. 그러고 보니 동삼성의 독립운동 근거가 자연 박약해졌고, 그러자 왜놈의 품속에서 만주제국滿洲帝國[80]이 탄생되니 만주는 '제2의 조선'이 되어 버렸다. 이 얼마나 괴롭고 아픈 일인가.

　　동삼성의 정의·신민·참의 3부와 임시정부의 관계는 어떠하였던가. 임시정부가 처음 조직될 때는 최고 기관으로 인정하여 추대하였으나, 나중에는 점점 할거하여 군정軍政과 민정民政을 3부에서도 합작하지 않고 세력을 서로 다투어 피차 전쟁까지 하였다. "스스로 업신여긴 후에야 다른 사람이 업신여긴다."[81]라 함이 이를 가리킨 교훈이었다.

　　정세로 말하면, 동삼성 방면의 우리 독립군은 벌써 그림자마저 없어졌을 터이지만, 오늘날까지 30여 년 동안(독립선언을 하기 근 10년 전 신흥학교 시대부터 무장 부대가 있었다) 오히려 김일택金一擇[82] 등 무장 부대가 여전히 산악 지대에 의지하여 압록강과 두만강을 건너 왜병과 전쟁하였고, 중국 의용군과도 연합 작전을 하고 아라사의 후원도 받아서 현상을 유지하는 정세였다. 다만 관내 임시정부 쪽과의 연락은 극히 곤란하게 되었다.

　　종전의 통의統義[83]·신민·참의 3부 중 참의부가 임시정부를 처음부터 끝까

80　1932년 일본이 중국 동북부 및 내몽고 지방에 세웠던 괴뢰 국가. 청나라 마지막 황제 부의傅儀를 맞아들이고 장춘長春을 수도로 하여 세웠다. 일본의 군사기지로서 관동군이 통치하였으나 1945년 제2차세계대전에서 일본이 패배하자 소멸되었다.

81　"스스로 자신을 업신여긴 후에야 다른 사람이 그를 업신여긴다."라는 맹자孟子의 말로, 원문은 '夫人必自侮然後 人侮之'이다. 뒤이어 '國必自伐而後 人伐之'(나라는 스스로 해친 후에야 다른 사람이 이를 정벌한다)라는 구절이 나온다.

82　'擇' 자를 '聲' 또는 '靜'으로 보는 견해도 있으나, 글자체로 보아 무리이다.(양윤모 옮김, 『초판본 백범일지』, 414쪽 참조.)

83　1922년에 만주에서 조직된 독립운동 단체로, 1924년 정의부로 통합되었다.

지 옹립, 추대하다가 최후에 3부가 통일하여 정의부로 되었는데, 자기들끼리 서로 짓밟다가 끝장나는 데는 공산당과 민족당의 충돌이 중요 원인이었다. 그리하여 공산당이나 민족당의 말로는 같은 운명으로 귀결되었다.

이봉창·윤봉길 의거

임시정부 국무령에 취임

상해 정세도 대체로 두 세력 모두 패하여 없어졌지만, 임시정부와 한국독립당으로 민족진선民族陣線의 잔해만은 남았다. 그러나 임시정부는 인재난도 경제난도 극심했고, 정부 제도도 대통령 이승만이 바뀌어 박은식朴殷植[84]이 취임하면서 대통령 제도를 국무령 제도로 바꾸었다. 이상룡李相龍이 제1대 국무령 취임차 서간도에서 상해로 와서 인재를 뽑다가 입각 지원자가 없으니 도로 간도로 돌아가고, 그다음에 홍면희洪冕熹[85]를 뽑으니 진강鎭江에서 상해로 와서 취임 후 조각組閣에 착수하였는데, 역시 응하는 인물이 없어서 실패하였다.

---

84 일제강점기의 독립운동가(1859~1925). 황해도 황주 출생으로 국권을 빼앗기자 1911년 만주로 망명하여 우리나라 역사를 집필하는 데 힘썼으며, 1919년 상해로 가서 임시정부 기관지 『독립신문』의 주필과 사장으로 있으면서 독립사상을 고취하였다. 1925년 임시정부의 대통령에 선임되어 국무령을 중심으로 한 내각책임제 헌법을 채택하고 스스로 자리에서 물러났다. 저서에 『한국통사韓國痛史』·『독립운동지혈사獨立運動之血史』 등이 있다.

85 일제강점기의 독립운동가(1877~1946). 뒤에 홍진洪震으로 이름을 바꾸었다. 충북 영동 출생으로, 1919년 3·1운동 후 중국 상해로 망명하여 임시정부 의정원 의장과 국무령을 지냈다. 1930년 한국독립당 결성에 참여하였으며, 1940년에는 한국광복군 창설에 공헌하였다.

박은식.　　　　　　　이상룡.　　　　　　　홍면희.

그러니 임시정부는 마침내 무정부 상태에 빠졌고, 의정원에서 일대 문제가 되었다. 의장 이동녕 선생이 나에게 와서 국무령으로 조각하라고 강권하기에 나는 사양하였다. 의장은 다시 강권하였는데, 나는 두 가지 이유로 고사하였다.

"첫째, 나는 해주 서촌 김 존위의 아들로, 정부가 아무리 규모가 줄어든 시기일지라도 내가 일국의 원수元首가 되는 것은 국가와 민족의 위신에 큰 관계가 되니 불가하고, 둘째, 이상룡·홍면희 두 분도 응하는 인재가 없어서 실패하였는데 나는 더욱 응할 인물이 없을 테니 불가합니다."

이상의 두 가지 이유로 명령을 따르지 못하겠다는 뜻을 분명히 말하니, 이씨는 말하기를,

"첫째는 이유 될 것도 없고, 둘째는 백범만 나오면 지원자들이 있을 것이오. 쾌히 응낙하면 의정원에 수속을 거칠 것이니 조각하여 무정부 상태를 면케 하시오."

라고 권고한다. 이에 응해 국무령으로 취임하여 조각하니 윤기섭·오영선·김갑·김철·이규홍 등이었다. 또한 조각의 곤란이 심함을 절감하여 국무령제를 개정하여 위원제로 의정원에서 통과시켰다. 국무회의 주석主席이라는 명색이 있으나 개회 때 주가 되는 자리, 즉 주석에 앉을 뿐으로 각 위원이 순번을 따라

윤기섭.

오영선.

김갑.

바뀌는 평등한 권리였다. 이로부터 정부의 분규는 그치게 되었지만, 경제적으로는 정부의 명의라도 유지할 길이 막연하였다.

청사 가옥 집세가 30원을 넘지 않았고 고용인 월급이 20원 미만이었으나 집세 문제로 집주인의 소송을 종종 당하였다. 그리고 다른 위원들은 거의 식구가 있으나, 나는 민국 6년에 상처하고 7년에 모친께서 신信이 아이를 데리고 고국으로 돌아가시고 상해에서 나 혼자 인仁이 아이를 데리고 지내다가 모친의 명령에 따라 인이까지 본국으로 보냈다. 그러니 그림자밖에는 함께할 이 없는 외로운 신세로, 잠은 정부 청사에서 자고 식사는 직업을 가진 동포들(전차공사電車公司와 공공기차공사公共汽車公司[86] 검표원이 60~70명이었다)의 집에 다니며 걸식하고 지내니 거지치고도 상거지였다. 나의 처지를 알기 때문에 누구든 차래식嗟來食[87]으로 푸대접하는 동포는 없었고, 조봉길曺奉吉·이춘태李春泰·나우·진희창秦熙昌·김의한 등은 친절한 동지들이니 더 할 말이 없고, 그 밖의 다른 동포들도 동정적으로 대접해 주었다.

---

86   현재의 버스 회사이다. '공공기차'는 중국어로 대중교통 수단인 버스를 말한다.
87   '차래지식嗟來之食'의 준말로 "자, 와서 먹어라." 하고 상대방을 업신여겨 무례한 태도로 주는 음식을 뜻한다. 『예기禮記』 「단궁편檀弓篇」에 나온다.

엄항섭嚴恒燮[88] 군은 뜻있는 청년으로, 지강대학之江大學을 마친 후에 자신의 생활을 위해서가 아니라 석오石吾 이동녕 선생이나 나 같은, 입고 먹는 일을 해결 못 하는 독립운동가들을 구제하기 위하여 불란서 공부국에 취직하였다. 그는 월급을 받아 우리의 음식을 제공하는 것 외에 왜倭 영사가 우리를 교섭, 체포하려는 사건을 알아내 피하게 하고, 우리 동포 중에 범죄자가 있을 때 편리를 도모하기 위한 두 가지 목적을 가지고 취직한 것이었다. 엄 군의 첫 번째 아내 임 씨는 구식 부인으로, 내가 그 집에

엄항섭.

갔다가 나올 때는 문밖에 나와 배웅하면서 아기 한 명도 못 낳은 아가씨이면서 은돈을 한두 개씩 나의 손에다 쥐여 주며,

"애기(인이 아이) 사탕이나 사 주셔요."

하였으니, 그것은 자기 남편이 존경하는 늙은이여서 친절히 대접한 것이었다. 그녀는 초산初産에 딸 하나를 낳고 불행히 사망하여 노가만盧家灣 묘지에 묻혔다. 나는 그이의 무덤을 볼 적마다 '엄 군이 능력이 부족하다면, 나라도 능력이 생기면 기념 묘비나 세우리라.' 하고 유념하고 있었는데, 마침내 상해를 탈출할 때 나는 그만한 능력은 넉넉하였지만 환경이 열악하여 그만한 것도 여의치 않게 되어, 이 글을 쓰는 오늘도 노가만 공부국 공동묘지의 임 씨 무덤이 눈에 어른거린다.

---

88 일제강점기의 독립운동가(1898~1962). 서울 출생으로 3·1운동에 참여한 후 중국으로 건너가 대학을 졸업하고 1932년 상해 임시정부 의정원 의원으로 있으면서 백범을 보좌하며 한국독립당 선전부장을 지냈다. 이후 1949년 백범이 피살될 때까지 측근으로 있다가 6·25전쟁 때 납북되어 그곳에서 사망하였다.

당시 나의 중요한 임무가 무엇이었던가를 돌이켜 생각해 보려면, 다시 그때 환경이 어떠했는지를 말해야 할 것이다.

민국 원년에서 3~4년을 지내고 보니, 당시에는 열렬하던 독립운동가들이 한 사람씩 두 사람씩 왜놈에게 투항해 귀국하는 자가 생기니, 임시정부 군무차장 김희선과 독립신문사 주필 이광수, 의정원 부의장 정인과 등을 비롯하여 점점 그 수가 증가하였다. 다른 한편으로는 정부에서 밀파해 귀국하는 자도 있었다. 정치로 연통제聯通制[89]를 실시하여 비밀 조직으로 경성에 총판부總辦部를 두고, 13개 도에 독판督辦을 두고, 각 군에 군감郡監, 각 면에 면감面監을 두었는데, 이상의 각 주무 장관들을 임시정부에서 임명하여 이면으로는 전국을 통치한 것이었다. 인민들이 비밀 납세도 성심껏 하여 상해 임시정부의 위신이 볼만하게 떨쳐 일어났다.

그러나 함경남도부터 연통제가 왜에게 발각되자 각 도가 파괴되었으니, 비밀 임무를 가지고 갔다가 체포된 자가 부지기수였고, 처음에는 열성으로 큰 뜻을 품고 상해에 온 청년들도 점점 경제난으로 취직하거나 행상을 하게 되어, 상해의 우리 독립운동가가 천여 명이던 것이 차차 그 수가 줄어 수십 명에 불과하게 되었으니, 최고 기관인 임시정부의 현 상태를 족히 짐작할 수 있겠다. 나는 최초에는 정부 문지기를 원하였으나 마침내는 노동총판勞動總辦[90]으로, 내무총장內務總長으로, 국무령國務領으로, 위원委員으로, 주석主席[91]으로 중대한

---

89 1919년 7월 10일부터 대한민국임시정부에서 실시한 국내와의 비밀 연락망 조직. 임시정부는 입법부인 임시의정원, 행정부인 국무원, 사법부인 법원으로 조직되어 있었는데, 연통제는 국무원 내무부 산하 기관으로 당시 내무총장이었던 안창호安昌浩가 주도하여 시행하였다. 국내의 조직은 각 도道와 군郡, 면面에 책임자를 두고, 국외에는 민간 단체를 통하여 정부의 명령을 전달하고 연락 사무를 처리하게 하였다. 이 제도는 전국적인 조직을 목표로 하였으나 일제의 감시를 피하여 조직하고 활동했기 때문에 서울을 비롯하여 황해도·평안남북도·함경남북도는 잘 진행되는 편이었으나 강원도·경상남북도·전라남북도는 조직이 불가능하였고, 1921년 후반기에 들어서는 일제의 감시와 탄압이 심하여 소멸되고 말았다.

90 노동 관계 업무를 주관하는 직책으로, 1923년 내무총장을 지내면서 겸임하였다.

임무는 거의 모두 역임하였는데, 이는 문지기 자격이 진보된 것이 아니라 임시정부의 인재난과 경제난이 극도에 달하여, 마치 명예가 쟁쟁하던 집안이 몰락하여 고대광실高臺廣室이 걸인의 소굴이 된 것과 흡사했다.

그해에 이 대통령이 취임하여 일하기 시작할 석에는 중국 인사는 물론이고 깊숙한 눈과 높직한 코를 가진 영국·불란서·미국 친구들도 더러 방문하던 임시정부에, 서양인이라고는 불란서 공부국 경찰이 왜놈을 거느리고 사람을 잡으러 오거나 세금 독촉이나 오는 외에는, 서양인들 속에서 살지만 서양인 친구는 한 명도 찾아오는 자가 없었다. 그렇지만 매년 크리스마스에는, 어떠한 곤란함 속에 있더라도 적어도 몇백 원어치의 물품을 사서 불란서 영사와 공부국, 그리고 종전의 서양인 친구들에게 연중행사로 14년 동안 보냈으니, 이는 우리 임시정부의 존재를 그들에게 인식시키는 방법에 불과하였다.

당시 내가 한 가지 연구하여 실행한 일종의 사무가 있었으니, 곧 편지 정책이었다. 사방을 돌아보아도 정부 사업의 발전은 고사하고 명의라도 보전할 도리가 없었는데, 임시정부가 해외에 있느니만큼 해외 교포를 믿고 의지할 수밖에 없었다. 교포는 동삼성東三省이 1위로 250여만 명이 있으나 본국과 같이 되었고, 아라사령이 2위로 150여만 명이지만 공산국가라 민족운동을 금지하니 그곳 동포들에게 부탁하기는 불가능하고, 3위 일본에 40만~50만 명이 거주하지만 부탁할 것 없고, 미국·멕시코·쿠바가 4위로 1만여 명인데 그들 대다수가 노동자이지만 그곳에서 서재필徐載弼[92] 박사와 이승만 박사, 안창호·박용만

---

91 국가 원수로서 행정 전반을 관리하는 권한을 행사하였다. 1940년 10월 9일 개정된 헌법에 의하여 실시되었으며, 1944년 4월 22일 개헌 때는 더욱 많은 권한을 부여하는 개헌을 하여 전권을 부여해 강력한 대일본 항전을 지휘하였다.

92 일제강점기의 독립운동가·언론인(1864~1951). 전남 보성 출신으로 1884년(고종 21) 갑신정변에 참여하였다가 실패로 돌아가자 일본과 미국에서 망명 생활을 하다가 귀국하여 1896년 독립협회를 조직하고 우리나라 최초의 한글 신문인 『독립신문』을 창간하였다. 중국에 상해 임시정부가 수립되자 구미위원회歐美委員會 위원장 자격으로 미국에서 언론을 통해 독립운동에 힘썼다. 광복 후 미군정의 초청으로 귀국하여 정부 수립

朴容萬[93] 등의 가르침을 받아 애국심이 극히 풍부하니, 그곳 동포들에게 사정을 통하여 정부에 성금을 보내게 할 계획을 정하였다. 그러나 나는 영문을 몰라 겉봉도 쓸 수 없고 동포들 중에 몇 명의 친지가 있으나 주소도 알 수 없으므로, 엄항섭·안공근 두 사람의 조력으로 그곳 몇 사람의 주소와 성명을 알아내서, 임시정부의 현 상태를 극진히 설명하고 동정을 구하는 편지를 써서 엄 군이나 안 군에게 겉봉을 쓰게 해서 우송하는 것이 유일한 사무였다.

수신인이 없어 반환도 되지만 대개는 회답하는 동포들이 점증하였다. 그 중에 시카고의 김경金慶 같은 이는 집세를 내지 못하여 정부의 문을 닫게 되었다는 보도를 보고 즉시 공동회共同會를 소집하여 미화로 200여 원을 모금하여 보낸 일도 있었는데, 김경 씨 역시 만난 적 없는 모르는 사람이지만 애국심으로 이와 같은 의로운 일을 한 것이다.

미국·하와이·멕시코·쿠바 동포들이 이 같은 애국심이 있었는데 어찌하여 지금껏 정부에 성금 보내는 정성이 소홀하였던가. 다름이 아니라, 정부에서 1년에도 몇 차례씩 각료들을 바꾸고 헌법도 자주 변경함에 따라 정부의 위신이 추락된 것이 원인이었고, 또는 정부 사정을 자주 알리지도 않아서 동포들이 정부를 불신임하였던 것이다. 그러다가 나의 통신이 진실성이 있으므로 점차 믿음이 생기기 시작하여 하와이의 안창호安昌鎬,[94] 카우아이[95]의 현순玄楯·김상호金商鎬·이홍기李鴻基·임성우林成雨·박종수朴鍾秀·문인화文寅華·조병요趙炳堯·김현구金鉉九·안원규安源奎·황인환黃仁煥·김윤배金潤培·박신애朴信愛·

에 참여하고, 미군정이 끝나자 다시 미국으로 건너가 일생을 마쳤다.

93 일제강점기의 독립운동가(1881~1928). 강원도 철원 출신으로 1904년 미국으로 건너가 고등학교와 대학을 졸업하고, 1909년 한인소년병학교를 설립하여 독립운동과 인재 양성에 힘썼다. 1919년에는 중국으로 건너가 상해 임시정부의 외무총장으로 활약하였고, 북경에서 군사통일회의를 창설하는 등 독립운동에 매진하였으나 반대파에게 암살 당하였다.

94 도산 안창호安昌浩와는 다른 인물이다.

95 카우아이Kauai는 하와이 열도의 서북쪽에 위치한 섬이다.

심영신沈永信 등 여러 사람이 나와서 정부에 정성을 보내기 시작하였다.

또한 샌프란시스코의 『신한민보新韓民報』[96] 쪽도 점차 정부에 마음을 기울이기 시작하여 김호金乎·이종소李鍾昭·홍언洪焉·한시대韓始大·송종익宋宗翊·최진하崔鎭河·송헌주宋憲澍·백일규白一圭 등 여러 분들이, 그리고 멕시코의 김기창金基昶·이종오李鍾旿, 쿠바의 임천택林千澤·박창운朴昌雲 등 여러 분이 임시정부를 후원하였으며, 동지회同志會 쪽에서는 이승만 박사를 필두로 하여 이원순李元淳·손덕인孫德仁·안현경安賢卿 등 여러 분이 정부 응원에 참가하였으니, 미국·하와이·멕시코·쿠바의 한인 교포는 전부가 정부의 유지, 발전에 공동 책임을 지게 되었다.

하와이의 안창호·임성우 등 여러 분이 편지로 묻기를,

> 당신이 정부를 지키고 있는 것은 감사하나, 당신 생각에 무슨 사업을 하여 우리 민족에게 큰 생색 될 것을 하고 싶은데 거기에 쓸 금전이 문제된다면 주선하겠습니다.

라고 하였다. 나는 회답하기를,

> 무슨 사업을 하겠다고 말할 필요는 없으나 간절히 하고 싶은 일이 있으니, 조용히 돈을 모아 두었다가 보내라는 통지가 있을 때에 보내십시오.

라고 회답하였더니, '그리하마'는 승낙이 있었다.

나는 그때부터 '민족에게 생색 될 일이 무엇이며, 내가 그런 일을 할 수 있을까'를 연구하였다.

---

96 1909년 미국 샌프란시스코의 교민 단체인 국민회의 기관지로 창간된 신문. 국권 회복 운동과 관련된 기사와 논설을 중심으로 본국의 소식과 재외 동포의 동정을 전하고 일본의 침략 정책을 비판하는 기사를 많이 실었다.

이봉창 의사의 동경 의거

내가 재무부장으로서 민단장民團長[97]을 겸임하던 때였다. 하루는 중년 동포 한 사람이 민단을 찾아왔다.

"일본에서 노동을 하다가 독립운동이 하고 싶어서, 상해에 가정부假政府(일본인들이 지칭하기를)가 있다기에 며칠 전에 상해에 와서 다니다가 전차 검표원에게 물었더니 보경리 4호로 가라 하기에 찾아왔습니다."

본래 경성의 용산에서 살아왔고 성명은 이봉창李奉昌이라 한다.

"상해에 독립 정부가 있으나 아직 운동가들을 입히고 먹일 역량이 없습니다. 가지고 있는 금전이 있습니까?"

하니 이 씨는 말하기를,

"지금 가진 돈은, 여비 하고 남은 것이 불과 10여 원입니다."

한다.

"그러면 생활 문제를 어찌할 방법이 있소?"

하니 이 씨는 말하기를,

"그런 것은 근심이 없습니다. 나는 철공장에서 일을 할 수 있는데, 노동을 하면서는 독립운동을 못 합니까?"

한다. 나는,

"하루 해가 다 저물었으니, 오늘은 근처 여관에서 묵고 내일 다시 이야기합시다."

하고, 민단 사무원 김동우金東宇[98]더러 여관을 잡아 주라고 하였는데, 언어가 절반은 일본어이고 행동이 일본인과 흡사하니 특별히 조사할 필요가 있었다.

며칠 후 그는 술과 국수를 사다가 민단 주방에서 민단 직원들과 같이 먹고

---

97 민단 즉 거류민단居留民團의 대표자. 거류민단은 남의 나라 영토에 머물러 사는 동포끼리 조직한 자치단체를 가리킨다. 김구는 1929년 8월에 민단장에 선출되었다.

98 독립운동가 노종균盧鍾均의 이명異名이다.

있었다. 술이 반쯤 취하여 민단 직원들
과 술김에 하는 말소리가 문밖으로 흘러
나와 들어 보니 이 씨가 이런 말을 한다.

"당신들, 독립운동을 한다면서 일본
천황을 왜 못 죽입니까?"

민단원들이 대답하기를,

"일개 문관이나 무관도 쉽게 죽이지
못하는데 천황을 죽이기가 쉽겠소?"
하니 이 씨가 말하기를,

"내가 지난해에 동경에서 천황이 능
행陵幸[99]한다고 행인들에게 엎드리라고

이봉창.

하기에 엎드려서 생각하기를 '내게 지금 폭탄이 있다면 쉽지 않겠는가.' 하였
습니다."
한다. 나는 젊은이들이 술 마시는 주방에서 흘러나오는 이 씨의 말을 유심히
듣고 저녁 시간에 이 씨의 여관을 조용히 방문하였다. 이 씨와 속마음을 털어
놓고 마음속에 있는 바를 다 말하였다. 이 씨는 과연 의기남자義氣男子로, 일본
에서 상해로 건너올 때 살신성인할 큰 결심을 가슴에 품고 임시정부를 찾아온
것이었다. 이 씨는 이런 말을 한다.

"제 나이 31세입니다. 이 앞으로 다시 31세를 더 산다 하여도 과거 반생半生
의 생활에서 방랑 생활을 맛본 것에 비한다면 늙은 생활이 무슨 재미가 있겠습
니까? 인생의 목적이 쾌락이라 하면, 31년 동안 육신으로는 인생 쾌락을 대강
맛보았으니 이제는 영원 쾌락을 꾀하기 위하여 우리 독립 사업에 헌신할 목적
으로 상해로 왔습니다."

나는 이 씨의 위대한 인생관을 보고 감격의 눈물이 눈에 가득 참을 금치

---

99 임금이 능에 친히 가는 일. 친필본의 한자 '陵行'은 오기이다.

못하였다. 이봉창 선생은 공경하는 의지로 나랏일에 헌신할 수 있도록 지도를 청한다. 나는 기꺼이 승낙하였다.

"1년 이내에 그대의 행동에 대한 준비를 할 텐데, 지금 우리 정부는 경비가 군색하여 그대가 살아갈 방도를 마련해 주기가 불가능하고, 장래 행동을 위해서는 그대가 우리 기관 가까이에 있는 것이 불편하니, 어떻게 하면 좋겠소?"

하니 이 씨는 말하기를,

"그러시다면 더욱 좋습니다. 이 아우는 어릴 적부터 일본말에 익숙하였고, 일본서 지낼 때 일본인의 양자가 되어 성명을 기노시타 쇼조木下昌藏라고 행세하였습니다. 이번에 상해 오는 도중에도 이봉창이라는 본성명을 쓰지 않았으니 이 아우는 일본인으로 행세하겠으며, 준비하실 동안 이 아우는 철공 일을할 줄 아니까 일본인의 철공장에 취직하면 많은 봉급을 받을 수 있습니다."

한다. 나는 대찬성하고,

"우리 기관이나 우리 사람들과의 왕래와 교제를 빈번히 하지 말고, 순전히 일본인으로 행세하고 매월 한 차례씩 밤중에 와서 보시오."

라고 주의시키자, 그는 홍구로 출발하였다. 며칠 후에 와서 고하기를, 일본인 철공장에 매월 80원 월급으로 취직하였다고 한다. 그 후부터는 종종 민단 사무실에 술과 고기와 국수를 사 가지고 와서 민단 직원들과 술을 마셨고, 취하면 일본 노래를 유창하게 하며 호방하게 놀므로 별명을 '일본 영감'이라 하였다. 또 어느 날은 일본인 행색으로 하오리[100]에 게다[101]를 신고 정부 청사 문을 들어서다가 중국 하인에게 쫓겨난 일도 있었다.

그리하여 이동녕 선생과 다른 국무원들에게서,

"한국인인지 일본인인지 판단하기 어려운 혐의 인물을 정부 청사에 출입시키는 것은 직분에 소홀한 것입니다."

---

100 일본어 はおり로 "일본 옷의 위에 입는 짧은 겉옷"을 뜻한다.
101 일본어 げた로 "일본 사람들이 신는 나막신"을 뜻한다.

라는 꾸지람이 있는 데 대하여는,

"조사, 연구하는 사건이 있습니다."

라고 말을 하니, 강경하게 잘하라고 책망하지는 못하지만 여러 동지들이 불쾌한 생각을 하는 것은 마찬가지였다.

시간은 그럭저럭 1년이 가까워 왔다. 미국과 하와이에의 통신은 아직 항공이 통하지 못하는 때라 왕복에 거의 2개월이 걸리는 때였다. 하와이에서 명목으로 정한 금액 몇백 원이 미국 돈으로 왔다. 나는 그 돈을 받아서 거지 차림의 옷 주머니에 감추어 두고 걸식 생활을 그대로 계속했으므로, 나의 남루한 옷 속에 1천여 원의 금전이 있을 것은 나 한 사람 외에는 아는 사람이 없었다.

그해[102] 12월 중순이었다. 나는 이봉창 선생을 비밀히 불러서 조계의 중흥여관中興旅館으로 오게 하여 함께 자면서 일본행에 대한 제반 문제를 상의하였다. 나는 금전을 준비하는 외에 폭탄도 준비하였다. 왕웅王雄[103]에게는 병공창兵工廠[104]에서, 김현金鉉에게는 하남성河南省의 유치劉峙에게서 한두 개의 수류탄을 얻어서 감추어 두었다. 수류탄은 두 개를 휴대케 하였는데, 한 개는 일본 천황 폭살용, 한 개는 자살용으로 정하여 사용법을 가르쳐 주고, 만일 자살이 성공하지 못하여 체포되면 신문에 응할 말을 지시하였다. 그리고 이튿날 아침에 품속에서 지폐 한 뭉치를 꺼내어 주고, 일본행 준비를 다 해 놓고 다시 오라고 한 후 작별하였다.

이틀 후 다시 중흥여관에 와서 최후의 하룻밤을 같이 잘 때 이 씨는 이런 말을 하였다.

---

102 1931년이다.
103 일제강점기의 독립운동가이자 현대의 군인·정치가인 김홍일金弘壹(1898~1980)의 중국식 이름. 김홍일은 평북 용천 출신으로 중국 육군강무학교를 나와 항일 투쟁을 하였고, 광복군의 참모장을 지냈다. 광복 후에는 중국 대사와 외무부 장관, 그리고 신민당 당수를 지냈다.
104 병기나 함선 따위를 만들거나 수리하는 공장.

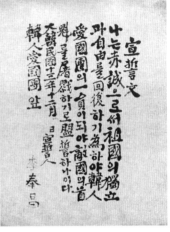

한인애국단 선서식 직후 태극기 앞에서 기념 촬영한 이봉창(왼쪽)과 그의 친필 선서문.

"그저께 선생께서 다 해진 옷 주머니 속에서 큰돈을 꺼내어 주시는 것을 제가 받아 가지고 갈 때 눈물이 나더이다. 왜 그런고 하니, 이 아우가 일전에 민단 사무실에 가 보니 직원들이 밥을 굶는 모양이기에 이 아우가 돈을 내어 국수를 사다가 같이 먹은 일이 있었는데, 전날 밤 같이 자면서 선생이 하시는 말씀은 일종의 훈화로 들었는데 작별하면서 생각도 못 한 돈뭉치를 주시니, 내가 이 돈을 가져가서 나대로 쓰면 선생은 불란서 조계에서 한 발짝도 밖으로 나오지 못하시니 돈을 찾으러 못 오실 테지요. 과연 영웅의 넓은 도량이로다! 나의 일생에 이런 신임을 받은 것은 선생에게서 처음이자 마지막입니다."

그길로 안공근의 집에 가서 선서식宣誓式을 행하고[105] 폭탄 두 개를 주고, 다시 300원을 주고,

"선생은 마지막 가시는 길이니 이 돈은 동경 가시기까지 다 쓰시고 동경 도착 즉시 전보하시면 다시 송금하오리다."

라고 하였다. 그리고 사진관으로 가서 기념사진을 찍을 때 나의 얼굴에 자연 처연한 기색이 있었던지 이 씨는 나에게 권한다.

"나는 영원한 쾌락을 누리고자 이 길을 떠나는 것이니 우리 두 사람이 기뻐하는 안색을 띠고 사진을 찍읍시다."

나 역시 미소를 띠고 사진을 찍었다.

자동차에 올라앉은 이봉창이 머리 숙여 최후의 경례를 하니 무정한 자동차는 한 가닥 경적警笛 소리를 내면서 홍구 방면을 향하여 질주해 버렸다. 10여 일 후에 동경에서 온 전보를 접하니,

1월 8일에 물품을 내다 팔겠다.

고 하였다. 200원을 마지막으로 부쳤더니 그 후 편지에,

돈을 미친 듯이 다 써 버려서 주인집 밥값까지 부채가 있었는데, 200원을 받으니 다 갚고도 돈이 남겠다.

고 하였다.

1년 전부터 우리 임시정부에서는 하도 독립운동계가 조용하므로 군사 공작을 못 한다면 테러 공작이라도 하는 것이 절대 필요하였다. 그때 왜놈은 중국과 한국 두 민족의 감정을 악화시키기 위하여 소위 만보산사건萬寶山事件[106]

---

105 1931년 12월 12일의 일로, 이때 백범은 한인애국단人愛國團이라는 특무대의 정식 명칭을 공식적으로 사용했다.
106 1931년 7월 2일 중국 길림성 장춘현 만보산 부근의 관개 수로 문제로 한국과 중국 농민 사이에 일어난 분쟁. 일본의 책동으로 일어나 국내에서 중국인에 대한 박해 사건으

을 조작해 내어, 조선에서 중국인 대학살 사건이 일어났다. 즉 인천·평양·경성·원산 등 각지에서 한인 무뢰배가 일본인의 사주를 받아서 중국인을 만나는 대로 때려죽였다. 또 만주에서는 9·18전쟁[107]을 일으켜 중국이 굴욕적인 강화를 하였는데, 전쟁 때 한인 부랑자들이 왜의 권세를 믿고 중국인에게 극단적인 악행을 감행하여 중국인의 무식 계급은 물론이고 유식 계급 인사도 종종 민족 감정을 말하는 자를 보게 되니, 우리는 극히 우려하였다. 그러자 상해에서도 길거리[108]에서 중국과 한국 노동자 간에 종종 충돌이 일어나던 때였다. 나는 정부 국무회의에서 한인애국단韓人愛國團을 조직하여 암살·파괴 등의 공작을 실행하되, 어떠한 금전, 어떠한 인물을 사용하든지 전권을 가지고 처리하고, 성공 실패의 결과는 보고한다는 특권을 얻어서 제일 먼저 동경사건을 주관하였던 것이다.

1월 8일이 임박하였기에 국무원에게 한하여 경과를 보고하고,

"만일 사건이 발생하기만 하면 우리는 좀 곤란하겠소."

하였더니 1월 8일 신문에,

이봉창李奉昌이 저격일황부중狙擊日皇不中[109]

이라고 실렸다. 나는 극히 불쾌하였으나 여러 동지들은 나를 위로하였다.

"일본 천황이 즉사한 것만은 못하나 우리 한국인의 정신상으로는 일본 신성불가침의 천황을 죽인 것이며, 이것이 세계 만방에서 한인이 일본에 동화되

로 비화되었다.

107 1931년 9월 18일 일본 관동군이 중국 요령성 심양 북쪽 유조호柳條湖의 만철滿鐵 선로를 폭파하여 중국과 충돌한 사건. 일본군은 이를 계기로 중국 동북지방에 대한 침략을 벌여 동북 3성을 점령하고 이듬해 3월 1일 만주국을 세웠다.

108 친필본의 '마로馬路'는 '길거리', '큰길'의 뜻이다.

109 "이봉창이 일본 천황을 저격하였으나 맞지 않았다."는 뜻이다.

지 않은 것을 웅변으로 증명해 줄 것이니 족히 성공으로 계산하겠고, 지금부터 백범은 주의하시오."

라는 부탁을 하였다.

과연 이튿날 아침에 불란서 공부국에서 비밀 통지가 왔다. '10여 년 동안 불란서에서 김구를 적극 보호해 왔으나, 이번에 김구가 부하를 보내어 일본 천황에게 폭탄을 던진 사건에 대해서는 일본이 반드시 체포, 인도를 요구할 터인데, 불란서가 일본과 전쟁을 하기로 결심하지 않고서는 김구를 보호해 주기가 불가능하다.'는 뜻을 말한다.

중국의 국민당 기관지인 청도靑島의 『민국일보民國日報』[110]는 큰 활자로,

한인韓人 이봉창李奉昌이 저격일황불행부중狙擊日皇不幸不中[111]

이라고 하였더니, 그곳의 일본 군경이 민국일보사를 때려 부수었다.

특별히 청도뿐만이 아니었다. 복주福州와 장사長沙, 그 밖의 여러 지방에서 "불행히도 맞지 않았다不幸不中"라는 글을 게재한 곳이 많았는데, 일본이 이 일을 들어 중국 정부에 항의 교섭을 제기하니 각 신문사들의 폐쇄 처분으로 사태를 진정시켰다.

그러나 일본은 한인에게 당한 하나의 사건만으로는 침략 전쟁을 개시하기가 체면이 서지 않았던지, 상해에서 일본 승려 한 명을 중국인이 부탁을 받아 죽였다는 두 가지 이유(일본 『신어사전新語辭典』에서 참조)로 상해 1·28전쟁[112]을

---

110 『김구 자서전 백범일지』(국사원, 1947)와 『한국민족문화대백과사전』(한국정신문화연구원, 1991)의 〈이봉창〉(이현희), 〈사쿠라다몬의거〉(신재홍), 〈한인애국단〉(권대웅) 서술 내용에는 모두 『국민일보國民日報』로 나온다.

111 "한인 이봉창이 일본 천황을 저격했으나 불행히도 맞지 않았다."는 뜻이다. 1932년 1월 9일의 이 기사로 청도 일본 영사가 청도시 정부에 강력 항의하였고, 1월 10일에는 이곳 일본인들이 신문사에 몰려가 난동을 부렸다.

112 1932년 1월 28일 일본군이 상해에 진격하여 도시 전체를 점령한 사건. 1·28사변 또는

개시하였다. 왜倭는 전쟁 중이라 그런지, 나를 체포하려는 심한 교섭은 없는 모양이었다. 그러나 동지들은 안심을 못 하고 숙식을 일정하게 하지 말라 하여, 낮에는 행동을 쉬고 밤에는 동지 집에나 창기娼妓 집에서 자고, 식사는 동포 집으로 가면 간소한 음식으로 누구나 정성껏 대접해 주었다.

중일전쟁이 개시된 후에 용감하게 싸우는 19로군十九路軍[113] 채정개蔡廷鍇[114]의 군대와 중앙군으로는 제5군장 장치중張治中[115]이 참전하여 전쟁이 격렬하였는데, 갑북閘北[116]에서는 일본 병사들이 불을 지르고 화염 속에 남녀노소를 가리지 않고 던져 넣어 잔인하게 죽이는, 너무나 비참하여 눈 뜨고 못 볼 비극이 연출되었다. 불란서 조계 안에서도 곳곳에 후방 병원이 설립되어 전사한 병사의 시체와 부상병들을 트럭에 가득 싣고 가는데, 나무판자 틈으로 붉은 피가 흘러내리는 것을 보고서 가슴속에 가득 찬 열성으로 경의를 표하며 비 오듯 눈물을 흘렸다. '우리는 어느 때나 저와 같이 왜와 혈전을 벌여 본국 강산을 충성스러운 피로 물들일 날이 있을까?' 눈물이 너무 흘러서 길에서 보는 사람들이 수상하게 볼까 하여 물러와 버렸다.

동경사건이 세계에 전파되자, 미국·하와이·멕시코·쿠바의 우리 동포 중 그동안 나를 동정하던 동지들은 극도로 흥분하여, 나를 애호하고 신임하는 서신이 태평양 위로 눈송이같이 날아왔다. 그중에는 이전에 임시정부를 반대하던 동포들도 있었는데, 태도를 바꾸어 다시 "하고 싶은 일을 하라."는 금전의

상해사변上海事變·송호전쟁淞滬戰爭이라고도 한다.

113 1932년 제1차 상해사변 때 광동廣東 출신 장교들에 의해 편성된 중국 육군 부대. 후에 장개석蔣介石 군대에 궤멸되어 1934년 7로군七路軍으로 개편되었다가 하남성으로 옮긴 후 명칭도 사라졌다.

114 중국의 군인(1892~1968). 1909년 군문에 들어가 제1차 상해사변 때 19로군을 지휘하여 공을 세우고 중일전쟁에도 참전하였다. 친필본의 '채정해蔡廷楷'는 오기이다.

115 중국의 군인·정치가(1890~1969). 1916년 보정군관학교를 졸업하고 1937년 호남성 주석을 지냈다. 1946년 국민정부의 대표 자격으로 국공정군협정을 체결한 바 있다.

116 중국 상해 도심 북쪽에 있던 구區.

韓國獨立黨宣言
對李奉昌狙擊日皇事件

韓國獨立黨對於此次李奉昌狙擊日皇事以韓國民族與夫獨立運動者立場撮彼暴
日之罪跡昭示本案之前因後果宣言于左

兒彼島賊旣伏三韓魚肉我同胞吞噬滿蒙劫殺我友邦以彼血族相婚之貪自誇謂萬
世一系以彼凶惡橫行之魁孕食人民之膏自輝天皇高踞無上之位以彼穢德欲臠韓
中一系以彼凶惡橫行之魁孕食人民之膏自輝天皇高踞無上之位以彼穢德欲臠韓
者不足殺也彼智不足以制軍國權之何也彼居其
爲明治爲大正爲昭和同是一偶傷耳韓人固知其不足以御元者與爲魁無論其

首萬惡所匯一搶朕摘王二爲宗邦報仇三行天討伴人權四爲友邦雪恥五因
民不忍誅厭猶夫六革彼國體復我主權七戎狄是膺環球八順天應人激勳
天下以之解放人類九也今者李奉昌之狙擊究其動機實由於此故使然其惟四
本軍閥元老與尖日本帝國主義者之先鋒者平彼旣日夜製造原因韓人亦固受刺戟
公憤致令三十年來義人四十前仆後繼如虎如雹者之於須知分安重根之於伊藤博
文李在明之於李完用新民會之於寺內正毅姜宇奎之於齋藤實聚栖換之於圖
元楨金益相之於田中義一金祉爕之於三重橋宋學先之於金虎門趙明河之於
久邇親王等也使韓人迫令出此無非日帝國主義之所使然也試看發表裏相

鷹狼狠爲好裝關白之窺鼠挾天子而弄權竟滅人國家欲殺後后估害彊臣爲山邊荷之外流血標梏是日本軍閥元老
其蛇蝎之性橫施豺狼之肆靑邱之野積骨爲山邊荷之外流血標梏是日本軍閥元老
相與勾結以演其帝國主義之兇嘉於東亞者也
綜而言之彼日人實假于我韓人居其君者非徒李奉昌一介有此志二千萬爲李奉昌其人
人人胸中藏有李奉昌之決志爲將見第二第三乃至億二千萬爲李奉昌其人

大韓民國十四年一月十日

韓國獨立黨

이봉창 의거에 대한 한국독립당 선언문. 1932. 1. 10.

후원이 더욱 광범위하게 일어나고, "중국 전쟁에 동반하여 다시 우리 민족이 빛나는 사업을 하라."는 부탁이 답지했지만, 임갈굴정臨渴掘井[117]이라고 준비 없이 무슨 일을 할 수 있으랴?

우리 청년들 중에 본래부터 장한 뜻을 품고 상해에 왔던 믿을 만한 지사요 제자인 나석주·이승춘李承春[118]이 있는데, 나 의사는 총과 폭탄을 품고 연전에 경성에 잠입해 동양척식회사東洋拓植會社[119]에 침입하여 일곱 명의 일본인을

---

117 "목이 말라야 우물을 판다."는 뜻으로, 즉 평소에 준비 없이 있다가 일을 당하여 허둥지둥 서두르는 것을 이른다.
118 일제강점기의 독립운동가(1892~1926). 본명은 이화익李化翼이다. 황해도 장연 출신으로 1921년 만주로 망명한 후 의열단에 가입하여 독립 투쟁에 힘썼다. 1926년 나석주와 함께 동양척식주식회사와 식산은행 폭파 계획에 참여하였다가 중국으로 건너갔으나 북경에서 일본 경찰에 체포되어 본국에 송환되어 옥고를 치렀다.
119 1908년 일본이 한국 경제를 착취하기 위하여 설립한 국책 회사. 정식 명칭은 동양척식

나석주 사건을 다룬 기사. (『조선일보』, 1927. 1. 11.)

사살한 후 자살하였고, 이승춘은 천진에서 납치되어 사형당하였다.

1월 28일에 발생한 송호전쟁淞滬戰爭[120]을 계기로 우리 민족에 영광될 만한 사업을 강구하던 중이었다. 일본군 중에 우리 한인 노동자를 채용하는 것을 계기로 현재 상해에 거주하는 믿을 만한 청년 중에서 몇 명의 청년을 홍구 방면에 보내 일본군의 인부가 되게 하여, 그 청년들이 일본인 노동자와 같이 군용 창고에 무난히 출입해서 조사하니, 폭탄 창고와 비행기를 넣어 두는 격납고

주식회사이다. 주로 토지를 강점하여 높은 비율의 소작료를 징수하고 많은 곡식을 일본으로 반출하는 착취 행위를 하였다. 1917년에 본사를 일본 동경으로 옮기고 동양 각지로 사업을 확대하다가 제2차세계대전에서 일본이 패망하면서 문을 닫았다.

120 1·28전쟁, 즉 상해사변을 가리킨다. 송淞과 호滬는 모두 중국 상해시를 흐르는 강 이름이다.

格納庫에 소이탄燒夷彈을 장치할 수 있다고 판단되었다. 그리하여 왕웅에게 부탁하여 상해 병공창에 교섭하여 소이탄을 제조하기로 하고 날마다 재촉하던 차에 송호협정[121]이 조인되었다(중국 대표는 곽태기郭泰祺[122]였다).

탄식하고 한탄하는 즈음에 열혈 청년들이 비밀히 내방하여,

"나랏일에 헌신할 테니 나의 자격에 적당한 일감을 연구하여 사용해 주십시오."

라고 요청하니, 이는 동경사건을 보고 청년들 생각에 김구의 머릿속에는 끊임없이 무슨 연구가 있을 것으로 생각한 모양이었다. 그리하여 이덕주李德柱[123]와 유진식兪鎭植[124]에게는 일본 총독 암살을 명하여 먼저 보내 입국시키고, 유상근柳相根[125]과 최흥식崔興植[126]에게는 만주에 있는 혼조 시계루本庄繁[127] 등의

121 이 결과 중국 19로군이 상해에서 퇴각하고 중국군이 무장해제되었다.

122 중국의 외교관(1888~1952). 상해사변 정전회의 수석 대표였으며, 대한민국임시정부를 지원한 공으로 1968년 대한민국 건국훈장 독립장이 수여되었다.

123 일제강점기의 독립운동가(1909~1935). 황해도 신천 출신으로 1926년 중국 상해로 망명하여 이름을 서이균徐利均으로 바꾸고 1932년 유진식兪鎭植·유상근柳相根 등과 함께 한인청년단 조직에 참여하였다. 김구의 한인애국단에 가입해 조선 총독 및 일본 요인 암살을 목적으로 유진식 등과 함께 국내에 파견되어 활동하다가 일본 경찰에 체포되어 7년형을 선고받고 해주형무소에서 복역 중 옥사하였다.

124 일제강점기의 독립운동가(1912~1966). 본명은 유진만兪鎭萬이다. 경기도 광주 출신으로 어릴 때 충남 공주로 이사하여 살았다. 18세에 일본에 건너가 와세다대학에서 공부하다 귀국하여 1931년 적우연맹赤友聯盟 비밀결사 사건으로 일제의 검거를 피해 중국으로 망명하여 1932년 이덕주李德柱·유상근柳相根 등과 함께 한인청년단 조직에 참여하였다. 김구의 한인애국단에 가입해 조선 총독 및 일본 요인 암살을 목적으로 이덕주 등과 함께 국내에 파견되어 활동하다가 일본 경찰에 체포되어 6년형을 선고받고 옥고를 치렀다.

125 일제강점기의 독립운동가(1911~1945). 강원도 통천 출신으로 1927년 중국 상해로 망명하여 김구의 소개로 전차회사의 검표원으로 일하다가 1932년 이덕주李德柱·유진만兪鎭萬 등과 함께 한인청년단 조직에 참여하였다. 김구의 한인애국단에 가입해 대련에서 최흥식崔興植 등과 함께 일본군 사령관 및 남만철도 총재 등의 암살을 목적으로 활동하다가 일본 경찰에 체포되어 무기징역형을 선고받고 여순 감옥에서 복역 중 광복을 하루 앞두고 순국하였다.

암살을 명하여 기회를 보아 일을 진행하려고 할 즈음이었다.

윤봉길 의사의 홍구 의거

이때 동포 박진朴震[128]의 종품䵷品 공장(말총으로 모자와 일용품을 만드는 공장)에서 직공으로 있던 윤봉길尹奉吉 군이 홍구 채소 시장에서 채소 장사를 하다가 어느 날 조용히 찾아와서,

"날마다 채소 바구니를 등에 지고 홍구 방면으로 다니는 것은 이 아우가 큰 뜻을 품고 천신만고 끝에 상해에 온 목적을 이루고자 한 것인데요, 그럭저럭 중일전쟁도 중국의 굴욕적인 정전협정이 성립되는 형세이니 아무리 생각해 보아도 마땅히 죽어야 할 곳을 구할 길이 없으므로, 선생님이 동경사건과 같은 경륜이 계실 줄 믿으므로 저를 믿으시고 지도해 주시면 그 은혜 백골난망입니다."

한다.

나는 이전에 공장 구경을 다니면서 윤 군이 진실한 청년 직공으로서 학식도 있는 터에 생활을 위하여 노동을 하거니 생각하였는데, 마음을 터놓고 일을 논하여 보니 살신성인의 큰 도리와 큰 뜻을 품은 의기남자임을 알았다. 나는

---

126 일제강점기의 독립운동가(1911~1932). 서울 출신으로 1931년 중국 상해로 망명하여 김구의 한인애국단에 가입하였다. 김구의 소개로 종품䵷品 말총으로 만든 모자와 일용품 공장에서 일하다가 1932년 유상근柳相根 등과 함께 대련에서 일본군 사령관 및 남만철도 총재 등의 암살을 목적으로 활동하다가 일본 경찰에 체포되어 사형당하였다.

127 일본의 육군 군인(1876~1945). 관동군 사령관과 군사 참의관을 지내며 만주사변을 이끌었고, 제2차세계대전 후 체포령이 내리자 할복 자살하였다. 친필본의 한자 '本藏番'은 오기이다.

128 당시 중국 교포 사업가로, 중국인과 같이 종품회사를 경영하면서 윤봉길이 경영하던 모자 공장이 불황에 처하자 이를 인수하고, 윤봉길을 직공으로 채용하였다.

감복하는 말로,

"뜻이 있는 자는 마침내 이룬다고 했으니 안심하시오. 내가 요즘 연구하는 바가 있으나 적임자를 구하지 못하여 번민하던 차였습니다. 전쟁 중에 연구하여 실행하고자 경영하던 일이 있었으나 준비가 안 되어 실패하였는데, 지금 신문을 보니 왜놈들이 승전勝戰의 위세를 등에 업고 4월 29일에 홍구공원에서 소위 천황의 천장절天長節[129] 경축 의식을 성대하게 거행하여 무력을 과시하고 위세를 떨치려 하는 모양인데, 그대는 일생의 대목적을 이날 이루는 것이 어떻겠소?"

하니, 윤 군은 기꺼이 승낙하며 하는 말이,

"저는 이제 가슴속에 한 점의 번민도 없어지고 편안해집니다. 준비해 주십시오."

하고 자기 침소로 돌아갔다.

"운수가 물러가니 벼락이 천복비에 떨어진다."[130]는 격으로, 왜놈 신문 『상해일일신문上海日日新聞』을 통해 영사관에서 자기 주민들에게 널리 알리기를,

4월 29일 홍구공원에서 천장절 축하식을 거행하는 터이니, 그날의 식장에 참가할 때는 물병 한 개, 점심 도시락, 국기 한 개씩을 가지고 입장하라.

고 하였다.

나는 즉시 서문로西門路의 왕웅(김홍일金弘壹) 군을 방문하고 상해 병공창장

---

129 일본 천황의 탄생을 기념하는 날로, 당시 쇼와昭和시대(1926~1989년)에는 4월 29일이었다. 현재는 천황탄생일이라 하여 공휴일로 정하고 있다.

130 『명심보감明心寶鑑』에 나오는 말로, 중국 구양순歐陽詢이 글씨 쓴 천복사 비문을 탁본해 오면 많은 돈을 주겠다는 말을 듣고 어떤 가난한 서생이 천신만고 끝에 겨우 천복사에 도착했는데, 그날 밤 벼락이 떨어져 비석이 산산조각 났다는 고사에서 유래하였다.

광복 후, 윤봉길 의거용 폭탄 제조를
주도한 왕백수(왼쪽)·김홍일(오른
쪽)과 함께한 백범.

송식표宋式驃에게 교섭하여,

　　"일본인들이 어깨에 메는 물병과 도시락을 사서 보낼 테니 그 속에 폭탄을
장치하여 3일 안에 보내 주시오."

라고 부탁하였더니 왕 군이 돌아와 보고하기를,

　　"내일 오전에 선생님을 모시고 병공창으로 와서, 시험하는 것을 선생님이
친히 살펴서 검사하라고 하니 가십시다."

한다.

　　"좋다!"

하고 이튿날 아침에 강남조선소江南造船所를 찾아갔다.

　　그곳 내부 일부에 병공창이 있는데 규모는 크지 않고, 대포나 소총 등을 수리하는 것이 주된 일인 듯하였다. 기사 왕백수王伯修의 통솔 아래 물병과 도시락 두 종류 폭탄의 시험 방법을 보니, 마당 가운데 토굴을 하나 파고 그 안쪽 사면에 철판을 두른 후 폭탄을 그 속에 장치하고, 뇌관 끝에 긴 줄을 연결한 후 직공 한 명이 줄 끝을 끌고 와 수십 보 밖에서 엎드려 끈을 잡아당기니, 토굴 속에서 벼락 치는 소리가 진동하며 파편이 날아오르는 것이 일대 장관이었다. 시험 법칙은, 뇌관 20개를 시험하여 20개가 전부 폭발된 후라야 실물에 장치한다고 하는데, 이번 시험은 성적이 양호하다는 말을 듣고 나는 마음속으로 혼자 기뻐하며 자부심을 가졌다. 상해 병공창에서 이같이 친절하게 20여 개 폭탄을 무료로 제조해 주는 원인이 무엇인가 하면, 이것은 바로 이봉창 의사의 은혜였다. 병공창장부터 자기네가 빌려주었던 폭탄의 역량이 약하여 일황을 폭살하지 못한 것을 유감으로 알던 터에, 김구가 요구한다니 성심으로 제조해 주는 것이었다.

이튿날 금지된 위험한 물건을 우리가 운반하기 곤란할 것을 알고, 그들이

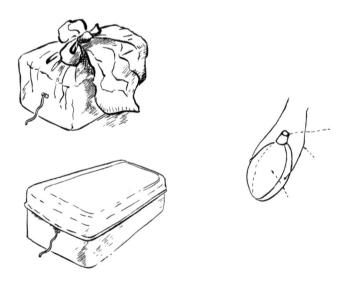

윤봉길 의거 후 일제가 조사하여 기록으로 남긴, 윤봉길 의사가 던진 도시락형
폭탄(왼쪽)과 수통형 폭탄(오른쪽) 모형도.

병공창 차로 서문로 왕웅 군 집으로 갖다주는 것을 보고, 나는 거지 차림인 중국옷을 벗어 버리고 넝마전[131]에 가서 양복 한 벌을 사 입고 보니 엄연한 신사였다. 물병과 도시락을 한 개씩, 두 개씩 운반하여 불란서 조계 내 친한 동포들의 집에 주인도 모르도록, 귀한 약품이니 불나는 것만 조심하게 하고 까마귀 떡 감추듯[132] 하였다.

당시 우리 동포들의 나에 대한 동정은 동경사건 이후에 더욱 비할 데가 없었다. 그러므로 본국 풍속으로는 내외를 하지만, 해외에서 다년간 생활하다 보니 형제, 친척과 같아서 나에게 대해서는 남자들보다 부인들의 애호가 더욱 심했다. 그래서 어느 집을 가든지,

"선생님, 아이 좀 안아 주시오. 내 맛있는 음식을 해 드리리다."

하니, 이것은 내가 아이를 안아 주면 아이들이 잘 잔다고, 부인들은 아이가 울면 내게 안겨 주던 것이었다. 그렇기 때문에 대강 차린 음식은 안 먹은 듯하다.

4월 29일은 점점 가까이 다가왔다. 윤봉길 군을 말쑥하게 일본식 양복으로 갈아입혀 날마다 홍구공원으로 가서 식장 설비하는 것을 살펴보게 하였다. 그는 당일에 자기가 실행할 위치를 살펴보고, 시라카와白川義則 대장의 사진이며 태양기太陽旗[133]를 사는 등등의 일로 매일 홍구를 왕래하고 보고 들은 것을 보고하는 중에,

"오늘 홍구에 가서 식장 설비를 구경하는데 시라카와 놈도 와서 이 아우가 그놈 곁에 서 있었을 때, '언제 내일까지 기다리겠는가? 오늘 폭탄을 가졌다면 지금 당장 쳐 죽일 텐데….' 하는 생각이 나던데요."

한다. 나는 윤 군에게 이렇게 주의시켰다.

"여보, 그것이 무슨 말이오? 사냥 포수가 꿩을 쏠 때 후리쳐 날게 한 후 쏘

---

131 낡고 헤어져 입지 못하게 된 헌옷을 파는 점포.
132 정신없는 까마귀가 떡을 물어다가 감추고도 잊어버리는 모양. 이처럼 주인도 모르게 잘 감추어 두었다는 뜻이다.
133 태양을 그린 기. 즉 일본의 일장기日章旗를 가리킨다.

한인애국단 선서식 직후 태극기 앞에서 기념 촬영한 윤봉길.

아 떨어뜨리는 것과, 숲속에서 자고 있는 사슴은 쏘지 않고 뛰게 한 후에 사격하는 것은 쾌감을 위한 것인데, 그대는 내일 성공의 자신감이 적어서 그러시오?"

윤 군은,

"아닙니다. 그놈이 곁에 서 있는 것을 볼 때 갑자기 그런 생각이 나더라는 말씀입니다."

한다. 나는 윤 군에게,

"이번에는 확실히 성공할 것을 미리 알고 있습니다. 그대가 일전에 나의 말을 듣고 나서 하던 말 중에 '이제는 가슴에 번민이 없어지고 차분해진다.'는 것을 성공의 확실한 증거로 믿고 있습니다. 그 자리에서 내가, 치하포에서 스치다土田讓亮를 때려죽이고자 할 때 가슴이 울렁거리더니 고능선高能善 선생이 지도하여 가르치던 '나무에 올라가 가지를 잡는 것은 기이한 일이 아니나, 매달린 벼랑에서 손을 놓는 것은 가히 장부로다.'의 구절이 떠올랐던 생각을 했는데, 그대와 내가 마음먹고 실행하는 것이 아득히 먼 일이지만 서로 같은 까닭이오."

하였다. 윤 군은 마음속에 간직하여 잊지 아니하려는 안색을 보였다. 윤 군은 여관으로 보내고, 나는 폭탄 두 개를 휴대하고 김해산金海山 군의 집에 가서 그 내외와 상의하였다.

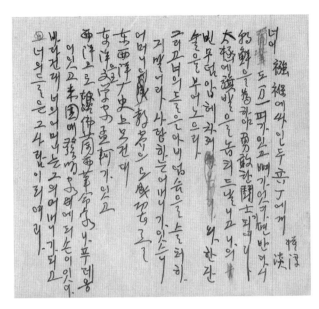

윤봉길이 두 아들에게 남긴 유서.

"윤봉길 군을 내일 이른 아침에 매우 중대한 임무로 동삼성으로 파송할 것이니, 저녁에 쇠고기를 사다가 내일 새벽에 아침밥을 부탁합니다."

이튿날이 즉 4·29이다. 새벽에 윤 군과 함께 김해산 집에 가서, 윤 군과 함께 마지막으로 밥상을 같이하여 아침밥을 먹으면서 윤 군의 기색을 살펴보니, 태연자약하여 농부가 논밭에 일하러 가기 위해 일부러 자던 입에 먹는 것 같았다. 힘든 공작을 위해 떠나는 것은 밥을 먹는 모양으로도 알 수 있었다.

김해산 군은 윤 군의 침착, 용감한 태도를 보고 조용히 나에게 이런 권고를 하였다.

"선생님, 지금 상해에서는 우리의 행동이 있어야 민족적 체면을 보전케 되는데, 그러한 때에 윤 군을 구태여 다른 곳으로 파송을 하시나요?"

나는 두루뭉수리로 대답하였다.

"모험사업은 실행자에게 전임하는 것이니, 윤 군 마음대로 어디서나 하겠지요. 어디서 무슨 소리가 나는지 들어 봅시다."

의거 당일 아침, 백범과 윤봉길이 맞바꾼 시계. 왼쪽이 백범의 시계, 오른쪽이 윤봉길의 시계이다.

그러자 7시를 치는 종소리가 들렸다. 윤 군은 자기 시계를 꺼내서 나를 주며 내 시계와 맞바꾸기를 청했다.

"제 시계는 어제 선서식 후에 선생 말씀에 따라 6원을 주고 산 것인데 선생님 시계는 2원짜리이니, 나에게는 한 시간밖에 소용이 없습니다."

나는 기념품으로 받고 내 시계를 주었다. 윤 군은 행사장으로 길을 떠나는데 자동차를 타면서 가지고 있던 돈을 꺼내어 나의 손에 쥐여 준다.

"왜, 약간의 돈을 가지는 것이 무슨 방해가 되겠소?"

"아닙니다. 자동차 차비 내고도 5~6원은 남겠습니다."

그러는 즈음에 자동차는 움직인다. 나는 목멘 소리로,

"후일 지하에서 만납시다."

라고 했다. 윤 군이 차창으로 나를 향해 머리를 숙이자, 자동차는 소리를 높이 지르며 천하영웅 윤봉길을 싣고 홍구공원을 향하여 질주해 버렸다.

나는 그 길로 조상섭趙尚燮의 상점에 들어가 한 통의 편지를 써서 점원 김영린金永麟에게 주어 급히 안창호 형에게 보냈다. 그 편지 내용은,

오늘 오전 10시경부터 댁에 계시지 마시오. 무슨 대사건이 발생될 듯합
니다.[134]

였다. 그 길로 또 석오石吾 선생 처소로 가서 진행하는 일의 상황을 보고하고
점심밥을 먹고 무슨 소식이 있기를 기다렸다.

그러던 중 오후 1시쯤 되어 곳곳에서 수많은 중국 사람들이 술렁거렸는데,
그 말은 일치하지 않았다. 홍구공원에서 중국인이 폭탄을 던져서 다수의 일본
인이 즉사하였다는 둥, 고려인의 소행이라는 둥. 우리 사람들도 엊그제까지 채
소 바구니를 메고 날마다 홍구로 다니면서 장사하던 윤봉길이 경천동지驚天動
地의 대사건을 연출할 줄은 꿈에도 몰랐고, 김구 외에는 이동녕·이시영·조완
구 등 몇 사람만이 짐작하고 있던 것이었다. 그러나 그날 거사하는 것은 나 한
사람만 알고 있었기 때문에 석오 선생께 가서 보고하고 실제 소식을 기다린다
하자, 오후 2~3시경에 호외로,

홍구공원 일본인의 경축식 단상에 다량의 폭탄이 폭발되어 민단장 가와
바타河端[135]는 즉사하고, 시라카와白川[136] 대장, 시게미쓰重光[137] 대사, 우에
다植田[138] 중장, 노무라野村[139] 중장 등 문무 대관이 다 중상….[140]

---

134 윤봉길 의사가 폭탄 한 개를 던진 시간은 오전 11시 40분경이었고, 나머지 폭탄 한 개
를 또 던지려다가 일본 해군 병사와 헌병, 영사관 경찰에게 체포되었다.(김구재단 김구
포럼 엮음, 『일제 외무성 경찰의 임정·항일지사 조사 기록』, 태학사, 2021, 117쪽.) 한
편 안창호는 이때 제대로 피하지 못하고 일본 경찰에게 체포되어 국내로 압송, 구속되
었다. 1932년 12월 치안유지법 위반 혐의로 4년형을 선고받고 서대문형무소와 대전형
무소에서 복역하다가 1935년 2월 가석방되었다.

135 당시 상해의 일본인거류민단 단장이었던 가와바타河端貞次로, 식장에서 병원으로 이송
되었으나 흉막강 내출혈로 다음 날인 30일 오전 3시 10분에 사망하였다.

136 당시 상해 파견군 사령관과 관동군 사령관을 지낸 시라카와白川義則(1869~1932)로, 중
상을 입고 1개월 후 사망하였다.

137 당시 주중국공사였던 시게미쓰重光葵(1887~1957)로, 중상을 입고 한쪽 다리를 잃었다.

이라 하였고, 일본인 신문에서는 중국인의 소행이라고 하다가 그 이튿날에는 각 신문에서 일치하게 '윤봉길'이라는 이름을 큰 활자로 게재하였고, 불란서 조계에 대수색이 벌어진다.

나는 안공근과 엄항섭 두 사람을 몰래 불러서,

"지금부터 그대들의 집안 생활은 내가 책임질 테니 우리 사업에 전념하라." 고 부탁하고 당분간 피신처를 미국인 피치[141] 씨 집에 교섭하니,[142] 피치 씨는 그 부친 피치 목사가 생존했을 때 우리에게 크게 동정하던 터라 그런지 극히 환영하였다. 그리하여 일강一江 김철과 안安, 엄嚴 두 사람과 나까지 네 사람이 피치 씨 집으로 이주하여 2층 전체를 사용하고, 식사까지 피치 씨 부인이 극진 정성을 다해 주어 윤 의사 희생의 공덕을 벌써부터 받기 시작하였다.

피치 씨 댁 전화를 사용해 불란서 조계 내 우리 동포의 집 전화번호를 조사하여 전화를 한 결과 가끔 우리 동포가 붙잡힌다는 보고를 들었다. 이에 경제적으로 서양 변호사를 고용하여 법률로써 붙잡힌 동포를 구제하려 했으나 별 효과가 없어 돈을 주어서 생계를 돕게 하고, 피신하고자 하는 자에게는 여비를 주는 등의 사무를 집행하였다. 이때 붙잡힌 사람으로는 안창호와 장헌근張憲根, 김덕근金德根 외에 소년 학생들이 있었다.

날마다 왜놈들이 사람을 잡으려고 미친개와 같이 돌아다니는데, 우리 임

---

138 당시 일본군 제9사단장이었던 우에다植田謙吉로, 다리가 부러지는 중상을 입었다.

139 당시 일본군 제3함대 사령관이었던 노무라野村吉三郎로, 실명하는 중상을 입었다.

140 이 밖에도 무라이村井 상해 총영사, 도모노友野 거류민단 서기장이 중상을 당했다.(이상 김구재단 김구포럼 엮음, 『일제 외무성 경찰의 임정·항일지사 조사 기록』, 태학사, 2021, 136쪽.)

141 조지 애쉬모어 피치George Ashmore Fitch(1883~1979). 당시 중국 상해의 YMCA 간사로 있으면서, 부친 피치 목사의 영향을 받아 한국 독립운동에 많은 도움을 주었다. 해방 이후에도 한국을 방문하여 한국의 주요 인사들과 밀접한 관계를 맺어 왔고, 그 부인도 한국의 여성 교육자들과 친하게 지냈다. 친필본 '비오생費吾生'의 '비오'는 '피치'의 음역어, '생'은 '젊은 사람'의 뜻으로 쓰였다.

142 안공근(안중근 동생)이 피치 집에 직접 와서 교섭하여 흔쾌히 허락을 받았다.

윤봉길이 던진 폭탄이 터진 직후의 홍구공원 행사장(위), 그리고 곧이어 일본 경찰들에게 체포되어 가는 윤봉길(아래). 1932. 4. 29.

시정부와 민단 직원들, 심지어 부녀 단체인 애국부인회愛國婦人會[143]까지도 집회 여부를 말할 여지가 없게 되자, 우리 사람들 사이에 이 같은 비난이 생기기 시작하였다.

"이번 홍구사변의 주모 획책자는 따로 있는데, 그가 사건을 숨겨서 관계없는 자들만 잡히게 하는 것은 옳지 않다."

이는 이유필 등 일부 인사들의 말이니, 나의 편지를 보고도 그날은 무방하리라 생각하고 이 씨 집을 방문하였던 안창호 선생의 체포는 자기 불찰이지만, 주모자의 아무런 발표가 없는 관계로 사람들이 함부로 잡힌다는 원성이었다. 이에 나는 진상을 세상에 공개하자고 주장하였다. 그 자리에 있던 안공근은 극력 반대하였다.

"형님이 불란서 조계에 계시면서 이같이 발표하는 것은 매우 위험합니다."

그러나 나는 한결같이 반대하고, 엄항섭으로 하여금 선언문을 기초케 하여, 피치 부인에게 영문으로 번역하게 해서 로이터 통신사의 발표로 세계 각국에,

동경사건과 상해 홍구사건의 주모 획책자는 김구요, 집행자는 이봉창과 윤봉길이다.

라 하고,

신천信川사건[144]과 대련大連사건[145]은 다 실패지만 아직 발표 시기에 이르지 못하였기에 이상 양대 사건만을 우선 발표한다.

---

143 정식 명칭은 대한민국애국부인회大韓民國愛國婦人會로, 상해 임시정부 수립 후 이를 지원하면서 그 산하에서 독립운동을 추진하기 위해 조직된 항일 여성단체이다.
144 이덕주와 유진식을 국내에 파견하여 조선 총독을 암살하려 한 사건.
145 유상근과 최흥식을 만주에 파견하여 관동군사령관 혼조 시게루本庄繁를 암살하려 한 사건.

한인애국단 선서식 후 태극기 앞에서 기념 촬영한 유상근(왼쪽)과 최흥식.

라고 하였다.

상해에서 중대 사건이 발생한 것을 알고 남경에 머물러 있던 남파南坡 박찬익朴贊翊[146] 형이 상해로 와서 중국 인사들과 접촉한 결과 물질적으로 여러 가지 편의가 많았다. 낮에는 전화로 동포 중 체포된 자의 식구들을 위로하고, 밤에는 안공근·엄항섭·박찬익 등의 동지가 출동하여 체포자 가족들의 구제와 제반 교제를 하였다. 그러던 중에 중국 인사 은주부殷鑄夫·주경란朱慶瀾·사량쇠査良釗 등의 면회 요구에 응하기 위해서 밤에 자동차를 타고 홍구 방면과 정안사로靜安寺路 방면으로 돌아다녔으니, 평일에 불란서 조계 밖으로 한 발짝도 내놓지 않던 나의 행동의 대변동이었다.

---

146 일제강점기의 독립운동가(1884~1949). 경기도 파주 출신으로, 1910년 일본에 주권을 빼앗기자 만주로 건너가 한인학교를 세우고 교육 사업에 헌신하였다. 이후 상해로 가서 동제사同濟社를 조직하여 독립운동에 힘쓰고 1920년부터 임시정부에서 의정원 의원과 법무부장으로 일하였다.

중국인과 해외 교포의 태도가 호전되다

다시 중국 인사들의 우리에 대한 태도를 말하고, 그다음으로 미국·하와이·멕시코·쿠바 한인 교포들의 나에 대한 태도, 그리고 관내 우리 인사들의 나에 대한 태도를 말하겠다.

첫째, 만보산사건이라고 하는, 왜놈들의 두 민족 감정 악화 정책으로 조선 곳곳에서 한인 무뢰배를 총동원하여 중국인 상인과 노동자까지 만나는 대로 때려죽이게 한 감정으로 말하면, 중국인들의 중류 계급 이상은 왜놈들의 악독한 계책으로 알지만 하류 계급에서는 여전히 고려인이 중국인을 때려죽였다는 악감정이 동경사건 후에도 다 풀어지지 못하던 터였다. 게다가 1·28 상해 전쟁 때 왜병은 불을 지르는 한편 최영택崔英澤 같은 악한을 사주하여 중국인 집에 들어가서 재물을 자기 물건같이 만인이 보는 앞에서 가져간 사실이 허다하므로 주로 자동차나 전차의 한인 검표원들이 중국인 노동자들에게 무리하게 구타를 당하던 터였는데, 4·29 사건으로 인하여 중국인과 한국인의 감정은

만보산사건 이후 상해 시내에 걸린 배일 플래카드.

극도로 호전되었다.

둘째, 미국·하와이·멕시코·쿠바에 사는 한인 교포들의 믿음은 전무후무하였으리라고 자신하고 싶다. 동경사건이 완전히 성공하지는 못하였으나 조금이라도 민족의 영광은 되었던 차에 홍구사건이 절대적으로 성공했기 때문이다. 과연 이때 이후로 임시정부에의 납세와 나에 대한 후원이 급격히 늘어났으므로 점차 사업이 확장되는 단계로 나아가게 되었다.

그러나 관내 우리 독립운동가들의 나에 대한 태도는 낙관보다는 비관 쪽이 더 많았다. 4·29 이후로 자연 신변이 위험하게 된 관

반중국 폭동으로 인천 내리內里 거리에 버려진 중국인 살림 가구 (위)와 파괴된 중국인 상점(가운데), 그리고 외리外里 파출소 부근의 경비 상황(아래).

계로 평소 친지들의 면담 요구에 함부로 응할 수 없게 된 것이 그들의 유일무이한 감정이었다.

지난달[147]에는 전차 검표원, 별명 박대장朴大將(사리원 사람)의 결혼식 피로연 청첩을 받고 잠시 축하차 그 집에 갔다. 들어가서 주방의 부인들을 보고,

"나는 속히 가야겠으니 빨리 국수 한 그릇만 주시오."

하고 부탁하여 냉면 한 그릇을 속히 먹고 담배 한 가치를 피워 물고, 그 집 문간을 나서면 곧 우리 동포의 가게여서 이왕 온 길에 방문하고자 가게로 들어갔다. 그런데 미처 앉기도 전에 주인이 내 옆구리를 꾹 찌르며 손으로 길거리(하비로霞飛路)를 가리키기에 보니, 왜경 10여 명이 길에 늘어서서 전차 지나가기를 기다리고 있었다. 나는 다시 피할 곳이 없는지라 서서 유리창으로 왜놈들의 동향을 보니 쏜살같이 박대장의 집으로 들어가기에, 이를 보고 그 가게를 나와서 전차 선로를 따라 김의한 군 집으로 들어가 그 부인을 박대장 집에 가서 보게 하니, 바로 전에 왜놈이 들어와,

"방금 들어온 김구가 어디 있느냐?"

라고 물으며, 심지어 아궁이 속까지 뒤지다가 갔다는 것은 모르는 사람이 없었다. 이번 4·29 사건 이후에 왜놈은 제1차로 20만 원 현상금, 제2차는 일본 외무성과 조선총독부와 상해 주둔군 사령부 세 곳의 합작으로 현상금이 60만 원이었다.[148]

그 당시 나를 만나고자 하는 주요 내용을 들어 보면,

"남경 정부의 요인에게 그대의 신변 위험을 말하였더니 '김구가 온다면 비행기라도 보내겠다.'고 한다."

고 하며, 또는,

"아무리 위험해도 모험적인 일을 하지 않고 편안한 생활을 해서야 되느냐?"

하였는데, 이런 말들의 속뜻은 자기들과도 행동을 좀 함께하여, 같이 지내며 일도 같이하자는 것인데, 나로서 어찌 여러 사람들에게 만족을 줄 도리가 있겠는

---

147 윤봉길 의사 의거 전인 1932년 4월 8일이다.(윤대원, 『제국의 암살자들 – 김구 암살 공작의 전말』, 태학사, 2022, 347쪽.)

148 현재의 가치로 약 200억 원이다.

조지 피치(왼쪽)와 그의 부인 제럴딘 피치.

가? 누구에게는 후하게, 누구에게는 박하게 할 수 없으므로 모두 사양해 물리치고 피치 댁에서 20여 일을 지내며 비밀 활동을 하는데, 하루는 피치 부인이 급히 2층에 와서,

"정탐에게 우리 집이 발각된 모양이니 속히 이 집을 떠나도록 하세요."
한다. 그러고는 곧 아래층에 가서 전화로 자기 남편을 불러, 그들 자동차에 그 부인과 내가 부부인 양 나란히 앉고 피치 선생은 운전수가 되어, 마당 안에서 차를 타고 질주하였다.[149]

---

149 운전석 옆에는 안공근과 엄항섭이 앉고, 뒷 좌석 가운데는 김구, 양옆에는 피치의 부인과 박찬익이 각각 앉았다.(윤대원, 『제국의 암살자들 – 김구 암살 공작의 전말』, 태학사, 2022, 91쪽.)

피신 생활 속 독립운동

정탐을 피해 가흥으로 피신하다

문밖을 나가며 보니, 불란서인·아라사인·중국인(일본인은 못 보았다) 각국 정탐이 문 앞과 주위에 죽 늘어서 있으나 미국인 집이라 어찌하지를 못하고 손을 쓰지 못한 것이었다. 불란서 조계를 지나서 중국 지역에 자동차를 멈춰 세우고, 나와 공근은 기차역[150]으로 가서 당일로 가흥嘉興[151]의 수륜사창秀綸絲廠[152]으로 피신하였다. 이곳은 남파 형이 은주부殷鑄夫와 저보성褚補成[153] 등 여러 사람에게 주선하여 며칠 전에 엄 군 식구와 김의한 일가와 석오 선생이 벌써

---

150 친필본 "화차참火車站"의 '화차'는 우리나라의 기차汽車이고, '참'은 역驛의 뜻이다.

151 중국 절강성 북부에 있는 공업도시. 상해와 항주 중간에 있어 교통이 편리하며, 주변에 풍치가 뛰어난 호수와 운하가 많아 '물의 도시'라 불린다.

152 저보성褚補成 집안에서 대대로 운영하는 '수륜'이란 이름의 면사 공장이다. 이 공장은 당시 세계공황으로 문을 닫고 있었기 때문에 백범 일행의 피신처로 사용할 수 있었다.

153 중국 가흥 출신으로 당시 63세였다. 호는 혜승慧僧. 일찍이 일본 동양대학을 나오고 귀국하여 손문孫文을 따라 신해혁명辛亥革命에 참가했고, 가흥상민협회 총리가 되어 상인들의 지도자로 활동했으며, 동북의용군후원회장과 상해법정대학 원장으로 있었다. 1915년 일본이 중국에게 자신들의 권익 확대를 위한 21개조의 특권을 요구하여 이권을 빼앗아 가자 배일운동의 선봉자가 되어 활약하였다.

이사했던 것이었다.

상해에서 피치 부인이 보고하던 말은 다음과 같다. 피치 부인이 아래층에서 유리창으로 문밖을 살펴보니 어떤 중국인 노동자 같은 사람이 동저고리[154] 바람으로 자기네 주방으로 들어가기에 따라가서,

"누구시오?"

라고 물으니 그 사람이 대답하기를,

"저는 양복점 사람인데 댁에 양복 지을 것이 있는가 물어보고자 왔습니다."

한다.

피치 부인이 말하기를,

"당신이 내 주방 하인에게 양복 짓는 것을 왜 물으시오? 수상하네요."

하니, 품속에서 불란서 경찰서 정탐 증명서를 내보이기에,

"외국인 집에 함부로 침입합니까?"

하니,

"대불기對不起."[155]

하고 가더라는 것이다. 그 집에 정탐들이 주의를 기울이게 된 원인을 따져 보면, 피치 씨 집 전화를 너무 많이 사용하였기 때문인 듯하다.

이로부터 나는 가흥 생활을 계속하게 되어, 아버지 외가의 성[156]을 따서 성을 '장張'으로 하고, 이름을 장진구張振球[157] 또는 장진張震으로 행세하였다. 가흥은 저보성(호 혜승慧僧) 씨의 고향으로, 저 씨는 절강성장浙江省長도 지낸, 그 지역에서 명망 높고 덕 많은 인사이고, 그의 큰아들 봉장鳳章(한추漢雛)은 미국 유학생으로 그 현縣의 동문 밖 민풍지창民豊紙廠[158]의 고등 기사였다.

---

154 '동옷(남자가 입는 저고리)'을 속되게 이르는 말이다.

155 중국어로 "죄송합니다."라는 뜻이다.

156 백범의 친할머니 성이 장씨였다.

157 친필본의 한자 '張震球'는 오기로 보인다. 뒤에는 '張振球'로 나오며 다른 자료에도 마찬가지다.

백범의 피신을 도와준 저보성(왼쪽)과 수륜사창.

그 집은 남문 밖에 있는데, 구식 집으로 그다지 굉장하지는 않았지만 사대부의 저택으로 보였다. 저 선생은 반서양식으로 호숫가에 정성 들여 지은, 자기 수양아들 진동손陳桐蓀 군의 정자를 나의 침실로 정해 주었는데, 수륜사창과 서로 바라볼 수 있을 정도로 가깝고 풍경도 매우 아름다웠다. 이때 이곳에서 나의 진면목을 아는 자는 저 씨 내외와 그 아들 내외, 그리고 진동생陳同生[159] 내외인데, 가장 곤란한 것은 언어였다. 비록 광동인으로 행세하지만 중국말을 너무도 모르는 데다 상해 말과도 또 다르니 벙어리의 행동이나 다름없었다.

---

158 '지창紙廠'은 제지공장이란 뜻이다.
159 앞의 진동손陳桐蓀과 같은 인물로, 장자는 따로 있고 수양아들이므로 '동생'이라 한 듯하다.

피신을 도와준 가흥 저보성의 가족들과 임시정부 요인들. 앞줄 왼쪽부터 진동생 부인 허수생, 김의한 부인 정정화, 민영구 어머니, 엄항섭 부인 연미당, 저봉장(저보성 아들) 부인 추가예. 뒷줄 왼쪽부터 진동생, 한 사람 건너 김의한, 이동녕, 박찬익, 백범, 엄항섭, 저봉장.

　　가흥에는 산은 없으나 호수가 낙지발같이 사통팔달하여 7~8세 어린아이라도 다 노를 저을 줄 아는 모양이었다. 토지는 극히 비옥하며 각종 물산이 풍부하고 인심과 풍속이 상해와는 딴 세상이었다. 상점에서는 에누리가 없고, 상점에 손님이 무슨 물건을 잊어버리고 두고 갔다가 며칠 후에라도 찾으러 오면 잘 보관하였다가 공손히 내주었는데, 상해에서는 보기 드문 미풍美風이었다.

　　진동생 내외는 남호南湖의 연우루烟雨樓와 서문 밖 삼탑三塔으로 나를 안내하였다. 삼탑에는, 명나라 임진년 난리 때 일본 병사가 침입해 인근 부녀자들을 잡아다가 절에 가두고 한 중에게 지키게 하였는데 밤중에 그 중이 부녀자들을 모두 풀어 주어서 왜놈들이 그 중을 때려죽여, 혈흔이 아직 돌기둥에 나타났다 없어졌다 한다는 이야기가 전한다.[160]

도피 중인 백범이 돌아본 가흥의 명소들. 연우루, 혈인사, 낙범정, 삼탑(위 왼쪽부터 시계 방향으로).

동문 밖 10리쯤에 한나라 주매신朱買臣[161]의 묘가 있고 북문 밖에 낙범정落帆亭이 있다. 주매신은 서치書癡[162] 모양이어서, 자기 처 최 씨가 농사일을 가

---

160 이 부분은 삼탑三塔과는 관련이 없고, '혈인사血印寺의 돌기둥'에 얽힌 사연이다.(윤대원, 『제국의 암살자들 – 김구 암살 공작의 전말』, 태학사, 2022, 142쪽.)

161 중국 전한시대의 대신(대략 서기전 174~115)으로, 무제武帝의 신임을 얻어 회계 태수를 거쳐 승상 자리에 올랐으나 어사대부 장탕張湯의 죄상을 파헤쳐 자살하게 만들어, 이 일로 무제의 진노를 사서 죽임을 당했다. 젊은 시절 너무 가난해 땔나무를 팔아서 살았는데, 책을 좋아해 땔나무를 지고 다니면서도 틈틈이 공부를 하였다. 여기서 '부신독서負薪讀書'라는 고사성어가 생겼다.

162 글 읽기에만 온 정신을 쏟아 세상일을 모르는 사람.

면서 보리나락을 보라고 부탁하였는데 전지田地에서 돌아와 보니 소낙비에 보리가 떠내려가는 것도 모르고 독서만 하고 있었다. 이를 보고 최 씨는 목수에게 개가改嫁해 버렸다. 그 후 주매신이 과거에 합격하여 회계會稽[163] 태수가 되어 돌아오는 길에 길을 고치는 여자가 있기에 보니 자기의 처였다. 뒤의 수레에 태우라고 명하여 관사에 들어가 그 여자를 불렀다. 최 씨는 주매신이 영귀하게 됨을 보고 다시 처 되기를 원하니,

"물 한 동이를 길어다가 땅에 엎은 후 다시 수습하여 한 동이가 되게 하면 같이 살겠다."

고 하니, 최 씨가 그대로 시험하다가 물을 동이에 채울 수 없음을 보고 낙범정 앞 호수에 빠져 죽었다는 옛일의 자취를 다 찾아보았다.

이때 상해에서의 밀보密報에 의하면,

원수 같은 왜놈의 활동이 더욱 맹렬하여, 김구가 상해에 있다는 흔적이 없으니 필연 호항선滬杭線[164]이나 경호선京滬線[165] 방면으로 피하여 숨었을 것이라 보고 감시망을 두 철로선으로 파견하여 밀탐하고 있으니 극히 주의하라는 일본 영사관 일본인 관리의 밀보[166]로 오늘 아침에 수색대가 호항로滬杭路로 출발하였으니, 만일 김 씨가 그 방면에 잠복해 있거든 정거장 근처 길가에 사람을 보내서 일본 경찰의 행동을 주목하라.

는 부탁을 받고 정거장 부근에 사람을 보내 몰래 살펴보니, 일본 경찰이 변장하고 하차하여 눈에 불을 켜고 이곳저곳을 돌아다니며 찾다가 가는 것을 보았

---

163 지금의 절강성 소흥紹興.
164 상해와 항주를 잇는 철도.
165 남경과 상해를 잇는 철도.
166 당시 백범은 상해 일본 총영사관에 일본인 관리인을 밀정으로 심어 놓았다 한다.(윤대원, 『제국의 암살자들 – 김구 암살 공작의 전말』, 태학사, 2022, 143쪽.)

다고 한다.

　세상에 기괴망측한 일도 있다. 4·29 이후에 상해 일본인의 삐라에 '김구 만세!'라는 인쇄물이 배포되었다는데 실물은 보지 못하였다. 일본인으로서 우리 돈을 먹고 밀탐한 자도 몇 명 있었다고 한다. 위혜림韋惠林[167] 군의 알선으로도 몇 명 있었으니 매우 신용이 섰다.

가흥에서 다시 해염으로

　일이 이미 여기까지 이르니 가흥에 오래 머무는 것이 위험하다 하여 어쩔 수 없이 또다시 나만은 가흥을 떠날 필요가 있었으나, 떠난다고 장차 안전하겠는가?

　저한추의 처가는 해염현海鹽縣[168] 성안에 있었는데, 거기서 서남쪽으로 40여 리를 가면 해염 주朱 씨 산당山堂이 있는데, 피서 별장이었다. 한추 형은 자기 부인[169]과 상의하여, 재취再娶 후 첫아들을 낳은 미인 혼자만을 나와 함께 한 척의 배에 태워 보냈고, 그리하여 하루 여정으로 해염성 내 주 씨 집에 도착하였다.

167　본명은 위수덕韋洙德으로, 1891년 평양에서 태어나 숭실대학 2년 수료 후 일본 메이지 대학 신학부를 졸업하였다. 귀국하여 조선은행에서 근무하다 블라디보스토크 지점으로 발령나면서 연해주 한인 사회에서 활동하며 적극적으로 독립운동에 가담하기도 했으나 일제의 감시와 탄압이 심해지자 변절하여 일본 총영사관에 정보를 제공해 주는 등 전형적인 이중첩자의 의심을 받은 인물이다.(윤대원, 『제국의 암살자들 – 김구 암살 공작의 전말』, 태학사, 2022, 272~277쪽.)
168　중국 절강성 북부 가흥시에 속한 곳이다.
169　성명은 주가예朱佳蘂로, 당시 가흥여자사범학교를 졸업하고 해염여자소학교에서 교사 생활을 한 재원으로서, 27세에 저봉장의 재취로 시집와서 첫아들을 낳은 지 몇 달 안 된 신혼 주부였다. 이러한 몸으로 주가예는 자기 친정 소유 별장으로 김구를 피신시키기 위해 힘든 여정을 겪어 냈다.

주 씨 집은 해염현 내에서 가장 큰 가정으로 규모가 굉장히 컸다. 내 숙소는 뒤쪽의 양옥 한 채로, 대문 앞은 돌로 된 큰길이고, 그 밖의 길로는 호수로 오가는 선박이 통하였다. 대문 안은 정원이고, 협문으로 들어가면 사무실, 즉 집안일을 총괄하는 집사가 매일 주 씨 댁 생계를 맡아서 처리하는 곳이었다. 종전에는 4백여 명의 식구가 공동 식당에 모여서 밥을 먹다가, 근래에는 식구 대부분이 직업(사농공상士農工商)을 따라 흩어졌고, 그 나머지는 각자 밥을 지어 먹기를 원해서 물품을 분배하여 각자 밥을 지어 먹는다고 한다.

전체 가옥의 구조는 벌집과 같아서 집집마다 서너 개의 방이 있고, 한 집의 앞에는 화려한 응접실이 한 칸씩 있고, 구식 건물 뒤에는 몇 개의 2층 양옥이 있고, 그 뒤는 화원花園이고, 그 뒤는 운동장이었다. 해염의 3대 화원花園[170] 중 주 씨네 화원이 두 번째요 전錢 씨네 화원이 첫 번째라 하기에 전 씨네 화원도 구경하였더니 화원 시설은 주 씨네보다 낫고, 가옥 시설은 전 씨네가 주 씨네 만 못하였다.

주 씨 댁에서 하룻밤을 지내고 자동차로 이동해 노리언盧里堰에서 하차하여 서남쪽 산봉우리까지 근 5~6리를 걸어갔는데, 저褚 부인은 굽 높은 가죽신을 신고 친정의 여종 한 명에게 나의 식료품과 각종 육류를 들게 하고, 7~8월 무더위에 손수건으로 땀을 씻으며 산 고개를 넘었다. 이를 보고 나는 그곳에 활동사진 기구가 있었더라면 내 일행의 이 보행 모습을 찍어서 영구적인 기념품을 만들어 자손만대에 물려줄 마음이 간절했으나 어찌할 도리가 없었다. 우리나라가 독립이 된다면, 저褚 부인의 용감함과 친절함을 우리 자손이나 동포 그 누가 우러러 받들지 않으랴! 활동사진은 찍어 두지 못하지만 문자로라도 기록하여 후세에 전하고자 이 글을 쓴다.

---

170 3대 화원花園 중 주朱 씨네 화원은 주가예의 할아버지(주병수朱丙壽)가 조성한 개인 유원지였다. 한편, 전錢 씨네 화원은 서徐 씨네 화원의 착오이고, 가장 큰 화원은 빙憑 씨네 화원으로, 현재 성급省級 문물보호단위로 되어 있다.(손세일, 「가흥嘉興의 피신생활과 구미위원부歐美委員部의 활동 재개」, 『월간조선』 7월호, 2006.)

산꼭대기의 길가에 주 씨가 지은 정자에서 휴식하고, 다시 일어나 걸어서 수백 보를 가니 산허리에 그윽하고 품위 있는 양옥洋屋[171] 한 채가 보이는데, 안으로 들어가니 집 지키는 고용인의 가족들이 나와서 저 부인을 공경하며 맞이한다. 저 부인은 고용인에게 자기 친정에서 가지고 온 육류와 과일, 채소를 주면서,

"저 양반의 식성은 이러이러하니 주의하여 모시고, 등산하면 하루에 3각角을 받고, 어느 곳은 얼마, 응과정鷹窠頂[172]에를 가면 4각만 받아라."

고 명하고, 그날로 작별을 고하고 본가로 돌아갔다.

그 산당山堂은 저 부인의 친정 숙부를 매장하기 전까지는 피서처였는데, 지금은 그의 묘소 제청祭廳이 된 것이었다. 나는 날마다 수묘인守墓人[173]을 데리고 산과 바다의 풍경을 구경하며 즐기는 것이 굉장히 재미있었다. 본국을 떠나 상해에 도착한 후 14년간, 다른 사람들이 남경·소주·항주의 산천을 구경하고 이야기하는 말도 들었으나 나는 상해에서 위험한 곳으로는 한 발짝도 떠나지 못하여 산천이 극히 그립던 차였는데, 매일 산에 오르고 물가에 나가는 재미는 비할 데 없이 즐거웠다. 산 위에서 앞을 보면 바다 위에 돛단배와 기선이 오가고, 좌우에는 푸른 소나무와 단풍 등이 있는 광경은 자연히 '나그네의 쓸쓸한 가을바람'의 느낌을 주었다. 나는 세월 가는 줄 모르고 매일의 일과가 산

---

171 재청별서載靑別墅라는 집이었다. 이 별장은 주가예의 숙부 주찬경朱贊慶이 1916년에 지은 근대식 건물로, 별장을 짓고 얼마 안 되어 주찬경이 폐결핵을 얻어서 이 별장에서 요양했으나 젊은 나이에 요절하여 별장 서쪽에 묻혔다. 그 후 이 별장은 주찬경 내외의 묘소에 제사를 지내는 제청祭廳으로 사용되었다.(손세일, 「가흥의 피신생활과 구미위원부의 활동 재개」.)

172 중국 저장성浙江省 전당강錢塘江 입구의 명승지인 남북호南北湖 서남쪽에 있는 해발 180m의 산봉우리로, 99개의 봉우리로 둘러싸여 있고, 매가 그 사이를 날아다닌다고 하여 '응과정'이라고 불리게 되었다고 한다. 바다 일출을 볼 수 있는 곳이어서 찾는 사람들이 많다.

173 무덤을 지키는 사람. 이 수묘인은 30세가량의 농부 오금산吳金山으로, 부지런한 성격 탓으로 별장 주인의 신임을 받고 있었다.(손세일, 「가흥의 피신생활과 구미위원부의 활동 재개」.)

응과정.

과 바다를 즐기며 보는 것이었다. 14년 동안 산수에 대한 주림은 십수 일 동안에 포만되었다.

수묘인을 따라 응과정에 가니, 산 위에 비구니 암자[174] 한 채가 있었다. 한 노老비구니가 나와 맞는데 수묘인은 서로 아는 사이로 인사하면서,

"이 귀한 손님은 해염 주 씨 댁 큰아가씨가 모셔 온 광동 분으로, 복약服藥[175] 목적으로 산당에 와 머무르고 있는데 구경하러 왔습니다."

하니 노비구니는 나를 향하여 고개를 끄덕이면서,

"아미타불! 먼 곳에 잘 와 계십니까? 아미타불! 내당으로 들어갑시다. 아미타불!"

---

174 운수암雲岫庵이라는 절이다. 본래 명칭은 운취사雲鷲寺로 송나라 때 창건되었다. 백범을 맞이한 노비구니는 60세가량의 운수암 주지 자신사태慈信師太였다.(손세일, 「가흥의 피신생활과 구미위원부의 활동 재개」.)
175 "약을 복약함"의 뜻인 중국어이다. '약藥'은 구릿대인데, 산지의 골짜기에서 자라는 식물로 그 뿌리는 백지白芷라 하여 한약재로 쓰인다.

한다. 나는 입으로 끊임없이 염불하는 도道가 높은 비구니를 따라 암자 안으로 들어섰다. 각 방에서 붉은 입술과 분 바른 얼굴에 승복을 맵시 있게 입고 목에는 긴 염주를 걸고 손에는 짧은 염주를 쥔 묘령의 비구니들이 나와서 '머리를 숙이며 은근한 눈길을 보내는' 식의 인사를 하는데, 그 모습에서 상해 팔선교八仙橋의 야계굴野鷄窟[176] 구경하던 광경이 회상되었다.

수묘인이 나의 시곗줄 끝에 작은 지남침指南針이 있는 것을 보고서,

"뒤쪽 산 부근에 암석 하나가 있는데, 그 바위 위에 지남침을 놓으면 곧 변하여 지북침指北針이 된답니다."

고 한다. 식사 후에 따라가서, 암석 위의 동전 한 개를 놓을 만한 오목하게 파인 자리에다 지남침을 들여놓으니 지남침이 지북침이 되었다. 나는 광학鑛學을 모르지만, 아마도 자석광磁石鑛이나 자철광磁鐵鑛인 듯하였다.[177]

하루는,

"해변에서 5리쯤 되는 곳에 진鎭[178]이 있어서 오늘이 장날인데, 구경 안 하시겠습니까?"

하기에,

"좋소."

하고 따라갔다. 지명은 잊어버렸는데, 보통 진이 아닌 해변 요새였다.[179] 포대도 있었는데, 옛날에 지은 작은 성城으로 임진년 난리 때 건축하였다 한다. 성안에는 인가도 즐비하고 약간의 관청도 있는 모양이었다. 성의 뒤로 한 바퀴를 돌며 대강 구경하니 외진 곳의 진이라 그런지 장꾼도 매우 적었다.

한 국숫집에 들어가 점심을 먹는데 노동자와 경찰과 일반인 등이 수군거리며 나를 주시하더니, 수묘인[180]을 불러 데려가면서 나에게도 직접 캐묻는다.

---

176 '창녀촌'의 중국어이다.
177 자석광과 자철광은 같은 뜻으로, 산화철로 이루어진 산화 광물이다.
178 중국에서 '큰 도시'를 이르는 말이다.
179 감포진㽍浦鎭이라는 곳으로, 왜구의 침략을 방비하기 위해 설치한 진이다.

감포진.

　"나는 광동 상인이다."

라고 서툰 중국말로 대답을 하면서 벽을 사이에 두고 있는 수묘인이 답변하는

말을 들으니,

　"해염 주 씨 댁 큰아가씨가 산당에 모셔다 둔 귀한 손님이다."

라고 대담하게 말하는 것을 보아도 주 씨 댁의 세력을 알 수 있었다. 무슨 연유

도 모르고 산으로 돌아왔다. 수묘인에게 물으니 대답하기를,

　"그까짓 경찰들, 영문도 모르고 장 선생이 '광동인이 아니고 일본인이 아니

냐?'고 묻기에, '주 씨 댁 큰아가씨가 일본인과 동행하겠는가?' 하였더니 아무

말도 못 하던데요."

한다.

---

180 친필본에는 '수산인守山人'으로도 나오나 같은 의미로 쓰였다.

중국의 발달된 산업을 체험하다

며칠 후에 안공근·엄항섭·진동생이 산으로 와서 응과정의 뛰어난 경치를 구경하고 나와 함께 다시 가흥으로 돌아갔다. 다른 까닭이 아니라, 전날 경찰이 어떤 진鎭에서 나에게 캐물은 후에 즉시 산당을 비밀히 감시하였으나 별반 단서를 얻지 못했는데, 경찰국장이 해염 주 씨 댁에 출장하여 산당에 머무는 광동인의 정체를 조사하자 저褚 부인의 부친이 사실대로 말한 것이다. 경찰국장은 크게 놀라며,

"과연 그렇다면 진력 보호하겠습니다."

라고 하였다 하나, 지각없는 시골 경찰을 믿기 어려워 가흥으로 돌아간 것이다.

그 길에 해령현성海寧縣城[181]에 들어가 청나라 건륭乾隆[182] 황제가 남쪽 지방 순행 때 술 마시던 다락방도 구경하였다. 가흥에 돌아와 작은 배를 타고 날마다 남호南湖 방면으로 뱃놀이하는 것을 일삼고, 마을로 내려가서 닭을 사서 배 안에서 삶아 먹는 것이 매우 재미있었다.

가흥 남문 밖 운하運河로 10여 리쯤 되는 엄가빈嚴家浜이라는 농촌에는 진동생의 전지田地가 있는데, 그 마을의 손용보孫用寶라는 농부가 진동생과 극히 친한 터여서 나는 손용보의 집에 머물러 살게 되었다. 나는 날마다 농가의 시골 늙은이가 되어, 식구들이 전부 전지로 나가고 빈 집에서 어린애가 울면 내가 아이를 안고 전지로 유모를 찾아가는데, 아이 어머니는 황공무지해하였다.

오뉴월 양잠養蠶 시기였다. 집집마다 돌아다니면서 양잠하는 것을 살피며 부녀자들이 실 잣는 것을 보았다. 60여 세의 노파가 일을 하는데, 물레 하나 곁에 솥을 걸고, 물레 밑에 발판을 달아 오른발로 누르면 바퀴가 구르며 움직이

---

181 중국 절강성에 속한 곳이다.
182 중국 청나라 제6대 고종(재위 1735~1795)의 연호. 이때 인도차이나와 타이완, 티베트를 평정하여 전성기를 이루었다.

고, 왼손으로는 장작불을 일으켜 누에고치를 삶고, 오른손으로는 두 가닥 고치

실을 물레에 감는 것을 보았다. 이것은 내가 어릴 때부터 본국에서 부인들이

실 잣는 것을 본 데 비하면 천양지판이었다. 나는 물어보았다.

"당신, 금년 춘추가 어떻게 되시오?"

노파가 말한다.

"60 몇 살이오."

"당신, 몇 살부터 이 기계를 사용하였습니까?"

"7세 때부터요."

"그러면 근 60년 이전에도 실 잣는 기계가 이것이었소?"

"네, 바꾼 일 없소."

나는 실제로 7~8세 어린아이가 실 잣는 것을 보고 의심하지 않았다.

농가에 덧붙어서 살다 보니 농기구를 자세히 조사하고 그 사용하는 것을

보게 되는데, 우리 본국의 농기구에 비하면 비록 구식이라 하더라도 우리 농기

구보다 퍽 진보되어 보였다. 전답에 물을 대는 한 가지 일만 보아도, 나무로 만

든 톱니바퀴를 남녀 몇 사람이 소나 말을 이용해 밟아 굴려서 한 길 이상으로

호수의 물을 끌어 올려 물을 대니 그 얼마나 편리한가. 모내기 한 가지 일로 말

하여도, 모내는 날에 미리 벼 베는 날짜를 계산하는데, 올벼는 80일, 중간 벼는

100일, 늦벼는 120일이라 한다. 우리나라에서는 줄모[183]를 일본인이 발명한 것

으로 알았는데, 중국에서 고대부터 줄모를 심었던 것은 김매는 기계를 보아도

알 수 있었다.

농촌을 시찰한 나는 한마디 하지 않을 수가 없다. 우리나라에서 한漢·당

唐·송宋·원元·명明·청淸 각 시대에 고관 사절이 왕래하였다. 북방보다도 남

방의 명나라[184] 시대에 우리 선인들이 사절로 다닐 때는 모두 눈먼 사람이었던

---

183 못줄을 대어 가로와 세로로 반듯하게 심는 모.

184 명나라는 1368년 중국 남방에서 일어나 남경南京에 도읍하였지만, 1421년 북방의 북

　　경北京으로 수도를 옮겼다.

가? 필시 헛된 생각으로 국계민생國計民生[185]이 무엇인지를 생각도 못 하였던 것이니 어찌 원통하고 한스럽지 않겠는가? 문영文英[186]이라는 선인先人은 면화 씨를, 문래文萊[187]라는 선인은 실 잣는 기계(물레)를 중국에서 수입하였다고 하나, 그 밖에는 말만 꺼내면 오랑캐라고 지칭하면서도 명대에는 의관과 문물을 모두 중화中華의 제도를 따랐다 하는데, 실제로 아무 이익도 없고 불편하고 고통스럽기만 한, 예를 들면 망건과 갓 등 몹쓸 기구들은 그야말로 생각만 해도 이가 시리다.

사대사상에서 시작된 우리 민족의 비운

우리 민족의 비운은 사대사상이 만들어 낸 것이라고 아니 할 수 없다. 국리민복國利民福의 실제는 도외시하고, 주희朱熹[188]의 학설 같은 것은 본래 주희 이상의 강고한 이론을 주창함으로써 사색당파四色黨派가 생겨 몇백 년을 다투며 삐걱거리느라 민족적 원기가 모두 소진되어 남은 것이 없고, 발달한 것은 오직 의존성뿐이니 어찌 망하지 않겠는가?

한탄스러운 것은, 오늘날을 두고 보아도 청년들이 노인들을 가리켜 '노후老朽'

---

185 나라의 살림살이와 일반 백성의 생계.
186 친필본의 한자 '文永'은 오기이며, 내용상 '문익점文益漸'으로 고쳐야 한다. 문익점(1329~ 1398)은 고려 말의 문신으로, 중국 원나라에 사신으로 갔다가 돌아올 때 면화씨를 붓 대 속에 넣어 가지고 와서 심어 우리나라에 처음으로 면화를 번식시켰다. 한편 문영은 문익점의 손자로, 형 문래文萊가 면화에서 실을 뽑는 물레를 만들자 베짜는 기계를 만들었다 한다.
187 중국 원나라에서 면화씨를 들여온 문익점文益漸의 손자로, 면화에서 실을 뽑는 물레를 만들었다. '물레'라는 명칭도 이 기계를 만든 '문래'에서 따온 것이라 한다. 친필본의 '문로文勞'는 오기이다.
188 중국 송나라의 유학자(1130~1200). 유학에 대한 연구가 깊어 주자朱子로 높이 불리며, 그의 학문을 주자학이라고 하여 우리나라에도 많은 영향을 주었다.

니 '봉건잔재封建殘滓'니 하니 긍정할 점이 없지는 않으나, 사회주의자들이 '혁명은 유혈 사업인데, 한 번의 유혈은 되지만 민족운동이 성공한 후에 또다시 사회운동을 하는 것은 절대 반대'라고 강경하게 주장하더니, 아라사 국부 레닌이 식민지 민족은 민족운동을 먼저 하고 사회운동은 후에 하는 것이 옳다는 말을 하자 조금도 주저 없이 민족운동을 한다고 떠들지 않는가? 정주程朱[189]가 방귀를 뀌어도 향기로운 냄새라고 주장한다고 비난하며 웃던 그 입과 혀로 레닌의 방구放㕦[190]는 달콤한 물건이라고 할 듯하니, 청년들은 좀 정신 차려야 한다. 나는 결코 정주 학설의 신봉자가 아니고 마르크스[191]와 레닌주의 배척자도 아니다. 우리의 국가적 특성과 국민의 정도에 맞는 주의와 제도를 연구, 실시하려고 머리를 쓰는 자 있는지? 만일 없다면 이보다 더 큰 슬픔은 없다 할 것이다.

뱃사공 주애보와 위장결혼을 하다

엄가빈에서 다시 사회교砂灰橋 엄항섭 군의 집에 와서 오룡교五龍橋 진동생의 생가에서 숙식하며, 낮에는 주애보朱愛寶의 작은 배를 타고 인근 운하를 통해 각 농촌을 구경하는 것이 유일한 임무인 듯하였다.

가흥성 내에 고적古蹟 몇 곳이 있었다. 고대에 부자가 된 것으로 유명한 도주공陶朱公[192]의 집터(진명사鎭明寺)가 있는데, 축오자畜五牸[193] 하는 외에 연못을

---

189 중국 송나라의 유학자 정자程子와 주자朱子의 합칭이다. 정자는 정호程顥(1032~1085)와 정이程頤(1033~1107) 형제를 높여 이르는 말이고, 주자는 주희朱熹를 높여 이르는 말이다.

190 소리쳐 외침.

191 친필본의 '마극사馬克思'는 마르크스Marx(1816~1883)의 음역어이다. 독일의 경제학자·정치학자·철학자로 일찍이 헤겔G. W. F. Hegel의 영향을 받아 무신론적 급진 자유주의자가 되었다. 엥겔스F. Engels와 함께 경제학 연구에 힘써 유물사관을 정립하였으며 『자본론』·『공산당선언』 등을 발표하여 러시아를 비롯한 각국의 혁명에 큰 영향을 미쳤다.

파서 만든 양어장이 있고, 문 앞에 '도주공
유지陶朱公遺址'라는 비석이 있었다.

백범과 위장결혼까지 하여 피신을 도
와준 뱃사공 주애보.

하루는 심심해서 동문으로 가는 대로변
의 광장에 가니 군경軍警의 조련장이 있어
서 군대가 훈련을 하고 있는데, 오가는 사람
들이 운집하여 조련하는 것을 보고 있기에
나도 걸음을 멈추고 구경하였다. 그때 조련
장 쪽으로부터 한 군관이 나를 유심히 보더
니 돌연 달려와서 나에게 묻기를,

"어느 지방 사람인가?"

한다. 내가 대답하기를,

"광동인이다."

라고 했는데, 그 군관이 광동인일 줄이야 어찌 알았겠는가. 당장 보안대 본부
로 가서 취조를 받게 되었다.

"나는 중국인이 아닌데, 당신네 단장을 대면시켜 주면 본래 신분을 필담으
로 설명하겠다."

단장은 안 나오고 부단장이 얼굴을 내밀기에,

"나는 한인韓人인데, 상해 홍구 폭탄 사건 이후에 상해 거주가 곤란하여 잠

---

192 중국 춘추전국시대 월越나라의 공신인 범려范蠡를 가리킨다. 범려는 월나라 왕 구천句
     踐을 도와 오나라를 멸망시키는 데 공을 세웠지만, 자신의 공이 오래가지 못할 것을 알
     고 벼슬을 내놓은 후에 치부致富에 힘써 가난한 백성들에게 나누어 준 다음, 또 도陶
     지방에 가서 호를 도주공이라 하고 다시 재물을 모아 큰 부자가 되었다고 한다. 이와
     같은 식으로 범려는 19년 동안 세 번 천금을 모아 두 번 가난한 이들에게 나누어 주어
     당대인들로부터 존경을 받았다.
193 암소 다섯 마리를 기름. 『십팔사략十八史略』에 나오는 "魯人□頓往問術焉 □曰畜五□"
     라는 고사에서 나온 말이다. 중국 춘추전국시대 때 노나라 사람 의돈이 부자가 되는 방
     법에 대해 물으니 범려가 말하기를, "암소 다섯 마리를 길러라." 하였다 한다.

시 이곳 저한추의 소개로 오룡교 진동생의 집에 얹혀살고 있으며, 성명은 장진구張振球이다."

라고 하였다. 경찰은 그길로 남문의 저 씨 댁과 진 씨 댁에 가서 엄밀히 조사를 한 모양이다. 네 시간쯤 뒤에 진陳 형이 와서 보증을 서고 석방되었다. 저한추 군은 나에게 이런 권고를 한다.

"김 선생의 피신 방법은, 김 선생은 홀아비로 살고 계시니 내 친구 중 과부로 나이 근 30 된 중학 교원이 있으니 보시고 뜻이 맞으면 아내로 맞는 것이 어떻겠습니까?"

그러나 나는,

"중학 교원이라면 즉각 나의 비밀이 탄로될 것이니 불가하오."

하고,

"차라리 배 젓는 여자와 친하여 의탁하면, 그 주 씨 여인이 목불식정目不識丁이니 나의 비밀을 지킬 수 있을 것이오."

하였다.

백범이 피신했던 남문 호수와 피신용 배.

이후로는 아주 선중船中 생활을 계속하였다. 오늘은 남문 호수 뒤에서 자고 내일은 북문 하천 가에서 자고, 낮에는 육상에서 걷기나 할 뿐이었다.[194]

낙양군관학교 설립

나는 숨어 있는 반면에, 남파南坡 박찬익, 일파一坡 엄항섭, 신암信菴 안공근 세 사람은 부단히 외교와 정보 방면에 치중해 활동하였다. 물질적으로는 중국인 친구의 동정이 있었고, 미주 동포들도 내가 상해를 탈출한 소식을 알고 점차 원조가 증가되어 활동하는 비용은 그다지 모자라지 않았다.

박남파 형은 지금까지 남경에서 중국국민당 당원으로서 중앙당부에 취직했던 관계로 중앙 요인 중 친숙한 사람이 많아서 중앙 방면으로 교섭한 결과, 중앙당부 조직부장이자 강소성 주석인 진과부陳果夫의 소개로 장개석蔣介石[195] 장군과의 면담이 주선되었다. 이 면담 통지를 접한 나는 안공근과 엄항섭을 대동하고 남경에 도착하였다. 공패성貢沛誠과 소쟁蕭錚 등의 요인이 진과부 대신 나와서 맞이하여 중앙반점中央飯店에 숙소를 정해 주었다.

이튿날 야간에 진과부의 자동차로, 남파를 통역으로 대동하고 중앙군관학교 내 장 장군의 자택으로 갔다.[196] 장 씨는 온화한 얼굴빛에 중국옷을 입고 응

---

194 이때 배 안에 있다가 위급 상황이 발생하면 2층 침실의 비상 탈출구를 통해 호수로 피신했다가 어둑해지면 빨랫줄에 걸린 빨래 색깔을 보고 안전을 확인한 뒤 귀가했는데, 붉은색이면 안전, 검은색이면 위험 표시였다고 한다.

195 중국의 군인·정치가(1887~1975). 1906년 보정군관학교에 들어갔다가 이듬해 일본 육군사관학교에 입학하였다. 졸업 후 일본 군대에서 근무했으며 1918년 손문孫文의 휘하에 들어가 국민당 혁명군총사령관이 되어 북벌에 성공하고 남경 정부의 실권을 장악하였다. 일본의 대륙 침략에 맞서 항일전에 힘썼으며 새로운 헌법 아래 초대 총통에 취임하였으나 1949년 중국공산군과의 전투에 패하여 정부를 타이완으로 옮기고 자유중국의 총통으로서 타이완을 다스렸다.

196 1933년 5월, 7~8월, 9월 이후 등 학설이 분분하다.

접해 준다. 피차 인사를 끝낸 후에 장
씨가 간단한 어조로,

"동방 각 민족은 손중산孫中山[197]
선생의 삼민주의三民主義[198]에 부합하
는 민주적 정치를 하는 것이 마땅할
듯합니다."

하기에 나는 그렇다고 대답한 후에,

"일본의 대륙 침략의 마수가 각일
각으로 중국에 침입하니, 좌우를 물리
쳐 주시면 필담으로 몇 마디 진술하여
올리겠습니다."

하였다. 장 씨가 좋다고 하자 진과부
와 박남파가 문밖으로 물러가고, 붓과
벼루를 친히 갖다주기에,

장개석.

    선생이 1백만 원의 돈을 허락하여 주시면 2년 이내에 일본·조선·만주
    세 방면에서 대폭동이 일어나게 하여 일본의 대륙 침략의 교량을 파괴할
    테니, 선생의 뜻은 어떻습니까?

하였다. 장 씨는 붓을 들어 글을 쓰기를,

---

197 중국의 정치가 손문孫文(1866~1925)을 가리킨다. 중산은 손문의 호이다. 1894년 청일
전쟁이 일어나자 흥중회興中會를 조직하여 반정부 기치로 거병하였다가 실패하고,
1905년 러일전쟁 때는 국민혁명동지회를 결성하고 다시 반정부 무장봉기를 재개하였
다. 삼민주의三民主義를 제창하고 1911년 신해혁명을 일으켜 임시 대총통에 추대되었
으나 곧 사임하고, 중국국민당을 조직하여 혁명을 추진하였으나 북경에서 병사하였다.
198 1905년 손문孫文이 제창한 중국 근대 혁명의 기본 이념으로, 민족주의·민권주의·민
생주의의 세 원칙으로 이루어져 있다.

낙양군관학교에서 교관과 영관으로 일한 이청천(왼쪽)과 이범석.

청컨대 계획서를 자세히 써서 보여 주십시오.

라고 하기에 물러나왔다.

이튿날 간략한 계획서를 보냈더니, 진과부 씨가 자기 별장에서 식사 자리를 베풀고 장 씨의 의사를 대신 진술하여 말하기를,

"특무 공작으로 천황을 죽이면 천황이 또 있고, 대장을 죽이면 대장이 또 있지 않은가? 장래 독립하려면 군인을 양성해야 하지 않겠는가?"

하였다. 이에 대한 나의 대답은,

"감히 청하지 못했으나 원래부터 바라던 바입니다. 장소와 자금이 문제입니다."

라고 하였다.

장소는 낙양분교洛陽分校로 하고, 자금은 발전에 따라 공급한다는 약속하에 한 기期에 장교 백 명씩을 양성하기로 결의하였다. 이에 따라 동삼성에 사람을 보내 옛날 독립군들을 소집하였다. 이청천·이범석李範奭[199]·오광선吳光善·김창환金昌煥 등의 장교, 그 부하 수십 명의 청년들, 관내 북평北平[200]·천진·

낙양군관학교 건물과 숙소.

상해·남경 등지에 있던 청년들을 모두 소집하여 1차로 백 명을 진학하게 하고, 이청천과 이범석은 교관敎官[201]과 영관領官[202]으로 입교하여 사무를 보게 하였다.[203]

한국국민당 조직

이때 우리 사회에서는 또다시 통일 바람이 일어나 대일전선통일동맹對日

---

199 일제강점기의 독립운동가이자 현대의 정치가(1900~1972). 서울 출신으로 1915년 중국으로 망명하여 1919년 만주 청산리대첩에서 김좌진을 도와 중대장으로 참가하여 일본군 격퇴에 큰 공을 세웠다. 광복 후 귀국하여 국무총리 겸 국방부 장관 등을 지냈다.

200 북경北京의 옛 이름.

201 군사 교육 및 훈련을 맡아보는 장교.

202 학생들을 인솔하는 장교.

203 1934년 2월 28일 중국 중앙육군군관학교 낙양분교에 한인특별반이 개설되었다.

의열단 단장 김원봉(왼쪽)과 단원 김두봉.

戰線統一同盟의 발동으로 의론이 분분하더니, 하루는 의열단장義烈團長 김원봉 金元鳳[204] 군이 특별 면회를 청하기에 남경의 진회강秦淮江 가에서 은밀히 만났다. 김 군이,

"현재 발동되는 통일운동에 어쩔 수 없이 참가하려는데 선생도 동참하는 것이 어떻습니까?"

하기에, 나는 김 군에게 물었다.

"내 소견에는 통일의 대체大體는 동일하지만 동상이몽으로 보이는데, 그대의 생각은 어떠하오?"

김 군이 답하기를,

"이 아우가 통일운동에 참가하는 주요 목적은 중국인들에게서 공산당이라

204 일제강점기의 독립운동가이자 현대의 정치가(1898~1958). 경남 밀양 출생으로 1918년 중국으로 건너가 금릉대학에서 공부하다가 3·1운동 후 의열단義烈團을 조직하여 일제의 수탈 기관 파괴와 요인 암살 등 무정부주의적 투쟁을 전개하였다. 일제는 그에게 김구보다 40만 원이나 더 많은 현상금 백만 원(현재의 가치로 약 320억 원)을 걸 정도로 극렬한 항일 투쟁을 전개하였다. 상해 임시정부에서 국무위원을 지냈으며, 광복 후 귀국하여 활동하다가 1948년 남북협상 때 월북하였다.

는 혐의를 면하고자 함입니다."

라고 한다. 나는,

"그렇게 목적이 각각 다른 통일운동에는 참가하기를 원하지 않소."

라고 하였다.

그로부터 소위 5당통일회의가 개최되어, 의열단·신한독당·조선혁명당·한국독립당·미주대한인독립단이 통합하여 조선민족혁명당朝鮮民族革命黨으로 세상에 나오게 되었다. 5당 통일 이면에는 임시정부를 눈엣가시로 인식하는 의열단원 중 김두봉金枓奉[205]·김약산金若山[206] 등의 임시정부 취소운동이 극렬하였다.

당시 국무위원 김규식·조소앙趙素昻·최동오崔東旿·송병조·차이석·양기탁·유동열 7인 중 김규식·조소앙·최동오·양기탁·유동열 5인이 통일에 심취하였고, 임시정부 파괴에 무관심함을 본 김두봉은 임시 소재지인 항주에 혼자 가서 송병조·차이석 두 사람을 보고 5당 통일이 되는 이때 명패만 남은 임시정부를 존재케 할 필요가 없으니 취소해 버리자고 강경한 주장을 하였지만, 송병조·차이석 두 사람은 강경 반대를 하고 있었다. 그러나,

국무위원 7인 중 5인이 직책을 버리고 보니 국무회의를 진행하지 못하므로 무정부 상태입니다.

라는 조완구 형의 친서를 받고 심히 분개하여 급히 항주로 가 보니, 그곳에 머

---

205 일제강점기의 독립운동가이자 현대의 정치가(1889~1960). 부산 출생으로 일찍이 한글 연구에 힘써 『조선어사전』 편찬에 참여하였다. 1919년 3·1운동에 참여한 후 중국 상해로 건너가 독립운동에 헌신하였다. 상해 임시정부에서 의정원 의원이 되었고, 고려혁명당과 민족혁명당에서도 활동하였다. 광복 후 평양으로 들어가 노동당 등에서 일했으나 반대파에게 숙청당하여 노동자로 일하다가 사망하였다.

206 '약산若山'은 김원봉金元鳳의 호이다.

물러 있던 김철은 이미 병으로 죽었고, 5당 통일에 참가하였던 조소앙은 벌써 민족혁명당에서 탈퇴하였다.

그때 항주에 거주하는 이시영·조완구·김붕준·양소벽楊少碧·송병조·차이석 등의 의원들과 임시정부 유지 문제를 협의한 결과 의견이 일치되었다. 그래서 다 함께 가흥에 도착하여 이동녕·안공근·안경근安敬根·엄항섭·김구 등이 남호에 놀잇배 한 척을 띄우고 배 안에서 의회를 개최하고 국무위원 3인을 보충하여 선출하였으니, 이동녕·조완구·김구와 송병조·차이석 등 모두 5인이 되어 이로써 국무회의를 진행할 수 있게 되었다.[207]

5당 통일이 형성될 당시부터 우리 동지들은 단체 조직을 주장하였으나 나는,

"다른 사람들은 통일을 하는데 그 통일 내용이 복잡하여 아직 참가를 안하고 있으나, 내가 어찌 차마 딴 단체를 조직하겠소?"

라며 극력 만류했었다. 그러나,

"지금은 조소앙의 한독당 재건설 이야기가 나왔으니, 이제는 김구가 단체를 조직해도 통일 파괴자는 아니오. 임시정부가 종종 위험을 당하는 것은 튼튼한 배경이 없기 때문인데, 이제 임시정부를 형성하였으니 정부 옹호를 위한 하나의 단체가 필요합니다."

하여 한국국민당韓國國民黨을 조직하였다.[208]

한편, 남경의 일본 영사 스마須麻가 낙양군관학교 한인 학생 문제로 중국에 엄중 교섭하고, 경비사령관 곡정륜谷正倫[209]에게 더욱 교섭하기를,

"대역大逆 죄인 김구를 우리가 체포할 것인데, 급기야 체포할 때 국적이 어디니, 무엇이니 딴말을 하면 안 된다."

하니 곡 씨는,

"일본에서 후한 상금을 걸었으므로, 김구를 내가 체포하면 상금을 달라고

---

207 1935년 11월 2일의 일이다.
208 1935년 11월 2일의 일이다.
209 당시 남경 위수사령관이었다.

가흥 시절의 임시정부 국무위원들. 앞줄 왼쪽부터 조완구, 이동녕, 이시영. 뒷줄 왼쪽부터 송병조, 백범, 조성환, 차이석.

하였으니, 남경에서 근신하라."

는 부탁을 내가 직접 들었다.

　낙양군관학교 한인 학생은 겨우 1기의 학업을 마친 후로는 다시는 수용을 말라는 상부 명령에 따르게 되니, 중국에서의 한인 군관 양성은 종막을 고하였다.

일본기의 폭격으로 장사로 피난하다

나의 남경 생활도 점점 위험기에 들어갔다.

개 같은 왜놈들이 나의 자취가 남경에 있다는 냄새를 맡고 상해에서 암살대[210]를 남경으로 보낸다는 소식을 접하고 부자묘夫子廟[211] 근처에 사람을 보내 시찰케 하니, 사복 입은 일본 경찰 일곱 명이 무리를 지어 돌아다니며 찾고 있더라고 하였다. 나는 어쩔 수 없이 가흥의 여자 뱃사공 주애보를 데려다가 매월 15원씩을 그의 본가에 주고, 회청교淮淸橋에 셋방을 얻어 동거하였다. 직업은 고물상이라 하고 여전히 광동 해남도海南島 사람인 척했으며, 경찰이 호구조사를 와도 애보가 먼저 나가 설명하고, 나와는 말 주고받는 것을 삼가고 피하게 하였다.

그때 노구교사건蘆溝橋事件[212]이 일어나 중국은 항전을 개시하였다. 한인韓人들의 인심도 불안하게 되었는데, 5당 통일로 만들어진 민족혁명당은 쪽쪽이 분열되어 조선혁명당이 또 한 개 생기고, 미주대한인독립단은 탈퇴하고, 본래 의열단 사람들만이 민족혁명당을 지지하게 되었다. 그같이 분열된 이유는, 겉으로는 민족운동을 표방하고 속으로는 공산주의를 실행한다는 것 때문이었다.

시국이 점점 급박해지므로 우리 한국국민당과 조선혁명당, 한국독립당, 그리고 미국과 하와이의 각 단체를 연결하여 민족진선民族陣線을 결성하고 임시정부를 옹호 지지하게 되니, 정부는 점점 건전한 길로 나아가게 되었다.

---

210 일본 경찰이 매수한 백범 암살 공작의 실행자 오대근(1901~1935) 일행으로 보인다. (윤대원, 『제국의 암살자들 – 김구 암살 공작의 전말』, 태학사, 2022, 192쪽.) 오대근은 경기도 양평 출신으로 국내에서 사회주의운동을 하다가 중국 상해로 건너가 공산주의 운동을 하던 중 일제의 탄압으로 활동이 어려워지자 일제에 포섭되어 전향하였다.

211 공자를 모신 사당.

212 1937년 7월 7일 중국 북경 교외의 영정하永定河에 놓여 있는 노구교 부근에서 훈련 중인 일본군과 중국군 사이에 일어난 충돌 사건으로, 중일전쟁의 발단이 되었다.

노구교사건 바로 다음 날 노구교 앞에서 만세를 부르는 일본군. 1937. 7. 8.

상해전쟁上海戰爭[213]은 점점 중국 측이 불리하게 되었고, 남경의 일본 비행기 폭격은 날마다 더욱 심해졌다. 내가 거주하는 회청교 집에서 초저녁에 적군 비행기 때문에 곤란을 받다가 경보 해제 후에 취침하여 잠이 깊이 들었는데 갑자기 잠결에 공중에서 기관총 소리가 들렸다. 놀라서 일어나 방문 밖으로 나가자 벽력이 진동하면서 내가 누웠던 방의 천창天窓[214]이 무너져 내리는데, 뒷방에서 자는 애보를 불러내니 죽지는 않았다. 그곳에서 함께 사는, 후면의 각 방 사람들은 진흙 속에서 다들 나오는데, 뒷벽이 무너졌고, 그 밖에는 시체가 무수하였다. 각처에 불빛이 하늘 높이 치솟아 하늘빛은 붉은 담요와 같았다.

---

213 1937년 7월 7일 노구교사건으로 충돌한 일본군과 중국군이 상해에서 벌인 전쟁. 1932년 1월 28일에 일어난 상해사변에 대하여 이를 제2차 상해사변이라고 한다. 이로써 중일전쟁이 본격적으로 벌어졌으며, 전투가 상해와 남경, 무한 등 중국 전역으로 확대되었다.

214 지붕에 낸 창.

그러자 날이 밝아서 마로가馬路街의 모친 댁을 찾아가는데, 여기저기 죽은 자, 다친 자가 도로에 가득하였다. 이를 보면서 모친 댁 문을 두드리니 모친께서 친히 나오셔서 문을 열어 주셨다.

"놀라셨지요?"

모친은 웃으시면서 말씀하신다.

"놀라기는 무엇을 놀라? 침상이 들썩들썩하더군그래. 사람이 많이 죽었나?"

"네, 오면서 보니 이 근처에서도 사람이 다쳤던데요."

"우리 사람들은 다치지 않았나?"

"글쎄요. 지금 나가서 보렵니다."

곧 나와서 백산白山[215]의 집을 방문하니 집이 진동하여 놀라고 당황했으나 별고는 없고, 남기가藍旗街의 대다수 학생과 식구들도 무고하여 천만다행이었다. 성암誠菴 이광李光 씨 댁 자녀는 일곱 명인데, 심야에 경보를 듣고 피난을 가다가 중도에서 천영天英이 한 명이 자고 있는 것을 깨닫고 다시 담을 넘어 들어가 자는 아이를 안고 나온 우스운 일도 있었다.

남경이 시시각각 위험해져 가자 중국 정부는 중경重慶을 전시 수도로 정하고 각 기관이 어수선하게 옮겨 갔다. 우리 광복진선 3당의 인사들과 그 식구들 백여 명은 물가가 싼 호남湖南의 장사로 우선 이주하기로 결정하고, 상해와 항주, 그리고 율양溧陽 고당암古堂庵에서 선도仙道를 닦고 있는 우강雩岡 양기탁 형에게까지 각지의 식구들이 남경으로 올 여비를 보내 주면서 소집령을 내렸다.[216]

안공근을 상해로 파견하여 그의 식구와 큰형수(안중근 의사의 부인)는 기어

---

215 일제강점기의 독립운동가이자 현대 정치가인 이청천李靑天(본명 지청천池靑天)의 호이다. 한편, 일제강점기의 독립운동가이자 실업가인 안희제安熙濟(1885~1943)의 호도 백산이다.

216 1937년 11월 23일의 일이다.

이 모시고 오라고 거듭 부탁하였는데, 마침내 가족을 데려올 때 보니 자기 가족들뿐이고 큰형수가 없었다. 나는 크게 꾸짖었다.

"양반의 집에 불이 나면 사당에서 신주부터 안고 나오거늘, 혁명가가 피난을 하면서 나라를 위해 살신성인한 의사義士의 부인을 왜놈의 점령 지역에 내버려두는 것은, 자네 집안의 도덕을 말하지 않더라도 혁명가의 도덕으로는 참을 수 없는 일이다. 그런데 자네의 가족을 단체 생활에 편입시키는 것이 오늘 생사고락을 같이하자는 본의가 아닌가?"

공근은 자기 식구만은 중경으로 이주케 하고 단체 편입을 원치 않으므로 자의에 맡겼다. 나는 안휘성 둔계중학屯溪中學에 재학 중인 신信이를 불러오고 모친을 모시고 안공근의 식구와 함께 영국 기선으로 한구漢口를 향하여 갔고, 대가족 백여 식구는 중국 목선 한 척에 짐까지 가득 싣고 남경을 벗어났다.

나는 모친을 모시고 먼저 한구에 도착하여 장사에 이르니, 선발대로 먼저 도착한 조성환·조완구 등은 진강鎭江에서 임시정부 문서와 장부를 가지고 남경 일행보다 며칠 먼저 도착하였고, 남경 일행도 풍랑 속에서도 무사하였다. 다만 남기가 사무소에서 물 긷는 일을 하던 채蔡 군은, 모친께서 "사람됨이 충실하니 동행하라."는 명령을 하셔서 편입시켜 데려왔는데, 오다가 무호蕪湖 부근에서 풍랑 중에 물을 긷다가 실족하여 익사한 일만은 불행이었다.

남경에서 출발할 때 주애보는 본향인 가흥으로 보냈다. 그 후에 종종 후회되는 것은, 송별할 때 여비를 100원밖에는 더 주지 못한 것이었다. 근 5년 동안 나를 위하여, 나를 한낱 광동인으로만 알고 모르는 사이 유사 부부로 지내면서 나에 관한 공로가 없지 않은데, 뒷날의 기약이 있을 줄 알고 돈도 넉넉히 돕지 못한 것이 유감천만이었다. 한구까지 동행한 공근의 식구는 중경으로 이주하였고, 백여 식구 동지와 동포들은 공동생활을 할 줄 몰라서 각자 셋방을 얻어 각자 밥 지어 먹으며 생활하였다.

모친의 그간 생활

모친의 생활 문제가 기록에서 누락되었으므로 거슬러 올라가 생각하여 쓰겠다.

나는 상해에서 민국 6년 1월 1일 상처喪妻하였다. 아내는 신이를 낳은 후 몸이 채 튼튼해지지 못했던 때에 영경방永慶坊[217] 10호 2층에서 모친께 세숫물을 버려 달라고 하기가 황송했는지 세숫대야를 들고 아래층으로 내려가다가 발을 헛디뎌 층계에서 굴러 떨어졌다. 이것이 늑막염이 되고 폐병이 되어 홍구의 서양인이 경영하는 폐병원에서 사망하였는데, 나는 그곳에 갈 수 없었기 때문에 보륭의원에서 마지막 작별을 했고, 아내의 임종은 김의한 부부가 가서 보아 주고 다시 돌아와 보고함으로써 알았다. 미주에서 상해에 왔던 유세관이 입원해 있을 때와 장사 지낼 때 많은 수고를 하였다. 모친은 세 살인 신이를 우유를 먹여 길렀고, 밤에 잘 때는 모친의 빈 젖을 물려 재웠다.

상해에서 우리의 생활은 극도로 어려웠다. 그때 독립운동하는 우리 동지는 취직한 자와 영업하는 자들을 제외하면 몇십 명에 불과하였다. 모친께서는 청년과 노인들의 굶주림을 애석하게 생각하셨으나 구제 방법은 없었다. 상해 생활로는 두 손자도 기를 수 없음을 보시고 고국으로 돌아가고자 하셨다. 그 무렵 우리 집 뒤쪽 쓰레기통 안에 근처 채소상이 버린 배추 겉대가 많았는데, 매일 밤이 깊은 후에 반찬으로 하기 위해 먹을 만한 것을 골라다가 소금물에 절여 여러 항아리에 넣어 두셨다. 아무리 생각해도 상해 생활을 유지하기가 어렵겠다고 보신 모친께서는 네 살도 안 된 신이를 데리고 귀국의 길을 떠나셨고, 나는 인이를 데리고 여반로呂班路에 한 평짜리 방을 세로 얻어 석오 선생과 윤기섭, 조완구 등 몇 분 동지들과 함께 지내며 모친께서 담가 주신 우거지김

---

217 상해 임시정부 근처에 있는 곳으로, 임시정부 요인과 그 가족의 숙소로 사용되었다. 백범의 상해 시절 중 처음으로 가족과 함께 단출한 시간을 보낸 곳이다.

『죽어도故國江山』
기박한생애에 남다른뜻가진
上海客窓의 金九氏母親

◆……상해림시정부 김구(金九)씨의 모친 곽락원(郭樂園)리어 이역강산에서 황천의길을 먼저 떠나가게되매 곽씨부인은 함께 파란중첩한 생활을하여오며 지금으로부터 약사년전에 오라관에서 현숙하든며느리를 일허버리고 눈물마를날이업시 오의 고향인 황해도신천군(信川郡)을떠나 며느리와손자들을다리고 아들잇는곳 상해로 건너와서 인정풍물이 모다생소한 이역타관에서 오든중 지금으로떠나 고향으로도라가고자 준비중약이너년전에는 가처 고생사리를 하여오든 그의자부(子婦)인 김이 고국에는 갓가운친척도 한사

……근일에는 다시 고국생활을하려고 그아들의집을떠나 현숙하든며느리를 일허버리고 눈물마를날이업시 오의 소생인 여섯살된손자와 두살된손자를 다리고 눈물로 세월을지나다가

(상해특신)

람업는데 늙으신이가 그대로나아가면 엇더케하느냐고 만류하은조선에 나간대도 갈곳이업스나 도모지듯지아니하고 백골이으로 그의압길이매우 암담하나 고국강산에 뭇쳐겟다고하며 고일반은 매우근심하는 중이라 아조상해를 떠나기로 작뎡하엿ㅅ=아들의만류함도 듯지아 다는데

백범의 어머니 곽낙원 여사와 작은아들 신이 귀국을 준비하고 있다는 기사.(『동아일보』, 1925. 11. 6.)

치를 오래 두고 다 먹었다.

　모친께서 입국하실 때, 내가 여비를 넉넉히 드리지 못하여 겨우 인천에 상륙하시자 여비가 떨어졌다. 떠나실 때는 그런 말씀을 드린 바도 없건마는, 인천 동아일보 지국에 가서서 말씀하시니 그 지국에서는 신문에 실린 상해 소식을 보고 벌써 알았다고 하면서 경성 갈 여비와 차표를 사서 드렸고, 경성 동아일보사를 찾아가니 역시 사리원까지 보내 드렸다고 한다.

　상해를 떠나실 적에 나는 부탁하기를,

　"사리원에 도착하신 후 안악 김홍량 군에게 소식을 알려 보아서 영접을 오거든 따라가시고, 소식이 없거든 송화 득성리得聖里[218](수교리水橋里 동쪽 10여 리)의 이모 댁(이종 동생 장운룡張雲龍의 집)으로 가십시오."

라고 했는데, 부탁대로 사리원에서 안악으로 '왔다'는 통지를 했으나 아무 답신이 없어서 송화로 가셨다.

　두세 달 후인 음력 정초에 안악에서 김선량(용제의 큰아들) 군이 모친께 와서 뵙고 안악으로 모셔 갈 의사를 고하였는데, 그 이유는,

　"할머님이 안악으로 오시지를 않고 중도에 계시게 하고, 우리 집안에서 할머님에게 금전을 보내어 상해 계신 김 선생님에게 독립 자금을 공급한다고 경찰서에서 일본인이 여러 번 우리 집에 와서 야단을 하므로 집안 어른들이 가서 모셔 오라 하기에 왔습니다."

한다. 모친이 대로하여 말씀하시기를,

　"내가 사리원에서 왔다는 소식을 알렸는데 아무 대답이 없다가, 지금 일본 순사의 심부름으로 왔느냐?"

하시니 선량은 곡진히,

　"그리된 것은 정情이 부족해서가 아니라 환경 관계이오니 용서하시고 같이 가십시다."

---

[218] 황해도 송화군 봉래면 소속 동리이다.

라고 했다. 모친은,

"네 말 잘 알았다. 날씨가 따뜻해지거든 해주 고향에 다녀서 안악으로 가마."
하시고 선량을 돌려보내셨다.

봄에 득성리에서 떠나 도고로陶古路 임선재林善在(셋째 삼촌의 사위)의 집과
백석동白石洞 손진현孫鎭鉉(고모의 아들)의 집을 방문하시고, 해주 기동 김태운
(육촌 동생)과 몇 명의 친척들과 부친 묘소를 마지막으로 다녀서 안악으로 가셨
다. 먼저 선량의 집으로 들어가셨는데, 김씨 집안에서 알고 정 많은 용진과 홍
량 등이 와서 뵙고 모친께,

"오시기 전에 집과 일체 세간이며 식량과 옷을 다 준비하였으니 편안히 계
십시오."
하고 모셔 가더라고 말씀하셨다.

모친께서는 밤낮으로 상해의 아들과 손자를 잊지 못하시고 생활비를 아껴
약간의 금전도 보내 주시지만 홍로점설紅爐點雪[219] 될 것을 아셨다. 다시 인이
를 보내라는 명령을 받고 나는 김철남金鐵男(영두永斗) 군의 삼촌 편에 인이까
지 귀국시키니, 혈혈단신으로 식구 한 명도 없게 되었다.

모친이 안악에 계실 때, 동경사건이 발생한 후에는 순사대가 주택을 포위
하고 며칠을 경계하였으며, 홍구사건 때는 더욱 심했다고 한다. 나는 비밀히
알려드렸다.

"모친께서 아이놈들을 데리고 다시 중국에 오셔도 연전과 같이 굶지는 않
을 상황이니 나올 수만 있으시거든 오십시오."
하였더니, 모친께서는 본래 다른 여성들이 따라올 수 없으리만치 용감하셔서
안악경찰서에 출국원을 제출하셨다. 이유는, 늙어서 죽을 날이 얼마 안 남았으
니 생전에 손자 둘을 데려다 아비에게 맡기겠다는 것이었다. 다행히 안악경찰
서의 허가를 얻어 짐을 꾸리고 있었는데, 그즈음에 경성경시청에서 전담 요원

---

219 '발갛게 달아오른 화로 위의 한 송이 눈'이라는 뜻으로, 그처럼 쉽게 없어진다는 말이다.

을 안악으로 파견하여 모친을 위협하면서 달래서 말하기를,

"상해에서 우리 일본 경관들이 당신 아들을 체포하려 해도 찾지를 못하고 있으니 노인이 쓸데없는 고생을 할 것 없소. 그래서 상부 명령으로 당신의 출국은 불허하니 그리 알고 집으로 돌아가서 안심하고 지내시오."

하였다. 이 말을 들은 모친은 대로하여 말씀하기를,

"내 아들을 찾는 데는 내가 당신네 경관들보다 나을 테고, 언제는 출국을 허가하여 가산과 집물을 모두 처리케 하고 지금은 출국 불허 운운하니, 남의 나라를 탈취하여 정치를 이같이 하고 오래갈 줄 아느냐?"

하였다. 노인이 너무 흥분하여 기절하시므로 경찰은 김씨 집안에 맡겨 보호하기를 명하고 모친께 다시 물었다.

"내내 출국할 의사가 있으시오?"

모친은,

"그같이 말썽 많은 출국은 안 하기로 결심했다."

하고 돌아오셔서 토목공을 불러 가옥을 수리하며 가구와 집물을 준비하여 오래 살 계획을 보이시고, 몇 달 뒤에 송화松禾의 동생 병문안 간다고 신이 아이를 데리고 자동차 표를 사서 신천읍까지 가시고,[220] 신천에서 재령으로, 재령에서 사리원으로, 평양에 도착해서는 숭실중학崇實中學에 재학 중인 인이 아이를 불러내서 안동현행 직행차를 타고 가셨고, 대련에 가서는 일본 경찰이 조사를 하자 인이 아이가,

"어린 동생과 늙으신 할머니와 함께 위해위威海衛의 친척 집에 의탁하고자 갑니다."

하니까,

"잘 가라."

고 특별히 허가하였다.

---

220 1934년 3월 19일이다.

가흥에서 찍은 백범의 가족사진. 가운데 앉은 이가 어머니 곽낙원
여사, 왼쪽이 큰아들 인, 오른쪽이 작은아들 신이다. 1934.

　　상해에 도착하여 안공근 군의 집에 가서 하룻밤을 지내고 가흥 엄항섭 군
의 집으로 가셨는데, 어머님이 오셨다는 소식을 내가 남경에서 듣고 즉시 가흥
으로 가서 이별 후 9년 만에 모친을 뵙고 최근 본국에서 지낸 정황을 일일이
들었다.

　　9년 만에 모자 상봉하는 첫 말씀에 큰 은전恩典을 받았으니 곧 이것이었
다. 모친이 말씀하시기를,

　　"나는 지금부터 '너'라는 말을 고쳐 '자네'라 하고, 잘못하는 일이 있어도
회초리를 쓰지 않고 말로 꾸짖겠네. 이유는, 듣건대 자네가 군관학교를 하면서
다수의 청년을 거느리면서 남의 사표師表가 된 모양이니 나도 체면을 봐주겠

다는 것일세."

하셨다. 나는 나이 60에 모친께서 주시는 대은전을 입었다.

그 후 남경으로 모셔다가 1년을 지낸 후 남경 함락이 아주 가까워지므로 장사로 모시고 갔다. 남경에서 모친 생신 때 청년단과 우리 나이 많은 동지들이 돈을 모아 생신상을 차려 드리려 했는데 이를 눈치챈 모친은,

"그 돈대로 나에게 주면 내 입맛대로 음식을 만들어 먹겠다."

고 하시므로 그 돈을 드리니, 도리어 일본놈 죽이라고 권총을 사서 청년단에 하사하셨다.

3당통일회의 석상에서 피격당하다

이제부터는 다시 장사長沙 생활의 대강을 기록하겠다.

백여 명의 남녀노유와 청년을 이끌고 사람도 낯설고 땅도 낯선 호남성 장사로 간 것은, 단지 다수의 식구가 살아가기에 쌀값이 아주 싼 곳이고, 장차 홍콩[221]을 통해 해외 통신을 계속할 계획에서였다. 선발대를 보내고 안심을 못하다가 뒤이어 장사에 도착하자, 천우신조로 이미 친숙해진 장치중 장군이 호남성 주석으로 취임하였다. 그래서 만사가 순조롭고 보호가 적절히 되므로 우리의 선전 등 공작도 힘 있게 진전되고, 경제 면으로는 이미 남경에서부터 중국의 중앙에서 매월 다소의 보조가 있는 외에 미국 한인 교포의 원조가 있고 물가가 매우 싼 탓으로, 다수 식구의 생활이 고등 난민의 자격을 갖게 되었다.

내가 본국을 떠나 상해에 도착한 후 우리 사람을 만나 초면에 인사할 때 외에는 본성명을 내놓고 인사하지 못하고 매번 변성명의 생활을 계속하였으

---

221 친필본의 '향항香港'은 "향나무를 운송하는 항구"의 뜻으로, '샹강'으로 불리다가 영어식인 '홍콩'으로 표기되고 있다.

나, 장사에 도착한 이후는 거리낌 없이 '김구'로 행세하였다. 당시 상해에서 항주로, 남경으로, 그리고 장사로 와서 만난 식구는 광복진선 극동極東[222] 3당의 당원 및 가족과 임시정부 직원들인데, 동행 중에서 종종 3당 통일 문제가 제기되었다. 3당은, 첫째 조선혁명당이니 중요 간부로는 이청천·유동열·최동오·김학규金學奎·황학수黃學秀·이복원李復源·안일청安一淸·현익철玄益哲 등이요, 둘째 한국독립당이니 간부는 조소앙·홍진洪震·조시원趙時元 등이며, 셋째 내가 창립한 한국국민당은 이동녕·이시영·조완구·차이석·송병조·김붕준·엄항섭·안공근·양묵楊墨·민병길閔丙吉·손일민孫逸民·조성환 등이 간부였다.

이들 3당 통일 문제를 협의하기 위해 5월 6일[223]에 조선혁명당 당부黨部인 남목청楠木廳[224]에서 회식을 하기로 하여 나도 출석하였다. 그런데, 정신을 차려 보니 내 거처가 아니고 병원인 듯한데 몸이 극히 불편하였다.

"내가 어디를 왔느냐?"

고 물어보니,

"남목청에서 술 드시다가 졸도하셔서 입원하였습니다."

한다.

"의사가 자주 와서 내 가슴을 진찰하고 가슴에는 무슨 상흔이 있는 듯한데, 어쩐 일이오?"

"졸도하실 때 상 모서리에 엎어지셔서 가벼운 상처가 났습니다."

하여 나 역시 그 말을 믿고 다른 의심이 없었는데, 근 한 달이 가까워 오자 엄항섭 군이 입원한 진상을 상세히 보고하여 듣게 되었다.

---

222 친필본의 '원동遠東'과 같은 뜻으로, 아시아 또는 중국의 동쪽 맨 끝 지역을 가리킨다.

223 1938년으로, 5월 7일로 보는 연구자들 많다.(윤대원, 『제국의 암살자들 ─ 김구 암살 공작의 전말』, 태학사, 2022, 308쪽.)

224 이 건물 6호는 이청천이 이끈 조선혁명당 당부인 동시에 임시정부 요인들과 그 식구들이 1937년 12월부터 이듬해 7월까지 약 6개월 동안 살았던 곳이었다. 친필본의 한자 '南木廳'은 오기이다.

그날 남목청에서 회식이 시작될 때, 조선혁명당 당원으로 남경에서부터 상해로 특무 공작을 가고 싶다 하여 금전 보조도 해 주던 이운환李雲煥[225]이 돌입해 권총을 난사하여, 제1발에 내가 맞고, 제2발에 현익철이 중상, 제3발에 유동열이 중상, 제4발에 이청천이 경상을 입었는데, 현익철은 의원에 도착하자 숨졌고, 나와 유동열은 입원 치료하여 경과가 좋아 동시에 퇴원될 것이라 하였다.

범인은 성省 정부의 긴급 명령으로 체포 구금되고, 혐의범인 박창세朴昌世[226]·강창제姜昌濟·송욱동宋郁東·한성도韓成道 등도 구금되었다고 한다. 큰 의문점은 박창세·강창제 두 사람에게 있었다. 박朴과 강姜 두 사람은 종전에 상해에서 이유필의 지휘로 병인의용대丙寅義勇隊[227]라는 특무 공작 기관을 설립하고, 일종의 혁명난류革命亂類[228]로서 동포들의 금전을 강탈도 하고, 일본의 정탐을 총살도 하고 가까이하기도 하니, 우리 사회에서 신용은 없으나 반혁명자로 규정하기는 어려웠다.

---

225 당시 조선혁명당 집행위원이었다가 분란을 일으켜 제적당하자 앙심을 품고 범행한 것으로 알려져 있다. 친필본의 한자 '李雲漢'은 착오이다.(윤대원, 『제국의 암살자들 ─ 김구 암살 공작의 전말』, 태학사, 2022, 308~310쪽.)

226 1884년 평안북도 영변 출생으로, 1920년 중국 상해로 건너와 전차회사에서 일하다가 1924년 교민단 의사원에 선출되면서 독립운동 전선에 등장하였다. 이후 임시정부 경무국에서 활동하면서 1925년 6월 13일 동료 강창제와 함께 불량분자 소탕을 목적으로 한 정위단正衛團을 조직하여 단장이 되었고, 이듬해에는 비밀결사인 병인의용대를 조직하여 대장이 되었다. 그러다가 1931년 12월에는 조소앙·김철 등과 함께 한중동맹군 조직에 참여하여 한국의용군을 조직하려고 임시정부에 승인을 요청했으나 백범의 반대로 뜻을 이루지 못하자 이후 백범에 대해 감정적 앙금이 생겼다.(윤대원, 『제국의 암살자들 ─ 김구 암살 공작의 전말』, 태학사, 2022, 317~319쪽.)

227 1926년 1월 1일 중국 상해에서 이유필·박창세·강창제·나창헌 등 독립운동가들 주도하에 조직된 독립운동 단체. 상해 임시정부의 권위와 정신을 선양하고, 일제의 모든 시설을 파괴하고 친일 한국인들을 주살하여 적의 세력을 약화시키려는 목적하에 많은 활동을 하였으나 일제의 탄압이 가중되어 1933년 이후는 특별한 업적을 남기지 못하였다.

228 혁명을 표방하면서 질서나 법도에 어긋나는 일을 함부로 하는 무리.

수십 일 전에 강창제가 나에게 청하기를,

"박창세가 상해에서 장사로 올 마음이 있으나 여비가 없어 오지를 못한다니, 여비를 보조해 주십시오."

하기에,

"상해 기관에 위탁하여 처리하겠다."

고 하였다. 그 이유는 박창세의 큰아들 박제도朴濟道가 일본 영사관의 정탐이 된 것을 내가 자세히 알고 있었고, 박창세가 자기 집에 안주하고 있다는 데 특별히 주의하고 있었기 때문이다. 여비가 없어 오지를 못한다던 박창세가 장사에 왔기에 나도 한번 만나 보았다.

이운환은 필시 박과 강 두 사람의 악선전에 이용되어, 정치적 감정으로 충동되어 남목청사건의 주범이 된 것이다. 경비사령부의 조사로, 박창세가 장사에 온 이후 즉시 상해에서 박창세에게 200원의 금전이 부쳐졌으나 이운환이 체포(수십 리 시골 기차역에 걸어서 도착함)된 후 몸에 단지 18전만 소지하고 있었던 것으로나, 이운환이 범행 이후 유동열의 수양 사위 최덕신崔德新(동오東旿의 아들)에게 권총을 겨누고 10원을 강탈하여 장사를 탈출한 실정으로 보아도 박과 강의 마수에 이용된 것이 사실 같았다. 그때는 전쟁으로 장사도 위급할 지경이라 중국 법정에서 주범과 종범들을 법에 의해 치죄하지 못한 채 대부분 풀어 주고, 이운환까지 탈옥하여 귀주貴州 방면으로 걸인 모습으로 오는 것을 구양군歐陽群[229]이 만나 서로 말까지 하였다는 보고를 내가 중경에서 들었다.

당시 장사에서는 일대 소동이 되어, 경비사령부에서는 그때 장사에서 출발하여 무창武昌을 향해 가던 기차를 다시 장사까지 후퇴시켜 범인 수색을 하

---

229 일제강점기 때 활동한 박기성朴基成(1907~1991)의 중국식 이름. 1924년 일본 동경에서 자유청년연맹에 가입하여 항일운동을 하였고, 1926년 중국 상해로 건너가 백정기白貞基 등과 일본 공사 아리요시有吉明 암살을 계획하였으나 실패하고 검거되어 수감 생활을 하였다. 1937년에 중국 중앙군관학교를 졸업하고 1940년 광복군에 편입되어 간부로서 복무하였다.

백범이 저격당한 후 치료받은 상아의원.

였고, 우리 정부에서는 광동으로 사람을 보내 중·한 합작으로 범인 체포에 노력하였으며, 성省 주석 장치중 장군은 상아의원湘雅醫院에 직접 와서 나의 치료를 어떠한 방법으로 하든지 위임하고, 치료 비용은 성 정부가 책임질 것이라고 하였다 한다.

　남목청에서 자동차로 실려 간 나는 상아의원에 도착한 후 의사가 진단하였으나 희망이 없다고 선고하여, 입원 수속도 할 필요 없이 수위실[230]에서 절명을 기다릴 뿐이었다. 그런데 한 시간, 두 시간, 그리고 세 시간을 생명이 연장되는 것을 본 의사는,

　"네 시간 동안만 생명이 연장되면 처치할 방법이 있을 듯합니다."

라고 하였다. 그러다가 마침내 네 시간째가 된 후에 우등 병실에 입원시키고

230 친필본의 '문방門房'은 중국 전통건축의 '문간방'을 말하며, 현대 중국어로는 '수위실'의 뜻도 있다.

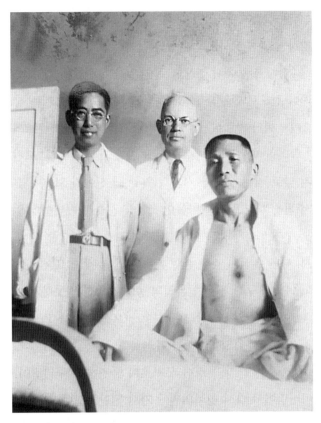

남목청에서 피격 후 상아의원에서 회복 중인 백범. 그 뒤는 상아의원 원장
(왼쪽)과 서양인 의사이다. 1938.

치료에 착수하였던 것이다.

그때 안공근은 중경에 편안히 머물러 살게 한 자기 가족과, 광서廣西로 이
주한 둘째 형 정근 가족까지 홍콩으로 이주시킬 일로, 인이 아이는 상해 공작
가는 길에 역시 홍콩에 있었다. 그러므로 내가 자동차에 실려 가 병원 수위실
에서 의사 진단으로 희망이 없다고 선고하는 즉시 홍콩으로,

사람이 총을 맞아 죽었다被人槍殺.

는 전보가 여지없이 갔던 것이다. 그러므로 며칠 후 인이와 공근이 장례에 참가하기 위해 장사로 돌아왔던 것이다.

당시 한구에서 전쟁에 관한 일을 주관하던 장개석 장군은 하루에도 몇 차례나 전보로 안부를 물었고, 한 달 뒤 퇴원한 후에는 장 씨를 대신하여 나하천 羅霞天 씨가 치료비 3천 원을 지니고 장사에 와서 위로해 주었다.

퇴원 후에는 즉시 걸어서 모친께 가서 뵈었다. 모친께는 사실을 바로 고하지 않고 지내 오다가 거의 퇴원할 때 신이 보고하였다고 하는데, 마침내 가서 뵈올 때의 말씀은 마음이 조금도 흔들리는 빛이 없었다.

"자네의 생명은 상제上帝께서 보호하시는 줄 아네. 사불범정邪不犯正[231]이지. 다만 유감인 것은, 이운환은 한간漢奸[232]이요 한인韓人이니, 한인의 총을 맞고 목숨을 구한 것은 일본인의 총에 사망함만 못하지."

이 말씀뿐이고 당신이 손수 지으신 음식을 먹으라 하시므로 먹고 엄항섭 군 거처에서 휴양하고 있었다.

하루는 갑자기 정신과 기운이 불편하고 구역질이 나고 오른쪽 종아리가 마비되어서 다시 상아의원에 가서 진단하였다. 엑스광선으로 심장 옆에 박혀 있는 탄환을 검사해 보니 위치가 바뀌어 오른쪽 갈비뼈 옆으로 옮겨 가 있다는 것이었다. 서양인 외과 주임 의사의 주장은,

"본래 심장 옆에 박혀 있던 탄환이 대혈관을 통과하여 오른쪽 갈비뼈로 옮겨 가 있는데, 불편하시면 수술도 쉽고 그대로 두어도 생명에는 아무 관계가 없습니다. 오른쪽 다리의 마비는 탄환이 대혈관을 압박하기 때문이지만 점차 소혈관들이 확대됨에 따라 감소할 것입니다."
라고 하였다.

---

231 '사악함이 올바름을 범하지 못한다.'는 뜻이다.
232 중국에서 친일 한인 협력자를 지칭하는 말.

일본기의 공습으로 광주로 피난하다

이 무렵 장사에 적기의 공습이 심하여 중국 기관들도 피난 중이었다. 3당 간부들이 회의한 결과 광동으로 가서 남녕南寧이나 운남雲南 방면으로 해외 연락망을 유지할 계획이었으나, 피난하는 사람들이 인산인해여서 먼 곳은 고사하고 백여 명의 식구들과 산적한 짐을 가지고 가까운 시골로도 옮겨 가 자리 잡기가 몹시 어려웠다. 절룩거리는 다리를 끌고 성省 정부 장 주석을 방문하여 광동으로 옮겨 가서 자리 잡을 일을 상의하니, 우리 일행이 무료로 기차 1량을 전용하게 하라고 명령을 내리고, 광동성 주석 오철성吳鐵城 씨에게 소개 편지를 친필로 작성해 주어 큰 문제는 해결되었다.

대가족 일행보다 하루를 먼저 떠나서 광주에 도착하니, 이전부터 중국군 쪽에 복무하던 이준식李俊植[233]과 채원개蔡元凱[234] 두 사람의 주선으로 동산백원東山柏園은 임시정부 청사로 쓰고, 아세아여관은 전부 대가족을 수용하게 되었다.[235]

---

[233] 일제강점기의 독립운동가이자 현대의 군인(1900~1966). 평안남도 순천 출신으로 서울 휘문중학을 졸업한 후 1919년 중국으로 건너가 운남성雲南省에 있는 강무당講武堂 군관학교를 졸업하였다. 이후 만주에서 항일 무장 투쟁을 하고, 1940년 대한민국임시정부의 한국광복군 제1지대장으로 활동하였다. 광복 후에는 대한민국 국군으로 6·25전쟁에 참전하였으며 육군사관학교장과 제1훈련소장 등을 역임하였다.

[234] 일제강점기의 독립운동가이자 현대의 군인(1895~1974). 평안남도 영원 출신으로 1910년 서울에 올라와 군사학을 배우기 위해 조선보병대朝鮮步兵隊에서 4년간 복무하고, 1919년 3·1운동 때 적극적으로 참여하다가 체포되어 수감 생활 중 탈옥하여 중국으로 망명하였다. 중국에서 대한독립단과 통의부統義府에서 활동하다 상해로 파견되어 국민대표자회의에 참석하였다. 다른 한편으로는 대한민국임시정부의 명을 받아 낙양육군강무학교에 파견되어 한국인 유학생 지도에 참여하였으며, 1927년에는 황포군관학교에 파견되어 유학생을 지도하였다. 1930년 이후에는 중국 육군에 들어가 작전 관계 요직을 두루 거쳤으며, 1942년에는 한국광복군 총사령부에 들어가 활약하다가 광복을 맞아 귀국하여 육군사관학교를 나온 후 연대장과 사단장을 역임하였다.

[235] 1938년 7월의 일이다.

광둥군 복장의 채원개(왼쪽)와 백범. 1938.

광복군 참모처장 시절의 이준식.

　이후 안심하고 홍콩으로 간 것은 특히 안정근安定根과 안공근安恭根 두 사람에게 부탁할 대사건 때문으로, 그들의 형수인 의사義士 부인을 상해에서 모셔내어 왜놈 점령구를 면하게 할 목적이었다. 당초 대가족을 남경에서 장사로 옮겨 자리 잡기로 하고 공근을 상해에 밀파(호녕철도滬寧鐵道[236]가 전쟁으로 인하여 불통됨)하여 자동차로 자기 가족을 남경으로 오게 할 때 형수 댁 식구를 같이 옮겨오게 하였으나 성공하지 못했는데, 이것이 큰 유감이었다. 마침 홍콩에서 상해로 비밀공작으로 파견되는 유서柳絮와 안 군 형제와 회의할 때 나는 강경하게,

236　상해와 남경을 잇는 철도. 여기서 '녕寧'은 남경의 옛 이름 '강녕江寧'에서 따온 것이다.

"형수가 상해의 적 점령 지역[237]에서 벗어나도록 하자."
고 주장했으나 그들은 난색을 표하였다. 그래서 나는 이치를 들어 꾸짖어 말하기를,

"양반의 집에서 불이 나면 사당의 신주부터 옮겨 내오는데, 우리 혁명가들로서 의사義士 부인을 적 점령 지역에서 구출하는 것 이상의 크고 급한 일은 없다."
고 하였다. 그러나 사실상 그때는 불가능한 일이었을 것이다.

또 한 가지 유감스러운 일이 있었으니, 남경에서 대가족을 장사로 옮겨 자리 잡고자 할 때, 이전부터 선도仙道를 연구하려고 율양 대부진戴埠鎭 고당암의 중국 도사道士 임한정任漢廷에게 의탁하여 수도하고 있는 양기탁 선생에게 여비를 보내 즉시 남경으로 와서 같이 장사 출발에 참가하라고 하였으나, 도착 기한까지 오지 않아서 어쩔 수 없이 그냥 떠났고, 끝내 소식을 알지 못하였다.

광주에 적기의 공습이 심하여 대가족과 모친을 불산佛山[238]에 이주시킨 후 접지로接地路에 사무소를 두어 사무원들만 지키게 하고 두 달을 광주에서 머물렀다. 그러다가 중국 정부가 전시 수도를 중경으로 정하였기에 장개석 장군에게 전보로 부탁하였더니 "중경으로 오라"[239]는 답신을 접하고, 조성환曺成煥과 나태섭羅泰爕 두 동지와 함께 월한철도粤漢鐵道[240]로 다시 장사에 도착하였다. 장치중 성省 주석을 면회하여 중경행 편의를 부탁하니 기꺼이 승낙하고, 공로公路 차표 석 장과 귀주성 주석 오정창吳鼎昌 씨에게 소개하는 편지를 써서 보내 주었기로, 중경으로 출발하여 10여 일 만에 귀양貴陽에 도착하였다.

---

237 친필본의 '윤함구淪陷區'는 중국 내에서 일본군에 의해 점령당한 구역을 가리킨다.
238 중국 광동성 주장강 연안에 있는 상업도시.
239 친필본 "내유來渝"의 '유渝'는 중경이 전에 유주渝州에 속해 있었기 때문에 '중경'을 나타내는 한자가 되었다.
240 광주廣州와 무한武漢을 잇는 철도. '월粤'은 중국 광동성을 뜻하는 한자이다.

광복군 창설

귀양을 거쳐 중경에 도착하다

여러 해 남중국의 토지 비옥하고 물산 풍부한 곳만 보아서 그런지는 모르겠으나, 귀양시에서 오가는 사람들 중 극소수를 제외하고는 절대 다수가 의복이 누덕누덕 기운 것이고, 얼굴은 핏기 없이 누르스름하였다. 산천은 돌이 많고 흙이 적은데, 농가에서 흙을 져다가 암석 위에 깔고 씨앗을 뿌리는 것을 보아도 흙이 극히 귀한 것을 알 수 있었다.

그중에 한족漢族보다 소위 묘족苗族[241]들의 모습이 극히 가난해 보이고 행동이 촌스러워 보였다. 중국말을 모르는 나로서는 말로는 한족과 묘족을 구별하기 어려웠으나, 묘족 여자의 의복이 많이 달랐고 묘족 남자는 야만스런 눈빛의 차이로 분별할 수 있지만, 묘족화한 한족도 많은 듯하였다.

묘족도 4천여 년 전 삼묘씨三苗氏[242]의 자손일 것인데, 삼묘씨는 전생에 무슨 업보가 있었는지 자손들 중 수천 년 역사상에 특이한 인물이 있다는 역사기록을 보지 못하였다. 그래서 나는 삼묘씨라는 것이 고대의 명칭을 남겼을 뿐

---

241 먀오족Miao族의 한자어로, 중국 귀주성 등지에 거주하는 소수민족이다.
242 중국 요순시대에 남쪽 지방에서 살았던 종족.

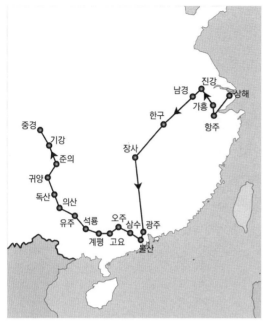

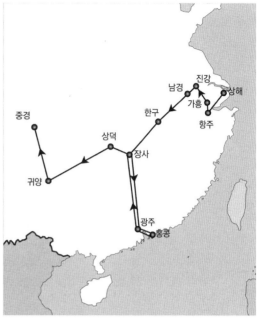

대한민국임시정부의 이동 경로.　　　　　　　　　　백범 일행의 이동 경로.

이고 근대에는 없어진 줄 알았더니, 이제 묘족도 몇십, 몇백 종별로 변화되어 호남湖南·광동廣東·광서廣西·운남雲南·귀주貴州·사천四川·서강西康 등지에 널리 퍼져 있는 형세였다. 근대에 한족화한 사람들 중에 뛰어난 인물이 있다고 하는데, 풍문의 전설에는 광서의 백숭희白崇禧 장군과 운남 주석 용운龍雲 등이 묘족이라 하나 그의 선조를 알지 못하는 나로서는 사실인지 아닌지 말할 수 없다.

　　귀양에서 8일을 지내고 중경까지 무사히 도착하였다.[243] 그러나 그간에 광주가 함락되어 대가족의 소식이 극히 궁금했는데, 일행이 고요高要로, 계평桂平으로 해서 유주柳州에 도착했다는 전보를 받고 적이 안심이 되었다. 그러나 중경 근처로 이사시켜 달라는 데는 큰 문제가 있었다. 중국 중앙에서도 차량이

243　1940년 9월의 일이다.

부족하여, 군수품 운반에 1천 대로도 부족한데 1백 대밖에 없으니 도와주고 싶어도 못 도와준다는 것이었다. 교통부와 중앙당부에 여러 차례 교섭한 끝에 자동차 여섯 대로 식구와 짐을 운반케 하고 여비까지 마련하여 보내 주었다.

"식구들이 편안히 살 곳을 어디로 하려느냐?"

고 묻기에, 귀양에서 중경 오면서 길가에서 보던 중 기강綦江이 좋아 보였으므로 그곳으로 정하고, 청사晴簑²⁴⁴ 형을 파견하여 집과 약간의 가구 등을 준비하게 하였다. 그리고 미국과 하와이에 중경으로 옮겼음을 통지하고, 날마다 회보回報를 보기 위하여 우정총국郵政總局²⁴⁵에를 직접 오갔다.

하루는 우정총국에를 갔더니 인仁이 아이가 와서 인사를 하는데,

"유주에서 할머님이 병이 나셨는데, 속히 중경엘 가시겠다고 말씀하셔서 신이와 함께 저희 형제가 모시고 왔습니다."

한다.

따라가 보니 나의 여관인 저기문儲奇門 홍빈여관鴻賓旅館 맞은편이었다. 모시고 홍빈여관으로 와서 하룻밤을 지낸 후, 김홍서 군이 자기 집으로 모시기로 하여 남안南岸 아궁보鵝宮堡 손가화원孫家花園²⁴⁶으로 가셨다. 당신의 병은 인후증咽喉症이니, 의사의 말을 듣건대 광서의 수토병水土病²⁴⁷이라고 하였다. 고령만 아니면 수술을 할 수 있으며 병이 발작된 초기이면 방법이 있으나, 때가 역시 늦었다고 한다.

모친께서 중경으로 오실 줄 알고, 노쇠하신 모친을 모실 성심誠心을 품고

---

244 일제강점기의 독립운동가 조성환曺成煥(1875~1948)의 호이다. 그는 1907년 안창호·이갑 등과 신민회新民會를 조직하여 항일 구국운동을 벌였으며, 1919년 상해 임시정부 수립에 참가하였다. 광복 후에는 대한독립촉성국민회 위원장을 지냈다.
245 체신 사무를 맡아보던 관서로, 줄여서 '우정국'이라 하였다. 오늘날의 우체국이다.
246 당시 중경에 있던 중국인의 정원으로, 주소가 중경시重慶市 남안구南岸區 탄자석彈子石 묘배타苗背沱 81호 아궁보였다. 당시 조선의용대와 조선민족혁명당 본부가 이곳에 있었다.
247 물이나 토질로 인하여 생기는 병.

중경 시절 젊은 독립운동가들의 가족들. 1941. 10. 10. 뒷줄 왼쪽부터 연미당(엄항섭 부인), 강영파(유진동 부인), 김병인(이준식 부인), 이국영(민영구 부인), 정정화(김의한 부인).

중경으로 식구들을 데려온 한 가족이 있었으니, 그는 다른 사람이 아니라 상해에서 동제대학同濟大學 의과를 졸업하고 고령牯嶺 폐병요양원 원장으로서 개업하다가 고령이 전쟁 거점이 될 것을 간파하고 의창宜昌으로, 만현萬縣으로 해서 중경으로 온 유진동劉振東[248] 군과 그 부인 강영파姜暎波였다. 그들 부부는 상해에서 학생 시절부터 나를 특별히 애호하던 동지들이었다. 나를 애중하는

---

248 일제강점기의 광복군·의사(1908~?). 평안남도 강서 출신으로, 1920년대 중순에 중국 상해로 가서 동제대학同濟大學 의과대학에 입학해 의학을 공부했다. 재학 중 한인학우회를 결성하여 활동하였고, 1931년 학우회 대표로 상해에서 열린 한인각단체회의에 참석하였으며, 흥사단興士團 원동위원부遠東委員部에 소속되어 활동했다. 이후 한국독립당과 민족혁명당원으로 활동하면서 백범의 주치의 역할을 겸했으며, 백범의 주선으로 중국인 간호사 강영파와 결혼했다. 1940년에는 한국광복군에 입대하였고, 1942년부터는 임시의정원 위원으로 의정 활동을 하였다. 광복 후 잠시 백범을 따라 환국했다가 다시 중국으로 갔으나 환영받지 못하자 북한으로 들어가 평양에서 신병 치료를 받았는데, 그 후의 행적은 알려져 있지 않다.

그들 부부가 내가 모친을 잘 모시지 못하는 상황이 된 것을 알고, 그들 부부가 모친을 모실 테니 나는 마음 놓고 독립 사업에 전념하라는 것이었다. 그들이 그런 성심을 품고 남안에 도착한 때는 인제의원仁濟醫院에서도 어찌할 방법이 없어 퇴원하고 시일을 기다리는 때라, 천추의 한이었다.

모친의 별세

다시 거슬러 올라가, 중경에 처음 도착하여 진행한 일을 말해 보겠다.

사건은 세 가지가 있었으니, 첫째는 중국 당국과 교섭하여 차량을 얻고 이사 비용을 마련해 유주로 보내는 일, 둘째는 미국과 하와이의 각 단체에게 임시정부와 직원, 식구들이 중경으로 이주한 것을 통지하고 원조를 청하는 일, 셋째는 각 단체 통일 문제를 제기하는 일이었다.

남안 아궁보의 조선의용대와 민족혁명당 본부를 방문하였다. 김약산(원봉)은 계림桂林에 있었고, 그 간부는 윤기섭·성준용成俊用·김홍서·석정石正[249]·최석순崔錫淳·김상덕金尙德 등 여러 사람인데, 즉시 환영회를 열어 주므로 그 석상에서 통일 문제를 제출하면서 민족주의 단일당을 주장하니 모두 찬성하므로, 한 걸음 더 나아가 유주柳州와 미국, 하와이에도 같이할 것을 요구하였다.

미국과 하와이에서는 회답이 오기를,

통일은 찬성하지만, 김약산은 공산주의자이니 선생이 공산당과 합작하여 통일하는 날에는 입장상 우리 미국 교포와는 인연과 관계가 끊어지는

---

[249] 일제강점기의 독립운동가 윤세주尹世冑(1900~1942)의 호이다. 그는 1937년 김원봉金元鳳과 조선민족혁명당을 조직하여 선전부장으로 활동하였고, 그해 역시 김원봉과 조선의용대를 조직하여 항일전투를 벌였다. 친필본의 한자 '石丁'은 오기이다.

줄 알고 통일운동을 하라.

는 것이었다. 나는 약산과 상의한 결과 연명聯名 선언으로,

민족운동이라야 조국 광복에 필요하다.

고 발표하였고, 유주의 국민당 간부들은,

좌우간 중경 가서 토론하여 결정하자.

고 회답이 왔다.

　기강 선발대가 도착하고 연이어 백여 명의 식구가 다들 무사히 안착하였
건만, 유독 모친만은 병이 점점 중태에 들어서, 당신도 회생하지 못할 것을 각
오하시고,

　"어서 독립이 성공되도록 노력하여 성공해 귀국할 때는 나의 해골과 인이
어미 해골까지 가지고 돌아가서 고향에 매장하라."

하시며, 50여 년 고생하시다가 자유 독립되는 것을 보지 못하고 돌아가시는 것
이 극히 원통하였다. 대한민국[250] 4월 26일 손가화원 내에서 불귀의 길을 가셨
다. 5리쯤 떨어진 화상산和尚山 공동묘지에 석실을 만들어 모셨다. 모친은 생
전에도 대가족 중 최고령이셨으므로 가장 어른 대접을 받으시더니, 돌아가신
후 매장지 부근에서도 현정경玄正卿과 한일래韓一來 등 나이 어린 수십 명 한인
들의 지하회장地下會長이 되신 듯싶었다.

　종전에 종을 부리던 시대는 물론 말할 것 없지만, 국가가 병합된 후에는 서

---

250 이하 약 4자 확인 안 됨. 전후 내용으로 보아 '二十一年' 부분이 훼손된 듯하다. 백범의
　모친 곽낙원郭樂園(1859. 2. 26.~1939. 4. 26.)은 대한민국 21년에 사망하였다.

백범의 모친 곽낙원 여
사의 장례식. 중경 남안
손가화원. 왼쪽부터 김
신, 김인, 백범. 1939. 4.

백범의 모친 곽낙원 여
사의 장례식 후 묘소 앞
에서. 중경 화상산. 왼쪽
부터 김신, 김인, 백범,
김홍서, 김현구. 1939. 4.

백범 모친의 묘비를 세우고. 중경 화상산. 앞줄 왼
쪽부터 윤기섭, 백범, 김홍서, 유자명. 뒷줄 김신(왼
쪽). 1939.

울이든 시골이든 가리지 않고 동포들의 양심이 발동되어 '내가 일본인의 노예가 되고서 어찌 차마 내 동포를 종으로 부리랴?' 하고 의논하지 않아도 같은 의견으로 노비제를 폐하고 고용제를 사용하였다. 모친의 일생 생활에서 노비는 물론이고, 80 평생에 '고용' 두 글자도 상관이 없었다. 돌아가실 때까지 손수 옷을 꿰매고 손수 음식을 만들고, 일생에 다른 사람의 손으로 자기 일을 시켜 보지 못하신 것도 특이하다 하겠다.

주석主席으로 선임되어 미국에 외교위원부를 설치하다

대가족이 기강에 안착되자 조완구와 엄항섭 등 국민당 간부들을 불러와서 통일 문제를 토론해 보니 나의 의사와는 정반대였다. 간부들은 물론이고 국민당 전체 당원, 그뿐 아니라 조선혁명당과 한국독립당 두 당도 하나같이 연합 통일을 주장한다는 것이니, 이유는 주의가 다른 단체와는 단일 조직이 불가능하다는 것이었다. 나의 이상理想으로는,

"각 당이 자기의 본모습을 그대로 두고 연합 조직을 구성한다면 통일 기구 내에서 각기 자기 단체의 발전을 도모할 테니 도리어 마찰이 더욱 심할 것이고, 또 이전에는 사회주의자들이 민족운동을 반대하였으나 지금은 '사회운동은 독립 완성 후 본국에 가서 하고, 해외에서의 운동은 순전히 민족적으로 국권의 완전 회복에만 전력하자.'는 것을 공산주의자들도 극력 주장하니 하나의 조직으로 뭉칠 수 있지 않겠는가."

하니,

"이사장 의견이 그렇다면 속히 기강에 함께 가서 우리 국민당 전체 당원들과 우호적인 두 당 당원들의 의사가 일치되도록 노력해야 합니다. 그렇지 않으면 성공이 어려울 것입니다."

라고 하였다. 유주에서는 국민당은 물론이고 우호적인 조선혁명당과 한국독립

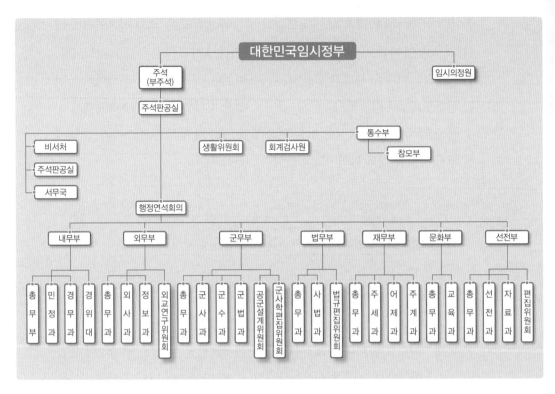

백범 주석 당시의 대한민국임시정부 조직표.

당 당원들까지도 연합론이 강하다는 것이었다.

　나는 모친 장례 후에 몸이 건강하지 않아 휴양 중이었으나 일의 형세가 이와 같으므로 기강행을 강행하였다. 기강에 도착한 후 8일간은 국민당 간부 및 당원과의 회의로 단일적 통일의 의견을 보았고, 우호적인 두 당의 동지들과는 근 한 달 만에 단일적 의견의 일치를 보게 되었다.

　이즈음 기강에서 7당통일회의를 개최하니, 한국국민당·한국독립당·조선혁명당 등 광복진선 극동 3당과, 조선민족혁명당·조선민족해방동맹·조선민족전위동맹·조선혁명자연맹 등 민족전선연맹 4개 단체였다. 개회 후 대다수의 논점이 단일화됨을 간파한 조선민족해방동맹과 조선민족전위동맹은 자기 단체를 없애 버리기 원하지 않는 이유(그들은 공산주의자의 단체이므로 민족운동을 위하여 자기 단체를 희생할 수 없다고 이전부터 주장하던 터였으니 놀라거나 이상하게 생각할 것 없다)를 설명하고 퇴장하였다. 이후 그대로 5당 통일의 단계로 들어가 순전한 민족주의적 신당을 조직하여 8개 조항을 만들고, 각 당 수석대표들이 8개 조항의 협정에 친필 서명하고 며칠간 휴식 중이었다.

그런데 민족혁명당 대표 김약산 등이 돌연 주장하기를,

"통일 문제 제창 이래로 순전히 민족운동을 역설하였으나, 민혁당 간부는 물론이고 의용대원들까지도 공산주의를 신봉하는 터에 지금 8개 조항을 고치지 않고 단일 조직을 하면 청년들이 전부 도주하게 되었으니 탈퇴한다."

고 선언하여 통일회의는 파열되었다. 나는 3당 동지들과 미국·하와이 각 단체에 사과하고, 극동 3당통일회의를 속개하여 한국독립당이 새로 태어났다.[251] 7당, 5당 통일은 실패했지만, 3당 통일이 완성될 때 하와이애국단과 하와이단합회가 자기 단체를 취소하고 한국독립당 하와이 지부로 성립되었으니 실은 3당이 아니고 5당이 통일된 것이었다.

한국독립당 집행위원장은 김구, 집행위원은 홍진·조소앙·조시원·이청천·김학규·유동열·안훈安勳·송병조·조완구·엄항섭·김붕준·양묵·조성환·박찬익·차이석·이복원, 감찰위원장은 이동녕, 감찰위원[252]은 이시영·공진원公震遠·김의한 등이었다.

임시의정원에서는 임시정부 국무위원을 새로 선출하고, 국무회의 주석은 종래의 돌아가며 맡는 주석제를 폐지하고 회의석상의 주석 이외에 대내외로 책임을 지는 권한을 부여하게 하였다. 나는 국무회의 주석으로 선임되었고,[253] 미국 수도 워싱턴에 외교위원부를 설치하고 이승만 박사를 위원장으로 임명하여 취임케 했다.

---

251 1940년 5월 8일이다.
252 친필본에는 없는 말이나 이하 세 사람은 감찰위원이었다.
253 1940년 10월 9일의 일이다.

광복군 성립 전례식을 거행하다

내가 중경에 온 이후에 중국 당국과 교섭한 결과로는, 교통수단이 곤란한 때에 자동차 5~6대를 무료로 제공받아 대가족과 많은 짐을 수천 리 험로에 무사히 운반하였으며, 진제위원회振濟委員會[254]에 교섭하여 토교土橋 동감폭포 東坎瀑布[255] 위쪽의 지단地段[256]을 매입한 후 기와집 세 채를 지었고, 길거리의 2층 기와집 한 채를 매입하여 백여 식구를 머물러 살게 하였다.

이 외에 우리 독립운동에 관한 원조를 청하였는데 냉담한 태도를 보이므로 중앙당부에 교섭하기를,

"중국의 대일 항전이 이처럼 곤란한 때에 도리어 원조를 청하는 것이 매우 미안한데, 미국에 1만여 명의 한인 교포들이 있어서 나를 오라고 합니다. 미국은 부국富國으로 장차 일본과의 개전開戰을 준비 중이니 대미 외교도 개시하고 싶은데, 여비는 문제가 없으니 여행권 수속만을 청구합니다."

하니 당국자의 말이,

"선생이 중국에 있었으니 중국과 약간의 관계를 짓고 난 후에 해외로 나가는 것이 좋지 않겠습니까?"

한다. 나는 대답하기를,

"나 역시 이런 의사로 수년 동안 중국 수도를 따라온 것이지만, 중국이 대여섯 개의 대도시를 상실한 나머지 자기네 항전만으로도 극도로 곤란한 것을 보고 한국 독립을 원조하라는 요구를 하기가 극히 미안한 까닭입니다."

하니 당사자 서은증徐恩曾은,

---

254 중국국민당에서 설치한 구호 기관으로, '진제振濟'는 "가난하고 어려운 사람을 구제함"
   이라는 뜻이다.
255 '동감東坎'은 중경 외곽의 마을로, 행정구역상 명칭은 파현巴縣 토문향土文鄉이며, 흔히
   '토교土橋'라고 불렸다.
256 넓은 땅을 몇 단으로 나누어 가른 한 구역.

대한민국임시정부 대가족이 살았던 중경 토교의 동감폭포.

"책임지고 당신의 계획서를 상부에 올려 보고할 테니 한 부를 작성하여 보내십시오."

라는 데 대하여, "광복군 즉 한국 국군을 허락하여 시행하는 것이 3천만 한민족의 총동원적 요소임"을 설명하여 장개석 장군에게 보냈더니, 즉시 김구의 광복군 계획서 내용이 좋다고 찬성한다는 서면 답신을 받았다.

이에 임시정부에서는 이청천을 광복군총사령관으로 임명하고 가지고 있는 역량(미국과 하와이 동포들이 원조한 3만~4만 원)을 다하여 중경 가릉빈관嘉陵賓館에서 중국과 서양 인사를 초청하고 우리 한인을 총동원하여 광복군 성립 전례식典禮式을 거행하였다.[257]

이어서 30여 명의 간부를 선발대로 서안西安으로 보내, 연전에 서안에 먼저 보냈던 조성환 일행과 합하여 한국광복군사령부를 설치하였다. 그리고 나

257 1940년 9월 17일의 일이다.

한국광복군총사령부 성립 전례식의 개회를 선포하는 백범(왼쪽)과 전례식에 참석한 광복군(오른쪽). 중경 가릉빈관.
1940. 9. 17.

한국광복군총사령부 성립 전례식 후 한중 인사들의 단체 기념사진. 중경 가릉빈관. 1940. 9. 17.
맨 앞줄 왼쪽에서 여섯째부터 홍진, 이청천, 백범, 차이석, 한 사람 건너 이시영.
그 밖에 민병길, 송병조, 조소앙, 최동오, 조인제, 김원영 등도 함께했다.

월환羅月煥[258] 등의 한국청년전지공작대韓國靑年戰地工作隊가 광복군으로 편입되어 광복군 제5지대가 되었고, 이전부터 있던 간부 중 이준식李俊植을 제1지대장으로 임명하여 산서성 방면으로, 고운기高雲起(공진원)[259]를 제2지대장으로 임명하여 수원성綏遠省[260] 방면으로, 김학규金學奎[261]를 제3지대장으로 임명하여 산동성 방면으로 각각 배치하여, 징모徵募·선전宣傳·정보情報 등의 사업을 착수, 진행케 하였다.

강남 강서성 상요上饒의 중국 제3전구사령부第三戰區司令部 정치부에서 사무를 보던 황해도 해주인 김문호金文鎬 군은 일본 유학생으로, 큰 뜻을 품고 중국에 건너와서 각지를 유람하다가 절강성 동남쪽 금화金華[262] 방면에서 정탐 혐의로 체포되어 자세한 신문을 받았는데, 그때 마침 일본에서 같이 공부한 중국인을 만나서 그들과 같이 제3전구사령부에서 복무하게 되었다. 그러던 중 '김구金九'라는 성명이 신문에 등재됨을 보고 먼저 서신으로 사정을 통하다가 후에는 중경으로 와서 일체를 보고하였다. 이에 한국광복군 징모처 제3분처를 상요에 두고 김문호를 주임으로, 신정숙申貞淑(봉빈鳳彬)[263]을 회계조장으로, 이

258 일제강점기의 독립운동가(1912~1942). 전남 나주 출신으로 1924년 일본에 건너가 유학 중 무정부주의 사상에 심취하였다. 1932년 중국 상해로 망명하여 황포군관학교를 졸업하고 임시정부의 광복군 제5지대장으로 활약하다 내부 변절자에게 피살되었다.

259 일제강점기의 독립운동가(1907~1943). 공진원公震遠이 본명이다. 평안북도 벽동 출생으로, 1931년 만주사변 후 한국독립군 대장이 되어 항일운동을 벌였다. 이후 상해 임시정부 의정원 의원을 역임하고 광복군 제2지대장으로 전투에 참가하였으며, 중경의 임시정부에서 활약하다 병사하였다.

260 중국 흑룡강성 무원현撫遠縣에 위치하였다. 1928년 중국국민당 정부가 이 지방의 몽고족을 통제하기 위하여 설치한 성으로, 1954년 내몽고자치구로 편입되었다.

261 일제강점기의 독립운동가(1900~1967). 평안남도 평원 출생으로, 일찍이 만주로 건너가 신흥무관학교를 졸업하고, 1931년 조선혁명당에 가담하여 중국군과 연합해 일본군과 전투를 벌였다. 1940년 중경의 한국광복군 참모가 되었고, 이듬해 광복군 제3지대장이 되어 한국인 학병과 지원병을 포섭, 훈련시켜 광복군에 편입시키는 데 공을 세웠다.

262 중국 절강성 금화강 연안에 위치한 도시.

263 일제강점기의 독립운동가(1910~1997). 봉빈鳳彬은 가명이다. 평안북도 의주에서 태어나 1940년 광복군에 입대하여 상해 임시정부에서 일하였다. 김문호金文鎬와 함께 전선

한국광복군 제5지대 성립 기념. 1941. 1. 1.

한국광복군 징모 제3분처 위원 환송 기념. 1941. 3. 6.
맨 앞줄 왼쪽부터 박찬익, 조완구, 백범, 이시영, 차이석.
둘째 줄 왼쪽부터 최동오, 김문호, 신정숙, 김응삼(한도명), 이지일, 김붕준.
셋째 줄 왼쪽부터 조성환, 조소앙, 이청천, 이범석, 양우조.

지일李志一[264]을 정보조장으로, 한도명韓道明을 훈련조장으로, 선전조장은 주임 김문호 겸임으로 각각 임명한 후 상요로 파견하였다.

모든 당黨·정政·군軍의 비용은 미국·하와이·멕시코·쿠바의 한인 교포들이 마음속에서 우러나온 열성으로 모아 보내는 것을 대략 분배하여 3부의 사업을 진행하였다. 그러던 중 장개석의 부인 송미령宋美齡 여사의 부녀위로총회에서 자진하여 한국광복군에 중국 돈 10만 원의 위로금을 특별 보조로 받았다.

신봉빈 여사와의 인연

제3징모처 신봉빈 여사의 내력이 하도 이상하여 기록한다.

내가 연전에 장사 상아의원에서 흉부에 총을 맞고 치료하던 때였다. 하루는 병상에 앉아서 병실 밖을 바라보고 있는데 병실 문이 반쯤 열리더니 어떤 여자가 서신 한 통을 나의 병실에 던져 넣은 후 자취를 감추었다. 전담 간호사 당화영唐華英이 마침 병실 안에 있기에,

"그 서신을 주워 주시오."

하여 열어 보니, 이것이 소위 막명기묘莫明其妙[265]였다. 우편으로 온 서신이 아니고 인편으로 보내온 서신인데, 신봉빈이란 여자가 상덕尙德 포로수용소에 포로가 되어 있는데 해방시켜 주기를 청원하는 진정서였다.

과 후방에서 중국 유격대와 합동으로 정보 수집 및 선전 공작을 전개하였으며, 또 포로 심문을 통해 일본군의 동태를 수집하여 공작에 활용하는 임무를 수행하였다.

264 일제강점기의 독립운동가(1914~1964). 본명은 이규학李圭鶴이다. 경기도 여주 출신으로 일찍이 황포군관학교를 졸업하고 1931년부터 5년간 항일학생의용군에 가담하여 항일전에 참전하였다. 중경의 광복군 창설 1년 전부터 한국청년전지공작대韓國靑年戰地工作隊에서 청년들을 광복군으로 입대시켰으며, 광복군 창설 후에는 중령으로서 국내 진입작전을 지휘하였다.

265 "아무도 그 오묘함을 설명할 수 없다."는 뜻의 중국어이다. 한자는 '莫名其妙'로도 쓴다.

자기는, 상해에서 살다가(부인과 같이) 4·29 홍구 폭탄 사건 후 귀국한 이근영李根永의 처제요, 당시 민단의 사무원으로 체포되어 귀국한 송진표宋鎭杓(본명 장현근張鉉根)의 처인데, 언니와 남편에게서 선생님이 언니 집에 오시면 냉면 대접해 드렸다넌 이야기를 잘 듣고 존경해 왔는데, 상업차 산동 평원平原에 왔다가 중국 유격대에 붙잡혀 이곳까지 오는 길에 장사를 지나왔으나 선생이 계신 곳을 알지 못한 채 그대로 상덕까지 끌려왔다며, 사지死地에서 구출해 달라는 내용이었다.

나는 백번을 생각해도 이 서신이 어디서 왔는지 알 수 없었다. 이 여자가 이근영의 처제인 것만은 의심할 바 없고, 이전에 본국에서부터 나에 관하여 들어서 알고 있는 것도 사실이겠다. 그러나 갇혀 있는 자의 서신이 어디로부터 왔으며, 본국에서 내 이름을 들어서 알고 있다 해도 지금 내가 장사 상아의원에 입원하여 치료받는 것을 수백 리 떨어진 상덕 수용소에서 어떻게 알고 서신을 보냈으며, 우표도 없고 일부인日附印[266]도 없는 순전한 인편 서신이니, 아까 병실 문밖에 그림자만 어른거리고 없어진 여자는 천사였던가? 하여튼지 조사해 볼 필요가 있다고 인정되어 퇴원 후 한구漢口의 장蔣 위원장에게 부탁하여 포로 조사의 특권을 얻은 후, 노태준盧泰俊과 송면수宋冕秀 두 사람을 상덕에 보내 조사한 결과는 다음과 같았다.

상덕 포로수용소에는 한인韓人 포로가 30여 명 있고 일인日人은 수백 명인데, 한인과 일인을 한방에 섞어 지내게 할 뿐 아니라, 포로로서 한인이 일인의 지휘를 받게 되고, 운동이나 체조를 할 때도 일인이 명령 지도하는 등 모든 일에서 일인의 권리가 많았다. 그런데 그중 신봉빈은 극단적으로 일인의 지휘와 간섭을 받지 않고 유창한 일본말로 일인에 극렬하게 대항하여 싸웠고, 이를 본 중국 관리원들은 신봉빈이 인격자임을 알게 되어 비밀리에 신문하여 봉빈의 배일사상이 어디에서 유래했는지를 조사하였다. 그러한 후에,

---

[266] 그날의 날짜를 찍게 만든 도장. 친필본의 한자 '日付印'은 현재 안 쓴다.

"중국에서 활동하는 한국 독립운동가 중에 친숙한 사람이 있는가?"

하고 물으니 봉빈은,

"김구를 잘 안다."

고 하였다. 관리원이 다시 물었다.

"그러면 김구가 지금 어디에 있는가?"

"모른다."

다시 묻기를,

"김구에게 편지를 보내 구원해 달라고 청하면 김구가 너를 구원해 줄 마음이 있겠는가?"

하니 신봉빈이 말하기를,

"김구 선생이 알기만 하면 필연코 나를 구원해 줄 것이다."

하였다.

그 조사를 하는 관리원은 곧 장사長沙 사람인데, 5월 6일사변[267]으로 장사 지역에 대소동이 일어났기 때문에 김구가 저격당하여 상아의원에서 치료 중이라는 소식은 모르는 사람이 없던 때였다. 관리원이 장사의 자기 집에 오는 편에 봉빈의 서신을 지니고 와서, 상아의원에 가서 김구가 어느 병실에 있는지를 탐문한 후, 나의 병실 문밖에서는 헌병파출소가 감시하고 있으므로 직접 서신을 전하지는 못하고 친한 간호사로 하여금 편지를 병실 안으로 던져 넣게 하고, 이를 본 관리원은 빠른 걸음으로 물러갔다고 한다. 이후로 수용소에서는 봉빈을 특별 대접하였다고 한다.

그리고 장사가 위급하여 광주로 물러간 후 나는 중경행 기차를 타고 다시 장사까지 가고, 장사에서부터는 자동차를 타고 상덕을 지나갔으나 시간 관계상 포로수용소를 방문하지 못한 채 신봉빈에게 서신 한 통을 보내고 중경에서

---

267 백범이 남목청에서 이운환에게 총을 맞아 부상당한 일을 말한다. 날짜를 5월 7일로 보는 연구자가 많다.(윤대원, 『제국의 암살자들 – 김구 암살 공작의 전말』, 태학사, 2022, 308쪽.)

신정숙(왼쪽)과 백범.

구원해 줄 길을 강구하였다. 중경에 와서 알아보니, 의용대에서 벌써 포로 석
방을 교섭하여 신봉빈 등 일부는 석방되어 있었고, 신봉빈이 나에게 오기를 여
러 차례 요구한다기에 김약산 군에게 서신을 보내서 신봉빈을 계림에서 중경
으로 데려오게 하여 직접 만나 보았고, 기강과 토교의 대가족과 함께 살게 하
다가 상요로 보낸 것이다.

봉빈은 비록 여성이지만 총명 과감하여 전시戰時 공작의 효과와 능률이 중
국 방면으로부터도 찬사를 받는다고 하며, 봉빈 자신도 항상 놀랄 만한 공헌을
하겠다고 스스로 약속하니 장래가 촉망되는 바이다.

너무나 슬픈 일들

이제[268] 슬픈 일을 말하겠다. 대가족 중에 함께하지 못한 식구들이 있으니,
상해 오영선吳永善과 이의순李義橓(이동휘의 딸) 내외와 그 자녀인데, 그들 중 오

---

268 이하 약 32행 확인 안 됨.

영선 군은 신체의 장애로 움직이지를 못하여 대가족 편입이 불가능하였다. 오영선 군은 연전에 작고했다고 하는데, 상해가 완전히 적에게 함락되었으니 손쓸 여지가 없었다.

그리고 이명옥李溟玉[269] 군의 가족이 있다. 명옥 군은 본래 금천金川 사람으로, 3·1운동에 참가하여 일본의 정탐을 암살한 후 상해에 건너와서 민단 사무원이 되었다가, 그 처자가 상해로 나온 후에는 생활을 위하여 영국인이 운영하는 전차 검표원으로 일하였다. 내가 남경으로 이주한 후에도 종종 비밀공작으로 왕래하다가 왜놈에게 체포되어 본국에 가서 20년 징역을 살았고,[270] 명옥 군의 부인 이정숙李貞淑 여사는 그대로 자녀를 데리고 상해 생활을 계속하였다. 그래서 내가 남경에 거주할 때 생활비를 보조하다가 대가족으로 편입하라고 통지하니, 이 부인은 상해 생활을 하고 있어야 본국 감옥에 있는 남편에게 두 달에 한 번씩 오가는 편지를 보낼 수 있다는 성심誠心이어서, 차마 상해를 떠나지 못하고 지냈다.

그러던 중 장자 호상好相[271]이 조선의용대에 참가하여 절동浙東 일대에서 공작을 하다가 모친과 동생들이 그리웠던 모양인지 두세 명의 동지를 대동하고 상해에 잠입하여 활동하면서 간간이 몰래 자기 모친에게 왕래하였다. 그러다가 왜놈에게 발각되어 이 부인이 체포되었고, 사랑하는 아들 호상의 주소를 대라는 엄한 신문에 바른대로 말하지 않자 그 자리에서 타살당하였다. 호상은

---

269 일제강점기의 독립운동가(1891~?). 본명은 이광복李光福이다. 황해도 금천 출신으로, 일찍이 금천군 잠업지도원으로 취업했다가 수안군으로 전근하여 약 1년간 근무하였다. 1920년 독립운동에 투신하여 상해 임시정부 국내정보원으로 활동하다가 중국으로 건너가 한인애국단에 가담하였고 낙양군관학교 한인반 모집원으로 활동하며 이재천·이재현 형제 등을 모집하여 남경에 보냈다. 1935년 일본 밀정을 살해한 혐의로 투옥되었다가 1944년 가출옥하였다.

270 1936년 4월 신의주지방법원에서 징역 13년을 언도받고 1944년 9월 8년 5개월 만에 가출옥하였다.

271 본명은 효상孝相(1921~1942)으로, 1999년 정부로부터 건국훈장 애국장을 받았다.

동지 세 사람과 기차를 타고 도망가다가 차 안에서 네 사람이 체포되었고, 본국으로 호송 중에 호상이 배 안에서 작은 친누이를 만났는데, 어머니와 어린 동생은 왜놈에게 살해되고 자기는 본국으로 압송된다는 누이의 말을 듣자마자 호상은 기절하여 죽었다고 한다.

아아, 비통하고 슬프다! 하늘이 무심하신가? 어린 아들과 어린 딸도 잔혹하게 죽었는가? 이러고도 인간이란 말인가? 나라가 망한 이후 지금까지 왜놈에게 온 가족이 도륙당한 것이 무릇 몇백 몇천 집이랴마는, 기미년 이래 상해에서 운동하던 장면 중에 이명옥 군이 당한 참혹하고 악독한 일이 그 첫째를 차지한다 하겠다.

모든 우리 동포와 자손들에게 한마디를 남기니, 광복 완성 후에 이명옥 일가를 위하여 그의 본향 수안遂安[272]에 충렬문忠烈門을 세워 영구 기념케 하기를 부탁한다.

순국한 현익철 동지의 묘소를 목례로 참배하다

처음부터 대가족과 같이 움직이던 중에, 장사사변으로 인하여 왜놈의 앞잡이 이운환에게 총을 맞고 순국한 묵관默觀 현익철玄益哲[273] 군은 나이가 50도 안 되었고 사람됨이 불의를 참지 못하고 아는 것이 많으며 과거 만주에서는 정의부의 중요 인물이었는데, 원수 같은 왜놈과 공산당과 장작림張作霖의 부하

---

272 이명옥의 출생지는 황해도 '금천'이고, 수안에서 1년간 잠업지도원으로 근무한 인연이 있다.
273 일제강점기의 독립운동가(1890~1938). 평안북도 박천 출신. 호는 묵관默觀. 1919년 3·1운동에 참가한 후 만주로 망명하여 독립운동 단체인 한족회韓族會에 가입하여 활동하였고, 1921년 일본 경찰에 붙잡혀 3년간 복역하였다. 1938년 중경으로 가서 임시정부 국사학편수위원으로 일하였으며, 이해 5월 장사에서 김구 등과 3당통일회의에 참석했다가 조선혁명당원 이운환李雲煥에게 피격당하여 사망하였다.

친일자들에게 삼면이 포위된 가운데 독립운동을 위하여 격렬 투쟁하다가 마침내 왜놈에게 체포되어 신의주감옥에서 중징역을 살았다.

현익철.

이후 만주는 완전히 왜놈의 천지가 되었기 때문에 중국 관내로 들어와 이청천과 김학규 등 옛 동지들과 조선혁명당을 조직하고, 남경에서 의열단이 주도한 민족혁명당을 함께 조직하였다가(소위 5당 통일) 탈퇴하고, 광복진선 9개 단체(극동에 조선혁명당·한국독립당·한국국민당·미주국민회·하와이국민회·애국단·부인구제회·단합회·동지회) 중에 참가하였다. 이후 대가족에 편입하여 부인 방순희方順熙[274]와 어린 아들 종화鍾華를 데리고 남경에서 장사에 도착한 후로 함께 고생하며 함께 행동하였다. 3당 통일부터 실현하자는 묵관의 제의에 응하여 회의를 약속하고 나 역시 식사 자리에 참가하였는데, 불행하게도 묵관 한 사람만 사망하였던 것이다.

그 후 광주에서 조성환과 나태섭 두 동지와 함께 중경으로 오던 길에 장사에서 귀양행 자동차를 기다리던 때는 즉 음력 추석이었다. 내가 현묵관의 묘소 참배를 주장하니, 두 동지는 나의 묘소 참배를 극력 만류하고 두 동지만 술과 안주를 지니고 갔다. 그것은, 나의 몸이 아직 완전히 회복되지 못한 채 먼 길을 가는 중인데, 내가 묵관의 묘 앞에 당도하면 애절 통절하여 정신상이나 신체상

---

[274] 일제강점기의 독립운동가이자 현대 여성운동가(1904~1979). 함경남도 원산 출신으로 정신여학교를 졸업하고 1925년 사회주의운동 단체인 북풍회北風會에 가입하여 활동하다가 일제의 감시가 심해지자 중국 상해로 망명하였다. 1931년 그곳에 와 있던 현익철과 결혼하였으나 남편이 이운환의 총격으로 사망하자 1941년 독립운동가 김관오金冠五와 재혼하였다. 이후 계속 중국에 머물며 독립운동과 여성운동에 참여하였으며, 광복 후 귀국하여 한국독립당 부인부를 맡아 여성 문제를 담당하였다.

무슨 변화가 생길 우려에서였다. 그래서 동행을 못 하였던 것이다. 마침내 장사에서 귀양행 자동차를 타고 가는 도중에 두 동지는 길가 산 중턱에 서 있는 비석을 손으로 가리키며 저것이 현묵관의 묘라고 하기에 목례를 보냈다.

'그대의 불행으로 인하여 우리 사업에 크나큰 지장이 생기지만 어쩌겠소. 그대는 편히 쉬시라. 귀부인과 자제들은 안전하게 보호할 것입니다.'

무정한 자동차는 비석조차 보여 주지 않고 질주하여 버렸다.

이동녕 선생의 별세, 그리고 남아 있는 동지들과 가족들

모친께서는 중경에서 돌아가시고, 대가족이 기강에 와서 1년을 지낸 후에 석오 이동녕 선생이 71세 노령으로 작고하여 그곳에 안장하였다. 내가 30여 년 전 을사신조약 때 경성 상동 예수교당에서 선생을 처음 만났을 때 선생은 진사 이석李石으로 행세하면서 같이 상소운동에 참가하였다. 그러다가 합병 후에는 경성의 양기탁 집 사랑에서 밀회하여 서간도에 무관학교를 설립해서 장래 독립전쟁을 목적하고 선생에게 그 사무를 위임하였으며, 기미년 상해에서 또다시 상봉하여 20여 년을 함께 고초를 겪고 함께 사업을 하며 한마음 한 뜻으로 지냈다.

선생은 재주와 덕행이 출중하지만 일생을 자기만 못한 동지를 도와서 앞에 내세우고 자기는 다른 사람의 부족한 점을 보충하고 부족한 점을 고쳐 이끄는 것이 일생의 미덕이었는데, 선생의 최후일각까지 애호를 받은 사람은 즉 나 한 사람이었다. 석오 선생이 돌아가신 후에는 일이 생기면 즉시 생각하게 되었으니, 의견을 물어볼 사람이 없기 때문이었다. 어찌 특히 나 한 사람뿐이겠는가. 우리 운동계의 대손실이었다.

그다음은 손일민孫逸民[275] 동지의 사망이니, 나이 60에 항상 포병객抱病客[276]으로 지내다가 끝내 기강의 한 줌 흙이 되었다. 그는 청년 때부터 나라를 되찾

대한민국임시정부 이동녕 의정원 의장 장례식. 1940. 3. 17.

겠다는 큰 뜻을 품고 만주 방면에서 여러 해 활동하다가 북경으로, 남경으로, 장사로, 광주로, 유주로, 그리고 기강까지 대가족에 편입되었던 것이다. 그에게 는 자녀가 없고, 근 60 된 아내가 있다.

기강에서 대가족이 2년여를 지내는 사이에 괴이한 상사喪事가 있었다. 조소 앙의 부모가 모두 70여 세 고령이었는데 자당이 돌아가신 후에 부친이 물에 빠 져 자살하였으니, 정사情死인지 염세厭世인지 일종의 희귀하고 괴상한 일이었다.

대가족이 토교로 이사한 후 근 2년 된 민국 24년 2월에 김광요金光耀의 자 당이 폐병으로 돌아가셨고, 그 후 신암新岩 송병조宋秉祚[277] 동지가 나이 65세

---

275 일제강점기의 독립운동가(1884~1940). 호는 회당晦堂. 경남 밀양 출신으로, 1918년 만 주 길림성에서 대한독립선언서에 서명하였고, 1937년에는 상해 임시정부 임시의정원 상임의원으로 선출되어 중국국민당 정부와 유기적인 연락 관계를 취하면서 독립운동 에 기여하였다.

276 늘 병病을 지니고 있는 사람.

277 일제강점기의 독립운동가·목사(1877~1942). 평안북도 용천 출생으로, 1914년 평양신 학교를 졸업하면서 목사가 되었다. 1919년 3·1운동 때 고향에서 만세운동을 지휘하였고, 1921년 중국 상해로 망명해 임시정부에서 임시의정원 의장과 국무위원으로 활동하였다.

대한민국임시정부 송병조 국무위원 장례식. 유해는 중경 화상산에 안장되었다. 1942. 2. 27.

로 병사하였다. 그는 임시의정원 의장으로서 한국독립당 중앙집행위원과 임시정부 고문 겸 회계검사원 원장을 지냈는데, 일찍이 국무위원 7인 중 대부분이 맡은 직을 버리고 남경 의열단이 주창하는 5당 통일로 달아났을 때 차이석車利錫 위원과 함께 정부를 고수한 공로자이다. 임시정부의 국제적 승인 문제가 떠오르는 이때 천추의 원한을 품고 돌아오지 못할 먼 길을 가고 토교에 한 줌의 흙을 남긴 것은 '장사영웅누만금長使英雄淚滿襟'[278]이다.

임시정부와 독립당과 광복군은 삼위일체로 중심인물이 한독당원이므로, 한국 혁명의 나이 많은 이들이 모여 있는 곳이어서 생산율보다 사망률이 더 높음은 면할 수 없는 사실이었다.

이제 대가족 명부를 작성하여 후세에 전하고자 하니, 기미년 독립운동으로 인하여 상해에 와서 살던 5백여 동포가 거의 대가족이라고 말할 수 있으나, 이 일지逸志에 기재하는 대가족은 홍구 폭탄 사건으로 인하여 상해를 떠나 온

---

278 "오래도록 영웅들로 하여금 눈물로 옷깃을 가득 적시게 함."이라는 뜻. 중국 당나라 시인 두보杜甫의 시 〈촉상蜀相〉의 마지막 구절로, 촉한의 재상 제갈량諸葛亮이 뜻을 이루지 못하고 죽었음을 슬퍼한다는 내용이다.

대한민국임시정부 차이석 국무위원 장례식. 1945. 9. 12.

동지들과 그 가족들이 대부분이다.

손일민과 이광 등 동지들은 북경 방면에서 여러 해 거주하다가 노구교蘆溝橋 전쟁이 폭발한 이후 남하하여 남경으로 집안 식구를 데리고 와서 만났고, 대부분 상해를 떠나 온 가족 중에도 남경을 떠나 온 두 개 파는 김원봉 군의 조선민족혁명당과, 우리 측의 한국국민당·조선혁명당·한국독립당 3당이었다.

동시에 남경을 떠나 온 김원봉은 동지들과 식구들을 거느리고 한구를 거쳐 중경으로 이주하고, 나는 동지들과 그 집안 식구들을 거느리고 한구를 거쳐 장사로, 장사에서 8개월, 장사를 떠나 광주에서 3개월, 광주에서 물러나 도착한 곳이 유주, 유주에서 몇 달 후 물러나 기강에 도착하여 근 1년 후 토교 동감으로 왔으니, 이곳에서는 새로 지은 가옥 네 채에 대부분의 가족이 거주하고, 그 외에는 중경의 당부·정부·군부의 기관에서 복무하는 동지들과 가족이다. 대가족 명부는 별지로 작성한다.[279]

---

[279] 이 장부는 현재 전해지지 않아 내용은 확인할 수 없다. 다만 광복 후 작성된 535명의 명단이 전하고 있다.

일제의 항복

임시정부가 중경에 주차駐箚[1]한 이후 공작 진행의 성과는 아래와 같다.

통일 문제

중경에 도착한 이튿날, 우리 일행보다 먼저 중경에 도착한 단체인 조선민족혁명당 간부와 당원들이 중경 남안 아궁보 손가화원을 방문하니 김두봉·윤기섭·김홍서·최우강崔右崗·성주식成周寔 등(김원봉은 광서의 유주에 출장 중이었다)과, 그 부근에 함께 머무는 민족해방동맹의 현정경·김성숙金星淑·박건웅朴健雄 등 공산당을 자처하는 간부들이 민족혁명당 본부의 긴급 소집으로 환영회를 거행하였다. 나는 그 자리에서,

"오늘은 우리의 주의主義를 논의할 때가 아니고, 민족적으로 조국을 광복한 연후에 각각의 주의로써 당으로서의 결합을 할 셈하고, 오늘은 단일적으로 각 단체를 합동하여 통일함이 옳다."

고 제의하니 대부분 찬동하여 통일 공작을 개시하였다.

---

1   '외국에 머물러 있음'의 뜻이다.

한국독립당 제1차 중앙집감위원. 1940. 5. 16.
앞줄 왼쪽부터 김붕준, 이청천, 송병조, 조완구, 이시영, 백범, 유동열, 조소앙, 차이석.
뒷줄 왼쪽부터 엄항섭, 김의한, 조경한, 양소벽, 조시원, 김학규, 고운기, 박찬익, 최동오.

그러나 우리 임시정부를 옹호하여 추대하고 따르는 일행 중 한국국민당은 내가 이사장이고, 한국독립당은 조소앙·홍진 등이 간부요, 조선혁명당은 이청천·김학규·현묵관 등이 간부이니, 그들은 아직 광서의 유주에서 도착하지 못한 때였다. 중국 중앙당부와 교섭해 화물차 일곱 대를 유주에 보내 중경으로 이사해 오게 하였으나 70여 명의 인구를 거주케 할 가옥 마련이 곤란하였고, 또 적기敵機 폭격의 위험을 피하기 위해 중경과 4백 리 떨어진 기강현성에 임시로 거주케 하였다.

나는 통일 공작을 실행하기 위해 중경의 민혁民革과 해방解放[2] 두 단체 간부들과 동행하여 기강에 가서 5당통일회의를 개최하였다. 여러 날을 토의하다가 민혁과 해방 두 단체는 민족주의를 신봉할 수 없다는 이유로 탈퇴하고, 마

---

2   각각 민족혁명당과 민족해방운동을 가리킨다.

침내 3당 통일로 한국독립당이 성립되었다. 한국독립당의 주요 강령은 한국
임시정부를 옹호 지지하자는 것이었다. 그러므로 한국독립당원이 아니면 입각
入閣할 자격이 없었다.

광복군 조직 공작의 성과

중국은 대일 전쟁을 5년간이나 계속하고 있었으나 우리는 군대를 조직하
지 못한 것이 하나의 매우 큰 절실한 일이었기 때문에 한국광복군 조직 계획안
을 작성하여 중국 장蔣 주석에게 제청하였더니 장 주석은 그 계획안 내용이 좋
다는 뜻을 보내왔다. 그러나 당시 전쟁으로 정부 사무가 매우 바쁜 중에 우리
광복군 추진을 중국 정부에게만 믿고 맡기는 것은 좋지 않으므로, 미주 한인
교포들이 보내온 금액 중 비상시에 대비할 목적으로 저축한 총액 4만 원을 가
지고 중경의 가장 화려한 가릉빈관嘉陵賓館에서 외교 사절을 초대하여 광복군
성립 전례식을 성대하게 거행하였다.

중국 중앙정부의 요인들과 각 사회단체의 간부들이며 각국 대사와 공사를
전부 초청하였는데, 당시 중경경비총사령관 유치劉峙 상장上將[3]을 비롯하여 중
국 친구들도 다수 참석하였고 체코·터키·불란서 등 대사들도 참석하는 등 중
국의 외국인 연회로서는 손에 꼽는 대성황을 이루어 안팎의 인기가 대단했다.
또 당시 연합국[4] 신문기자들이 참석한 관계로 광복군 소식은 각국에 널리 선
전되었다.

중국 중앙정부의 군사위원회에서 한국광복군의 소위 9개 행동 준승準繩[5]

---

3 중국 군대의 계급으로, 중장보다 높고 대장보다 낮음.
4 제2차세계대전을 일으킨 독일·이탈리아·일본에 대항하여 싸운 미국·영국·중국·프
   랑스·소련 등을 가리킨다.
5 "평면의 기울기를 재기 위하여 치는 먹줄" 또는 "지켜야 할 법식 또는 조항"의 뜻이다.

한국광복군총사령부 성립 전례식에서 중국 국민당 정부를 대표하여 축사하는 유치 장군. 1940. 9. 17.

을 발포하였는데, 각 조항 중에는 우의적 조항도 있고 모욕적 조항도 있었다. 그러므로 준칙 접수 여부에 대하여 임시정부와 광복군 간부들의 의론이 들끓었다. 그러나 그것을 반려하고 다시 바로잡으려면 시일만 지체될 것이니 우선 접수한 후 진행하면서 불합리한 조건을 시정하기로 하였다. 이에 따라 총사령부를 중경에 두고 간부를 임명하니, 총사령관 이청천, 참모장 중국인, 재무과장 중국인, 고급참모 최용덕崔用德, 한인 참모장 왕일서王逸曙,[6] 제1지대장 김원봉, 제2지대장 이범석, 제3지대장 김학규였다. 제1지대는 중경 남안에 두었고 대원이 50명도 안 되었으며, 제2지대는 섬서성 서안 남쪽 두곡杜曲에 두었고 대원이 2백여 명이었으며, 제3지대는 안휘성 부양阜陽에 두었고 대원이 3백여 명이었다.

　　몇 달 전에는 광복군이 유명무실하여 연합국의 관심을 환기할 아무것도

─────────────

　　이 조항은 중국이 한국광복군 창설을 승인하는 조건으로 광복군의 활동을 규제하기 위한 것이었다.

6　김홍일金弘壹의 중국식 이름이 왕웅王雄이었고, 일서逸曙는 그의 호이다.

없었는데, 갑자기 어느 날 우리 임시정부 행정 관청으로 가슴에 태극기를 붙이고 일제히 애국가를 부르며 들어선 이들이 있었다. 이들은 화북華北 각지 일본군 중에 있던 한인 학병學兵 청년들로, 위험을 무릅쓰고 탈주하여 부양으로 온 것을 제3지대장 김학규의 지령으로 정부에 호송한 것이었다.

이것이 중경에서는 일대 사건이 되었다. 중국 각계 인사들이 50여 명의 청년 환영회를 중한문화협회 식당에서 개최하였는데, 서양의 각 통신사 기자들과 각국 대사관원들도 호기심으로 와서 참석하여 청년들과 자유롭게 문답하였다. 그중 중요한 사건으로는,

"우리는 어릴 적부터 일본의 교육을 받았기 때문에 우리의 역사는 고사하고 우리 언어도 능숙하지 못한 터였습니다. 일본에 유학 중에 징병으로 출전하게 되어 가족과 작별하려고 집으로 돌아왔더니 부모님과 조부모님이 비밀리에 타이르시기를 '우리의 독립 정부가 중경에 있으니 왜군 앞잡이로 끌려다니다가 개죽음을 하지 말고, 우리 정부를 찾아가서 독립전쟁을 하다가 영광스럽게 죽거라.'고 하셔서, 그 명령을 받고 왜군에서 탈주하다가 더러는 죽고 더러는 살아서 우리 정부를 찾아온 것입니다."

라는 청년의 말에 한인 동포는 말할 것도 없고 연합국 인사들의 감격이 넘쳤다.

대일본 비밀공작

광복군 제2지대는 OSS[7] 주관자 사전트C. B. Sargent[8] 박사와 이범석 지대장

---

7 'Office of Strategic Service'의 약자로, 제2차세계대전 때인 1942년에 미국의 정보기관으로 설립한 전략정보국을 가리킨다. 현 미국 중앙정보국CIA의 전신이다.

8 당시 미국 육군 대위로, 중국 본부 비밀첩보과에서 근무했다. 1943년 6월부터 OSS의 워싱턴 본부에서 근무하다가 1944년 4월 OSS 중국 본부로 배치되었다. 당시 그는 대

한미합동작전을 수행하기 위해 만난 정운수, 사전트, 이범석.(왼쪽부터) 1945. 9. 30.

한국광복군 제3지대원과 OSS 웜스 대위. 1945. 7.
앞줄 왼쪽부터 김우전. 정윤성.
뒷줄 왼쪽부터 이평산, 한 사람 건너 웜스.

이 합작하여 서안에서 비밀 훈련을 실시하였고, 본래 개성 출신으로 우리 언어가 능숙한 웜스C. N. Weems[9] 중위는 부양에서 김학규 대장과 합작하여 제3지대 비밀 훈련을 실시하였다. 3개월의 훈련을 마치고 조선으로 밀파하여 파괴와 정탐 등의 공작을 개시할 즈음에 미국 작전부장 도너번W. J. Donovan[10] 장군과 항전 공작을 협의하기 위하여 서안으로 미국 비행기를 타고 가서 정중한 회담

<hr />

한민국임시정부 청사를 방문하여 백범 주석을 면담하고 한국광복군과 OSS 합작에 대해 합의하였다.

[9] 개성에서 활동하던 선교사의 아들로 태어나 한국말을 잘하고 한국 사정에 밝아, OSS 교관으로 있으면서 한국광복군 훈련에 참여하였고, 광복 후에는 미군정 고문으로 활동하였다.

[10] 당시 미국 육군 소장으로, 1940년부터 중앙정보기관 창설 계획에 참여하여 이듬해 정보 책임자로 임명되었고, 1942년 6월 OSS의 국장이 되었다.

서안 광복군 제2지대에서 회담을 마치고. 앞줄 왼쪽부터 백범, 도너번. 뒷줄 왼쪽부터 엄항섭, 한 사람 건너 이범석. 1945. 8. 7.

을 하였으니, 그 대강은 이러하였다.

제2지대 본부 사무실 정면의 오른편 태극기 밑에 내가 앉고 왼편 별기[11] 밑에 도너번이 앉고, 도너번 앞에는 미국 훈련관들이 줄지어 앉고 내 앞에는 제2지대 간부들이 줄지어 앉은 후에, 도너번 장군이 정중한 서약의 말을 발표하기를,

"오늘 이 시간부터 아메리카합중국과 대한민국임시정부가 적 일본에 항거

---

11 별을 그린 기. 즉 미국의 국기 성조기星條旗를 말한다.

하는 비밀공작은 시작되었다."

하였다. 도너번과 내가 정문으로 나올 때 영상 기자들이 촬영함으로써 의식은 종료되었다.

　이튿날은 미국 군관들의 요청으로 비밀 훈련을 받은 학생들의 현장 실습을 할 목적으로 두곡에서 동남쪽으로 40리쯤 떨어진, 고대 한시漢詩에 나오는 유명한 종남산終南山[12]의 한 고찰(비밀 훈련소)로 갔다.

　자동차로 산 어귀까지 가서 다시 5리쯤 걸어서 도착하니 시간이 마침 정오여서 미국 군대식으로 오찬을 시작하였다. 처음에 냉수를 여러 통 가져다 뜰에 놓고 군대용 국그릇과 물그릇으로도 사용하는 쇠그릇을 1인당 각 한 개씩 나누어 준 후 종이갑 한 개씩을 나누어 주었다. 그것을 헤쳐 보니 과자 비슷한 것이 다섯 개씩 들어 있고, 여러 가지 간지메[13]가 들어 있으며, 담배 네 개비와 휴지까지 들어 있었다. 또한 종이로 싼 가루 한 봉을 냉수에 풀어 보니 훌륭한 고깃국이 되었다. 이로써 오찬은 만족을 느낄 수 있을 것이었다. 미국 군대의 전시戰時 일상 식량이라 간단한 서양 요리이지만 누구든지 그것을 먹고 부족한 사람은 없을 것이었다. 군대 식사 한 가지만으로 왜병에 비교할지라도 왜적이 실패할 것은 명확한 사실이라 하겠다.

　만족한 오찬을 마친 후, 때는 아직 8월 상순이라 참외와 수박 등을 먹고, 이어서 우리 청년 학생들을 훈련시키는 미국 장교들이 각자 책임 맡은 과목을 현장 실습하는 광경을 참관하게 되었다. 우선 심리학 박사가 심리학 시험을 보아 학생들을 뽑아서, 모험성이 풍부한 자에게는 파괴술을, 지적 능력이 강한 자는 적정敵情의 정탐으로, 눈 밝고 손재주 있는 자에게는 무선 전기 사용술을 각각

12　중국 섬서성 서안시 남쪽 15km 지점에 위치한 높이 2,600m의 산으로, 서쪽에서 시작한 진령산맥秦嶺山脈이 이곳 남쪽에서 끝나게 되었다는 의미에서 이름이 붙여졌다. 진초고도秦楚古道라 하여 고대에 진나라와 초나라를 연결해 주던 18km 길이의 옛길이 있다.
13　일본어 かんづめ로, '통조림'의 뜻이다.

훈련 중인 한국광복군. 1943. 6. 6.

과목별로 훈련하였다. 심리학자가 시험 성적의 개요를 보고하는데, 특히 한국의 청년은 앞으로 희망이 풍부하다고 말하였다. 청년 일곱 명을 인솔하고 종남산 정상에 올라가 수백 길 절벽 아래로 내려가서 적정을 탐지하고 올라오는 것이 목적인데, 소지품은 단지 수백 길의 밧줄뿐이었다. 청년 일곱 명이 회의한 결과 그 수백 길의 밧줄을 여러 번 매듭지은 후에 밧줄 한쪽 끝은 정상 바위에 매고, 다른 한쪽 끝은 절벽 아래로 떨어뜨린 다음 그 줄을 타고 내려가서 나뭇가지를 하나씩 입에 물고 올라오니 목적은 이로써 달성되었다.

　"나는 앞서 중국 학생 4백 명을 모아 놓고 훈련 시험할 때도 해답을 발견하지 못했는데, 귀국 청년 일곱 명에게서 이런 성과를 발견하였으니 참으로 전도유망한 국민이다."
라는 큰 칭찬을 받은 후, 폭파술과 사격술, 비밀 도강술渡江術 등을 차례로 실습하는 것을 시찰하였다.

일본의 항복 소식을 듣다

당일로 두곡에 돌아와서 하룻밤을 자고 이튿날엔 서안의 중국 친구들을 방문하였는데, 40리 떨어진 서안에 가서 호종남胡宗南 장군을 방문하니 호 장군은 출장 중이어서 참모장을 대신 만났다. 그리고 성省 정부를 방문했는데, 성주석 축소주祝紹周 선생은 막역한 친구로 다음 날 저녁 식사를 자기 사저에서 같이하자고 하여 승낙하였다. 또한 성 당부黨部에서도 나를 위해 연회를 개최하겠다고 하였으며, 서안부인회에서도 특히 나를 환영하기 위해 연극을 준비한다 하였고, 각 신문사 주최로 환영회를 개최하겠다는 말도 들었다.

그날은 우리 동포 김종만金鍾萬 씨 댁에서 묵고, 이튿날엔 서안의 명소를 대강 구경하고 축 주석의 사저에서 저녁 식사를 마친 후 날씨가 매우 더운 때이므로 객실에서 수박을 먹으며 이야기 나누는 중에 갑자기 전화벨이 울렸다. 축 주석은 놀라듯 자리에서 일어나며,

"중경에서 무슨 소식이 있는 듯합니다."

하며 전화실에 들어갔다가 뛰어나오며 하는 말이,

"왜적이 항복한답니다."

하였다.

나는 이 소식을 들을 때 희소식이라기보다도 하늘이 무너지고 땅이 꺼지는 느낌이었다. 몇 년을 애써 참전을 준비하여, 산동반도에 미국의 잠수함을 배치하고, 서안훈련소와 부양훈련소에서 훈련받은 청년들이 조직적·계획적으로 각종 비밀 무기와 전기 기구를 휴대하고 본국으로 침투하여 국내 요처에서 각종 공작을 개시해 인심을 선동하며, 전신으로 통지해 무기를 비행기로 운반하여 사용할 것을 미국 육군성과 긴밀히 협약하였었다. 그런데 그 합작을 한 번도 실시하지 못하고 왜적이 항복하니, 이전에 세운 공이 아깝고 앞으로 닥칠 일이 염려되었다.

수포로 돌아간 광복군의 본국 침입 공작

즉시 축 씨 사저를 떠나 차가 큰길을 지날 때 벌써 군중은 인산인해를 이루었고 만세 소리가 성안에 진동하였다. 약속한 환영 준비는 전부 사양하여 물리치고 밤으로 두곡으로 귀환하였다.

우리 광복군은 자기 임무를 달성하지 못하고 전쟁이 종식되니 실망하여 낙담하는 분위기에 잠겼고, 미국 교련관과 군인들은 매우 기뻐하여 질서 문란도 깨닫지 못하는 상태에 이르렀다. 미국에서는 두곡에 순전히 한국군 수천 명을 수용할 막사를 짓기 위해 종남산에서 재목을 운반하고 벽돌 등 제반 자재를 운반하여 거대한 공사를 진행하고 있었는데, 그날부터 일제히 중지되고 말았다. 나의 본래 계획은, 서안에서 훈련을 마친 청년들을 본국으로 보내고, 부양으로 가서 그곳에서 훈련받은 청년들도 아울러 본국으로 보낼 예정이었으나 그 역시 수포로 돌아갔다.

중경으로 돌아오는 것도, 갈 때 군용기를 타고 갔으니 올 때도 군용기로 와야 할 텐데 질서가 문란한 관계로 군용기를 타지 못하고 여객기를 타고 중경으로 귀환하였다. 내가 중경으로 오는 동시에 미국 군인 몇 명과 이범석 지대장, 그리고 우리 청년 네다섯 명이 한성漢城으로 출발하였다는데, 그 후 소식을 들으니 영등포에 도착하여 하룻밤 숙박했으나 남아 있는 왜적의 항거로 다시 서안으로 왔다고 한다.

중경에 돌아와 보니, 중국 사회도 말할 것 없이 전쟁 중에 긴장하던 기분이 돌변하여 각계각층이 혼란한 국면을 이루었고, 우리 한인 사회도 생각 없이 혼란한 국면에 처하였다. 이 무렵 임시정부에서는 의정원을 개회하고 국무원 총사직을 해야 하느니, 임시정부를 해산하고 본국에 돌아가자느니 의론이 백출하다가, 주석이 다시 중경으로 돌아온다는 소식이 있으니 책임자의 의견을 들어 본 후 결정하기로 하고 3일간 정회 중이었다.

나는 개회 벽두에 출석하여,

중경에서 찍은 대한민국임시정부 환국 기념 사진. 1945. 11. 3.

　"임시정부 해산 운운은 천만부당하고 총사직도 옳지 않습니다. 우리가 장래한성에 들어가 전체 국민에게 정부를 도로 바칠 때 총사직하는 것이 옳습니다."라고 하였다. 그때 14개 조항의 원칙을 결정하고 입국하려고 할 때, 미국 측으로부터 "미국 군정부가 한성에 있으니 개인 자격으로 들어오라."는 기별이 있었다. 그리하여 의론이 분분하다가 마침내 개인 자격으로 입국하기로 결정하였다.

중경에서의 지난 생활

7년간의 중경 생활에 종막을 고하게 되니 백감百感이 교차하여 말의 조리와 일의 두서를 잡기 어려웠다.

남안 화상산和尙山의 모친 묘소와 죽은 아들 인의 묘지(묘지는 돌담을 둘러쌓고 할머니와 손자의 무덤을 차례로 두었다)에 각각의 축문祝文을 지어다가 가마를 타고 가서 각기 축문을 낭독하고 생화를 드린 후에 묘지기를 불러 돈을 넉넉히 주며 분묘 보호를 부탁하고 돌아왔다.

그러고는 입국할 행장을 준비하였다. 가죽상자 여덟 개를 사서 정부 문서를 수습하고, 중경의 5백여 명 교포의 선후 문제를 해결하고 임시정부가 중경을 출발한 이후 중국 정부와의 연락 방법을 마련하기 위해 중화대표단中華代表團을 설치하고, 단장에 박찬익을 임명하고, 이하 간부에 민필호閔弼鎬·이광李光·이상만李象萬·김은충金恩忠 등을 선임하였다.

중경을 떠날 즈음에 중국공산당 본부에서 주은래周恩來와 동필무董必武 등이 우리 임시정부 국무위원 전체를 초청하여 송별연을 열어 주었다. 또한 중앙정부에서는 장개석 선생을 위시하여 중앙정부 및 중앙당부 각계 명망가 수백 명을 모으고 우리 측 임시정부 국무위원과 한국독립당 간부들을 초청하여 중국국민당 중앙당부 대례당大禮堂에서 중국 국기와 한국 국기를 교차시켜 놓고 융숭한 연회를 진행하였다. 이때 장개석 주석과 송미령 여사가 선두로 장래에 중국과 한국의 영구한 행복을 꾀하자는 연설을 하였고, 우리 측의 답사로 끝마쳤다.

마침내 중경을 떠나게 되었으니, 7년간의 허다한 사정을 모두 이야기할 수는 없고 개요를 들어 몇 가지 말하려 한다.

첫째, 동포들에 대해서이다. 전쟁을 계속하는 동안의 중경은 과연 중국의 전시 수도였다. 평시에는 몇만 명에 불과했는데, 전쟁으로 인해 적 점령 각지에서 관리와 인민이 중앙정부로 집중되기 때문에 인구가 격증하여 1백여만 명

중국 국민당의 임시정부 송별연. 아래 사진은 송별연에 참석한 풍옥상, 백범, 장개석, 송미령(왼쪽부터)이다. 1945. 11. 4.

에 달하였다. 가옥은 평시에 비하여 몇백 배나 되었지만 가옥난이 극도에 달하여 여름철에는 노숙자가 태반이요, 식량 문제는 배급제인데 배급소 문 앞에는 사계절을 물론하고 장사진을 벌였고, 구타나 욕설 등 허다한 분규가 계속 연출되었다. 그러나 우리 동포들은, 특별히 인구 상황을 책으로 만들고 중국 상부와 교섭하여 양곡을 인구 비례로 다량으로 한꺼번에 타서 화물차로 운반하였으며, 쌀은 다시 찧어서 하인을 부려 집집마다 배달해 주고, 쌀 그릇은 쥐와 참새의 피해를 방비하기 위하여 집집마다 독그릇을 배치하였으며, 그 밖에 반찬 등은 돈으로 배급하고 음료수까지 하인을 시켜 사용하였으니, 전시임에도 불구하고 동포의 생활은 단체적, 규율적으로 안전하게 지냈다.

비단 중경뿐 아니라 남안과 토교에 거주하는 동포들도 중경과 같은 모양으로 한인촌韓人村을 이루고 중국의 중산층 정도의 생활을 유지하였다. 그러나 곳곳마다 생활 여건이 충분하지 않다는 원망의 말도 있었다. 나는 그런 말을 들을 때마다,

"우리 동포들의 이곳 생활은 지옥 생활인 줄만 알고 살아가기를 바랍니다."
라고 말하였다.

다음으로 가족생활에 대해 말하자면, 내 일생을 통하여 가족을 단합하고 가정생활을 한 때는 시간적으로도 매우 짧았다. 18세에 글공부를 그만둔 뒤에 내내 유랑 생활을 하였으니, 장련읍 사직동 생활에서 모친을 모시고 사촌 형남매와 한집에 살며 2~3년 지낸 후로는 문화와 안악 등지에서 몇 달간, 몇 년간을 거주했으나 역시 유랑 생활이었다. 가장 시간이 길었다고 할 곳은 상해 불란서 조계로, 그곳에서의 4년 생활을 가족생활로 볼 수 있겠다. 그 후에는 상처喪妻 후 10여 년을 모친은 인이와 신이 아이를 데리고 본국에서 지내시고, 나만은 혈혈단신으로 동포들의 집에 의탁하거나 포퇴아捕腿兒[14]의 집단생활을 이어 갔다. 모친이 9년 만에 다시 중국으로 오셨으나 모친께서는 모친대로 인이와 신이 아이를 데리고 따로 생활하시고, 나는 나대로 동포의 집에서 혹은

---

14 "자기 무릎을 안고 새우잠을 자는 사람"이라는 뜻의 만주어로, 아내가 없는 남자들이 자는 새우잠을 말한다.

중국 친구의 집에서 기생 생활을 계속하였다. 중경 생활도 역시 마찬가지였다.

다음은 전쟁 중 왜적 비행기 습격으로 곤란을 당하던 사실을 몇 가지 말하겠다.

남경 시기에 적기의 폭격이 심했는데, 남경에서 나는 회청교에 은거하고 모친께서는 마로가馬路街[15]에 거주하실 때였다. 적기의 야간 공습이 있어 위험한 것도 불구하고 구경하기 위해 침대에서 일어나 문밖에 나서며 하늘을 바라보니 비행기가 비둘기 떼같이 날아오는 중에 돌연 벼락 같은 소리가 진동하며 내 침실의 천창天窓이 무너져 내려 내가 누웠던 침대를 덮었다. 내가 만일 문밖으로 나가지 않았던들 분명 천창에 압사하였을 것이다. 마음속으로 놀라고 서늘하였을 뿐이었고, 그 후 문밖으로 나가 보니, 정거장에 시체가 형형색색으로 앉아 죽은 자, 엎드려 죽은 자, 혹은 반동강 시체 등등의 참혹한 광경은 차마 눈뜨고 볼 수 없었다. 나는 즉시 마로가 모친 댁을 찾아가 보니 천행으로 안전하셨다.

"과히 놀라시지는 않으셨습니까?"

하고 여쭈었다.

"잠이 깊이 들었을 때 침상이 움직였는데 그것이 폭탄 때문이야?"

이같이 말씀하셨다.

남경을 떠난 후 장사에서 또 누차 폭격을 당하였으나 별로 위험은 없었고, 광동 역시 위험은 없었으며, 중경에서는 4~5년 동안 내내 그 모양으로 지내는 터인데, 잠자고 먹는 것은 짬 날 때 하고 오직 하는 일은 피난뿐이었다.

중경에서 폭격을 당할 때 중국의 국민성이 위대하다는 것을 깨달았다. 높고 크게 지은 집이 삽시간에 재가 되는데, 그 집 주인들은 한편으로 가족 중 죽은 자를 매장하고, 생존자는 불에 타고 남은 기둥과 서까래를 모아서 임시로

---

15 친필본에는 '마록가馬鹿街'로 나오나 오기인 듯하다. 앞의 「하권」에는 '마로가馬路街'로 나온다.

집을 짓는데 웃는 얼굴로 슬픈 빛을 띠지 않았다. 그래서 나는 그들을 볼 때 이런 생각을 금치 못하였다. '만일 우리 동포들이 저 지경을 당하였다면 화가 나느니 성이 나느니, 홧김에 술을 마신다, 성난 김에 싸움을 한다, 소란만 일으키고 태만하지나 않을까.' 생각되었다.

중경 폭격이 더욱 심하던 그 하루는 아침부터 저녁까지 방공호에서 지냈다. 우리 임시정부가 중국을 떠날 때까지 네 번을 옮겼으니, 그 고해파란苦海波瀾[16]만은 영원히 잊을 수 없다. 제1차는 양류가楊柳街, 제2차는 석판가石坂街, 제3차는 오사야항吳師爺巷, 그리고 제4차 연화지蓮花池에서 종막을 고하였다.

양류가에서부터 폭격 때문에 버틸 수 없어 석판가로 이전하였으나, 석판가에서는 화재가 나서 전소되어, 심지어 의복까지 불타 버렸다. 오사야항에서는 화재는 간신히 면하였으나 폭격 때문에 가산이 모두 부서졌고, 이를 다시 손질하여 고쳤지만 인원은 많고 집은 비좁고 누추하여 이것은 정부 직원의 주택으로 사용하였다. 제4차 정부 청사는 연화지에 70여 칸 건물을 세내어 사용하였으니 집세가 1년에 40만 원이었다. 이것은 특별히 장蔣 주석이 보조해 주어 정부가 중경을 떠날 때까지 사용하였다.

오사야항에 있을 때 폭격이 가장 심하던 날은 즉 4월 ○○일인데, 그날은 새벽부터 아홉 시간을 방공호 안에서 지냈다. 그 방공호는 금탕가金湯街 사설 방공호여서 집 마당 앞으로 입구가 나서 들어갔던 것인데, 나중에 나와서 보니 그 가옥은 전부 파괴되고 말았다. 급히 돌아와 보니, 내 집도 대문 입구에 폭탄이 투하 폭발되어 둘러싼 담과 기와가 전부 무너져 부스러졌으므로 다시 손질하여 고쳐지었다. 그날 남안에서 동포 서너 명이 죽었다는 급보를 듣고 즉시 가서 조사해 보니 폭사자爆死者는 신익희 씨 조카와 김영린의 아내라고 하였다. 다만 통탄할 뿐이었다.

---

16 크고 작은 파도가 심하여 인생살이의 바다를 건너가기가 험난한 상태를 비유하는 말로, 인생을 살아가면서 겪게 되는 온갖 역경과 고통을 이른다.

중경 연화지의 대한민국임시정부 청사 정문. 1940년대.

    그날 중경에서는 엄청난 수의 폭사자가 나왔다. 관청 보도는 십팔제十八梯
방공호에서 4백여 명이라 하고, 시민들이 전하는 이야기는 8백여 명이라 하여
실제로 현장을 시찰하였다. 내가 고서古書를 읽으며 익힐 때 본 "쌓인 시체가
산과 같다積屍如山."는 문구는 문인文人들이 붓을 함부로 놀려 글재주를 부린
것이라고 생각하였는데, 그날 교장동較場洞 입구에 나가 광경을 보니 들것으로
방공호에 산재한 시체를 수습하는데, 어린아이 시체는 들것 하나에 두세 명씩,
어른은 한 명씩 해서 모아 쌓아 놓으니 과연 "쌓인 시체가 산과 같다."는 문구
를 예나 지금이나 똑같이 안 쓸 수 없었다. 그와 같은 참사의 원인은 폭탄에 맞
아 죽은 것뿐 아니라 방공호에서의 질식 때문이었다. 그 시체들의 상태를 보면

중경에 쏟아진 일본의 무차별 폭격(위)과 폭격으로 폐허가 된 모습(아래). 1940년대 초.

남자든 여자든 성한 의복이 없고 신체에 상처도 많았는데, 이는 방공호 속에서 질식되어 최후의 발악을 하면서 저절로 격투와 같은 몸부림이 일어난 사실 때문이었다. 그러면 격투와 같은 몸부림이 일어나기까지 방공호 안에서 나오지 못한 원인은 어디 있는가? 사실은, 지휘하던 경관이 방공호 문을 밖에서 잠근

채 매우 급한 마음에 도망했기 때문이었다. 그 과실로 경비사령관 유치 상장은 엄중 문책을 당하였다. 그 산같이 모아 놓은 시체를 운반하는 것을 보니 화물차에 물건 쌓듯이 실었다. 화물차가 움직일 때 시체가 땅에 떨어지는 일도 있었는데, 그러면 그 시체는 목을 매어 화물차 뒤에 달아 놓으니 시체가 땅에 끌려가게 된다. 참으로 눈 뜨고 볼 수 없는 참상이었다. 그런데 그 많은 시체 중 대다수가 밀매음密賣淫하던 여자의 시체였으니, 원인은 본래 교장동 부근이 밀매음촌이었던 때문이다.

큰 불행이 있는 곳에서는 간혹 행복한 일도 엿볼 수 있다. 방공호 안에 피난한 그들은 귀중품을 전부 휴대하였는데, 경관들이 지휘하여 시체에 휴대되었던 귀중품을 수집하니 금은보화 역시 시체와 같은 모양으로 산처럼 쌓였다. 그 험한 시체를 운반하기 위하여 방공호에 출입하는 인부들이 귀중품을 몸에 감추었는데, 이것이 매우 큰 금액이어서 부자가 되었다는 말까지 있었다.

그중 또 한 가지 참혹한 것은, 친척들이 모두 살아 있는 사람들은 제가끔 가족의 시체를 찾아가는데, 어떠한 곳은 집조차 검은 벽돌과 재만 남은 빈터에 시체를 갖다 놓고 통곡하니, 차마 귀로 들을 수 없고 차마 눈으로 볼 수 없었다.

중경은 전쟁 이전에는 일개 상업 항구였다. 왼편의 가릉강嘉陵江[17]과 오른편의 양자강揚子江[18]이 합류하는 곳으로, 1천여 톤의 기선이 정박하는, 물품 집산의 중요한 항구였다. 옛 이름은 파촉巴蜀이니 그곳은 고대에 파巴 장군이 개척한 곳이며, 연화지蓮花池에는 파 장군의 분묘가 완전하게 존재하였다. 그곳의 기후로 말하자면, 9월 초순부터 이듬해 4월까지는 구름과 안개 때문에 하늘

---

17 중국 양자강의 지류. 길이 1,119km로 섬서성 봉현鳳縣에서 시작하여 남쪽으로 흘러 중경에서 양자강에 합류한다.

18 중국의 중심부를 흐르는 강. 길이 6,300km로 아시아에서 제일 긴 강이다. 티베트고원 동북부에서 발원하여 운남·사천·호북·강서·안휘·강소 등의 성을 거쳐 동중국해로 흘러 들어간다.

의 해를 볼 수 있는 날이 드물고, 또 저기압의 분지여서 지면에 악취가 흩어져 사라지지 못하므로 공기가 극도로 불결할 때에는 인가와 공장에서 분출하는 석탄 연기 냄새로 눈 뜨기가 곤란하였다. 우리 동포 3백~4백 명이 6~7년 거주한 기간에 순전히 폐병으로 사망한 자가 70~80명에 달하여 합계 숫자가 1~2할이었다니 놀라지 않을 수 없다. 들건대 외국의 영사관이나 사업가들이 3년 이상 거주하려 하지 않는다는 중경에서 6~7년간 거주하다가 큰아들 인仁이도 역시 폐병으로 사망하였으니, 알고도 피할 수 없었던 사정은 잊기 어려울 것이다.

다음은 우리가 토교에 거주하던 것을 대강 말하고자 한다.

대가족 식구들이 기강으로 이주한 후 중경과 거리가 너무 멀어 왕래가 불편했는데, 중경에서 기강으로 40리쯤 가면 토교라는 촌시장이 있었다. 그곳에 화탄계花灘溪와 폭포가 있고 그 폭포 위에는 동감東坎이라는 작은 마을이 있는데, 그곳의 토지를 20년 기한으로 빌려 반양옥 세 채를 지었고, 서양 선교사들은 우리를 위해 예배당과 청년회관으로 사용하도록 양옥 한 채를 증축해 주었고, 큰 길가에는 2층 기와집 한 채를 사서 1백여 명의 식구를 수용하였으니, 그곳은 중경에 비하면 주택난도 완화되고 공기도 신선한 곳이었다. 나는 종종 토교에 가서 직접 도로를 수선하고, 수목을 재배하고, 돌로 제방을 쌓는 등의 일을 실제로 하면서 겸하여 근로 생활층을 위로하곤 했다.

귀국 길에 상해를 방문하다

왜적이 투항한 후에는 우리도 고국으로 돌아갈 준비를 할 때에 이르러, 임시정부의 역사적 문서를 정리하고 국무위원과 일반 직원이 비행기 두 대에 나누어 타게 되었다.

○○일[19]에 나는 선발로 13년 전에 떠났던 상해의 공기를 다시 호흡하게 되

상해비행장에 도착한 대한민국임시정부 요인들. 1945. 11. 5.
맨 앞줄 왼쪽에서 두 번째부터 안미생, 이청천, 백범, 이영길, 한 사람 건너서 장준하.

었다. 중경에서 출발하여 5시간 후에 상해에 착륙하니 오후 6시였다. 비행장
에는 내외국 친구들의 환영으로 남녀를 막론하고 인산인해를 이루었으니, 그
비행장은 곧 홍구신공원이었다. 그동안은 왜의 영사관이 근접해 있었기 때문
에, 14년 상해 생활에 신공원에 발을 디딘 것은 그때가 처음이었다.

신공원에서 나와 시내로 들어가려 할 때, 상해에 거주하는 동포 6천 명이
아침 6시부터 저녁 6시까지 죽 늘어서서 몹시 기다리고 있다 하여 차를 세우
고 나갔다. 나가 보니 한 길 넘는 축대가 있기에 그 단 위에 올라서서 동포들을
향하여 인사말을 하고 시내 양자반점揚子飯店에서 묵었다. 시내에 들어와서 알

19 '11월 5일'로 연구되었다.

고 보니, 그 신공원 축대 위에 올라 인사하던 그곳이 곧 13년 전에 윤봉길 의사가 왜적 시라카와白川 등을 폭살한 곳이었다. 왜적들이 그곳을 기념하기 위해 군사 훈련을 하는 장교들의 지휘대로 만들어 놓았다 하니, 나는 이 말을 듣고 볼 때 13년 전 그날의 기억도 새로울 뿐 아니라 강개慷慨도 무량하였다. 세상만사 모든 것이 어찌 무심하고 우연하다 하겠는가?

상해에 거주하는 동포의 수가 13년 전보다 몇십 배가 증가하였다. 왜적의 전쟁으로 인하여 생활난이 빚어 놓은 관계로 각종 공장과 사업 방면에 부정한 업자가 속출하였다. 이러한 상황에서 예전의 독립정신을 굳게 지키며 왜놈의 앞잡이가 되지 않은 자가 불과 10여 명이니, 선우혁鮮于爀·장덕로張德櫓·서병호徐丙浩[20]·한진교韓鎭敎·조봉길曺奉吉·이용환李龍煥·하상린河相麟·한상원韓相源·원우관元宇觀 등이었다. 그들의 굳은 의지를 가상히 여겨 서병호 자택에서 만찬회를 개최하고 기념사진을 촬영하였다.

민족 반역자에 첫 번째로 하나 꼽을 안준생安俊生[21](안준생은 왜놈을 따라 본국에 돌아와 왜적 이토 히로쿠니伊藤博邦[22]에게 부친 의사義士의 죄를 빌고 미나미南 총독[23]을 애비라 불렀다)을 체포하여 교수형에 처하라고 중국 관헌에게 부탁하였으나 관원들이 실행하지 않았다.

---

20 친필본의 한자 '徐炳浩'는 오기이다. 「상권」에는 '徐丙浩'로 나온다.
21 일제강점기의 실업가(1907~1951). 안중근 의사의 둘째 아들로, 중국 상해에서 사업을 하면서 친일파로 변절하였다. 1939년 10월 9일 만선시찰단滿鮮視察團 일원으로 귀국하여 미나미 조선 총독을 면담하고, 10월 15일 이토 히로부미伊藤博文를 추모하는 사찰인 박문사博文寺를 찾아 이토의 위패에 분향하고, "죽은 아버지의 죄를 내가 대신 속죄한다."는 담화를 발표했다. 또한 이튿날 10월 16일은 조선호텔에서 이토의 아들을 만나 "아버지를 대신해 깊이 사과드린다."며 사죄하였다. 이 소식을 들은 백범은 "민족 반역자로 변절한 안준생을 체포해 교수형에 처하라."고 중국 당국에 부탁하였으나 받아들여지지 않았다.
22 이토 히로부미伊藤博文의 아들로, 아버지 뒤를 이어 공작의 작위를 받았다.
23 미나미 지로南次郎(1874~1955)를 가리킨다. 일본의 군인 출신으로 제7대 조선 총독(재직 1936~1942)으로 있으면서 한민족 말살정책을 강행하였다. 일본 패망 후 전범戰犯으로 종신 금고형을 선고받고 복역 중 병사하였다.

상해의 전체 한인 교포들이 대성황리에 환영회를 개최하였으니, 13년 전에 본 어린아이들은 자라서 장정이 되었고, 장정들은 노쇠하여 옛 얼굴을 찾아보기 어려웠다. 옛 불란서 조계의 공동묘지를 찾아가 죽은 아내의 분묘를 찾아가는데, 그전 장소에 가 보니 분묘가 흔적조차 없어서 의아하고 이상하게 생각할 때, 따라오던 묘지기가,

"10년 전에 분묘를 옮기고 다시 장사 지냈습니다."

라고 사실을 고하면서 그곳으로 인도하였다. 다시 찾아 여전히 있는 분묘를 살피고 그럭저럭 10여 일을 지낸 후 다시 미국 비행기로 본국을 향해 출발하게 되었다.

그리던 고국에 돌아오다

27년 만에 고국 땅을 밟다

고국을 떠난 지 27년 만에 희비가 뒤얽힌 마음으로 상공에 높이 떠서 신선한 공기를 마시며 상해에서 출발한 지 3시간 후 김포비행장에 착륙하였다.[24]

착륙 즉시 눈앞에 보이는 두 가지 감격이 있으니, 기쁨도 하나요 슬픔도 하나였다. 책보를 메고 길에 이어 돌아가는 학생의 모습을 보니, 내가 해외에 있을 때 '우리 동포들의 후손들은 왜적의 악정惡政에 주름살을 펴지 못하겠구나.'라고 우려하던 바를 뛰어넘어 활발 명랑한 기상을 보여 주니 우리 민족의 장래가 유망해 보였다. 이것이 기쁨의 하나였다. 그 반면에 차창으로 내다보이는 동포들이 사는 가옥은 빈틈없이 연이어 겹쳐 있으나 집이 땅에 납작 붙어 있으니, 이것을 볼 때 동포들의 생활수준이 저만큼 저열하다는 것을 짐작할 수 있었다. 이것이 유감의 하나였다.

얼핏 들으니 수많은 동포들이 나를 환영하려고 여러 날 동안 모여들어 몹시 기다렸다고 하나 그날은 나와서 맞이하는 동포가 많지 않았는데, 그것은 미군을 통하기 때문에 통신이 철저하지 못한 것이 이유였다. 노구를 자동차에 의

---

24 1945년 11월 23일이다.

백범과 대한민국임시정부 요인들의
환국을 알리는 『서울신문』 호외.
1945. 11. 23.

백범이 귀국 후 살았던 경교장.

지하고 차창으로 좌우를 바라보며 한성에 도착하니 의구한 산천도 나를 반겨

주는 듯하였다. 나의 숙소는 죽첨정竹添町[25] 최창학崔昌學[26] 씨 사택으로 하고,

국무위원들과 그 밖의 일행은 한미호텔[27]에 숙소를 정하였다. 도착 직후에 윤

봉길尹奉吉·이봉창李奉昌·김경득金卿得의 유가족이 있거든 찾아오라고 신문

에 보도하였더니, 윤봉길 의사는 그 자제가 덕산德山[28]으로부터 찾아왔고, 이봉

창 의사는 그 조카딸이 경성에서 찾아왔고, 김경득 선생의 아들 윤태는 이북에

서 오지 못하고 그 친딸과 친척 등이 강화와 김포 등지로부터 찾아와 기쁜 마

음과 슬픈 마음으로 상대하였다. 친척과 헤어지고 분묘를 버려두고 고향 떠난

지 27년 만에 고국에 돌아오긴 했으나 그리운 출생지인 고향은 소위 38선이라

---

25 지금의 서울 종로구 평동 일대를 가리킨다. 당시 백범이 묵었던 최창학 씨 개인 집은
   새문 밖 곧 지금의 새문안로에 있던 경교장京橋莊으로, 현재 강북삼성병원 자리이다.

26 평안북도 구성龜城 출신의 실업가(1891~1959). 금광을 경영하여 천만장자의 갑부로
   불렸다.

27 옛 혼마치호텔로 서울 충무로 2가에 위치하였다.

28 덕산면, 즉 충남 예산군 덕산면 시량리가 윤봉길 의사의 출생지이다.

대한민국임시정부 환국 축하 시민 행진. 1945. 12. 19.

는 장벽 때문에 돌아가 보지 못하고 육촌 형제들 전 가족과 사촌 여동생 등의
가족들이 상경하여 기쁘게 만났을 뿐이다.

　국내에서 환영 선풍이 일어나자 군정청軍政廳[29]의 각 소속 기관과 각 정당,
사회단체며 교육·교회·공장 등 각종 분야에서 빠짐없이 연합 환영회를 조직
하였다. 나와 일행은 개인 자격으로 입국하였으나 국내 동포들은 정식으로 '임
시정부환영회臨時政府歡迎會'라고 특별히 크게 쓴 글자가 태극기와 함께 공중
에 휘날리고 수십만 겨레가 총출동하여 일대 성황리에 시위 행렬을 진행하
니, 해외에서의 풍상風霜과 간난신고艱難辛苦를 알고 동정하는 듯싶었다. 행렬

29　점령한 지역의 군사령관이 군사정치를 실시하는 기관. 한국에서는 미군정청이 1945년
　　9월 9일부터 1948년 8월 15일 대한민국정부 수립 때까지 존속하였다.

을 마친 후 연회 자리를 덕수궁德壽宮에 정하였으니, 동시에 위세 있는 모습은 참으로 훌륭하였다. 서울에 있는 기생들은 총출동하여 4백 명 이상이요, 식탁이 4백여 개이며, 이루 적기 어려울 만한 성황리에 하지 J. R. Hodge[30] 중장을 비롯하여 미군정 간부들과 참석한 동포들이 하도 많아 셀 수 없을 지경이어서 덕수궁 광장이 오히려 비좁았다. 비단 경성뿐이랴. 인천과 개성 지방 각지에서 임시정부 환영회를 일제히 거행하였다. 그러나 38선 이북에서만 이와 반대로 환영회 대신 심한 욕설을 오히려 퍼뜨린다 하니 참으로 탄식하고 웃을 뿐이었다.

38선 이남 지방 순회

그럭저럭 민국 28년[31]을 맞이하자 38선 이남이나마 지방 순회를 시작하게 되었다.

제1차로 인천을 순시하니, 인천은 의미심장한 역사 지역이어서 앞에서 서술한 바를 대강 다시 음미하게 된다. 22세 때 인천감옥에서 사형을 받았다가 23세 때 탈옥 도주하였고, 41세 때는 17년 징역을 받고 인천감옥으로 이감하게 되었다. 17년 전에 감옥을 부수고 탈주하였던 그 감옥을 다시 철망에 얽혀 들어가니 말 없는 감옥도 나를 아는 듯하고, 내가 있던 자리도 여전히 나를 맞아 주지만, 17년 전 김창수를 김구로 이름을 바꾸었고, 또한 세월이 장구한 관계로 아는 사람은 별로 없었다. 그곳에서 구속된 몸으로 한 징역 공사는 축항築港이었다. 그 항구를 바라보니 나의 피와 땀이 젖어 있는 듯하고, 구속된 이 몸을 면회하러 부모님이 오가시던 길에는 눈물 자국이 남아 있는 듯하여, 49년

---

30 미국의 군인(1893~1963). 1945년 일본 항복 후 주한 미군 사령관 겸 미군정청 사령관으로 있으면서 1948년 대한민국정부 수립 때까지 활동하였다.

31 대한민국 28년, 즉 1946년을 말한다.

공주 마곡사를 방문한 백범과 일행. 맨 앞에 앉아 있는 이가 이시영(왼쪽)과 백범이다. 1946. 4. 23.

전 옛날의 기억이 새로울뿐더러 강개도 무량하였다.

감회를 금할 수도 없이 인천 순시는 대환영리에 마치고, 제2차로는 공주 마곡사를 시찰하기로 하고 공주에 도착하니, 충청남북도 11개 군의 10여만 동포들이 운집하여 환영회를 거행하였다. 감격리에 모임을 마치고 공주를 떠나 고故 김복한金福漢[32] 선생의 영정과 면암勉菴 최익현崔益鉉[33] 선생의 영정을 방문하여 배알하였는데 동민洞民의 환영이 있었고, 아울러 나는 유가족을 위로하였다.

마곡사를 향하는 길에는 따라온 각 군의 정당과 사회단체의 대표자만 350명

---

32 조선 말의 문신이자 의병장(1860~1924). 충남 홍성 출생으로 1892년(고종 29) 과거에 급제하여 형조참의까지 지냈다. 1905년 을사늑약이 맺어지자 을사5적의 처단을 상소하였으며 이듬해 홍성에서 의병을 일으켰다. 1919년에는 유림 대표로 파리강화회의에 독립청원서를 보내고 체포되어 복역하다 출옥하였으나 병으로 사망하였다.

33 조선 말의 학자이자 애국지사(1833~1906). 경기도 포천 출생으로 일찍이 성리학을 공부하면서 우국정신을 배웠다. 1894년(고종 31) 갑오개혁 때 단발령에 반대하였으며, 을사늑약이 체결되자 의병을 일으켰다가 체포되어 대마도에 유배 중 단식으로 항거하다 순국하였다. 충남 청양군 목면에 그를 모신 사당 모덕사慕德祠가 있다.

의병대장 최익현 영정이 봉안된 모덕사 사당.

이상이었고, 소식을 들은 마곡사에서는 승려들이 선발대로 공주까지 나와서
맞았으며, 마곡사 입구에는 남녀 승려들이 죽 늘어서서 지극히 정성껏 환영하
였으니, 그 이유는 옛날 일개 승려의 몸이 일국의 주석이 되어 오신다는 감격
에서였다. 48년 전에 중이 되어 승립僧笠을 쓰고 목에 염주를 걸고 바랑을 지
고 출입하던 길로 좌우를 살펴보면서 천천히 들어가니, 여전한 산천은 나를 반
겨 주는 듯하였다. 법당 문 앞에 이르니 대웅전에 걸려 있는 주련柱聯도 변치
않고 나를 맞아 준다. 그 글귀를 48년 전 그 옛날에는 무심히 보았으나 오늘 자
세히 보니,

　却來觀世間 猶如夢中事[34]

34　"돌아와 세상일을 보니 마치 꿈속의 일 같구나."라는 뜻으로, 『능엄경楞嚴經』의 문수보
　　살 게송偈頌에 나오는 말이다.

백범이 마곡사에 심은 향나무. 본래의 위치에 물이 고여 현재 위치로
옮겨 심었다.

라 하였다. 이 글을 보면서 지난 일을 생각하니, 참으로 나를 두고 이르는 말이
아닌가 생각되었다.

　지나간 옛날 『보각서장普覺書狀』을 용담 스님에게 수학하던 염화실拈花室
그 방에서 그 밤을 의미심장하게 유숙하게 되니 승려들은 나를 위하여 지성껏
불공을 올렸다. 사찰은 예나 지금이나 같은 모습으로 나를 환영해 주나 48년
전에 보던 승려들은 한 명도 없었다. 이튿날 아침은 영원히 잊지 않겠다는 기
념으로 무궁화 한 포기와 향나무 한 그루를 심고 마곡사를 떠났다.

　제3차로는 예산 시량리 윤봉길 의사의 본댁을 방문하였으니, 때는 4월 29
일이었다. 윤 의사의 기념제를 거행하고 다시 한성으로 귀환하였다.

충남 예산 윤봉길 의사의 생가를 방문하여. 1946. 4. 27.
앞줄 왼쪽부터 조성환, 백범, 윤황(윤 의사 아버지), 김원상(윤 의사 어머니), 배용순(윤 의사 부인), 윤종
(윤 의사 아들).
뒷줄 왼쪽부터 윤경(윤 의사 큰아버지), 윤순의, 윤남의, 윤성의, 윤영의(이상 윤 의사 동생들).

3열사 유골 봉환식을 거행하다

나는 즉시 일본에 머물러 있는 박열朴烈[35] 동지에게 부탁하여 조국 광복에
몸을 바쳐 무도한 왜적에게 학살당한 윤봉길·이봉창·백정기白貞基[36] 3열사의

---

35 일제강점기의 독립운동가(1902~1974). 경북 문경 출생으로 1919년 학교 재학 중 3·1
운동에 참가하였다가 퇴학당하자 일본에 건너가 일본 천황 암살을 계획하였다. 그러나
1923년 거사 직전에 발각되어 사형을 선고받았으나 무기징역으로 감형되어 복역하다
가 1945년 광복으로 석방되었다. 1948년 귀국하였으나 6·25전쟁 때 납북되었다.

36 일제강점기의 독립운동가(1896~1934). 전북 정읍 출생으로 3·1운동 후 독립운동에 헌
신하기로 마음먹고 일본에 건너가 파괴 공작을 꾀하였으나 실패하고 중국으로 가서
1933년 중국 주재 일본 대사를 암살하려다 체포되어 무기형을 선고받고 복역하다가
일본 감옥에서 순국하였다.

일본 가나자와시 노다산野田山에서 윤봉길 의사의 유해를 발굴한 대원들. 1946. 3. 6. 박열朴烈, 서상한徐相漢, 이강훈李康勳의 주도하에 '대한순국열사 유골봉환회'가 조직되어 발굴 작업이 추진되었고, 유해와 함께 십자가형 목재 사형틀도 발굴되었다.

윤봉길·이봉창·백정기 열사 추도식장으로 가는 행렬. 부산. 1946. 6. 15.

효창공원 내의 안중근 가묘(왼쪽) 및 3열사 묘소.

유골이 고국으로 돌아오게 하는 한편, 국내에서 장례 준비를 진행하였다. 그러던 중 유골이 부산에 도착하였다는 기별을 듣고 영접차 특별 열차로 부산을 향하였다. 말없이 개선한 3열사의 유골 봉환식을 거행하고 영구靈柩를 모시고 돌아오고자 부산역을 출발하니, 부산역 앞을 비롯하여 서울까지 각 역전驛前마다 사회단체와 교육기관은 물론이고 일반 인사들이 운집 도열하여 봉도식奉悼式[37]을 거행하니 산천초목도 슬퍼하는 듯하여 강개무량하였다.

　서울에 도착 즉시 영구는 태고사太古寺[38]에 봉안한 후 뜻있는 동포들은 어느 누구든 경의를 표할 수 있게 하였다. 장례에 임하여 봉장위원회奉葬委員會 책임자들이 장지葬地를 널리 구하였으나 여의치 못하여 결국 내가 직접 용산

37　위대한 인물의 죽음을 추모하고 그의 뜻을 계승 발전시킬 것을 다짐하며 거행하는 의식.
38　서울시 종로구 견지동에 있는 조계사曹溪寺의 옛 이름. 1938년 창건 후 태고사로 불리다가 1955년 조계사로 명칭을 바꾸고 대한불교조계종의 총본산이 되었다.

효창공원孝昌公園[39]에 선택해 두었던 곳에 받들어 장사 지내게 하니 한성 유사 이래 처음 보는 장례식이었다.

미군정 간부들은 전부 참석하였으며 호위차 미국 군인도 같이 출동하겠다는 것을, 이것만은 중지시켰다. 그러나 조선인 경관은 물론이고 지방 각지에 산재한 육해군 경비대까지 모였으며, 각 정당과 단체, 교육 기관이며 각 공장 부문 일반 인사들이 총출동하여 태고사에서 효창공원까지 인산인해를 이루었다. 전차와 자동차 등 각종 차량과 일반 보행까지 전부 일시 정지시키고, 비곡悲曲의 음악대를 선두로 하고, 사진반 기자는 간간이 벌여 있고, 그다음은 제전祭典을 드리는 화봉대花峰隊와 공중에 흩날리는 만장대輓章隊가 있고, 그 뒤에 3의사 영구 차량은 여학생대가 운행하니, 옛적 국왕 인산因山[40] 때 이상으로 전무후무할 대성황을 이루었다.

장지에는 맨 앞에 안중근 의사의 천광穿壙[41]을 지어 놓고, 차례로 3의사의 유골을 받들어 장사 지냈으니, 당일 임석한 유가족의 애도의 눈물과 각 사회단체의 추도문 낭독에 대낮인데도 빛이 없는 듯하였으며, 사진반 촬영으로 장례식은 종료되었다.

삼남 지방 순회

그 얼마 후에 삼남三南 지방 순회를 또 시작하게 되었다.

제1차로 김포 출발 비행기로 제주도에 착륙하니, 제주도에 주재한 미군정

---

39 서울시 용산구 효창동에 있는 공원. 현재 백범의 묘소와 윤봉길·이봉창·백정기 세 의사의 묘소가 있다.

40 왕이나 왕비, 그 직계 왕족의 장례.

41 시신을 모실 구덩이. 안중근 의사의 유언대로 유골을 찾아 이곳에 모실 계획이나 아직 찾지 못하고 가묘 형식으로 있다.

청을 비롯하여 각 정당 단체와 교육 기관, 교회, 각 공장 부문에서 총출동하여 일대 성황리에 환영회를 받았다. 고高·부夫·양梁 세 성씨의 시조를 모신 삼성전三聖殿[42]에 참배한 후 그 아래 삼성혈三姓穴[43]을 시찰한 다음 해안으로 나가 제주도의 특색인 해녀들이 잠수하여 해산물 채취하는 광경을 구경하고, 때가 매우기梅雨期[44]라 날씨 관계로 마음속에 정해 둔 한라산 관람은 하지 못하고 돌아왔다.

그 후 다시 삼남 지방 시찰차 철도 열차로 부산역에 도착하였다. 그곳에서 자동차로 진해에 가서 해군총사령관 손원일孫元一의 안내로 그가 지도하는 해안경비대의 시람식視覽式을 마치고, 과거 임진왜란 때 충무공 이순신 장군이 왜적을 함몰시켰던 한산도 제승당制勝堂을 방문하여 아울러 충무공 영정에 참배하고 좌우를 살펴보니 유적遺跡을 새긴 현판이 땅에 있기에 이유를 물으니,

"왜정시대에 떼고 달지 못한 것입니다."

라고 한다. 이때까지 보관한 것이 다행이라고 생각하여 즉시 그 현판을 걸게 하고 돌아 나와 진해를 시찰하니, 원래 조선의 요새지로 해군이 근거할 뿐 아니라 각종 해산물이 풍부하게 생산되는 곳이었다. 그곳에서는 경비함을 타고 통영에 상륙하여 여수, 순천 등지를 시찰하였는데 가는 곳마다 환영회가 끊임없었다.

보성군 득량면 득량리(옛 이름은 송곡松谷), 이 동리는 48년 전 망명 시기에 수삼 개월을 지낸 곳이었다. 일가一家들이 스스로 한 마을을 이룬 곳인데, 지금까지 거주하는 일가들은 물론이고 지방 동포들의 환영 역시 성황을 이루었다.

---

42 제주도 제주시 삼성로에 있는 사당. 제주도 삼성 고高·부夫·양梁 세 성씨의 시조 위패를 봉안하고 있다.

43 제주도 원주민의 발상지로 알려진 굴. 이곳에서 고高·부夫·양梁 세 성씨의 시조가 나왔다고 한다. 친필본의 한자 '三聖穴'은 오기이다.

44 "매화나무 열매가 익을 무렵의 비"라는 뜻으로, 해마다 초여름인 6월 상순부터 7월 상순에 걸쳐 계속되는 장마 기간을 말한다.

진해 조선해안경비대를 방문한 백범과 일행. 앞줄 중앙에서 오른쪽으로 백범, 엄항섭. 뒷줄 왼쪽부터 엄도해, 손원일, 안우생, 장우식. 1946. 9. 15~16.

한산도 제승당을 방문한 백범과 일행. 1946. 9.

입구의 도로를 수리하고 송문松門[45]을 세웠으며, 나와서 맞이하는 남녀 동포들은 죽 늘어선 모습을 이루었다. 차를 세우고 걸어서 동리에 들어가니 내가 48년 전에 묵으며 글을 보던 고 김광언金廣彦 씨의 가옥은 여전히 존재하여 나를 환영하니, 불귀不歸의 객이 된 김광언 씨에 대한 감회를 금할 수 없었다.

그 옛날 내가 식사하던 그 자리에서 다시 한번 음식을 대접하고자 한다 하

---

45 경축하거나 환영하는 뜻으로 나무나 대로 기둥을 세우고 푸른 솔잎으로 싸서 만든 문. '솔문'이라고 한다.

보성 김광언 씨 댁을 방문한 백범.
1946. 9. 22.

여 마루 위에 병풍을 두르고 정결한 자리에 편안히 앉아 있으니, 눈앞에 보이는 산천은 여전하나 인물은 예전에 보던 사람은 별로 없었다.

"모이신 동포 중에 나를 알 사람이 있습니까?"

하고 물었더니, 동네 여자 노인 한 분이 대답하기를,

"내가 일곱 살 때 선생님 글공부하시는 좌석에서 놀던 기억이 새롭습니다."

라고 말했고, 일가 중 한 사람인 김판남金判男 씨가 또한 나와서 48년 전 나의 필적이 완연한 책 한 권을 가지고,

"옛일이 어제 같습니다."

라고 말하는 등 두 사람뿐이었다.

그중에 또 잊지 못할 한 가지 사실이 있으니, 즉 48년 전에 동갑인 선宣 씨라는 사람이 있어 뜻이 잘 맞다가, 내가 그 동네를 떠날 때 그 부인의 손으로 만든 필낭筆囊 한 개를 작별 기념으로 주어서 받은 일이 분명히 있었다. 그 선

씨에 대해 물으니,

"선 씨는 이미 세상을 떠났고 그 부인과 가족은 보성읍 부근에 거주하는데, 그 노부인 역시 옛일을 잊지 않고 있으며, 지금 가시는 보성읍으로 출영 나온다고 합니다."

라는 소식을 전하였다. 그날 그 동네를 떠나 보성읍에 다다르니 과연 그 부인이 온 가족을 이끌고 나와서 맞아 주었는데, 그 광경은 참으로 감격에 넘쳤다. 만나는 자리에서 나이를 물으니 나와 역시 동갑이었다. 옛일을 잠깐 이야기하고 만남과 이별의 예를 마치고, 그곳에서의 환영식과 강연을 끝낸 후 보성을 떠나 광주까지 갔는데, 그사이에는 필기하기도 어려웠다. 역마다 길마다 수많은 동포들이 대기하다가 환영하니 어떤 날은 서너 차례 경유한 날도 있었다.

이로부터 며칠 후에 광주에 도착해 보니 가는 곳마다 동포들이 각종 기념 선물, 해산물, 육지 산물, 금품 등을 주어서 모인 것이 차에 가득 찼다. 광주에 전재민戰災民이 많다는 말을 듣고 부윤府尹[46]을 초청하여, 내가 받은 것 중 얼마쯤을 전재민 위로에 보태어 쓰라고 부탁하며 주었다.

광주 환영회를 마치고 나주로 향하는 도중 함평군을 지나는데, 다수의 동포들이 길을 막고,

"잠시라도 함평읍을 보아 주십시오."

라고 부탁을 하므로, 부득이 함평읍에 도착하여 학교 광장에서 수많은 동포들을 상대로 환영 강연을 마쳤다. 저물녘에 나주읍에 도착하여 팔각정八角町 이 진사 댁의 소식을 탐문하니,

"이 진사 댁은 함평읍으로, 아까 만세를 선창한 그 사람이 이 진사의 둘째 아들입니다."

라고 한다. 세월이 오래된 관계로 함평 이 진사 댁을 나주로 잘못 알고 있었음을 깨달았다. 함평군 함평읍 함평리의 이재혁李在赫과 이재승李在承 등이 이 진

---

46 부府의 우두머리로, 지금의 시장市長에 해당한다.

전라남도 함평에서 백범의 훈화를 듣고 있는 군중. 1946. 9. 23.

사(지금은 이 승지承旨)의 손자였다. 얼마 후에 예물을 가지고 서울로 찾아왔기에, 그때 착오하여 미안했다는 사실을 말하였다.

그때 나주를 떠나 김해에 도착하니 때마침 수로왕릉首露王陵 가을 제사였다. 김씨와 허씨가 다수 모인 자리에 내가 참배할 때 차릴 사모각대紗帽角帶[47]를 준비하여 기다리고 있었다. 난생처음으로 사모각대를 차리고 참석해 배알하였다.

그길로 다시 창원 진전鎭田에 가서, 과거 상해에 머물 때 본국으로 파견하여 독립운동을 하다가 결국 옥중 고생을 하고 그 여독으로 세상을 떠난 이교재李敎載[48] 지사의 유가족을 방문하여 위로하고, 다음으로 진주에 가서 애국 열기

---

47 검은 명주로 만든 모자와 예복에 두르는 띠.

48 일제강점기의 애국지사(1887~1933). 경남 창원 출신으로 1919년 3·1운동 때 경상도 일대에서 「독립선언서」를 배포하다가 일본 경찰에 붙잡혀 옥고를 치렀다. 출옥 후 중

烈妓 논개論介의 외로운 넋[49]을 위로하는 마음으로 촉석루矗石樓를 시찰하였다.

그러고는 그길로 전주에 도착하였는데, 수많은 남녀 동포들이 나와서 맞이하는 중에 김맹문金孟文 씨와 그 사촌 아우 김맹열金孟悅, 그 고종사촌형 최경렬崔景烈 이 세 사람은 역사 관계가 깊은 사람들이었으니, 내가 21세 때 신천 청계동 안태훈 진사(안중근 의사의 부친) 댁에서 만난 김형진 씨의 아들과 조카, 생질이었다. 전주 동포들의 성대한 환영회가 끝난 후에 김맹문 외 두 사람의 전 가족을 상대로 특별 환영을 받으며 기념사진까지 촬영하니 피차간에 고 김형진 씨에 대한 감회를 금할 수 없었다.

다음으로 목포·군산·강경 등지를 일일이 시찰하였는데, 이곳들은 모두 잊지 못할 역사가 맺혀 있는 곳이었다. 목포에서는 노동자로 가장해서 지게를 지고 변장하여 양봉구 동지를 방문하여 상대하던 기억이 새로워서, 그 자리에서 양봉구 씨의 유가족과 그 밖의 내력을 탐문하였으나 결국 단서를 얻지 못하였다.

군산을 거쳐 강경에 도착하여 공종렬 씨의 소식을 탐문하니, 젊은 나이에 자살하고 끝내 자손도 없는 터이며, 당시 공 씨 집안에 돌발하였던 괴변은 그 친척 간에 일어난 일이라고 하였다. 그다음 춘천 가정리 의암毅菴[50] 유인석柳麟錫[51] 선생 묘 앞에 참배하고 그 유족을 위문한 후 한성으로 돌아왔다.

얼마 후 강화도 순시를 위해 인천에서 경비선을 타고 무의도舞衣島[52]에 도

국 상해로 망명하여 임시정부에서 경상남북도 대표로 임명되어 국내외로 왕래하며 독립 활동을 하다가 일본 경찰에 다시 붙잡혀 복역 중 옥사하였다.

49 원문은 '고혼古魂'이지만, '고혼孤魂'의 오기인 듯하다.

50 친필본의 한자 '義菴'은 손병희孫秉熙의 호이다.

51 조선 말의 학자이자 의병장(1842~1915). 강원도 춘천 출생으로 일찍이 성리학을 공부하면서 우국정신을 배웠다. 1876년(고종 13) 강화도조약이 체결되자 제자들과 함께 반대 상소를 올렸으며, 1894년 갑오개혁으로 친일내각이 성립되자 의병을 일으켜 부패한 관리를 처단하였다. 그 후 만주로 건너가 독립운동에 헌신하다 연해주에서 병사하였다.

52 인천광역시 중구 무의동을 이루는 섬. 과거에는 배를 타야만 갈 수 있었으나 2019년 무의대교가 개통되어 차량 통행이 가능해졌다. 1911년 백범이 15년의 징역형을 선고

청년 시절 청국 시찰을 함께했던 김형진의 가족들과. 1946. 9. 28.
둘째 줄 백범의 왼쪽이 김형진의 장남 김맹문, 오른쪽이 차남 김맹호와 삼남 김용식이다.

착하여 그곳 동포들의 환영을 받고 강연을 마친 후 강화도에 도착하였다. 46년 전 김경득 씨의 셋째 동생 진경이 가사를 맡고 있을 때, 내가 이름을 바꾸고 그 사랑에서 서당을 개설하고 교편을 잡은 지 3개월 만에 본색이 탄로되어 퇴출하던 그 집의 존재를 탐문하였다. 그랬더니 그 집이 예전과 같이 완전하다 하여, 그 집을 방문해서 환영하는 친척들과 기념사진을 촬영하고, 합일학교合一學校 운동장에서 환영을 받으며 아울러 강연할 때,

"과거 내 앞에서 수학한 학생 30명 중에 이 자리에 참석한 자가 있거든 나서 보아라."

고 두세 번 불렀으나 결국 한 사람도 없었다.

그런데 그날 저녁에야 한 사람이 경관과 함께 들어와 아뢰기를,

"제가 과연 선생님의 제자올시다."

받았을 때 다른 동지 19명은 무의도를 비롯하여 몇몇 섬에 유배형을 받은 바 있다.

김경득의 집을 찾아가는 백범 일행을 길가에 나와 맞고 있는 강화도 어린이들. 1946. 11. 19.

강화도 합일학교 운동장에서 백범의 연설을 듣고 있는 지역 주민들. 1946. 11. 19.

라고 말한다.

　"그러면 내 앞에서 배운 기억이 나느냐?"

하니,

　"분명합니다."

라고 대답한다.

"그러면 아까 운동장에 오고도 왜 대답이 없었는가?"
물으니,

"저는 운동장에 참석하였으나 선생님의 강연을 듣고 너무도 울분 감격하여 눈물을 금할 수 없어서 대답을 못 하였습니다."
라고 대답한다.

38선 이남 서부 조선 순회

삼남 일대를 이같이 대강 시찰하고 한성으로 돌아와 얼마간 수양修養 후 다시 38선 이남 서부 조선 일부를 시찰하기로 하였다.

제1차로 개성에 도착해 18~19세 때 유람하던 명승고적 만월대滿月臺와 선죽교善竹橋를 보고 개성 특산물 고려인삼 제조 공장을 시찰하였으며, 개성의 각 정당과 사회단체는 물론이고 일반 남녀노소 동포들이 총출동한 환영식을 마쳤다.

이튿날은 배천온천을 경유하여 연안온천에 도착하니 역전驛前마다 나와서 맞아 주는 동포들의 감격은 이루 헤아릴 수 없었다. 환영과 아울러 인사의 말을 대강 끝마치고 연안온천에서 하룻밤 묵은 후 연안읍으로 향하는 길에, 기억에 새로운 이李 효자 묘소를 찾아뵈려고 시골 노인에게 도로의 변경 유무를 알아보니,

"49년 전과 변함이 없습니다."
라고 하였다.

이 효자 묘 앞에 도착하여 차를 세우고 걸어가서 효자 고故 이창매 씨의 발자취를 좇으면서 묘 앞에 참배하였다. 49년 전 해주감옥에서 철망으로 구속되어 인천감옥으로 이감 중에 효자 이창매 씨 묘 앞에서 쉬었던 일을 의미심장한

개성 선죽교를 방문한 백범과 일행. 1946. 11. 30.

감격으로 생각하며 그 묘 곁에 앉았던 그 자리를 눈으로 어림잡아 다시 앉고 보니, 분묘와 산천도 변하지 않은 여전한 모습으로 나를 환영할 뿐 아니라 좌우에 시위하며 추종하는 경관들도 49년 전 나를 구속해 가던 경관들과 흡사하였다.

그러나 문득 뒤를 돌아보니, 그 옛날 구속되어 가는 내 뒤를 따라오시던 모친께서 앉아 있었던 그 자리도 여전하건만 모친의 얼굴만을 뵈올 길이 없으니 앞이 캄캄하여 감회의 눈물을 금할 수 없었다. 중경에서 운명하실 때 최후의 말씀으로,

"나의 원통한 생각을 어찌하면 좋으냐?"

하시던 말씀을 추억하니, 이날 이 자리에 모자가 함께 앉아 옛일을 이야기하지 못할 줄 예측하시고 하신 말씀 같아서, 나의 가슴은 잠시 울분한 마음을 진정키 어려웠다. 지금 촉산蜀山 한 모퉁이에, 사람도 낯설고 땅도 생소한 서촉西蜀 화상산 남쪽 기슭에 할머니와 손자가 같이 누워 계실 생각을 하니 비회悲懷도

황해도 배천에서 강연하는 백범. 1946. 11.

금할 수 없으며, 영혼이라도 고국에 돌아오셔서 이 몸과 같이 환영을 받으신다면 다소 위안이나 되지 않을까, 백감百感이 뒤얽혔다. 그러나 이것은 내 개인의 감상이었다.

연안 동포들이 남녀노소를 막론하고 총출동하여 연안에서 제일 넓은 학교 운동장이 비좁을 만큼 운집 도열하여 성대한 환영을 받고 아울러 강연을 마쳤다. 그길로 청단에 도착하니, 역시 환영하는 동포들의 열정은 가는 곳마다 마찬가지였지만 소위 38선 관계로 출생지를 멀리 바라볼 뿐이요 돌아서 한성으로 향하게 되니, 그때의 강개무량한 회포는 글로든 말로든 표현하기 어려웠다.

그길로 저물녘에 배천에 도착해 종일 기다리고 서 있던 동포 대중을 향하여 간단한 인사 겸 강연을 마치고 그곳에서 묵었다. 40년 전 군수 전봉훈 씨의 초대 부탁을 받아 배천에서 사범강습을 개최하고 양서兩西에 명성이 쟁쟁한 최광옥 선생을 주임강사로 모시고 강습을 진행 중에 불행하게도 최 선생이 객사(폐병으로)하였다. 그리하여 읍내 유지들과 전全 군수와 협의하여 배천 남산

장단 고랑포 경순왕릉을 참배하는 백범. 1946. 12.

위 운동장 옆에 안장한 후 떠난 지 40년 만에 비로소 이곳에 당도한 것이니, 가는 곳마다 옛 기억의 감상感傷은 헤아리기 어려웠다.

　이튿날 배천을 떠나 한성으로 향하는 길에 장단 고랑포皐浪浦를 경유하여 선조先祖 경순왕릉敬順王陵에 참배하였는데, 능촌陵村에 거주하는 경주김씨들이 앞서 나의 행로를 예측하고 미리 제사 의식을 세밀히 준비하였던 것이다. 참배 후 그곳을 떠나 문산에 도착하여 역시 환영을 받고 강연을 마친 후 한성으로 돌아오니, 서부 조선 순회는 이에 종료되었다.

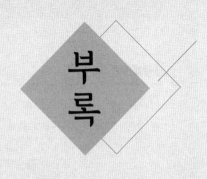
부록

1945년

11. 23. 중국 상해 출발하여 27년 만에 김포공항 통해 환국함.

11. 24. 주한미군사령관 하지Hodge 장군을 면담함.

이승만(왼쪽)과 함께 하지 장군을 만난 백범.

11. 28. 서울 우이동의 손병희 묘소와 망우리의 안창호 묘소를 참배함.
정동교회에서 베푼 환영 모임에 참석함.

정동교회 주최 환영 모임에 참석한 백범. 이승만의 모습도 보인다.

12. 19. 서울운동장에서 개최된 대한민국임시정부 환국 봉영회에 참석함.

12. 28. 모스크바 3상회의의 한반도 신탁통치 결정에 반대하여 신탁통치
반대총동원위원회를 조직함.

1946년

1.12. 신탁통치 반대 전국대회에 참석함.

경교장에서 신탁통치 반대 연설하는 백범.

1.23. 일제하에서 수감 생활하던 서대문형무소 방문함.

서대문형무소 방문 후의 김홍량·백범·도인권.(앞줄 왼쪽부터)

2.1. 임시정부 명의로 비상국무회의 소집하고 의장에 선출됨.

2.14. 남조선국민대표민주의원 개원식에 참석함.

3.1. 보신각 앞에서 열린 3·1절 행사에 참석함.

3.23. 전덕기 목사 32주기 추도식에 참석함.

3. 26.   안중근 의사 36주기 추도식에 참석함.

안중근 의사 36주기 추도식에 참석한 백범.
안중근 의사 동지 우덕순이 추도식준비위원장을 맡았다.

4. 11.   제27주년 대한민국임시입헌기념식을 창덕궁 인정전에서 개최함.

제27주년 대한민국임시입헌기념식을 마치고.

4. 18.   국민당·신한민족당과 통합한 한국독립당 중앙집행위원장에 선
출됨.

4. 21. 서울 명동성당을 방문함.

명동성당을 방문한 백범. 이승만·프란체스카 부부의 모습도 보인다.

4. 22. 공주 마곡사를 방문함.

4. 29. 윤봉길 의사 예산 생가를 방문하여 의거 14주년 기념식에 참석함.

6. 15. 부산공설운동장에서 치러진 이봉창·윤봉길·백정기 3열사 유골 봉환식에 참석함.

7. 6. 이봉창·윤봉길·백정기 3열사 유골 봉환식에 참석함.

7. 20. 고종의 홍릉을 참배함.

치하포사건으로 사형을 받게 된 자신에게 사면령을 내린 고종의 홍릉을 참배한 백범.

7. 31. 제주도를 방문함(~ 8. 2.).

제주도에서의 백범.

8. 15. 미군정청에서 열린 해방 1주년 기념 시민경축대회에 참석함.

해방 1주년 기념 시민경축대회에 참석한 백범.
주석단에 오세창과 이승만, 뒤에 프란체스카와 안미생이 보인다.

8. 17. 춘천 유인석 묘소를 참배함.

9.14. 부산 전재민수용소를 방문함.

부산 전재민수용소를 방문한 백범.

9.15. 진해 조선해안경비대를 방문함.

9.18. 통영 한산도에 들러 이충무공 영정에 참배함.

9.19. 여수 방문 후 순천(20일), 보성과 목포(22일)를 방문함.

보성 금곡마을 백범은거기념관.

| 9. 23. | 함평 방문 후 나주와 광주(24일), 김제와 익산(28일), 강경과 군산(29일)을 방문함. |

광주에서 광복청년단 환영문을 듣는 백범

10. 7.	김규식·여운형 등이 마련한 좌우 합작 7원칙 지지 성명을 발표함.
11. 19.	인천 무의도를 방문하고, 강화 김경득 집 방문함.
11. 20.	한국독립당 강화지부를 방문함.
11. 30.	개성 선죽교를 방문함.
12. 3.	고랑포 경순왕릉을 참배함.
12. 28.	나석주 의사 20주기 추도식에 참석함.

나석주 의사 20주기 추도식에 참석한 백범.

1947년

1. 24. 반탁독립투쟁위원회를 조직하고 제2차 반탁운동을 전개함.

3. 20. 건국운동의 주축이 될 인재 양성을 위해 건국실천원양성소를 설립함.

건국실천원양성소 1기생 수료식에 참석한 백범. 이승만·프란체스카 부부의 모습도 보인다.

4. 11. 창덕궁 인정전에서 개최한 대한민국임시입헌기념식에 참석함.

4. 22. 중국에서 귀국한 이청천 한국광복군총사령관을 맞음.

6. 28. 미국에서 개최된 보스톤 마라톤대회 수상자를 접견함.

보스톤 마라톤대회 입상자들과 백범, 서윤복(1위), 이승만, 남승룡(12위) 등이 동석했다.

7. 24. 한국을 방문한 피치 박사 부부의 예방을 받음.

피치 박사 부부를 맞은 백범. 앞줄 왼쪽부터 조완구, 프란체스카, 백범, 피치 박사 부부.

11. 12. 인천 조선피혁공장을 방문함.

12. 8. 장덕수 한국민주당 정치부장 장례식에 참석함.

장덕수 장례식에 참석한 백범. 암살 배후로 의심받고 있어 표정이 어둡다.

12. 15. 국사원에서 『백범일지』를 첫 출간함.

1948년

1. 26.　　서울 덕수궁에서 개최된 유엔 한국임시위원단 회의에 참석함.

유엔 한국임시위원단 회의에 참석한 백범.
백범은 여기서 한국의 통일된 완전 자주적 정부 수립에 관한 구체적 방안을 제출하였다.

1. 31.　　경교장을 경비하는 서대문경찰서 경찰들을 맞음.

서대문경찰서 경찰들과 백범.

| 2.6. | 유엔 한국임시위원단 대표 인도의 메논Menon 의장과 중국 대표 호세택胡世澤을 초청함. |

유엔 한국임시위원단 대표를 맞은 백범.

2.10.	통일정부 수립을 절규하는 「3천만 동포에게 읍고泣告함」을 발표함.
2.22.	왜관철교 개통식에 참석함.
3.12.	장덕수 한국민주당 정치부장 암살 사건 배후로 지목되어 법정에 출석함.
4.15.	중국에서 한국광복군 지원 지하공작을 벌인 김문호·신정숙 부부의 예방을 받음.
4.19.	남북연석회의 참석차 38선을 넘어 평양을 방문함.

38선 경계선에서의 백범. 비서 선우진(왼쪽)과 아들 김신이 동행했다.

| 4. 22. | 평양 모란봉 극장에서 열린 남북연석회의에 참석함. |

남북연석회의에서 축사하는 백범.

5. 4.	황해도 사리원을 거쳐 서울로 돌아옴.
5. 20.	한국독립당이 주최한 남북협상 대표단 환영 행사에 참석함.
6. 25.	독립운동가 장형張炯이 설립한 단국대학교 졸업식에 참석함.
8. 2.	사육신묘를 방문함.

사육신묘를 방문한 백범.

| 8. 20. | 모친 곽낙원, 아내 최준례, 아들 김인의 유해를 중국에서 들여와 서울 정릉에서 가족장을 지냄. |

이동녕·차이석 동지 사회장에 참석한 백범.

아들 김신 혼인식에서의 백범.

1949년

1. 27.   서울 금호동에 백범학원을 세움.

백범학원 개원식에서 기념 촬영한 백범.

2. 5.   본인의 흉상 제작을 마침.

본인 흉상 앞에서의 백범.

3. 14.   서울 염리동에 창암학원 개원식을 가짐.

4. 21.   한국독립당 군산당부를 방문함.

4. 26.   활터 석호정石虎亭 총재에 취임함.

활터 석호정에서 백범.

6. 22.   독립운동가 김창숙이 학장으로 있는 성균관대학 졸업식에 참석함.

6. 26.   서울 경교장에서 육군 소위 안두희의 총에 맞아 운명함.

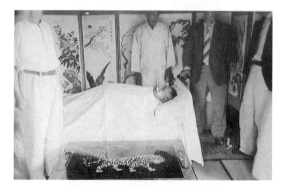

염습을 끝낸 백범.

7.5. 백범 국민장이 거행되고, 서울 효창공원에 안장됨.

백범 국민장 모습.

효창공원에 조성된 백범 묘소.

8.13. 백범이 한때 승려가 되어 피신 생활을 했던 충남 공주 마곡사에서 49재가 거행됨.

공주 마곡사에서 백범 49재를 마치고.

* ㉠㉡㉢㉣㉤㉥는 기존 출판물 약호

친필본/면수	오류/출판물 기호(익명)	고침/비고
水滸誌/7	수호전/㉤ 水滸志/㉣	
監司/7	監使/㉣	
公錢欠逋/8	公錢缺逋/㉢	
오담鰲潭/9	별담[鰲潭]/㉣	
申尊位의 父親과 先生과/10	선생과 신존위와/㉠ ㉡	
自己 孫子는 鈍才로/10	그 아들은 둔재여서/㉠ ㉡	
製作/13	시를 지음/㉣	→ 題作: 내어 준 제목으로 글을 지음/〈친필본〉 오류
七十多歲/14	칠십 살/㉣	→ 칠십여 살
謠言怪說/16	謠言怪說/16	妖言怪說
一聞之下에/18	一間之下에/㉢ ㉤	
相格에 落第를 하고/18	과거에 낙방하고/㉣	→ 관상에서 얼굴 생김새에 실망하고
聖經大全/18	聖徑大全/㉤	
謠說/18	謠說/㉢ ㉥	→ 妖說/〈친필본〉 오류
金演局/20	金演國/㉢	
全奉準/20	全奉準/㉤	→ 全琫準/〈친필본〉 오류
夢今浦/20	夢今浦/㉤	→ 夢金浦/〈친필본〉 오류
軍紀正肅/23	軍紀正肅/㉢	→ 軍紀整肅/〈친필본〉 오류
抗爭/30	抗命/㉢	
친절정녕親切叮嚀/30	친절타령/㉢	
安進士 祖父/31	안진사 조부/㉠ ㉡	→ 부친/〈친필본〉 오류
重庵	省齋/㉡	
重教	仲教/㉡	
毅菴	毅岩/㉡	
無足奇/34	無足奇/㉡ ㉣	→ 未足奇/〈친필본〉 오류
수작酬酌을 하여 본즉/35	술 한 잔씩 나누어 보니/㉣ ㉥	→ 말을 주고받아 보니

친필본/면수	오류/출판물 기호(익명)	고침/비고
꽂게 한 머리/39	꽂게 한 마리/⑭ ⓐ	→ 꽂게 한 덩어리
金炳燕/39	金炳燕/ⓐ	→ 金炳淵/〈친필본〉 오류
水深은 漲潦時 除한 外에는 居常 捲衣渡水할 만한데 廣流로는 그 다리와 같이 弱 五里의 距離이라. 金炳燕 南大川詩에 山疑野窄超超立 水恐舟行淺淺流 等句 名作이라 한다/39	누락/ⓑ	→ 狹遠遠/〈친필본〉 오류 → 畏/〈친필본〉 오류
권의도거捲衣渡去하더라/40	걸어서 건너다녔다/⑭ ⓐ	→ 옷을 걷어올리고 건너다녔다
長津郡/40	長律郡/ⓜ	
馬領薯/41	馬領薯/ⓜ	→ 馬鈴薯/〈친필본〉 오류
胡通辭/41	명통사/ⓓ	
胡人處/42	湖人處/ⓜ	
縣治/42	懸治/ⓓ	
一夫當關/42	一夫堂關/ⓓ	
居民/43	居出/ⓓ	
襞潼/45	襞潼/ⓜ	→ 碧潼/〈친필본〉 오류
洋夷/50	洋吏/ⓓ	
여자驢子/53	노자驢子/ⓓ	
分合門/56	分合門/ⓐ	→ 分閤門/〈친필본〉 오류
寒暄/58	한참/ⓓ ⓐ ⓑ	→ 날씨의 춥고 더움을 말하는 인사
監使/59	監吏/ⓐ	→ 監司/〈친필본〉 오류
蒙白/64	夢白/⑭	
춘추대의春秋大義/64	춘추대전/ⓓ	
京城府/66	京城府/⑭ ⓐ	→ 京畿道/〈친필본〉 오류
世界歷史/69	世界大史/⑭	
雅冠博帶/69	峨冠博帶/⑭	
여러 사람들이/71	옆 사람들이/ⓑ	
大君主親電停刑/71	大赦令親電停刑/ⓓ	
초경初更/71	6시 전후/ⓐ	→ 8시 전후
虞候/73	虞候/⑭ ⓐ ⓜ	

친필본/면수	오류/출판물 기호(익명)	고침/비고
套錢/73	套錢/㉭	→ 鬪錢/〈친필본〉 오류
운현雲峴/73	운현군/㉭	→ 대원군
미가천편향사未可擅便向事/75	미가단편향사未可擅便向事/㉰	
此推彼推하고/75	此推被推하고/㉰	
梁鳳九/75	梁鳳求/㉯ ㉭ ㉮	
조애阻礙/79	저애阻礙/㉰	
龍洞/79	方龍洞/㉯	
南永羲宮/82	南永羲宮/㉭	→ 南永禧宮/〈친필본〉 오류
趙秉軾/84	趙秉軾/㉯ ㉭	→ 趙秉式/〈친필본〉 오류
被人訴訟/84	彼人訴訟/㉰ 살인 소송에 걸려/㉮	→ 다른 사람에게 소송을 당하여
임피臨陂/85	임파/㉯ ㉰	
	옥구군/㉮	→ 군산시
茂朱邑/85	武朱邑/㉮	
海南關頭/88	海南館頭/㉯	
康津 古今島/88	康津 古今島/㉭	→ 海南 古今島/〈친필본〉 오류
松谷面/88	宋谷面/㉭	
雞龍山/88	溪龍山/㉭ ㉮	
達夜 煮粥이라가/88	밤중에 죽을 끓이려고 불을 때다가/㉮	→ 밤을 새워 죽을 쑤다가
時任監使/91	時任監使/㉭	→ 時任監司/〈친필본〉 오류
靈奎/91	靈奎/㉯ ㉰ ㉮	→ 靈圭/〈친필본〉 오류
文之來/91	文元來/㉯	
尋釖堂/92	尋釖堂/㉯ ㉰	→ 尋劒堂/〈친필본〉 오류
上佐/93	相佐/㉮	
受戒師/93	受戒師/㉯ ㉭	→ 授戒師/〈친필본〉 오류
袈紗/93	袈紗/㉭ ㉮	→ 袈裟/〈친필본〉 오류
僧行은 下心이 第一/93	중이 되려면 먼저 자기 마음을 낮추어야 한다/㉭	→ 승려의 수행은 자신을 낮추는 것이 제일이다
斂膝危坐/96	斂膝端坐/㉰	
未免題鳳/96	未旣題鳳/㉰	

친필본 /면수	오류/출판물 기호(익명)	고침/비고
全孝淳/96	全孝淳/㉯㉱	→ 全孝舜/〈친필본〉 오류
价川/96	介川/㉰	
흠앙불이欽仰不已/97	흠앙불기欽仰不已/㉱	
太平市 內村에/97	大平 시내에/㉰	
金醒石/98	金醒後/98	
鎭衛隊/98	進衛隊/㉱	
우습기도 하고/98	무섭기도 하고/㉱	
無雙한/99	無復한/㉱	
尤早計/99	左早計/㉱	
面貌 生疎한 方面으로/99	낯선 지방으로/㉱	→ 겉과는 달리 보이는 쪽으로
솔권率眷/99	솔양/㉱	
童蒙先習/100	童夢先習/㉮	
자꾸 편지만 하니/100	편지만 하니/㉱	
完茂/100	完武/㉯	
火急/101	火色/㉱	
全家産/102	전가옥/㉱	
桃林里/104	침림리/㉱	
原州牧師/104	原州牧師/㉱	→ 原州牧使/〈친필본〉 오류
湯藥補劑/105	湯藥神劑/㉱	
怪惡/106	愧惡/㉱	
攘夷狄/107	壞夷狄/㉯	
卜巾/107	卜巾/㉰	→ 幅巾/〈친필본〉 오류
先賢/108	先監/㉰	
偉顔/108	偉顧/㉱	
缶山/109	是山/㉱	
堂侄女/110	堂侄女/㉰	→ 堂姪女/〈친필본〉 오류
如干/110	약간/㉱	→ 어지간한
東內/110	東內/㉱	
宋鍾鎬/111	宋鍾聖/㉯	
長連/111	장연/㉱	→ 장련長連과 장연長淵 은 다른 지명임

친필본 /면수	오류/출판물 기호(익명)	고침/비고
朴永孝/111	朴永孝/㟣	→ 朴泳孝/〈친필본〉 오류
禹鍾西/111	禹鍾西/㟣	→ 禹鍾瑞/〈친필본〉 오류
付植/115	付檢/㟔	
乾枯/115	軋枯케/㟔	
名辭를 붙여 가지고/115	말을 묻혀 가지고/㟕	→ 말을 붙여 가지고
京城까지/115	경성까지/㟔 㟕	→ 해주까지/〈친필본〉 오류
當時 領袖/116	時領/㟔	
李康年/117	李康年/㟓 㟔 㟣	→ 李康秊/〈친필본〉 오류
延起羽/117	延康羽/㟔	
李範允/117	李範九/㟔	
姜基東/117	姜基同/㟔	
李震龍/117	李震龍/㟓 㟔	→ 李鎭龍/〈친필본〉 오류
禹東善/117	禹東善/㟓 㟔	→ 禹東鮮/〈친필본〉 오류
勒締/118	勤締/㟔	
强禁/118	감금/㟔	
瓦磚/118	기와조각/㟕	→ 기왓조각과 벽돌
牧師/119	교사/㟔	
張應璇/120	張應璇/㟕	→ 張應善/〈친필본〉 오류
김용정金庸鼎/120	김용필金庸弼/㟕 㟣 㟖	
都寅權/120	누락/㟔	
京城 永道寺/121	永道寺/㟔 㟕	→ 永導寺/〈친필본〉 오류
白衲/121	白衲/㟕	→ 百衲/〈친필본〉 오류
金孝英/121	金孝永/㟔	
침산강씨砧山姜氏/122	첨산강씨/㟔	
李用根/123	李甲根/㟔	
曾前/123	會前/㟔	
平日 叔姪 사이에 情義가 密切치 못한 것은 季父의 眼光에는/123	누락/㟕	
白川/125	백천/㟓	→ 배천
摠巡/125	摠巡/㟕	→ 總巡/〈친필본〉 오류
郡郡 皆然하나/125	누락/㟕	

친필본 / 면수	오류/출판물 기호(익명)	고침/비고
南山上 學校運動場 / 126	南山 上學校 運動場 / ㉯	
薪化 / 126	薪化 / ㉯	→ 薪花 / 〈친필본〉 오류
太皇帝 / 126	대황제 / ㉰	
倭將領 / 126	왜사령 / ㉯	
金泳澤 / 128	金泳澤 / ㉰	→ 金榮澤 / 〈친필본〉 오류
新換浦 / 129	新機浦 / ㉯ ㉱	
餘物坪 / 129	餘地坪 / ㉯	
피닉避匿 / 130	피익避匿 / ㉯	
吳○○ / 131	吳○○ / ㉰	→ 吳復元 / 〈친필본〉 오류
後生 / 131	該生 / ㉯	
㭍設 / 132	倂設 / ㉯ ㉱	
威海衛 / 132	威海威 / ㉯	
楊星鎭 / 133	楊成鎭 / ㉯	
韓弼昊 / 133	韓弼鎬 韓弼浩 / ㉯	
신댁申宅 / 134	신택申宅 / ㉯	
免冠 / 134	旣冠 / ㉯	
朴萬俊 / 134	朴晩俊 / ㉯	
崔益馨 / 134	崔益亨 / ㉯	
高貞華 / 134	高貞化 / ㉯	
李泰周 張膺善 元行燮 金庸震 / 134	누락 / ㉯	
吳麟炯 / 136	吳麟炯 / ㉲ ㉱	→ 吳寅炯 / 〈친필본〉 오류
渡邊 / 137	渡卞 / ㉲	
뭉어리돌 / 138	뭉우리돌 / ㉰	
泥中 / 138	湿中 / ㉯	
只今곧 / 139	지금 당장 / ㉰	→ 꼭 지금/곧은 지금을 강조하는 보조사
自己의 事件이나 他人에게 不利한 條件이라도 / 139	누락 / ㉰	
肉脫 / 140	살이 벗겨짐	→ 몸이 야위어 살이 빠짐.
氈毛 / 140	節毛 / ㉯	
漢節 / 140	한나라 天子가 준 節 / ㉯ 漢帝 / ㉲	→ 한나라에 대한 절개

친필본 / 면수	오류 / 출판물 기호(익명)	고침 / 비고
어이새 / 141	어미새 / ㉯ ㉰	→ 새의 어미
隔壁 / 142	隔壁 / ㉱	
妻弟 / 145	동생 / ㉰	
濟州島 / 147	濟州道 / ㉱	
可惜 / 147	不惜 / ㉮	
譏弄 / 148	戲弄 / ㉰	
次次 / 149	차례차례 / ㉮	→ 차츰차츰
村間 / 150	村間 / ㉮	
所志 / 151	所志 / ㉯ ㉰	→ 素志 / 〈친필본〉 오류
全泰善 / 151	田泰善 / ㉯	
禹德順 / 151	禹德順 / ㉯	→禹德淳
殺活自由라는 부처님 / 151	죽이고 살리는 것을 마음대로 하는 부처님 / ㉰ ㉳	→ 죽고 사는 문제에서 자유롭다는 부처님
莫存知解 / 151	奠存知解 / ㉮	
보안율保安律 / 152	보안률保安律 / ㉮	
지운 것이 / 152	지은 것이 / ㉮	
名牧師 / 157	師名牧 / ㉮	
鼠竊狗偷 / 158	鼠竊拘偷 / ㉱	
杜門洞 / 158	社門洞 / ㉱	
魚肉 / 159	漁肉 / ㉰	
대상고大商賈 / 160	대상매大商買 / ㉮	
조란자遭亂者 / 160	조난자遭亂者 / ㉮	
極端 / 160	柱端 / ㉮	
추계系 / 161	졸계卒系 / ㉮	
賞票 / 161	賞表 / ㉰	
金義善 / 161	金義善 / ㉯	
敎誨師 / 161	敎海師 / ㉮	
頒布 / 162	領布 / ㉮	
破獄逃走 / 163	破獄逆走 / ㉮	
接足 / 164	접촉 / ㉰	
粮米를 牛馱로 싣고 / 167	양식과 쌀을 소달구지에 싣고 / ㉰	→ 양식으로 쓸 쌀을 소의 등에 싣고

친필본 /면수	오류/출판물 기호(익명)	고침/비고
基洞에 到着/167	그 동네에 도착/㉣	→ 기동 마을에 도착
東山坪/168	東産坪/㉺	
敗俗/168	幣俗/㉯	
債務者/170	債務者/㉣	→ 債權者/〈친필본〉 오류
黃浦/171	黃埔/㉯	
渡滬/171	渡扈/㉯	
寶隆醫院/172	實際醫院/㉰	
李圭洪/173	李奎洪/㉺	
不文이므로/173	문장이 아니므로/㉯ ㉣	→ 글을 잘 짓지 못하므로
半日/174	半回/㉰	
취솔妻率/173	취처/㉯	
退潮期/175	退朝期/㉺	
臭皮囊/175	자신을 겸양하여 부름	→ 사람의 몸
其次/175	그 아랫사람/㉴	→ 그다음
是日曷喪/178	是亦曷喪/㉰	
勿辭行公/179	勿使行公/㉰	
倍審官/180	倍審官/㉰	→ 陪審官/〈친필본〉 오류
정득偵得/180	정탐/㉰ ㉣	→ 정탐하여 얻음
不移時刻/180	不移時別/㉰	
金毅漢/181	金懿漢/㉰	
頸部/182	頃部/㉰	
桂園/182	桂園/㉮	
海蔘尉/183	海蔘尉/㉣	→ 海蔘威/〈친필본〉 오류
적은이/183	적은이/㉣	→ 작은이/〈친필본〉 오류
享有/183	亨有/㉰	
安秉瓚/184	安東贊/㉯	
所謂 創造는 現臨時政府를 取消하고 새로 政府組織을 하자는 것이고 改造派는 現政府 改造를 主張하다가/184	누락/㉰	
盧宗均/184	盧宗均/㉯ ㉣	→ 盧鍾均/〈친필본〉 오류
李尙龍/185	李向龍/㉯ ㉰	→ 李相龍/〈친필본〉 오류

친필본 / 면수	오류/출판물 기호(익명)	고침/비고
감쇄減殺 / 185	감쇠減殺 / ㉺	
卵翼下 / 185	卵翌下 / ㉺	
洪冕熹 / 186	洪冕喜 / ㉯	
工務局 / 187	工務局 / ㉣	→ 工部局 / 〈친필본〉 오류
洪焉 韓始大 宋宗翊 崔鎭河 / 188	누락 / ㉯	
宋憲澍 / 188	宋憲樹 / ㉯	
陵行 / 188	陵行 / ㉯ ㉣	→ 陵幸 / 〈친필본〉 오류
단사호장簞食壺漿 / 190	단식강장簞食薑漿 / ㉺	
蔡廷楷 / 190	蔡廷楷 / ㉯ 蔡進鍇 / ㉣	→ 蔡廷鍇 / 〈친필본〉 오류
本藏番 / 191	本藏繁 / ㉯	→ 本庄番 / 〈친필본〉 오류
駯品 / 191	駿品 / ㉯	
水壺 / 191	水囊 / ㉮	
宋式驤 / 191	宋式馬 / ㉯	
金弘逸 / 191	金弘逸 / ㉠	→ 金弘壹 / 〈친필본〉 오류
服膺 / 192	眼膺 / ㉺	
피착被捉 / 193	피촉被捉 / ㉺	
朱慶瀾 / 194	朱經瀾 / ㉮	
사량쇄查良釗 / 194	사량교查良釗 / ㉯ ㉣	
萬寶山 / 194	萬壽山 / ㉯	
秀綸紗廠 / 195	秀綸沙廠 / ㉺ ㉣	
望高德重 / 195	坐高德重 / ㉮	
收養子 / 195	修養子 / ㉺	
陳桐蓀 / 195	陳桐落 / ㉺	
滬杭線 / 195	湖杭線 / ㉯	
京滬線 / 195	京湖線 / ㉯ 북경~상해간 철도. '京'은 수도인 북경 / ㉣	→ 남경~상해간 철도. '京'은 수도인 남경
김양金樣 / 196	김양金樣(김구의 형상) / ㉺	→ (김 씨)
海鹽縣 / 196	海鹽懸 / ㉯	
응과정鷹窠頂 / 196	응소정鷹窠頂 / ㉺	
趣味津津 / 197	입에 착 달라붙게 맛이 좋음 / ㉺	→ 재미가 아주 많음

친필본 / 면수	오류/출판물 기호(익명)	고침/비고
公鎭遠 / 211	公鎭遠 / ㉯ ㉭	→ 公震遠 / 〈친필본〉 오류
수원성綏遠省 / 211	유원성綏遠省 / ㉰	
情報組長 / 211	組長 / ㉰	
민단民團 / 211	민국 / ㉰	
피포被捕 / 211	피체 / ㉰	
吳永善 / 213	吳泳善 / ㉯	
進士 / 214	進者 / ㉯	
揚子飯店 / 계속	楊子飯店 / ㉭	

주요 참고문헌 (발행연도순)

김구 자서전 백범일지(김구 자서전 백범일지 출판사무소, 국사원, 1947)

원본 백범일지(우현민 현대어역, 서문당, 1989)

한국민족문화대백과사전(한국정신문화연구원, 1991)

친필 영인 김구 자서전 백범일지(집문당, 1994)

김구 자서전 백범일지(윤병석 직해, 집문당, 1995)

김구 자서전 백범일지(도진순 교감, 돌베개, 1997)

백범김구전집(백범김구선생전집편찬위원회, 대한매일신보사, 1999)

백범일지(신경림 주해, 나남출판, 2002)

백범기념관 전시도록(백범기념관, 2002)

백범 김구 사진자료집(백범김구선생기념사업협회·백범학술원·백범김구기념관, 2012)

일제 외무성 경찰의 임정·항일지사 조사 기록(김구재단 김구포럼 엮음, 태학사, 2015)

정본 백범일지(조윤형·백태남 편집, 열화당 영혼도서관, 2015)

백범일지(김학민·이병갑 주해, 학민사, 2016)

정본 백범일지(도진순 탈초·교감, 돌베개, 2016)

백범일지 – 학술원판(백범김구선생기념사업회, 나남, 2018)

안중근 전쟁, 끝나지 않았다(이기웅 옮겨엮음, 열화당, 2019)

그들이 기록한 안중근 하얼빈 의거(한국역사연구원 편, 태학사, 2021)

초판본 백범일지(양윤모 옮김, 미르북컴퍼니, 2021)

제국의 암살자들 – 김구 암살 공작의 전말(윤대원, 태학사, 2022)

도판 출처 (숫자는 페이지 번호임)

국립고궁박물관 143(좌), 248(우), 327(좌·우)

국립민속박물관 53(우), 54, 94(상)

국립중앙박물관 53(좌), 61, 82(좌·우), 83, 89, 94(하), 138(좌·우), 180, 185, 192, 232, 234, 347

국립춘천박물관 84, 291

대한민국임시정부기념사업회 382

독립기념관 375(중·우), 454(좌·우), 478(우), 513(우), 516, 525, 533(좌)

『동아일보』 19, 355, 465, 307

문화재청 175, 537, 541

미국 국립문서기록관리청 427

『백범 김구 사진자료집』 122, 191, 222, 231, 244, 324, 353, 363, 371, 372, 376, 400, 406, 409(좌·우), 419, 422, 424, 429(좌·우), 436(좌·우), 437, 450, 453, 459, 469, 475, 478(좌), 483, 486(상·중·하), 491, 492, 494(하), 498, 503~505, 509, 511, 514, 519, 521(상·하), 529, 533(우), 534, 536, 539, 540(하), 544(상·하), 545, 547, 549, 550(상·하), 552~554, 556~561(상), 562~571(상), 572

『백범기념관 전시도록』 71, 97, 438(4컷), 443, 445

백범김구선생기념사업협회 513(좌)

서던캘리포니아대학교 동아시아도서관 494(상)

서울대학교 규장각한국학연구원 120

안산시 성호박물관 40

『안중근 전쟁, 끝나지 않았다』 66, 68(우)

여주시립폰박물관 143(우)

연세대학교 학술정보원(이승만연구원) 374

이승만기념관 312

『일제 외무성 경찰의 임정·항일지사 조사 기록』 420

『제국의 암살자들』 379, 414, 430, 431, 455, 461

『조선일보』 415

찾아보기